Chemie heute

Sekundarbereich I

Schroedel

Chemie heute – Sekundarbereich I

Herausgegeben von:
Akademischer Direktor Manfred Jäckel, Hannover
Oberstudiendirektor Dr. Karl T. Risch, Heidelberg

Bearbeitet von:
Studiendirektor Wolfgang Asselborn, Saarlouis
Prof. Dr. Hans-Dieter Barke, Münster
Oberstudienrätin Renate Brützel, Wesel
Oberstudienrat Ulrich Claus, Wolfsburg
Studiendirektor Klaus Dehnert, Soest
Studienrat Dr. Hermann Hammes-Therre, Köln
Studienrat Norbert Jäckel, Wetter
Oberstudiendirektor Günter Krug, Kenzingen
Oberstudienrat Horst Oehr, Hamburg
Studiendirektor Uwe Rehbein, Hamburg
Studiendirektor Albin Schmid, Köln
Studienrat Dr. Rolf Schulte-Coerne, Gelsenkirchen
Studiendirektor Theophil Schwenk, Backnang
Studienrat Michael Walory, Münster

unter Mitarbeit der Verlagsredaktion

Computergrafik:
Günter Schlierf; Dr. Monika Scholz-Zemann
Fotografie:
Michael Fabian; Hans Tegen

ISBN 3-507-86004-X

© 1994 Schroedel Verlag
im Bildungshaus Schroedel Diesterweg
Bildungsmedien GmbH & Co. KG, Hannover

Alle Rechte vorbehalten. Dieses Werk sowie einzelne Teile desselben sind urheberrechtlich geschützt. Jede Verwertung in anderen als den gesetzlich zugelassenen Fällen ist ohne vorherige schriftliche Zustimmung des Verlages nicht zulässig.

Druck A $^{10\ 9\ 8\ 7\ 6}$ / Jahr 2007 06 05 04 03

Alle Drucke der Serie A sind im Unterricht parallel verwendbar.
Die letzte Zahl bezeichnet das Jahr dieses Druckes.

Satz: Daten- und Lichtsatz-Service, Würzburg
Druck: Mairs Graphische Betriebe GmbH & Co., Ostfildern

Bildquellenverzeichnis

Titelfoto: Mauritius Mittenwald; Innendeckel: Diogenes Verlag, Zürich; 8 l, u: Mauritius, Mittenwald; 8 m, o: Pütz, „Schminken, Masken, schönes Haar", vgs, Köln; 9 l, u: Mauritius, Mittenwald; 16: Dr. Medenbach, Witten; 16 l, u: Zefa, Düsseldorf; 16 m, u: Siemens AG, München; 16 r, u: Degussa AG, Frankfurt; 17.1: Haarmann und Reimer, Holzminden; 20.2: Simper, Hannover; 25.1, 25.3: Dr. Medenbach, Witten; 25.4, 25.5: Dr. Medenbach, Witten; 25.6: Wacker-Chemitronic GmbH, Burghausen; 26.1: Zefa, Düsseldorf; 31.1, 31.3: Dr. Medenbach, Witten; 32.1: Verlag G + G Urban GmbH, Baierbrunn; 37.1: Dr. Medenbach, Witten; 38.1, 38.3: BHS – Bayerische Berg-, Hütten- und Salzwerke AG, München; 44.1: Mauritius, Mittenwald; 44.3: Dr. Reinbacher, Kempten; 47.4: Zefa, Düsseldorf; 51.1–51.6: Dr. Medenbach, Witten; 54.1: Simper, Hannover; 55.2: Bavaria, Gauting; 55.3: Kage, Lauterstein; 60: Amerikanische Botschaft, Bonn; 64.1: Deutsches Museum, München; 67.1: Amerikanische Botschaft, Bonn; 73: Gloria Werke, Wadersloh; 77.1: Niedersächsisches Landesmuseum, Hannover; 77.2: Archiv; 79.1 b: Mauritius, Mittenwald; 83.1: Hoesch AG, Dortmund; 84.2: Voest Alpine, Linz; 84.3: Sigri Elektrographit, München; 85.1: Thyssen Draht AG, Hamm; 85.2: Mannesmann AG, Düsseldorf; 86.1: Simper, Hannover; 86.3: Zinkberatung, Düsseldorf; 87.3: Degussa AG, Frankfurt; 88.1: Verlag G + G Urban GmbH, Baierbrunn; 88.2: Mannesmann AG, Düsseldorf; 90: Mauritius, Mittenwald; 92.1: Horst Munzig, Mindelheim; 93.2: Bilderberg Archive der Fotografen GmbH, Hamburg; 94.1: Bilderberg Archiv der Fotografen GmbH, Hamburg; 97.1: Dr. Legeckis, Washington; 97.2: Claude Nuridsany und Marie Pérennou, Paris; 97.3: Zefa, Düsseldorf; 98.2: Archiv; 105.1: Archiv; 108: Deutsches Museum, München; 110.1: Deutsches Museum, München; 130: Simper, Hannover; 131.3: van Eupen, Hambühren; 136.1: Zefa, Düsseldorf; 137.1: Deutsche Airbus, Hamburg; 137 l, u: Archiv; 139 u: Kage, Lauterstein; 148.1: Messer Griesheim, Düsseldorf; 149.1, 149.2: Archiv; 149.3: Bavaria, Gauting; 150.1: Deutsches Museum, München; 154: Focus, Hamburg; 154 l, o: Degussa AG, Frankfurt; 155.1 155.2: Simper, Hannover; 155.3: Archiv; 155.4: Dr. Barth, Berlin; 156.1: dpa, Frankfurt; 159.2: Fonds der chemischen Industrie, Frankfurt; 160.2: Deutsches Museum, München; 161.2: Deutsches Museum, München; 164.1: Staatliche Sammlung Ägyptischer Kunst, München; 165.3: dpa, Hamburg; 172 r, o: Archiv; 175: Leybold Didactic GmbH, Hürth; 176.1: Dr. Medenbach, Witten; 180.1: Degussa AG, Frankfurt; 196.1: Zefa, Düsseldorf; 199.1: Verlag G + G Urban, Baierbrunn; 202.2: Zefa, Düsseldorf; 204.1: Mauritius, Mittenwald; 221.2: Archiv; 228.1: Bavaria, Gauting; 230: Lurgi, Frankfurt; 232.1: Hoechst AG-Knapsack, Hürth; 232.3: Bayer AG, Leverkusen; 234: Dr. Reinbacher, Kempten; 236.3: Focus, Hamburg; 237.1: BASF AG, Ludwigshafen; 239.2: BASF AG, Ludwigshafen; 240.1 u: Deutsches Museum, München; 242.1: Hoechst AG-Knapsack, Hürth; 244.1: dpa, Frankfurt; 246: Bavaria, Gauting; 248.1: Kali und Salz AG, Hannover; 253.1: Landeskonservator von Westfalen-Lippe, Münster; 258.3: Tönnies, Hannover; 260.1: Mauritius, Mittenwald; 260.2: Zefa, Düsseldorf; 261.3: Deutsches Museum, München; 272.1 r: Mauritius, Mittenwald; 274.2: Siemens AG, München; 275.3: Bild der Wissenschaft/NASA, Stuttgart; 276.3: Komnik, FRÜCO, Hannover; 278.3: Archiv; 280.1: Reinhard, Heiligkreuzsteinach-Eiterbach; 281.1: Mauritius, Mittenwald; 282.1: Dr. Leman, Heidelberg; 284.2: Dr. Risch, Heidelberg; 287.1: Archiv; 289.2: Focus, Hamburg; 294.2: Degussa AG, Frankfurt; 296: Bavaria, Gauting; 308.1: Mauritius, Mittenwald; 310.3: Bavaria, Gauting; 312.1: Archiv; 318.1: Archiv; 324.1: Krebs, Hannover; 325.1: Nobelstiftelsen, Stockholm; 327.1: Archiv; 330: Jochen Harder, München; 331.1: Hüls AG, Marl; 333.1: Fonds der chemischen Industrie, Frankfurt; 333.2: Henkel KGaA (Rudolf Weber, S.Ö.F.W. III (1985), Düsseldorf; 335.1: Verlag G + G Urban, Baierbrunn; 335.2: Henkel KGaA, Düsseldorf; 336.1: Henkel KGaA, Düsseldorf; 338: Mauritius, Mittenwald; 347: Deutscher Brauerbund, Bonn; 348.1: Zefa, Düsseldorf; 351.2: Archiv; 352.1: Mauritius, Mittenwald; 353.2: Merz Pharma, Frankfurt; 354.1: Archiv; 357.1, 357.2: Margarine Institut, Hamburg; 360: Bavaria, Gauting; 361.1: Bayer AG, Leverkusen; 365.1, 365.2: Bayer AG, Leverkusen; 365.3: Krupp Kautex Maschinenbau GmbH, Bonn; 366.2: Hoechst AG, Frankfurt; 370.1: Bayer AG, Leverkusen

Inhaltsverzeichnis

1 Chemie: Pro und Contra 8
Praktikum: Bilder, die sich selber malen 10
Praktikum: So funktioniert der Gasbrenner 11
Exkurs: Sicheres Experimentieren 12
Exkurs: Entsorgung von Chemikalienresten 13
Praktikum: Rotkraut oder Blaukraut? 14
Theorie: Von der Beobachtung zur Theorie 15

2 Chemie: Stoffe erkennen 16
2.1 Der erste Eindruck: Farbe, Geruch und Geschmack 17
2.2 Leitfähigkeit 18
Exkurs: Wärmedämmung am Haus 18
Praktikum: Elektrische Leitfähigkeit 19
2.3 Dichte 20
Exkurs: Härte 10 20
Praktikum: Wie man die Dichte von Stoffen bestimmt 21
2.4 Löslichkeit 22
Theorie: Lösungsvorgang und Teilchenmodell 23
Praktikum: Kristalle – selbstgezüchtet 24
Übersicht: Kristallformen 25
2.5 Schmelztemperatur und Siedetemperatur 26
Theorie: Aggregatzustände und Teilchenmodell 27
Praktikum: Stoffänderungen beim Erhitzen und Abkühlen 28
2.6 Gesucht wird...: Stoffe und Stoffgruppen 30
2.7 Aufgaben · Versuche · Probleme 32
Basiswissen: Das Teilchenmodell 33

3 Chemie: Stoffe mischen und trennen 34
Praktikum: Herstellung von Gemischen 35
3.1 Mischungen 36
Übersicht: Mischungen im Teilchenmodell 37
3.2 Stofftrennung: Kochsalz 38
Exkurs: Trinkwasser aus Meerwasser 39
3.3 Trennverfahren im Überblick 40
Praktikum: Trennen und Identifizieren von Stoffen 42
Praktikum: Trennen von Farbstoffen durch Chromatographie 43
3.4 Aufgaben · Versuche · Probleme 44
Basiswissen: Mischen und Trennen 45

4 Chemische Reaktionen 46
4.1 Chemische Reaktionen – eine alltägliche Sache 47
4.2 Woran sind chemische Reaktionen zu erkennen? 48
4.3 Reaktionspartner Schwefel 50
Übersicht: Künstlerfarben und Schminken – Sulfidpigmente 51
4.4 Element oder Verbindung? 52
Praktikum: Chemische Reaktionen 53
4.5 Graphit und Diamant – *zwei* Stoffe, *ein* Element? 54
Exkurs: Vom Bleistift zum Graphitstift 54
Exkurs: Vom Graphit zum Diamant 55
4.6 Chemische Reaktionen im Teilchenmodell 56
Praktikum: Ein Umgruppierungsmodell 57
4.7 Aufgaben · Versuche · Probleme 58
Basiswissen: Chemische Reaktionen 59

5 Luft: Chemie der Verbrennung 60
5.1 Wissenschaftliche Betrachtungen auf einer Grillparty 61
Praktikum: Verbrennungsvorgänge 62
5.2 Die Verbrennung – eine chemische Reaktion 64
Theorie: Die Verbrennung von Kohlenstoff und das Teilchenmodell 65
5.3 Die Luft – ein Gasgemisch 66
Exkurs: Die Lufthülle 67
5.4 Kohlenstoffoxide – gefährliche Gase? 68
Exkurs: So funktioniert das Streichholz 68
Exkurs: Rauchgas muß gereinigt werden 69
Projekt: Wir untersuchen die Luft in unserer Stadt 70
5.5 Atmen und Rosten: zwei langsam ablaufende Oxidationen 72
Exkurs: Brandbekämpfung 73
5.6 Aufgaben · Versuche · Probleme 74
Basiswissen: Verbrennung – Oxidation 75

6 Metalle: Gewinnung und Verwendung 76
6.1 Vom Erz zum Metall 77
6.2 Redoxreaktionen – wer bekommt den Sauerstoff? 78
Theorie: Eine Redoxreaktion im Teilchenmodell 79
Praktikum: Redoxreaktionen 80
Praktikum: Nachweis von Metallen 81
6.3 Vom Eisenerz zum Roheisen 82
6.4 Vom Roheisen zum Stahl 84
6.5 Metalle in Steckbriefen 86
6.6 Aufgaben · Versuche · Probleme 88
Basiswissen: Metalle – Reduktion 89

7	**Wasser: Lebensmittel Nummer Eins**	90	
7.1	Wir verbrauchen zuviel Wasser	91	
7.2	Trinkwasser – ein Naturprodukt?	92	
	Exkurs: Unser Wasser wird ständig kontrolliert	93	
7.3	Abwasser	94	
	Exkurs: So funktioniert eine Kläranlage	95	
7.4	Wasser – ein Stoff mit ungewöhnlichen Eigenschaften	96	
7.5	Wasser – Element oder Verbindung?	98	
	Exkurs: Vor 200 Jahren erforscht: die Zusammensetzung des Wassers	98	
	Exkurs: Raketentreibstoff Wasserstoff	99	
7.6	Wasser – das wichtigste Lösungsmittel	100	
	Exkurs: Fischsterben – Sauerstoffmangel im Gewässer	100	
	Praktikum: Löslichkeit	101	
7.7	Saure und alkalische Lösungen	102	
	Praktikum: Saure und alkalische Lösungen	103	
7.8	Wasserstoff	104	
	Steckbrief: Wasserstoff	104	
	Theorie: Katalysatoren ermöglichen Reaktionen	105	
	Exkurs: Wasserstoff als Energieträger	105	
7.9	Aufgaben · Versuche · Probleme	106	
	Basiswissen: Wasser und Wasserstoff	107	
8	**Bausteine der Materie: Atome, Moleküle, Ionen**	108	
	Praktikum: Chemische Grundgesetze	109	
8.1	DALTON und die Atome	110	
	Übersicht: Die chemische Reaktion und das DALTONsche Atommodell	111	
8.2	Wie schwer ist ein Atom?	112	
	Theorie: Wie bestimmt man Atommassen?	112	
	Praktikum: Wie groß ist ein Atom?	113	
8.3	Die Formeln der Chemiker	114	
8.4	AVOGADRO und die Moleküle	116	
	Theorie: Verrückte Chemie: 2 + 1 = 2!	117	
8.5	Wie Chemiker Teilchen zählen	118	
	Theorie: Von der Verhältnisformel zur Molekülformel	121	
8.6	ARRHENIUS und die Ionen	122	
8.7	Die Fachsprache der Chemiker: Symbole, Formeln, Gleichungen	124	
8.8	Wie Chemiker rechnen	126	
8.9	Aufgaben · Versuche · Probleme	128	
	Basiswissen: Atome, Moleküle, Ionen	129	
9	**Chemische Verwandtschaften**	130	
9.1	Natrium – ein ungewöhnliches Metall	131	
9.2	Vom Natrium zur Natronlauge	132	
9.3	Alkalimetalle	134	
	Steckbrief: Alkalimetalle	135	
9.4	Erdalkalimetalle	136	
	Steckbrief: Erdalkalimetalle	136	
	Exkurs: Magnesium sorgte für das rechte Licht	137	
	Praktikum: Alkalimetalle und Erdalkalimetalle	138	
	Exkurs: Die Leuchtspur der Elemente	139	
	Exkurs: Karies – ein Säureanschlag auf die Zähne	139	
9.5	Halogene	140	
	Exkurs: Bleichen mit Chlor – eine Gefahr für die Umwelt	140	
	Steckbrief: Halogene	141	
9.6	Halogene bilden Salze	142	
	Theorie: Die Verhältnisformel von Natriumchlorid	143	
9.7	Halogenwasserstoffe	144	
	Exkurs: Die Molekülformel von Chlorwasserstoff	144	
	Praktikum: Halogene und ihre Salze	146	
	Exkurs: Iod und Fluor in der Küche?	147	
	Exkurs: Halogenlampen	147	
9.8	Edelgase	148	
	Steckbrief: Edelgase	148	
	Exkurs: Edelgase sorgen für edles Licht	149	
	Exkurs: Helium – gegen Tiefenrausch und Taucherkrankheit	149	
9.9	Ordnung ist das halbe Leben	150	
9.10	Aufgaben · Versuche · Probleme	152	
	Basiswissen: Elementfamilien und Periodensystem	153	
10	**Atome**	154	
10.1	Fotoreise in die Welt der Atome	155	
10.2	Atome enthalten Elektronen	156	
	Exkurs: Blitze an der Tankstelle verboten!	156	
10.3	Geladene Teilchen: Ionen	158	
	Exkurs: Natrium aus Steinsalz	159	
	Exkurs: Gold aus Abfall	159	
10.4	Das Kern-Hülle-Modell des Atoms	160	
	Exkurs: Marie CURIE entdeckt die Radioaktivität	161	
10.5	Ein Modell des Atomkerns	162	
	Exkurs: Radioaktive Isotope	164	
	Exkurs: Otto HAHN und die Kernspaltung	165	
10.6	Ein Modell der Atomhülle	166	
	Theorie: Von den Ionisierungsenergien zum Schalenmodell	167	
10.7	Atombau und Periodensystem	168	
	Übersicht: Periodische Eigenschaften	169	
10.8	Aufgaben · Versuche · Probleme	170	
	Basiswissen: Atombau	171	

11 Ionen — 172

- 11.1 Acht-Elektronen-Chemie (I): die Ionenbindung — 173
- 11.2 Verhältnisformeln für Salze — 174
  - *Praktikum:* Bau von Kugelpackungen — 175
- 11.3 Die räumliche Struktur von Ionengittern — 176
- 11.4 Salzbildung durch Elektronenübertragung — 178
  - *Theorie:* Redoxreaktionen — 179
- 11.5 Edle und unedle Metalle — 180
- 11.6 Batterien und galvanische Zellen — 181
- 11.7 Fotografie – Bilder aus Silber — 182
  - *Praktikum:* Fotografie — 183
- 11.8 Aufgaben · Versuche · Probleme — 184
  - *Basiswissen:* Ionenbindung — 185

12 Moleküle — 186

- 12.1 Acht-Elektronen-Chemie (II): die Elektronenpaarbindung — 187
- 12.2 LEWIS-Formeln für Moleküle — 188
  - *Übersicht:* LEWIS-Formeln — 189
- 12.3 Die räumliche Struktur der Moleküle — 190
  - *Übersicht:* Das Elektronenpaarabstoßungs-Modell — 191
  - *Theorie:* Kohlenstoff – die Struktur bestimmt die Eigenschaften — 192
  - *Theorie:* Schwefel – ein Element mit ungewöhnlichen Eigenschaften — 193
- 12.4 Das Wasser-Molekül – ein Dipol — 194
- 12.5 Eis, Wasser, Dampf – eine Betrachtung in Modellen — 196
- 12.6 Der Lösungsvorgang – eine Betrachtung in Modellen — 198
  - *Theorie:* Gleiches löst Gleiches — 199
- 12.7 Die Oxidationszahl — 200
- 12.8 Aufgaben · Versuche · Probleme — 202
  - *Basiswissen:* Elektronenpaarbindung — 203

13 Chemie im Alltag: Säuren, Laugen, Salze — 204

- 13.1 Säuren in Lebensmitteln — 205
  - *Exkurs:* Zitronensäure – ein Produkt der Biotechnologie — 205
- 13.2 Säuren und saure Lösungen — 206
- 13.3 Laugen – alkalische Lösungen — 207
  - *Praktikum:* Saure und alkalische Lösungen — 208
  - *Übersicht:* Säuren und Laugen — 209
- 13.4 Auf den pH-Wert kommt es an — 210
  - *Übersicht:* Die pH-Skala — 211
- 13.5 Gegensätze heben sich auf: die Neutralisation — 212
  - *Theorie:* Die Neutralisationsreaktion — 213
  - *Exkurs:* Sodbrennen — 213
  - *Übersicht:* Gehaltsangaben bei Lösungen — 214
  - *Praktikum:* Titration — 215
  - *Praktikum:* Salze — 216
  - *Übersicht:* Bildung und Benennung von Salzen — 217
  - *Praktikum:* Nachweisreaktionen für Anionen — 218
- 13.6 Wasserhärte — 220
  - *Steckbrief:* Carbonate — 220
  - *Exkurs:* Weiches Wasser für den Haushalt — 221
  - *Exkurs:* Tropfsteinhöhlen — 221
- 13.7 Mörtel – anorganische Kleber am Bau — 222
  - *Praktikum:* Herstellung und Eigenschaften von Mörtel — 223
  - *Projekt:* Haushaltschemikalien — 224
- 13.8 Säure-Base-Reaktionen als Protonenübertragungen — 226
  - *Übersicht:* Protonenübertragungen — 227
- 13.9 Aufgaben · Versuche · Probleme — 228
  - *Basiswissen:* Säuren – Lauge – Salze — 229

14 Chemie und Technik — 230

- *Übersicht:* Vom Rohstoff zum Dünger – ein Produktverbund — 231
- 14.1 Vom Schwefel zur Schwefelsäure — 232
  - *Exkurs:* Recycling von Schwefelsäure — 232
  - *Exkurs:* Ein Labyrinth von Rohren ... — 233
  - *Steckbrief:* Schwefelsäure — 234
  - *Exkurs:* Sulfate in der Medizin — 234
  - *Praktikum:* Schwefelsäure und Sulfate — 235
- 14.2 Vom Stickstoff zum Ammoniak — 236
  - *Exkurs:* Ammoniak-Synthese in der Natur — 236
  - *Praktikum:* Ammoniak und Ammonium-Verbindungen — 238
  - *Steckbrief:* Ammoniak — 238
- 14.3 Vom Ammoniak zur Salpetersäure — 239
  - *Steckbrief:* Salpetersäure — 240
  - *Exkurs:* Schwarzpulver — 240
  - *Praktikum:* Salpetersäure und Nitrate — 241
- 14.4 Vom Phosphat zur Phosphorsäure — 242
  - *Exkurs:* Phosphate in Lebensmitteln — 242
  - *Praktikum:* Phosphorsäure und Phosphate — 243
  - *Steckbrief:* Phosphorsäure — 243
- 14.5 Aufgaben · Versuche · Probleme — 244
  - *Basiswissen:* Industrielle anorganische Chemie — 245

15 Chemie und Umwelt — 246

- 15.1 Was braucht die Pflanze zum Leben? — 247
- 15.2 Chemie und Landwirtschaft – Düngemittel — 248
  - *Praktikum:* Düngemittel — 249
- 15.3 Der Stickstoffkreislauf — 250
  - *Exkurs:* Das Nitrat-Nitrit-Problem — 251
  - *Exkurs:* Algenpest und Fischsterben — 251
- 15.4 Saurer Regen – Entstehung und Folgen — 252
  - *Projekt:* Gewässeruntersuchungen — 254

15.5	Wohin mit dem Müll?	256		*Exkurs:* Schwierigkeiten mit dem Altöl	292
	Exkurs: Müllverbrennung – Notwendiges Übel oder üble Notlage?	257		*Exkurs:* Kraftstoffe auf dem Prüfstand	293
15.6	Aufgaben · Versuche · Probleme	258		*Exkurs:* Autoabgase und der Katalysator	294
	Basiswissen: Chemie und Umwelt	259		*Exkurs:* Treibhauseffekt und Kohlenstoffkreislauf	295

16 Chemie der Kohlenwasserstoffe 260
16.1 Organische Stoffe – Organische Chemie .. 261
   Exkurs: Die Anfänge der organischen Chemie 261
   Projekt: Biogas – Methan aus Mist 262
16.2 Methan – Kohlenwasserstoff Nummer Eins 264
   Steckbrief: Methan 264
   Praktikum: Die Molekülformel von Methan 265
16.3 Alkane – die Basis der organischen Chemie 266
   Theorie: Molekülmodelle und Strukturformeln 267
16.4 Vielfalt durch Ringbildung und Verzweigung 268
16.5 Die Nomenklatur schafft Ordnung 269
16.6 Molekülstruktur und Stoffeigenschaft 270
   Praktikum: Eigenschaften von Kohlenwasserstoffen 271
16.7 Reaktionen der Alkane 272
   Theorie: Die Substitutionsreaktion 273
16.8 Halogenkohlenwasserstoffe – viel genutzt, aber sehr problematisch 274
   Exkurs: Ozon – die Schutzschicht der Erde wird dünner 275
16.9 Ethen – ein ungesättigter Kohlenwasserstoff 276
   Theorie: Die Additionsreaktion 277
   Theorie: Cis-trans-Isomerie 277
16.10 Ethin – ein Gas sorgt für große Hitze 278
16.11 Benzol – ein aromatischer Kohlenwasserstoff 279
   Steckbrief: Benzol 279
   Exkurs: Nichts ist ohne Gift 280
   Exkurs: DDT – Geschichte eines Insektizids 281
   Exkurs: Chemiker auf Spurensuche 282
   Übersicht: Kohlenwasserstoffe 283
16.12 Aufgaben · Versuche · Probleme 284
   Basiswissen: Kohlenwasserstoffe 285

17 Energie und Umwelt 286
   Exkurs: Wie Erdöl, Erdgas und Kohle entstanden sind 287
17.1 Erdöl und Erdgas – fossile Brennstoffe .. 288
   Exkurs: Öl contra Natur 289
17.2 Vom Rohöl zum Rohölprodukt 290
17.3 Auf den richtigen Treibstoff kommt es an . 292

18 Alkohole und Ether 296
   Exkurs: Von der Traube zum Wein 297
18.1 Die Struktur des Ethanol-Moleküls 298
   Praktikum: Untersuchung von Ethanol 299
   Projekt: Alkohol – biotechnologisch und gesundheitlich gesehen 300
18.2 Holzgeist, Weingeist und andere Geister . 302
18.3 Molekülstruktur und Stoffeigenschaft 304
   Übersicht: Alkanole 305
18.4 Süße Alkohole 306
18.5 Vom Alkohol zum Ether 307
   Steckbrief: Ether 307
18.6 Aufgaben · Versuche · Probleme 308
   Basiswissen: Alkohole und Ether 309

19 Oxidationsprodukte der Alkohole 310
19.1 Vom Ethanol zum Ethanal 311
19.2 Aldehyde und ihre Verwendung 312
   Exkurs: Die Formaldehyd-Diskussion 313
   Exkurs: Transport von Giftstoffen 313
19.3 Aceton – das einfachste Keton 314
   Übersicht: Oxidationszahlen organischer Verbindungen 315
19.4 Wenn der Wein sauer wird: Essig 316
19.5 Essigsäure – chemisch betrachtet 317
19.6 Essigsäure und Verwandte 318
19.7 Molekülstruktur und Stoffeigenschaft 319
19.8 Carbonsäuren mit mehreren funktionellen Gruppen 320
   Exkurs: Glutamat – ein Geschmacksverstärker 321
   Praktikum: Carbonsäuren 322
   Exkurs: Lebensmittelkonservierung 323
19.9 Ester – Produkte aus Alkoholen und Säuren 324
   Theorie: Veresterung und Esterspaltung . 324
   Exkurs: Biodiesel – Pro und Contra 325
   Praktikum: Ester 326
   Exkurs: Aromastoffe – Geruch und Geschmack entscheiden 327
19.10 Aufgaben · Versuche · Probleme 328
   Basiswissen: Aldehyde – Ketone – Carbonsäuren – Ester 329

20 Chemie im Badezimmer 330
20.1 Was ist Seife? 331
   Theorie: Die Verseifungsreaktion 331

20.2	Wie wäscht Seife?	332
	Praktikum: Seife und Seifenlösungen	334
20.3	Waschen – fast ohne Seife!	336
	Exkurs: Der OECD-Tensid-Test	336
20.4	Die Chemie moderner Waschmittel	337

21	**Chemie und Ernährung**	338
21.1	Unsere Nahrung – nicht nur Nährstoffe	339
21.2	Fit durch Zucker?	340
	Exkurs: Süß auch ohne Zucker	341
	Exkurs: Aline hat Zucker	341
21.3	Kohlenhydrate – chemisch betrachtet	342
	Praktikum: Kohlenhydrate	344
	Exkurs: Von der Rübe zum Zucker	346
	Exkurs: Bierbrauen – eine alte Biotechnologie	347
21.4	Macht Eiweiß stark?	348
	Exkurs: Milch – ein wertvolles Nahrungsmittel	349
21.5	Eiweiß – chemisch betrachtet	350
	Praktikum: Rund ums Ei	351
21.6	Fett ist nicht gleich Fett!	352
	Exkurs: Brühwurst mit Eis?	353
	Exkurs: Cholesterin – ein problematisches Blutfett	353
21.7	Fette – chemisch betrachtet	354
	Theorie: Kondensation und Hydrolyse	354
	Praktikum: Fette	356
	Exkurs: Von der Sojabohne zur Margarine	357
21.8	Aufgaben · Versuche · Probleme	358
	Basiswissen: Kohlenhydrate – Fette – Eiweißstoffe	359

22	**Organische Werkstoffe**	360
22.1	Werkstoffe nach Maß	361
22.2	Die Struktur bestimmt die Eigenschaft	362
	Praktikum: Kunststoffe	363
22.3	Wie ein Thermoplast entsteht	364
22.4	Wie ein Thermoplast verarbeitet wird	365
22.5	Die erste Synthesefaser: Nylon	366
22.6	Zu schade zum Wegwerfen	367
22.7	Klebstoffe	368
	Praktikum: Klebstoffe	369
22.8	Aufgaben · Versuche · Probleme	370
	Basiswissen: Kunststoffe	371

Anhang

Gefahrenhinweise und Sicherheitsratschläge für gefährliche Stoffe	372
Stoffliste	373
Die chemischen Elemente	376
Eigenschaften von Gasen	377
Farbkennzeichnung und Gewinde von Stahlflaschen für Gase	377
Saure und alkalische Lösungen	377
Reagenzlösungen	377
Größen und ihre Einheiten	378
Umrechnungsfaktoren	378
Konstanten	378
Größenangaben in Mischungen und Lösungen (DIN 1310)	378
Dezimale Teile/Vielfache	378
Griechisches Alphabet	378
Griechische Zahlwörter	378
Kleines Lexikon der Chemie	379
Stichwortverzeichnis	382
Periodensystem der Elemente	

1 Chemie: Pro ...

Chemie – traumhaft

6 Uhr: Kurz vor dem Aufstehen hat Anna noch einen schönen Traum: Sie träumt von Seifenblasen.

Chemie im Badezimmer

7 Uhr: Anna wäscht sich die Haare. Sie nimmt ein mildes Shampoo mit hautfreundlichem pH-Wert.

Chemie und Ernährung

8 Uhr: Anna ißt ein leckeres Brötchen – mit Halbfettmargarine und kalorienreduzierter Marmelade.

Chemie und Technik

9 Uhr: Die ersten Stunden fallen aus. Anna fährt mit dem super-leichten Alu-Rad in die Schule.

Chemie-Stunde

12 Uhr: So macht Chemieunterricht viel mehr Spaß: Anna kann heute selbst experimentieren.

Chemie in der Natur

15 Uhr: Anna genießt Farbenpracht und Düfte der Wiese – ohne Farbstoffe und Duftstoffe undenkbar.

Chemie und Freizeit

17 Uhr: Anna testet ihre neuen Jogging-Schuhe. Sie sind aus besonders elastischem Kunststoffmaterial.

Chemie und Vergnügen

20 Uhr: Anna gibt heute ein Fest. Sie schminkt sich – natürlich mit einem hautfreundlichen Make-up.

... und Contra

Chemie – ein Alptraum

6 Uhr: Kurz vor dem Aufstehen hat Jan einen schrecklichen Alptraum: Die chemische Keule schlägt zu.

Chemie im Badezimmer
7 Uhr: Jan duscht gerne. Dabei verbraucht er viel Wasser und belastet die Umwelt mit Tensiden.

Chemie und Ernährung
8 Uhr: Jan muß den Joghurt stehenlassen. Er reagiert allergisch auf E400 und E483: Verdicker und Emulgator.

Chemie und Technik
9 Uhr: Jan ist zu spät dran. Sein Vater bringt ihn schnell zur Schule. Sie verpesten die Umwelt mit Abgasen.

Chemie-Stunde
12 Uhr: Die Chemie-Stunde geht heute überhaupt nicht zu Ende. Jan soll chemische Gleichungen aufstellen.

Chemie und Industrie
15 Uhr: Jan ist mit dem Rad unterwegs. Er sieht Anna, die Wiese und ... den Schlot der Fabrik.

Chemie und Freizeit
17 Uhr: Jan lackiert sein Rad. Das Treibgas belastet die Umwelt, das Lösungsmittel seine Gesundheit.

Chemie und Vergnügen
20 Uhr: Jan ist zu Annas Fest eingeladen. Die Stimmung ist gut – aber Alkohol ist eigentlich verboten.

Bilder, die sich selber malen

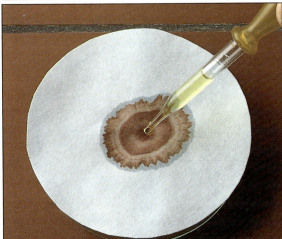

Der deutsche Chemiker RUNGE hat 1850 in dem Buch *Musterbilder für die Freunde des Schönen* beschrieben, wie man Bilder mit Hilfe von Chemikalien erhält.

Versuch 1: RUNGE-Bild 1

Materialien: Rundfilterpapier, mit Kupfersulfat-Lösung (3%) getränkt und anschließend getrocknet, Petrischale, Fön;
Tropffläschchen mit den Lösungen folgender Stoffe: Ammoniumdihydrogenphosphat (10%), gelbes Blutlaugensalz (5%), Kochsalzlösung (gesättigt).

Durchführung:
1. Lege das Papier so auf die Petrischale, daß in der Mitte eine Vertiefung entsteht. Gib dann einige Tropfen Ammoniumdihydrogenphosphat-Lösung in die Mitte des Papiers. Warte fünf Minuten und trockne dann das Papier mit dem Fön.
2. Trage mehrere Tropfen der Lösung des gelben Blutlaugensalzes auf. Jeder Tropfen darf erst dann auf das Papier aufgebracht werden, wenn der vorherige vollständig aufgesaugt ist.
3. Trockne das Filtrierpapier erneut mit dem Fön. Gib dann einige Tropfen Kochsalzlösung auf das Papier.

Versuch 2: RUNGE-Bild 2

Materialien: Rundfilterpapier, Petrischale, Fön;
Tropffläschchen mit den Lösungen folgender Stoffe: Eisen(II)-sulfat (10%), rotes Blutlaugensalz (5%), Oxalsäure (10%).

Durchführung:
Trage der Reihe nach folgende Lösungen auf das Rundfilterpapier auf, gehe dabei wie in Versuch 1 vor:
1. einige Tropfen Eisen(II)-sulfat-Lösung,
2. einige Tropfen der Lösung des roten Blutlaugensalzes,
3. einige Tropfen Oxalsäure-Lösung.

RUNGE-Bild 1

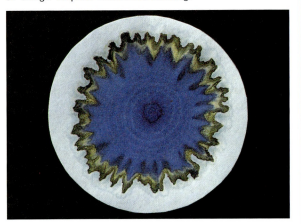

RUNGE-Bild 2

PRAKTIKUM

So funktioniert der Gasbrenner

Für viele Experimente im Chemieunterricht wird ein Gasbrenner benötigt. Es gibt spezielle Brenner für Stadtgas, Erdgas und Butangas. Sie unterscheiden sich hauptsächlich in der Größe der Düsen sowie in der Länge und im Durchmesser des Brennerrohres. Um ohne Unfall-Risiko mit dem Gasbrenner arbeiten zu können, sollte man wissen, wie er aufgebaut ist und wie er funktioniert.

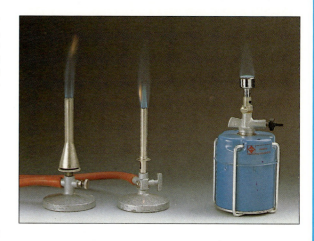

Versuch 1: Entzünden und Regulieren des Brenners

Materialien: Gasbrenner, Gasanzünder, Feuerzeug, Streichhölzer.

Durchführung:
1. Lege einen Gasanzünder, ein Feuerzeug oder Streichhölzer bereit.
2. Schließe den Brenner an den Gashahn an und prüfe, ob Gas- und Luftzufuhr geschlossen sind.
3. Öffne nun den Gashahn am Experimentiertisch und dann am Brenner. Das ausströmende Gas wird sofort entzündet. Es brennt mit *leuchtender Flamme*.
4. Verändere die Größe der Brennerflamme durch Regulierung der Gaszufuhr. Stelle eine etwa 10 cm hohe Flamme ein.
5. Öffne nun die Luftzufuhr und stelle dadurch eine *nichtleuchtende Flamme* ein.

Hinweis: Ist die Gaszufuhr zu gering oder die Luftzufuhr zu stark, so kann die Flamme *zurückschlagen*. Dabei brennt die Flamme im Innern des Brennerrohres. Der Brenner wird dabei sehr heiß. Es besteht die Gefahr, daß der Schlauch schmilzt und sich entzündet. Falls die Flamme zurückschlägt, muß die Gaszufuhr sofort geschlossen werden. Ein heiß gewordener Brenner muß erst abkühlen, bevor man ihn erneut anzündet.

Versuch 2: Temperaturzonen in der Brennerflamme

Materialien: Gasbrenner, Holzstäbchen, Magnesiastäbchen, Streichhölzer.

Durchführung:
1. Schließe den Brenner an und entzünde ihn. Reguliere die Luftzufuhr, um eine nichtleuchtende Flamme einzustellen.
2. Halte Holzstäbchen oder Magnesiastäbchen in verschiedenen Höhen in die Brennerflamme. Notiere die Beobachtungen.
3. Probiere, ob es möglich ist, ein Streichholz in die Brennerflamme zu halten, ohne daß sich der Streichholzkopf entzündet.

Aufgabe: Welche Zone der Brennerflamme hat die höchste Temperatur und welche hat die niedrigste Temperatur? Trage die Beobachtungen in eine Skizze der Brennerflamme ein.

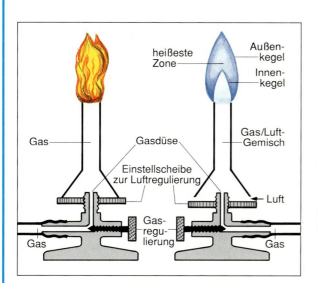

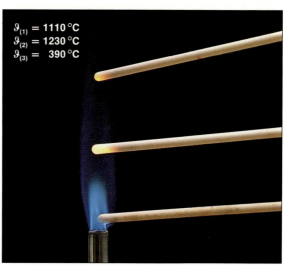

$\vartheta_{(1)} = 1110\,°C$
$\vartheta_{(2)} = 1230\,°C$
$\vartheta_{(3)} = 390\,°C$

Sicheres Experimentieren

Gefahrensymbole. Von vielen Stoffen, die im Chemieunterricht verwendet werden, gehen Gefahren aus. Die Gefahrensymbole geben erste Hinweise auf diese Gefahren.

 Stoffe, die beim Verschlucken oder Einatmen oder bei Aufnahme durch die Haut schwere Gesundheitsschäden oder gar den Tod bewirken können.

T: Giftig
T+: Sehr giftig

 Stoffe, die beim Verschlucken oder Einatmen oder bei Aufnahme durch die Haut beschränkte Gesundheitsschäden hervorrufen können.

Xn: Gesundheitsschädlich

 Stoffe, die das Hautgewebe an der betroffenen Stelle innerhalb weniger Minuten vollständig zerstören können.

C: Ätzend

 Stoffe, die auf der Haut nach mehrstündiger Einwirkung deutliche Entzündungen hervorrufen können.

Xi: Reizend

 Stoffe, die brennbare Materialien entzünden können oder mit diesen explosive Gemische ergeben.

O: Brandfördernd

 Stoffe, die schon durch kurzzeitige Einwirkung einer Zündquelle entzündet werden können oder sich an der Luft von alleine entzünden.

F: Leicht entzündlich
F+: Hoch entzündlich

 Stoffe, die explodieren können.

E: Explosionsgefährlich

 Stoffe, die selbst oder in Form ihrer Umwandlungsprodukte geeignet sind, sofort oder später Gefahren für die Umwelt herbeizuführen.

N: Umweltgefährlich

Sicherheitshinweise. Wegen der besonderen Gefahren sind im Chemieunterricht spezielle Sicherheitshinweise zu beachten:

1. Schülerinnen und Schüler dürfen Geräte und Chemikalien nicht ohne Genehmigung der Lehrerin oder des Lehrers berühren. Die Anlagen für elektrische Energie, Gas und Wasser dürfen nur nach Aufforderung eingeschaltet werden.
2. In Experimentierräumen darf weder gegessen noch getrunken werden.
3. Versuchsvorschriften und Hinweise müssen genau befolgt werden. Der Versuch darf erst dann durchgeführt werden, wenn die Lehrerin oder der Lehrer dazu aufgefordert hat. Die Geräte müssen in sicherem Abstand von der Tischkante standfest aufgebaut werden.
4. Werden Schutzbrillen oder Schutzhandschuhe ausgehändigt, so müssen sie beim Experimentieren getragen werden.
5. Geschmacks- und Geruchsproben dürfen nur dann vorgenommen werden, wenn die Lehrerin oder der Lehrer dazu auffordert. Chemikalien sollen nicht mit den Händen berührt werden.
6. Pipettieren mit dem Mund ist verboten.
7. Chemikalien dürfen nicht in Gefäße umgefüllt werden, die nicht eindeutig und dauerhaft beschriftet sind. Auf keinen Fall dürfen Gefäße benutzt werden, die üblicherweise zur Aufnahme von Speisen und Getränken bestimmt sind.
8. Beim Umgang mit offenen Flammen sind die Haare so zu tragen, daß sie nicht in die Flamme geraten können.
9. Der Arbeitsplatz muß stets sauber gehalten werden. Nach Beendigung des Versuchs sind die Geräte zu reinigen.
10. Chemikalienreste müssen vorschriftsmäßig entsorgt werden.

Sicherheitsleiste. Die im Buch beschriebenen Praktikumsversuche sind mit einer Sicherheitsleiste versehen, die mit Hilfe von 9 Symbolkästchen Hinweise zu den Gefahren und zur Entsorgung gibt.

Die beiden zuerst angegebenen Symbole enthalten die Gefahrensymbole der verwendeten Stoffe. Die Kästchen 3 bis 5 geben Hinweise auf Sicherheitsvorkehrungen beim Experimentieren: Das Symbol „Abzug" bedeutet, daß der Versuch unter dem Abzug oder in einer geschlossenen Apparatur durchgeführt werden muß. Man erkennt, ob Schutzbrillen und Schutzhandschuhe zu tragen sind. Die letzten 4 Kästchen beschreiben die korrekte Entsorgung.
Die genaue Zuordnung der Symbole zu bestimmten Stoffen läßt sich einer Tabelle im Anhang entnehmen.

Entsorgung von Chemikalienresten

Wir wissen inzwischen alle, daß man Chemikalienreste nicht ohne weiteres in den Abfluß oder den Abfalleimer geben darf. Gefährliche Stoffe müssen vielmehr ordnungsgemäß entsorgt werden. Das gilt besonders für Stoffe, die bei chemischen Experimenten anfallen. Um möglichst wenig Sorgen mit solchen Stoffen zu haben, sollte man folgende Regeln beachten:

Gefährliche Abfälle vermeiden. Zu den wichtigsten Regeln für einen verantwortungsbewußten Umgang mit Stoffen gehört es, *die Entstehung von unnötigen Abfällen oder unnötig großen Mengen an Abfällen zu vermeiden.* Die Anwendung dieser ersten Regel setzt eine sorgfältige Planung der experimentellen Arbeit in Hinblick auf die Art und die Menge der verwendeten Stoffe voraus.

Gefährliche Abfälle umwandeln. Nicht vermeidbare gefährliche Abfallstoffe sollen in weniger gefährliche Stoffe umgewandelt werden: Säuren und Basen werden neutralisiert. Lösliche Stoffe können zu schwerlöslichen umgesetzt werden.

Es ist zweckmäßig, Säuren und Laugen in einem gemeinsamen Behälter zu sammeln. Sie brauchen dann nicht portionsweise neutralisiert zu werden. Dies entspricht der ersten Regel, denn auf diese Weise bleiben die Abfallmengen klein.

Gefährliche Abfälle sammeln. Abfälle, die nicht an Ort und Stelle in ungefährliche Produkte umgewandelt werden können, sind zu sammeln. Von Zeit zu Zeit werden die Abfallbehälter dann durch ein *Entsorgungsunternehmen* abgeholt. Durch das Sammeln in getrennten Behältern wird zum einen die endgültige Beseitigung erleichtert und zum andern eine Wiederaufbereitung ermöglicht.

Der Fachhandel bietet für das Sammeln gefährlicher Abfälle geeignete Behälter an; es können auch entsprechend beschriftete leere Chemikalienflaschen verwendet werden.

Entsorgungskonzept. Abfallchemikalien müssen nach Stoffklassen getrennt gesammelt werden, damit die ordnungsgemäße endgültige Entsorgung vereinfacht wird.

Der folgende Sortiervorschlag ist einfach und übersichtlich und er garantiert eine angemessene endgültige Entsorgung:

Behälter 1 (B1): Säuren und Laugen
Behälter 2 (B2): giftige anorganische Stoffe
Behälter 3 (B3): halogenfreie organische Stoffe
Behälter 4 (B4): halogenhaltige organische Stoffe

Im **Behälter 1** werden saure und alkalische Lösungen gesammelt. Der Inhalt von Behälter 1 sollte neutralisiert werden, bevor der Behälter ganz gefüllt ist. Der neutralisierte Inhalt kann dann der Kanalisation zugeführt werden. Deshalb dürfen giftige Verbindungen wie saure oder alkalische Chromat-Lösungen nicht in diese Behälter gegeben werden.

Im **Behälter 2** werden giftige anorganische Stoffe wie Schwermetallsalze und Chromate gesammelt.

Die endgültige Entsorgung erfolgt hier durch ein Entsorgungsunternehmen.

Im **Behälter 3** werden wasserunlösliche und wasserlösliche halogenfreie organische Stoffe gesammelt. Das gemeinsame Sammeln wasserunlöslicher und wasserlöslicher Stoffe erspart ein weiteres Sammelgefäß und vereinfacht damit das Entsorgungskonzept. Damit sich kein zu großes Volumen an leichtentzündlichen Flüssigkeiten ansammelt, ist durchaus zu erwägen, *geringe Mengen* nicht giftiger wasserlöslicher organischer Abfälle wie Ethanol oder Aceton in den Ausguß zu geben.

Behälter 3 muß von einem Entsorgungsunternehmen ordnungsgemäß entsorgt werden.

In den **Behälter 4** gehören alle Halogenkohlenwasserstoffe, alle sonstigen halogenhaltigen organischen Stoffe sowie die Abfälle aus Halogenierungsreaktionen organischer Stoffe.

Behälter 4 muß von einem Entsorgungsunternehmen ordnungsgemäß entsorgt werden.

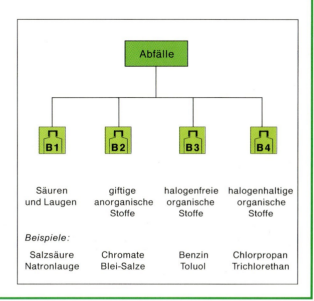

Rotkraut oder Blaukraut?

Herstellung von Rotkrautsaft

Rotkraut, Blaukraut ...

Rotkraut oder Blaukraut?

Versuch 1: Herstellung von Rotkrautsaft

Materialien: Heizplatte, Messer, Becherglas (400 ml, breit), Becherglas (250 ml, hoch), Trichter, Filtrierpapier; Rotkraut.

Durchführung:
1. Zerkleinere das Rotkraut und gib die Schnitzel in das große Becherglas.
2. Gib 200 ml Wasser dazu, koche kurz auf und filtriere den Rotkrautsaft ab.

Versuch 2: „Rot"kraut

Materialien: Reagenzgläser, Tropfpipette;
Rotkrautsaft, Zitronensaft, Haushaltsessig.

Durchführung:
1. Fülle zwei Reagenzgläser jeweils zu einem Viertel mit Rotkrautsaft.
2. Gib zu der ersten Probe tropfenweise Haushaltsessig, bis sich die Farbe nicht mehr ändert.
3. Versetze die zweite Probe auf die gleiche Weise mit Zitronensaft.

Versuch 3: „Blau"kraut

Materialien: Reagenzgläser, Spatel;
Natron (Natriumhydrogencarbonat), Kernseife, Natriumhydroxid (C).

Durchführung:
1. Fülle drei Reagenzgläser jeweils zu einem Viertel mit Rotkrautsaft.
2. Gib in die erste Probe eine Spatelspitze Natron und schüttle. Wiederhole die Natronzugabe, bis sich die Farbe nicht mehr ändert.
3. Gib in die zweite Probe nach und nach kleine Stückchen Kernseife und schüttle jeweils.
4. Gib in die dritte Probe mit dem Spatel vorsichtig drei Natriumhydroxid-Plätzchen. Das Natriumhydroxid darf dabei nicht mit den Fingern berührt werden.

Aufgaben:
a) Notiere die beobachteten Farbänderungen.
b) Untersuche zu Hause weitere Stoffe auf ihre Wirkung auf Rotkrautsaft. Löse dazu jeweils Herdreiniger, WC-Reiniger, Entkalkungsmittel in wenig Wasser und gib die Lösung zu etwas blauem Rotkrautsaft.
c) Gib einige Tropfen Zitronensaft zu schwarzem Tee. Untersuche weitere Stoffe auf ihr Verhalten gegenüber Zitronensäure.

Von der Beobachtung zur Theorie

Rotkraut ist manchmal rot und manchmal blau. Beim Kochen wird Rotkraut blau.

Wir beobachten Vorgänge und Erscheinungen in der Umwelt.

Die Farbe ist abhängig von äußeren Bedingungen.

Gibt man ein Stück Apfel in blaues Rotkraut, so tritt die rote Farbe wieder auf.

Frage: Wodurch wird der Farbumschlag bewirkt?

Wir fragen nach den Ursachen der Erscheinungen und vermuten bestimmte Zusammenhänge.

Vermutung: Der Zucker im Fruchtfleisch des Apfels bewirkt den Farbumschlag.

Experiment: Blaues Rotkraut wird mit Zucker versetzt.

Wir überprüfen die Vermutungen durch Experimente. Dabei beobachten wir die Erscheinungen genau.

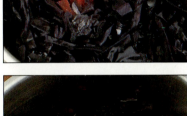

Beobachtung: Es erfolgt keine Farbänderung.

Schlußfolgerung: Die Vermutung war falsch.

Bestätigen die Experimente die Vermutungen nicht, so müssen wir die Vermutungen als falsch ansehen.

Neue Vermutung: Die Säure im Fruchtfleisch des Apfels bewirkt den Farbumschlag.

Bestätigen die Experimente die Vermutungen, so können wir die Vermutungen als richtig ansehen.

Experiment: Blaues Rotkraut wird mit Essig oder mit Zitronensaft versetzt.

Beobachtung: Die Farbe schlägt nach rot um.

Eine vielfach bestätigte Vermutung wird zu einer Theorie. Mit Hilfe einer Theorie lassen sich Beobachtungen vorhersagen.

Theorie: Alle sauren Stoffe bewirken im Farbstoff des Rotkrauts einen Farbumschlag von blau nach rot.

2 Chemie: Stoffe erkennen

Die meisten Menschen schätzen Gold, sei es als Schmuck oder als Wertanlage. Und das ist bereits seit Jahrtausenden so: In vielen Museen der Welt staunt man über feingearbeiteten Goldschmuck aus Gräbern früherer Kulturen oder über Goldmünzen aus Schatzfunden.

In der Natur findet man Gold als reines Metall, meist aber nur in kleinen Körnchen, eingelagert in Gesteine oder im Flußsand. Der größte jemals gefundene Goldklumpen, ein sogenannter *Nugget*, war 2360 g schwer.

Gold ist sehr weich, und es ist das dehnbarste aller Metalle: Als *Blattgold* läßt es sich auf eine Dicke von nur $\frac{1}{8000}$ mm auswalzen; aus 1 cm³ Gold mit einer Masse von 19,3 g kann man einen Draht von 58 km Länge ziehen. Um Gold zu härten, schmilzt man es mit anderen Metallen wie Nickel, Kupfer oder Silber zusammen.

Allgemein bekannt ist Gold seit langem als Zahnersatz. In der modernen Technik wird Gold vor allem als Kontakt in elektronischen Bauteilen eingesetzt. Denn Gold bleibt immer blank und leitet dazu den elektrischen Strom noch besonders gut.

Trotz vielfältiger Anwendungen liegt das meiste Gold als Währungsreserve in den Tresoren der Staatsbanken. Allein die Deutsche Bundesbank lagerte 1989 Goldbarren im Wert von 13,7 Milliarden DM.

2.1 Der erste Eindruck: Farbe, Geruch und Geschmack

Unsere Sinne sind es, mit denen wir im Alltag Stoffe erkennen und unterscheiden: Gold und Silber glänzen, haben aber verschiedene *Farben*. Ob die Salatsoße mit Essig oder mit Zitronensaft angerührt wurde, erkennt man schon am *Geruch*. Der süße *Geschmack* des Tees verrät, daß er Zucker oder einen Süßstoff enthält.

Farbe. Jeder Stoff hat eine charakteristische Farbe: Ruß ist schwarz, Schwefel ist gelb. Es gibt aber viele verschiedene Stoffe mit der gleichen Farbe: Kreide, Mehl und Backpulver sind weiß. Die Farbe eines Stoffs reicht also häufig nicht aus, um ihn eindeutig zu identifizieren.

Geruch. Besser als an der Farbe läßt sich ein Stoff an seinem typischen Geruch erkennen: Den Knoblauch in Speisen riecht man sofort, wenn man in die Küche kommt. Die menschliche Nase arbeitet wie ein empfindliches Meßgerät: Essigsäure nimmt sie noch wahr, wenn 1 Milliliter davon in 1000 Litern Luft enthalten ist; Schwefelwasserstoff, der aus faulen Eiern entweicht, riecht man sogar noch, wenn 1 Milliliter auf 2 Millionen Liter Luft verteilt ist. Viele Stoffe sind für den Menschen jedoch geruchlos. Weder Eisen noch Wasser oder Erdgas lassen sich am Geruch erkennen. Beim Erdgas kann das lebensgefährlich werden. Erdgas bildet nämlich explosive Gemische mit Luft, wenn es aus einem offenen Hahn oder einer defekten Leitung ausströmt. Damit die Gefahr bemerkt wird, mischt man dem Erdgas einen geringen Anteil eines stark riechenden Stoffs bei.

Geschmack. Der Mensch kann sehr viele verschiedene Gerüche unterscheiden. Die Sinneszellen der Zunge nehmen dagegen nur vier Geschmacksqualitäten wahr: *süß, sauer, salzig* und *bitter*. Verschiedene Stoffe können aber den gleichen Geschmack haben: Essig und Zitronensaft schmecken sauer. Zucker und Süßstoff schmecken süß. Viele Stoffe sind allerdings giftig, so daß eine Prüfung des Geschmacks gefährlich ist.

Es gibt viele Stoffe, die man weder durch ihre Farbe, noch durch den Geruch, noch durch den Geschmack eindeutig beschreiben und dadurch von anderen Stoffen unterscheiden kann. Außerdem lassen sich die Sinne häufig täuschen: Einer kupferfarbenen Münze läßt sich nicht ansehen, ob sie ganz aus Kupfer besteht oder aus verkupfertem Eisen.
Aufschlußreich ist hier ein Gewichtsvergleich. Eine Münze aus reinem Kupfer ist deutlich schwerer als eine gleichgroße Münze, die überwiegend aus Eisen besteht: 1 cm³ Kupfer wiegt 8,96 g, 1 cm³ Eisen dagegen nur 7,86 g.

1. Ein Parfümeur bei der Arbeit. Bis zu 2000 Duftstoffe lassen sich voneinander unterscheiden.

Versuch 1: Farblose Kristalle aus dem Haushalt
Betrachte Proben von Zucker, Salz und Zitronensäure mit der Lupe. Prüfe vorsichtig den Geschmack. Versuche, kleine Mengen der Stoffe zu lösen.
Wie könnte man die Stoffe weiter untersuchen?

Versuch 2: Geruchsproben
Vor dir stehen 5 Flaschen, die nur durch die Nummern 1 bis 5 gekennzeichnet sind. Sie enthalten Benzin (F), Essig, Salmiakgeist (C), Spiritus (F) und Wasser. Öffne die Flaschen und fächle dir die entweichenden Dämpfe vorsichtig mit der Hand zu. Verschließe die Flaschen sofort wieder und notiere hinter der Nummer der Flasche den Namen des Stoffs, den du erkannt hast.

Versuch 3: Welche Farbe hat Zinkoxid?
Erhitze trockenes Zinkoxid im Reagenzglas und lasse die Probe wieder abkühlen. *Entsorgung: B2.*

Süßungsmittel	Süßkraft
Sorbit	0,5
Isomalt	0,5
Traubenzucker	0,5
Mannit	0,6
Rohrzucker	1
Fruchtzucker	1,2
Cyclamat	35
Aspartam	140
Saccharin	450

2. Süßkraft verschiedener Stoffe im Vergleich zu Rohrzucker

2.2 Leitfähigkeit

1. Glas – ein schlechter Wärmeleiter

Versuch 1: Wärmeleitfähigkeit
Verwende für den folgenden Versuch einen Glasstab und einen Eisenstab, die etwa gleich lang und gleich dick sind. Wie fühlen sich die Stäbe an? Lege beide Stäbe eine Minute in heißes Wasser. Nimm sie in die Hände, und vergleiche das Wärmeempfinden.
Wiederhole den Versuch mit Eiswasser.

Wärmeleitfähigkeit. Ein Glasbläser hält bei seiner Arbeit ein Glasrohr an einem Ende mit der Hand, ohne sich die Finger zu verbrennen. Dabei erreicht das andere Ende des Rohrs in der Flamme eine Temperatur von bis zu 1000 °C. Offensichtlich wird Wärme durch Glas nur schlecht weitergeleitet. Auch Porzellan verhält sich so. Man kann eine Tasse sicher am Henkel festhalten, selbst wenn der Tee sehr heiß ist.
Im Gegensatz zu Glas und Porzellan sind Metalle gute *Wärmeleiter*. Der Boden eines Kochtopfs soll die Hitze der Herdplatte schnell und gleichmäßig an die Speisen im Topf weitergeben. Topfböden bestehen daher häufig aus Kupfer, einem der besten Wärmeleiter.

Elektrische Leitfähigkeit. Seit etwa 100 Jahren setzt man immer häufiger Elektromotoren ein, um Maschinen anzutreiben. Dazu muß elektrische Energie übertragen werden. Das erfordert Stoffe, die den elektrischen Strom leiten: Vor allem Metalle sind solche *elektrischen Leiter*. In Elektrokabeln verwendet man Kupfer, denn Kupfer hat eine sehr hohe *elektrische Leitfähigkeit*.
Auch Flüssigkeiten, viele Lösungen und manche Schmelzen leiten den Strom. Allerdings ist ihre Leitfähigkeit viel geringer als die der Metalle: Blei leitet den Strom 150 000mal besser als die Säure in der Autobatterie. Reines Wasser leitet den Strom praktisch nicht. Löst man jedoch Salze oder Säuren darin auf, so steigt die Leitfähigkeit stark an.
Im Elektrokabel ist jeder Draht mit einer Kunststoffschicht überzogen, um ihn zu isolieren. Diese Kunststoffe sind *Nichtleiter*. Sie verhindern, daß sich zwei stromführende Drähte berühren und so ein Kurzschluß entsteht. Die Isolierung des Kabels schützt gleichzeitig auch den Menschen, der ein elektrisches Gerät anwendet. Porzellan, Glas und Holz sind andere Stoffe, die den elektrischen Strom nicht leiten.

EXKURS

Wärmedämmung am Haus

Um ein Haus zu beheizen, braucht man viel Wärme. In Deutschland wird dazu hauptsächlich Erdöl, Erdgas oder Kohle verbrannt oder man verwendet elektrische Heizgeräte. Mit Wärme sparsam umzugehen, ist aus mehreren Gründen sinnvoll:
– Brennstoffe kosten Geld.
– Die Vorräte an Erdöl, Erdgas und Kohle auf der Erde sind begrenzt.
– Heizen belastet unsere Umwelt. Bei der Verbrennung von Erdöl, Erdgas, Kohle oder Holz entsteht Kohlenstoffdioxid. Dieses Gas gehört zu den Treibhausgasen, denn es trägt zu einem Anstieg der Temperatur der Erdatmosphäre bei. Außerdem werden bei der Verbrennung giftige Gase an die Luft abgegeben: Kohlenstoffmonooxid, Schwefeldioxid und Stickstoffoxide.

Im Durchschnitt erfordert ein Wohnhaus in Deutschland im Jahr 25 l Heizöl pro Quadratmeter Wohnfläche. Für ein Haus mit 100 m² Wohnfläche sind das 2500 l Heizöl oder ungefähr 3000 m³ Erdgas.

Infrarotaufnahmen zeigen, an welchen Stellen ein Haus viel oder wenig Wärme an die Umgebung abgibt.

Doppelt verglaste Fenster und die Isolierung von Dach und Wänden mit einem „Pullover" aus Steinwolle helfen, Heizenergie einzusparen.

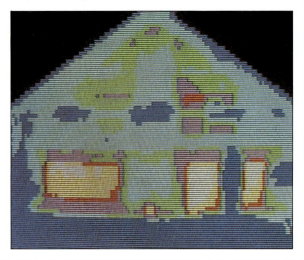

Elektrische Leitfähigkeit

Versuch 1: Elektrische Leitfähigkeit

Materialien: Glühbirne (4,5 V) mit Fassung, 4,5-V-Batterie oder eine andere Gleichspannungsquelle, 2 dicke Kupferdrähte (Isolierung am Ende entfernen), 2 Verbindungskabel mit Krokodilklemmen, Gasbrenner, Dreifuß, Tondreieck, Porzellantiegel;
Zucker, Fixiersalz (Natriumthiosulfat), Kochsalz, Polyethen, Wachs, Eisen, Zink, Magnesium (F), Glas, Wasser, Benzin (F, B3), Salpeter (O).

Durchführung:
1. Verbinde die Kupferdrähte mit Glühbirne und Spannungsquelle.
2. Halte die Drahtenden so an die einzelnen Feststoffe, daß sie sich nicht berühren. Beobachte das Lämpchen.
3. Tauche die freien Enden der Kupferdrähte so in die anderen Feststoffproben und in die Flüssigkeiten, daß sie sich nicht berühren.
4. Erwärme vorsichtig Proben von Fixiersalz, Salpeter und Wachs, bis sie schmelzen.
Prüfe die Schmelzen auf ihre elektrische Leitfähigkeit.
5. Gib Proben von Zucker, Fixiersalz, Kochsalz und Salpeter in Bechergläser, füge 25 ml Wasser hinzu und rühre mit dem Glasstab gut um. Überprüfe die elektrische Leitfähigkeit der Lösungen.
6. Überprüfe die elektrische Leitfähigkeit einer Lösung von Wachs in Benzin.

Aufgaben:
a) Notiere deine Beobachtungen
b) Ordne die untersuchten Stoffe nach elektrischen Leitern und Nichtleitern. Unterscheide dabei zwischen Reinstoffen (fest, flüssig) und Lösungen.

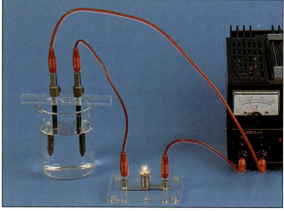

Prüfung der elektrischen Leitfähigkeit (Versuchsaufbau)

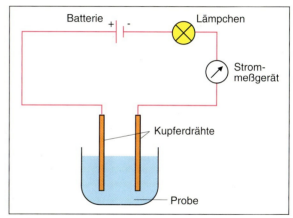

Prüfung der elektrischen Leitfähigkeit (Schaltskizze)

Versuch 2: Elektrische Leitfähigkeit von Wasserproben

Materialien: Geräte wie in Versuch 1, zusätzlich 1 Verbindungskabel, Strommeßgerät (300 mA);
destilliertes Wasser, Leitungswasser, Mineralwasser, Kochsalz.

Durchführung:
1. Verbinde Kupferdrähte und Glühlampe mit Strommeßgerät und Spannungsquelle.
2. Überprüfe die Leitfähigkeit von destilliertem Wasser, Leitungswasser und Mineralwasser.
3. Gib unter Umrühren einige Portionen Kochsalz in das destillierte Wasser und überprüfe nach jeder Zugabe die Leitfähigkeit.

Aufgaben:
a) Notiere deine Beobachtungen.
b) Warum ist Radiohören in der Badewanne mit dem Radio auf dem Wannenrand lebensgefährlich?

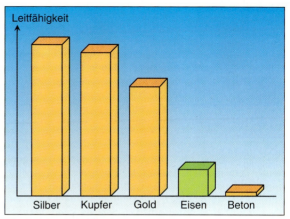

Elektrische Leitfähigkeit von Stoffen im Vergleich zu Eisen

2.3 Dichte

1. Ein schlapper Typ?

In der Szene auf dem Bild erscheint ein Junge als schlapper Typ. Man sollte aber wissen, daß die Hantel, die er stemmen will, aus Eisen besteht, die Hantel des Mädchens aber aus Aluminium. Seine Hantel ist also viel schwerer als die des Mädchens.

Häufig sagt man, Eisen ist schwerer als Aluminium. Aber eine kleine Hantel aus Eisen ist schließlich leichter als eine große aus Aluminium. Da man für einen Vergleich aber nicht immer gleich große Stücke verwenden kann, wird aus den Werten für Masse und Volumen eines beliebigen Stücks die **Dichte** des Stoffs berechnet. Der Zahlenwert gibt an, wieviel Gramm ein Stück mit einem Volumen von 1 cm^3 wiegt.

Beispiel: Ein Stück Aluminium mit einem Volumen von 3700 cm^3 hat die Masse 10 000 g. 1 cm^3 Aluminium hat dann eine Masse von $\frac{10\,000}{3\,700}$ g = 2,7 g. Man sagt auch: Aluminium hat eine Dichte von 2,7 $\frac{g}{cm^3}$.

Allgemein bestimmt man die Dichte ϱ (rho) eines Stoffs, indem man den Quotienten aus Masse und Volumen einer Stoffportion berechnet:

$$\text{Dichte} = \frac{\text{Masse}}{\text{Volumen}}; \quad \varrho = \frac{m}{V}; \quad \text{Einheit: } \frac{g}{cm^3}$$

Fast alle Stoffe dehnen sich beim Erwärmen aus, ihr Volumen vergrößert sich. Dabei bleibt die Masse gleich. Die Dichte eines Stoffs nimmt also beim Erwärmen ab.
Gasportionen können leicht zusammengedrückt werden. Die Dichte von Gasen steigt daher mit dem Druck stark an.
Die Dichte eines Stoffs hängt also von der Temperatur und vom Druck ab. Deshalb sollten mit der Dichte immer der Druck und die Temperatur genannt werden, bei denen die Dichte bestimmt wurde. Dies sind im allgemeinen 25 °C und der normale Luftdruck: 1013 hPa.

Aufgabe 1: Wie groß ist die Masse eines Goldwürfels mit 5 cm Kantenlänge?

Aufgabe 2: Welches Volumen hat
a) 1 kg Alkohol, **b)** 1 kg Quecksilber?

Aufgabe 3: Welche Masse hat
a) 1 l Wasserstoff, **b)** 1 l Ether?

Dichtewerte: siehe Seite 21.

EXKURS

Härte 10

Bei einem guten Glasschneider ist meist ein Diamantsplitter das eigentliche Werkzeug. Und bei der Nadel im Tonkopf eines Plattenspielers handelt es sich um einen präzise geschliffenen Diamanten, der sich nur sehr langsam abnutzt. Tatsächlich ist Diamant der härteste Stoff überhaupt, denn nur mit ihm kann man alle anderen Stoffe ritzen.

Friedrich MOHS (1773–1839) ordnete auf seiner noch heute verwendeten **Härteskala** Stoffe nach ihrer *Ritzhärte*. Diamant erhält mit 10 den höchsten Wert. Für jeden Härtegrad gibt es ein Testmineral. Eisen kann das Testmineral Flußspat (Härte 4) ritzen. Es kann dagegen nicht mehr Apatit (Härte 5) ritzen. Die Härte von Eisen ist also 4,5.

Testmineral	Härte	Beispiel	Härte
Talk	1	Kalium	0,5
		Graphit	1
Gips	2	Blei	1,5
		Schwefel, Steinsalz	2
		Zink, Gold	2,5
		Silber	2,5 bis 3
Kalkspat	3	Kupfer	3
		Messing	3 bis 4
Flußspat	4	Platin	4 bis 4,5
		Eisen	4,5
Apatit	5	Glas	4 bis 6
		Stahl	5 bis 8
Feldspat	6	Iridium, Granat	6 bis 7
Quarz	7	Silicium, Porzellan	7
		Schmirgel	7 bis 9
Topas	8	Chrom	8
Korund	9	Hartmetall (Widia)	9,5
Diamant	10		

Härteskala nach MOHS. Man prüft, welches Testmineral eine vorgegebene Probe ritzt und welches von der Probe geritzt wird. Die gesuchte Härte liegt zwischen den Werten der beiden verwendeten Testmineralien.

PRAKTIKUM

Wie man die Dichte von Stoffen bestimmt

Beispiel: Die Dichte von Kupfer wird bestimmt.

Bestimmen der Masse m	Berechnen der Dichte ϱ	Bestimmen des Volumens V
	11 cm³ Kupfer haben die Masse 98,6 g. 1 cm³ Kupfer hat die Masse $\frac{98,6}{11}$ g = 8,96 g. Dichte = $\frac{\text{Masse}}{\text{Volumen}}$; $\varrho = \frac{m}{V}$	
Ergebnis: Das Kupferrohr hat eine Masse von 98,6 g. $m = 98,6$ g	*Ergebnis:* Kupfer hat die Dichte 8,96 $\frac{g}{cm^3}$. ϱ (Kupfer) = 8,96 $\frac{g}{cm^3}$	*Ergebnis:* Das Kupferrohr hat ein Volumen von 11 cm³. $V = 11$ cm³

Versuch 1: Welche Dichte hat Eisen?

Materialien: Waage, Meßzylinder (100 ml); Eisenschrauben.

Durchführung:
1. Wiege einige Eisenschrauben und notiere ihre Masse.
2. Fülle den Meßzylinder mit 50 ml Wasser.
3. Gib die abgewogenen Eisenschrauben vorsichtig in den Meßzylinder und notiere den Wasserstand.

Aufgaben:
a) Welches Volumen haben die Eisenschrauben?
b) Berechne die Dichte von Eisen in der Einheit Gramm pro Kubikzentimeter.

Hinweise: Bei der Dichtebestimmung von *Flüssigkeiten* wird das Volumen direkt durch Abmessen im Meßzylinder bestimmt.

Die Dichte von Flüssigkeiten wird meist in Gramm pro Milliliter ($\frac{g}{ml}$) angegeben.

Bei *Gasportionen* bestimmt man die Masse folgendermaßen: Eine möglichst luftleer gepumpte Gaswägekugel wird gewogen. Dann läßt man aus einem Kolbenprober eine Gasportion mit bekanntem Volumen einströmen und wiegt erneut.

Bei Gasen wird die Dichte meist in der Einheit Gramm pro Liter ($\frac{g}{l}$) angegeben.

Stoff	Dichte in $\frac{g}{cm^3}$
Wasserstoff	0,00008
Stickstoff	0,00117
Sauerstoff	0,00131
Ether	0,714
Alkohol	0,785
Wasser	1,0
Kochsalz	2,2
Aluminium	2,7
Brom	3,12
Iod	4,94
Zink	7,14
Eisen	7,86
Kupfer	8,96
Blei	11,4
Quecksilber	13,53
Gold	19,3

Dichte (bei 25°C und 1013 hPa)

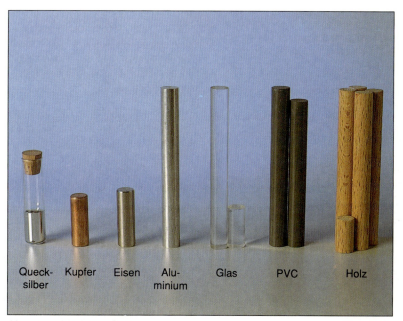

20 g verschiedener Stoffe

2.4 Löslichkeit

1. Ein Liter Cola-Getränk enthält bis zu 110 g Zucker

Getränke sind Mischungen, die meist viele verschiedene Bestandteile enthalten. Häufig wird Zucker zugesetzt, um den Geschmack zu verbessern; bei Cola-Getränken sind es je Liter bis zu 110 g Zucker. Den Getränken kann man nicht ansehen, daß sie Zucker enthalten. Auch unter einem noch so starken Mikroskop ist der Zucker nicht zu erkennen. Trotzdem schmeckt man ihn in jedem Tropfen. Der Zucker hat sich so fein im Wasser verteilt, daß er unsichtbar geworden ist, er hat sich im Wasser gelöst.

Lösungen. Wasser ist ein gutes Lösungsmittel für viele Stoffe. So sind im Meerwasser verschiedene Salze gelöst. In Sprudel, Sekt und Bier ist offensichtlich ein Gas gelöst. Bei den im Glas aufsteigenden Bläschen handelt es sich um Kohlenstoffdioxid-Gas.
Aber nicht alle Stoffe lösen sich in Wasser: Schüttelt man Öl mit Wasser, so entsteht eine trübe Mischung. Schon mit dem bloßen Auge sind einzelne Öltröpfchen zu erkennen. Öl löst sich dagegen gut in Benzin. Ein Fettfleck läßt sich daher mit Waschbenzin aus der Kleidung entfernen, nicht jedoch mit Wasser.
Neben Wasser und Benzin verwendet man häufig Alkohol als Lösungsmittel. Manche Hustentropfen sind Lösungen verschiedener Wirkstoffe in Alkohol. Iodtinktur ist eine alkoholische Lösung von Iod. Sie wurde früher häufig zur Desinfektion kleiner, oberflächlicher Wunden verwendet.

Lösungen bestehen aus einem Lösungsmittel und einem gelösten Stoff. Für die meisten festen und flüssigen Stoffe und auch für Gase gibt es geeignete Lösungsmittel.

Löslichkeit. Manche Flüssigkeiten mischen sich in *jedem* Verhältnis mit Wasser. So sind in einem Liter Bier etwa 50 ml Alkohol mit 950 ml Wasser, in einem Liter Rum bis zu 700 ml Alkohol mit 300 ml Wasser gemischt.
Im Gegensatz dazu lösen sich viele Feststoffe zwar gut in Wasser, aber nicht unbegrenzt. In 100 g Wasser lösen sich bei 20 °C bis zu 36 g Kochsalz. Fügt man weiteres Kochsalz hinzu, so löst es sich nicht mehr auf. Es bleibt als fester **Bodenkörper** zurück. Die überstehende Lösung ist an Kochsalz *gesättigt*.

In Tabellen gibt man als **Löslichkeit** eines Stoffs meist an, wieviel Gramm des Stoffs sich in 100 g eines Lösungsmittels lösen, so daß eine *gesättigte Lösung* entsteht. Manche Stoffe sind erstaunlich gut löslich, so lösen sich 204 g Zucker in 100 g Wasser. Andere Stoffe wie Gips und Sauerstoff sind schwerlöslich. In 100 g Wasser lösen sich bei 20 °C nur 0,2 g Gips und sogar nur 0,004 g Sauerstoff. Kohlenstoff und Benzin sind in Wasser praktisch unlöslich.

Die Löslichkeit vieler Stoffe steigt mit der Temperatur: Erwärmt man eine gesättigte Lösung dieser Stoffe zusammen mit etwas Bodenkörper, so löst er sich auf. Läßt man die entstandene Lösung abkühlen, bilden sich *Kristalle*. Das sind regelmäßig geformte Körper, die wie geschliffen aussehen.
Ein gelöster Stoff kristallisiert aber auch dann aus, wenn eine bei Zimmertemperatur gesättigte Lösung längere Zeit in einem offenen Gefäß stehenbleibt. Dabei verdunstet allmählich das Lösungsmittel, und der gelöste Stoff scheidet sich ab.

Versuche zur Löslichkeit

a) Fülle Reagenzgläser zu einem Viertel mit Wasser oder Waschbenzin (F, B3). Füge in kleinen Portionen einen der folgenden Stoffe hinzu: Kochsalz, Zucker, Kalk, Öl, Stearin, Kohlenstoff, Spiritus (F, B3). Schüttle die Proben und prüfe die Löslichkeit.
b) Fülle 50 ml Wasser in einen Erlenmeyerkolben. Gib Kristallsoda (Xi) in Portionen zu 2 g hinzu und schüttle jeweils.
Wieviel Soda löst sich auf?
Wiederhole den Versuch mit Alaun.
c) Gib einen Spatel Alaun in eine gesättigte Lösung von Alaun und erwärme. Lasse die heiße Lösung wieder abkühlen.
d) In der Spitze einer Pipette befindet sich ein Kaliumpermanganat-Kristall (Xn, O, B2). Hänge die Pipette mit der Spitze in einen hohen Standzylinder mit Wasser und lasse das Gefäß ruhig stehen.
e) Lasse einen großen Kaliumpermanganat-Kristall in ein Becherglas mit Wasser fallen. Stelle das Becherglas für einige Tage an einen ruhigen Platz.
f) Mische in einem Meßzylinder 50 ml Spiritus mit 50 ml Wasser. Wiederhole den Versuch mit zwei Wasserportionen von 50 ml.

Lösungsvorgang und Teilchenmodell

Hält man einen Iod-Kristall in Alkohol, so entstehen braune Schlieren, die nach unten sinken. Zunächst bildet sich nur am Boden des Gefäßes eine Lösung. Nach einiger Zeit verteilt sich das Iod aber im gesamten Alkohol, auch ohne daß man umrührt. Die Lösung ist dann gleichmäßig braun gefärbt. Die selbständige Verteilung eines Stoffes in einer Lösung bezeichnet man als **Diffusion**.

Um die beschriebenen Beobachtungen zu verstehen, macht man sich ein Bild vom Aufbau der Stoffe: Man stellt sich vor, daß der Iod-Kristall und der Alkohol aus *kleinen Teilchen* aufgebaut sind. Diese Teilchen sind so klein, daß man sie selbst in einem Mikroskop nicht erkennen kann. In einem Iod-Kristall liegen die Teilchen fest aneinander. Im flüssigen Alkohol sind die Teilchen dagegen ständig in Bewegung. Hält man den Iod-Kristall in Alkohol, so treffen Alkohol-Teilchen auf den Iod-Kristall und lösen einzelne Iod-Teilchen heraus. Aufgrund ihrer Eigenbewegung vermischen sich Iod-Teilchen und Alkohol-Teilchen und verteilen sich gleichmäßig. Die Lösung ist deshalb nach einiger Zeit einheitlich braun gefärbt.

Mischt man Wasser und Alkohol, so macht man eine überraschende Beobachtung: Aus 50 ml Alkohol und 50 ml Wasser entstehen nur 97 ml Lösung. Diese Volumenverringerung läßt sich erklären, wenn man folgende Annahme macht: Die Alkohol-Teilchen sind größer als die Wasser-Teilchen. Beim Mischen können daher die kleinen Wasser-Teilchen Hohlräume zwischen den großen Alkohol-Teilchen ausfüllen. Ganz ähnlich ist es, wenn man Erbsen und Senfkörner mischt; die Senfkörner füllen die Lücken zwischen den Erbsen.

Ebenso wie bei Iod, Alkohol und Wasser kann man sich auch den Aufbau anderer Stoffe vorstellen: *Alle Stoffe bestehen aus kleinsten Teilchen.* Man spricht deshalb vom **Teilchenmodell** der Stoffe.

Die Vorstellung vom Aufbau der Stoffe aus Teilchen ist eine Erfindung des Menschen. Sie entstand in einer Zeit, in der man noch gar nicht beweisen konnte, daß es tatsächlich kleinste Teilchen gibt. Direkt nachweisen und abbilden lassen sich solche Teilchen auch heute nur in Forschungsinstituten. Trotzdem hat sich die Idee vom Teilchenaufbau allgemein verbreitet. Denn die Vorstellung ist nützlich, da sie uns hilft, viele Beobachtungen zu erklären. In den Naturwissenschaften spricht man bei derartigen Vorstellungen von einem **Modell**. Meist wird ein Modell entwickelt, um ganz bestimmte Erscheinungen zu erklären. Wenn später neue Beobachtungen gemacht werden, muß das Modell oft ergänzt oder verändert werden. Ein Modell ist also kein Naturgesetz.

Alle Stoffe bestehen aus kleinsten Teilchen. Die Teilchen eines Stoffs sind untereinander gleich. Die Teilchen verschiedener Stoffe unterscheiden sich in ihrer Größe.
In Flüssigkeiten sind die kleinsten Teilchen ständig in Bewegung.

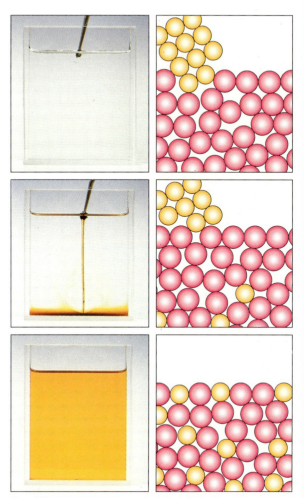

Der Lösungsvorgang von Iod in Alkohol

Volumenänderung beim Mischen

Kristalle – selbstgezüchtet

Versuch 1: Kristalle aus der Lösung

Materialien: 2 Bechergläser (400 ml), 1 Becherglas (100 ml), Filtrierpapier, Trichter, Dreifuß mit Drahtnetz, Gasbrenner, Thermometer, Faden (aus Perlon oder Nähgarn);
Alaun (Kaliumaluminiumsulfat).

Durchführung:
1. Löse 40 g Alaun in 200 ml warmem Wasser. Die Temperatur darf 50 °C nicht überschreiten.
2. Lasse die Lösung auf Zimmertemperatur abkühlen. Dabei muß ein Teil des Alauns auskristallisieren.
3. Filtriere die gesättigte Lösung in ein Becherglas und stelle die Lösung an einen kühlen, möglichst gleichmäßig temperierten Ort.
4. Nach einigen Tagen haben sich größere Kristalle gebildet. Filtriere einen Teil der überstehenden Lösung in das kleine Becherglas. Entnimm einen möglichst großen Kristall und befestige ihn an einem dünnen Faden. Hänge ihn an einem Glasstab so in die Lösung, daß er vollständig eintaucht.
5. Entferne jeweils nach einigen Tagen kleine, zusätzliche Kristalle vom Faden. Damit der Kristall immer bedeckt ist, muß gelegentlich gesättigte Alaun-Lösung gleicher Temperatur aus dem Vorratsgefäß nachgefüllt werden.

Hinweis: Der Versuch kann statt mit Kaliumaluminiumsulfat auch mit anderen Salzen durchgeführt werden.
Für 200 ml Wasser benötigt man:
80 g Kupfersulfat-Hydrat (Xn, B2)
oder 260 g Seignette-Salz
oder 80 g Chromalaun (B2).

Wenn sich Iod-Dampf abkühlt, bilden sich Iod-Kristalle

Versuch 2: Kristalle aus einer Schmelze

Materialien: Großes Reagenzglas, Becherglas mit heißem Wasser (etwa 60 °C), Thermometer, Petrischale; Fixiersalz.

Durchführung:
1. Fülle das Reagenzglas zur Hälfte mit Fixiersalz. Stelle es in heißes Wasser und warte bis das Salz geschmolzen ist.
2. Nimm das Reagenzglas aus dem Wasser, stelle das Thermometer hinein und warte, bis die Schmelze abgekühlt ist.
3. Wirf einen Kristall Fixiersalz in die Schmelze.

Aufgabe: Notiere deine Beobachtungen.

Kristallisation und Teilchenmodell. Wie sich Kristalle in einer gesättigten Lösung bilden, läßt sich mit dem Teilchenmodell erklären: In der Lösung liegen die Teilchen des gelösten Stoffs und die Wasser-Teilchen gemischt vor. Die Wasser-Teilchen sind in Bewegung. Von den Wasser-Teilchen an der Oberfläche der Lösung mischen sich einige mit den Teilchen der Luft. Das Wasser verdunstet allmählich. Dadurch rücken die Teilchen des gelösten Stoffs immer näher aneinander. Wenn die Abstände zwischen ihnen klein genug sind, lagern sie sich zusammen und bilden einen Kristall. Die regelmäßige Anordnung der Teilchen im Kristall führt zu charakteristischen Kristallformen: Kochsalz-Kristalle sind würfelförmig, Alaun-Kristalle sind oktaederförmig gebaut.

Kristallisation: Übergang vom ungeordneten Zustand zum geordneten Zustand

Kristallformen

Kochsalz-Kristall

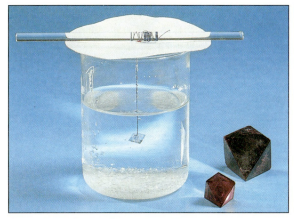

Alaun-Kristalle – selbstgezüchtet

Diamant-Kristall

Silber-Kristall

Amethyst-Druse

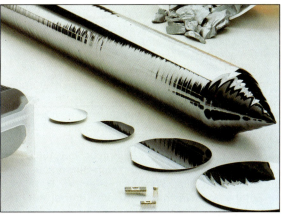

Silicium-Kristall – technisch hergestellt

2.5 Schmelztemperatur und Siedetemperatur

1. Zwei Zustandsformen des Wassers

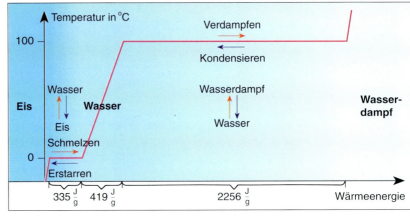

2. Temperatur-Energie-Diagramm von Wasser

Wenn man von Wasser spricht, denkt man zunächst an eine Flüssigkeit. Dabei wissen wir aber alle, daß Wasser auch fest werden kann: Im Winter gefriert es zu Eis. Wasser kann aber auch gasförmig werden. Es verdunstet allmählich, und es siedet im Kochtopf.

Eis. Ein Eiswürfel aus dem Gefrierfach hat eine Temperatur von etwa $-20\,°C$. Er ist hart, und er besitzt eine feste Form und ein bestimmtes Volumen. Um ihn zu zerbrechen, muß Energie aufgewendet werden.

Außerhalb des Gefrierfachs bleibt das Eis zunächst fest, seine Temperatur steigt aber langsam an. Bei $0\,°C$ bildet sich flüssiges Wasser: Das Eis *schmilzt*. Dabei bleibt die Temperatur unverändert auf $0\,°C$ bis alles Eis geschmolzen ist: Die *Schmelztemperatur* von Eis beträgt $0\,°C$.

Wasser. Flüssiges Wasser hat ähnlich wie Eis zwar ein bestimmtes Volumen, es paßt aber seine Form jedem Gefäß an. Im Gegensatz zum Eis läßt es sich mühelos zerteilen. Eine Wasseroberfläche hält aber doch so gut zusammen, daß Insekten über das Wasser laufen können.

Läßt man Wasser in einem offenen Gefäß stehen, so sinkt der Wasserspiegel allmählich: Das Wasser *verdunstet*. Auch wenn nach einem Regen die Straße wieder trocknet, verdunstet das Wasser.

Erwärmt man Wasser, so beginnt es bei $100\,°C$ zu *sieden*. In der Flüssigkeit bilden sich Blasen aus gasförmigem Wasser: Das Wasser *verdampft*. Trotz weiterer Zufuhr von Wärme bleibt die Temperatur des Wassers so lange gleich, bis es vollständig verdampft ist. Bei normalem Luftdruck beträgt die *Siedetemperatur* des Wassers genau $100\,°C$.

Wasserdampf. Gasförmiges Wasser ist unsichtbar. Im Gegensatz zu Eis und Wasser läßt sich Dampf leicht zusammenpressen. Kühlt man Wasserdampf ab, so wird er bei $100\,°C$ wieder flüssig, er *kondensiert*.

Über einem Topf mit siedendem Wasser bildet sich oftmals ein feiner Nebel. Im Alltag spricht man dann von Wasserdampf. Dieser Nebel besteht aus winzig kleinen Tröpfchen flüssigen Wassers: Ein Teil des Wasserdampfs ist wieder kondensiert.
In der Chemie verwendet man den Ausdruck *Dampf* nur für den gasförmigen Zustand von Stoffen, die bei Zimmertemperatur fest oder flüssig sind.

Manchmal bildet sich Wasserdampf auch direkt aus Eis: Hängt man bei Frost nasse Wäsche auf die Leine, so wird sie zunächst hart wie ein Brett, weil das Wasser zu Eis gefriert. Nach einiger Zeit ist die Wäsche aber doch trocken; aus Eis ist Wasserdampf geworden. Diesen direkten Übergang vom festen in den gasförmigen Zustand nennt man *Sublimation*; Eis *sublimiert* also zu Wasserdampf.
Auch der umgekehrte Vorgang, eine *Resublimation*, ist möglich: Bei Frost bildet sich Rauhreif auf Bäumen und Sträuchern. Wasserdampf aus der Luft wird direkt zu Eis, ohne daß sich flüssiges Wasser bildet.

Aggregatzustände. So wie Wasser können auch viele andere Stoffe je nach Temperatur *fest, flüssig* oder *gasförmig* auftreten. Man spricht von den drei *Zustandsformen* oder *Aggregatzuständen der Stoffe*. Manche Stoffe muß man allerdings stark erhitzen, ehe sie völlig verdampfen. So ist Eisen erst oberhalb von $3000\,°C$ gasförmig. Andere Stoffe muß man sehr stark abkühlen, ehe sie fest werden: Sauerstoff geht erst bei $-219\,°C$ in den festen Aggregatzustand über.

Aggregatzustände und Teilchenmodell

Die Eigenschaften des Wassers in den drei Aggregatzuständen können mit dem Teilchenmodell beschrieben werden.

Eis. Im Eis sind die Wasser-Teilchen regelmäßig angeordnet. Jedes Teilchen hat seinen bestimmten Platz, an dem es nur wenig hin und her schwingt. Es kann seinen Platz aber nicht verlassen, weil seine Nachbarn es daran hindern. Deshalb behält ein Eisblock seine Form und läßt sich nur schwer zerteilen. Erwärmt man das Eis, so schwingen die Teilchen immer heftiger. Schließlich werden die Anziehungskräfte zu schwach im Verhältnis zu den starken Schwingungen. Die starre Ordnung bricht zusammen: Das Eis *schmilzt*.

Wasser. Im Wasser sind die Teilchen nicht mehr regelmäßig angeordnet. Sie bewegen sich unregelmäßig hin und her und lassen sich leicht gegeneinander verschieben. Wasser paßt sich daher jedem Gefäß an und füllt es von unten her auf.
Erwärmt man Wasser, so wird die Bewegung der Teilchen heftiger. Einzelne Wasser-Teilchen verlassen die Wasseroberfläche: Das Wasser *verdunstet*. Wenn die Siedetemperatur erreicht ist, bewegen sich die Wasser-Teilchen so stark, daß sie die Anziehungskräfte vollständig überwinden können. Es bilden sich Dampfblasen, und das Wasser *verdampft*.

Wasserdampf. Im Dampf ist der Abstand zwischen den Wasser-Teilchen sehr viel größer als im flüssigen Wasser oder im Eis. Aus einem Liter Wasser entstehen etwa 1700 Liter Dampf. Da zwischen den Teilchen viel freier Raum ist, läßt sich Wasserdampf leicht zusammendrücken. Im Dampf wirken zwischen den Teilchen keine anziehenden Kräfte mehr. Die Teilchen bewegen sich regellos im Raum. Sie stoßen wie Billardkugeln gegeneinander und gegen die Wände des sie umgebenden Gefäßes. Bei 100 °C haben Wasser-Teilchen eine Geschwindigkeit von durchschnittlich 660 Meter pro Sekunde.

Wenn Eis *sublimiert*, verlassen Wasser-Teilchen ihre Plätze am Rande des Teilchenverbands und bilden direkt Wasserdampf.

Das erweiterte Teilchenmodell. Um die Eigenschaften des Wassers zu erklären, wurden zwei Annahmen gemacht:

Die Teilchen sind ständig in Bewegung. Die Bewegung der Teilchen wird mit steigender Temperatur stärker.

Die Teilchen ziehen sich gegenseitig an. Diese Anziehungskräfte haben nur eine geringe Reichweite. Im festen Zustand der Stoffe wirken sie am stärksten, im gasförmigen Zustand sind sie völlig aufgehoben.

Diese beiden Eigenschaften lassen sich genauso für die Teilchen anderer Stoffe annehmen.

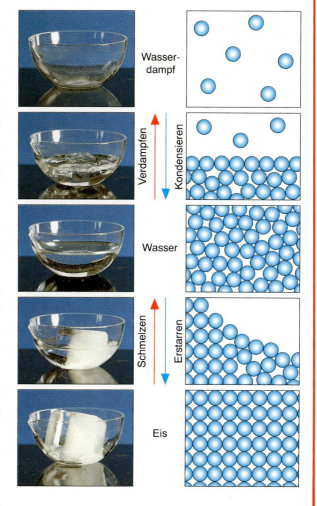

Aufgabe 1: a) Erkläre die Tatsache, daß manche Insekten auf der Wasseroberfläche laufen können.
b) Warum laufen zwei Wassertropfen zu einem zusammen, während sich ein zerbrochener Glasstab nicht wieder zusammenfügen läßt?
c) Wie verhält sich das Glas beim Erhitzen?
d) Erkläre die kühlende Wirkung beim Schwitzen.
e) Gase vermischen sich rasch und ohne Einwirkung von außen. Ineinander lösliche Flüssigkeiten tun dies auch, jedoch wesentlich langsamer. Erkläre diese Vorgänge.
f) Beschreibe mit Hilfe des Teilchenmodells den Vorgang der Sublimation.
g) Bläst man mit einem Fön erwärmte Luft über eine Wasseroberfläche, so sinkt die Temperatur im Inneren der Flüssigkeit ab. Erkläre diese Beobachtung.
h) Drückt man ein Siegel in geschmolzenen Siegellack, so wird ein Abdruck erzeugt. Warum bleibt die Form des Abdrucks erhalten?

Stoffänderungen beim Erhitzen und Abkühlen

Versuch 1: Schmelztemperatur von Stearinsäure

Materialien: Dreifuß mit Drahtnetz, Gasbrenner, Stoppuhr, großes Becherglas, Thermometer, Reagenzglas, Stativ;
Stearinsäure (B3).

Durchführung:
1. Fülle etwa 3 cm hoch Stearinsäure in ein Reagenzglas.
2. Befestige das Reagenzglas am Stativ. Stelle ein Becherglas mit Wasser auf den Dreifuß und tauche das Reagenzglas ein.
3. Erhitze das Wasserbad. Stelle ein Thermometer in die Stearinsäure und miß alle 30 Sekunden die Temperatur, bis die Stearinsäure vollständig geschmolzen ist.
4. Nimm anschließend das Reagenzglas aus dem Wasserbad, lasse es abkühlen und miß dabei wieder alle 30 Sekunden die Temperatur.

Hinweise zum Versuchsprotokoll

Chemische Experimente sollen jederzeit wiederholt und damit überprüft werden können. Damit dies möglich ist, müssen Versuche zunächst sorgfältig geplant sein. Dann muß der Ablauf schriftlich festgehalten werden, damit auch keine Einzelheit in Vergessenheit gerät. Es ist daher sinnvoll, ein deutlich gegliedertes Versuchsprotokoll zu führen:

1. Versuchsnummer, Datum, Name
2. Ziel des Versuchs
3. Materialien (Geräte/Chemikalien)
4. Skizze vom Versuchsaufbau
5. Beschreibung der Versuchsdurchführung
6. Beobachtungen
7. Schlußfolgerungen und Ergebnis

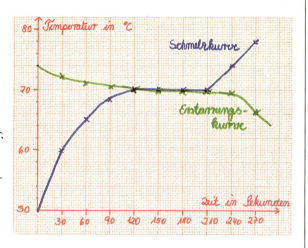

Versuch 1: Bestimmung der Schmelz- temperatur und Erstarrungstemperatur von Stearinsäure

Versuchsprotokoll 5.7.'92
Mark Schmitz / Ute Schulze

Materialien:
Ceranplatte, Dreifuß, Brenner, großes Becherglas, Reagenzglas, Thermometer, Stativ, Stearinsäure

Durchführung:
Der Versuch wird genau nach der Versuchsanleitung durchgeführt.

Versuchsaufbau:
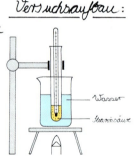

Beobachtungen:
Die ersten Stearinsäure-Kristalle begannen bei einer Temperatur von 60°C zu schmelzen. Bei 70°C blieb die Temperatur einen Moment stehen, bis die Stearinsäure vollständig geschmolzen war (farblose Flüssigkeit). Danach stieg die Temperatur rasch an.
Beim Erstarren war es genau umgekehrt. Die Temperatur blieb bei 70°C stehen, bis die Stearinsäure fest war.

Ergebnis:
Unsere Stearinsäureprobe wurde bei 70°C flüssig und auch wieder fest.

Stoffänderungen beim Erhitzen und Abkühlen

Versuch 2: Erhitzen von Stoffen

Materialien: Reagenzgläser, Tiegelzange, Gasbrenner, Spatel;
Porzellanscherbe, Glasrohr, Zinn, Zucker, Salz, Holz, Plastik, Magnesiumoxid, Wasser, Zinkoxid (B2), Kupfersulfat-Hydrat (Xn, B2).

Durchführung:
1. Halte die Porzellanscherbe mit der Tiegelzange in die Flamme des Gasbrenners.
2. Erhitze das Glasrohr möglichst stark.
3. Gib Proben der anderen Substanzen in Reagenzgläser. Erhitze zuerst vorsichtig, dann kräftig.

Aufgaben:
a) Notiere deine Beobachtungen.
b) Ordne die Stoffe nach ihrem Verhalten beim Erhitzen: keine Veränderung, Änderung des Aggregatzustands, Bildung neuer Stoffe.
c) Ergänze die Aufstellung um weitere Stoffe, von denen du weißt, wie sie sich beim Erhitzen verhalten.

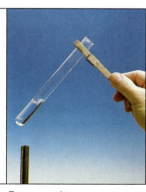

1. Fülle das Reagenzglas höchstens zu einem Viertel.
2. Halte das Reagenzglas mit der Reagenzglasklammer schräg in die Flamme.
3. Die Öffnung des Reagenzglases darf nicht auf Personen gerichtet sein.
4. Schüttle das Reagenzglas in der Flamme, damit der Inhalt gleichmäßig erhitzt wird.

Regeln für das Erhitzen im Reagenzglas

Versuch 3: Brennbarkeit

Materialien: Porzellantiegel, Dreifuß mit Drahtnetz, Gasbrenner;
Salz, Holz, Magnesiumband, Spiritus (F, B3), Speiseöl.

Durchführung:
1. Fülle jeweils eine Probe der Substanzen in einen Porzellantiegel und stelle den Tiegel auf das Drahtnetz.
2. Versuche, die Substanzen mit der Flamme des Gasbrenners zu entzünden.
3. Erwärme 2 ml Speiseöl und prüfe, ob es sich dann entzünden läßt.

Aufgaben:
a) Notiere deine Beobachtungen.
b) Nenne weitere brennbare Stoffe.

Aufgabe 1: Welche Vorgänge werden mit folgenden Begriffen bezeichnet: Schmelzen, Verdampfen, Sublimieren, Erstarren, Kondensieren?

Aufgabe 2: Auf einer heißen Herdplatte tanzen ein Wassertropfen und ein Spiritustropfen. Bei dem Wassertropfen dauert es wesentlich länger, bis er verschwunden ist.
a) Warum tanzen die Tropfen?
b) Warum dauert es beim Wassertropfen länger, bis er verschwunden ist?

Versuch 4: Siedetemperatur von Spiritus

Materialien: Dreifuß mit Drahtnetz, Gasbrenner, großes Becherglas, Reagenzglas, Thermometer;
Spiritus (F, B3).

Durchführung:
1. Erhitze Wasser im Becherglas auf etwa 95 °C.
2. Lösche die Flamme des Gasbrenners.
3. Fülle das Reagenzglas zu einem Drittel mit Spiritus und stelle das Thermometer hinein.
4. Halte die Probe in das Wasserbad. Lies alle 20 Sekunden die Temperatur ab, bis merklich weniger Spiritus im Reagenzglas ist.

Aufgaben:
a) Notiere die Temperaturen.
b) Zeichne ein Temperatur-Zeit-Diagramm.

Stoff	Schmelz- temperatur	Siede- temperatur
Aluminium	660 °C	2450 °C
Alkohol	−114 °C	78 °C
Blei	327 °C	1740 °C
Brom	− 7 °C	58 °C
Eisen	1540 °C	3000 °C
Gold	1063 °C	2677 °C
Kochsalz	801 °C	1465 °C
Kupfer	1083 °C	2600 °C
Naphthalin	80 °C	218 °C
Quecksilber	− 39 °C	357 °C
Sauerstoff	−219 °C	−183 °C
Wasser	0 °C	100 °C

Schmelztemperaturen und Siedetemperaturen bei normalem Luftdruck (1013 hPa)

2.6 Gesucht wird ...: Stoffe und Stoffgruppen

Erst an *mehreren* typischen Eigenschaften kann man einen Stoff sicher erkennen. Charakteristische Eigenschaften eines Stoffs lassen sich steckbriefartig zusammenfassen.

Stoffe, die in mehreren wesentlichen Eigenschaften übereinstimmen, bilden eine **Stoffgruppe.** Wichtige Stoffgruppen sind: *Metalle, salzähnliche Stoffe* und *flüchtige Stoffe.*

Metalle. Gemeinsame Eigenschaften der Metalle sind: metallischer Glanz bei kompakten Stücken, Verformbarkeit, gute Leitfähigkeit für Wärme und elektrischen Strom.
Beispiele: Eisen, Silber, Zink.

Salzähnliche Stoffe. Gemeinsame Eigenschaften von salzähnlichen Stoffen sind: Kristallbildung, relativ hohe Härte, keine Leitfähigkeit für den elektrischen Strom im festen Zustand, jedoch leitfähig als Schmelze oder in Wasser gelöst, hohe Schmelz- und Siedetemperatur.
Beispiele: Kochsalz, Alaun.

Flüchtige Stoffe. Gemeinsame Eigenschaften flüchtiger Stoffe sind: niedrige Schmelz- und Siedetemperaturen, bei Zimmertemperatur meist flüssig oder gasförmig, schlechte Leitfähigkeit für elektrischen Strom oder Nichtleiter.
Beispiele: Wasser, Kohlenstoffdioxid, Schwefel.

Viele Stoffe lassen sich jedoch keiner dieser drei Gruppen zuordnen.
Beispiele: Zucker, Mehl, Watte, Plexiglas, Diamant, Quarz.

Aufgabe 1: a) Nenne für jede Gruppe zwei weitere Beispiele.
b) Erstelle Steckbriefe für Kupfer, Sauerstoff und Kochsalz.

Eisen: silberweißes Metall; *Dichte:* 7,86 $\frac{g}{cm^3}$; MOHS-Härte: 4,5; *Schmelztemperatur:* 1540 °C; *Siedetemperatur:* 3000 °C; elektrische Leitfähigkeit geringer als bei Kupfer; mehr als ein Drittel der gesamten Erdmasse entfällt auf Eisen oder Eisenverbindungen.
Verwendung: wichtigstes Gebrauchsmetall, meist als Stahl.

Quecksilber: silberglänzendes Metall; als einziges Metall bei Zimmertemperatur flüssig; bildet sehr gifte Dämpfe; *Dichte:* 13,53 $\frac{g}{cm^3}$; *Schmelztemperatur:* −39 °C; *Siedetemperatur:* 357 °C; gehört zu den seltensten Elementen auf der Erde.
Verwendung: Füllung von Thermometern und Barometern; zusammen mit Silber als Material für Zahnplomben.

Kupfersulfat-Hydrat: blaue Kristalle, beim Erhitzen entstehen Wasser und weißes Kupfersulfat; *Dichte:* 2,3 $\frac{g}{cm^3}$; die Löslichkeit in Wasser nimmt mit der Temperatur stark zu; wird im Labor aus Kupfer und Schwefelsäure hergestellt.
Verwendung: Verkupferung von Gegenständen, Algenbekämpfung in Freibädern.

Kaliumnitrat (Salpeter): farblose Kristalle, die sich in Wasser leicht lösen, wobei sich die Lösung stark abkühlt; *Dichte:* 2,09 $\frac{g}{cm^3}$. *Schmelztemperatur:* 337 °C; gibt bei weiterem Erwärmen Sauerstoff ab.
Verwendung: Sauerstofflieferant in Schwarzpulver und Feuerwerkskörpern; Bestandteil von Mineraldüngern und von Pökelsalz.

Schwefel: gelbe nadelförmige oder rhombische Kristalle; *Dichte:* 2,07 $\frac{g}{cm^3}$; *Schmelztemperatur:* 119 °C; *Siedetemperatur:* 444,6 °C; unlöslich in Wasser; bildet beim Verbrennen ein giftiges Gas; kommt in der Natur rein vor. *Verwendung:* Vulkanisation von Kautschuk; Bestandteil von Schwarzpulver und Feuerwerkskörpern.

Alkohol (Ethanol): farblose Flüssigkeit; brennbar; *Dichte:* 0,785 $\frac{g}{ml}$; *Schmelztemperatur:* −114 °C; *Siedetemperatur:* 78,3 °C; entsteht durch Vergärung zucker- und stärkehaltiger Substanzen. *Verwendung:* alkoholische Getränke; Lösungsmittel; Spiritus ist 96%iger Alkohol, der durch Zusätze ungenießbar gemacht wurde.

Quarz: häufigstes Mineral in der Erdkruste; durch Nebenbestandteile oft farbig (Achat, Amethyst, Rauchquarz); *Dichte:* 2,6 $\frac{g}{cm^3}$; *Schmelztemperatur:* 1710 °C, MOHS-Härte: 7; guter Isolator für elektrischen Strom. *Verwendung:* Glasherstellung; aus reinem Quarzglas fertigt man Linsen für optische Geräte und hitzebeständige Laborgeräte.

Brom: tiefrotbraune Flüssigkeit, die schon bei Raumtemperatur rasch verdampft; *Schmelztemperatur:* −7,3 °C; *Siedetemperatur:* 58,8 °C; der Dampf riecht beißend und ist sehr giftig (griech. *bromos*: Gestank); Brom wird aus Meerwasser gewonnen. *Verwendung:* Zwischenprodukt in der chemischen Industrie.

Kohlenstoffdioxid: farb- und geruchloses Gas; nicht brennbar; sublimiert bei −78,5 °C; die feste Form heißt Trockeneis; *Dichte:* 1,8 $\frac{g}{l}$ bei 25 °C (Luft: 1,2 $\frac{g}{l}$); bei 25 °C lösen sich etwa 0,75 l in 1 l Wasser; Luft enthält 0,035 % Kohlenstoffdioxid. *Verwendung:* Feuerlöschmittel und in Getränken.

Styropor: Kunststoff; geschäumtes Polystyrol; unlöslich in Wasser; *Dichte:* 0,015 $\frac{g}{cm^3}$ bis 0,3 $\frac{g}{cm^3}$; temperaturbeständig bis etwa 100 °C; bildet oberhalb 150 °C giftige Gase; guter Isolator für Wärme und elektrischen Strom. *Verwendung:* Wärmedämmung; Verpackungsmaterial.

2.7 Aufgaben · Versuche · Probleme

1. Ein „Temperamentmesser"

Aufgabe 1: Umfaßt man einen „Temperamentmesser" mit der Hand, so sprudelt die Flüssigkeit nach einiger Zeit durch die Glasspritze nach oben. Bei temperamentvollen Menschen soll das besonders schnell und heftig geschehen. Erkläre die Funktionsweise des „Temperamentmessers".

Aufgabe 2: Kalte Getränke kann man in der Sonne einige Zeit kühl halten, indem man die Flasche mit nassem Zeitungspapier umwickelt.
Bei Sportverletzungen wird häufig ein Spray zur Kühlung auf die Haut gesprüht.
Erkläre in beiden Fällen den Kühleffekt.

Aufgabe 3: Die Dichte von konzentrierter Schwefelsäure ist $1{,}8 \frac{g}{ml}$.
a) Eine Vorratsflasche enthält 2,5 l Schwefelsäure. Wieviel Gramm sind das?
b) Für einen Versuch werden 15 g Schwefelsäure benötigt. Wieviel Milliliter Schwefelsäure muß man abmessen?

Versuch 1: Eigenschaften des Schwefels
Untersuche Schwefel auf folgende Eigenschaften: Farbe, Geruch, Dichte, elektrische Leitfähigkeit, Löslichkeit in Wasser, Verhalten beim Erwärmen, Kristallbildung aus der Schmelze. Benutze Stangenschwefel oder Schwefelpulver.

Versuch 2: Glitzerkerze
Schmelze etwa 100 g Stearinsäure in einem hohen Becherglas. Lasse die Schmelze auf die Schmelztemperatur (71 °C) abkühlen.
Tauche nun eine Kerze in die Schmelze ein und ziehe sie nach kurzer Zeit wieder heraus.
Erkläre deine Beobachtungen.

Problem 1: Vergleiche Spielzeugmodelle wie Modelleisenbahnen oder Puppen mit der Wirklichkeit. Worin besteht Übereinstimmung mit der Wirklichkeit, worin nicht? Warum kann man das Teilchenmodell nicht ebenso mit der Wirklichkeit vergleichen?

2. Diffusion von Kaliumpermanganat in Wasser

Problem 2: Bromdampf und Luft, Wasser und Kaliumpermanganat durchmischen sich selbständig. Solche Vorgänge nennt man **Diffusion**.
a) Deute den Diffusionsvorgang im Teilchenmodell.
b) Erkläre die unterschiedlichen Geschwindigkeiten der Vorgänge.

Problem 3: Entfernt man von einem Hühnerei die Kalkschale, indem es längere Zeit in verdünnte Essigsäure gelegt wird, so ist ein erstaunliches Experiment möglich: Legt man dieses Ei, das nun nur noch von einer dünnen Eihaut umgeben ist, in Wasser, so schwillt es während einiger Stunden stark an. Erkläre diese Beobachtung mit Hilfe der Abbildung.

  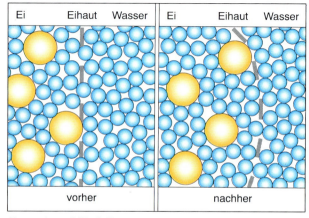

3. Ein durch Essigsäure entkalktes Ei wird in Wasser dicker: Versuch und Modell

BASISWISSEN

Das Teilchenmodell

1. Alle Stoffe bestehen aus **kleinsten Teilchen.** Die Teilchen verschiedener Stoffe unterscheiden sich in ihrer Masse und ihrer Größe

Die Teilchen sind sehr klein:

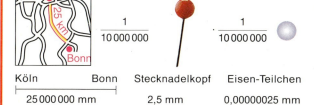

Köln — Bonn	Stecknadelkopf	Eisen-Teilchen
25 000 000 mm	2,5 mm	0,00000025 mm

2. Zwischen den kleinsten Teilchen bestehen **Anziehungskräfte.** Die Anziehungskräfte haben nur eine geringe Reichweite.

Aufgrund der Anziehungskräfte lassen sich Feststoffe nur schwer zerteilen. Auch die Teilchen in einem Flüssigkeitstropfen werden durch diese Anziehungskräfte zusammengehalten.

3. Zwischen den Teilchen ist **leerer Raum.**

Der Abstand der Teilchen ist im gasförmigen Zustand der Stoffe sehr groß:
Aus 10 ml flüssigem Butan entstehen mehr als 2000 ml Butan-Gas.

4. Die kleinsten Teilchen befinden sich in **ständiger Bewegung.**

Die Teilchen in Gasen haben eine hohe Geschwindigkeit. Die Geschwindigkeit steigt mit der Temperatur.

Gasart	Geschwindigkeit in $\frac{m}{s}$		
	bei 0 °C	bei 100 °C	bei 1000 °C
Wasserstoff	1695	1980	3700
Sauerstoff	425	495	930
Chlor	285	330	620

Aggregatzustand und Teilchenmodell

Aggregatzustand	fest	flüssig	gasförmig
Eigenschaften des Stoffs	schwer verformbar, schwer teilbar	leicht verformbar, leicht teilbar	verteilt sich in jedem Raum
Abstand zwischen den Teilchen	sehr klein	klein	sehr groß
Ordnung der Teilchen	feste Gitterplätze	feste Ordnung aufgehoben	völlig ungeordnet
Bewegung der Teilchen	schwingen am Gitterplatz	schnell, Teilchen wechseln Plätze	sehr schnell
Anziehungskräfte zwischen den Teilchen	sehr stark	stark	schwach
Darstellung im Modell			

3 Chemie: Stoffe mischen und trennen

Ob Salben, Cremes, Tinkturen oder Tabletten – für eine pharmazeutisch technische Assistentin (PTA) gehört es zum Berufsalltag, Gemische herzustellen.

Viele Vorschriften sind sehr kompliziert, ganz einfach ist es dagegen, eine *Kühlsalbe* anzurühren:

7 Gramm Bienenwachs, 8 Gramm Cetylpalmitat und 60 Gramm Erdnußöl werden bei 60 °C geschmolzen und gut verrührt. Dann kocht man 25 Milliliter Wasser kurz auf und gießt es in eine Reibschale. Wenn sich das Wasser auf 60 °C abgekühlt hat, gibt man die ölige Mischung dazu und rührt die Salbe mit dem Pistill bis zum Erkalten.

Die fertige Salbe muß kühl und verschlossen aufbewahrt werden und hält sich dann 3 Monate lang. Ein Tropfen Rosenöl verleiht ihr einen angenehmen Duft.

Herstellung von Gemischen

Die Versuche zur Herstellung von Brausepulver und Mayonnaise sollten zu Hause durchgeführt werden, da Geschmacksproben im Chemieraum nicht durchgeführt werden dürfen. Die nötigen Zutaten und Geräte finden sich sicherlich in der Küche. Natron und Zitronensäure gibt es im Lebensmittelhandel oder in der Drogerie.

Versuch 1: Mayonnaise – selbstgemacht

Materialien: Schneebesen oder Handrührgerät, Glas, Teelöffel, Eßlöffel, Schüssel;
Ei, Senf, Salz, Zucker, Essig, Salatöl.

Durchführung:
1. Versuche, Essig und Öl in einem Glas durch kräftiges Rühren zu mischen.
2. Trenne Eiweiß und Eigelb voneinander und gib das Eigelb in die Rührschüssel.
3. Füge einen Teelöffel Zucker, einen Teelöffel Senf und einen Eßlöffel Essig hinzu.
4. Schlage die Zutaten mit einem Schneebesen oder dem Handrührgerät so lange, bis eine dickliche, einheitliche Masse entstanden ist.
5. Setze 100 ml Salatöl eßlöffelweise zu und vermische die Masse jeweils gut mit dem Schneebesen.
Die fertige Mayonnaise kann mit Salz und Senf abgeschmeckt werden.

Aufgaben:
a) Beschreibe den Unterschied zwischen der Essig/Öl-Mischung und der Mayonnaise.
b) Welche Aufgabe hat das Eigelb?
c) Beschreibe, wie man aus dem Eiweiß Eischnee herstellen kann. Womit wird dabei das Eiweiß gemischt?

Versuch 2: Mischen von Brausepulver

Materialien: Löffel, Becherglas, Trinkbecher; Zucker, Zitronensäure, Natron.

Durchführung:
1. Gib nacheinander jeweils eine kleine Menge Natron, Zitronensäure und Zucker auf ein Stück Papier. Beschreibe das Aussehen der Stoffe und prüfe ihren Geschmack.
2. Zwei Teelöffel Zucker, zwei Teelöffel Zitronensäure und ein Teelöffel Natron werden in einem Glas durch Schütteln gut vermischt.
3. Schütte etwas von dem Gemisch auf ein Stück Papier und prüfe erneut Aussehen und Geschmack.
4. Stelle Brauselimonade her, indem du einen Teelöffel des Gemischs im Trinkbecher mit Wasser übergießt.

Aufgaben:
a) Vergleiche die Eigenschaften der einzelnen Zutaten mit den Eigenschaften des Gemischs.
b) Überlege und probiere, wie man den Geschmack der Brauselimonade verbessern kann.

Versuch 3: „Vergolden" von Kupfer

Materialien: Tiegelzange, Gasbrenner;
Nagel, verzinkte Kupferstücke.
Hinweis: Die Kupferstücke wurden zum Verzinken einige Minuten in eine heiße Mischung aus konzentrierter Natronlauge (C, B1) und Zinkpulver (F) gegeben.

Durchführung:
1. Untersuche, ob sich die Zinkschicht mit einem Nagel abkratzen läßt.
2. Entzünde den Brenner und stelle eine etwa 10 cm hohe nicht leuchtende Flamme ein. Halte das verzinkte Kupferstück mit der Tiegelzange kurz in die Brennerflamme, bis es eine goldene Farbe angenommen hat.
3. Lasse das Metall abkühlen und versuche erneut, den Überzug abzukratzen.

3.1 Mischungen

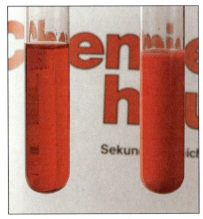

1. Rote Tinte ist eine Lösung. Der Farbstoff der roten Wasserfarbe löst sich dagegen nicht in Wasser.

Aufgabe 1: Wie unterscheiden sich Gemische und Reinstoffe?

Aufgabe 2: Schlammwasser, Salzwasser, Orangensaft, Tee, Sandstein und Bronze sind Gemische.
Um welche Art von Gemisch handelt es sich jeweils?

Aufgabe 3: Bildet feinverteilter Schwefel in Wasser eine Suspension oder eine Emulsion?

Aufgabe 4: Schaum und Nebel sind zwei heterogene Gemische. Worin besteht der Unterschied?

Aufgabe 5: Nenne je zwei Beispiele für Lösungen und Emulsionen.

2. Gold-Legierungen

Auf die rechte Mischung kommt es an! So sind Farben, Kosmetika und Reinigungsmittel Gemische, deren genaue Zusammensetzung häufig das Betriebsgeheimnis des Herstellers ist. Auch die Kunst des Kochens und des Backens besteht zum großen Teil darin, bestimmte Zutaten im richtigen Verhältnis zu mischen.

Gemenge. Wer Brausepulver herstellen will, muß Zucker, Zitronensäure und Natron miteinander vermischen. Solch ein Gemisch aus festen Stoffen bezeichnet man auch als *Gemenge*. Die Bestandteile dürfen aber nicht zu grob sein, denn einige Zutaten schmecken unangenehm. Darum zerreibt man die Zutaten zu einem feinen Pulver. Im Labor verwendet man dazu eine Reibschale. Mit bloßem Auge sieht das Pulver nun einheitlich aus, mit der Lupe kann man jedoch immer noch einzelne Zucker-, Natron- und Zitronensäure-Körnchen erkennen. Uneinheitliche Mischungen, deren Bestandteile man noch mit dem Auge oder dem Mikroskop unterscheiden kann, nennt man **heterogene Gemische.**

Emulsionen. Wasser und Öl lassen sich schlecht mischen. Schüttelt man die beiden Flüssigkeiten kräftig, so bildet sich eine milchige Mischung aus kleinen Öltröpfchen und Wasser. Ein heterogenes Gemisch zweier Flüssigkeiten nennt man *Emulsion*.
Es dauert aber nicht lange, bis sich das Öl wieder auf der Wasseroberfläche sammelt. Eigelb oder Spülmittel verhindern, daß die Öltröpfchen zusammenfließen. Zusatzstoffe, die eine Emulsion stabilisieren, nennt man *Emulgatoren*.
Milch ist eine natürliche Emulsion. In einem Milchtropfen erkennt man unter dem Mikroskop kleine Fetttröpfchen, die in Wasser schweben. In der Milch wirkt das Milcheiweiß als Emulgator.

Lösungen. Gibt man Zucker in Wasser, so erhält man eine *Lösung*. Auch mit dem stärksten Mikroskop kann man hier die Bestandteile nicht mehr unterscheiden. Eine Lösung ist ein **homogenes Gemisch.** In der Zuckerlösung sind die Zucker-Teilchen gleichmäßig mit den Wasser-Teilchen vermischt. Die Flüssigkeit ist deshalb klar und durchsichtig. Auch Gase wie Kohlenstoffdioxid und Flüssigkeiten wie Alkohol lösen sich in Wasser. Dabei entstehen jeweils klare, einheitliche Lösungen.

Legierungen. Mischt man geschmolzene Metalle miteinander, so bildet sich beim Abkühlen ein festes homogenes Gemisch der Metalle, eine *Legierung*. Legierungen haben häufig günstigere Werkstoffeigenschaften als die reinen Metalle.
Gold ist ein weiches Metall. Ein Ring aus reinem Gold würde sich deshalb sehr leicht verformen. Schmilzt man aber Gold mit Kupfer oder Silber, so bildet sich eine Legierung mit größerer Härte. Auch die Farbe des Metalls läßt sich durch Legieren verändern: Aus 585 Massenanteilen Gold und 415 Teilen Nickel und Kupfer erhält man 585er *Weißgold*. Schmilzt man 750 g Gold mit 250 g Kupfer zusammen, so erhält man 1 kg 750er *Rotgold*.

Eine allgemein bekannte Legierung stellt der Zahnarzt her, um Löcher in Zähnen zu füllen. Er mischt dazu ein Pulver einer Legierung aus Silber, Zinn und Kupfer mit der gleichen Menge Quecksilber. Es entsteht eine knetbare Paste, die in das Zahnloch gefüllt wird. In kurzer Zeit härtet die Paste zu *Amalgam*, einer Quecksilber-Legierung, aus. Dieses Amalgam ist sehr hart und dauerhaft.

Mischungen im Teilchenmodell

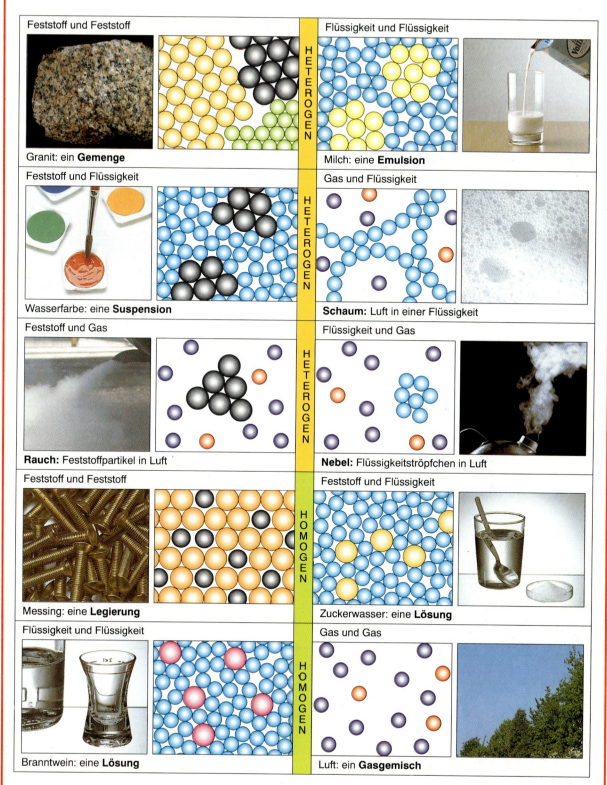

3.2 Stofftrennung: Kochsalz

1. Im Salzbergwerk

Kochsalz ist ein lebenswichtiger Stoff. Und schon seit Jahrtausenden versteht man es, Salz aus Gemischen herauszuholen. Je nach Art der Gewinnung spricht man von *Meersalz*, *Steinsalz* oder *Siedesalz*.

An heißen und trockenen Küsten gewinnt man Salz aus dem Meer. Dazu leitet man Meerwasser in flache Teiche. In diesen Salzgärten verdunstet das Wasser und das **Meersalz** kristallisiert aus.

In manchen Gegenden liegen Salzablagerungen früherer Meere unter der Erde, zum Beispiel in der Lüneburger Heide und am Niederrhein. Dieses **Steinsalz** baut man bergmännisch mit großen Maschinen ab. Verwendet wird es vor allem in der Industrie, um andere Stoffe daraus herzustellen.

Insgesamt produziert die deutsche Salzindustrie jährlich mehr als acht Millionen Tonnen Kochsalz. Das wären immerhin gut 100 kg für jeden Einwohner. Für den Haushalt werden jährlich pro Person aber nur drei 500-g-Packungen Speisesalz eingekauft. Mehr als doppelt soviel Salz verbraucht die Lebensmittelindustrie. Trotzdem macht Speisesalz nur etwa 5 % der gesamten Salzproduktion aus.

Siedesalz. In Deutschland gewinnt man das meiste Speisesalz als *Siedesalz* aus Salzgesteinen. Vor allem in Berchtesgaden gibt es Gesteinsschichten, in denen Salz mit Sand und Steinen verbacken ist.

Um reines Salz zu gewinnen, werden hundert Meter tiefe Löcher von Stollen aus senkrecht in das Salzgestein gebohrt und mit Wasser gefüllt. Dadurch löst sich das Salz im Wasser auf. Ton und Sand sinken nach unten, sie *sedimentieren*.

Nach etwa 30 Tagen nimmt das Wasser kein Salz mehr auf. Die entstandene konzentrierte Salzlösung, die *Sole*, wird abgepumpt und durch frisches Wasser ersetzt.

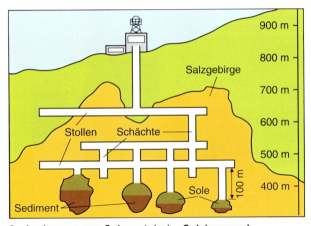

2. Auslaugen von Salzgestein im Salzbergwerk

Die eigentliche Anlage zur Gewinnung von Salz ist die *Saline*. Dort erhitzt man die Sole in großen Verdampfern bis zum Sieden. Das Wasser verdampft, und das Salz kristallisiert aus. Der entstandene Salzbrei wird zur *Zentrifuge* gepumpt. Es handelt sich dabei um große Schleudern, in denen das schwere Salz durch die Fliehkraft nach außen gepreßt wird. Die restliche Sole läuft innen ab; sie wird zu den Verdampfern zurückgeführt.

Das Salz wird anschließend getrocknet und mit speziellen *Sieben* nach verschiedenen Korngrößen getrennt. Je nach Korngröße wird das Salz als Speisesalz, Gewerbesalz oder Industriesalz verkauft.

Ein bekanntes Beispiel für Gewerbesalz ist das *Streusalz*. Man macht es für den Verzehr unbrauchbar, indem man Farbstoffe zusetzt. Es wird deshalb auch nicht wie das Speisesalz versteuert.

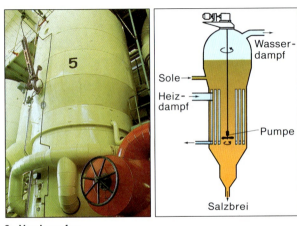

3. Verdampfer

Trinkwasser aus Meerwasser

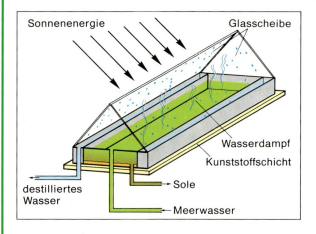

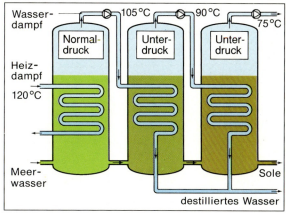

In vielen Küstengebieten herrscht großer Mangel an Trinkwasser, obwohl es in den angrenzenden Meeren genügend Wasser gibt. Meerwasser ist jedoch wegen seines Salzgehalts von etwa 3 % als Trinkwasser und zur Bewässerung unbrauchbar. Auch die Industrie kann Meerwasser nicht verwenden. Es wurden deshalb verschiedene Verfahren entwickelt, um Meerwasser zu entsalzen. Die wichtigsten sind das *Verdunstungsverfahren*, das *Destillationsverfahren* und das *Membranverfahren*.

Verdunstungsverfahren. Das einfachste Verfahren benutzt Sonnenenergie, um Meerwasser zu entsalzen. Man überdacht große, flache Wasserbecken mit Glasscheiben und bedeckt den Boden der Becken mit einer schwarzen Kunststoffschicht. Die Sonne heizt den schwarzen Grund auf. Durch die Wärme *verdunstet* das Wasser und kondensiert an den kühleren Glasscheiben. Das salzfreie Wasser läuft in Rinnen ab.
Auf diese preisgünstige Weise können an einem Tag je Quadratmeter Grundfläche jedoch nur etwa 5 Liter Trinkwasser gewonnen werden. Diese Methode eignet sich deshalb nur bei geringem Wasserbedarf und genügend großen Freiflächen.

Destillationsverfahren. Größere Mengen Wasser werden heute vor allem durch *Destillation* entsalzt. In einem Heizwerk erzeugt man zunächst etwa 120 °C heißen Wasserdampf und leitet ihn in Heizrohren durch einen Kessel mit Meerwasser. Dadurch wird das Salzwasser zum Sieden erhitzt. Der entstehende Wasserdampf wird aufgefangen und in Rohren durch einen zweiten Kessel mit Meerwasser geleitet. Dabei kühlt sich der Wasserdampf ab und kondensiert. Dieses *destillierte Wasser* sammelt man in Vorratstanks. Gleichzeitig wird das Meerwasser im zweiten Kessel aufgeheizt, es erreicht aber nicht die normale Siedetemperatur. Man muß deshalb Unterdruck erzeugen, um das Wasser auch hier verdampfen zu können.

In großen Anlagen sind mehrere Kessel hintereinander angeordnet. Dabei wird in den letzten Kesseln der Druck so weit herabgesetzt, daß das Salzwasser schon bei 60 °C bis 70 °C zu sieden beginnt.
Um einen Liter Wasser zu entsalzen, müßte in einer einfachen Destillationsapparatur ein Liter Meerwasser verdampfen. Bei diesem Verfahren mit mehreren hintereinandergeschalteten Kesseln läßt sich die Wärme viel besser ausnutzen: Man braucht hierbei nur einen Liter Wasser zu Heißdampf zu machen, um etwa 10 Liter Meerwasser zu entsalzen. Dazu muß man ungefähr 0,1 Liter Öl verbrennen.
Destilliertes Wasser hat einen faden Geschmack, weil es völlig salzfrei ist. Es wäre auch gefährlich, größere Mengen davon zu trinken, da ihm der lebensnotwendige Salzgehalt fehlt. Deshalb wird dem destillierten Wasser etwas Salzwasser zugesetzt.

Membranverfahren. Ein neues Verfahren arbeitet mit speziellen dünnen Kunststoffolien. Diese *Membranen* haben sehr feine Poren, die nur Wasser, nicht aber das gelöste Salz durchlassen.
Preßt man nun das Salzwasser mit bis zu 80fachem Atmosphärendruck gegen die Membranen, so wird das Salz zurückgehalten, und an der anderen Seite tritt reines Wasser aus. Der benötigte Druck hängt vom Salzgehalt ab. Deshalb eignet sich dieses Verfahren vor allem für die Entsalzung von Brackwasser mit bis zu 1 % Salzgehalt. Besonders gut geeignet ist es auch für kleine transportable Anlagen.

Wirtschaftliche Bedeutung. Neben zahlreichen Kleinanlagen mit einer Kapazität von bis zu 100 Kubikmeter pro Tag arbeiteten im Jahre 1990 weltweit fast 7000 größere Entsalzungsanlagen. Täglich können damit etwa 13 Millionen Kubikmeter Trinkwasser hergestellt werden. Mehr als die Hälfte davon wird in den Ländern am Persischen Golf erzeugt und verbraucht.

3.3 Trennverfahren im Überblick

Sedimentieren. Aus einer Suspension läßt sich der Feststoff durch *Sedimentation* von der Flüssigkeit trennen. Der Feststoff muß dazu eine größere Dichte als die Flüssigkeit haben. Nachdem sich der Feststoff abgesetzt hat, kann man die Flüssigkeit vorsichtig abgießen.

Trennprinzip: Unlösliche Feststoffe, die eine höhere Dichte als die Flüssigkeit haben, sinken wegen der Schwerkraft nach unten. Die Absetzgeschwindigkeit hängt dabei von der Dichte und der Größe der Feststoffpartikel ab. Das Verfahren läßt sich nur anwenden, wenn die Dichte des Feststoffs wesentlich größer ist als die Dichte der Flüssigkeit. Sehr kleine Teilchen setzen sich nur langsam ab.

Beispiel: Mechanische Klärung von Wasser im Absetzbecken einer Kläranlage.

Filtrieren. Eine andere häufig eingesetzte Methode, um bei einer Suspension Feststoff und Flüssigkeit zu trennen, ist die *Filtration*. Dazu müssen die Poren im Filter kleiner sein als die Feststoffpartikel.

Trennprinzip: Die kleinsten Teilchen von Flüssigkeiten und von gelösten Stoffen sind wesentlich kleiner als die Filterporen. Sie gelangen durch den Filter und bilden das *Filtrat*. Dagegen bestehen die ungelösten Feststoffpartikel aus sehr vielen fest zusammenhängenden Teilchen. Diese Aggregate sind so groß, daß sie nicht durch die Poren des Filters passen. Sie bleiben deshalb als Rückstand auf der Filteroberfläche zurück.

Beispiel: Filtrieren von Kaffee.

Eindampfen. Aus der Lösung eines Feststoffs kann ein Feststoff durch *Eindampfen* von Lösungsmittel abgetrennt werden.

Trennprinzip: Beim Erhitzen verdampft zunächst das Lösungsmittel, da es eine niedrigere Siedetemperatur hat als der gelöste Feststoff. Dadurch steigt die Konzentration des gelösten Stoffs in der Lösung an, bis sich die kleinsten Teilchen des Feststoffs wieder zu Kristallen zusammenfügen.

Beispiel: Gewinnung von Salz aus Meerwasser.

Destillieren. Aus einer Lösung zweier Flüssigkeiten läßt sich die Flüssigkeit mit der niedrigeren Siedetemperatur durch *Destillation* abtrennen. Die Siedetemperaturen der beiden Flüssigkeiten müssen sich deutlich unterscheiden.

Trennprinzip: Wenn eine Lösung siedet, verdampft zuerst der Stoff mit der niedrigeren Siedetemperatur. Er kondensiert im Kühler und wird in der Vorlage aufgefangen. Enthält die Lösung zwei Flüssigkeiten mit ähnlichen Siedetemperaturen, so ist auch der Dampf ein Gemisch aus beiden Stoffen. Allerdings ist der Anteil des Stoffs mit der niedrigeren Siedetemperatur im Dampf größer als in der Lösung. Bricht man die Destillation nach einiger Zeit ab, so ist der leichter verdampfbare Stoff im Destillat angereichert.

Beispiel: Gewinnung von Branntwein aus Wein.

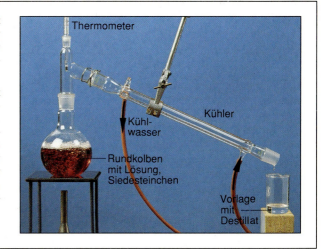

Extrahieren. Häufig läßt sich aus der Mischung zweier Feststoffe ein Feststoff durch *Extraktion* abtrennen. Die Löslichkeiten der beiden Feststoffe müssen sich im verwendeten Lösungsmittel deutlich unterscheiden. Das Lösungsmittel nennt man in diesem Fall *Extraktionsmittel*.

Trennprinzip: Ein Feststoff löst sich in dem Extraktionsmittel, während der andere abfiltriert werden kann. Anschließend dampft man das Lösungsmittel ab.
Auch aus einer Lösung läßt sich ein Stoff extrahieren, wenn er in einem anderen Lösungsmittel besser löslich ist. Dieses Extraktionsmittel darf aber mit der Lösung nicht mischbar sein. Schüttelt man die Lösung mit dem Extraktionsmittel, dann wandert der Stoff in die Flüssigkeit, in der er sich am besten löst.

Beispiele: Teebereitung (Extraktionsmittel: Wasser), Herstellung von alkoholischen Pflanzenauszügen.

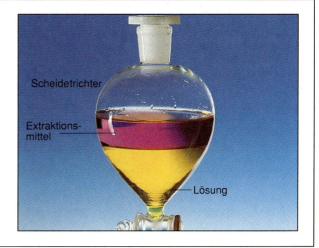

Chromatographieren. Kleinste Mengen eines Stoffgemischs lassen sich durch *Chromatographie* in die Reinstoffe zerlegen. Dazu müssen die zu trennenden Stoffe in einem Lösungsmittel, dem *Fließmittel*, löslich sein.

Trennprinzip: Bei der Papierchromatographie wird das Stoffgemisch auf ein saugfähiges Papier als Trägermaterial aufgetragen. Man stellt das Papier in das Fließmittel. Das Fließmittel steigt durch die feinen Poren des Papiers auf. Dabei wird das Stoffgemisch gelöst und mitgenommen. Je nach Stoffart werden die kleinsten Teilchen vom Papier unterschiedlich stark zurückgehalten. Sie wandern daher verschieden schnell. Es bilden sich Zonen auf dem Papier, die nur Teilchen eines Stoffs enthalten.

Beispiele: Trennung von Blattfarbstoffen und Tintenfarbstoffen, Untersuchung von Lebensmitteln auf bestimmte Inhaltsstoffe.

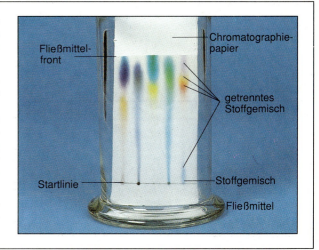

Trennen und Identifizieren von Stoffen

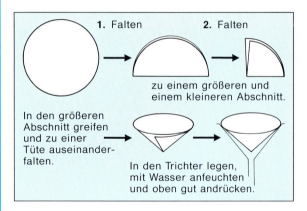

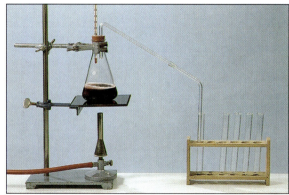

Versuch 1: Trennung von Sand und Salpeter

Materialien: Reagenzglas, Gummistopfen, Erlenmeyerkolben (250 ml), 2 Glastrichter, Filtrierpapier, Dreifuß mit Drahtnetz, Gasbrenner, Abdampfschale; Salpeter (O)/Sand-Gemisch.

Durchführung:
1. Gib das Gemisch in ein Reagenzglas. Fülle danach etwa zur Hälfte mit Wasser auf. Verschließe das Reagenzglas mit dem Stopfen und schüttle gut durch. Stelle es dann in das Reagenzglasgestell und warte etwas ab.
2. Falte das Filtrierpapier und lege es in den Glastrichter.
3. Hänge den Trichter in den Erlenmeyerkolben. Gieße nun die überstehende Flüssigkeit aus dem Reagenzglas in den Filter, so daß möglichst viel Sand in das Filtrierpapier gespült wird.
4. Gib das Filtrat in die Abdampfschale und dampfe es ein. Um gegen Ende des Eindampfens das Herausspritzen zu verhindern, wird ein umgestülpter Glastrichter in die Abdampfschale gestellt.
5. Trockne den Rückstand im Filtrierpapier im Trockenschrank bei 100 °C.

Aufgaben:
a) Notiere deine Beobachtungen.
b) Welche Eigenschaften der einzelnen Bestandteile wurden zur Trennung des Gemischs ausgenutzt?
c) Wie müßte man vorgehen, damit man reinen Sand ohne Reste von Salpeter erhält?

Versuch 2: Gewinnung von Alkohol (F) aus Rotwein

Materialien: Erlenmeyerkolben mit Zwei-Loch-Stopfen, Thermometer, gebogenes Glasrohr, 5 Reagenzgläser, Abdampfschalen, Siedesteinchen, Dreifuß mit Drahtnetz, Gasbrenner; Rotwein.

Durchführung:
1. Baue eine vereinfachte Destillationsapparatur zusammen. Sei besonders vorsichtig beim Einstecken des Thermometers.
2. Fülle etwa 80 ml Rotwein in den Destillationskolben und gib einige Siedesteinchen dazu.
3. Erhitze den Rotwein langsam mit dem Gasbrenner und beobachte die Vorgänge und die Temperatur.
4. Wechsle das Reagenzglas nach Beginn des Überdestillierens immer dann aus, wenn die Temperatur um etwa 5 Grad gestiegen ist.
5. Beende die Destillation, wenn etwa die Hälfte der Flüssigkeit überdestilliert ist.
6. Gieße den Inhalt der einzelnen Reagenzgläser in verschiedene Abdampfschalen und entzünde diese Fraktionen mit der Brennerflamme.

Aufgaben:
a) Notiere deine Beobachtungen und beschreibe den Temperaturverlauf bei der Destillation.
b) Wie unterscheiden sich die verschiedenen Fraktionen des Destillats? Erkläre die Unterschiede.
c) Welche Vorgänge finden in den einzelnen Bereichen der Destillationsapparatur statt?
d) Wo befindet sich in dieser einfachen Versuchsapparatur der Kühler und wie funktioniert er?
e) Auf welcher Eigenschaft des Wassers und des Alkohols beruht die Trennung?

PRAKTIKUM

Trennen von Farbstoffen durch Chromatographie

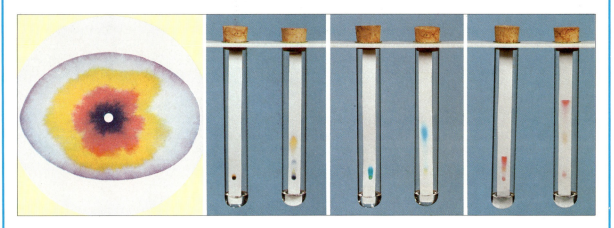

Versuch 1: Farbstoffe in Filzstiften

Materialien: Tropfpipette, Filtrierpapier, Uhrglas; wasserlösliche Filzstifte, Spiritus (F).

Durchführung:
1. Erzeuge in der Mitte des Filtrierpapiers durch mehrmaliges Auftupfen mit einem Filzstift einen kleinen, aber kräftigen Farbfleck und lege das Filtrierpapier auf ein Uhrglas.
2. Gib einen Tropfen Wasser aus der Tropfpipette auf den Farbfleck.
3. Tropfe erst dann wieder Wasser zu, wenn der vorherige Tropfen vollständig vom Filtrierpapier aufgesogen wurde.
4. Füge so lange tropfenweise Wasser hinzu, bis fast das gesamte Filtrierpapier durchfeuchtet ist.
5. Untersuche andere Filzstifte.
6. Verwende statt Wasser ein Gemisch aus gleichen Teilen Spiritus und Wasser.

Aufgabe: Beschreibe deine Beobachtungen.

Versuch 2: Farbstoffe in grünen Blättern

Materialien: Schere, Reibschale, Petrischale, Becherglas (600 ml); Birkenblätter, Gras oder frischer Spinat, Aceton (F, B3), Heptan (F, B3), Seesand, weiße Tafelkreide.

Durchführung:
1. Lege ein Stück Kreide etwa 15 Minuten bei 120 °C in den Trockenschrank.
2. Zerschneide einige Blätter und zerreibe sie unter Zusatz von Sand und 3 ml Aceton in einer Reibschale.
3. Sauge die entstehende Lösung mit der Kreide auf.
4. Gieße soviel Heptan in die Petrischale, bis der Boden bedeckt ist. Stelle die Tafelkreide hinein und stülpe das Becherglas darüber.
5. Gieße nach 15 Minuten einige Milliliter Heptan in die Petrischale nach. Beende den Versuch nach 30 Minuten.

Aufgaben:
a) Wie sieht die Kreide nach 30 Minuten aus?
b) Deute deine Beobachtungen.

Versuch 3: Farbstoffe in Tinten

Materialien: Streifen aus Chromatographiepapier (15 mm breit), Reagenzgläser mit Stopfen, Holzspäne; schwarze, rote und grüne Tinte verschiedener Hersteller. Fließmittelgemisch: 4 Teile Butanol (Xn), 1 Teil Essigsäure (C), 1 Teil Wasser.

Durchführung:
1. Etwa 3 cm von der Unterkante entfernt wird jeder Papierstreifen in der Mitte mit einem kleinen kräftigen Tintenfleck versehen. Tauche dazu einen Holzspan in die Tinte und betupfe das Papier mehrfach.
2. Fülle die Reagenzgläser 2 cm hoch mit Fließmittel und stelle die getrockneten Papierstreifen hinein. Achte darauf, daß der Farbfleck nicht in die Flüssigkeit taucht.
3. Setze einen Stopfen auf jedes Reagenzglas.

Aufgaben:
a) Welche Farbzonen lassen sich nach 20 Minuten erkennen? Fertige eine Skizze an.
b) Vergleiche die Tinten verschiedener Hersteller.

3.4 Aufgaben · Versuche · Probleme

Aufgabe 1: Nenne je zwei Beispiele für eine Suspension, eine Emulsion, eine Legierung und eine Lösung.

Aufgabe 2: Zu welchen Gemischtypen gehören:
Kaffee, Kakao, Orangensaft, Apfelsaft, Hautmilch, Beton?

Aufgabe 3: Manche Medikamente muß man vor Gebrauch schütteln. Zu welchem Gemischtyp gehören sie? Was geschieht, wenn man sie längere Zeit stehen läßt?

Aufgabe 4: Wie muß man vorgehen, um ein Stück Schwefel möglichst gut mit Wasser zu vermischen? Welcher Gemischtyp entsteht?

Aufgabe 5: Welche Möglichkeiten gibt es, Lehmwasser zu reinigen? Nenne Vor- und Nachteile der Methoden.

Aufgabe 6: Erkläre Vor- und Nachteile einer Verdunstungsanlage gegenüber einer Destillationsanlage zur Meerwasserentsalzung.

Aufgabe 7: Warum ist es unwirtschaftlich, Meersalz aus Nordseewasser in Salzgärten zu gewinnen?

Aufgabe 8: Beim Goldwaschen werden die winzigen Goldkörner vom Schlamm und Sand getrennt.
a) Beschreibe das Verfahren des Goldwaschens.
b) Welche Eigenschaft von Gold und Sand wird hier zur Trennung ausgenutzt?

Versuch 1: Mischungen
Mische jeweils einen Teelöffel der folgenden Stoffe in einem kleinen Glas mit Wasser: Zucker, Mehl, Öl, Essig, Grieß.
Beschreibe deine Beobachtungen. Welcher Gemischtyp entsteht jeweils?

Versuch 2: Eindampfen
Dampfe in einem Reagenzglas wenige Milliliter Leitungswasser, Mineralwasser oder Bachwasser vollständig ein. Beschreibe die Rückstände.

Versuch 3: Wasserfarbe
Färbe Wasser in einem Reagenzglas mit Wasserfarbe kräftig ein. Gib die Flüssigkeit in eine Handzentrifuge und drehe diese möglichst schnell.

Aufgaben: a) Beschreibe die Veränderungen in der Flüssigkeit.
b) Zu welchem Gemischtyp gehört Wasserfarbe?

Versuch 4: Kartoffelstärke
Kartoffelstärke, die man oft zum Binden von Soßen und zum Puddingkochen verwendet, kannst du zu Hause selbst herstellen. Schäle dazu zwei große Kartoffeln und reibe sie auf einer Kartoffelreibe in eine Schüssel. Gieße 700 ml Wasser zu den geriebenen Kartoffeln. Rühre dieses Gemisch mit einem Rührgerät gut durch.
Spanne ein großes Tuch locker über ein großes Glas und binde es am Rand mit einem Bindfaden fest. Schütte dann das Gemisch aus geriebenen Kartoffeln und Wasser in das Tuch und lasse die Flüssigkeit durchlaufen. Presse die restliche Flüssigkeit mit der Hand aus. Lasse die Flüssigkeit einige Stunden stehen. Gieße das Wasser vorsichtig ab. Schlämme den Bodensatz einige Mal auf: Gieße 200 ml Wasser dazu und rühre gut um. Lasse das Gemisch erneut so lange stehen, bis sich ein Bodensatz gebildet hat. Wiederhole diesen Vorgang, bis der Bodensatz weiß aussieht.
Gib ihn dann auf einen Teller und lasse ihn trocknen.

Aufgaben: a) Beschreibe nach jedem Arbeitsschritt deine Beobachtungen.
b) Welche Trennverfahren hast du angewendet?

Problem 1: In einem Filter befindet sich Aktivkohle. Das sind besonders poröse Kohlestückchen. Gießt man Rotwein über die Aktivkohle, so entsteht ein farbloses Filtrat, das aber immer noch wie Wein schmeckt.
a) Was ist mit den Farbstoff-Teilchen geschehen?
b) Warum schmeckt das Filtrat noch wie Wein?

Problem 2: Nierenkranke müssen ihr Blut regelmäßig durch eine *Dialyse* reinigen lassen. Dabei müssen die Abbauprodukte des Stoffwechsels aus dem Blut abgetrennt werden. Dazu wird das Blut durch einen Dialyseschlauch geleitet. Dieser wird von Salzwasser umspült, das die gleiche Salzkonzentration wie Blut hat.
a) Beschreibe, wie der Dialyseschlauch das Blut reinigt.
b) Welche unterschiedlichen Eigenschaften der Fremdstoffe und der Blutkörperchen werden ausgenutzt?

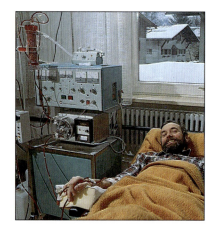

Mischen und Trennen

1. Reinstoffe und Gemische

Stoffe, die aus mehreren Reinstoffen bestehen, nennt man Gemische. Im Gemisch bleiben die typischen Eigenschaften der Reinstoffe erhalten.

```
                mehrere
                Reinstoffe
                bilden
```

heterogene Gemische

Die einzelnen Stoffe sind zumindest mit dem Mikroskop unterscheidbar.
Flüssigkeiten sind undurchsichtig und trüb.

Beispiele:

Gemenge:	Feststoff mit Feststoff
Suspension:	Feststoff in Flüssigkeit
Emulsion:	Flüssigkeit in Flüssigkeit
Schaum:	Gas in Flüssigkeit
Nebel:	Flüssigkeit in Gas
Rauch:	Feststoff in Gas
Schaumstoff:	Gas in Feststoff

homogene Gemische

Die einzelnen Stoffe sind bis zu den kleinsten Teilchen miteinander vermischt und daher nicht mehr unterscheidbar.
Gase und Flüssigkeiten sind klar durchsichtig.

Beispiele:

Legierung:	Feststoff mit Feststoff
Lösung:	Feststoff in Flüssigkeit, Flüssigkeit in Flüssigkeit, Gas in Flüssigkeit
Gasgemisch:	Gas mit Gas

2. Stofftrennungen

Gemische lassen sich nur dann trennen, wenn sich die einzelnen Stoffe in der zur Trennung genutzten Eigenschaft genügend stark unterscheiden.

Gemischtyp	Trennverfahren	zur Trennung genutzte Eigenschaft
Gemenge	Sieben	Teilchengröße
	Extrahieren	Löslichkeit
Suspension	Filtrieren	Teilchengröße
	Sedimentieren	Dichte
Emulsion	Zentrifugieren	Dichte
Rauch	Filtrieren	Teilchengröße
Lösung	Eindampfen	Siedetemperatur
	Destillieren	Siedetemperatur
	Extrahieren	Löslichkeit
	Chromatographieren	Löslichkeit
Gasgemisch	Adsorbieren	Adsorbierbarkeit

4 Chemische Reaktionen

Einstens, als es Sonntag wieder
Und Herr Lämpel, brav und bieder,
In der Kirche mit Gefühle
Saß vor seinem Orgelspiele,
Schlichen sich die bösen Buben
In sein Haus und seine Stuben,
Wo die Meerschaumpfeife stand;
Max hält sie in seiner Hand;

Aber Moritz aus der Tasche
Zieht die Flintenpulverflasche,
Und geschwinde, stopf, stopf, stopf!
Pulver in den Pfeifenkopf. —
Jetzt nur still und schnell nach Haus,
Denn schon ist die Kirche aus. —

Eben schließt in sanfter Ruh
Lämpel seine Kirche zu;
Und mit Buch und Notenheften
Nach besorgten Amtsgeschäften

Lenkt er freudig seine Schritte
Zu der heimatlichen Hütte,

Und voll Dankbarkeit sodann
Zündet er sein Pfeifchen an.

„Ach!" — spricht er — „Die größte Freud
Ist doch die Zufriedenheit!!"

Rums!! — Da geht die Pfeife los
Mit Getöse, schrecklich groß.
Kaffeetopf und Wasserglas,

Tobaksdose, Tintenfaß,
Ofen, Tisch und Sorgensitz —
Alles fliegt im Pulverblitz. —

Auszug aus dem Vierten Streich von Max und Moritz nach Wilhelm BUSCH (1865)

4.1 Chemische Reaktionen – eine alltägliche Sache

1. Ein Streichholz wird entzündet

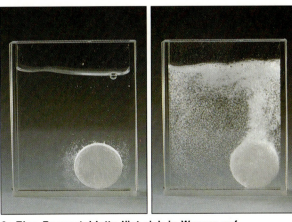

2. Eine Brausetablette löst sich in Wasser auf

Es ist sicherlich gemein: Lehrer Lämpel setzt sich in den Lehnstuhl, um in aller Ruhe seine Pfeife zu genießen, da knallt es plötzlich fürchterlich: Max und Moritz hatten ihm Schießpulver in seine teure Pfeife gestreut und gewartet, bis er sich die Pfeife ansteckte! Zum Glück ist dies nur ein von Wilhelm BUSCH erfundener Streich.

Als nützlich erweisen sich Sprengstoffe in der Technik: Es wird gesprengt, um steinhartes Salz unter der Erde zu lockern, um Tunnel durch Felsen zu bauen und um alte Gebäude abzureißen. All das gehört aber nur für wenige Menschen zum Alltag.

Eine alltägliche Sache ist es dagegen, ein Streichholz zu entzünden. Dabei verändert sich der Streichholzkopf, und es entstehen brennende Gase. Eine Stoffumwandlung findet statt, und es wird Energie frei: Eine **chemische Reaktion** läuft ab.

Auch wenn sich eine Brausetablette in Wasser auflöst, läuft eine chemische Reaktion ab. Die Tablette reagiert mit dem Wasser, es entsteht das gewünschte Getränk, und Gasblasen steigen sprudelnd auf. Bei dem Gas handelt es sich um Kohlenstoffdioxid.

Chemische Reaktionen können gezielt eingesetzt werden, sie finden aber auch unerwünscht statt. So beobachtet man an Kirchenportalen, daß alte Steinfiguren zerbröckeln: Regen wird durch Reaktion mit Abgasen aus Autos und Industrieschornsteinen zu einer aggressiven Flüssigkeit, und dieser saure Regen löst allmählich Kalkstein auf.

Wiederum andere chemische Reaktionen laufen ab, wenn Getreide wächst, wenn man aus Mehl und Sauerteig einen Brotteig bereitet, das Brot bäckt und es schließlich verspeist. Ohne chemische Reaktionen ist Leben undenkbar!

3. Saurer Regen zerstört Kalksandstein

4. Chemische Reaktionen lassen Getreide wachsen

4.2 Woran sind chemische Reaktionen zu erkennen?

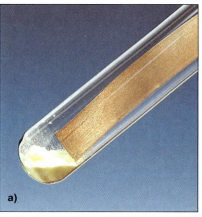
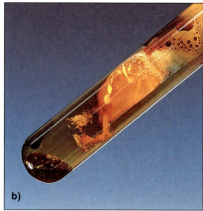

1. Kupfer reagiert mit Schwefel: a) Kupferblech und Schwefelpulver vor dem Erhitzen; b) in Schwefeldampf glüht das Kupferblech rot auf; c) ein neuer Stoff ist entstanden: Kupfersulfid

Versuch 1: Reaktion von Kupfer mit Schwefel
a) Gib in ein Reagenzglas einige Spatelspitzen Schwefelpulver und spanne das Glas schräg in das Stativ ein. Erhitze den Schwefel so kräftig, daß das Glas mit braunem Schwefeldampf fast gefüllt ist. *Vorsicht! (Abzug!)*. Halte nun mit der Pinzette einen etwa 5 cm langen Streifen Kupferblech in den Dampf.
b) Untersuche nach dem Abkühlen das Reaktionsprodukt und vergleiche seine Eigenschaften mit denen von Kupfer. *Entsorgung: B2*

Versuch 2: Kupfer aus Kupfersulfid
Das Reaktionsprodukt von Versuch 1 wird zunächst stark an der Luft erhitzt, dann in einem Erdgasstrom.

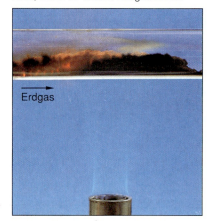

2. Aus Kupfersulfid wird Kupfer zurückgewonnen

Wenn ein Streichholz brennt oder wenn sich eine Brausetablette auflöst, verändern sich die Stoffe offensichtlich. Für diese Fälle ist es jedoch schwierig, die Stoffänderungen genauer zu beschreiben. Beobachtungen an einfachen Laborexperimenten zeigen deutlicher, was für chemische Reaktionen allgemein charakteristisch ist:

Erhitzt man Schwefel, so bildet sich erst eine Schwefelschmelze, dann Schwefeldampf. Läßt man die Probe abkühlen, so liegt der Schwefel wieder unverändert mit gelber Farbe vor: Hier ist keine chemische Reaktion abgelaufen, der Schwefel hat nur vorübergehend seinen Aggregatzustand verändert.

Hält man dagegen ein Kupferblech in Schwefeldampf, so glüht das Blech rot auf, und es entsteht ein blauschwarzes Produkt. Schon die Farbe zeigt an, daß kein Kupfer mehr vorliegt. Der blauschwarze Streifen läßt sich nicht mehr biegen, er ist spröde und zerbricht in kleine Stücke.

Aus *Kupfer* und *Schwefel* hat sich ein neuer Stoff gebildet: *Kupfersulfid*. Es kommt dabei nicht darauf an, ob Kupferblech, Kupferdraht oder Kupferpulver mit Schwefel reagiert haben – in allen Fällen erhält man als Produkt blauschwarzes Kupfersulfid.

Chemische Reaktionen sind Vorgänge, bei denen sich neue Stoffe bilden. Die neuen Stoffe haben andere Eigenschaften als die Ausgangsstoffe.

Der Name *Kupfersulfid* deutet an, daß sich aus dem neuen Stoff wieder Kupfer und Schwefel zurückgewinnen lassen. Tatsächlich erhält man Kupfer zurück, wenn man schwarzes Kupfersulfid in einem Glasrohr erhitzt und Erdgas darüberleitet.

Kupfersulfid hat weder die Eigenschaften von Kupfer noch die von Schwefel; Kupfersulfid ist daher *kein* Gemisch der beiden Stoffe Kupfer und Schwefel, sondern Kupfersulfid ist ein *Reinstoff*. Nur durch chemische Reaktionen lassen sich Kupfer und Schwefel aus dem Kupfersulfid zurückgewinnen.

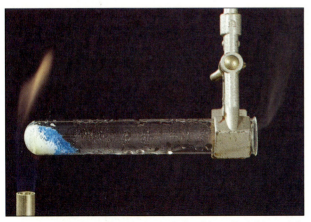

1. Blaues Kupfersulfat-Hydrat wird erhitzt: Es bilden sich weißes, wasserfreies Kupfersulfat und Wasser

2. Weißes Kupfersulfat reagiert stark exotherm mit Wasser

Energieumsatz. Ein Kupferblech glüht auf, wenn es mit Schwefel reagiert. Offensichtlich wird bei dieser Reaktion Wärme frei. Besonders einfach lassen sich Aufnahme und Abgabe von Wärme an Experimenten mit *Kupfersulfat-Hydrat* untersuchen.

Erhitzt man diesen blauen Stoff, so verschwindet die blaue Farbe; gleichzeitig entstehen Tröpfchen einer farblosen Flüssigkeit. Sie erweist sich als Wasser. Die Kristalle des Kupfersulfat-Hydrats enthalten also Wasser, das beim Erhitzen abgegeben wird. Außerdem bildet sich bei dieser Reaktion ein neuer weißer Stoff: *wasserfreies Kupfersulfat*.

Tropft man Wasser auf das weiße Kupfersulfat, so bildet sich der blaue Stoff zurück. Dabei wird das Reagenzglas sehr heiß. Solche Reaktionen, bei denen Wärme frei wird, bezeichnet man als **exotherme Reaktionen**. Um Wasser aus dem blauen Kupfersulfat-Hydrat abzuspalten, muß dagegen ständig Wärme zugeführt werden – in diesem Fall spricht man von einer **endothermen Reaktion**.

Bei chemischen Reaktionen entstehen neue Stoffe mit neuen Eigenschaften. Dabei wird Energie umgesetzt:
Bei exothermen Reaktionen wird Wärme abgegeben;
bei endothermen Reaktionen wird Wärme aufgenommen.

Reaktionsschema. Bislang wurden chemische Reaktionen durch einen kurzen Text beschrieben, sie können aber noch übersichtlicher durch ein *Reaktionsschema* gekennzeichnet werden: Man notiert die Namen der *Ausgangsstoffe* und setzt ein Plus-Zeichen dazwischen. Es folgen der Reaktionspfeil und dann die Namen der *Endstoffe*. Der Pfeil gibt also die Richtung der Reaktion an. Angaben zum Energieumsatz werden nach einem Strichpunkt hinzugefügt:

Kupfer + Schwefel ⟶ Kupfersulfid; exotherm
Kupfer *und* Schwefel *reagieren zu* Kupfersulfid; die Reaktion verläuft exotherm

Kupfersulfat-Hydrat ⟶ Kupfersulfat + Wasser; endotherm
Kupfersulfat-Hydrat *reagiert zu* Kupfersulfat *und* Wasser; die Reaktion verläuft endotherm

Versuch 1: Exotherme Reaktion von Kupfersulfat
Fülle zwei gleiche Becherglaser (50 ml) jeweils mit 20 ml Wasser. Stelle in jedes Becherglas ein Reagenzglas: Das erste enthält 0,5 g, das zweite 2 g weißes Kupfersulfat (Xn). Miß in beiden Bechergläsern die Wassertemperatur. Tropfe mit einer Pipette in das erste Reagenzglas 5 Tropfen und in das zweite 20 Tropfen Wasser. Miß die Temperaturen des Wassers erneut.
Erkläre deine Meßergebnisse.
Entsorgung: B2

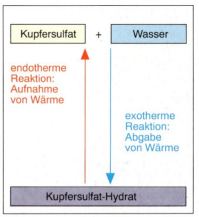

3. Energieumsatz bei der Reaktion von Kupfersulfat mit Wasser

4.3 Reaktionspartner Schwefel

1. Ein Silberlöffel läuft schwarz an, wenn man damit gekochte Eier ißt

Ein Silberbesteck ist eine edle Sache – nur läuft es schwarz an und muß dann geputzt werden. Vor allem, wenn man gekochte Eier mit einem Silberlöffel ißt, entsteht der schwarze Belag. Auch im besten Hotel gibt es deshalb keinen Silberlöffel zum Frühstücksei. Der schwarze Belag ist Silbersulfid. Er entsteht durch die Reaktion von Silber mit schwefelhaltigen Stoffen – und dazu gehören Eiweiß und Eigelb im Hühnerei. Im Labor kann man Silbersulfid direkt aus Silber und Schwefel herstellen:

Silber + Schwefel ⟶ Silbersulfid;   exotherm

Auch andere Metalle reagieren mit Schwefel. Erhitzt man ein Gemisch aus Eisen- und Schwefelpulver, so reagiert es unter Aufglühen. Bei einem Gemisch aus Zink und Schwefel muß man schon sehr aufpassen, es reagiert fast explosionsartig:

Eisen + Schwefel ⟶ Eisensulfid;   exotherm

Zink + Schwefel ⟶ Zinksulfid;   exotherm

Der Energieumsatz bei exothermen Reaktionen kann also sehr unterschiedlich sein: Zinksulfid bildet sich wesentlich heftiger als Eisensulfid. Die Reaktionswärme ist bei der Bildung von Zinksulfid etwa doppelt so groß wie bei der Bildung einer vergleichbaren Menge Eisensulfid. Bei der Reaktion von Silber mit Schwefel wird die geringste Energiemenge frei.

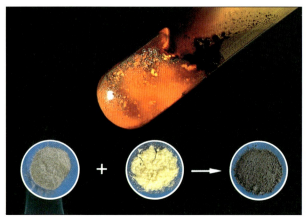

2. Ausgangsstoffe und Endstoff der Reaktion von Eisen mit Schwefel

Noch eines fällt auf: Die Gemische reagieren nicht von selbst. Erst wenn man kurz erhitzt, laufen die exothermen Reaktionen freiwillig ab. Man sagt auch: Man muß eine gewisse **Anregungsenergie** zuführen, um die Reaktion zu starten. Es ist hier also ähnlich wie beim Feuer, das entzündet wird, ehe es von selbst weiterbrennt.

3. Ausgangsstoffe und Endstoff der Reaktion von Zink mit Schwefel

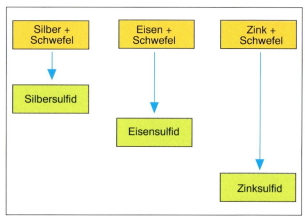

4. Exotherme Reaktionen liefern bei gleichen Ausgangsmengen unterschiedliche Wärmemengen

Künstlerfarben und Schminken – Sulfidpigmente

Quecksilbersulfid (Zinnoberrot)

Cadmiumsulfid (Cadmiumgelb)

Bleisulfid (Bleiglanz)

Zinksulfid (Zinkblende)

Antimonsulfid (Grauspießglanz)

Arsensulfid (Auripigment)

4.4 Element oder Verbindung?

1. Rückgewinnung von Silber aus Silbersulfid

Versuch 1: Silber aus Silbersulfid
a) Schabe mit einer Münze eine Vertiefung in ein Stück Holzkohle und gib Silbersulfid hinein. Erhitze es kräftig mit einer Lötrohrflamme, bis es schmilzt und sich eine kleine silbrige Kugel bildet.
b) Präpariere die Silberkugel heraus und untersuche sie.
Entsorgung: Silbersulfid B2

Aufgabe 1: Notiere alle Verbindungen, die du bereits kennst. Aus welchen Elementen sind sie aufgebaut?

Aufgabe 2: Es gibt unter den Elementen Metalle und Nichtmetalle. Gib für jede Stoffgruppe Beispiele an. Ist Holz ein Nichtmetall?

Erhitzt man Kupfersulfid an der Luft und dann im Erdgasstrom, so bildet sich Kupfer. Auch aus dem schwarzen Silbersulfid läßt sich wieder Silber herstellen.
Es ist dagegen unmöglich, Kupfer, Silber oder Schwefel in andere Stoffe zu zerlegen. Kupfer, Silber oder Schwefel gehören zu den *Grundstoffen* der Materie. Solche Grundstoffe nennt man chemische **Elemente.**

Bei der Reaktion von Kupfer mit Schwefel vereinigen sich diese beiden Elemente zu einem neuen Stoff: Kupfersulfid. Dieser neue Stoff ist ein Reinstoff, in dem Kupfer und Schwefel *chemisch gebunden* sind. Solche Reinstoffe, die aus verschiedenen Elementen zusammengesetzt sind, bezeichnet man als **Verbindungen.**
Die Verbindung Kupfersulfid läßt sich nicht wie eine Kupfer/Schwefel-Mischung durch ein Trennverfahren in Kupfer und Schwefel zerlegen. Erst durch chemische Reaktionen ist es möglich, die in der Verbindung enthaltenen Elemente zurückzugewinnen.

Chemiker haben sehr viele Stoffe untersucht und dabei 90 Elemente in der Natur entdeckt. Davon gehören 70 zu den Metallen und 20 zu den Nichtmetallen. 11 Elemente sind bei Raumtemperatur gasförmig. Nur zwei Elemente sind bei 20 °C flüssig: das Metall Quecksilber und das Nichtmetall Brom. Aus den 90 Elementen lassen sich unvorstellbar viele Verbindungen aufbauen. Bis heute kennt man mehr als 8 Millionen Verbindungen.

Im Mittelalter glaubte man noch, man könne Metalle wie Kupfer oder Blei in Gold umwandeln. Man erhitzte sie, mischte sie, erhitzte die Gemische und wartete den nächsten Vollmond ab. Die Alchemisten entdeckten auf diese Weise viele neue chemische Reaktionen – nur Gold ließ sich nicht herstellen. Heute wissen wir, daß sich ein Element nur aus seinen Verbindungen gewinnen läßt. Ein Element kann aber nicht in ein anderes umgewandelt werden.

Elemente und Verbindungen sind Reinstoffe. Verbindungen lassen sich grundsätzlich in die beteiligten Elemente zerlegen. Elemente sind nicht weiter in andere Stoffe zerlegbar.

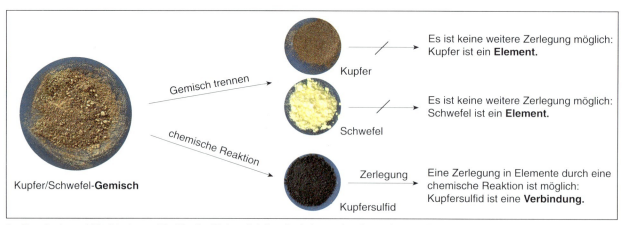

2. Gemisch und Verbindung. Ein Kupfer/Schwefel-Gemisch kann durch geeignete Trennverfahren getrennt werden. Die Verbindung Kupfersulfid läßt sich nur durch chemische Reaktionen zerlegen.

Chemische Reaktionen

Marienglas und Gipspulver. Marienglas ist besonders schön kristallisierter Gips (Calciumsulfat-Hydrat).

Massenvergleich vor und nach dem Erhitzen von Kupfersulfat-Hydrat

Versuch 1: Wassergehalt von Marienglas

Materialien: Reagenzgläser, Gasbrenner, Waage, Thermometer;
Marienglas.

Durchführung:
1. Wiege ein Reagenzglas genau ab und gib einige Marienglas-Kristalle in das Reagenzglas. Wiege erneut und notiere beide Massen.
2. Befestige das Reagenzglas an einem Stativ mit der Öffnung schräg nach unten und erhitze die Kristalle. Erhitze das gesamte Reagenzglas bis alle Wassertropfen verdampft sind.
3. Wiege nach dem Abkühlen das Reagenzglas mit Inhalt erneut.

Aufgaben:
a) Notiere deine Beobachtungen.
b) Stelle das Reaktionsschema auf.
c) Berechne, wieviel Wasser in 1 g Marienglas enthalten ist. Gib den Massenanteil in Prozent an.

Versuch 2: Herstellung eines Gipsabdrucks

Materialien: Thermometer, Streichholzschachtel, Kunststoffbecher;
Modellgips.

Durchführung:
1. Rühre Modellgips nach Vorschrift an und fülle mit dem Gipsbrei eine Streichholzschachtel.
2. Presse eine Münze auf den Gipsbrei.
3. Stecke das Thermometer in den Brei und verfolge die Temperatur, bis der Gips hart wird.
4. Entferne anschließend die Münze.

Versuch 3: Massenverlust oder Massenerhaltung?

Materialien: Reagenzglas, Luftballon, Waage;
weißes Kupfersulfat (Xn).

Durchführung:
1. Gib in das Reagenzglas einige Spatelspitzen weißes Kupfersulfat und in den Luftballon ein wenig Wasser. Befestige den Luftballon so vorsichtig an der Glasöffnung, daß kein Wasser ins Glas gelangt. Wiege diese Versuchsanordnung und notiere die Masse.
2. Hebe den Luftballon hoch, so daß das Wasser zum Kupfersulfat fließt. Wiege nach der Reaktion erneut.

Aufgaben:
a) Notiere deine Beobachtungen.
b) Gib das Reaktionsschema an.
c) Vergleiche die Massen vor und nach der Reaktion.
d) Warum ist in der Abbildung eine Abnahme der Masse zu erkennen? Unter welcher Voraussetzung wäre die Erhaltung der Masse mit der Waage erkennbar?
e) Wie könnte man am Beispiel der Reaktion von Kupfer und Schwefel untersuchen, ob die Masse erhalten bleibt oder nicht?

4.5 Graphit und Diamant – *zwei* Stoffe, *ein* Element?

1. Graphit

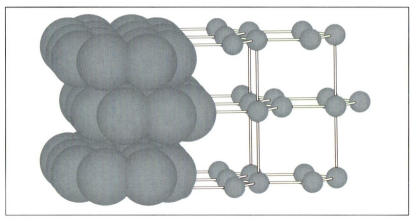

2. Kugelpackungsmodell und Raumgittermodell für den Graphit-Kristall

Eigenschaften:
schwarz, metallisch glänzend, sehr weich, Härte 1 nach MOHS, leicht in Blättchen spaltbar, guter elektrischer Leiter, leitet wie ein Metall,
Dichte: 2,3 $\frac{g}{cm^3}$,
läßt sich unter hohem Druck in Diamant umwandeln.

Verwendung:
Graphitstifte (Bleistift), Schmiermittel für Schlösser, Elektrodenkohle, Hilfsmittel für Kernreaktoren, Reaktionsgefäße in der Chemie.

3. *Steckbrief:* Graphit

Alle Materie besteht aus kleinsten Teilchen. Das gilt für Elemente und für Verbindungen. Die Grundbausteine der Materie sind die kleinsten Teilchen der Elemente. Sie werden **Atome** genannt. Es gibt ebensoviele Atomarten wie Elemente: So ist etwa Silber aus Silber-Atomen aufgebaut und Eisen aus Eisen-Atomen.

Ein Element besteht nur aus einer Sorte von Atomen. Eine Verbindung enthält mindestens zwei Atomarten.

Graphit. Das Element Kohlenstoff gibt es in der Natur als Graphit: Graphit-Kristalle bestehen nur aus Kohlenstoff-Atomen. Sie sind wie alle kleinsten Teilchen der Materie sehr klein und auch mit einem Mikroskop nicht zu sehen. Den Chemikern ist es aber trotzdem gelungen, sich ein Bild von der Anordnung der Kohlenstoff-Atome im Graphit zu machen: Im *Kugelpackungsmodell* werden die Atome durch dicht gepackte Kugeln veranschaulicht. Eine andere Darstellung zeigt das *Raumgittermodell*. Es läßt sich aus der Kugelpackung ableiten, indem man die Mittelpunkte benachbarter Kugeln verbindet.

EXKURS

Vom Bleistift zum Graphitstift

Schon Ende des 14. Jahrhunderts stellte man Papier her. Als Schreibstift verwendete man damals einen Silbergriffel. Er bestand aus einer silberglänzenden Blei/Zinn-Legierung.
1564 wurde in England ein Mineral entdeckt, mit dem sich besonders gut schreiben ließ. Wegen seines metallischen Glanzes hielt man es für ein Bleimineral. Man zersägte die Mineralblöcke in schmale Stäbchen und leimte sie in Holzleisten ein – der erste *Bleistift* war geboren! 200 Jahre später zeigte der schwedische Chemiker SCHEELE, daß es sich bei dem Mineral nicht um eine Bleiverbindung, sondern um Graphit handelt. Der Name Bleistift war indessen so verbreitet, daß er bis heute nicht durch den Namen *Graphitstift* verdrängt wurde.

Heute mischt man zur Herstellung von Bleistiften Graphitpulver mit Ton, formt runde Minen und brennt sie bei 1200°C. Nach dem Brand werden die porösen Minen in heißes Wachs getaucht, das in die Poren der Mine dringt.
Je größer der Anteil an Ton gewählt wird, desto härter schreibt der Graphitstift. Ein Anteil von nur 25% Ton ergibt eine weiche Mine; eine harte Mine enthält bis zu 75% Ton. Die Härtegrade werden mit den Buchstaben H und B angegeben: H steht für hart, B für black – also für eine schwarze Mine mit hohem Anteil an Graphit. Die Abstufungen reichen von 8B (sehr weich) bis 7H (sehr hart); HB bezeichnet eine gängige mittelharte Mine.

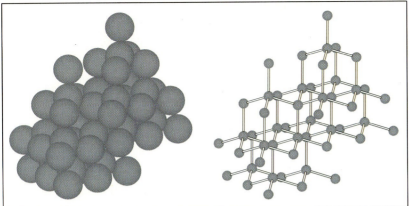

1. Kugelpackungsmodell und Raumgittermodell für den Diamant-Kristall

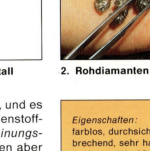

2. Rohdiamanten

Diamant. Diamanten lassen sich wie normale Kohle verbrennen, und es entsteht Kohlenstoffdioxid. Diamanten sind also ebenfalls Kohlenstoff-Kristalle. Das Element Kohlenstoff tritt demnach in zwei *Erscheinungsformen* auf: als Diamant und als Graphit. Die beiden Stoffe haben aber höchst unterschiedliche Eigenschaften. Diamanten sind sehr hart und für Bohrköpfe geeignet. Graphit ist dagegen weich und wird im Graphitstift zum Schreiben verwendet. Wie läßt sich dieser Unterschied erklären?

Da sowohl Diamant als auch Graphit aus Kohlenstoff-Atomen aufgebaut sind, können ihre Eigenschaften nicht von der Atomart abhängen: Einzelne Kohlenstoff-Atome sind weder hart noch weich, weder farblos noch schwarz. Die Kohlenstoff-Atome sind in Diamanten und Graphit unterschiedlich verknüpft. Erst die Verknüpfung von unzählig vielen Kohlenstoff-Atomen nach einem bestimmten Muster führt zu den Eigenschaften von Diamanten. Eine andere Anordnung ergibt Graphit.

Die Eigenschaften von Stoffen werden durch die beteiligten Atomarten *und* durch die Anordnung der Atome bestimmt.

Eigenschaften:
farblos, durchsichtig, stark lichtbrechend, sehr hart, Härte 10 nach MOHS (größte Härte), schwer zu spalten, keine elektrische Leitfähigkeit, Isolator, Dichte: $3{,}5 \frac{g}{cm^3}$, wandelt sich bei hohen Temperaturen in Graphit um.

Verwendung:
Schmuck, Schleifmittel (Diamanten können nur von Diamantpulver geschliffen werden), Glasschneider, Bohrköpfe für Gesteinsbohrer, Zahnarztbohrer.

3. *Steckbrief:* **Diamant**

EXKURS

Vom Graphit zum Diamant

Sowohl Graphit als auch Diamant sind aus Kohlenstoff-Atomen aufgebaut. Es sollte deshalb möglich sein, aus billigem Graphit wertvolle Diamanten herzustellen.

In der Tat ist lediglich die Anordnung der Atome zu ändern. Da Diamant eine größere Dichte hat als Graphit, sind die Atome im Diamanten enger gepackt. Graphit müßte also unter hohem Druck erhitzt werden, damit die Atome die dichtere Anordnung einnehmen. Bei dem extremen Druck von 150 000 bar und einer Temperatur von etwa 2000 °C gelingt dies auch: Aus Graphit werden auf diese Weise Industrie-Diamanten gewonnen.

Wegen des großen Aufwands bei der Herstellung sind aber auch Industrie-Diamanten nicht gerade billig. Verwendet werden sie vor allem für Bohrköpfe – sowohl bei der Suche nach Erdöl, als auch beim Zahnarzt. Als Schmuck-Diamanten sind die Kristalle leider zu klein.

Spitze eines Zahnarztbohrers

4.6 Chemische Reaktionen im Teilchenmodell

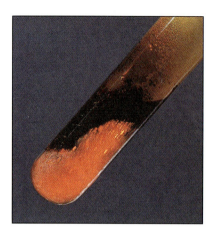

1. Die exotherme Reaktion von Eisen mit Schwefel

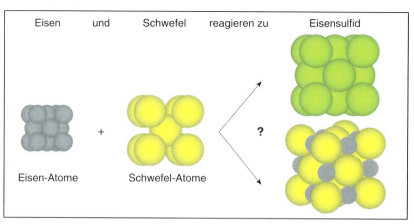

2. Was geschieht mit den Eisen-Atomen und Schwefel-Atomen bei der Reaktion von Eisen mit Schwefel?

Aufgabe 1: Zeichne jeweils im Teilchenmodell:
a) ein Gemisch aus Kupfer-Kristallen und Schwefel-Kristallen,
b) die Verbindung Kupfersulfid.

Aufgabe 2: a) Formuliere das Reaktionsschema für die Reaktion von Zink mit Schwefel zu Zinksulfid. Beschreibe die Reaktion im Teilchenmodell.
b) Gib das Reaktionsschema für die Zerlegung von Silbersulfid in die Elemente an. Beschreibe die Reaktion im Teilchenmodell.
c) Bei der Zerlegung von Silbersulfid in die Elemente bleibt die Masse erhalten. Erkläre diese Beobachtung.

Aus 7 g Eisen und 4 g Schwefel bilden sich 11 g Eisensulfid. Bei der Reaktion von 16 g Kupfersulfat mit 9 g Wasser entstehen 25 g Kupfersulfat-Hydrat. Auch beim Erhitzen von Kupfersulfat-Hydrat geht keine Masse verloren, wenn man die Masse des dabei freigesetzten Wasserdampfs berücksichtigt. Die Erhaltung der Masse ist ein weiteres Kennzeichen aller chemischer Reaktionen.

Gesetz von der Erhaltung der Masse: **Bei chemischen Reaktionen ist die Masse der Endstoffe gleich der Masse der Ausgangsstoffe.**

Dieses Gesetz läßt sich mit Hilfe des Teilchenmodells erklären. Für den Fall der Reaktion von Eisen mit Schwefel könnte man sich zum Beispiel vorstellen, daß aus Eisen-Atomen und Schwefel-Atomen völlig neue Eisensulfid-Teilchen entstehen. Aus Eisensulfid lassen sich aber durch chemische Reaktionen die Ausgangsstoffe Eisen und Schwefel zurückgewinnen. Das spricht eher für eine andere Vorstellung: Die Eisen-Atome und die Schwefel-Atome bleiben bei der chemischen Reaktion erhalten. Sie werden bei der Bildung von Eisensulfid nur neu angeordnet. Man sagt auch: Bei einer chemischen Reaktion findet eine *Umgruppierung* der Atome statt.

So wird auch die Zerlegung einer Verbindung in die Elemente verständlich: Die Atome in der Verbindung werden durch eine chemische Reaktion voneinander getrennt und anschließend neu verknüpft.
Beispiel: Bei einer Zerlegung von Eisensulfid in Eisen und Schwefel müssen sich zunächst die Eisen-Atome und Schwefel-Atome voneinander lösen, danach lagern sich die Eisen-Atome zu Eisen-Kristallen und die Schwefel-Atome zu Schwefel-Kristallen zusammen.

Erst wenn unvorstellbar viele Schwefel-Atome in bestimmter Weise zu einem Kristall verknüpft sind, treten die Eigenschaften von Schwefel auf. Erst ein Verband vieler Schwefel-Atome erscheint gelb, ein einzelnes Schwefel-Atom kann nicht farbig sein!

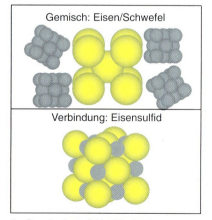

3. Gemisch und Verbindung im Teilchenmodell

Bei chemischen Reaktionen gruppieren sich die beteiligten Atome um. Es gehen weder Atome verloren, noch kommen welche hinzu.

PRAKTIKUM

Ein Umgruppierungsmodell

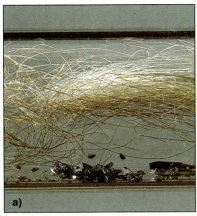 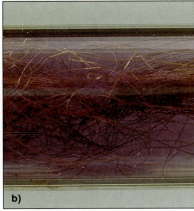 

a)   b)   c)

Silber reagiert mit Iod zu Silberiodid: a) Silberwolle und Iod-Kristalle, b) Reaktion von Silber mit violettem Ioddampf, c) Silberiodid nach der Reaktion und Silberiodidpulver

Versuch 1: Darstellung der Reaktion von Silber mit Iod im Teilchenmodell

Materialien: Verschieden große Kugeln (Durchmesser 30 mm und 12 mm), geeigneter Klebstoff, Messer.
Hinweis: Zellstoffkugeln sind bei FAITA, 83404 Mitterfelden, zu beziehen.

Durchführung: Baue die Modelle der an der Reaktion beteiligten Stoffe entsprechend den Vorschriften zusammen. Mache dir anhand der Modelle ein Bild von der Umgruppierung der Atome bei der Reaktion.

Modell Silber-Kristall:
1. Klebe jeweils 16 kleine Kugeln zu einer Kugelschicht zusammen:

2. Packe 3 Kugelschichten dicht aufeinander.
3. Wieviel Kugeln berühren eine Kugel im Inneren der Kugelpackung?

Modell Iod-Kristall:
1. Schneide von großen Kugeln die Kugelkappe ab und klebe jeweils 2 Kugeln zu Doppelkugeln aneinander.
2. Stelle 2 Schichten mit Doppelkugeln nach folgender Anleitung her:

3. Packe diese Schichten auf Lücke übereinander.

Modell Silberiodid-Kristall:
1. Klebe 2 Kugelschichten aus jeweils 5 großen und 4 kleinen Kugeln sowie 1 Kugelschicht aus jeweils 4 großen und 5 kleinen Kugeln zusammen:

2. Packe diese Kugelschichten übereinander.

4.10 Aufgaben · Versuche · Probleme

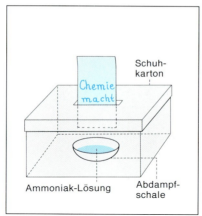

Problem 2: Erwärmt man festen Schwefel in einem Reagenzglas, bis er gerade eben schmilzt, so bildet sich eine hellgelbe Schmelze. Sie ist klar und dünnflüssig.

Erwärmt man die Schmelze stärker, wird sie bei etwa 160 °C rotbraun und zähflüssig wie Sirup.

Beim weiteren Erhitzen bis zum Sieden wird die Schmelze immer dunkler, aber wieder dünnflüssig.

Beim schnellen Abkühlen der heißen Schmelze entsteht ein gummiartig dehnbarer Stoff.

Aufgabe 1: Blaues Cobaltchlorid wird an feuchter Luft allmählich rosafarben. Erhitzt man die rosafarbene Substanz, so entweicht Wasserdampf, und es entsteht wieder blaues Cobaltchlorid.
a) Formuliere das Reaktionsschema für beide Vorgänge. *Hinweis:* Wasserhaltige Verbindungen heißen Hydrate.
b) Blaues Cobaltchlorid reagiert an feuchter Luft. Ändert sich die Masse?
c) Silicagel wird im Exsikkator zum Trocknen von Chemikalien verwendet. Es hat eine blaue Farbe, weil es blaues Cobaltchlorid als Indikator enthält. Der Indikator zeigt durch Rosafärbung an, wenn ein Trocknen nicht mehr möglich ist.
Erkläre die Wirkungsweise des Indikators.

Aufgabe 2: Gib jeweils 5 Beispiele an:
a) Gemische, **b)** Reinstoffe,
c) Elemente, **d)** Verbindungen,
e) Metalle, **f)** Nichtmetalle.

Aufgabe 3: Brom ist ein sehr reaktionsfreudiges Element und reagiert stark exotherm mit Kalium und mit Aluminium.
Formuliere das Reaktionsschema für beide Reaktionen.

Aufgabe 4: a) Gib ein Beispiel für die Zerlegung einer Verbindung in die Elemente an.
b) Zeichne schematisch deine Vorstellung auf, wie die Atome in den Stoffen vor und nach der Zerlegung angeordnet sind.

Versuch 1: Geheimtinte
Beschrifte ein Blatt mit Phenolphthalein-Lösung und lasse es trocknen. Stecke nun das Blatt in den Schlitz des Schuhkartons. Der Karton enthält eine Porzellanschale mit Ammoniak-Lösung. Warte einen Moment und ziehe dann das Papier heraus. Wiederhole den Versuch, wenn die Schrift nach einiger Zeit verblaßt ist.

Versuch 2: Bunte Schrift
Bemale ein Blatt Papier mit Lösung A (3 g Kaliumhexacyanoferrat(II) in 100 ml Wasser) und mit Lösung B (1 g Ammoniumthiocyanat (Xn) in 100 ml Wasser). Lasse das Blatt trocknen. Sprühe mit einem Zerstäuber die Lösung C (4 g Eisen(III)chlorid (Xn) in 100 ml Wasser) auf das Papier.

Versuch 3: Zaubertinte
Tropfe etwas Thymolphthaleinblau auf ein weißes Tuch. Wedle nun mit der Hand über den Fleck oder hauche ihn an.

Versuch 4: Kältemischung
Eiswürfel werden zerstoßen und im Becherglas mit einigen Löffeln Kochsalz vermischt. Miß die Temperatur der Mischung. Stelle ein mit Wasser gefülltes Reagenzglas in die Mischung.

Problem 1: Es gibt drei Erscheinungsformen ein und desselben Elements: weißen, roten und schwarzen Phosphor.
Wie ist das möglich?

Kennzeichen einer chemischen Reaktion ist die Stoffumwandlung. Handelt es sich also bei dem hier beschriebenen Vorgang um eine chemische Reaktion?
Auf welche Weise lassen sich die Beobachtungen deuten? Benutze dabei das Teilchenmodell.

BASISWISSEN

Chemische Reaktionen

1. Kennzeichen chemischer Reaktionen

a) Stoffumwandlung
Chemische Reaktionen sind Vorgänge, bei denen sich neue Stoffe bilden.
Die neuen Stoffe haben andere Eigenschaften als die Ausgangsstoffe.

b) Energieumsatz
Bei chemischen Reaktionen wird Energie umgesetzt:
– bei **exothermen Reaktionen** wird Wärme abgegeben,
– bei **endothermen Reaktionen** wird Wärme aufgenommen.

c) Massenerhaltung
Bei chemischen Reaktionen ist die Masse der Ausgangsstoffe gleich der Masse der Endstoffe.

2. Reaktionsschema

Das Reaktionsschema faßt in Kurzform die wichtigsten Informationen zum Ablauf einer chemischen Reaktion zusammen.

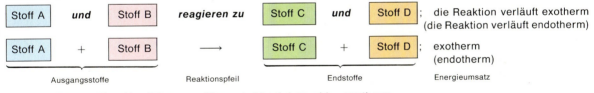

Beispiel: Eisenoxid + Aluminium ⟶ Eisen + Aluminiumoxid;   exotherm

3. Element und Verbindung

a) Elemente
Elemente sind die *Grundstoffe der Materie.*

In der Natur kommen 90 Elemente vor. Davon sind 70 Metalle und 20 Nichtmetalle.

b) Verbindungen
Verbindungen sind Reinstoffe, die aus zwei oder mehreren Elementen aufgebaut sind.

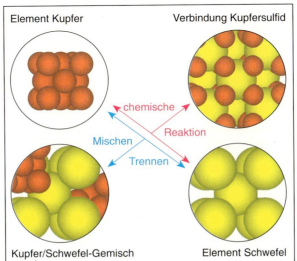

4. Gemisch und Verbindung

a) Gemische
Gemische bestehen aus mehreren Reinstoffen.
Beispiel: Kupfer/Schwefel-Gemisch.
Gemische lassen sich durch geeignete *Trennverfahren* in die Reinstoffe zerlegen.

b) Verbindungen
In Verbindungen liegen die Elemente chemisch gebunden vor.
Beispiel: Kupfersulfid.
Eine Verbindung läßt sich nur durch *chemische Reaktionen* in die Elemente zerlegen.

5 Luft: Chemie der Verbrennung

4-3-2-1-0: Mit ohrenbetäubendem Krach, mit großen Qualmwolken und Dampfwolken und mit grellem Feuerschein hebt das Space-Shuttle ab. Dieses Mal bringt es einen Wettersatelliten in den Weltraum.

Aus dem großen zigarrenförmigen Tank, auf dem das Space-Shuttle „huckepack" sitzt, fließen 15 Tonnen Treibstoff pro Sekunde zu den Triebwerken des Raumgleiters und werden dort verbrannt. Zwei Feststoffraketen helfen während der Startphase, das fast 2000 Tonnen schwere Gefährt zu heben.

Mit der Geschwindigkeit von etwa 2,5 km pro Sekunde strömen die Verbrennungsgase aus. So entsteht der Schub, der den Raumgleiter mit seiner Fracht in eine bis zu 1000 km hohe Umlaufbahn um die Erde bringt.

Der Treibstoff wird mit reinem Sauerstoff verbrannt. Dabei entstehen als neue Stoffe Verbrennungsgase. Außerdem wird viel Energie frei. Dies alles zeigt: Die Verbrennung ist eine chemische Reaktion.

5.1 Wissenschaftliche Betrachtungen auf einer Grillparty

1. Grillen – eine Wissenschaft für sich: Anzünden, Qualmbildung und Glut

Markus feiert Geburtstag, und man beschließt, im Freien zu grillen. Markus holt Grillkohle und Streichhölzer herbei. „Wo habt ihr denn Holz und Papier?" fragt Sebastian. „Wir brauchen doch Zeitungspapier und trockenes Holz; damit machen wir zuerst ein Holzfeuer. Wenn das richtig brennt, können wir nach und nach Holzkohle auflegen."

Trotz des guten Ratschlags kommt das Kohlenfeuer schlecht in Gang. Es qualmt und droht immer wieder auszugehen. „Wir müssen Luft zufächeln", bemerkt Carola, „sonst wird es heute nichts mehr mit unseren Würstchen!" Mit einem Kehrblech schlägt Carola vor der spärlichen Glut auf und ab. Mit jedem Mal, wenn dadurch ein Luftstrom entsteht, leuchtet die Glut heller auf. Schließlich brechen erste Flammen hervor. „Noch ein bißchen Wind, und wir können noch mehr Kohle auflegen", sagt sie.

Feuermachen ist gar nicht so einfach: Zunächst benötigt man die passenden **Brennstoffe,** also brennbare Stoffe wie Papier, trockenes Holz und Holzkohle.

Für jeden Brennstoff muß die **Entzündungstemperatur** erreicht werden: Ein Streichholzkopf entzündet sich bereits, wenn man mit ihm fest genug über die Reibfläche der Streichholzschachtel streicht.
Die Streichholzflamme kann Papier anzünden. Das brennende Papier läßt Holz entflammen. Durch das Holzfeuer wird schließlich auch die Entzündungstemperatur der Holzkohle erreicht.

Holzspäne lassen sich leichter anzünden als dicke Holzstücke. Der **Zerteilungsgrad** des Brennstoffs spielt also auch eine Rolle. So gelingt es kaum, einen Packen Zeitungspapier vollständig zu verbrennen. Am besten ist es, wenn man die Blätter einzeln anzündet oder sie zu einem lockeren Haufen aufschichtet. Das Brennmaterial darf also nicht zu dicht gepackt sein. Das Feuer benötigt nämlich ständig Frischluft. Bei schlechter **Luftzufuhr** erstickt das Feuer. Nur in locker geschichtetem Brennmaterial erreicht die Frischluft die brennbaren Stoffe gleichzeitig an vielen Stellen.

Als Partygast macht man einige weitere Beobachtungen am Grillfeuer: Solange das Feuer noch nicht richtig brennt, bildet sich viel **Qualm.** Hält man einen brennenden Holzspan dorthin, wo dichter Qualm entsteht, so entzündet er sich und bildet eine Flamme. Qualm enthält also flüchtige, brennbare Stoffe. Sie entstehen, wenn sich der Brennstoff bei hoher Temperatur zersetzt.
Solange das Feuer noch qualmt, sollte man kein Fleisch grillen. Qualm enthält nämlich giftige Stoffe, die sich am Fleisch absetzen.

Nach einiger Zeit bildet das Holzkohlenfeuer eine **Glut,** die nur wenig qualmt. Jetzt kann man die Würstchen und das Fleisch auflegen. Durch abtropfendes Fett entstehen gelegentlich wieder Flammen, die das Fleisch versengen können. Man löscht dann das brennende Fett vorsichtig mit etwas Wasser. Die Würstchen und das Fleisch dürfen natürlich nicht zu lange gegrillt werden. Sie verkohlen sonst an der Oberfläche; dabei können giftige Stoffe entstehen.

Am Schluß bleibt von den Brennstoffen nur noch **Asche** zurück. Sie besteht aus den nicht brennbaren Stoffen, die in Papier, Holz oder Holzkohle enthalten sind. Reine Holzkohlenasche sieht weiß aus. Sie kann anschließend als Pflanzendünger verwendet werden.

PRAKTIKUM

Verbrennungsvorgänge

Versuch 1: Holzkohle aus Holz

Materialien: Gasbrenner, Reagenzglas, Porzellanschälchen, Glasrohr mit Spitze, durchbohrter Gummistopfen, Tiegelzange;
Holzstückchen.

Durchführung:
1. Gib einige Holzstückchen in das Reagenzglas und verschließe es mit Gummistopfen und Ableitungsrohr.
2. Erhitze mit der nichtleuchtenden Brennerflamme das Holz im Reagenzglas. Entzünde an der Glasspitze den entweichenden Qualm.
3. Halte den Boden eines Porzellanschälchens in die Holzgasflamme.
4. Beende das Erhitzen, wenn die Gasflamme an der Glasspitze erlischt. Warte, bis sich das Reagenzglas abgekühlt hat.
5. Nimm ein Stück Holzkohle aus dem Reagenzglas und halte es in die Brennerflamme. Blase in die sich bildende Glut.

Aufgaben:
a) Notiere und deute deine Beobachtungen.
b) Warum verkohlt das Holz im Reagenzglas anstatt zu verbrennen?

Versuch 2: Experimente mit einer Kerze

Materialien: Becherglas (250 ml, hoch), Glasrohr mit Spitze (5 cm), Tiegelzange;
Kerze oder Teelicht, Streichhölzer.

Durchführung:
1. Zünde die Kerze an und beobachte Flamme, Docht und Kerzenmaterial.
2. Führe mit der Tiegelzange das weitere Ende des Glasröhrchens mitten in die Kerzenflamme. Stelle mit einer Streichholzflamme fest, ob aus dem schräg nach oben gerichteten Röhrchen brennbares Gas entweicht.
3. Stülpe über die brennende Kerze ein Becherglas. Versuche die Kerzenflamme kurz vor dem Erlöschen durch Luftzufuhr zu retten.
4. Blase die Kerzenflamme aus und entzünde den entweichenden Qualm mit einer darüber gehaltenen Streichholzflamme (Fernzündung).

Aufgaben:
a) Beschreibe das Aussehen der Kerzenflamme: Wo ist sie hell, und wo ist sie dunkel?
b) Zeichne ein Teelicht mit Flamme. Trage in verschiedenen Farben die beteiligten Stoffe und ihre Strömungen ein: festes, flüssiges und gasförmiges Kerzenmaterial, frische Luft, Abgas.
c) Erkläre die Tatsache, daß man eine Tochterflamme aus der Kerzenflamme erzeugen kann.
d) Warum erlischt eine Kerzenflamme, wenn man ein Becherglas über sie stülpt?
e) Erkläre die Fernzündung einer qualmenden Kerze.

Versuch 3: Bestimmung der Entzündungstemperatur eines Streichholzkopfes

Materialien: Erlenmeyerkolben (250 ml, eng), Gasbrenner, Thermometer (bis 300 °C), doppelt durchbohrter Stopfen, Stativmaterial;
Eisendraht (Blumendraht), Streichhölzer, Papier.

Hinweis: Thermometer dürfen nicht über die maximal zulässige Temperatur erhitzt werden, da sie sonst platzen.

Durchführung:
1. Binde mit dem Draht ein Streichholz so an das Thermometer, daß sich der Streichholzkopf 1 cm vor der Quecksilberkugel befindet.
2. Baue den Versuch entsprechend der Abbildung auf.
3. Erhitze die Glaswand vorsichtig mit dem Brenner. Wenn das Thermometer 80 °C erreicht hat, soll die Temperatur nur noch langsam ansteigen.
4. Stelle fest, bei welcher Temperatur sich der Streichholzkopf entzündet, und blase dann das Streichholz *sofort* aus.
5. Wiederhole den Versuch mit Papier (Abzug!).

Aufgabe: Protokolliere deine Beobachtungen.

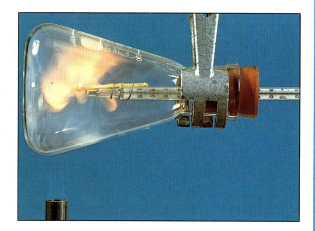

Versuch 4: Stahlwolle brennt

Materialien: Gasbrenner, Tiegelzange, Waage, Strohhalm (etwa 20 cm lang); entfettete Stahlwolle.

Durchführung:
1. Greife ein kleines Büschel Stahlwolle mit der Tiegelzange und halte es für kurze Zeit mit dem unteren Ende in die Brennerflamme.
2. Blase durch den Strohhalm Luft in die glühende Stahlwolle.
3. Vergleiche das Verbrennungsprodukt mit unverbrannter Stahlwolle.
4. Nimm ein neues Büschel Stahlwolle und bestimme seine Masse mit der Waage. Entzünde die Stahlwolle und blase vorsichtig Luft zu, so daß die Stahlwolle vollständig verbrennt. Stelle nach dem Abkühlen erneut die Masse fest.

Aufgabe: Protokolliere deine Beobachtungen.

Versuch 5: Massenzunahme beim Erhitzen von Kupfer

Materialien: Gasbrenner, Dreifuß, Tondreieck, Porzellantiegel, Tiegelzange, Eisendraht, Waage; Kupferpulver oder Kupferdrahtstücke.

Durchführung:
1. Bestimme die Masse des Tiegels.
2. Gib einen gehäuften Spatel Kupferpulver in den Tiegel und ermittle die Masse erneut.
3. Stelle den Tiegel in das Tondreieck, das sich auf dem Dreifuß befindet und erhitze ihn von unten mit der nichtleuchtenden Brennerflamme. Rühre den Inhalt des Tiegels mit dem Eisendraht um, während der Tiegel mit der Zange festgehalten wird.
4. Lasse den Tiegel nach etwa 5 Minuten abkühlen und ermittle die Masse ein drittes Mal.

Aufgaben:
a) Beschreibe deine Beobachtungen.
b) Berechne und deute die Massenänderung.

Versuch 6: Der Kupferbrief

Materialien: Gasbrenner, Tiegelzange, Schere; Kupferblech (0,1 mm).

Durchführung:
1. Schneide mit der Schere ein Stück Kupferblech von etwa 5 cm Breite und 8 cm Länge zurecht.
2. Falte das Blech in der Mitte zusammen und knicke die offenen Ränder um, so daß keine Luft eindringen kann.
3. Fasse den Kupferbrief mit der Tiegelzange und erhitze ihn bis zur Rotglut in der nichtleuchtenden Brennerflamme.
4. Öffne den Kupferbrief, wenn er vollständig abgekühlt ist.

Aufgaben:
a) Vergleiche Außen- und Innenseite des Kupferbriefs miteinander. Notiere deine Beobachtungen.
b) Erkläre das unterschiedliche Aussehen von Außen- und Innenfläche.
c) Stelle fest, ob sich der Belag von der Außenfläche abschaben läßt.
d) Wie sieht der Kupferbrief unter dem Belag aus, der sich auf seiner Außenfläche befindet?

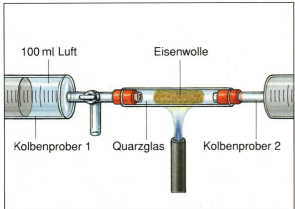
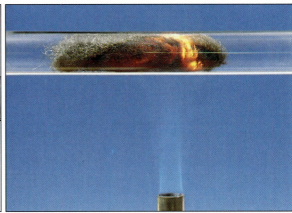

Kolbenproberapparatur zur Untersuchung der Luft. 100 ml Luft werden aus dem einem Kolbenprober mehrfach über erhitzte Eisenwolle in den anderen Kolbenprober gedrückt. Anfangs glüht das Eisen auf, wenn die Luft darüberstreicht, später nicht mehr. Das Luftvolumen nimmt um etwa 20 ml ab.

5.2 Die Verbrennung – eine chemische Reaktion

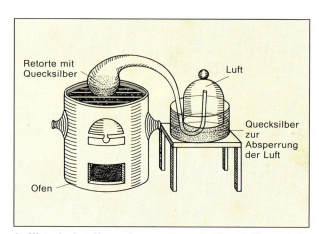

1. Historischer Versuch von LAVOISIER. Quecksilber wird zusammen mit Luft erhitzt.

Versuch 1: Bildung und Nachweis von Sauerstoff
a) Gib 50 ml Wasserstoffperoxid-Lösung (3%) in einen Erlenmeyerkolben (100 ml) und füge einen Spatel Braunstein (Xn) hinzu. Verschließe den Erlenmeyerkolben mit einem Stopfen, der ein Ableitungsrohr besitzt. Fange das entweichende Gas unter Wasser in zwei Reagenzgläsern auf. Verschließe die mit Sauerstoff gefüllten Reagenzgläser unter Wasser mit Gummistopfen und stelle sie in einen Reagenzglasständer.
b) Zünde einen Holzspan an und senke die Flamme in eines der beiden Reagenzgläser. Puste die Flamme am Holzspan aus und senke die noch glühende Spitze des Holzspans in das zweite Reagenzglas.
c) Notiere deine Beobachtungen und erkläre sie.

Im Jahre 1775 führte der französische Naturforscher LAVOISIER (1743–1794) einen entscheidenden Versuch durch, um hinter das Geheimnis der Verbrennungsvorgänge zu kommen. Tagelang erhitzte er Quecksilber in einem geschlossenen Gefäß auf etwa 300 °C: Dabei bildete sich auf der Metalloberfläche allmählich ein rotes Pulver. Gleichzeitig verringerte sich das Volumen der eingeschlossenen Luft. Es nahm aber höchstens um ein Fünftel ab.

Schon 1774 hatte der schwedische Chemiker SCHEELE (1742–1786) mit dem von LAVOISIER hergestellten roten Stoff experimentiert. Dabei entdeckte er, daß dieser Stoff beim Erhitzen in Quecksilber und ein farbloses Gas zerfällt. An diesem Gas stellte er eine ungewöhnliche Eigenschaft fest: Holz und andere Brennstoffe verbrannten in ihm viel lebhafter als in gewöhnlicher Luft.

SCHEELE nannte das Gas *Feuerluft*. LAVOISIER gab ihm den Namen *Oxygène*; daher stammt auch der heute gültige, wissenschaftliche Name *Oxygenium*. Im Deutschen spricht man von **Sauerstoff.** Diese Bezeichnung ist eine freie Übersetzung des wissenschaftlichen Namens.

Die zuvor beschriebenen Erfahrungen lassen sich zusammenfassen: Erhitzt man Quecksilber an der Luft auf 300 °C, so verbindet sich das Metall mit Sauerstoff. Dabei entsteht ein roter Stoff, den man **Quecksilberoxid** nennt. Dieser Stoff ist eine **Verbindung** aus Quecksilber und Sauerstoff.

Die Vereinigung der Elemente Quecksilber und Sauerstoff zu Quecksilberoxid zeigt das wesentliche Merkmal einer **chemischen Reaktion:** Es entsteht ein neuer Stoff. Das folgende Reaktionsschema beschreibt diesen Vorgang:

Quecksilber + Sauerstoff $\xrightarrow{300\,°C}$ Quecksilberoxid; exotherm

Auch die Spaltung von Quecksilberoxid ist eine chemische Reaktion. Aus Quecksilberoxid entstehen als neue Stoffe Quecksilber und Sauerstoff:

Quecksilberoxid $\xrightarrow{400\,°C}$ Quecksilber + Sauerstoff; endotherm

Bei der Bildung von Quecksilberoxid verbindet sich nur ein Teil der Luft mit dem Metall, nämlich der Sauerstoff. Bei der Spaltung von Quecksilberoxid wird deshalb *reiner Sauerstoff* frei. In ihm laufen Verbrennungsvorgänge viel heftiger ab als in Luft. Ein glimmender Holzspan entflammt daher in reinem Sauerstoff. Diese *Glimmspanprobe* dient als Nachweis für Sauerstoff.

2. Spaltung von Quecksilberoxid. Bei 400 °C bilden sich Quecksilber und Sauerstoff.

Oxidation. Neben Quecksilber reagieren auch andere *Metalle* exotherm mit Sauerstoff. So verbrennt Stahlwolle an der Luft und glüht dabei nach und nach selbständig durch. Bläst man Luft in die Glut, so verstärkt sich das Glühen. Das in der Stahlwolle enthaltene Eisen vereinigt sich mit Sauerstoff und bildet Eisenoxid. Im Reaktionsschema weist man durch den Zusatz *exotherm* darauf hin, daß bei der Reaktion Wärme freigesetzt wird:

Eisen + Sauerstoff ⟶ Eisenoxid;   exotherm

In ähnlicher Weise bilden sich mit den Metallen Kupfer und Magnesium die Sauerstoffverbindungen Kupferoxid und Magnesiumoxid:

Kupfer + Sauerstoff ⟶ Kupferoxid;   exotherm

Magnesium + Sauerstoff ⟶ Magnesiumoxid;   exotherm

Auch *Nichtmetalle* reagieren mit Sauerstoff. Kohlenstoff bildet dabei Kohlenstoffdioxid. Schwefel verbrennt zu Schwefeldioxid, einem stechend riechenden Gas. Auch diese Vorgänge laufen exotherm ab:

Kohlenstoff + Sauerstoff ⟶ Kohlenstoffdioxid;   exotherm

Schwefel + Sauerstoff ⟶ Schwefeldioxid;   exotherm

Verbrennungen sind chemische Reaktionen mit Sauerstoff. Eine chemische Reaktion, bei der sich ein Stoff mit Sauerstoff verbindet, bezeichnet man als Oxidation. Die dabei entstehenden Produkte heißen Oxide. Man unterscheidet Metalloxide und Nichtmetalloxide.

1. Eisen verbrennt und bildet Eisenoxid

Versuch 1: Verbrennung von Magnesium
Fasse ein Stück Magnesiumband (F) (5 cm) mit einer Tiegelzange und halte das untere Ende des Metallstreifens in die nicht leuchtende Brennerflamme.

Die Verbrennung von Kohlenstoff und das Teilchenmodell

THEORIE

Mit Hilfe des Teilchenmodells läßt sich anschaulich darstellen, was bei der Verbrennung von Kohlenstoff mit den Atomen geschieht.

1. Sauerstoff besteht aus kleinsten Teilchen, die sich sehr schnell und regellos durch den Raum bewegen. In Sauerstoff-Teilchen sind zwei Sauerstoff-Atome miteinander verbunden. Auf ihrem Wege stoßen die Teilchen miteinander zusammen. In der Regel prallen sie dabei wie Billiardkugeln voneinander ab. Die Zusammenstöße werden immer heftiger, je stärker man das Gas erhitzt. Bei sehr heftigen Zusammenstößen zerfallen zusammengesetzte Teilchen in Atome. Danach können sich die Atome mit anderen Teilchen neu verbinden.

2. Kohlenstoff ist ein Feststoff. In ihm sind Kohlenstoff-Atome auf Gitterplätzen dicht gepackt. Sie können sich nur auf ihren Plätzen schwingend hin- und herbewegen. Diese Schwingung verstärkt sich aber, wenn man Kohlenstoff erhitzt. Dadurch wird der Zusammenhalt zwischen den Kohlenstoff-Atomen gelockert. Besonders stark schwingende Teilchen, die am Rande liegen, können den Verband verlassen und sich mit anderen Teilchen verbinden.

3. Bei der hohen Temperatur von glühendem Kohlenstoff prallen Sauerstoff-Teilchen mit großer Wucht auf die Oberfläche des Kohlenstoffs. Es gelingt ihnen, gelockerte Kohlenstoff-Atome aus ihrem Verband zu lösen. Je zwei Sauerstoff-Atome vereinigen sich mit einem Kohlenstoff-Atom zu Kohlenstoffdioxid-Teilchen. Diese verteilen sich im Gasraum und bilden das farblose Kohlenstoffdioxid-Gas.

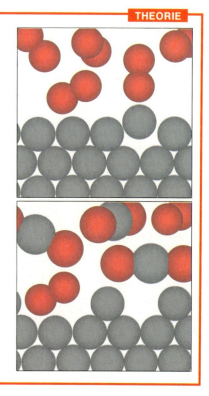

5.3 Die Luft – ein Gasgemisch

1. Ermittlung der Zusammensetzung von Luft. a) Phosphor wird unter einer Glasglocke in einem abgeschlossenen Luftraum verbrannt. Es bildet sich Phosphoroxid als weißer Rauch. **b)** Nachdem der Phosphor verbrannt ist, steigt Wasser in die Glasglocke und füllt etwa ein Fünftel des ehemaligen Luftraums aus.

Verbrennt man Phosphor in einem abgeschlossenen Luftraum, so fehlt anschließend ein Fünftel des ursprünglichen Luftvolumens. Bei diesem Luftanteil handelt es sich um **Sauerstoff,** der mit Phosphor zu Phosphoroxid reagiert. Phosphoroxid ist ein weißer Feststoff, der sich gut in Wasser löst. Etwa ein Fünftel der Luft besteht demnach aus Sauerstoff. Bei den restlichen vier Fünftel der Luft handelt es sich ebenfalls um ein Element, das aber die Verbrennung nicht unterhält. Eine Flamme erlischt in diesem Gas, man bezeichnet es als **Stickstoff.**

Genauere Untersuchungen zeigen, daß in Luft neben Stickstoff und Sauerstoff noch zu etwa 1% andere Gase enthalten sind. Von denen nimmt den größten Anteil mit knapp 1% das Edelgas **Argon** ein. **Kohlenstoffdioxid** macht etwa 0,03% des Luftvolumens aus.
Ein Liter Luft besteht aus etwa 780 ml Stickstoff, 210 ml Sauerstoff, 10 ml Argon und 0,3 ml Kohlenstoffdioxid.

Diese Angaben gelten nur für saubere und trockene Luft. Die Luft der Atmosphäre enthält immer einen gewissen Anteil an Wasserdampf. Bei 20 °C können es bis zu 23 ml Wasserdampf in einem Liter Luft sein. Das entspricht 17 g Wasserdampf pro Kubikmeter Luft. Die Luft ist dann mit Wasserdampf gesättigt. Man sagt: Die *relative Luftfeuchtigkeit* beträgt 100%. Bei höheren Temperaturen nimmt Luft noch mehr Wasser auf. Kühlt man warme, mit Wasserdampf gesättigte Luft ab, so scheidet sich flüssiges Wasser in Tröpfchen aus. Es bilden sich Nebel und Tau.

Auch viele andere gasförmige Bestandteile kommen auf natürliche Weise in die Atmosphäre, ebenso große Mengen Staub. Bei Fäulnisprozessen bilden sich neben Kohlenstoffdioxid Gase wie Schwefelwasserstoff, Methan und Ammoniak. Wald- und Steppenbrände erzeugen Staub und Verbrennungsgase. Aus Vulkanen entweichen Staub, chlorhaltige Gase, Schwefeldioxid und Schwefelwasserstoff.

Ein erheblicher Anteil an Fremdstoffen wird durch Verkehr, Industrie und Haushalte in die Luft abgegeben. Darunter befinden sich auch gesundheitsschädliche Gase wie Kohlenstoffmonooxid, Stickstoffoxide, Schwefeldioxid und umweltschädigende Verbindungen wie Fluorchlorkohlenwasserstoffe (FCKW).

Gasanteil	in 1000 ml Luft
Stickstoff	780,8 ml
Sauerstoff	209,5 ml
Kohlenstoffdioxid	0,34 ml
Argon	9,3 ml
sonstige Edelgase	0,024 ml
Kohlenstoff-monooxid	0,0002 ml
Ozon	0,0000004 ml
Wasserstoff	0,0005 ml
Methan	0,0016 ml
Stickstoffoxide	0,0000005 ml
Ammoniak	0,000002 ml
FCKW	0,00000003 ml

2. Zusammensetzung der Luft

Entdeckung: 1774 SCHEELE (Erhitzen von Salpeter); 1774 PRIESTLEY (Erhitzen von Quecksilberoxid).
Eigenschaften: farbloses, geruchloses und geschmackloses Gas;
Dichte: 1,33 $\frac{g}{l}$ (bei 20°C und 1013 hPa);
Siedetemperatur: -183°C;
Schmelztemperatur: -219°C;
Löslichkeit in Wasser bei 20°C und 1013 hPa (aus der Luft:) 8,8 $\frac{mg}{l}$;
reagiert mit fast allen Elementen zu Oxiden.
Verwendung: Atemgas in Atemgeräten; Oxidationsmittel beim Schweißen und bei der Verbrennung von Treibstoffen; Kennfarbe der Druckflasche: blau.

3. *Steckbrief:* **Sauerstoff (O_2)**

Entdeckung: 1772, RUTHERFORD und CAVENDISH.
Eigenschaften: farbloses, geruchloses und geschmackloses Gas;
Dichte: 1,16 $\frac{g}{l}$ (bei 20°C und 1013 hPa);
Siedetemperatur: -196°C;
Schmelztemperatur: -210°C;
Löslichkeit in Wasser bei 20°C und 1013 hPa (aus der Luft): 15 $\frac{mg}{l}$;
erstickt Flammen, ist chemisch reaktionsträge.
Verwendung: Schutzgas, Herstellung von Ammoniak für stickstoffhaltige Mineraldünger;
Kennfarbe der Druckflasche: grün.

4. *Steckbrief:* **Stickstoff (N_2)**

Die Lufthülle

Wenn man den Wolken nachschaut, erscheint die Lufthülle grenzenlos. Fotos aus dem Weltraum zeigen aber nur einen dünnen, blau schimmernden Gasmantel rings um die Erde. Dieser scheinbare Gegensatz erklärt sich aus dem Verhältnis zwischen dem Erddurchmesser von 12 740 km und der Höhe der erdnahen Lufthülle, die nur 100 km beträgt. Bei einem Globus mit einem Durchmesser von 25 cm wäre diese Luftschicht nur 2 mm dick.

Die Lufthülle wird auch als **Atmosphäre** bezeichnet. Sie besitzt zum Weltraum hin keine scharfe Grenze. Mit abnehmender Dichte breitet sie sich bis über 1000 km weit in den Weltraum aus. Die Luftschicht bis zu einer Höhe von 100 km enthält aber bereits 99,99999 % aller Gasteilchen.

Man teilt die Atmosphäre in mehrere Schichten ein: Für das Leben wichtig ist vor allem die untere Luftschicht bis zu 10 km Höhe, die **Troposphäre.** In ihr spielt sich das Wettergeschehen ab.

Forschungsballons steigen bis in eine Höhe von 50 km in die **Stratosphäre** auf. Darüber liegt oberhalb von 70 km die **Ionosphäre.** Dort entsteht das Nordlicht, aber auch Satelliten und Raumschiffe kreisen in diesen Höhen um die Erde.

Die oft genannte **Ozonschicht** liegt in einer Höhe von 30 km in der Stratosphäre. Sie schützt uns vor dem UV-Licht der Sonne.

Die Luft, die auf jeden Quadratzentimeter der Erdoberfläche drückt, hat eine Masse von rund 1 kg. Sie erzeugt einen **Luftdruck** von etwa 1 bar oder 1000 hPa. Wenn man vom Meeresspiegel aus immer höher steigt, verringert sich der Luftdruck. Schon in 6000 m Höhe beträgt er nur noch rund 500 hPa und ist damit etwa halb so groß wie in Meereshöhe.

Wer auf einen 6000 m hohen Berg steigen will, muß seinen Körper daran gewöhnen, daß er dort mit jedem Atemzug nur noch halb so viel Sauerstoff erhält wie in Meereshöhe. Eine solche *Höhenanpassung* dauert mehrere Tage. In 8000 m Höhe können sich Menschen ohne zusätzliche Sauerstoffversorgung maximal einen Tag lang aufhalten. Jede körperliche Anstrengung bereitet ihnen aber dort wegen des Sauerstoffmangels große Mühe. Nur bei bester Höhenanpassung und mit äußerster Willenskraft ist die Besteigung eines 8000 m hohen Bergs ohne Sauerstoffmaske möglich.

Verkehrsflugzeuge fliegen in etwa 10 km Höhe. Eine Druckkabine schützt die Passagiere vor dem Druckabfall. Sie hält einen Luftdruck aufrecht, der gewöhnlich in 2200 m Höhe herrscht. Außerdem wird die Kabinenluft mit Sauerstoff angereichert. Wegen der Außentemperatur von −50 °C muß auch geheizt werden.

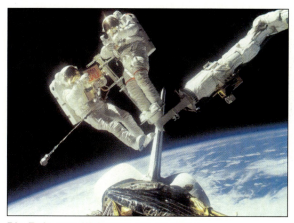

Die Erde vom Weltraum aus gesehen

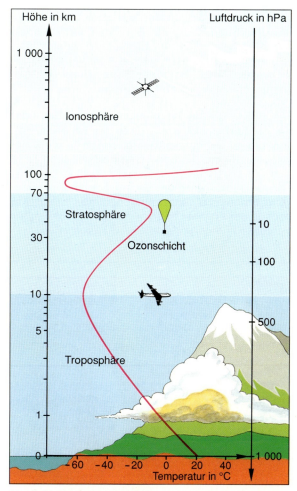

Die Schichtung der Lufthülle

5.4 Kohlenstoffoxide – gefährliche Gase?

1. Holzkohle verbrennt in Sauerstoff

Vorkommen: in frischer Luft zu 0,034%; in ausgeatmeter Luft zu etwa 5%; Verbrennungsprodukt kohlenstoffhaltiger Brennstoffe; Gärungsprodukt.
Eigenschaften: farbloses und geruchloses Gas; etwa 1,5mal schwerer als Luft; Dichte: 1,84 $\frac{g}{l}$ (bei 20°C und 1013 hPa); nicht brennbar; löscht Feuer; bildet mit Wasser Kohlensäure; festes Kohlenstoffdioxid (Kohlensäureschnee, Trockeneis) sublimiert bei $-78°C$.
MAK-Wert: 9 $\frac{g}{m^3}$ ≙ 5 $\frac{l}{m^3}$ (5000 ppm).
Verwendung: in Mineralwasser, Bier Sekt; zur Brandbekämpfung; als Trockeneis zur Kühlung.

2. *Steckbrief:* **Kohlenstoffdioxid**

Vorkommen: Verbrennungsprodukt bei unvollständiger Verbrennung kohlenstoffhaltiger Brennstoffe; im Abgas von Verbrennungsmotoren.
Eigenschaften: farbloses und geruchloses, giftiges Gas;
Dichte: 1,16 $\frac{g}{l}$ (bei 20°C und 1013 hPa);
Schmelztemperatur: $-205°C$;
Siedetemperatur: $-191°C$;
wenig löslich in Wasser; verbrennt mit blauer Flamme zu Kohlenstoffdioxid; verbindet sich mit rotem Blutfarbstoff (Hämoglobin) und wirkt daher erstickend.
MAK-Wert: 33 $\frac{mg}{m^3}$ ≙ 30 $\frac{ml}{m^3}$ (30 ppm).
Verwendung: Herstellung von Methanol (Methylalkohol).

3. *Steckbrief:* **Kohlenstoffmonooxid**

„Tod im Brunnenschacht", mit dieser Überschrift beginnt ein Zeitungsartikel, in dem über einen tragischen Unfall berichtet wird. Ein Mann war in einen Brunnen gestiegen, um ihn zu säubern. Später fand man ihn tot darin auf. Er war an *Kohlenstoffdioxid*-Gas erstickt, das Bakterien und Pilze in der Schlammschicht entwickelt hatten.

Kohlenstoffdioxid-Gas ist deutlich schwerer als Luft. Daher reichert es sich am Grunde des Brunnens an. Schon bei einer Konzentration von 8% wird ein Mensch nach einer halben Stunde ohnmächtig.

Der Verunglückte wäre der Gefahr entgangen, wenn er eine brennende Kerze mitgenommen hätte. Am Erlöschen der Flamme hätte er das gefährliche, aber unsichtbare und geruchlose Gas erkannt.

„Tod in der Garage", unter dieser Überschrift berichtet eine Zeitung von einem anderen tödlichen Unfall. Ein Mann hatte in der Garage bei laufendem Motor das Kühlsystem seines Autos untersucht. Wegen der Kälte hatte der Mann die Garagentür verschlossen. Er erstickte durch *Kohlenstoffmonooxid*-Gas, das in den Abgasen des Verbrennungsmotors enthalten ist.

Kohlenstoffmonooxid-Gas ist ein tückisches Gift. Es verbindet sich 300mal fester als Sauerstoff mit dem roten Blutfarbstoff. So kommt es, daß sich Kohlenstoffmonooxid schon bei einer Konzentration von 0,4% in der Atemluft im Blut ansammelt. Da das Blut dann nicht mehr genug Sauerstoff transportieren kann, erstickt der Mensch.

EXKURS

So funktioniert das Streichholz

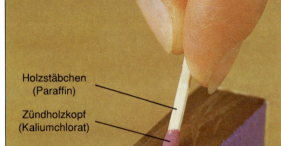

Der *Zündkopf* eines Streichholzes besteht aus einer Zündmasse, die Kaliumchlorat als Sauerstoffspender enthält. Außerdem sind Schwefel, Mangandioxid, Farbstoff, Glaspulver und Leim zugesetzt.
Die *Reibfläche* der Streichholzschachtel enthält roten Phosphor und Glaspulver in einem Bindemittel.

Wenn man mit dem Zündholzkopf über die Reibfläche streicht, entsteht so viel Reibungswärme, daß sich Kaliumchlorat und roter Phosphor entzünden.

Der brennende Zündkopf läßt das Holzstäbchen entflammen. Dieses ist mit Paraffin getränkt, damit es besser brennt. Früher befand sich roter Phosphor auch im Zündkopf. Daher konnte man die Zündhölzer an jeder rauhen Fläche anzünden.

EXKURS

Rauchgas muß gereinigt werden

Stickstoffmonooxid: farbloses, giftiges Gas; entsteht bei der Oxidation von Stickstoff (zum Beispiel in Blitzen, in Abgasen, im Zigarettenrauch); kaum löslich in Wasser; reagiert mit Luftsauerstoff zu Stickstoffdioxid.
Stickstoffdioxid: braunrotes, giftiges Gas; starkes Oxidationsmittel; zerstört Kalkstein und Metalle.
MAK-Wert: 9 $\frac{mg}{m^3}$ ≙ 5 $\frac{ml}{m^3}$ (5 ppm).
Verwendung: Stickstoffdioxid bildet mit Wasser und Sauerstoff Salpetersäure, die zur Herstellung von Stickstoffdünger (Kalkammonsalpeter) dient.

Steckbrief: **Stickstoffoxide**

Vorkommen: entsteht bei der Verbrennung von Schwefel und von schwefelhaltigen Brennstoffen.
Eigenschaften: farbloses, stechend riechendes Gas; nicht brennbar, unterhält die Verbrennung nicht; Dichte: 2,73 $\frac{g}{l}$ (bei 20 °C und 1013 hPa);
Schmelztemperatur: −72,5 °C;
Siedetemperatur: −10 °C;
gut löslich in Wasser, bildet mit Wasser schweflige Säure; greift Metalle und Kalkstein an;
MAK-Wert: 5 $\frac{mg}{m^3}$ ≙ 2 $\frac{ml}{m^3}$ (2 ppm).
Verwendung: Herstellung von Schwefelsäure; Bleichmittel für Papier und Stroh.

Steckbrief: **Schwefeldioxid**

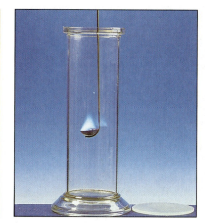

Schwefel verbrennt in Sauerstoff

Das Kohlekraftwerk Wedel bei Stade liegt mit einer elektrischen Leistung von 400 MW am Netz und versorgt einen Teil der Stadt Hamburg mit Fernwärme. Um die erforderliche Energie von 35 Megajoule pro Tag zu gewinnen, werden stündlich 140 Tonnen Kohle verbrannt. In einer Stunde entsteht dabei die unvorstellbar große Menge von 1,4 Millionen Kubikmeter Abgas. Dieses **Rauchgas** enthält feste und gasförmige Schadstoffe.

Zehn Lastwagen voll *Staub* werden täglich durch eine **Entstaubungsanlage** aus dem Rauchgas entfernt. Das Rauchgas streicht dabei durch einen Elektrofilter, der die staubförmigen Bestandteile bis zu 99,8 % beseitigt.

Neben Kohlenstoff enthält Kohle auch etwa 0,7 % Schwefel. Bei der Verbrennung entsteht daraus *Schwefeldioxid*. Das Kohlekraftwerk Wedel produziert davon täglich 23 Tonnen.

Eine **Entschwefelungsanlage** wandelt das Schwefeldioxid unter Zusatz von Kalkstein in Gips um. Unter Einsatz von 120 Tonnen Kalkstein entstehen so täglich 13 Lastwagenladungen Gips. Das Rauchgas wird zu 85 % vom Schwefeldioxid befreit.

In Verbrennungsanlagen verbinden sich bei Temperaturen um 1000 °C Luftstickstoff und Luftsauerstoff zu giftigen *Stickstoffoxiden*. Beim Kohlekraftwerk Wedel bilden sich täglich etwa 7 Tonnen dieser Gase. Mehr als 80 % der Stickstoffoxide werden durch eine **Entstickungsanlage** unter Zusatz von Ammoniak-Gas in harmlosen Stickstoff umgewandelt.

Das gereinigte Rauchgas enthält aber immer noch je Kubikmeter 50 mg Staub, 400 mg Schwefeldioxid und 200 mg Stickstoffoxide. Insgesamt wird die Umwelt aufgrund der Rauchgasreinigung aber viel weniger belastet.

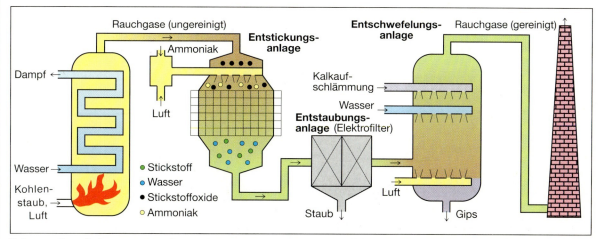

Schema einer Anlage zur Rauchgasreinigung

PROJEKT

Wir untersuchen die Luft in unserer Stadt

Rechtsgrundlagen zur Reinhaltung der Luft	Behörden zur Kontrolle der Luftqualität
– Bundesimmissionsschutzgesetz – Technische Anleitung zur Reinhaltung der Luft (TA-Luft) – Verordnung über Großfeuerungsanlagen – Störfallverordnung – Smogalarmverordnung	– Umweltministerien des Bundes und der Länder – Genehmigungsbehörde beim Regierungspräsidenten – Gewerbeaufsichtsamt – Immissionsschutzbeauftragter – Ordnungsamt – Technischer Überwachungsverein (TÜV)

Arbeitsauftrag: Organisiere eine Umfrage zum Thema: *Wie beurteilen Bürgerinnen und Bürger die Qualität unserer Atemluft?*

Arbeitsauftrag: Fordere bei Behörden der Stadt, des Landes und des Bundes Informationsmaterial zum Thema *Luft* an.

Arbeitsauftrag: Nimm mit örtlichen Behörden Kontakt auf, die mit der Kontrolle der Luftqualität beauftragt sind.

Versuch 1: Herstellung einer Staubkarte

Materialien: Becherglas, Tesafilm, Lupe oder Mikroskop.

Durchführung:
1. Spanne über ein Becherglas einen Tesafilmstreifen, so daß die Klebeseite nach oben zeigt.
2. Stelle mehrere so vorbereitete Gläser an den ausgewählten Stellen 24 Stunden lang im Freien auf.

Aufgaben:
a) Untersuche die eingefangenen Staubkörner nach Menge, Größe und Form.
b) Trage die Ergebnisse in einen Stadtplan ein.
c) Woher könnte der Staub stammen?
d) Lassen sich tageszeitliche Schwankungen in der Staubablagerung erkennen?
e) Informiere dich über gesundheitsschädigende Wirkungen des Staubs.

Versuch 2: Bestimmung giftiger Gase

Materialien: Gasspürgerät, Prüfröhrchen für Kohlenstoffmonooxid, Stickstoffdioxid und Schwefeldioxid.

Durchführung:
Untersuche mit dem Gasspürgerät an ausgewählten Standorten in der Stadt die Luft. Beachte die Gebrauchsanweisung des Herstellers.

Hinweis: Die Konzentrationsangabe erfolgt in der Einheit ppm (engl. *parts per million*). 1 ppm entspricht einem Teilchen in einer Million Luft-Teilchen.

Aufgaben:
a) Stelle die Meßergebnisse in einer Karte dar.
b) Welche Emissionsquellen sind für die verschiedenen Gase verantwortlich?
c) Zu welchen Tageszeiten sind die Schadstoffwerte besonders hoch?

Emission: Abgabe von Stoffen aus Anlagen oder natürlichen Quellen in die Atmosphäre.

Immission: Belastung der Luft durch Verteilung von Schadstoffen.

MIK-Wert: **M**aximale **I**mmissions**k**onzentration

MAK-Wert: **M**aximale **A**rbeitsplatz**k**onzentration

Aerosol: Feste und flüssige Teilchen, die in der Luft schweben.

Smog: Mischung aus Abgasen (engl. *smoke*: Rauch) und Nebel (engl. *fog*: Nebel). Verursacht Erkrankungen der Atemwege.

Inversion: Wetterlage, bei der eine kalte Luftschicht am Boden durch eine warme Luftschicht überlagert wird. Die Grenze zwischen den Luftmassen wirkt als Sperrschicht, unter der sich die Abgase anreichern.

PROJEKT

Wir untersuchen die Luft in unserer Stadt

Grenzwerte für Emissionen von Kraftwerken bis 50 Megawatt (in $\frac{mg}{m^3}$)

Schadstoff	allgemeine Regelung	50 MW-Feuerungsanlage		
		Heizöl	Flüssiggas	Hausmüll
Gesamtstaub	50	80	5	30
Kohlenstoffmonooxid		170	100	100
NO_x als NO_2	500	250–450		200
SO_2	500	1700	5	100

Arbeitsauftrag: Organisiere für die Projektgruppe einen Besuch bei einem Kraftwerk in der näheren Umgebung.

Umweltbelastung in Deutschland durch Emissionen

(Kreisdiagramme: Kleinverbraucher – CO, C_nH_m; Verkehr – Ozon; Industrie – Staub; Energie – SO_2, NO_x)

Arbeitsauftrag: Organisiere für die Projektgruppe ein Gespräch mit dem Bezirksschornsteinfegermeister.

Versuch 3: Modellversuch zur Smog-Bildung

Materialien: Standzylinder (etwa 60 cm hoch), 3 Thermometer, Heizplatte, Eis/Kochsalz-Mischung, Räucherstäbchen.

Durchführung:
1. Befestige drei Thermometer in unterschiedlicher Höhe im Standzylinder.
2. Stelle den Standzylinder so in ein Gemisch aus Eis und Kochsalz, daß das untere Drittel gekühlt wird.
3. Zünde ein Stück eines Räucherstäbchens an und lege es auf den Boden des Standzylinders.
4. Wiederhole den Versuch mit dem Standzylinder auf einer Herdplatte.

Aufgabe: Trage die Temperaturen in Abhängigkeit von der Höhe in ein Diagramm ein. Beschreibe und erkläre die Verteilung des Rauchs im Standzylinder.

Versuch 4: Langzeitwirkung von Schwefeldioxid auf Pflanzen

Materialien: Aquarium, Glasplatte, Petrischalen, Watte; Kressesamen, Natriumhydrogensulfit (Xi).

Durchführung:
1. Ziehe Kressekeimlinge in einer Petrischale auf feuchter Watte heran.
2. Stelle die Kressekeimlinge in einem abgedeckten Aquarium neben eine offene Petrischale mit Natriumhydrogensulfit-Lösung (0,01 %).

Aufgabe: Protokolliere täglich während einer Woche deine Beobachtungen.

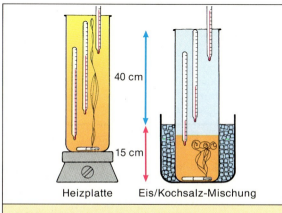

Arbeitsauftrag: Organisiere für die Projektgruppe ein Gespräch mit einem Lungenfacharzt. Laßt euch über den Begriff Pseudo-Krupp aufklären.

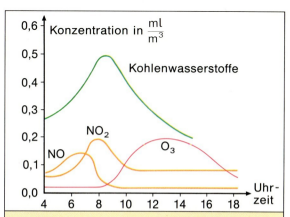

Arbeitsauftrag: Beschreibe die Schadstoffbildung im Laufe des Tages. Begründe das späte Auftreten des Ozons, für dessen Entstehung UV-Licht erforderlich ist.

5.5 Atmen und Rosten: zwei langsam ablaufende Oxidationen

1. Nachweis von Kohlenstoffdioxid mit Kalkwasser

Aufgabe 1: Wie könnte man vorgehen, um mit Hilfe von Kalkwasser den Anteil an Kohlenstoffdioxid in ausgeatmeter Luft zu bestimmen?

Versuch 1: Rosten von Stahlwolle
Fülle 5 Reagenzgläser zu zwei Drittel locker mit entfetteter Stahlwolle. Feuchte in der ersten Probe die Stahlwolle mit Wasser, in der zweiten mit Salzwasser und in der dritten mit Essigwasser an. Bei der vierten Probe wird die Stahlwolle erst mit Maschinenöl eingefettet und dann angefeuchtet. In der fünften Probe bleibt die Stahlwolle unbehandelt.
Stelle die Reagenzgläser mit der Mündung nach unten in ein Becherglas mit etwas Wasser.
a) Stelle fest, bei welchen Proben Wasser aufsteigt.
b) In welchem Fall steigt das Wasser am schnellsten?
c) Erkläre das Aufsteigen des Wassers.

Sauerstoff ist in der Luft allgegenwärtig. Er verleiht der Atmosphäre ihre oxidierende Eigenschaft. Viele oxidierbare Materialien, die mit der Luft in Berührung kommen, reagieren nach und nach mit Sauerstoff.

Die meisten Lebewesen sind auf Sauerstoff angewiesen. Ohne ihn können sie in der Regel nicht existieren. Die langsame Aufnahme von Sauerstoff aus der Luft ist also eine weit verbreitete Erscheinung.

Atmen. Die Luft der Atmosphäre enthält 21% Sauerstoff. In der ausgeatmeten Luft findet man dagegen nur noch 16% Sauerstoff. Leitet man ausgeatmete Luft durch Kalkwasser, so zeigt die entstehende Trübung eine erhöhte Konzentration an Kohlenstoffdioxid. Sie beträgt in der ausgeatmeten Luft 5%, in der eingeatmeten Luft aber nur 0,03%. Unser Körper tauscht also beim Atmen Kohlenstoffdioxid gegen Sauerstoff aus.

Das Blut transportiert den durch die Atmung aufgenommenen Sauerstoff zu den einzelnen Körperzellen. Dort trifft er mit Nährstoffen zusammen. In den Körperzellen werden die Nährstoffe durch Sauerstoff oxidiert. Da Nährstoffe aus Kohlenstoff und Wasserstoff aufgebaut sind, entstehen als Oxidationsprodukte Kohlenstoffdioxid und Wasser. Das Kohlenstoffdioxid gelangt über die Blutbahn zur Lunge und wird ausgeatmet.

Die biologische Oxidation der Nährstoffe, die *Zellatmung,* ist eine exotherme Reaktion. Durch die Zellatmung gewinnt der Organismus Energie. Ein großer Teil der chemischen Energie, die in den Nährstoffen enthalten ist, macht sich als Körperwärme bemerkbar. Den kleineren Anteil der Energie verwendet der Organismus für seine Lebensvorgänge: Stoffwechsel, Wachstum und Bewegung.

Rosten. Fein verteiltes Eisen reagiert lebhaft mit Sauerstoff und verbrennt zu Eisenoxid. Die Oxidation des Eisens kann aber auch sehr langsam ablaufen. Man sagt dann: „Das Eisen rostet." Rost besteht aus Eisenoxid. Eisen rostet besonders schnell, wenn es ungeschützt der feuchten Luft ausgesetzt wird. Säuren und Salze fördern das Rosten.

Ein Rostfleck breitet sich immer weiter aus und dringt in die Tiefe vor. Weil das Eisen dadurch regelrecht vom Rost zerfressen wird, spricht man auch vom Rostfraß. Wenn man nicht bei den ersten Anzeichen von Rostflecken etwas gegen das Rosten unternimmt, verrostet ein eiserner Gegenstand vollständig. Da Rost im Gegensatz zum Eisen spröde und bröckelig ist, bricht das verrostete Eisenteil in sich zusammen.

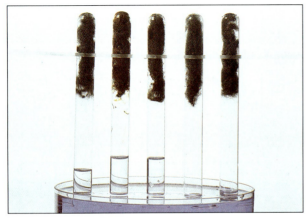

2. Rosten von Stahlwolle

EXKURS

Brandbekämpfung

Handfeuerlöschgeräte: Naßlöscher, Trockenlöscher, Kohlensäureschnee-Löscher und Schaumlöscher

Holz, Textilien und Kunststoffe sind brennbar. Und der Reaktionspartner Sauerstoff ist in der Luft stets zugegen. Eine unkontrollierte **Zündquelle** genügt, und schon bricht ein Feuer aus.

Für die **Brandbekämpfung** sind grundsätzlich die drei folgenden Gesichtspunkte zu beachten:

1. Brennbare Stoffe müssen aus dem Bereich des Feuers entfernt werden.

2. Brennende und brennbare Stoffe sind unter die Entzündungstemperatur abzukühlen.

3. Sauerstoff muß vom Brandherd ferngehalten werden.

Der erste Punkt muß vor allem auch bei der Lagerung von Waren und Rohstoffen beachtet werden. Man spricht dann von vorbeugender Brandbekämpfung.

Löscht man brennende, feste Stoffe wie Holz, Papier, Stroh und Textilien mit **Wasser**, so wird vor allem die zweite Bedingung erfüllt: Kaltes Wasser entzieht dem Brandherd so viel Wärme, daß sich die brennenden Gegenstände unter ihre Flammpunkte abkühlen.
Wirft man **Sand** auf einen kleineren Brandherd oder erstickt man die Flamme mit einer **Löschdecke**, so wird Luftsauerstoff ferngehalten.

Schwieriger sind Benzin-, Öl- oder Fettbrände zu löschen. Mit Wasser ist da nichts zu erreichen! Diese Stoffe schwimmen auf dem Wasser und brennen weiter. Bei einem Fettbrand führt das Löschwasser sogar zur Ausbreitung des Brandes; denn heißes Fett spritzt herum, sobald es mit Wasser in Berührung kommt.

Zur Bekämpfung kleinerer Brände werden vier verschiedene **Handfeuerlöschgeräte** verwendet: *Naßlöscher, Trockenlöscher, Kohlensäureschnee-Löscher* und *Schaumlöscher.*

Ein **Naßlöscher** enthält Wasser als Löschflüssigkeit. Sobald man kräftig auf einen Schlagstift schlägt, öffnet sich im Innern des Löschers eine Patrone mit komprimiertem Kohlenstoffdioxid-Gas. Dieses Gas treibt die Löschflüssigkeit aus einer Düse aus. Naßlöscher eignen sich zum Löschen einfacher Brände, sind aber bei Benzin- und Fettbränden ungeeignet. Bei brennenden elektrischen Anlagen besteht die Gefahr, daß man einen elektrischen Schlag erhält.

Autobrände werden meist mit **Trockenlöschern** bekämpft. Sie enthalten als Löschpulver Natron. In der Hitze gibt es Kohlenstoffdioxid-Gas ab, das sich über den Brandherd legt und das Feuer erstickt.

Beim **Kohlensäureschnee-Löscher** befindet sich in einem Druckbehälter flüssiges Kohlenstoffdioxid. Durch einen pistolenartigen Griff wird die Schneebrause geöffnet. Es entweicht flüssiges Kohlenstoffdioxid, das durch den Druckabfall schlagartig gefriert. Es bildet sich Kohlensäureschnee mit der Temperatur von $-78\,°C$. Der Kohlensäureschnee kühlt die brennenden Gegenstände stark ab. Außerdem bildet sich Kohlenstoffdioxid-Gas. Es erstickt die Flammen, denn es hält Luftsauerstoff vom Brandherd fern.

Schaumlöscher setzt man bei Kraftstoff-, Öl- und Fettbränden ein. Ihr Löschwasser enthält ein Schaummittel. Durch eine chemische Reaktion zwischen Aluminiumhydrogensulfat und Natron, das im Löschmittel enthalten ist, entstehen Kohlenstoffdioxid-Bläschen, die das Löschmittel aufschäumen. Der zähe Schaum überzieht den Brandherd, kühlt ihn ab und hält Sauerstoff fern.
Bei der Notlandung von Flugzeugen wird oft ein Schaumteppich gelegt, um einem Brand vorzubeugen.

Modellversuch zum Schaumlöscher
Gib in ein Becherglas (200 ml) je einen Teelöffel Natron, Natriumhydrogensulfat und Spülmittel.
Wie läßt sich die Schaumbildung erklären?

5.6 Aufgaben · Versuche · Probleme

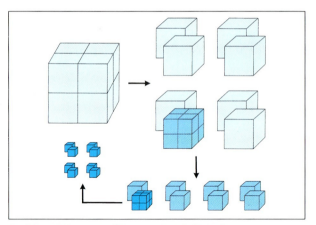

1. Oberflächenvergrößerung durch Zerteilung

2. Kohlenstoffdioxid-Gas löscht Kerzenflammen

Aufgabe 1: Ein Holzwürfel von 10 cm Kantenlänge wird schrittweise in kleinere Würfel zerlegt.
a) Berechne die gesamte Oberfläche nach jeder Teilung.
b) Warum läßt sich Holz nach dem Zerkleinern besser anzünden?

Aufgabe 2: Ein Liter Luft hat bei 20 °C und normalem Luftdruck die Masse 1,2 g. Wie groß ist die Masse der Luft in deinem Klassenzimmer?

Aufgabe 3: In einem Blitzlicht verbrennt Aluminiumdraht. Bei einer Glühlampe bleibt der Metalldraht erhalten, solange keine Luft hineinkommt.
a) Erkläre diese Feststellungen.
b) Welche Gase befinden sich vermutlich in den beiden Lampenarten?

Versuch 1: **Wunderkerze**
1,2 g Stärke und 4,4 g Bariumnitrat (Xn, O) werden fein verrieben und gemischt. Anschließend gibt man 2 g grobes Eisenpulver und 0,4 g Aluminiumpulver (F) hinzu und rührt das Ganze zu einem steifen Brei an. Mit dem Brei bestreicht man Pfeifenreiniger und läßt die Masse trocknen.

Versuch 2: **Verbrennung von Metallstaub**
Blase kleine Mengen Metallpulver (Aluminium, Eisen, Zink) aus einem Glasrohr in die nichtleuchtende Brennerflamme.
a) Notiere deine Beobachtungen.
b) Beschreibe jeden Verbrennungsvorgang durch ein Reaktionsschema.
c) Warum verbrennen die Metallpulver unter Funkensprühen?

Versuch 3: **Kohlenstoffdioxid-Gas löscht Kerzenflammen**
Zünde drei verschieden lange Kerzen in einer Glaswanne an. Entleere langsam ein großes Becherglas voll Kohlenstoffdioxid-Gas in die Wanne. Notiere deine Beobachtungen und erkläre sie.

Problem 1: Bei normaler Wetterlage nimmt die Temperatur der Luft vom Boden an bis in 400 m Höhe gleichmäßig ab. Bei Inversionswetterlage besteht die unten im Bild gezeigte Temperaturverteilung.
a) Warum ist der Luftaustausch bei Inversionswetterlage in Bodennähe behindert?
b) Informiere dich in einem Lexikon über den Begriff Smog.

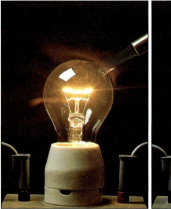

3. Eine Glühlampe „brennt"

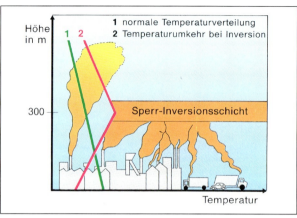

4. Inversionswetterlage und Smogbildung

Verbrennung – Oxidation

1. Voraussetzung für ein Feuer
a) Es muß ein **Brennstoff** vorhanden sein.
b) Die **Entzündungstemperatur** muß erreicht werden.
c) Der Brennstoff muß hinreichend **zerteilt** sein.
d) Es muß genügend **Luft** zugeführt werden.

2. Zusammensetzung der Luft
Luft ist ein Gemisch verschiedener Gase:

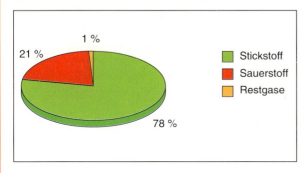

- Stickstoff 78 %
- Sauerstoff 21 %
- Restgase 1 %

3. Verbrennung = Oxidation
Die Verbrennung ist eine **chemische Reaktion**:
a) Der Brennstoff reagiert mit Sauerstoff (Oxygenium). Dabei bilden sich neue Stoffe, die **Oxide.**
Die Verbrennung wird daher als Oxidation bezeichnet.

$$\text{Metall} + \text{Sauerstoff} \xrightarrow{\text{Oxidation}} \text{Metalloxid}$$

$$\text{Nichtmetall} + \text{Sauerstoff} \xrightarrow{\text{Oxidation}} \text{Nichtmetalloxid}$$

b) Verbrennungen liefern Wärme. Sie verlaufen exotherm.
c) Es gilt das Gesetz von der Erhaltung der Masse.

4. Brandschutz
Ein Feuer läßt sich löschen, wenn man die Luftzufuhr unterbindet und die Brennstoffe unter ihre Entzündungstemperatur abkühlt.
Bei kleineren Bränden verwendet man *Naßlöscher, Trockenlöscher, Kohlensäureschnee-Löscher* oder *Schaumlöscher*.

5. Verbrennungsvorgänge, Schadstoffe, Entsorgung

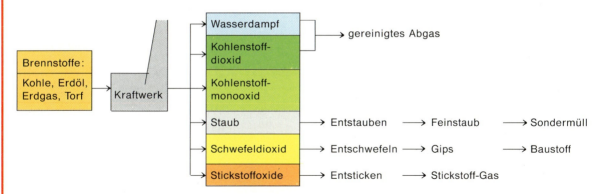

6. Nachweisreaktionen

Nachweis von Sauerstoff: Ein glimmender Holzspan flammt in reinem Sauerstoff auf (Glimmspanprobe).

Nachweis von Kohlenstoffdioxid: Mit Kalkwasser bildet sich eine weiße Trübung.

6 Metalle: Gewinnung und Verwendung

Die frühen Kulturen kannten kein Geld. Man tauschte Ware gegen Ware. Als aber der Handel zunahm, einigte man sich auf bestimmte Zahlungsmittel. So dienten etwa Tiere, Waffen oder Schmuck als Zahlungsmittel. Schmuckgeld aus *Gold*, *Silber* und *Kupfer* gewann im Laufe der Zeit immer mehr Bedeutung, denn Edelmetalle besitzen schon als kleine Stücke einen relativ hohen Wert, sie lassen sich leicht verarbeiten und sind haltbar. Später trat jedoch der Schmuckwert immer mehr zurück. Man zahlte mit Drähten, Stücken und Barren aus Edelmetall.

Etwa im 7. Jahrhundert vor Christus wurden in Kleinasien erste Edelmetallmünzen geprägt. Durch die Prägung erhielt nun jedes Stück seinen Wert. Aber man achtete auch darauf, daß *Metallwert* und *Münzwert* übereinstimmten.

Heute hat man dieses *Realwert-Prinzip* verlassen. Münzen sind nur noch staatlich anerkannte Wertmarken. Wesentlich ist nun ihre Kreditwürdigkeit: Die Münze kann gegen entsprechend wertvolle Gegenstände oder Dienstleistungen eingetauscht werden.

So liegt der Materialwert heutiger Münzen weit unter ihrem Handelswert. Dementsprechend sind auch die verwendeten Metalle weniger wertvoll als Gold und Silber. Am häufigsten stellt man *Münzmetalle* heute aus Kupfer, Nickel, Zink und Eisen her.

Das 2-DM-Stück bestand noch bis 1968 aus einem einheitlichen Werkstoff: CuNi25. Das ist eine *Kupfer-Nickel-Legierung* aus 75% Kupfer und 25% Nickel. Die heutige Münze ist dagegen wie ein *Sandwich* aufgebaut: Der Kern besteht aus reinem Nickel, die Hülle aus CuNi25. Der Kern macht 7% der Münze aus.

6.1 Vom Erz zum Metall

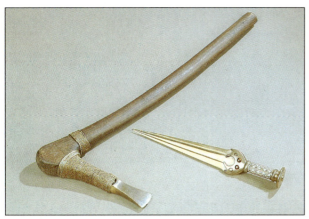

1. Funde aus der Bronzezeit

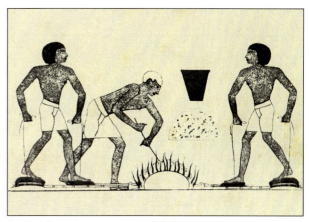

2. Metallgewinnung vor 4000 Jahren

Funde von Schmuckgegenständen, Werkzeugen und Waffen zeugen von den handwerklichen Fähigkeiten der Menschen in vorgeschichtlicher Zeit. Das beweisen Ausgrabungen aus der Bronzezeit (2000 v. Chr. bis 1000 v. Chr.). Wie haben die Menschen jener Zeit ihr Metall, das hauptsächlich aus Kupfer bestand, gewonnen?

Kupfer kommt in der Natur nur selten in elementarer Form als gediegenes Metall vor. Meistens ist es an Schwefel oder Sauerstoff gebunden. Solche natürlich vorkommenden Metallverbindungen bezeichnet man als **Mineralien**. Bei hohen Metallgehalten spricht man auch von **Erzen**. Ein bekanntes Kupfererz ist der *Kupferkies*, eine Verbindung von Kupfer und Eisen mit Schwefel.

Kupfererze wurden im Altertum vor allem auf der Mittelmeerinsel Zypern gefunden. Von ihrem griechischen Namen *Kypros* leitet sich der Name Kupfer ab.

In der mittleren Bronzezeit bestanden Gegenstände aus Bronze zu 90 % aus Kupfer und zu 10 % aus Zinn. Fachleute nennen diese Legierung *echte Bronze*. Bronze ist härter als Kupfer und daher besser als Werkmetall geeignet. Sie schmilzt bei niedrigerer Temperatur als reines Kupfer. Dies begünstigt ihre Gewinnung aus dem Erz durch Schmelzprozesse.

Um aus Kupfererzen das Metall zu gewinnen, muß es von seinem Bindungspartner Schwefel oder Sauerstoff getrennt werden. Besonders einfach gelingt das beim Kupferoxid: Man erhitzt es zusammen mit Kohle auf helle Rotglut. Der Kohlenstoff verbindet sich mit dem Sauerstoff des Oxids. Es entsteht Kohlenstoffdioxid, das als Gas entweicht, und elementares Kupfer bleibt zurück.

Reduktion. Wenn man mit Hilfe des Kohlenstoffs Kupfer aus Kupferoxid gewinnt, findet eine chemische Reaktion statt: Der Kohlenstoff übernimmt den Sauerstoff aus dem Kupferoxid. Auf diese Weise wird das Element Kupfer aus der oxidierten Form in die metallische Form zurückgeführt. Eine solche chemische Reaktion, bei der ein Metall aus seinem Oxid gewonnen wird, bezeichnet man als *Reduktion* (lat. *reducere:* zurückführen).

Kupferoxid + Kohlenstoff ⟶
    Kupfer + Kohlenstoffdioxid;   exotherm

Eine chemische Reaktion, bei der einem Oxid Sauerstoff entzogen wird, bezeichnet man als Reduktion.

Die Reduktion ist der Gegensatz zur Oxidation:

Oxidation: Kupfer + Sauerstoff ⟶ Kupferoxid;
    exotherm

Reduktion: Kupferoxid ⟶ Kupfer + Sauerstoff;
    endotherm

Kupferoxid läßt sich nicht so leicht wie Quecksilberoxid durch Erhitzen spalten und reduzieren. Es gibt den Sauerstoff erst bei hohen Temperaturen weit über 1000 °C in einer endothermen Reaktion ab. Nur mit Hilfe eines Reaktionspartners, der mit Sauerstoff stark exotherm reagiert, läßt sich auch Kupferoxid unter 1000 °C reduzieren. Sobald ein Gemisch aus Kupferoxid und Kohlenstoff die Reaktionstemperatur von etwa 600 °C erreicht, läuft die Reaktion unter Wärmeentwicklung ab. Insgesamt ist dann die Reduktion von Kupferoxid exotherm. Die Oxidation des Kohlenstoffs liefert nämlich mehr Wärme, als für die Abspaltung des Sauerstoffs aus dem Kupferoxid benötigt wird.

6.2 Redoxreaktionen – wer bekommt den Sauerstoff?

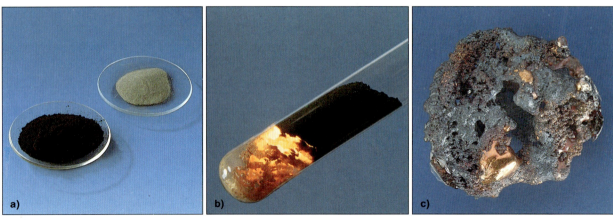

1. Reaktion von Kupferoxid mit Eisen: a) Ausgangsstoffe, b) Ablauf der Reaktion, c) Produkte

Versuch 1: Reaktion von Kupferoxid mit Eisenpulver
Erhitze ein Gemisch aus 7 g schwarzem Kupferoxid und 4 g Eisenpulver im Reagenzglas, bis das Gemisch von allein aufglüht.
Schütte den Inhalt des Reagenzglases nach dem Abkühlen auf ein Stück Papier. *Entsorgung:* B2.
a) Beschreibe die Veränderung des Gemisches.
b) Formuliere das Reaktionsschema. Gib an, welcher Stoff reduziert und welcher oxidiert wurde.

Aufgabe 1: a) Formuliere das Reaktionsschema für die Reaktion von Magnesium mit Kohlenstoffdioxid.
b) Welcher Stoff wird oxidiert, welcher wird reduziert?

2. Magnesium brennt in Kohlenstoffdioxid

Kupferoxid läßt sich nicht nur mit Kohlenstoff reduzieren, auch Metalle wie Eisen, Aluminium und Magnesium entziehen dem Kupferoxid Sauerstoff. Allgemein werden Stoffe, die anderen Verbindungen Sauerstoff entziehen, als **Reduktionsmittel** bezeichnet.

Kupferoxid + Eisen ⟶ Kupfer + Eisenoxid; exotherm

Kupferoxid + Magnesium ⟶ Kupfer + Magnesiumoxid; exotherm

Offensichtlich wird bei der Reduktion des Kupferoxids gleichzeitig das Reduktionsmittel oxidiert. Um diesen Zusammenhang in einem einzigen Wort auszudrücken, spricht man von einer **Redoxreaktion.** In diesem Wort deutet die Silbe **Red** auf den **Red**uktionsvorgang hin, und die Silbe **ox** kennzeichnet den **Ox**idationsvorgang.

Bei der Reaktion eines Oxids mit einem Reduktionsmittel finden Reduktion und Oxidation gleichzeitig statt. Solche Reaktionen bezeichnet man als Redoxreaktionen.

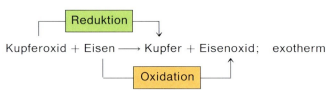

Kohlenstoff als Reduktionsmittel. In der Technik ist Kohlenstoff der bedeutendste Reaktionspartner, um Metalloxide zu reduzieren. Das hat folgende Gründe: Kohlenstoff steht als Kohle und als Koks in großen Mengen und recht preiswert zur Verfügung. Bei der Reaktion des Kohlenstoffs mit Metalloxiden entweicht gasförmiges Kohlenstoffdioxid aus dem Reaktionsgemisch. Das entstehende Metall wird also nicht durch weitere Reaktionsprodukte verunreinigt.

In neuerer Zeit wird auch *Erdgas* zunehmend als Reduktionsmittel in der Technik eingesetzt. Das ist möglich, weil Erdgas aus Kohlenstoff-Wasserstoff-Verbindungen besteht. Durch die Oxidation bilden sich daraus Kohlenstoffdioxid und Wasser, das Oxid des Wasserstoffs.

Thermit-Verfahren. Ein besonders starkes Reduktionsmittel ist *Aluminium*. Da es auch Eisenoxid reduziert, wird es in der Technik verwendet, um flüssiges Eisen an Ort und Stelle herzustellen. Hierzu füllt man eine Mischung aus Eisenoxid (Fe_3O_4) und Aluminiumgrieß, das Thermit-Gemisch, in ein feuerfestes Gefäß aus Schamotte und setzt die Reaktion mit Hilfe eines Zündstabs in Gang. In einer sehr stark exothermen Reaktion bilden sich Eisen und Aluminiumoxid in glutflüssigem Zustand. Das spezifisch schwerere Eisen fließt aus einem Loch im Boden des Gefäßes heraus. Um Eisenbahnschienen miteinander zu verschweißen, leitet man das flüssige Eisen in einen Spalt zwischen den Schienen und läßt es dort erstarren.

Wer reduziert wen? Eisen reduziert Kupferoxid. Umgekehrt kann Kupfer dem Eisenoxid jedoch keinen Sauerstoff entziehen. Eisen ist demnach ein stärkeres Reduktionsmittel als Kupfer. Ein Vergleich zwischen verschiedenen Metallen ergibt eine Rangfolge der Reduktionswirkung. Man spricht hier auch von der **Reaktivitätsreihe der Metalle:**

Magnesium > Aluminium > Zink > Eisen > Kupfer

| stark | Reduktionswirkung | schwach |

Besonders gute Reduktionsmittel sind solche Metalle, die bei ihrer Oxidation viel Wärme liefern. Diese Metalle wie Eisen, Aluminium und Magnesium haben ein besonders starkes Bindungsbestreben zum Sauerstoff. Man bezeichnet sie auch als **unedle Metalle.** Platin, Gold und Silber sind **edle Metalle.** Sie haben ein geringes Bindungsbestreben zum Sauerstoff. Edelmetalle oxidieren nicht an der Luft und behalten deswegen ihren metallischen Glanz.

1. Reduktion von Eisenoxid durch Aluminium. a) Laborversuch, b) Verschweißen von Eisenbahnschienen

THEORIE

Eine Redoxreaktion im Teilchenmodell

Kupferoxid + Magnesium → Magnesiumoxid + Kupfer

Kupferoxid besteht aus Kupfer-Atomen und Sauerstoff-Atomen. Magnesium ist als Element nur aus Magnesium-Atomen aufgebaut. Bei der Reaktion zwischen Kupferoxid und Magnesium werden Kupfer- und Sauerstoff-Atome getrennt. Die Sauerstoff-Atome vereinigen sich mit den Magnesium-Atomen zu Magnesiumoxid.

Redoxreaktionen

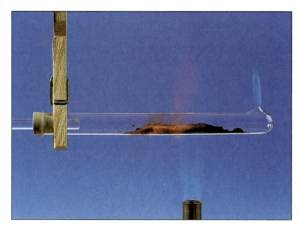

Reduktion von Kupferoxid durch Erdgas

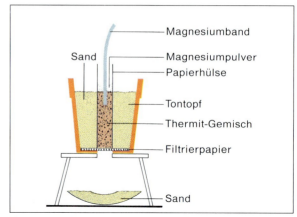

Versuchsaufbau zum Thermit-Verfahren

Versuch 1: Reduktion von Kupferoxid durch Erdgas

Materialien: Reaktionsrohr aus Glas (mit Loch), Gummistopfen mit Bohrung, Glasrohr, Gasbrenner, Gummischlauch;
schwarzes Kupferoxid.

Durchführung:
1. Baue die Versuchapparatur entsprechend der Abbildung auf.
2. Fülle zwei Spatel Kupferoxid in das Reaktionsrohr und leite langsam Erdgas darüber.
3. Zünde das ausströmende Gas an der Austrittsöffnung des Reaktionsrohrs an. Erhitze das Kupferoxid mit der nichtleuchtenden Brennerflamme.

Aufgaben:
a) Notiere deine Beobachtungen.
b) Erdgas enthält als Reduktionsmittel Verbindungen, die aus Kohlenstoff und Wasserstoff bestehen. Formuliere für die Reduktion des Kupferoxids ein Reaktionsschema
Hinweis: Wasserstoffoxid ist Wasser.

Aufgabe 1: Magnesiumband, das an der Luft angezündet wird, brennt in Kohlenstoffdioxid-Gas weiter.
a) Formuliere ein Reaktionsschema für die Verbrennung von Magnesium in Kohlenstoffdioxid.
b) Woran sind die Reaktionsprodukte zu erkennen?
c) Magnesium brennt auch unter Wasser. Welche Reaktion läuft dabei ab? Gib das Reaktionsschema an.

Aufgabe 2: a) Beschreibe den in der Zeichnung wiedergegebenen Versuchsaufbau.
b) Erläutere die Aufgabe der verwendeten Stoffe.
c) Welche Oxidationsreaktionen und welche Reduktionsreaktionen finden statt, wenn das Magnesiumband entzündet wird?

Versuch 2: Reduktion von Kupferoxid mit Holzkohle

Materialien: Reagenzglas, Gummistopfen mit Bohrung, gewinkeltes Ableitungsrohr, Gasbrenner, Waage, Glaszylinder;
schwarzes Kupferoxid, Holzkohlepulver, Kalkwasser.

Durchführung:
1. Mische 2 g schwarzes Kupferoxid mit 0,2 g Holzkohle. Fülle die Mischung in ein Reagenzglas.
2. Verschließe das Reagenzglas durch einen Gummistopfen mit Ableitungsrohr.
3. Fülle Kalkwasser in den Glaszylinder und halte das freie Ende des Ableitungsrohrs hinein.
4. Erhitze das Gemisch aus Kupferoxid und Holzkohle mit dem Gasbrenner stark.

Aufgaben:
a) Notiere deine Beobachtungen.
b) Erläutere den Ablauf des Versuchs im Sinne einer Redoxreaktion.
c) Lies im Lehrbuch über die Bedeutung des Kalkwassers zum Nachweis von Kohlenstoffdioxid nach.

Nachweis von Metallen

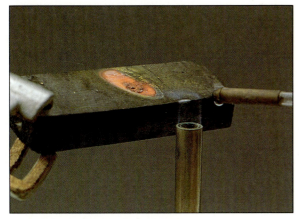

Nachweis von Blei mit dem Lötrohr

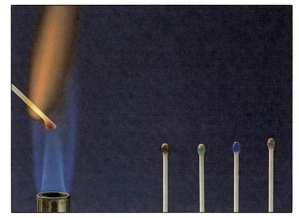

Schmelzen einer Phosphorsalzperle

Versuch 1: Nachweis von Blei

Hinweis: Bleiverbindungen sind seit 1997 als fruchtschädigende Stoffe der Kategorie 1 eingestuft. Dieses Experiment ist daher nicht mehr als Schülerversuch zugelassen!

Materialien: Lötrohr, Holzkohle, Gasbrenner, Papier, Pinzette;
Bleiglanz oder Bleioxid (T).

Durchführung:
1. *Vorversuch*: Schließe am Gasbrenner die Luftzufuhr und stelle eine kleine, leuchtende Flamme ein. Führe die Spitze des Lötrohrs seitlich an das obere Drittel der Flamme. Die Lötrohrspitze darf dabei nicht in die Flamme gehalten werden. Blase nun durch das Lötrohr einen gleichmäßigen Luftstrom und erzeuge so auf der entgegengesetzten Seite eine kleine, schräg nach unten gerichtete Stichflamme.
2. *Hauptversuch:* Schabe mit der runden Seite des Spatels eine Mulde in das Holzkohlestück. Fülle in die Vertiefung ein Gemenge aus gepulvertem Bleiglanz und Holzkohlepulver. Feuchte das Gemenge mit wenig Wasser an. Blase nun mit dem Lötrohr eine Stichflamme auf das Gemenge und sorge dafür, daß es hellgelb glüht. Nach einiger Zeit bilden sich kleine glühende Metallkügelchen.

Aufgaben:
a) Fasse eine der Metallkugeln mit einer Pinzette und schreibe mit ihr auf Papier.
b) Formuliere ein Reaktionsschema für die Bildung von Blei aus Bleioxid.
c) Begründe, daß es sich bei dieser Reaktion um eine Redoxreaktion handelt.
d) Welche Reduktionsmittel eignen sich zur Gewinnung von Metallen aus Metalloxiden?

Versuch 2: Phosphorsalzperle und Boraxperle

Hinweis: Beim Umgang mit Cobaltchlorid ist besondere Vorsicht erforderlich: In Form *atembarer Stäube* sind Cobalt und seine Verbindungen als Krebs erzeugend anzusehen (Gruppe 2 der MAK-Liste).

Materialien: Magnesiastäbchen, Gasbrenner; Phosphorsalz (Ammoniumnatriumhydrogenphosphat), Borax (Xn), Cobaltchlorid (T), Eisensulfat (Xn), Kupfersulfat (Xn), Magansulfat (Xn).

Durchführung:
1. Erhitze in der nicht leuchtenden Brennerflamme die Spitze eines Magnesiastäbchens, bis es glüht.
2. Tauche die noch heiße Spitze in Phosphorsalz oder in Borax.
3. Erhitze das an der Spitze des Magnesiastäbchens haftende Salz vorsichtig in der Brennerflamme, so daß ein gleichmäßiger, perlenartiger Glasfluß entsteht.
4. Nimm mit der heißen Perle eine sehr kleine Menge Cobaltchlorid auf und schmilz die Salzperle nochmals vollständig durch.
5. Stelle auf die gleiche Weise Boraxperlen und Phosphorsalzperlen der anderen Salze her.
6. Schmelze beim Eisensulfat eine Perle am Rand des großen Flammenkegels und eine zweite Perle an der Spitze des blauen Innenkegels der Brennerflamme.

Hinweis: An der Spitze des Innenkegels wirkt die Flamme reduzierend, am Rand der Flamme oxidierend.

Aufgabe: Notiere die Farben der Perlen, die sich mit Cobaltchlorid und mit den anderen Salzen ergeben.

6.3 Vom Eisenerz zum Roheisen

Die wichtigsten *Eisenerze* sind Eisenoxide wie Magnetit, Eisenglanz und Brauneisenstein. Aus ihnen wird im Hochofen durch Reduktion mit Kohlenstoff Eisen gewonnen. In der Praxis setzt man dazu *Koks* ein. Eisenerze enthalten aber auch taubes Gestein, die *Gangart*. Dieses Gestein wird bei der Eisengewinnung durch *Zuschläge* in Schlacke verwandelt. Der wichtigste Zuschlag ist Kalkstein. Das Gemisch aus Erz und Zuschlägen heißt *Möller*.

Aufbau eines Hochofens. Ein Hochofen hat die Form zweier Kegelstümpfe die mit ihren breiten Enden zusammengefügt sind. Der obere und längere Kegel heißt *Schacht*, der untere ist die *Rast*. Sie ruht auf dem zylindrischen *Gestell*. Moderne Hochöfen sind bis zu 40 Meter hoch. Bei einem Innendurchmesser von etwa 10 Meter ergibt sich ein Fassungsvermögen von über 1000 Kubikmeter.

Die Wände des Hochofens sind extremen Belastungen ausgesetzt. Bei einer Dicke von 70 cm tragen sie die ungeheure Masse des Hochofens. Um Temperaturen bis zu 1600 °C auszuhalten, sind die Wände innen mit feuerfestem Material ausgekleidet: Graphit, Magnesiumoxid, Aluminiumoxid und Schamotte sind die wichtigsten Baustoffe. Eingebaute Wasserkästen sorgen für Kühlung der Wände, Kühlwasser läuft durch die untereinander verbundenen Räume bis zum Gestell hinunter. Ein mittlerer Hochofen benötigt bis zu 50 000 Kubikmeter Kühlwasser täglich. Damit könnte man eine Stadt mit 200 000 Einwohnern versorgen.

Der gesamte Hochofen ist von einem Stahlpanzer umgeben, damit die Wände dem starken Innendruck standhalten.

Beschickung des Hochofens. Ein Schrägaufzug befördert abwechselnd Möller und Koks zur *Gicht*, dem oben gelegenen Eingang des Hochofens. Dieser Zugang zum Schacht ist durch die Gichtglocke verschlossen. Sie dient als Schleuse und verhindert weitgehend den Austritt von Rauch und Gasen.

Rings um die Rast verläuft eine Ringleitung, die dem Hochofen Heißluft von 1200 °C zuführt. Dazu befördern Gebläsemaschinen zunächst frische Kaltluft in einen *Winderhitzer*, in dem zuvor gereinigtes Abgas des Hochofens, das *Gichtgas*, verbrannt wurde. An den glühenden feuerfesten Steinen des Winderhitzers erwärmt sich die Kaltluft. Die heiße Luft wird nun über mehrere Düsen in den unteren Teil der Rast geblasen.

Jedem Hochofen sind drei Winderhitzer zugeordnet. Während einer aufgeheizt wird, erzeugt der andere Heißluft. Der dritte Winderhitzer dient als Reserve, falls einer der beiden anderen ausfällt.

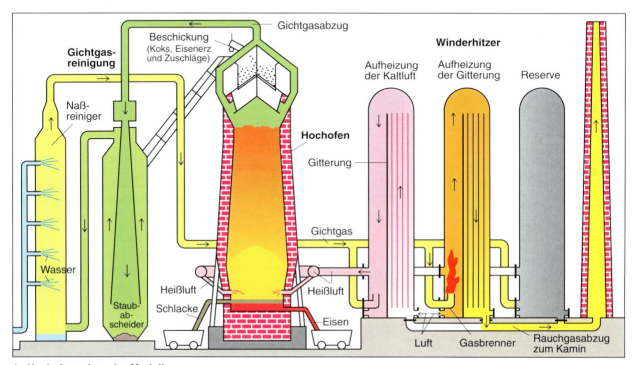

1. Hochofenanlage im Modell

Reaktionen im Hochofen. Im oberen Teil des Hochofens besitzt das Gichtgas eine Temperatur von 200 °C. In diesem Bereich, der **Vorwärmzone,** erwärmt es den Koks und den Möller und trocknet das Material.

In der Mitte des Schachts, in der **Reduktionszone,** entsteht bei etwa 900 °C Eisen aus Eisenoxid. Als Reduktionsmittel wirkt gasförmiges Kohlenstoffmonooxid, das sich bei der Verbrennung von Koks gebildet hat.

Eisenoxid + Kohlenstoffmonooxid ⟶
    Eisen + Kohlenstoffdioxid

Solange die Temperatur ausreicht, bildet sich an glühenden Koksstücken aus Kohlenstoffdioxid wieder Kohlenstoffmonooxid. Dieses kann dann weiteres Eisenoxid reduzieren.

Kohlenstoffdioxid + Kohlenstoff ⟶
    Kohlenstoffmonooxid

Im unteren Teil des Schachts beträgt die Temperatur etwa 1000 °C. Dort bildet sich aus Kohlenstoffmonooxid fein verteilter Kohlenstoff, der sich in dem schwammartigen Eisen auflöst. Man bezeichnet diesen Bereich daher als die **Kohlungszone.**

Durch die Aufnahme von Kohlenstoff sinkt die Schmelztemperatur des Eisens beträchtlich. Reines Eisen schmilzt bei 1536 °C, kohlenstoffhaltiges Eisen dagegen schon bei 1200 °C. In der **Schmelzzone** ist das Eisen bei Temperaturen zwischen 1400 °C und 2000 °C flüssig. Es tropft durch die glühenden Koksstücke und sammelt sich im Gestell unter der ebenfalls flüssigen *Schlacke*. Die Schlacke bildet sich aus der Gangart und dem Zuschlag. Sie schützt das Eisen vor erneuter Oxidation.
Etwa alle 4 Stunden läßt man an der Sohle des Gestells das flüssige Roheisen ab. Der Fachmann sagt: „Roheisen wird abgestochen". Das flüssige Eisen fließt mit etwa 1400 °C aus einem Loch durch Sandrinnen in Formen und in feuerfeste Kübel. Auf der Oberfläche schwimmende Schlacke hält man durch einen Abstreicher zurück.
In größeren Abständen wird auch Schlacke abgestochen. Diese Schlacke wird im Straßenbau verwendet oder zu Hochofenzement verarbeitet.

Ein moderner Hochofen erzeugt heute täglich bis zu 10 000 Tonnen Roheisen. Für jede Tonne Roheisen werden 2 Tonnen Eisenerz, 0,5 Tonnen Koks, 0,3 Tonnen Zuschläge und etwa 1500 Kubikmeter Heißluft benötigt. Dabei entstehen 3 Tonnen Gichtgas und 0,6 Tonnen Schlacke. Ein Hochofen bleibt ungefähr 10 Jahre ununterbrochen in Betrieb.

1. Hochofenabstich

Aufgabe 1: Gereinigtes Gichtgas besteht zu etwa 21 % aus Kohlenstoffmonooxid, zu 19 % aus Kohlenstoffdioxid, zu 5 % aus Wasserstoff und zu 55 % aus Stickstoff.
a) Welche Bestandteile des Gichtgases werden beim Aufheizen eines Winderhitzers verbrannt?
b) Wie ist das Abgas eines Winderhitzers vermutlich zusammengesetzt?

Aufgabe 2: Schlacke, die auf dem Roheisen schwimmt, schützt das Eisen vor erneuter Oxidation. Erläutere diesen Zusammenhang.

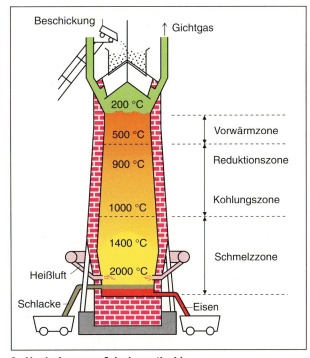

2. Hochofenprozeß (schematisch)

6.4 Vom Roheisen zum Stahl

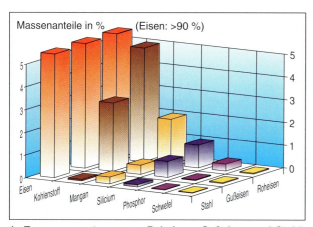

1. Zusammensetzung von Roheisen, Gußeisen und Stahl

2. Ein Konverter des LD-Verfahrens gießt den fertigen Stahl aus

3. Herstellung von Elektrostahl

Roheisen besteht ungefähr zu 90 % aus Eisen. Außerdem sind 5 % Kohlenstoff, 2 % Mangan, 1 % Silicium, 0,3 % Phosphor und 0,04 % Schwefel darin enthalten. Diese Verunreinigungen machen das Roheisen spröde und brüchig.

Gußeisen. Nur ein kleiner Teil des Roheisens wird zu Gußeisen verarbeitet. Zu diesem Zweck schmilzt man Schrotteile in Roheisen, gießt die Schmelze in Formen und läßt sie erstarren. Aus Gußeisen, das immer noch recht spröde ist, werden Gegenstände hergestellt, die keinen plötzlichen Erschütterungen oder Temperaturschwankungen ausgesetzt sind. Das sind zum Beispiel Abwasserrohre, Heizungsradiatoren und verschiedene Ofenteile.

Stahl. Den größten Teil der Roheisenproduktion verarbeitet man durch ein als *Frischen* bezeichnetes Verfahren zu Stahl. Dabei wird Roheisen in zweifacher Weise verändert: Der Kohlenstoffgehalt wird auf unter 1,5 % gesenkt, und die Verunreinigungen aus Silicium, Mangan und Phosphor werden entfernt.

LD-Verfahren. Das in **L**inz und **D**onawitz entwickelte **Sauerstoffaufblas-Verfahren** wird heute weltweit am häufigsten angewendet. Dabei füllt man einen birnenförmigen Schmelztiegel, den *Konverter*, zu 70 % mit flüssigem Roheisen und fügt 30 % Stahlschrott hinzu. Der größte Teil des Stahlschrotts besteht aus Abfällen, die das Stahlwerk selbst erzeugt. In zunehmendem Maße setzt man auch gebrauchten Stahl ein, beispielsweise Autoschrott.

Nachdem der Schmelze auch Kalkstein zugesetzt wurde, wird reiner Sauerstoff durch ein wassergekühltes Rohr, die *Sauerstofflanze*, von oben tief in die brodelnde Schmelze geblasen. Sauerstoff reagiert in einem Funkenregen mit Kohlenstoff zu Kohlenstoffoxiden, die aus der Konverteröffnung entweichen. Sauerstoff oxidiert aber auch die übrigen Verunreinigungen, deren Oxide mit dem Kalkstein eine Schlacke bilden.

Bis zu 300 Tonnen Stahl können nach dem LD-Verfahren in einer Stunde hergestellt werden. Dabei läßt sich der Anteil des Kohlenstoffs im fertigem Stahl sehr genau regulieren.

Elektrostahl-Verfahren. Etwa ein Viertel des Stahls wird in Elektroöfen erzeugt. Man überträgt dabei elektrische Energie von Graphit-Elektroden über einen elektrischen Lichtbogen auf das Metall, um es zu schmelzen. Im Elektrostahl-Verfahren wird vor allem Schrott zusammen mit Chrom, Nickel oder Vanadium zu Edelstählen verarbeitet.

Stahlsorten und ihre Eigenschaften. In der Technik unterscheidet man Hunderte von Stahlsorten. In Merkblättern und Normen ist festgelegt, welcher Stahl für welche Anwendung geeignet ist. Bei den mechanischen Eigenschaften geht es dabei vor allem um Unterschiede in der *Verformbarkeit* und in der *Zugfestigkeit*. Beide Eigenschaften hängen vom Kohlenstoffgehalt des Stahls ab. Es ist aber unmöglich, Verformbarkeit und Zugfestigkeit gleichzeitig zu optimieren: Ein Stahl mit niedrigem Kohlenstoffgehalt ist leicht verformbar und läßt sich zu einem Draht ausziehen. Seine Zugfestigkeit ist demnach gering. Für Spannbetonbrücken und Maschinenschrauben benötigt man dagegen kohlenstoffreiche Stahlsorten mit hoher Zugfestigkeit, die sich nicht so leicht verformen lassen.

Bei den Stahlsorten lassen sich zwei große Gruppen unterscheiden, die *Kohlenstoffstähle* und die *Edelstähle*. In beiden Fällen handelt es sich um kohlenstoffhaltiges Eisen, Edelstähle enthalten jedoch zusätzlich Anteile anderer Metalle.

Kohlenstoffstähle. Nichtlegierte Stahlsorten machen über 80% des weltweit erzeugten Stahls aus. Stahl mit weniger als 0,25% Kohlenstoff ist leicht verformbar. Man fertigt daraus Bleche für Konservendosen und Autokarosserien sowie Drähte und Nägel. Stahl mit einem Kohlenstoffgehalt zwischen 0,25% und 0,7% ist weniger leicht verformbar, dafür aber fester. Eisenbahnschienen und Maschinenachsen werden daraus hergestellt. Außerdem wird diese Stahlsorte im Stahlbau verwendet. Stahl mit einem hohen Kohlenstoffgehalt von 0,7% bis 1,5% ist sehr hart. Stahlfedern, Rasierklingen, chirurgische Instrumente und Werkzeuge bestehen daraus.

Edelstähle. Zu den Edelstählen gehören vor allem Stähle mit einem höheren Anteil an Legierungsmetallen. Einige Metalle sind als *Stahlveredler* besonders wichtig: Chrom verbessert die Korrosionsbeständigkeit und die Härte. Es verhindert zusammen mit Nickel das Rosten. Der bekannte nichtrostende Stahl *Nirosta* enthält 18% Chrom und 8% Nickel. Molybdän und Wolfram vergrößern die Hitzebeständigkeit, so daß der Stahl bei Rotglut noch fest ist. Vanadium erhöht die Elastizität, und Mangan vermindert die Abnutzung von Stahlwerkzeugen.

Härten von Stahl. Die natürliche Festigkeit des Stahls läßt sich durch Härten noch wesentlich erhöhen. Dazu erhitzt man die Stahlteile nach ihrer Fertigung noch einmal und taucht sie in kaltes Wasser oder in Öl. Durch dieses *Abschrecken* ändert sich das innere Gefüge des Stahls, und seine Härte nimmt zu. Doch der nun glasharte Stahl besitzt nur noch geringe Elastizität. Durch vorsichtiges Erhitzen und langsames Abkühlen werden Härte und Elastizität auf das gewünschte Maß gebracht. Diese Nachbehandlung bezeichnet man als *Anlassen* des Stahls.

Walzen von Stahl. Große Mengen Stahl werden in Walzwerken verarbeitet. Zunächst gießt man flüssigen Stahl in Formen und läßt ihn bis auf Rotglut abkühlen. Ein Kran befördert die Blöcke zur Walzstraße, die aus eisernen Rollen besteht. Motoren treiben diese Rollen an und leiten die Blöcke zu den Walzen. Dort erhalten sie in mehreren Arbeitsgängen ihre endgültige Form: Schienen, Stahlträger, Bleche und Stahlbänder. Nahtlose Stahlrohre stellt man her, indem der rotglühende Stahlblock über einen Metalldorn getrieben wird.

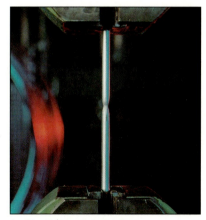

1. Die Zugfestigkeit eines Stahldrahts wird getestet

Versuch 1: Stahl und Eisen
a) Prüfe die *Elastizität* einer Stahlfeder, indem du sie vorsichtig auseinanderziehst. Ermittle ihre *Härte*, indem du mit einem Ende der Stahlfeder Glas oder ein anderes Material zu ritzen versuchst.
Prüfe nach jedem der folgenden Versuche wieder auf Elastizität und Härte.
b) Wickle einen sogenannten Blumendraht zu einer federartigen Spirale, Glühe die Stahlfeder und die Blumendrahtspirale in der Brennerflamme.
c) Bringe beide Federn nochmals auf Rotglut und schrecke sie durch Eintauchen in kaltes Wasser ab.
Protokolliere die Versuchsergebnisse.

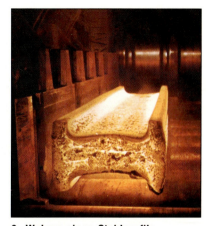

2. Walzen eines Stahlprofils

6.5 Metalle in Steckbriefen

Leichtmetall Aluminium

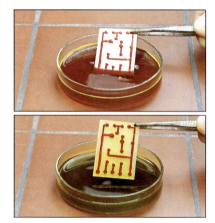
Leitermetall Kupfer

Überzugsmetall Zink

Aluminium. Ein typisches Metall der Neuzeit ist Aluminium. Obwohl Aluminiumverbindungen ein wesentlicher Bestandteil der Erdrinde sind, wurde erst 1827 von WÖHLER eine kleine Menge des Metalls hergestellt. Noch im Jahre 1855 konnte man Aluminium auf der Pariser Weltausstellung als fast unbezahlbares „Silber aus Ton" bewundern.

Erst 1886 wurde das elektrolytische Verfahren entwickelt, mit dem auch heute noch Aluminium aus dem Oxid hergestellt wird.

Aluminium ist als Leichtmetall in Legierungen mit Kupfer und Magnesium ein vielseitiger Werkstoff.

Vorkommen: mit 7,5% in der Erdrinde das häufigste metallische Element; Aluminiumoxid ist Bestandteil des Tons.
Eigenschaften: silberweißes Metall; Dichte: 2,7 $\frac{g}{cm^3}$; Schmelztemperatur: 660 °C; Siedetemperatur: 2270 °C.
Herstellung: aus Bauxit durch Elektrolyse.
Verwendung: Leichtmetallbau; Flugzeugbau; Aluminiumfolie; Aluminiumoxid (Korund, Schmirgel) als Schleifmittel; künstlicher Rubin; Saphir besteht aus Aluminiumoxid.

Kupfer. Nach Gold war Kupfer eins der ersten Metalle, das von Menschen verwendet wurde, um Schmuck und Gebrauchsgegenstände herzustellen. Schon vor 4000 Jahren wurde Kupfer gewonnen, bearbeitet und genutzt. Kupfer überzieht sich mit einer dünnen Schicht schwerlöslicher Salze, der *Patina*. Dadurch wird es witterungsbeständig.

Kupfer läßt sich im kalten Zustand schmieden und zu Blechen und Drähten verarbeiten. In der Neuzeit wird es hauptsächlich als elektrischer Leiter verwendet. Dachabdeckungen, Dachrinnen und Wasserleitungen bestehen oft aus Kupfer.

Vorkommen: meist als Kupferoxid und Kupfersulfid, selten als Metall.
Eigenschaften: hellrotes, verhältnismäßig weiches, aber zähes Metall;
Dichte: 8,92 $\frac{g}{cm^3}$;
Härte: 3 (MOHS-Skala)
Schmelztemperatur: 1083 °C;
Siedetemperatur: 2350 °C.
Herstellung: Rösten von Kupfersulfid ⇒ Reduktion von Kupferoxid ⇒ Elektrolyse.
Verwendung: Metall, das sich gut walzen und zu Drähten ausziehen läßt; elektrische Leitungen; Wasserrohre; Legierungsbestandteil.

Zink. Zusammen mit Eisen, Aluminium, Kupfer und Blei gehört Zink zu den wichtigsten Gebrauchsmetallen. Gegenüber Wasser und Luft ist es beständig, da es sich mit einer zusammenhängenden Schicht aus Zinkoxid und Zinkcarbonat überzieht. Indem man Eisenteile in flüssiges Zink taucht, werden sie verzinkt und so gegen Rost geschützt.

Zink ist bei Zimmertemperatur ein sprödes Metall. Es läßt sich aber bei 150 °C zu dünnen Blechen auswalzen und zu Drähten ausziehen. Aus Zinkblech stellt man Dachabdeckungen, Dachrinnen und Regenwasserrohre her. In Trockenbatterien bildet Zink den Minuspol.

Vorkommen: als Zinksulfid in der Zinkblende und in anderen zinkhaltigen Erzen.
Eigenschaften: bläulichweißes Metall;
Dichte: 7,13 $\frac{g}{cm^3}$;
Härte: 2,5 (MOHS-Skala);
Schmelztemperatur: 419 °C;
Siedetemperatur: 907 °C.
Herstellung: Reduktion von Zinkoxid oder Elektrolyse von Zinksulfat-Lösung.
Verwendung: Verzinken von eisernen Gegenständen (Rostschutz); Dachabdeckungen; Dachrinnen; Minuspol in Batterien.

Lötmetall Blei

Fotometall Silber

Schmuckmetall Gold

Blei. Frisch geschnittenes Blei glänzt metallisch, doch bald überzieht es sich an der Luft mit einer mattgrauen Oxidschicht. Sie schützt das unedle Metall vor dem Einfluß der Witterung. Bleibleche eignen sich daher als Dachabdeckung.

Eine Legierung aus Blei und Zinn läßt sich leicht schmelzen. Man verwendet diese Legierung, um Metalle miteinander zu verlöten.
Wegen seiner hohen Dichte eignet sich Blei als Ballast. Ein Kiel aus Blei schützt ein Segelschiff vor dem Kentern.

In Blei-Akkumulatoren liefern Blei- und Bleioxidplatten, die in Schwefelsäure eintauchen, Strom.

Vorkommen: als Bleiglanz (Bleisulfid) und in anderen Bleierzen.
Eigenschaften: bläulichgraues, weiches und dehnbares Metall;
Dichte: 11,3 $\frac{g}{cm^3}$;
Härte: 1,5 (MOHS-Skala);
Schmelztemperatur: 327 °C;
Siedetemperatur: 1750 °C.
Herstellung: Rösten von Bleisulfid zu Bleioxid ⇒ Reduktion zu Blei.
Verwendung: Bleibleche für Dachabdeckungen; Bleirohre; Lötmetall; Bleilot; Schrot; Ballast; Blei-Akkumulatoren.

Silber. Silber ist ein Edelmetall. Wegen seines hellen Glanzes verwendet man es als Schmuckmetall. Silber-Legierungen mit etwa 10 % Kupfer sind auch als Gebrauchsmetall hart genug. Häufig werden Eßbestecke damit versilbert.

Früher waren Silbermünzen das wichtigste Zahlungsmittel. Heute prägt man aus Silber praktisch nur noch Sammlerstücke.

Große Mengen an Silber verarbeitet die Fotoindustrie: Die lichtempfindlichen Schichten der Filme und der Fotopapiere enthalten Silbersalze. In neuerer Zeit stellt die Elektroindustrie Kontaktflächen aus Silber her.

Vorkommen: als Metall (gediegen); in Bleierzen als Silbersulfid.
Eigenschaften: weißglänzendes, weiches und dehnbares Metall;
Dichte: 10,5 $\frac{g}{cm^3}$;
Härte: 2,5–3 (MOHS-Skala);
Schmelztemperatur: 960,5 °C;
Siedetemperatur: 1980 °C.
Herstellung: Auslaugen von Erzen mit Cyanid-Lauge ⇒ Elektrolyse.
Verwendung: Wertanlage; Münzmetall; Schmuckmetall; Versilbern von Gebrauchsgegenständen; elektrische Kontakte; Fotografie.

Gold. Kaum ein anderes Metall hat die Gemüter der Menschen so sehr beschäftigt wie das Edelmetall Gold. Noch heute gelten Goldschmuck, Goldmünzen und Goldbarren als Zeichen für Reichtum, Wohlstand und Ansehen.

In den Goldreserven der Staatsbanken spielt Gold auch heute noch eine große Rolle als Währungsmetall. Goldmünzen dienen vor allem als Wertanlage.

Mehr und mehr setzt man Gold auch als Gebrauchsmetall ein. Die Elektronikindustrie schätzt Gold als sehr guten elektrischen Leiter und stellt Kontakte und Leiterbahnen daraus her. Aus alten elektronischen Geräten läßt sich daher Gold gewinnen.

Vorkommen: als Metall (gediegen).
Eigenschaften: gelbrotes, weiches und dehnbares Metall.
Dichte: 19,3 $\frac{g}{cm^3}$;
Härte: 2,5 (MOHS-Skala);
Schmelztemperatur: 1063 °C;
Siedetemperatur: 2700 °C.
Herstellung: Goldwäsche von Flußsanden (Nuggets, Goldstaub); Behandlung von goldhaltiger Erde mit Quecksilber: Bildung von Amalgam ⇒ Auslaugen mit Cyanid-Lauge ⇒ Elektrolyse.
Verwendung: Wertanlage; Schmuckmetall; Blattgold; elektrische Kontakte.

6.6 Aufgaben · Versuche · Probleme

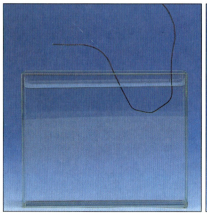

1. Versuch mit einem Memory-Metall

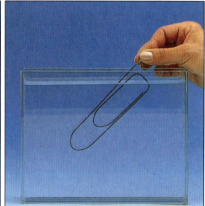

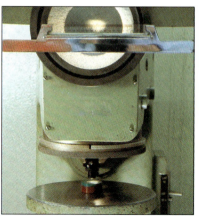

2. Wie man die BRINELL-Härte mißt

Aufgabe 1: Edelmetalle wie Gold, Silber und Kupfer wurden in der Geschichte der Menschheit früher genutzt als unedle Metalle wie Eisen, Chrom und Aluminium.
Begründe diese Tatsache.

Aufgabe 2: Erhitzt man braunes Bleioxid auf Holzkohle mit einer Stichflamme, so bildet sich eine Bleikugel.
a) Erläutere an diesem Beispiel den Begriff Redoxreaktion.
b) Welcher Stoff ist bei dieser Reaktion das Reduktionsmittel?

Aufgabe 3: Quarzsand besteht aus Siliciumdioxid. Aluminium ist ein stärkeres Reduktionsmittel als Silicium.
Leite aus diesen Hinweisen ein Verfahren zur Gewinnung von Silicium ab.

Aufgabe 4: Beschreibe die Aufgabe der Gichtglocke in einem Hochofen. Erläutere ihre Funktionsweise als Gasschleuse.

Aufgabe 5: Um Roheisen in Stahl zu verwandeln, bläst man beim LD-Verfahren Sauerstoff auf die Schmelze.
a) Welche Bestandteile des Roheisens werden dadurch entfernt?
b) Warum erhitzt sich die Schmelze, obwohl keine Wärme zugeführt wird?

Aufgabe 6: Warum kann man aus Gußeisen keine Autofedern machen, wohl aber aus Stahl?

Aufgabe 7: Beschreibe die chemischen Vorgänge, durch die im Hochofen bei unterschiedlichen Temperaturen Eisen entsteht:
a) in der Reduktionszone bei 900 °C.
b) in der Kohlungszone bei 1000 °C.
c) Erläutere die Begriffe *Reduktionszone* und *Kohlungszone*.

Versuch 1: Kaliumnitrat fördert die Verbrennung
Erhitze eine Spatelspitze Kaliumnitrat (O) mit der Brennerflamme bis zum Schmelzen. Halte einen glimmenden Holzspan nahe an die Schmelze. Wirf kleine Stückchen Holzkohle in die Schmelze.
Notiere deine Beobachtungen und erkläre sie.

Versuch 2: Selbstentzündliches Eisen
Gib in ein schwerschmelzbares Reagenzglas einen Spatel Citronensäure und füge eine Spatelspitze feines Eisenpulver hinzu. Erhitze das Gemisch, bis keine Gasentwicklung mehr stattfindet und alles Wasser verdampft ist.
Verschließe nun das Reagenzglas mit einem Wattebausch und erhitze den Inhalt des Glases nochmals kräftig, bis sich die Innenwand des Glases mit einem scharzen Überzug bedeckt hat.
Schütte nun den heißen Inhalt des Glases in eine Porzellanschale. Notiere deine Beobachtungen.
Hinweis: Der Versuch sollte unter dem Abzug durchgeführt werden.

Versuch 3: Rasierklinge – einmal weich, einmal hart
Erhitze eine Rasierklinge in der Brennerflamme bis zur Rotglut. Prüfe Elastizität und Härte der ausgeglühten Rasierklinge.
Erhitze die Rasierklinge nochmals und kühle sie dann in kaltem Wasser ab. Welche Eigenschaften hat das Metall nun?

Problem 1: Memory-Metalle haben ein „Gedächtnis". Sie kehren beim Erwärmen immer wieder in die Form zurück, die man ihnen einmal gegeben hat. Gibt es dafür ein Erklärung?

Problem 2: Bei der Beurteilung von Stahlsorten bestimmt man die Druck-Härte. Sie wird auch als **BRINELL-Härte** (HB) bezeichnet. Um diese Größe zu messen, drückt man eine Stahlkugel von 5 mm Durchmesser auf die Probe und mißt die Höhe h und den Durchmesser d der Vertiefung aus. Dann wird die Oberfläche A der Vertiefung berechnet:

$$A = \pi \cdot d \cdot h$$

Die BRINELL-Härte ist folgendermaßen definiert:

$$HB = \frac{0{,}102 \cdot \text{Kraft (in Newton)}}{A}$$

a) Berechne die Prüfkraft für HB = 120, $d = 4{,}0$ mm und $h = 2$ mm.
b) Welche Eigenschaft des Stahls wird durch die BRINELL-Härte angegeben?

Metalle – Reduktion

1. Oxidation und Reduktion

a) **Oxidation** ist eine chemische Reaktion, in der sich ein Stoff mit Sauerstoff verbindet. *Beispiel:*

Kupfer + Sauerstoff ⟶ Kupferoxid

b) **Reduktion** ist eine chemische Reaktion, durch die einem Oxid Sauerstoff entzogen wird. *Beispiel:*

Quecksilberoxid ⟶ Quecksilber + Sauerstoff

c) **Oxidationsmittel** sind Stoffe, die Sauerstoff auf andere Stoffe übertragen. *Beispiel:*

Kupferoxid + Eisen ⟶ Kupfer + Eisenoxid

d) **Reduktionsmittel** entziehen einem Oxid Sauerstoff. *Beispiel:*

Eisenoxid + *Kohlenstoff* ⟶ Eisen + Kohlenstoffdioxid

e) **Redoxreaktion.** Eine chemische Reaktion, bei der Oxidation und Reduktion gleichzeitig ablaufen, bezeichnet man als Redoxreaktion. *Beispiel:*

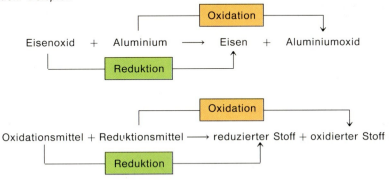

2. Eisenerz ⇒ Roheisen ⇒ Stahl

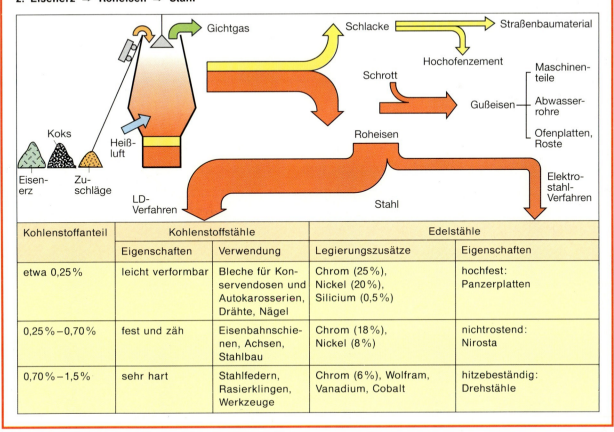

Kohlenstoffanteil	Kohlenstoffstähle		Edelstähle	
	Eigenschaften	Verwendung	Legierungszusätze	Eigenschaften
etwa 0,25 %	leicht verformbar	Bleche für Konservendosen und Autokarosserien, Drähte, Nägel	Chrom (25 %), Nickel (20 %), Silicium (0,5 %)	hochfest: Panzerplatten
0,25 % – 0,70 %	fest und zäh	Eisenbahnschienen, Achsen, Stahlbau	Chrom (18 %), Nickel (8 %)	nichtrostend: Nirosta
0,70 % – 1,5 %	sehr hart	Stahlfedern, Rasierklingen, Werkzeuge	Chrom (6 %), Wolfram, Vanadium, Cobalt	hitzebeständig: Drehstähle

7 Wasser: Lebensmittel Nummer Eins

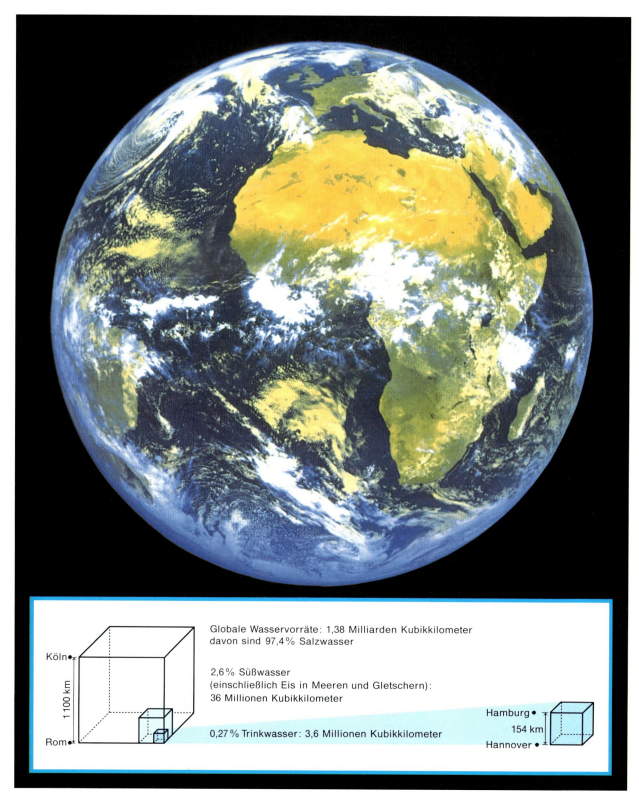

Globale Wasservorräte: 1,38 Milliarden Kubikkilometer
davon sind 97,4 % Salzwasser

2,6 % Süßwasser
(einschließlich Eis in Meeren und Gletschern):
36 Millionen Kubikkilometer

0,27 % Trinkwasser: 3,6 Millionen Kubikkilometer

7.1 Wir verbrauchen zuviel Wasser

Zum Leben braucht ein Mensch täglich etwa 2,5 Liter Wasser. Ein Erwachsener trinkt davon ungefähr 1,3 Liter. Mit der festen Nahrung werden 0,9 Liter aufgenommen. Die restlichen 0,3 Liter entstehen bei der Energieproduktion im Körper.

Privater Wasserverbrauch. Für unsere Sauberkeit und Hygiene verwenden wir allerdings viel mehr Wasser. In den letzten 100 Jahren ist der Wasserverbrauch bei uns von durchschnittlich täglich 20 Liter auf 140 Liter pro Einwohner gestiegen. Trotzdem beträgt der Anteil der Haushalte am gesamten Wasserverbrauch nur etwa 10%.

Industrieller Wasserverbrauch. Erheblich größere Wassermengen werden in der Industrie benötigt. Um das Papier für eine Tageszeitung herzustellen, sind etwa 50 Liter Wasser erforderlich. Für jedes Kilogramm Zucker, das aus Zuckerrüben gewonnen wird, fallen 120 Liter stark verschmutztes Abwasser an.

Das Wasser wird in der Industrie hauptsächlich als *Kühlwasser* benutzt. Für die Produktion eines Autos werden etwa 50 000 Liter benötigt. Kraftwerke verwenden täglich 50 Millionen Kubikmeter Wasser zur Kühlung. Es wird mehrfach genutzt: In Kühltürmen wird das erwärmte Wasser wieder abgekühlt. Dabei wird es praktisch nicht verschmutzt.

1. **Privater und industrieller Wasserverbrauch (1990)**

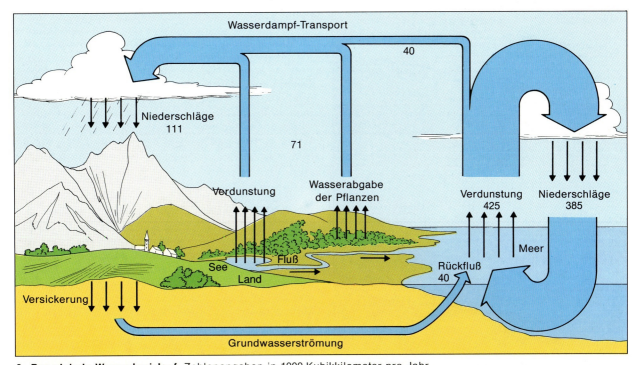

2. **Der globale Wasserkreislauf.** Zahlenangaben in 1000 Kubikkilometer pro Jahr.

7.2 Trinkwasser – ein Naturprodukt?

1. Unterirdischer Wasserspeicher einer Großstadt

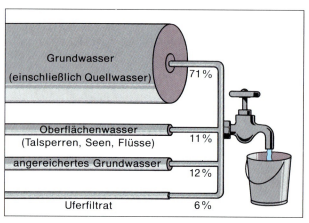

2. Herkunft des Trinkwassers in Deutschland

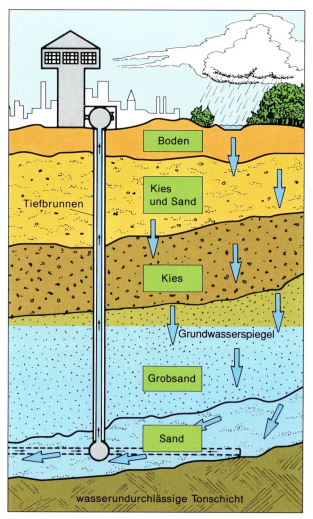

3. Trinkwasser aus Grundwasser

In hoch entwickelten Industrieländern wie Deutschland wissen wir die Bedeutung des Wassers als Lebensmittel oft nicht richtig einzuschätzen. Trinkwasser steht scheinbar unbegrenzt zur Verfügung. Damit das Wasser nicht plötzlich ausgeht, speichern die Wasserwerke gewaltige Wassermengen. Ein unterirdischer Speicher faßt rund 100 000 Kubikmeter. Morgens ist er zu zwei Dritteln gefüllt, bis zum Abend sinkt der Wasserstand bis auf ein Drittel. Das entspricht einem Wasserverbrauch von etwa 30 Millionen Litern Wasser. Eine Großstadt wie München benötigt schon mehrere Speicher.
Die Vorräte an gutem Trinkwasser sind auch bei uns nicht unerschöpflich. Wir alle sollten daher sparsam mit diesem wertvollen Produkt umgehen.

Gewinnung. Schon vor 2000 Jahren bauten die Römer eine 100 km lange Wasserleitung aus der Eifel nach Köln, um klares Quellwasser trinken zu können. Rheinwasser schmeckte ihnen nicht.
Heute gibt es nur noch wenige Verbraucher, die direkt mit *Quellwasser* versorgt werden. Trinkwasser wird heute vor allem aus *Grundwasser* gewonnen.

In vielen Gegenden Deutschlands reichen die natürlichen Grundwasservorräte bereits nicht mehr aus, um die Nachfrage nach Wasser zu decken. Das Trinkwasser wird dann aus dem *Oberflächenwasser* von Talsperren, Seen und Flüssen gewonnen. In Köln stammt das Trinkwasser heute zu einem großen Teil aus dem Rhein. Dazu entnimmt man Rheinwasser und läßt es in den Boden versickern. Damit wird die Menge des Grundwassers künstlich erhöht. Dieses Verfahren bezeichnet man als *Grundwasseranreicherung*. Grundwasser, das in der Nähe von Flüssen aus dem Boden gepumpt wird, nennt man auch *Uferfiltrat*.

Aufbereitung. Wir alle stellen an Trinkwasser hohe Qualitätsansprüche: Es soll kühl, farblos und geruchlos sein und es soll neutral schmecken. Das Trinkwasser sollte keinerlei Krankheitserreger sowie keine giftigen Stoffe enthalten. Der Gesetzgeber hat mit der *Trinkwasserverordnung* aus dem Jahre 1986 eindeutige Anforderungen an die Beschaffenheit des Trinkwassers festgelegt. Unter anderem sind dort auch Grenzwerte für die wichtigsten Schadstoffe angegeben.
Beispiele: Nitrat 50 $\frac{mg}{l}$, Blei 0,04 $\frac{mg}{l}$, Cadmium 0,006 $\frac{mg}{l}$, Quecksilber 0,001 $\frac{mg}{l}$, Schädlingsbekämpfungsmittel 0,0001 $\frac{mg}{l}$.

Das aus Tiefbrunnen geförderte *Grundwasser* ist in der Regel unbedenklich für unsere Gesundheit. Es kann allerdings je nach Boden oder Gestein unerwünschte Stoffe wie Eisen oder Mangan enthalten. Eisenhaltiges Wasser sieht braun aus und schmeckt schlecht. Die Wasserwerke entfernen in ihren Anlagen zur Trinkwasseraufbereitung die unerwünschten Stoffe.

Oberflächenwasser aus Talsperren, Seen und Flüssen muß wesentlich aufwendiger gereinigt werden, bis es den Vorgaben der Trinkwasserverordnung genügt. Im ersten Reinigungsschritt werden die größeren, sichtbaren Schmutzpartikel abgetrennt. Dazu wird das Rohwasser durch mehrere Kies- und Sandfilter geleitet. Im nächsten Schritt leitet man Ozon in das Wasser ein. Ozon ist eine aggressive Form des Sauerstoffs. Es tötet Bakterien und andere Krankheitserreger ab. Außerdem ballen sich in Gegenwart von Ozon kleinste Schmutzpartikel zu größeren Flocken zusammen. Eine erneute Filtration beseitigt diese Flocken. Im folgenden Schritt läßt man das Wasser über Aktivkohle rieseln und hält so unerwünschte Geschmacks- und Geruchsstoffe zurück.

Bevor das fertige Trinkwasser das Wasserwerk in Richtung Verbraucher verläßt, wird es in den meisten Fällen gechlort. Dazu wird dem Wasser Chlor oder Chlordioxid, eine Chlor-Sauerstoff-Verbindung, zugesetzt. Chlor verhindert, daß sich in dem langen Leitungsnetz auf dem Weg zum Verbraucher Bakterien ansiedeln und vermehren können. Wenn das Trinkwasser schließlich bei uns ankommt, enthält es noch etwa 0,1 $\frac{mg}{l}$ Chlor.

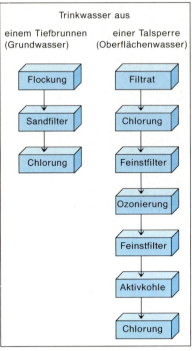

1. Je nach Herkunft sind verschiedene Aufbereitungsschritte nötig

Aufgabe 1: Erläutere, warum für Rohwasser unterschiedlicher Herkunft unterschiedliche Aufbereitungsschritte notwendig sind.

Aufgabe 2: Erkunde an deinem Wohnort die Herkunft des Trinkwassers und den Härtegrad.

EXKURS

Unser Wasser wird ständig kontrolliert

Die Qualität des Trinkwassers wird im Wasserwerk ständig kontrolliert. Der Gehalt vieler Stoffe läßt sich dabei einfach und schnell mit Hilfe von Farbreaktionen bestimmen. Schon am Farbton erkennt man beispielsweise, ob der Nitratgehalt des Trinkwassers unterhalb des Grenzwerts liegt oder nicht.

Man prüft aber auch auf Schadstoffe, die schon in winzigen Spuren giftig wirken. Dazu zählen vor allem *Schwermetalle* wie Quecksilber und *Schädlingsbekämpfungsmittel*. Sie können nur noch mit modernsten Analysengeräten aufgespürt werden. Mit diesen Geräten lassen sich Stoffe selbst dann noch nachweisen, wenn man einen Teelöffel davon in einem Stausee auflöst.

7.3 Abwasser

1. Abwasserkanal einer Großstadt

Probleme mit der Kanalisation

Hannover, Okt. 91 (SSV). In Hannovers Unterwelt brodelt es. Ein ätzendes Gebräu strömt täglich aus Badewannen, Waschmaschinen, Geschirrspülern und Toiletten durch die 2300 Kilometer Straßenkanäle auf dem Weg in die erlösenden Klärwerke. Doch längst nicht alle Abwässer schaffen den Langstreckenlauf bis zur Kläranlage. Denn rund zehn bis zwanzig Prozent der Kanalisation sind brüchig und dringend sanierungsbedürftig. Aggressive Faulgase, Altöle und andere giftige Stoffe fressen sich in die Betonwände. Risse und Scherben durch Kriegsbomben, Rohrbrüche und hartnäckige Baumwurzeln lassen vieles ins Grundwasser sickern. Zehn Millionen Mark an Sanierungskosten für das hannoversche Kanalnetz sind allein für das nächste Haushaltsjahr veranschlagt.

2. Pressenotiz

Das gehört nicht ins Abwasser!

Küchenabfälle:	Sie erhöhen den Anteil an zersetzbaren Stoffen und verbrauchen bei ihrem Abbau Sauerstoff. → Kompostierung
Lösungsmittel:	Sie vergiften die Bakterien und werden schlecht abgebaut. → Schadstoffsammelstelle
Farben, Lacke:	Sie enthalten meist Lösungsmittel (s.o.).
Diesel, Heizöl:	Ein Liter macht rund eine Million Liter Wasser ungenießbar; Öl kann kaum abgebaut werden. → Schadstoffsammelstelle
feste Gegenstände:	Sie führen zu erheblicher Müllbelastung in der Kläranlage, und sie können Rohre verstopfen. → Mülltonne

3. Umwelttip

Überall fällt Abwasser an: im Haushalt, in der Landwirtschaft, in Industrie und Gewerbe. Sogar Regenwasser wird zum Abwasser, wenn es nicht über ein getrenntes Kanalnetz abgeleitet wird.

Haushalte. Haushaltsabwasser enthält hauptsächlich Fäkalien, Toilettenpapier, Küchenabfälle, sowie Wasch- und Reinigungsmittel. Diese Verunreinigungen werden in Kläranlagen abgebaut und so aus dem Wasser entfernt. Dazu ist Sauerstoff nötig. Allein für die tägliche Menge der Schmutzstoffe eines Menschen sind es etwa 60 g Sauerstoff.

Ein besonderes Problem stellt *Phosphat* dar. Der Phosphatanteil in Wasch- und Reinigungsmitteln ist zwar deutlich zurückgegangen. Allerdings wird beim Abbau von Fäkalien in den Kläranlagen Phosphat freigesetzt. Auch aus der Landwirtschaft wird Phosphat in die Gewässer eingetragen.
Phosphat ist ein Pflanzennährstoff. In gesunden Gewässern ist Phosphat nur in geringer Menge vorhanden. Das Algenwachstum bleibt daher begrenzt. Gelangt allerdings zuviel Phosphat in ein Gewässer, so nimmt das Algenwachstum beträchtlich zu. Abgestorbene Algen sinken auf den Boden. Dort werden sie von Bakterien zersetzt. Ist die Algenmasse zu groß, so verbrauchen die Bakterien den gesamten Sauerstoff, der im Wasser gelöst ist. Er fehlt dann den übrigen Lebewesen. Fischsterben kann die Folge sein. Am Gewässerboden beginnt das abgestorbene Algenmaterial zu faulen. Dabei entwickeln sich stinkende, giftige Gase.

Industrie. Die Abwässer aus Industrie und Gewerbe sind sehr unterschiedlich zusammengesetzt. Abwässer aus der Lebensmittelindustrie, beispielsweise von Molkereien oder Brauereien, enthalten überwiegend leicht abbaubare Stoffe.
Abwässer aus der chemischen Industrie oder aus Kokereien enthalten dagegen schwer abbaubare Stoffe. Sie beeinträchtigen Wachstum und Arbeit der Bakterien in den Kläranlagen. In der Regel werden diese Abwässer aber bereits in den Industriebetrieben geklärt. Kleinere Betriebe leiten ihr Abwasser meist in die öffentliche Kanalisation. Sie müssen aber die strengen Regeln der städtischen Abwassersatzung einhalten.

Viele industrielle Abfallstoffe lassen sich überhaupt nicht abbauen. Dazu gehören insbesondere Verbindungen von *Schwermetallen* wie Quecksilber, Chrom und Blei. Sie stammen meist aus metallverarbeitenden Betrieben an. Sie können in Kläranlagen nicht entfernt werden und lagern sich im Schlamm ab. Schwermetalle sind für alle Lebewesen giftig.

So funktioniert eine Kläranlage

Moderne Kläranlagen bestehen aus drei Klärstufen: aus der *mechanischen Reinigungsstufe,* der *biologischen Reinigungsstufe* und der *chemischen Reinigungsstufe.*

Aus dem Abwasser werden zunächst mit einem *Rechen* grobe Stoffe wie Toilettenpapier, Korken oder Lumpen entfernt. Der gesammelte Abfall, das Rechengut, wird verbrannt oder kommt zur Mülldeponie.

Im nächsten Reinigungsschritt fließt das Abwasser langsam durch den *Sandfang.* Hier sammeln sich grobe Stoffe wie Sand und Kies in einer Bodenrinne. Die abgesetzten Grobstoffe werden regelmäßig abgesaugt und auf eine Deponie gebracht.

Im *Vorklärbecken* kommt das Abwasser fast ganz zur Ruhe. Feinstverteilte Schmutzstoffe setzen sich am Boden ab. Stoffe, die leichter sind als Wasser, sammeln sich an der Oberfläche und werden mit einem Räumer beseitigt.

Rechen, Sandfang und Vorklärbecken bilden die erste Stufe der Abwasserreinigung. Man bezeichnet sie als **mechanische Reinigungsstufe.** Etwa ein Drittel der Abfallstoffe wird in dieser Stufe entfernt. Das so gereinigte Wasser enthält aber immer noch eine Vielzahl gelöster Stoffe, die hauptsächlich aus Fäkalien stammen. Sie werden in der zweiten Reinigungsstufe der Kläranlage, der **biologischen Reinigungsstufe,** entfernt.

Dazu wird das vorgeklärte Wasser in ein *Belebungsbecken* geleitet. Hier nutzt eine ungeheure Zahl von Bakterien und Einzellern wie Amöben und Wimpertierchen die im Wasser gelösten Schmutzstoffe als Nährstoffe. Sie bauen daraus ihre eigene Körpersubstanz auf, vermehren sich dabei kräftig und ballen sich schließlich zu Flokken zusammen. Damit dies möglichst schnell geschieht, benötigen die Mikroorganismen viel Sauerstoff. Deshalb halten große Kreisel das Wasser in ständiger Bewegung.

Anschließend fließt das Wasser in ein *Nachklärbecken.* Hier setzen sich die zusammengeballten Mikroorganismen als *Belebtschlamm* ab. Ein Teil dieses Schlamms wird wieder in das Belebungsbecken zurückgepumpt, damit dort immer genügend Mirkoorganismen vorhanden sind.

Phosphat wird von den Bakterien nicht entfernt. In einem dritten Reinigungsschritt, der **chemischen Reinigungsstufe,** werden daher dem Wasser Chemikalien zugesetzt. Sie binden Phosphat und setzen sich mit dem Schlamm ab.

Der Schlamm wird in den *Faulbehälter* gepumpt, das auffälligste Bauwerk einer Kläranlage. Zusammen mit dem Schlamm aus der Vorklärung bleibt er dort für etwa zwanzig Tage. Bei 37 °C zersetzen ihn Bakterien, die nicht auf Sauerstoff angewiesen sind. Dabei entsteht Methan, ein brennbares Faulgas, das man zum Heizen verwendet. Der zurückbleibende Faulschlamm wird entwässert und kann als Dünger auf Felder aufgebracht werden.

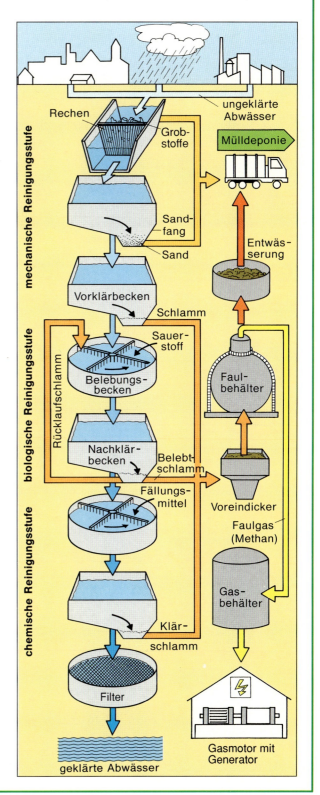

7.4 Wasser – ein Stoff mit ungewöhnlichen Eigenschaften

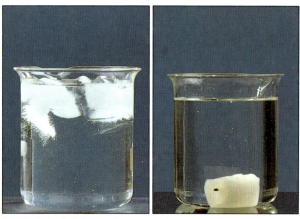

1. Die Eiswürfel schwimmen auf dem Wasser. Die Kerze versinkt in flüssigem Kerzenwachs.

Mit den Eigenschaften und den Erscheinungsformen des Wassers sind wir alle vertraut. Sie erregen keinerlei Verwunderung. Dennoch ist Wasser eine ungewöhnliche Flüssigkeit. Erst seine besonderen Eigenschaften haben das Leben auf der Erde ermöglicht.

Dichte. Eine Kerze versinkt in flüssigem Kerzenwachs. Normalerweise gilt: Die Dichte eines festen Stoffs ist höher als die Dichte seiner Schmelze. Eis schwimmt dagegen auf Wasser. Seine Dichte ist also geringer als die des Wassers. Eis besitzt eine Dichte von nur 0,917 $\frac{g}{cm^3}$. Das Volumen von Eis ist daher um $\frac{1}{11}$ größer als das Volumen der entsprechenden Portion Wasser. Deshalb ragt ein Eisberg gerade zu $\frac{1}{12}$ aus dem Wasser.

Auch bei der Dichte des flüssigen Wassers gibt es eine Besonderheit: Bei 0 °C beträgt die Dichte 0,9998 $\frac{g}{cm^3}$. Erwärmt man das Wasser, so nimmt die Dichte zuerst zu. Bei 4 °C erreicht das Wasser seine größte Dichte: 1,0000 $\frac{g}{cm^3}$. Mit steigender Temperatur nimmt die Dichte des Wassers dann wie bei anderen Stoffen ab. Bei 25 °C beträgt sie noch 0,9970 $\frac{g}{cm^3}$ und bei 100 °C nur noch 0,9584 $\frac{g}{cm^3}$.

Wenn Wasser an der Oberfläche eines Sees abkühlt, sinkt es wegen seiner größeren Dichte nach unten. Fällt die Wassertemperatur an der Oberfläche aber unter 4 °C, so bleibt das kältere Wasser an der Oberfläche und erstarrt dort bei noch tieferen Temperaturen zu Eis. Darum friert ein Gewässer immer von oben her zu. Ist der See tief genug, so liegt über dem Gewässergrund eine Wasserschicht, die nicht kälter als 4 °C ist. Darin überleben Fische auch den kältesten Winter.

Aufgabe 1: Welches Volumen hat ein Kilogramm Eis? Wie groß ist demnach die Dichte von Eis?

Aufgabe 2: Vergleiche die Dichten von Eis und Wasser. Zu welchem Bruchteil ragt ein schwimmender Eiswürfel aus dem Wasser?

Aufgabe 3: Welche Temperaturskalen kennst du?

Aufgabe 4: Was ist der Unterschied zwischen Verdampfen und Verdunsten?

Aufgabe 5: Nenne zwei Beispiele für die Verwendung von Wasser als Wärmeträger und als Wärmespeicher.

Aufgabe 6: Versuche, einen fettigen Teller nur mit Wasser zu spülen. Warum geht es nicht?

Aufgabe 7: Beschreibe, wie Wasser Steine sprengt.

Schmelztemperatur und Siedetemperatur. CELSIUS benutzte die Schmelz- und die Siedetemperatur des Wassers als Fixpunkte seiner *Temperaturskala*. Der Schmelztemperatur ordnete er den Wert 0 °C zu, der Siedetemperatur den Wert 100 °C. Den Temperaturbereich zwischen diesen Fixtemperaturen teilte er in 100 gleiche Teile und schuf so unsere heute bekannte Temperaturskala, die CELSIUS-Skala.

Nur weil Wasser in einem so großen Temperaturbereich flüssig ist, gibt es auf der Erde Flüsse, Seen und Meere. Würde sich Wasser wie eine normale Flüssigkeit verhalten, wäre es bei den auf der Erde herrschenden Temperaturen ein Gas. Die Erde wäre dann nichts anderes als eine trockene Wüste.

Verdampfungswärme. Wasser hat noch eine weitere besondere Eigenschaft: Um 1 Liter Wasser zu verdampfen, ist siebenmal soviel Energie notwendig,

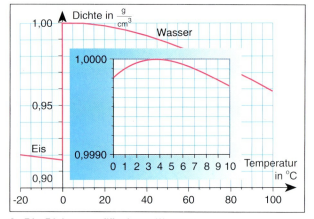

2. Die Dichte von flüssigem Wasser verhält sich ungewöhnlich

wie um die gleiche Menge Wasser von 20°C auf 100°C zu erhitzen. Die *Verdampfungswärme* des Wassers ist im Vergleich zu anderen Stoffen sehr groß. Auch wenn Wasser verdunstet, muß diese große Energiemenge aufgebracht werden. Wir spüren dies als *Verdunstungskälte*, wenn unsere Kleidung bei Wind und kaltem Wetter naß ist.

Wärmespeicher. Im Urlaub am Meer spürt man das Wärmespeichervermögen des Wassers am eigenen Leib. Tagsüber heizt sich das Land viel schneller auf als das Wasser. Der Sandstrand ist mittags zu heiß, um dort zu laufen, das Wasser ist aber noch angenehm kühl. Nachts kühlt sich das Land schneller ab als das Meer. Wasser benötigt etwa fünfmal soviel Wärmeenergie, um die gleiche Temperatur zu erreichen wie eine gleich große Masse Sand. Erwärmtes Wasser kühlt sich nur sehr langsam wieder ab. Wasser ist daher ein idealer Speicher für Wärmeenergie.

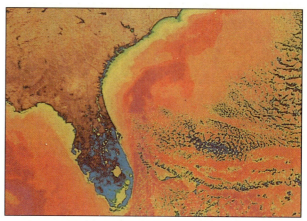

1. Infrarot-Bild des Golfstroms. Der Golfstrom transportiert Wärme nach Nordeuropa.

Das Wasser der Ozeane speichert gewaltige Wärmemengen. Durch Meeresströmungen wird die Wärme verteilt. So transportiert beispielsweise der Golfstrom große Wärmemengen aus dem Golf von Mexiko nach Nordeuropa. Die norwegische Küste bleibt daher während des gesamten Jahres eisfrei. Das Meer trägt somit entscheidend dazu bei, daß das Klima auf der Erde überhaupt erträglich ist.

Oberflächenspannung. Wasserläufer schießen auf ihrer Jagd nach Nahrung über die Wasseroberfläche, ohne einzusinken. Möglich wird dies erst durch die *Oberflächenspannung* des Wassers; sie wird durch die gegenseitige Anziehung der Wasser-Teilchen hervorgerufen. An der Oberfläche ist diese Anziehung besonders groß. Die Wasseroberfläche verhält sich daher wie eine Haut, die einen Wasserläufer oder auch eine Rasierklinge tragen kann.

2. Wasser hat eine Haut

Wasser formt die Erde. Ohne Wasser würde die Oberfläche der Erde anders aussehen, als wir sie kennen. Fast überall spielt die Wirkung von Eis und Wasser eine Rolle:
- Die gewaltigen Gletscher der Eiszeit haben riesige Schutt- und Geröllhalden vor sich aufgeschoben. Diese Moränen prägen das Landschaftsbild des Voralpengebiets oder Schleswig-Holsteins.
- Eis sprengt selbst härtestes Gestein und beschleunigt die Abtragung von Gebirgen.
- Flüsse haben sich tief in die Gebirge eingegraben und Schluchten und Täler geformt.
- Im Mündungsbereich lagern die Flüsse soviel festes Material ab, daß sich neues Land bildet.
- Das Meer nagt ständig an der Küstenlinie und spült Jahr für Jahr Land ins Meer.

3. Wasser formt die Erde

7.5 Wasser – Element oder Verbindung?

1. Reaktion von Wasser mit Magnesium

Leitet man Wasserdampf über erhitztes Magnesiumpulver, so glüht das Magnesium auf und reagiert zu einem weißen Feststoff. Dabei handelt es sich um Magnesiumoxid. In der Apparatur wurde die Luft vor der Reaktion durch den Wasserdampf vollständig verdrängt. Der Sauerstoff, mit dem sich das Magnesium verbunden hat, muß also aus dem Wasser stammen.

Bei der Reaktion bildet sich gleichzeitig ein farbloses, brennbares Gas. Es handelt sich dabei um das Element **Wasserstoff.**

Dieses Experiment zeigt, daß Wasser in zwei Stoffe zerlegt werden kann. Wasser ist eine Verbindung aus den Elementen Wasserstoff und Sauerstoff.

Die Reaktion von Magnesium mit Wasser läßt sich kurz durch folgendes Reaktionsschema beschreiben:

Wasser + Magnesium ⟶
  Wasserstoff + Magnesiumoxid

Wasser läßt sich auch direkt in die Elemente zerlegen: Wird Wasserdampf mit einer elektrisch beheizten Platinspirale auf 1500 °C erhitzt, so entsteht ein Gasgemisch aus Sauerstoff und Wasserstoff. Es explodiert mit einem Knall, sobald man es entzündet. Daher bezeichnet man es als **Knallgas.**

Aufgabe 1: Anstelle von Magnesium kann auch Eisen zur Reduktion von Wasser benutzt werden.
a) Formuliere das Reaktionsschema für die Reduktion von Wasser mit Eisen.
b) Welche Metalle können zur Reduktion von Wasser benutzt werden? Begründe deine Antwort.

Aufgabe 2: Formuliere das Reaktionsschema für die direkte Zerlegung von Wasser in die Elemente.

EXKURS

Vor 200 Jahren erforscht: die Zusammensetzung des Wassers

Erste Füllung eines Ballons mit Wasserstoff im Jahre 1783

Noch vor rund 200 Jahren waren die Vorstellungen über den Aufbau der Stoffe sehr dunkel und verworren. Man ging immer noch von den bereits 2000 Jahre alten Überlegungen des ARISTOTELES aus. Danach ließen sich alle Stoffe aus den Urelementen Feuer, Erde, Luft und Wasser aufbauen. Die Erkenntnis, daß man Wasser spalten konnte, war daher eine wissenschaftliche Revolution. Wasser wurde als eine Verbindung erkannt. Die antike Vorstellung von den Elementen wurde schließlich verworfen.

Der englische Chemiker CAVENDISH stellte 1784 erstmals eine geringe Menge Wasser aus den Elementen her. Er ließ verdünnte Schwefelsäure auf Eisenfeilspäne einwirken. Den entstehenden Wasserstoff nannte er *entflammbare Luft.* Die entfammbare Luft verbrannte wieder zu Wasser. CAVENDISH erklärte, daß Wasser eine zusammengesetzte Verbindung aus *atembarer Luft* und entflammbarer Luft sei. Er glaubte aber bis zu seinem Tode, daß der Wasserstoff aus dem Metall stamme.

LAVOISIER hatte bereits vorher Wasserstoff hergestellt, indem er Wasserdampf über heiße Eisenfeilspäne leitete. LAVOISIER schloß aber im Gegensatz zu CAVENDISH, daß der Wasserstoff aus dem Wasser stammen müsse. LAVOISIER wiederholte auch die Experimente zur Wasserherstellung. Die Bildung von Wasser aus den Elementen war für ihn der endgültige Beweis, daß Wasserstoff aus dem Wasser stammt und Wasser eine Verbindung ist. LAVOISIER bezeichnete das neue Element als **Hydrogenium** – der Stoff, der Wasser erzeugt.

Wasser-Synthese. Mit einem einfachen Versuch läßt sich beweisen, daß Wasser nichts anderes ist als **Wasserstoffoxid.** Man kann nämlich Wasser aus Wasserstoff und Sauerstoff herstellen. Chemiker bezeichnen die Herstellung einer Verbindung aus den Elementen als *Synthese.*

Richtet man eine Wasserstoffflamme auf ein kaltes Gefäß, so kondensieren dort kleine Flüssigkeitströpfchen, die durch die zunehmende Erwärmung wieder verdampfen. Daher kann man die entstandene Flüssigkeit nicht genauer untersuchen. Werden die Verbrennungsgase jedoch durch ein gekühltes Rohr geleitet, so sammelt sich eine farblose Flüssigkeit.

Ein einfacher und schneller *Nachweis für Wasser* ist die Reaktion mit weißem Kupfersulfat. Dieser Stoff färbt sich mit Wasser blau. Es genügen dazu schon kleine Wasserportionen. Auch die gesammelte Flüssigkeit färbt weißes Kupfersulfat blau. Es handelt sich also um Wasser.

Die chemische Reaktion der beiden Elemente Sauerstoff und Wasserstoff liefert Wasser als Reaktionsprodukt. Wasser ist also eine Verbindung: ein Oxid des Wasserstoffs.

Wasserstoff + Sauerstoff ⟶ Wasser;   exotherm

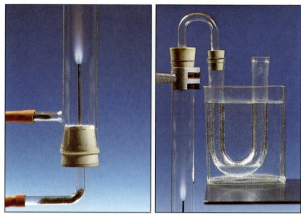

1. Reaktion von Wasserstoff mit Sauerstoff

Aufgabe 1: Beschreibe die Vorgehensweise der Chemiker, wenn sie die Zusammensetzung einer Verbindung ermitteln.

Aufgabe 2: Vergleiche das Reaktionsschema für die Bildung von Wasser aus den Elementen mit dem Reaktionsschema in Aufgabe 98.2. Was fällt auf?

Aufgabe 3: Formuliere das Reaktionsschema für die Reaktion von weißem Kupfersulfat mit Wasser.

EXKURS

Raketentreibstoff Wasserstoff

Die Reaktion von Wasserstoff mit Sauerstoff wird auch technisch genutzt. Flüssiger Wasserstoff ist ein idealer Raketentreibstoff: Wasserstoff besitzt eine sehr geringe Dichte. Bei gleichem Energieinhalt beträgt seine Masse nur ein Drittel der Masse von Flugzeugbenzin. Bei gleichem Gesamtgewicht kann eine Rakete daher größere Nutzlasten in den Weltraum befördern.

Das Haupttriebwerk des amerikanischen Space-Shuttles wird mit Wasserstoff angetrieben. Beim Start verbrennt das Triebwerk 1,4 Millionen Liter flüssigen Wasserstoff. Als Oxidationsmittel dient flüssiger Sauerstoff. Wasserstoff und Sauerstoff werden tiefgekühlt in flüssiger Form in getrennten Tanks mitgeführt. Nach dem Verdampfen werden die beiden Gase mit hohem Druck in die Brennkammer eingespritzt. Sie reagieren dort zu Wasserdampf, der mit hoher Geschwindigkeit aus der Düse strömt und so den Vortrieb, den Schub, erzeugt.

Die Treibstoffkombination Wasserstoff/Sauerstoff ist aber brisant: Im Januar 1986 verunglückte durch eine gewaltige Knallgasexplosion die Raumfähre **Challenger** in 17 km Höhe. Eine undichte Stelle in einer der Feststoffraketen hatte den Außentank beschädigt.

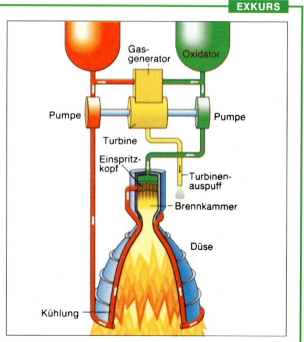

Bau einer Flüssigkeitsrakete

7.6 Wasser – das wichtigste Lösungsmittel

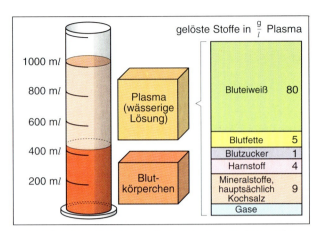

1. Blut besteht überwiegend aus Wasser, in dem viele lebenswichtige Stoffe gelöst sind

Wasser ist das wichtigste Lösungsmittel auf der Erde. Viele Flüssigkeiten, die wir aus dem Alltag kennen, sind wässerige Lösungen: Speiseessig ist eine 5%ige Lösung von Essigsäure, Mineralwasser enthält verschiedene Salze und Kohlenstoffdioxid und im Tee sind Aromastoffe und Farbstoffe gelöst.

Aber auch das Leben auf der Erde ist ohne das Lösungsmittel Wasser nicht möglich: Pflanzen nehmen die für ihr Wachstum notwendigen Mineralien aus dem Wasser im Boden auf. Auch das Blut besteht überwiegend aus Wasser. Es ist gleichzeitig Transportmittel für Blutzellen und Lösungsmittel für viele lebenswichtige Stoffe. Muß ein Arzt schnell einen größeren Blutverlust ersetzen, so verwendet er eine physiologische Kochsalzlösung. Ihr Salzanteil beträgt 0,9%.

Aufgabe 1: a) 450 g einer Lösung enthalten 34 g Kochsalz. Berechne den Massenanteil an Kochsalz.
b) Berechne den Gehalt einer Lösung bei der in 250 g Wasser 27 g Zucker gelöst sind.

Aufgabe 2: Die Dichte des Meerwassers beträgt bei 20 °C 1,025 $\frac{g}{ml}$. Wieviel Salz enthält ein Liter Meerwasser bei einem Massenanteil von 3,5 %?

Aufgabe 3: Welches Volumen Alkohol ist in folgenden Getränken enthalten?
a) 1 Flasche Bier (0,5 l; 4,5 %Vol),
b) 1 Glas Rotwein (0,2 l; 12,5 %Vol),
c) 1 Glas Schnaps (2 cl; 38 %Vol).

Gehaltsangaben. Bei Lösungen von Feststoffen in Wasser wird oft der Massenanteil in Prozent angegeben, gemeint ist damit die Masse des gelösten Stoffs im Verhältnis zur Masse der gesamten Lösung:

Massenanteil (in %)
$$= \frac{m \text{ (gelöster Stoff)}}{m \text{ (gelöster Stoff)} + m \text{ (Lösungsmittel)}} \cdot 100\%$$

Beispiel: Löst man 2 g Kochsalz in 98 g Wasser, so erhält man 100 g einer 2%igen Kochsalzlösung.
Bei flüssigen Stoffen wird der Gehalt in einer Lösung häufig mit der Bezeichnung %Vol (Volumenprozent) angegeben. Man findet diese Angabe auf den Etiketten alkoholischer Getränke. So enthalten 100 ml eines 54%igen Rums 54 ml reinen Alkohol.

EXKURS

Fischsterben – Sauerstoffmangel im Gewässer

Sauerstoffgehalt im Main deutlich höher

Frankfurt, Juli 91 (SSV). Die Fische im Main können aufatmen: „Die Gefahr dürfte erst einmal vorüber sein", stellt das Wasserwirtschaftsamt Hanau fest. Die Sauerstoffwerte sind wieder angestiegen, die kühlere Witterung hat die Temperatur im Fluß sinken lassen. „Das Wasser ist jetzt um zwei Grad kälter, so um die 25, 26 Grad", berichtet die Behörde. „Wir wollen die Sauerstoffwerte auf möglichst hohem Niveau stabilisieren."
Die Experten sind aber vorsichtig. Schließlich kann niemand voraussagen, ob nicht eine neue Hitzewelle den Aufwärtstrend wieder stoppt.
Trotz der bedenklich niedrigen Meßwerte warnt das Wasserwirtschaftsamt vor dramatischen Schlüssen: „Das ist jeden Sommer so. Dann haben wir immer Werte zwischen drei und vier Milligramm." Die Fische scheinen es bislang gut überstanden zu haben. Den Wasserbehörden ist noch kein totes Tier gemeldet worden.

Insbesondere in heißen Sommern kommt es immer wieder zu größeren Fischsterben. Die Fische ersticken. Der Sauerstoffmangel hat zwei Ursachen: die Verschmutzung des Wassers und die hohen Temperaturen.

Die Löslichkeit von Sauerstoff im Wasser nimmt mit steigender Temperatur ab. Bei 10 °C lösen sich etwa 11 mg Sauerstoff in einem Liter Wasser, bei 30 °C sind es nur noch 6 mg. Dies reicht für manche Fischarten nicht mehr zum Überleben.

Schmutzstoffe im Wasser verringern den Sauerstoffgehalt des Wassers zusätzlich. Sie werden von Bakterien abgebaut. Dabei verbrauchen die Bakterien Sauerstoff. Je stärker die Verunreinigung des Wassers ist, desto weniger Sauerstoff bleibt im Wasser gelöst.

Löslichkeit

Versuch 1: Löslichkeit von Feststoffen

Materialien: Waage, Meßzylinder (10 ml). Reagenzgläser, Uhrglas, Glasstab, Becherglas, Gasbrenner, Dreifuß mit Drahtnetz, Thermometer; Natriumchlorid (Kochsalz), Kaliumnitrat (O), Kaliumaluminiumsulfat (Alaun), Kupfersulfat-Hydrat (Xn, B2).

Durchführung:
1. Fülle in ein Reagenzglas 5 ml Wasser.
2. Wiege auf einer Waage 1 g eines Stoffes auf einem Uhrglas ab und gib die abgewogene Menge in kleinen Portionen in das Reagenzglas. Rühre nach jeder Zugabe solange mit einem Glasstab, bis sich der Stoff vollständig aufgelöst hat.
3. Löst sich 1 g eines Stoffes vollständig, so wiege erneut 1 g des Stoffes ab und wiederhole den Lösungsvorgang.
4. Löst sich die zugegebene Portion nicht mehr vollständig auf, so wiege den Rest zurück.
5. *Temperaturabhängigkeit:* Stelle das Reagenzglas in ein Wasserbad von 50 °C und wiederhole den Versuch bei dieser Temperatur.

Aufgaben:
a) Notiere deine Meßergebnisse.
b) Stelle die Ergebnisse in einer Tabelle zusammen.
c) Berechne die Löslichkeit der untersuchten Salze in 100 g Wasser. Gehe dabei von einer Dichte des Wassers von $1 \frac{g}{ml}$ aus.
Hinweis: Die Löslichkeit gibt an, wieviel Gramm Salz sich in 100 g Wasser lösen.

Versuch 2: Löslichkeit von Kohlenstoffdioxid

Materialien: Kolbenprober mit Hahn, Meßzylinder, Gasbrenner, Erlenmeyerkolben, Dreifuß mit Dahtnetz, Thermometer; Kohlenstoffdioxid (Stahlflasche), Mineralwasser.

Durchführung:
1. *Druckabhängigkeit:* Zunächst werden aus einer Stahlflasche 60 ml Kohlenstoffdioxid in einen Kolbenprober mit Hahn gefüllt.
2. Sauge etwa 15 ml Wasser in den Kolbenprober und verschließe ihn. Bestimme das Gesamtvolumen von Wasser und Gas im Kolbenprober. Schüttle gut, bis sich das Volumen nicht mehr ändert. Ermittle das restliche Gasvolumen.
3. Erhöhe den Druck auf den Stempel des Kolbenprobers und schüttle. Ziehe dann den Stempel des Kolbenprobers über das ursprüngliche Volumen heraus und beobachte die Flüssigkeit.
4. *Temperaturabhängigkeit:* Fülle 50 ml kohlenstoffdioxidhaltiges Mineralwasser in einen Erlenmeyerkolben. Schüttle, bis sich keine Blasen mehr zeigen. Erwärme langsam auf 50 °C. Wiederhole den Versuch mit Leitungswasser.

Aufgaben:
a) Notiere deine Meßergebnisse.
b) Berechne das Volumen sowie die Masse des Kohlenstoffdioxids, das sich in einem Liter Wasser löst (Dichte von Kohlenstoffdioxid-Gas: $1{,}84 \frac{g}{l}$).
c) Erkläre deine Beobachtungen.

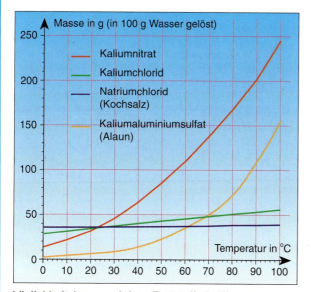

Löslichkeitskurven einiger Feststoffe in Wasser

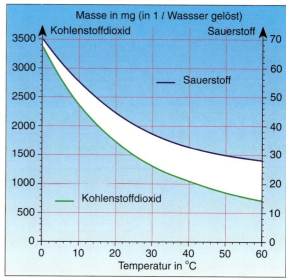

Löslichkeitskurven von reinem Sauerstoff und Kohlenstoffdioxid in Wasser

7.7 Saure und alkalische Lösungen

Mineralwasser mit Kohlensäure schmeckt angenehm sauer, Äpfel können manchmal schon zu sauer sein, und Essig ist unverdünnt kaum zu genießen. Es gibt aber nicht nur Lebensmittel mit saurem Geschmack. Chemie ohne saure wässerige Lösungen wie Salzsäure und Schwefelsäure ist kaum denkbar. Bei diesen Lösungen wäre eine Geschmacksprobe allerdings lebensgefährlich.

Chemiker sind daher auf andere Hilfsmittel angewiesen, wenn sie herausfinden wollen, ob eine Lösung **sauer** reagiert. Sie verwenden besondere Farbstoffe als **Indikatoren.** Tee enthält einen solchen Farbstoff: Die Farbe des Tees wird heller, wenn man Zitronensaft zufügt. Auch Rotkohl ist ein Indikator: Zusammen mit Essig gekocht, erhält man *Rotkohl*. Verwendet man für die Zubereitung jedoch Natron statt Essig, so wird aus dem Rotkohl *Blaukraut*.
Für schnelle Tests nehmen Chemiker fertige Indikator-Lösungen. Bromthymolblau ist ein Beispiel: Eine Lösung, die Säuren enthält, färbt sich mit Bromthymolblau gelb.

Tropft man Bromthymolblau-Lösung in Seifenlösung, so färbt sie sich blau. Diese Farbe zeigt der Indikator auch in anderen Reinigungsmitteln sowie in Natronlauge und Kalkwasser. Alle diese wässerigen Lösungen reagieren **alkalisch.** Alkalische Lösungen wirken ätzend. Sie greifen die oberste Hautschicht an.

Indikatoren sind Farbstoffe, die durch ihre Farbe anzeigen, ob eine wässerige Lösung sauer oder alkalisch reagiert.

Saure Lösungen färben Bromthymolblau-Lösung gelb. Alkalische Lösungen färben Bromthymolblau-Lösung blau.

Zitronensaft ist stärker sauer als Sprudelwasser. Bromthymolblau färbt beide Lösungen gelb. Es zeigt also nur an, daß beide Lösungen sauer reagieren. Mit Bromthymolblau als Indikator läßt sich demnach kein Unterschied zwischen den beiden sauren Lösungen feststellen. Möglich ist es aber mit einem *Universalindikator*. Er besteht aus einem Gemisch mehrerer Indikatoren. In Sprudelwasser zeigt der Universalindikator eine gelbe und in Essig eine rote Farbe.

pH-Wert. Mit Hilfe eine Universalindikators lassen sich wässerige Lösungen einteilen: Es gibt stark saure und schwach saure Lösungen sowie stark alkalische und schwach alkalische Lösungen. Lösungen, die weder sauer noch alkalisch reagieren, nennt man **neutral.** Sie färben Bromthymolblau-Lösung grün. Beispiele sind Leitungswasser, Kochsalzlösung und Zuckerlösung.

Jeder Farbstufe des Indikators ist ein Zahlenwert zugeordnet, den man als **pH-Wert** bezeichnet. Die pH-Skala reicht von 0 bis 14. In sauren Lösungen liegt der pH-Wert zwischen 0 und 7. Je stärker sauer eine Lösung reagiert, umso kleiner ist ihr pH-Wert. Die Schwefelsäure in der Autobatterie hat den pH-Wert 1, Magensaft hat den pH-Wert 1,5 und Sprudelwasser hat den pH-Wert 5.

In alkalischen Lösungen liegt der pH-Wert zwischen 7 und 14. Je stärker alkalisch eine Lösung reagiert, desto größer ist ihr pH-Wert. Die im Labor übliche verdünnte Natronlauge hat den pH-Wert 14, Seifenlösung hat den pH-Wert 10. Neutrale Lösungen und reines Wasser haben den pH-Wert 7.

Der pH-Wert einer wässerigen Lösung gibt an, wie stark sauer oder alkalisch eine Lösung reagiert.

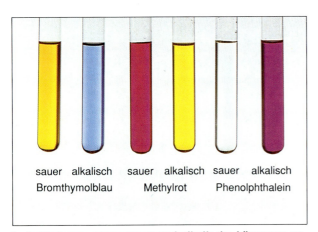

1. Indikatoren zeigen saure und alkalische Lösungen an

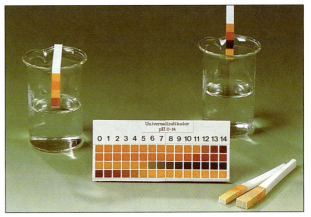

2. Ein Universalindikator zeigt pH-Werte an

Saure und alkalische Lösungen

Versuch 1: Saure und alkalische Lösungen

Materialien: Reagenzgläser, Tropfpipette;
Indikator-Lösungen: Bromthymolblau, Phenolphthalein, Methylrot, Universalindikator-Papier,
Proben:
a) Essig, destilliertes Wasser, Kalkwasser,
b) Magnesiumoxid, Salzsäure (5%, Xi), Weinsäure, Natronlauge (5%, C),
c) Mineralwasser, farblose Pflanzensäfte (Zitronensaft, Rhabarbersaft), Waschmittel, Seifenlauge, Natron, Abflußreiniger, Entkalker, Joghurt, Sauerkraut.

Durchführung:
a) *Untersuchung von Indikatoren:*
1. Fülle in drei Reagenzgläser je 1 ml Essig, in drei weitere Reagenzgläser je 1 ml destilliertes Wasser und in die drei letzten Reagenzgläser je 1 ml Kalkwasser.
2. Tropfe in die erste Probe Phenolphthalein-Lösung, in die zweite eine Lösung von Bromthymolblau und in die dritte eine Lösung von Methylrot.
3. Wiederhole die Versuchsreihe mit dem destillierten Wasser und mit dem Kalkwasser.
b) *Untersuchung von Lösungen:*
1. Stelle von jeder Probe eine Lösung her.
2. Prüfe nun alle Lösungen mit Universalindikator-Papier, indem du kleine Streifen mit einer Pinzette kurz in die Lösungen eintauchst. Bestimme den pH-Wert der Lösungen durch Farbvergleich.
3. Gib zu den Probelösungen mit einer Tropfpipette jeweils einige Tropfen Bromthymolblau-Lösung.
c) *Untersuchung von Stoffen aus dem Haushalt:*
1. Stelle von jeder Probe eine Lösung her.
2. Gib von den Stoffen, die sich nicht lösen, eine Probe auf ein Uhrglas. Gib einige Tropfen destilliertes Wasser dazu.
3. Untersuche die Lösungen mit Universalindikator-Papier und mit Bromthylmolblau-Lösung.

Aufgabe: Trage die Ergebnisse deiner Untersuchungen in eine Tabelle ein.

Versuch 2: Saure und alkalische Lösungen im Wettstreit

Materialien: Reagenzgläser, Tropfpipette;
Kalkwasser, Bromthymolblau-Lösung.

Durchführung:
1. Fülle 1 ml Essig in ein Reagenzglas. Füge einige Tropfen Bromthymolblau-Lösung hinzu.
2. Tropfe nach und nach Kalkwasser zu.
3. Füge zu 2 ml Kalkwasser Bromthymolblau-Lösung hinzu. Tropfe langsam Essig zu.

Aufgaben:
a) Notiere deine Beobachtungen.
b) Was geschieht in diesem Versuch mit der sauren bzw. mit der alkalischen Lösung?

Versuch 3: Zaubern mit Lösungen

Materialien: Bechergläser (100 ml); Phenolphthalein-Lösung;
Bromthymolblau-Lösung, Essig, Kalkwasser.

Durchführung:
a) *eine Farbe verschwindet.*
1. Füge zu 70 ml Wasser 10 Tropfen Phenolphthalein. Rühre mit einem Glasstab um, den du zuvor in Kalkwasser getaucht hast.
2. Bereite ein zweites Becherglas vor: Füge einige Tropfen Essig in das Becherglas.
3. Gieße den Inhalt des ersten Becherglases in das vorbereitete Glas.
b) *eine Farbe verwandelt sich:*
1. Bereite ein drittes Becherglas vor: Gib 15 Tropfen Bromthymolblau-Lösung in das Becherglas.
2. Gieße den Inhalt des zweiten Becherglases in das vorbereitete dritte Glas.

Aufgaben:
a) Notiere deine Beobachtungen.
b) Erkläre die Zauberei.

Substanz (gelöster Stoff)	Färbung			pH-Wert (Universalindikator)	Reaktion der Lösung		
	Bromthymolblau	Phenolphthalein	Methylrot		sauer	neutral	alkalisch
Essig							
destilliertes Wasser							
Kalkwasser							

7.8 Wasserstoff

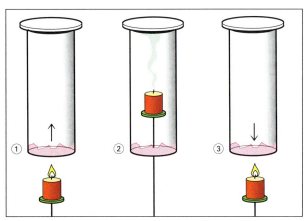

1. Wasserstoff – ein brennbares Gas. Eine Kerze erlischt in Wasserstoff.

Vorkommen: auf der Erde nur in Verbindungen: Wasser, Erdöl, Erdgas; das Universum besteht zu 93% aus elementarem Wasserstoff.

Entdeckung: 1766 durch CAVENDISH

Herstellung im Labor: durch Reaktion von Zink mit Schwefelsäure.

Herstellung in der Industrie: Reaktion von Koks mit Wasser (16%); Reaktion von Erdgas mit Wasser (30%); Zerlegung von Erdöl (48%); Zerlegung von Salzsäure durch elektrischen Strom.

Verwendung: Herstellung von Ammoniak für Düngemittel (53%); Herstellung und Aufarbeitung von Kraftstoffen (30%); Schweißtechnik; Raketentreibstoff.

Eigenschaften: Farbloses, geruchloses und geschmackloses Gas;
Dichte: 0,084 $\frac{g}{l}$ (bei 20 °C und 1013 hPa);
Schmelztemperatur: $-259\,°C$;
Siedetemperatur: $-253\,°C$;
Zündgrenzen (im
Gemisch mit Luft): 4% – 75% Wasserstoff;
Zündtemperatur: 560 °C.
Bildet explosives Gemisch mit Sauerstoff (Knallgas); brennbares Gas; unterhält die Verbrennung nicht; gutes Reduktionsmittel.

Nachweis: Knallgasprobe

Wasserstoff

R 12   Hoch entzündlich

S 9-16-33   Behälter an einem gut gelüfteten Ort aufbewahren, von Zündquellen fernhalten – nicht rauchen, Maßnahmen gegen elektrostatische Aufladung treffen.

F +
hoch entzündlich

2. Steckbrief: Wasserstoff

Wasserstoff hat die geringste Dichte von allen Gasen. So ist ein Liter Wasserstoff etwa 14mal leichter als ein Liter Luft. Ein mit Wasserstoff gefülltes Reagenzglas hält man daher mit der Öffnung nach unten. Wasserstoff wurde früher als Füllgas für Gasballons und Zeppeline verwendet. Weil sich Wasserstoff aber leicht entzündet, wird er heute durch das nicht brennbare Helium ersetzt. Auch auf Volksfesten dürfen Luftballons nicht mehr mit Wasserstoff gefüllt werden.

Wasserstoff ist brennbar, aber eine Flamme erstickt in ihm. Man erkennt diese seltsame Eigenschaft bei folgendem Experiment:

Hält man eine brennende Kerze an die Mündung eines mit Wasserstoff gefüllten Glaszylinders, so entzündet sich das Gas und verbrennt mit kaum sichtbarer Flamme. Wasserdampf kondensiert an der Glaswand. Führt man die Kerze weiter in den Zylinder ein, erlischt sie. Zieht man die Kerze heraus, so entzündet sie sich wieder. Wasserstoff brennt also nur dort, wo gleichzeitig Sauerstoff hinzutritt.

Ein Gemisch aus Wasserstoff und Sauerstoff bezeichnet man als *Knallgas*. Entzündet man es, so explodiert es mit lautem Knall: Die beiden Gase reagieren in extrem kurzer Zeit miteinander. Dabei entsteht sehr viel Wärme. Der Druck nimmt augenblicklich zu, und die Gase dehnen sich aus.

Knallgasprobe. Knallgasexplosionen sind gefährlich. Sie können Apparaturen zerstören. Herumfliegende Glassplitter führen dann oft zu schweren Verletzungen. Im Labor werden aber häufig Reaktionen mit Wasserstoff durchgeführt. In solchen Fällen muß vorher unbedingt geprüft werden, ob die Apparatur frei von Sauerstoff ist. Dazu führt man die *Knallgasprobe* durch: Man fängt eine Gasprobe in einem Reagenzglas auf und entzündet sie an der Flamme des Gasbrenners. Enthält die Gasprobe noch Luft, so brennt sie explosionsartig ab. Dabei entsteht ein pfeifendes Geräusch. Ist das Gas sauerstofffrei, so brennt es ruhig ab. Die Apparatur kann dann gefahrlos erhitzt werden.

Reduktionswirkung. Leitet man Wasserstoff über erhitztes Kupferoxid, so glüht das Kupferoxid auf. Gleichzeitig ändert sich die Farbe von schwarz nach hellrot. Es bilden sich Kupfer und Wasser. Ganz ähnlich reagiert Wasserstoff mit vielen anderen Metalloxiden. Wasserstoff ist also ein *Reduktionsmittel*.

Kupferoxid + Wasserstoff ⟶ Kupfer + Wasser;
exotherm

THEORIE

Katalysatoren ermöglichen Reaktionen

Wasserstoff und Sauerstoff kann man miteinander vermischen, ohne daß eine Reaktion stattfindet. Erst wenn man **Aktivierungsenergie** in Form eines Funkens oder einer Flamme hinzufügt, läuft die Reaktion explosionsartig ab.

Bereits 1823 baute jedoch der Chemiker und Apotheker DÖBEREINER (1780–1849) eine „Zündmaschine" in der aus Zink und Salzsäure Wasserstoff erzeugt wurde, wobei der Wasserstoff beim Ausströmen von allein anfing zu brennen.

Das Geheimnis der Zündmaschine liegt in der Verwendung von Platinwolle. Durch die bloße Gegenwart von fein verteiltem Platin wird die Zündtemperatur des Wasserstoffs von sonst 560 °C auf eine Temperatur unterhalb der Zimmertemperatur erniedrigt. Bei der Reaktion wird das Platin selbst nicht verändert, so daß die Zündmaschine gebrauchsfähig ist, so lange sie Wasserstoff liefert.

Stoffe, die wie fein verteiltes Platin einen Reaktionsablauf ermöglichen, ohne sich selbst zu verändern, bezeichnet man allgemein als **Katalysator**.

Katalysatoren ermöglichen bestimmte chemische Reaktionen schon bei niederen Temperaturen, indem sie die Aktivierungsenergie herabsetzen.

Katalysatoren sind in der Technik sehr wichtig, da ohne sie viele Reaktionen nicht oder nur sehr langsam ablaufen würden.

EXKURS

Wasserstoff als Energieträger

Wasserstoff ist ein umweltfreundlicher Energieträger, denn er verbrennt mit dem Sauerstoff der Luft zu reinem Wasserdampf.

Wasserstoff-Technik heute. Verflüssigten Wasserstoff verwendet man seit Jahren als Raketentreibstoff. Auch Düsenjets haben schon erfolgreiche Testflüge mit Wasserstoff absolviert. Und im Straßenverkehr fahren bereits heute Wasserstoff-Versuchsautos mit Wasserstoff-Motoren. Hier bereitet allerdings noch das langwierige Auftanken und die Speicherung des Gases Probleme.

Wird Wasserstoff der Energieträger der Zukunft? Noch gibt es einige technische Schwierigkeiten. Doch die Probleme erscheinen lösbar, denn die dafür benötigte Technik ist längst bekannt. Was den Aufschwung der Wasserstoff-Welt vor allem noch hemmt, ist die wirtschaftliche Seite: Noch ist Energie aus Wasserstoff wesentlich teurer als die Energie aus fossilen Brennstoffen.

Zukunft ohne Energieprobleme? Man schreibt das Jahr 2050. Riesige Solaranlagen in der Wüste fangen die Sonnenstrahlen mit Solarzellen auf. Sie wandeln die Energie des Sonnenlichts direkt in elektrische Energie um. Mit ihr wird vor Ort Wasser durch Elektrolyse in Wasserstoff und Sauerstoff zerlegt. Der so gewonnene Wasserstoff wird durch Pipelines und per Schiff zu den Verbrauchern nach Europa transportiert.

Im Jahr 2050 heizt man nicht mehr mit Erdöl oder Erdgas, sondern mit Wasserstoff. Mit Hilfe von Brennstoffzellen kann man zuhause aus Wasserstoff und dem Sauerstoff der Luft Strom erzeugen. Kraftwerke erzeugen Strom durch Verbrennen von Wasserstoff. Im Straßenverkehr gibt es nur noch Elektroautos und solche, die mit Wasserstoff-Motoren laufen.

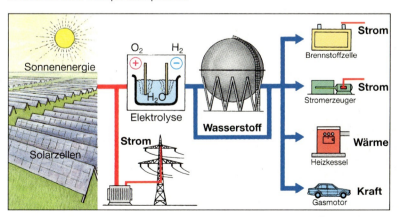

7.9 Aufgaben · Versuche · Probleme

Aufgabe 1: Bei 20 °C lösen sich in 100 g Wasser 21 g Kupfersulfat. Berechne den Massenanteil an Kupfersulfat in der gesättigten Lösung.

Aufgabe 2: Bei 30 °C beträgt die Dichte des Wassers 0,9965 $\frac{g}{ml}$. Die Dichte von Eis beträgt 0,92 $\frac{g}{cm^3}$.
a) Welches Volumen erhält man, wenn sich 1 Liter Wasser von 4 °C auf 30 °C erwärmt?
b) Berechne das Volumen von 1 kg Eis.

Aufgabe 3: Beim Erhitzen von Leitungswasser beobachtet man, daß sich am Boden des Gefäßes Bläschen bilden, die an die Oberfläche steigen und dort platzen.
a) Woraus bestehen diese Bläschen?
b) Wie kann man diese Bläschen auffangen und untersuchen? Fertige eine Versuchsskizze an.

Aufgabe 4: Abgelegene Dörfer sind auch heute noch nicht an Kläranlagen angeschlossen. Abwasser wird dort in Sickergruben geklärt.
a) Auf welche Weise wird Abwasser in solchen Sickergruben gereinigt?
b) Welche Vor- und Nachteile bietet dieses Reinigungsverfahren gegenüber der Einleitung in ein Gewässer?

Aufgabe 5: Große Chemiefabriken reinigen ihre Abwässer in Klärtürmen. Welchen Reinigungsschritten einer herkömmlichen Kläranlage entsprechen die Reinigungsschritte in einem Klärturm? Ordne Teilabschnitte zu.

Aufgabe 6: a) In welcher Gegend wird dein Trinkwasser gewonnen?
b) Handelt es sich um Grund- oder Oberflächenwasser?
c) Wo wird das Abwasser geklärt?
d) Wieviel kostet 1 Kubikmeter Trinkwasser, wieviel kostet die Abwasserbeseitigung pro Kubikmeter?
e) Berechne anhand der Wasserrechnung deiner Familie den durchschnittlichen täglichen Wasserverbrauch pro Person.

Versuch 1: pH-Werte von Böden
Übergieße Gartenerde, Torf oder reinen Quarzsand mit etwas Wasser. Lasse die ungelösten Stoffe absitzen. Prüfe zunächst das von dir benutzte Wasser, anschließend den Überstand mit Indikatorpapier.
Aufgabe: Zur Bodenverbesserung wird in der Landwirtschaft häufig Kalk auf die Felder gestreut. Welche Bedeutung könnte dies für den Boden haben?

Versuch 2: Indikator-Lösungen aus Pflanzen
Geeignete Pflanzenteile: Rotkohlblätter, Rittersporblüten, schwarze Johannisbeeren, Rosenblüten. Schneide die Pflanzenteile in kleine Stücke und zerreibe sie mit etwas Sand. Gib den entstandenen Pflanzenbrei in ein Becherglas mit 50 ml Wasser und koche ihn 10 Minuten. Filtriere nach dem Abkühlen in einen Erlenmeyerkolben.
Untersuche die so erhaltenen Indikator-Lösungen mit einer sauren und einer alkalischen Lösung.

Problem 1: Bei zu starker Magensaftproduktion stellt sich Sodbrennen ein, wenn Magensaft in die Speiseröhre gelangt. Dagegen helfen Magentabletten. Ihre Lösung hat einen pH-Wert von 10.
Wie läßt sich die Wirkung der Magentabletten erklären?

Problem 2: Mache Vorschläge, wie man einfach und ohne großen Aufwand Wasser sparen kann. Berücksichtige folgende Bereiche:
– Wasserhähne, Toilettenspülung;
– Körperpflege (Bad, Dusche);
– Waschmaschine, Spülmaschine;
– Garten, Autowäsche.

Problem 3: LAVOISIER betrachtete es *als höchstes Ziel der **Analyse**, herauszufinden, aus welchen Elementen ein Stoff aufgebaut sei*. Substanzen, die sich nicht weiter zerlegen ließen, waren für ihn Elemente. Umgekehrt war für ihn die **Synthese** die Herstellung eines Stoffes aus den Elementen. Die Bedeutung beider Begriffe beschränkt sich heute jedoch nicht mehr auf die Elemente. Analyse und Synthese werden heute in der Chemie umfassender verwendet. Beschreibe an einem Beispiel, was man heute unter Analyse versteht.

Problem 4: Wasserstoff nimmt in dem Energiekonzept Solar-Wasserstoff-Welt eine zentrale Rolle als Energieträger der Zukunft ein. Beschreibe anhand der Grafik, warum Wasserstoff ein umweltfreundlicher Energieträger ist.

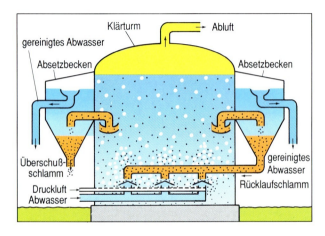

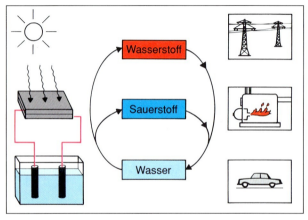

BASISWISSEN

Wasser und Wasserstoff

1. Wasser – eine Verbindung

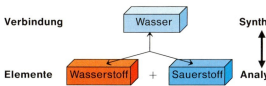

Synthese: Herstellen einer Verbindung aus den Elementen

Analyse: Zerlegen einer Verbindung in die Elemente

2. Wasserstoff

Wasserstoff ist:
- das leichteste Element,
- ein brennbares Gas,
- ein gutes Reduktionsmittel

Nachweis: Knallgasreaktion

Nachweis: Wasser reagiert mit weißem Kupfersulfat zu blauem Kupfersulfat-Hydrat.

3. Eigenschaften des Wassers

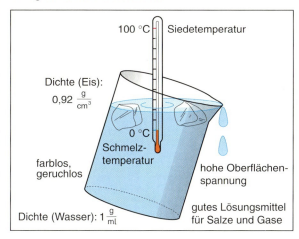

4. Saure und alkalische Lösungen

a) Indikatoren sind Farbstoffe, die durch ihre Farbe anzeigen, ob eine wässerige Lösung sauer, alkalisch oder neutral ist.

b) Der **pH-Wert** einer wässerigen Lösung gibt an, wie stark sauer oder alkalisch eine Lösung reagiert.

Universalindikator

pH 0 — 7 — 14
sauer   **neutral**   **alkalisch**

5. Trinkwasser

Herkunft ⟹ **Aufbereitung** ⟹ **Verbrauch**

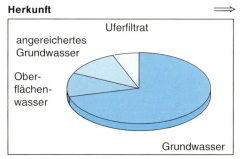

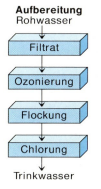

Rohwasser
- Filtrat
- Ozonierung
- Flockung
- Chlorung

Trinkwasser

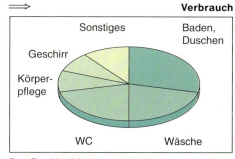

In Deutschland werden täglich rund 10 Milliarden Liter Trinkwasser gefördert.

Der Pro-Kopf-Verbrauch an Trinkwasser liegt in Deutschland bei rund 140 Litern pro Tag.

6. Abwasser – Kläranlage

ungereinigte Abwässer → 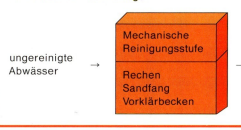 →  → 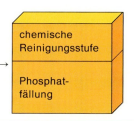 → gereinigte Abwässer

8 Bausteine der Materie: Atome, Moleküle, Ionen

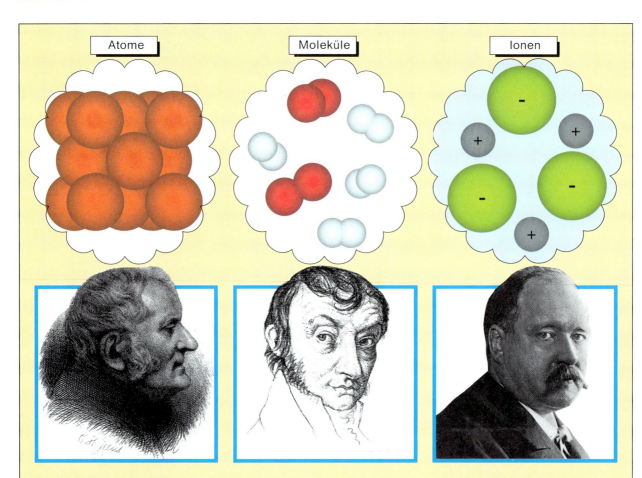

John DALTON (1766–1844)

- 1793 Lehrer für Mathematik und Naturwissenschaften in Manchester
- 1801 Meterologische Forschungen; Untersuchungen an Gasen: Temperatur- und Druckabhängigkeit, Löslichkeit
- 1803 Deutung der Gaseigenschaften mit Hilfe von Atomen als den kleinsten Teilchen der Materie
- 1805 Erste Veröffentlichung der **Atomtheorie;** Tabelle mit Atommassen (Bezugseinheit: Wasserstoff)
- **1808** Lehrbuch: „A new System of Chemical Philosophy" Vorstellung des DALTONschen Atommodells; Einführung von Elementsymbolen und Beschreibung von Verbindungen mit Elementsymbolen

Amadeo AVOGADRO (1776–1856)

- 1796 Jurastudium in Turin
- 1809 Professor für Naturphilosophie in Vercelli
- **1811** Veröffentlichung der **Molekültheorie:** „Versuch einer Methode, die relativen Massen der Elementarmoleküle der Stoffe aus dem Verhältnis, in dem sie in Verbindungen eintreten, zu bestimmen"; Formulierung des AVOGADROschen Gesetzes zum Zusammenhang zwischen Gasvolumen und Teilchenanzahl; Einführung des Begriffs Molekül für mehratomige Teilchen
- 1820 Professor für mathematische Physik in Turin

Die Molekültheorie wurde erst nach seinem Tode von der Fachwelt angenommen.

Svante ARRHENIUS (1859–1927)

- 1876 Studium der Naturwissenschaften in Uppsala und Stockholm
- 1882 Messungen zur elektrischen Leitfähigkeit von Salzlösungen
- **1887** Deutung der elektrischen Leitfähigkeit sowie der Gefriertemperaturerniedrigung mit der **Ionentheorie:** Salze zerfallen in Wasser in geladene Teilchen
- 1891 Professor für Physik in Stockholm
- 1900 Lehrbuch der Elektrochemie
- 1903 Nobelpreis für Chemie

ARRHENIUS bekam den Nobelpreis für eine Leistung, wegen der 1884 seine Doktorarbeit beinahe abgelehnt worden wäre. Seine Ideen waren damals zu revolutionär.

Chemische Grundgesetze

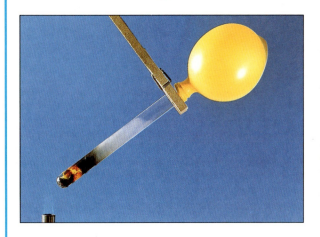

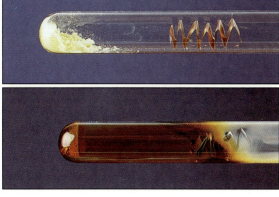

Durch genaue Untersuchung der Massenverhältnisse bei chemischen Reaktionen ergeben sich zwei wichtige Gesetzmäßigkeiten: Das *Gesetz von der Erhaltung der Masse* und das *Gesetz der konstanten Massenverhältnisse*.

Versuch 1: Erhaltung der Masse

Materialien: Reagenzglas, Luftballon, Waage, Gasbrenner;
Kupferpulver, Schwefelpulver.

Durchführung:
1. Vermische 1 Spatel Kupferpulver und 3 Spatel Schwefelpulver und gib das Gemisch in ein Reagenzglas.
2. Verschließe das Reagenzglas mit einem Luftballon.
3. Wiege das Reagenzglas mit dem Kupfer/Schwefel-Gemisch und dem Luftballon und notiere die Masse.
4. Erhitze das Reagenzglas bis die Reaktion zwischen Kupfer und Schwefel einsetzt.
5. Warte bis die Reaktion beendet ist und sich das Reagenzglas wieder abgekühlt hat. Wiege dann das Reagenzglas mit Inhalt und Luftballon erneut.

Hinweis: Das Gemisch aus Kupferpulver und Schwefelpulver sollte nicht aufbewahrt werden. Es neigt zur Selbstzündung und kann explosionsartig reagieren.

Aufgaben:
a) Vergleiche das Ergebnis der Wägung vor der Reaktion mit dem Ergebnis der Massenbestimmung nach der Reaktion.
b) Vergleiche dein Ergebnis mit dem Ergebnis deiner Mitschülerinnen und Mitschüler.
c) Fasse das Gesamtergebnis der Versuche zusammen.

Versuch 2: Konstantes Massenverhältnis

Materialien: Gasbrenner, feuerfestes Reagenzglas, Waage, Schere, Pinzette;
Kupferblech (0,1 mm), Schwefelpulver.

Durchführung:
1. Schneide aus Kupferblech einen etwa 1 cm breiten und 10 cm langen Streifen und falte ihn wie eine Ziehharmonika zusammen, um seine Länge auf etwa 2 cm zu reduzieren. Wiege den Kupferblechstreifen. Die Masse soll etwa 1 g betragen.
2. Gib in das Reagenzglas etwa 0,5 g Schwefelpulver.
3. Halte das Reagenzglas waagerecht und schiebe den Kupferblechstreifen in die Mitte des Reagenzglases.
4. Erhitze das Reagenzglas, so daß der Schwefel verdampft und mit dem heißen Kupfer reagiert.
5. Lasse das Reagenzglas mit seinem Inhalt abkühlen und entnimm das Reaktionsprodukt mit der Pinzette. Falls überschüssiger Schwefel am Reaktionsprodukt haftet, wird er im Abzug verdampft.
6. Wiege das Reaktionsprodukt.
7. Wiederhole den Versuch mit Kupferblechstreifen unterschiedlicher Masse (0,5 g, 1,5 g).

Aufgabe: In welchem Massenverhältnis reagieren Kupfer und Schwefel miteinander?

Auswertungsbeispiel:

m (Kupfer)	m (Produkt)	m (Schwefel)	$\dfrac{m\,(\text{Kupfer})}{m\,(\text{Schwefel})}$
0,88 g	1,11 g	0,23 g	$\dfrac{0{,}88\,\text{g}}{0{,}23\,\text{g}} = \dfrac{3{,}83}{1}$
1,07 g	1,34 g	0,27 g	$\dfrac{1{,}07\,\text{g}}{0{,}27\,\text{g}} = \dfrac{3{,}96}{1}$

8.1 DALTON und die Atome

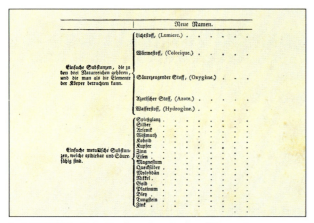

1. LAVOISIERs Tabelle der chemischen Elemente
(Traité élémentaire chimique, 1790)

Aufgabe 1: Vergleiche den Elementbegriff LAVOISIERs mit dem der griechischen Naturphilosophen in der Antike.

Aufgabe 2: a) Welche Aussagen macht das DALTONsche Atommodell?
b) Wie viele unterschiedliche Atomarten gibt es nach DALTON? Beantworte die Frage, ohne eine bestimmte Zahl zu nennen.

Aufgabe 3: a) Erkläre das Gesetz von der Erhaltung der Masse mit Hilfe des DALTONschen Atommodells.
b) Erkläre das Gesetz der konstanten Massenverhältnisse mit Hilfe des DALTONschen Atommodells.

Aufgabe 4: Erstelle eine Übersicht über die Elementsymbole der Elemente, die bisher im Unterricht aufgetaucht sind. Erkläre, aus welchen Namen sich die jeweiligen Symbole ableiten lassen.

deutscher Name	lat. oder griech. Name	Symbol nach DALTON	heutiges Symbol
Stickstoff	**N**itrogenium	⊕	N
Sauerstoff	**O**xygenium	○	O
Schwefel	**S**ulfur	⊕	S
Kupfer	**C**uprum	Ⓒ	Cu
Eisen	**F**errum	Ⓘ	Fe
Gold	**A**urum		Au
Quecksilber	**H**ydrargyrum		Hg
Blei	**P**lumbum	Ⓛ	Pb

2. Elementsymbole

In der zweiten Hälfte des 18. Jahrhunderts brach für die Chemie ein neues Zeitalter an: Aus der Alchemie wurde eine exakte Naturwissenschaft. Die Waage war ein wichtiges Werkzeug für die Naturforscher LOMONOSSOW (1711–1765) in Petersburg und LAVOISIER (1743–1794) in Paris. Sie wogen Stoffgemische vor und nach chemischen Reaktionen. Unabhängig voneinander leiteten sie aus ihren Untersuchungen das **Gesetz von der Erhaltung der Masse** ab:

Die Masse der Stoffe ist nach einer chemischen Reaktion ebenso groß wie vor der Reaktion.

LAVOISIER entwickelte auch den modernen Elementbegriff. Er nahm an, daß die Materie aus Elementen wie Wasserstoff, Sauerstoff, Schwefel, Kupfer und Eisen zusammengesetzt ist.

Bei der Untersuchung der Zusammensetzung von Verbindungen stieß der französische Chemiker PROUST (1754–1826) auf das **Gesetz der konstanten Massenverhältnisse:**

In einer Verbindung sind die Elemente stets in einem bestimmten Massenverhältnis enthalten.

Das DALTONsche Atommodell. Bereits vor etwa 2500 Jahren nahmen griechische Naturphilosophen an, daß die Materie aus kleinsten, nicht weiter zerlegbaren Teilchen, den *Atomen,* aufgebaut ist.
Zu Beginn des 19. Jahrhunderts griff der englische Naturforscher DALTON (1766–1844) diese Vorstellung wieder auf. Er entwickelte ein Modell, um die experimentell gefundenen Massengesetze erklären zu können. Seine Überlegungen lassen sich in folgenden vier Kernaussagen zusammenfassen:
1. Jedes Element besteht aus kleinsten, nicht weiter teilbaren Teilchen, den **Atomen.**
2. Die Atome eines Elements haben alle die gleiche Masse. Die Atome unterschiedlicher Elemente unterscheiden sich in ihrer Masse.
3. Atome können durch chemische Vorgänge weder vernichtet noch erzeugt werden.
4. Bei chemischen Reaktionen werden die Atome der Ausgangsstoffe neu angeordnet und in bestimmten Anzahlverhältnissen verknüpft.

Elementsymbole. Die heute verwendeten Elementsymbole gehen auf den schwedischen Chemiker BERZELIUS (1779–1848) zurück. Er schlug vor, jeweils den ersten oder den ersten und einen weiteren Buchstaben des Elementnamens als Symbol zu nehmen.
Beispiele: Wasserstoff: H (von **H**ydrogenium)
Kohlenstoff: C (von **C**arbo)
Calcium: Ca

Die chemische Reaktion und das DALTONsche Atommodell

Experiment	Modell

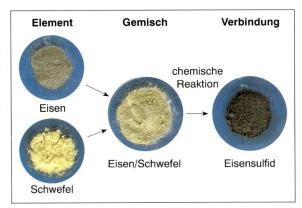

Stoffumwandlung

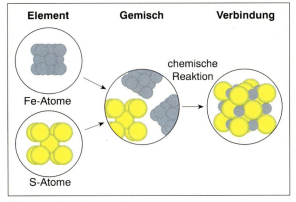

Umgruppierung von Atomen

Erhaltung der Masse

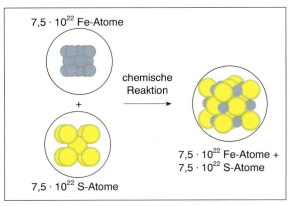

Umgruppierung von Atomen

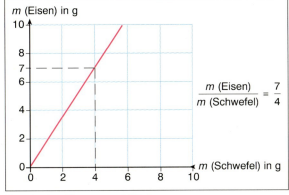

Konstantes Massenverhältnis

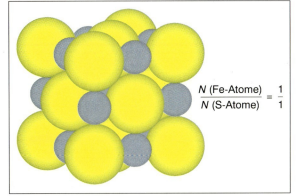

Konstantes Atomanzahlverhältnis

Grenzen des Modells:
1. Das Modell sagt nichts über den Energieumsatz bei der chemischen Reaktion aus.
2. Das Modell sagt nichts darüber aus, wie die Atome verknüpft sind.

8.2 Wie schwer ist ein Atom?

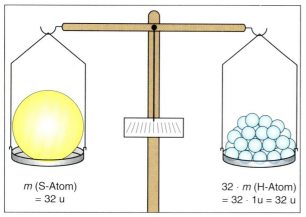

m (S-Atom) = 32 u

32 · m (H-Atom) = 32 · 1u = 32 u

1. Messen durch Vergleichen

Element	Atommasse in u	
	genauer Wert	gerundeter Wert
Wasserstoff	1,00794	1
Kohlenstoff	12,011	12
Sauerstoff	15,9994	16
Magnesium	24,3050	24
Aluminium	26,981539	27
Chlor	35,4527	35,5
Eisen	55,847	56
Kupfer	63,546	63,5
Zink	65,39	65
Uran	238,0289	238

2. Atommassen (Stand 1990)

Nach dem DALTONschen Atommodell besitzen alle Atome eines Elements die gleiche Masse. DALTON gelang es allerdings nie, die Massen der Atome direkt zu bestimmen. Heute kann man die Atommassen sehr genau bestimmen.
Für die Masse eines Schwefel-Atoms ergibt sich:
m (S-Atom) = 0,000 000 000 000 000 000 000 053 g

Atommassen sind unvorstellbar klein. Deshalb ist es nicht sehr sinnvoll, sie in der Einheit 1 Gramm anzugeben. Auch in der Einheit 1 Milligramm erhält man keine übersichtlicheren Zahlen:
m (S-Atom) = 0,000 000 000 000 000 000 053 mg

Atomare Masseneinheit. Es ist günstiger, eine Masseneinheit einzuführen, die der Größenordnung der Atommassen angepaßt ist. Als **atomare Masseneinheit** verwendet man die Einheit **1 u.** 1 u entspricht etwa der Masse des leichtesten aller Atome, des Wasserstoff-Atoms. Zwischen der Einheit 1 g und der Einheit 1 u besteht folgender Zusammenhang:

1 g = 602 200 000 000 000 000 000 000 u ≈ $6 \cdot 10^{23}$ u

Umgekehrt gilt:

1 u = $\dfrac{1}{602\,200\,000\,000\,000\,000\,000\,000}$ g = $1{,}66 \cdot 10^{-24}$ g

Messen bedeutet immer ein Vergleichen: Gibt man eine Masse in der Einheit 1 kg an, so vergleicht man sie mit der Masse des Urkilogramm-Stücks. Verwendet man dagegen die Einheit 1 u, so vergleicht man praktisch mit der Masse eines Wasserstoff-Atoms: Die Masse eines Schwefel-Atoms beträgt 32 u. Die Masse eines Schwefel-Atoms ist also 32mal so groß wie die Masse eines Wasserstoff-Atoms.

THEORIE

Wie bestimmt man Atommassen?

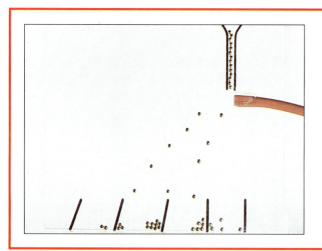

Eine wichtige Methode zur exakten Bestimmung von Atommassen ist die **Massenspektroskopie.** Dabei wird die Stoffprobe zunächst verdampft. Die einzelnen Atome werden dann durch elektrische Energie auf eine hohe Geschwindigkeit beschleunigt. Nun läßt man von der Seite her eine Kraft einwirken und drängt dadurch die Atome aus ihrer geraden Flugbahn ab. Dies geschieht umso leichter, je kleiner die Masse eines Atoms ist. Aus dem Maß der Ablenkung kann man auf die Masse des Atoms schließen.
Modellversuch: Läßt man unterschiedlich schwere Stahlkugeln über eine schiefe Ebene rollen und bläst von der Seite her mit einem Fön, so erfahren die leichten Kugeln die stärkste Ablenkung.

PRAKTIKUM

Wie groß ist ein Atom?

Durch einen einfachen Versuch ist es möglich, die Größe von Ölsäure-Teilchen zu bestimmen. Ölsäure-Teilchen bestehen aus 54 Atomen. Wenn man die Größe der Ölsäure-Teilchen kennt, kann man sich auch eine ungefähre Vorstellung von der Größe einzelner Atome machen.

Ölsäure bildet auf Wasser einen dünnen Film. Einen besonders dünnen Ölsäure-Film erhält man, wenn man eine Lösung von sehr wenig Ölsäure in Benzin auf die Wasseroberfläche gibt und dann das Benzin verdunsten läßt. Der Ölsäure-Film besteht dann nur aus einer einzigen Schicht von Ölsäure-Teilchen.
Bestimmt man nun die Dicke des Ölsäure-Films, so hat man damit den Durchmesser eines einzigen Ölsäure-Teilchens gefunden.

Versuch 1: Durchmesser eines Ölsäure-Teilchens

Materialien: Glaswanne (fettfrei, Durchmesser 30 cm), Bürette, Lineal;
Ölsäure/Benzin-Gemisch (1 : 1000) (F), Bärlapp-Sporen.

Durchführung:
1. Bestimme das Volumen eines Tropfens des Ölsäure/Benzin-Gemischs, indem du 1 ml aus der Bürette tropfen läßt und dabei die Anzahl der Tropfen zählst.
2. Fülle die Glaswanne mit Wasser und bestreue die Wasseroberfläche hauchdünn mit Bärlapp-Sporen.
3. Lasse einen Tropfen der Ölsäure-Lösung aus der Bürette in die Mitte der Wanne fallen. Die Lösung bildet einen kreisförmigen Fleck auf der Wasseroberfläche und schiebt dabei die Bärlapp-Sporen beiseite.
4. Warte einige Minuten, bis das Benzin verdunstet ist, und miß dann mit dem Lineal den Durchmesser des Ölsäure-Flecks.

Auswertungsbeispiel: Der Ölsäure-Fleck ist geometrisch gesehen ein flacher Zylinder. Seine Grundfläche kann aus dem Durchmesser berechnet werden. Sein Volumen ist gleich dem Volumen der Ölsäure in einem Tropfen der Lösung. Da der Ölsäure-Fleck nur aus einer Schicht Ölsäure-Teilchen besteht, entspricht die Höhe des Zylinders etwa dem Durchmesser eines Teilchens.

Meßwerte: 1 ml Gemisch $\hat{=}$ 50 Tropfen
d (Fleck) = 16 cm

1. *Volumen der Ölsäure:*

1 Tropfen $\hat{=}$ 0,02 ml Gemisch

1 Tropfen $\hat{=} \dfrac{0,02}{1000}$ ml Ölsäure

V (Ölsäure) = 0,00002 ml = 0,02 mm^3

Hinweis: 1 ml = 1 cm^3 = 1000 mm^3

2. *Fläche des Ölsäure-Flecks:*

A (Fleck) = $\pi \cdot r^2$ = 3,14 · (80 mm)^2 ≈ 20 000 mm^2

3. *Höhe des Ölsäure-Flecks:*

V (Ölsäure) = A (Fleck) · h (Fleck)

h (Fleck) = $\dfrac{0,02 \text{ mm}^3}{20\,000 \text{ mm}^2}$ = 0,000001 mm = $\dfrac{1}{1\,000\,000}$ mm

Die Höhe des Zylinders entspricht dem Durchmesser eines Ölsäure-Teilchens. Er beträgt etwa 0,000001 mm. Da ein Ölsäure-Teilchen aus 54 Atomen aufgebaut ist, muß der Durchmesser eines Atoms noch kleiner sein. Atome sind also kleiner als ein Millionstel Millimeter.

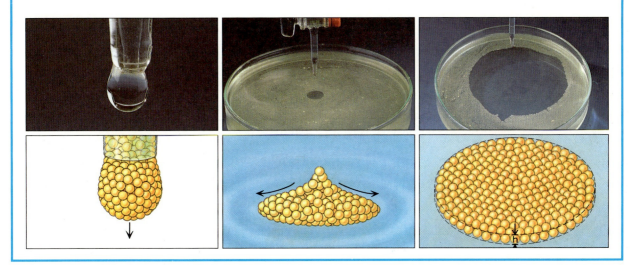

8.3 Die Formeln der Chemiker

1. Zählen durch Wiegen

Aufgabe 1: Sabine hat 1-Pfennig-Stücke gesammelt. Sie besitzt eine große Dose voller Münzen. Nun möchte sie wissen, wie groß ihr Vermögen ist. Zählen ist ihr zu aufwendig. Wie kann sie vorgehen?

Aufgabe 2: a) Schwefel und Sauerstoff reagieren im Massenverhältnis 1:1. Welche Verhältnisformel hat das Oxid?
b) Die Verhältnisformel von Aluminiumoxid ist Al_2O_3. In welchem Massenverhältnis reagieren die Elemente?
m(O-Atom) = 16 u; m(S-Atom) = 32 u; m(Al-Atom) = 27 u.

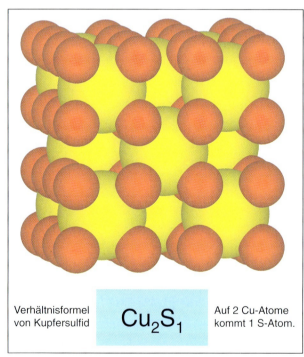

Verhältnisformel von Kupfersulfid Cu_2S_1 Auf 2 Cu-Atome kommt 1 S-Atom.

2. Kupfersulfid enthält Kupfer-Atome und Schwefel-Atome im Anzahlverhältnis 2:1

Elemente reagieren miteinander in einem bestimmten Massenverhältnis. So reagieren Kupfer und Schwefel bei der Bildung von Kupfersulfid immer im Massenverhältnis 4:1. Das konstante Massenverhältnis läßt sich durch folgendes Modell erklären: In der Verbindung Kupfersulfid liegen die Kupfer-Atome und Schwefel-Atome nicht nur in einer bestimmten Anordnung, sondern auch in einem bestimmten Zahlenverhältnis vor. Da nach dem DALTONschen Atommodell alle Atome eines Elements die gleiche Masse haben, ergibt sich aus einem bestimmten Atomanzahlverhältnis ein konstantes Massenverhältnis der Elemente in einer Verbindung.

Vom Massenverhältnis zum Atomanzahlverhältnis.
Das Atomanzahlverhältnis im Kupfersulfid läßt sich ermitteln, wenn man die Anzahl der Kupfer-Atome in 4 Gramm Kupfer und die Anzahl der Schwefel-Atome in 1 Gramm Schwefel kennt.

1. *Massenverhältnis:*

$$\frac{m\text{(Kupfer)}}{m\text{(Schwefel)}} = \frac{4\text{ g}}{1\text{ g}}$$

2. *Anzahl der Kupfer-Atome:*

$$N\text{(Cu-Atome)} = \frac{m\text{(Kupfer)}}{m\text{(Cu-Atom)}}$$

$$= \frac{4\text{ g}}{63{,}5\text{ u}} = \frac{4 \cdot 6 \cdot 10^{23}\text{ u}}{63{,}5\text{ u}} = 3{,}8 \cdot 10^{22}$$

3. *Anzahl der Schwefel-Atome:*

$$N\text{(S-Atome)} = \frac{m\text{(Schwefel)}}{m\text{(S-Atom)}}$$

$$= \frac{1\text{ g}}{32\text{ u}} = \frac{1 \cdot 6 \cdot 10^{23}\text{ u}}{32\text{ u}} = 1{,}9 \cdot 10^{22}$$

4. *Atomanzahlverhältnis:*

$$\frac{N\text{(Cu-Atome)}}{N\text{(S-Atome)}} = \frac{3{,}8 \cdot 10^{22}}{1{,}9 \cdot 10^{22}} = \frac{2}{1}$$

Bei der Bildung von Kupfersulfid reagieren also Kupfer-Atome und Schwefel-Atome im Atomanzahlverhältnis 2:1.

Verhältnisformel. Das Atomanzahlverhältnis in einer Verbindung wird meist als Verhältnisformel wiedergegeben. Verhältnisformeln werden aus den entsprechenden Elementsymbolen gebildet. Tiefergestellte Zahlen geben das Atomanzahlverhältnis an. Die Verhältnisformel für Kupfersulfid heißt: Cu_2S_1.
Die Chemiker lassen in der Regel die Ziffer 1 weg und schreiben einfach: Cu_2S.

Verhältnisformel des Wassers. Wasser ist ein Wasserstoffoxid. Um seine Verhältnisformel zu bestimmen, muß man das Massenverhältnis ermitteln, in dem Wasserstoff und Sauerstoff miteinander reagieren. Experimentell bestimmt man zunächst das Volumenverhältnis. Dazu wird die Knallgasreaktion in einem durch Wasser luftdicht abgeschlossenen Gasraum durchgeführt. In dieser Versuchsanordnung läßt man verschiedene Mischungen von Wasserstoff und Sauerstoff miteinander reagieren. Je nach Mischungsverhältnis kann Wasserstoff oder Sauerstoff als Restgas zurückbleiben. Das Reaktionsprodukt Wasser fällt in flüssiger Form an. Nur bei dem Volumenverhältnis 2:1 reagieren die Elemente vollständig zu Wasser.

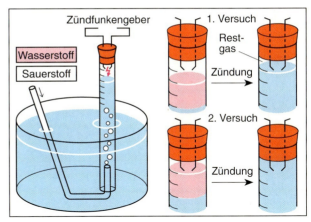

1. Volumenverhältnisse bei der Wasser-Synthese

1. a) *Volumenverhältnis:*

$$\frac{V(\text{Wasserstoff})}{V(\text{Sauerstoff})} = \frac{2\,l}{1\,l}$$

b) *Massenverhältnis:*

Aus dem Volumen kann über die Dichte die betreffende Masse berechnet werden: $m = \varrho \cdot V$

$m(\text{Wasserstoff}) = 0{,}084\,\frac{g}{l} \cdot 2\,l = 0{,}168\,g$

$m(\text{Sauerstoff}) = 1{,}33\,\frac{g}{l} \cdot 1\,l = 1{,}33\,g$

$$\frac{m(\text{Wasserstoff})}{m(\text{Sauerstoff})} = \frac{0{,}168\,g}{1{,}33\,g} = \frac{1\,g}{8\,g}$$

2. *Anzahl der Wasserstoff-Atome:*

$$N(\text{H-Atome}) = \frac{m(\text{Wasserstoff})}{m(\text{H-Atom})}$$

$$= \frac{1\,g}{1\,u} = \frac{1 \cdot 6 \cdot 10^{23}\,u}{1\,u} = 6 \cdot 10^{23}$$

3. *Anzahl der Sauerstoff-Atome:*

$$N(\text{O-Atome}) = \frac{m(\text{Sauerstoff})}{m(\text{O-Atom})}$$

$$= \frac{8\,g}{16\,u} = \frac{8 \cdot 6 \cdot 10^{23}\,u}{16\,u} = 3 \cdot 10^{23}$$

4. *Atomanzahlverhältnis:*

$$\frac{N(\text{H-Atome})}{N(\text{O-Atome})} = \frac{6 \cdot 10^{23}}{3 \cdot 10^{23}} = \frac{2}{1}$$

Wasserstoff und Sauerstoff reagieren im Atomanzahlverhältnis 2:1 miteinander. Wasser enthält also doppelt so viele Wasserstoff-Atome wie Sauerstoff-Atome. Demnach ist die Verhältnisformel von Wasser H_2O_1, kurz H_2O.

Aufgabe 1: a) Ein Gemisch aus 10 ml Wasserstoff und 6 ml Sauerstoff wird gezündet. Bei der Reaktion bleibt ein Restgas übrig. Um welches Gas handelt es sich dabei? Wieviel bleibt übrig?
b) Aus 10 ml Wasserstoff und Luft wird ein Knallgasgemisch hergestellt, bei dessen Reaktion weder Wasserstoff noch Sauerstoff übrigbleibt. Wieviel Luft wird benötigt? Wieviel Stickstoff bleibt zurück?

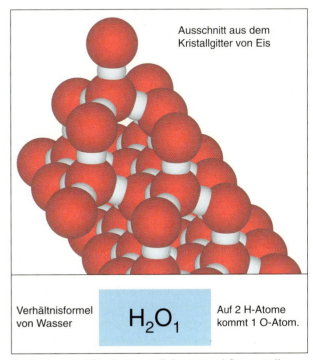

Verhältnisformel von Wasser: H_2O_1 — Auf 2 H-Atome kommt 1 O-Atom.

2. Wasser enthält Wasserstoff-Atome und Sauerstoff-Atome im Anzahlverhältnis 2:1

8.4 AVOGADRO und die Moleküle

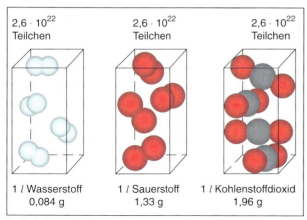

1. Bei 0 °C und 1013 hPa sind in 1 Liter Gas $2{,}6 \cdot 10^{22}$ Teilchen enthalten

Die Synthese von Wasser aus den Elementen Wasserstoff und Sauerstoff liefert zwei Ergebnisse:
1. Wasserstoff und Sauerstoff reagieren miteinander im konstanten Volumenverhältnis 2:1.
2. Das Atomanzahlverhältnis im Wasser ist gleich diesem Volumenverhältnis.

Wenn man die Synthese von Wasser bei einer höheren Temperatur als 100 °C durchführt, liegt das Reaktionsprodukt Wasser ebenfalls gasförmig vor. Aus 2 Liter Wasserstoff und 1 Liter Sauerstoff entstehen 2 Liter Wasserdampf.
Daraus ergibt sich eine interessante Schlußfolgerung: Wenn Wasser doppelt soviele Wasserstoff-Atome wie Sauerstoff-Atome enthält und wenn in 2 Liter Wasserstoff doppelt soviele Atome enthalten sind wie in 1 Liter Sauerstoff, dann muß gelten, daß in 1 Liter Wasserstoff und in 1 Liter Sauerstoff gleichviele Atome enthalten sind.

AVOGADROsches Gesetz. Eine ähnliche Erkenntnis gewann der italienische Physiker AVOGADRO (1776 – 1856). Er beschäftigte sich mit den Eigenschaften von Gasen. Bereits 1811 stellte er eine *Hypothese* zur Teilchenzahl in Gasen auf, die sich später als allgemeingültig erwies und die heute als **AVOGADROsches Gesetz** bezeichnet wird:

Gleiche Volumina gasförmiger Stoffe enthalten bei gleichem Druck und gleicher Temperatur gleichviele Teilchen.

Wendet man das Gesetz von AVOGADRO auf die Synthese von Wasserdampf aus den Elementen an, so läßt sich aus dem experimentell gefundenen Volumenverhältnis von Sauerstoff zu Wasserdampf von 1:2 der Schluß ziehen, daß aus je *einem* Sauerstoff-Teilchen *zwei* Wasser-Teilchen entstanden sind. Da aber in jedem Wasser-Teilchen ein Sauerstoff-Atom enthalten sein muß, müssen die Sauerstoff-Teilchen aus zwei Sauerstoff-Atomen bestehen. Das gleiche gilt für die Wasserstoff-Teilchen.

Moleküle. Teilchen, die aus mehreren Atomen aufgebaut sind, heißen **Moleküle**. Die kleinsten Teilchen des Sauerstoffs und auch die des Wasserstoffs bestehen aus jeweils zwei Atomen; es sind zweiatomige Moleküle. Ein Wasser-Molekül ist aus zwei Wasserstoff-Atomen und einem Sauerstoff-Atom aufgebaut. Die Chemiker geben den Aufbau von Molekülen durch *Molekülformeln* an. Tiefergestellte Zahlen bezeichnen die Anzahl der betreffenden Atome in dem Molekül. So lautet die Molekülformel für Wasserstoff H_2, für Sauerstoff O_2 und für Wasser H_2O. Ozon hat die Molekülformel O_3 und Schwefel S_8.

Aufgabe 1: Vergleiche die Anzahl der Atome in 1 ml der folgenden Stoffe:

Stoff	Atommasse in u	Dichte in $\frac{g}{cm^3}$
Festes Eisen	56	7,9
Fester Schwefel	32	2,1
Flüssiges Brom	80	3,1
Gasförmiges Helium	4	0,00017

Aufgabe 2: Bei Normaldruck nimmt die Teilchenzahl in einem Liter eines Gases mit steigender Temperatur ab:

Temperatur in °C	0	50	100
Teilchenzahl pro Liter	$2{,}7 \cdot 10^{22}$	$2{,}2 \cdot 10^{22}$	$2{,}0 \cdot 10^{22}$

Begründe, warum die Anzahl der Gasteilchen in einem bestimmten Volumen mit steigender Temperatur abnimmt.

Aufgabe 3: Zeige mit Hilfe der angegebenen Daten, daß in einem Liter eines jeden Edelgases etwa gleich viele Atome enthalten sind.

Edelgas	Atommasse in u	Dichte in $\frac{g}{l}$
Helium	4	0,17
Neon	20	0,84
Argon	40	1,66
Krypton	84	3,49
Xenon	131	5,46
Radon	222	9,23

Verrückte Chemie: 2 + 1 = 2!

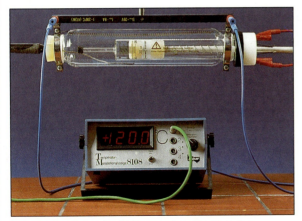

Wasser-Synthese im Kolbenprober-Eudiometer

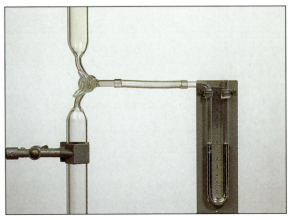

Chlorwasserstoff-Synthese im Gasreaktionsrohr

Die Untersuchung der Volumenverhältnisse bei Gasreaktionen erlaubt direkte Rückschlüsse auf das Atomanzahlverhältnis und damit auf die Verhältnisformeln der beteiligten Moleküle. Flüssige oder feste Stoffe können untersucht werden, wenn sie sich verdampfen lassen.

Wasser. Ein Kolbenprober-Eudiometer wird mit 8 ml Wasserstoff und 4 ml Sauerstoff gefüllt und in einer Kolbenprober-Heizung auf 120 °C aufgeheizt.
Man liest das Volumen ab und zündet das Knallgas. Dann wird erneut das Volumen abgelesen. Aus 16 ml Knallgas entstehen etwa 10,5 ml Wasserdampf.

Chlorwasserstoff. Ein Gemisch aus den beiden gasförmigen Elementen Wasserstoff und Chlor reagiert bei Zündung explosionsartig zu Chlorwasserstoff-Gas. Ein Wasserstoff/Chlor-Gemisch nennt man daher auch *Chlorknallgas*.
Unter dem Einfluß von diffusem Tageslicht läuft die Umsetzung dagegen langsam und gefahrlos ab. Dazu mischt man Chlor und Wasserstoff in einem Gasreaktionsrohr im Volumenverhältnis 1:1. Zur Kontrolle der Druckverhältnisse schließt man ein Manometer an. Nach einem Tag kann die Auswertung erfolgen. Aus 100 ml Gasgemisch entstehen 100 ml Chlorwasserstoff.

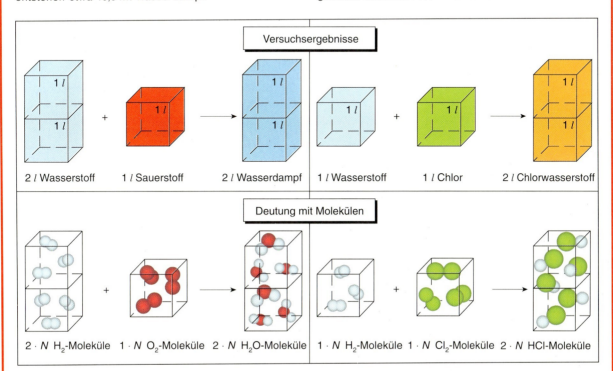

8.5 Wie Chemiker Teilchen zählen

Größe	Größen-zeichen	Name der Einheit	Einheiten-zeichen
Masse	m	1 Kilogramm	1 kg
Volumen	V	1 Kubikmeter	1 m^3
Stoffmenge	n	1 Mol	1 mol

1. Größen zur mengenmäßigen Beschreibung von Stoffportionen. *Beachte:* Die Einheit der Stoffmenge ist 1 Mol (großgeschrieben). Das Einheitenzeichen ist 1 mol (kleingeschrieben).

Aufgabe 1: a) Welche Masse hat eine Stoffportion Helium mit der Stoffmenge $n = 1$ mol?
b) Welche Masse hat eine Neon-Portion mit der Stoffmenge $n = 1$ mmol?
c) Wie groß ist die Stoffmenge einer Kohlenstoff-Portion mit der Masse $m = 0{,}2$ g?
m (He-Atom) = 4 u; m (Ne-Atom) = 20 u; m (C-Atom) = 12 u

Aufgabe 2: Berechne die Stoffmengen:
a) $5 \cdot 10^{24}$ Eisen-Atome
b) $3{,}6 \cdot 10^{22}$ Sauerstoff-Moleküle
c) $3{,}6 \cdot 10^{22}$ Kupfer-Atome

Aufgabe 3: Wie viele Teilchen enthalten die folgenden Stoffportionen?
a) 1,5 mol Wasser
b) 3,7 mol Kupfer
c) 2 mmol Wasserstoff

Aufgabe 4: In einer Klassenarbeit gibt eine Schülerin an, eine Stoffportion Wasserstoff mit der Stoffmenge $n = 1$ mol habe die Masse $m = 1$ g. Ein anderer Schüler meint, sie habe die Masse $m = 2$ g. Beide Antworten sind richtig. Gib eine Begründung.

Um die Menge eines Stoffs zu beschreiben, gibt man im täglichen Leben meist ihre Masse oder ihr Volumen an. Manchmal möchte man aber auch wissen, aus wieviel Stück etwas besteht. So ist der Hinweis, daß man 1 kg Schrauben gekauft hat, weniger von Bedeutung als die Tatsache, daß es sich dabei um 100 Stück handelt.
Auch Chemiker interessieren sich oft für Stückzahlen, nämlich für die *Anzahl der Teilchen in einer Stoffportion*. Doch leider ist eine solche Teilchenmenge zum Abzählen viel zu groß: 1 kg Eisen enthält mehr als 1 Billion mal 1 Billion Eisen-Atome.

So wie die Masse einer Stoffportion durch Vergleich mit der Masse des Urkilogramm-Stücks angegeben wird, benötigt man auch für die Anzahl von Teilchen ein geeignetes Vergleichssystem. Chemiker verwenden hierzu die Anzahl der Atome in 12 g Kohlenstoff.

Diese Anzahl läßt sich mit Hilfe der atomaren Masseneinheit u berechnen (1 g = $6 \cdot 10^{23}$ u).
Da ein Kohlenstoff-Atom eine Masse von 12 u hat, erhält man für die Anzahl der Atome in 12 g Kohlenstoff:

$$N \text{(C-Atome)} = \frac{m \text{(Kohlenstoff)}}{m \text{(C-Atom)}} = \frac{12 \cdot 6 \cdot 10^{23} \text{ u}}{12 \text{ u}}$$
$$= 6 \cdot 10^{23}$$

Diese Anzahl faßt man zur Einheit einer neuen Zählgröße zusammen und nennt sie ein Mol (1 mol). Als Name wurde für diese Größe der Begriff Stoffmenge und als Symbol das Zeichen n eingeführt.

Die Stoffmenge $n = 1$ mol ist dann gegeben, wenn eine Stoffportion $6 \cdot 10^{23}$ Teilchen enthält.

Umrechnung Stoffmenge/Teilchenanzahl. Die Zahl $6 \cdot 10^{23}$ gibt die Anzahl der Teilchen in der Stoffmenge $n = 1$ mol an. Diese Zahl bezeichnet man als die **AVOGADRO-Zahl**. Zu Ehren des österreichischen Physikers LOSCHMIDT (1821–1895) wird sie auch **LOSCHMIDT-Zahl** genannt. LOSCHMIDT hatte erstmals Teilchenanzahlen in Gasportionen berechnet.
Die Teilchenanzahl N einer Stoffportion ist ihrer Stoffmenge n direkt proportional. Für die Umrechnung zwischen beiden Größen verwendet man die **AVOGADRO-Konstante N_A**. Sie hat den Zahlenwert der AVOGADRO-Zahl und die Einheit $\frac{1}{\text{mol}}$: $N_A = 6 \cdot 10^{23} \frac{1}{\text{mol}}$; $N = N_A \cdot n$

Beispiele:

$n = 5{,}3$ mol; $N = 6 \cdot 10^{23} \frac{1}{\text{mol}} \cdot 5{,}3 \text{ mol} = 3{,}18 \cdot 10^{24}$

$N = 8{,}5 \cdot 10^{23}$; $n = \frac{8{,}5 \cdot 10^{23}}{6 \cdot 10^{23} \frac{1}{\text{mol}}} = 1{,}4$ mol

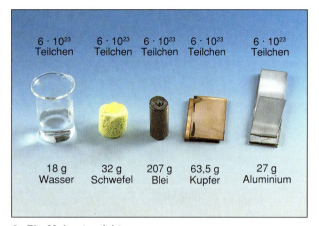

2. Ein Mol entspricht ...

Umrechnung Stoffmenge/Masse. Der direkte Vergleich von Teilchenanzahlen ist ziemlich umständlich. Viel einfacher ist es, bei der Bestimmung der Stoffmenge auf die Masse zurückzugreifen.

Ähnlich wie man mit Hilfe der Dichte eines Stoffs aus dem Volumen einer Stoffportion ihre Masse und aus der Masse das Volumen berechnen kann, lassen sich auch Masse und Stoffmenge ineinander umrechnen. Die hierzu notwendige Proportionalitätskonstante heißt **molare Masse M**.

Die molare Masse M ist der Quotient aus der Masse m und der Stoffmenge n einer Stoffportion:

$M = \dfrac{m}{n}$; Einheit: $1\,\dfrac{g}{mol}$

Die molare Masse ist wie die Dichte eine stoffspezifische Größe. So hat Kohlenstoff die molare Masse $M(C) = 12\,\dfrac{g}{mol}$.

Es fällt sofort auf, daß der Zahlenwert der Atommasse in der Einheit 1 u und der Zahlenwert der molaren Masse in der Einheit $1\,\dfrac{g}{mol}$ übereinstimmen. Diese Übereinstimmung ist kein Zufall. Sie ergibt sich aus dem Umrechnungsfaktor zwischen den Einheiten 1 u und 1 g, dem Faktor $6 \cdot 10^{23}$.
Wenn man 1 mol eines Stoffs betrachtet, dann hat man es mit $6 \cdot 10^{23}$ Teilchen zu tun. Wenn ein Wasserstoff-Atom die Masse 1 u besitzt, dann haben $6 \cdot 10^{23}$ Wasserstoff-Atome die Masse $6 \cdot 10^{23}$ u. Und dies entspricht der Masse 1 g.

Die molare Masse einer Molekülverbindung läßt sich ebenso ermitteln. Man bildet zunächst die Summe der Atommassen des Moleküls und erhält so die Molekülmasse in der atomaren Masseneinheit 1 u. Zur Bestimmung der molaren Masse wird nun einfach die Einheit 1 u durch die Einheit $1\,\dfrac{g}{mol}$ ersetzt.

Beispiel: Berechnung der Stoffmenge von 17 g Ammoniak (NH_3).

1. *Ermittlung der molaren Masse:*
$m(\text{N-Atom}) = 14\,u$; $m(\text{H-Atom}) = 1\,u$
$m(NH_3\text{-Molekül}) = 1 \cdot m(\text{N-Atom}) + 3 \cdot m(\text{H-Atom})$
$= 1 \cdot 14\,u + 3 \cdot 1\,u$
$= 17\,u$
$m(NH_3\text{-Molekül}) = 17\,u \Longrightarrow M(NH_3) = 17\,\dfrac{g}{mol}$

2. *Berechnung der Stoffmenge:*
$n(\text{Ammoniak}) = \dfrac{m(\text{Ammoniak})}{M(NH_3)}$
$= \dfrac{17\,g}{17\,\frac{g}{mol}} = 1\,mol$

Beziehung zwischen Masse und Volumen	Beziehung zwischen Masse und Stoffmenge
$m \sim V$	$m \sim n$
$\dfrac{m}{V}$ = konstant	$\dfrac{m}{n}$ = konstant
$\dfrac{m}{V} = \varrho$	$\dfrac{m}{n} = M$
Die Konstante ϱ ist eine stoffspezifische Größe: die **Dichte**.	Die Konstante M ist eine stoffspezifische Größe: die **molare Masse**.

1. Vergleich von Dichte und molarer Masse

Aufgabe 1: Berechne die molare Masse von
a) Ozon (O_3); m(O-Atom) = 16 u
b) Schwefeldioxid (SO_2)
c) Schwefel (S_8); m(S-Atom) = 32 u

Aufgabe 2: Berechne die Massen der Stoffportionen:
a) 5,8 mol Aluminium; m(Al-Atom) = 27 u
b) 37 mmol Argon; m(Ar-Atom) = 40 u
c) 45,5 kmol Gold; m(Au-Atom) = 197 u

Aufgabe 3: Berechne die Stoffmengen:
a) 5 kg Aluminium; m(Al-Atom) = 27 u
b) 2 g Ozon (O_3); m(O-Atom) = 16 u
c) 256 g Platin; m(Pt-Atom) = 195 u

Aufgabe 4: Im Praktikum wurde als Dicke h einer monomolekularen Schicht von Ölsäure 0,000001 mm ermittelt. Ein Ölsäure-Molekül nimmt also ein Volumen von h^3 ein.
a) Bestimme aus dem Volumen eines Ölsäure-Moleküls und der Dichte von Ölsäure die Masse eines Ölsäure-Moleküls ($\varrho = 0{,}89\,\dfrac{g}{cm^3}$).
b) Berechne aus der Masse *eines* Ölsäure-Moleküls und der molaren Masse von Ölsäure die Zahl der Moleküle in einem Mol Ölsäure ($M = 282\,\dfrac{g}{mol}$).

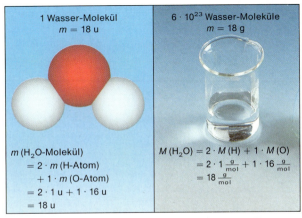

1 Wasser-Molekül
$m = 18\,u$

$6 \cdot 10^{23}$ Wasser-Moleküle
$m = 18\,g$

$m(H_2O\text{-Molekül})$
$= 2 \cdot m(\text{H-Atom})$
$+ 1 \cdot m(\text{O-Atom})$
$= 2 \cdot 1\,u + 1 \cdot 16\,u$
$= 18\,u$

$M(H_2O) = 2 \cdot M(H) + 1 \cdot M(O)$
$= 2 \cdot 1\,\dfrac{g}{mol} + 1 \cdot 16\,\dfrac{g}{mol}$
$= 18\,\dfrac{g}{mol}$

2. Berechnung von Molekülmasse und molarer Masse

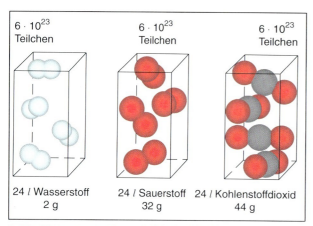

1. Ein Mol entspricht ... (20 °C, 1013 hPa)

Aufgabe 1: Ein Kohlenstoffoxid hat bei 1013 hPa und 0 °C die Dichte 1,96 $\frac{g}{l}$.
a) Berechne die molare Masse des Kohlenstoffoxids.
b) Welche Molekülformel hat das Kohlenstoffoxid?
$m(C) = 12\,u$; $m(O) = 16\,u$

Aufgabe 2: Sascha rätselt darüber, ob Chlorwasserstoff (HCl) eine kleinere oder eine größere Dichte als Luft besitzt. Sabina hilft ihm: „Betrachte doch einfach die molaren Massen!"
Wie kann Sascha das Problem lösen?
$m(N) = 14\,u$; $m(O) = 16\,u$; $m(H) = 1\,u$; $m(Cl) = 35,5\,u$

Aufgabe 3: Übertrage das untenstehende Diagramm auf Millimeterpapier. Versuche dann durch Extrapolation herauszufinden, bei welcher Temperatur eine Gasportion mit der Stoffmenge 1 mol das Volumen 0 Liter einnimmt. Interpretiere das Ergebnis.

Molares Volumen. Die molare Masse eines Stoffs ist der Quotient aus Masse und Stoffmenge einer Stoffportion. Bei Gasen läßt sich das Volumen leichter bestimmen als die Masse. Daher benutzt man bei Gasen den Quotienten aus Volumen und Stoffmenge: das *molare Volumen*.

Das molare Volumen V_m ist der Quotient aus dem Volumen V und der Stoffmenge n einer Gasportion:

$$V_m = \frac{V}{n}; \quad \text{Einheit: } 1\,\frac{l}{mol}$$

Nach dem Gesetz von AVOGADRO nehmen gleichviele Gas-Teilchen bei gleicher Temperatur und gleichem Druck das gleiche Volumen ein. Im Unterschied zur molaren Masse ist das molare Volumen daher für alle Gase eine Konstante.

Der Wert der Konstante hängt nur vom Druck und von der Temperatur ab. Das molare Volumen der Gase beträgt bei 20 °C und 1013 hPa rund 24 $\frac{l}{mol}$. Mit steigender Temperatur nimmt das molare Volumen zu. Es hat bei 100 °C den Wert 30,6 $\frac{l}{mol}$. Unter **Normbedingungen** (bei 0 °C und 1013 hPa) sinkt der Wert auf 22,4 $\frac{l}{mol}$.
Mit steigendem Druck nimmt das molare Volumen ab. Bei doppelt so hohem Druck halbiert sich der Wert.

Vom molaren Volumen zur molaren Masse. Mit Hilfe des molaren Volumens läßt sich die molare Masse eines gasförmigen Stoffs berechnen. Es muß lediglich die Dichte ϱ des Gases bekannt sein. Sie kann experimentell bestimmt werden. Es gilt:

$$\varrho = \frac{M}{V_m}; \quad M = \varrho \cdot V_m$$

Bei der Berechnung der molaren Masse nach dieser Gleichung muß der Wert für das molare Volumen eingesetzt werden, der den Temperatur- und Druckbedingungen bei der Dichtemessung entspricht.

Mit Hilfe der molaren Masse eines Stoffs kann man bei Kenntnis der Verhältnisformel auf die Molekülformel schließen.

Beispiel: Man hat für die Verbindung Benzol die Verhältnisformel C_1H_1 bestimmt. Als Molekülformeln kommen dann in Betracht: C_1H_1, C_2H_2, C_3H_3 und weitere Vielfache. Stellt man nun fest, daß die molare Masse 78 $\frac{g}{mol}$ beträgt, kann die richtige Molekülformel nur C_6H_6 heißen:

$$M(C_6H_6) = 6 \cdot M(C) + 6 \cdot M(H)$$
$$= 6 \cdot 12\,\tfrac{g}{mol} + 6 \cdot 1\,\tfrac{g}{mol} = 78\,\tfrac{g}{mol}$$

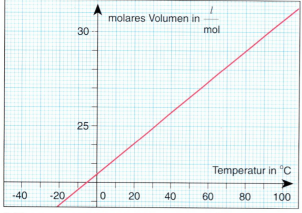

2. Temperaturabhängigkeit des molaren Volumens von Gasen

Von der Verhältnisformel zur Molekülformel

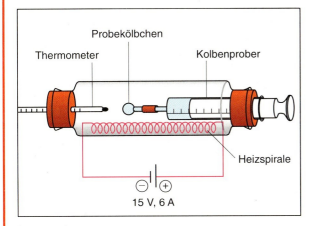

Die Untersuchung der Volumenverhältnisse bei der Reaktion von Wasserstoff mit Sauerstoff liefert das Atomanzahlverhältnis und damit die Verhältnisformel von Wasser: H_2O_1. Als Molekülformel kommt eines der ganzzahligen Vielfachen der Verhältnisformel in Frage.

Molekülformel	H_2O_1	H_4O_2	H_6O_3	H_8O_4
Molekülmasse in u	18	36	54	72
molare Masse in $\frac{g}{mol}$	18	36	54	72

Die richtige Molekülformel läßt sich durch die Bestimmung der Dichte von Wasserdampf ermitteln.

Beispiel: Mit einer Pipette werden 0,04 ml ($\hat{=}$ 0,04 g) Wasser in ein kurzes einseitig zugeschmolzenes Glasrohr eingebracht. Das Glasrohr wird mit einem Kolbenprober verbunden. Nun setzt man Kolbenprober und Glasrohr in die Kolbenprober-Heizung ein und erhitzt auf 130 °C. Die Wasserprobe verdampft. Der Wasserdampf nimmt ein Volumen von 66 ml ein. Bei 130 °C beträgt das molare Volumen 33,1 $\frac{l}{mol}$. Die molare Masse kann nun berechnet werden:

1. *Dichte des Wasserdampfs bei 130 °C:*

$$\varrho \text{ (Wasserdampf)} = \frac{0{,}04 \text{ g}}{0{,}066 \text{ l}} = 0{,}61 \frac{g}{l}$$

2. *Molare Masse von Wasser:*

$$\varrho = \frac{M}{V_m}; \quad M = \varrho \cdot V_m$$

$M \text{ (Wasser)} = 0{,}61 \frac{g}{l} \cdot 33{,}1 \frac{l}{mol} = 20{,}2 \frac{g}{mol}$

Das experimentelle Ergebnis liegt dicht bei 18 $\frac{g}{mol}$.
Die Molekülformel von Wasser ist also H_2O_1, kurz H_2O.

Molekülformeln. *Elemente* wie Wasserstoff oder Sauerstoff, die aus zweiatomigen Molekülen bestehen, werden stets durch Molekülformeln beschrieben: H_2, O_2. Die Angabe einer Verhältnisformel wäre in diesen Fällen ohne Sinn, da jeweils nur eine Atomart vorliegt.
Für *Verbindungen* läßt sich dagegen immer eine *Verhältnisformel* formulieren. Sie gibt das Anzahlverhältnis der Atome in der Verbindung an.

Man unterscheidet generell zwei Klassen von Verbindungen: *Molekülverbindungen* und *Ionenverbindungen*.

Molekülverbindungen erkennt man daran, daß nur wenig Energie nötig ist, die einzelnen Moleküle der Verbindung voneinander zu trennen. Alle Gase und fast alle flüssigen Verbindungen sind Molekülverbindungen.
Liegt eine Molekülverbindung vor, so kann man statt der Verhältnisformel die *Molekülformel* angeben. Sie ist gleich der Verhältnisformel oder ein ganzzahliges Vielfaches davon. Die Molekülformel von Wasser lautet H_2O, die von Benzol C_6H_6. In jedem Wasser-Molekül sind zwei Wasserstoff-Atome an ein Sauerstoff-Atom gebunden. In einem Benzol-Molekül sind 6 Kohlenstoff-Atome und 6 Wasserstoff-Atome miteinander verbunden.

Ionenverbindungen sind nicht aus Molekülen aufgebaut; vielmehr liegen gitterartige Strukturen vor. Solche Stoffe sind immer Feststoffe mit einer hohen Schmelztemperatur, es handelt sich um Salze.
Die Zusammensetzung von Ionenverbindungen läßt sich grundsätzlich nur mit *Verhältnisformeln* beschreiben. Moleküle liegen hier nicht vor.

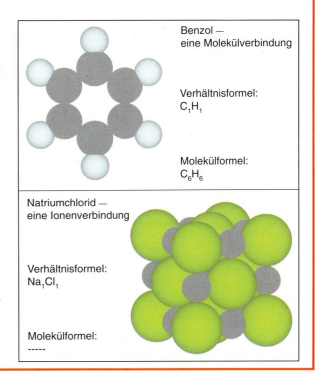

Benzol — eine Molekülverbindung

Verhältnisformel: C_1H_1

Molekülformel: C_6H_6

Natriumchlorid — eine Ionenverbindung

Verhältnisformel: Na_1Cl_1

Molekülformel: -----

8.6 ARRHENIUS und die Ionen

1. Durch Reibung lassen sich elektrische Ladungen trennen

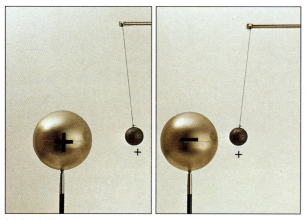

2. Anziehung und Abstoßung zwischen elektrischen Ladungen

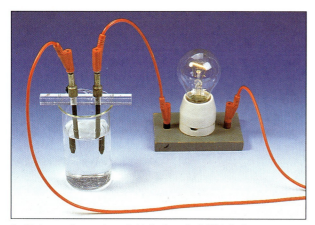

3. Untersuchung der elektrischen Leitfähigkeit

Kämmt man trockene, frisch gewaschene Haare mit einem Kunststoffkamm, so werden die Haare angezogen. Und wenn man Kleidungsstücke aus Kunstfasern auszieht, hört man oft ein Knistern; im Dunkeln beobachtet man manchmal kleine Funken. Verantwortlich sind in beiden Fällen elektrische Ladungen.

Elektrische Ladungen. Man unterscheidet zwischen positiver und negativer elektrischer Ladung. Reibt man einen Hartgummistab mit einem Tierfell, so lädt sich der Stab negativ auf. Er trägt die gleiche Ladung wie der Minuspol einer Batterie.
Ein Überschuß an positiver elektrischer Ladung – wie am Pluspol einer Batterie – ergibt sich auf einem Glasstab, wenn man ihn mit einem Tuch aus Kunstfasern reibt.

Reibt man unterschiedliche Materialien aneinander, so werden positive und negative Ladungen getrennt. Entgegengesetzte Ladungen ziehen sich aber an. Die Anziehung kann so stark werden, daß sich die Aufladung durch die Luft ausgleicht: Es knistert, und Funken springen über.

Es gibt positive und negative elektrische Ladungen. Gleichnamige Ladungen stoßen sich ab, ungleichnamige Ladungen ziehen sich an.

Elektronen. Elektrische Aufladung erfolgt durch die Übertragung von Elektronen. Elektronen sind negativ geladene Teilchen. Sie sind etwa 2000mal leichter als ein Wasserstoff-Atom.
Durch die Übertragung von Elektronen erhält der eine Körper einen Überschuß an Elektronen; er ist negativ geladen. Der andere Körper hat nun einen Mangel an Elektronen; er ist positiv geladen.

Elektrische Leitfähigkeit. Elektrische Leiter wie Metalle enthalten frei bewegliche Elektronen. Wenn durch eine Leitung Strom fließt, bewegen sich Elektronen vom Minuspol zum Pluspol. Stoffe, die keine frei beweglichen Elektronen enthalten, sind Isolatoren; sie leiten den elektrischen Strom nicht.
Reines Wasser ist ein Nichtleiter, auch festes Kochsalz leitet den elektrischen Strom nicht. Eine Lösung von Kochsalz in Wasser dagegen leitet den elektrischen Strom.

Der schwedische Naturwissenschaftler ARRHENIUS fand Ende des 19. Jahrhunderts eine Erklärung für die Leitfähigkeit von Salzlösungen. Er nahm an, daß in einer Salzlösung frei bewegliche, elektrisch geladene Teilchen vorliegen, die für den Stromfluß in der Lösung verantwortlich sind. Diese Teilchen nennt man **Ionen**.

Ionenwanderung. Die Bewegung von Ionen läßt sich in einem einfachen Versuch sichtbar machen: In einem Dreischenkel-U-Rohr wird der mittlere Schenkel mit Kupferchlorid-Lösung gefüllt. Die beiden äußeren Schenkel enthalten eine elektrische leitfähige Salzlösung und Graphitstäbe, die mit dem Pluspol bzw. dem Minuspol einer Gleichspannungsquelle verbunden sind. Schaltet man die Gleichspannungsquelle ein, so fließt Strom. Im Laufe der Zeit beobachtet man, daß blaue Lösung aus dem mittleren Schenkel auf die Seite wandert, wo sich die negativ geladene Elektrode befindet.

Die blaue Farbe der Kupferchlorid-Lösung geht auf die Kupfer-Teilchen zurück. Aus der Wanderung der blauen Lösung zum Minuspol muß man schließen, daß die Kupfer-Teilchen positiv geladen sind.

Ionenladung. Kupferchlorid ist elektrisch neutral. Wenn in einer Kupferchlorid-Lösung positiv geladene Kupfer-Teilchen enthalten sind, müssen die Chlorid-Teilchen negativ geladen sein.

Ionen sind elektrisch geladene Teilchen. Man unterscheidet positiv geladene Ionen und negativ geladene Ionen.

Aus der Verhältnisformel des Kupferchlorids ($CuCl_2$) erkennt man, daß die Anzahl der Chlorid-Ionen in der Lösung doppelt so groß ist wie die der Kupfer-Ionen. Daraus folgt, daß die positive Ladung eines Kupfer-Ions die negative Ladung zweier Chlorid-Ionen ausgleicht. Ein Kupfer-Ion besitzt also eine doppelt so große Ladung wie ein Chlorid-Ion.

Ein Chlorid-Ion besitzt die gleiche Ladung wie ein Elektron. Man gibt eine solche Ladung hinter dem Symbol für das betreffende Teilchen durch ein hochgestelltes Minuszeichen an. Chlorid-Ionen haben daher das Symbol **Cl^-**. Das Symbol für die Kupfer-Ionen ist **Cu^{2+}**.

Ionenverbindungen. Die Ionen des Kupferchlorids entstehen nicht erst beim Lösen in Wasser. Sie sind bereits im Feststoff vorhanden. Kupferchlorid ist daher eine Ionenverbindung.

Entgegengesetzt geladene Ionen ziehen sich an. Gleich geladene Ionen stoßen sich ab. Da die elektrischen Kräfte in alle Richtungen wirken, ergibt sich eine gitterartige Struktur. Die positiv geladenen Ionen und die negativ geladenen Ionen sitzen abwechselnd auf bestimmten Gitterplätzen. Diese Gitterstruktur erklärt die relativ hohen Schmelz- und Siedetemperaturen der Ionenverbindungen. Beim Schmelzen und beim Sieden müssen die Anziehungskräfte zwischen den entgegengesetzt geladenen Ionen überwunden werden.

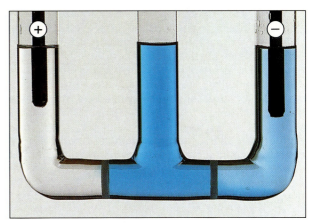

1. Wanderung von Kupfer-Ionen: Versuchsaufbau

Aufgabe 1: Gib die Formeln der Ionen an, die in den wässerigen Lösungen folgender Stoffe vorliegen:
a) $MgCl_2$, b) $CaCl_2$, c) $NaCl$, d) Na_2S, e) $AlCl_3$.

Aufgabe 2: Welche der folgenden Stoffe sind Ionenverbindungen?
a) Wasser, b) Alkohol, c) Harnstoff, d) Eisenchlorid, e) Magnesium, f) Kochsalz.
Begründe deine Entscheidung.

Aufgabe 3: Weshalb ist gerade Kupferchlorid geeignet, um die Ionenwanderung zu demonstrieren, nicht aber:
a) Zinkchlorid, b) Eisensulfid, c) Sauerstoff?

Aufgabe 4: Wie kommt es, daß Ionenverbindungen den elektrischen Strom nur im gelösten Zustand oder als Schmelze leiten, nicht aber im festen Zustand?

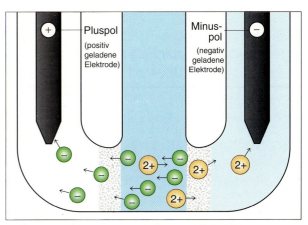

2. Ionenwanderung in einer Kupferchlorid-Lösung

8.7 Die Fachsprache der Chemiker: Symbole, Formeln, Gleichungen

Für die Chemie-Laien erscheint die Fachsprache der Chemiker häufig wie ein „Buch mit sieben Siegeln". Dabei ist sie recht einfach aufgebaut: Es gibt *Symbole,* vergleichbar mit Buchstaben. Aus den Symbolen werden *Formeln* aufgebaut, wie aus Buchstaben Wörter. Schließlich kann man aus den Formeln *Gleichungen* konstruieren, ebenso wie aus Wörtern Sätze gebildet werden.

Elementsymbole. Die Buchstaben der Chemiker sind die etwa einhundert Elementsymbole. Sie werden aus den Elementnamen abgeleitet. Die Elementsymbole stehen für die Atomart des betreffenden Elements.
Sind die Teilchen eines elementaren Stoffs Moleküle, so verwendet man *Molekülformeln.* Sie geben die Anzahl der Atome in einem Molekül an: O_2 steht für das Sauerstoff-Molekül, O_3 für das Ozon-Molekül und S_8 für das Schwefel-Molekül.

Verbindungssymbole. Formeln von Verbindungen bestehen aus verschiedenen Elementsymbolen, die wie die Buchstaben eines Wortes aneinander gereiht werden. Sie geben an, aus welchen Atomarten eine Verbindung aufgebaut ist, Man unterscheidet zwischen *Verhältnisformeln* und *Molekülformeln.*

Eine **Verhältnisformel** gibt nur an, in welchem Anzahlverhältnis die Atome der einzelnen Elemente am Aufbau der Verbindung beteiligt sind. Das Atomanzahlverhältnis wird durch kleine, tief gestellte Zahlen wiedergegeben. Sie stehen *hinter* den zugehörigen Elementsymbolen. So drückt die Verhältnisformel Cu_2S aus, daß sich bei der Bildung von Kupfersulfid Kupfer-Atome und Schwefel-Atome im Anzahlverhältnis 2:1 verbinden.

Eine **Molekülformel** gibt die Zusammensetzung eines Moleküls wieder. Sie stimmt oft mit der Verhältnisformel überein. So ist CH_4ON_2 die Verhältnisformel und gleichzeitig auch die Molekülformel von Harnstoff. In den anderen Fällen sind die Molekülformeln ganzzahlige Vielfache der Verhältnisformeln.

Ohne weitere Informationen kann man nur in dem folgenden Fall erkennen, daß eine Molekülformel statt einer Verhältnisformel vorliegt:

Die Formel einer Verbindung ist eine Molekülformel, wenn die tiefgestellten Zahlen in der Formel einen gemeinsamen Teiler besitzen, der größer als 1 ist.

Traubenzucker hat die Formel $C_6H_{12}O_6$. Die tiefgestellten Zahlen in der Formel haben einen gemeinsamen Teiler, der größer als 1 ist. Die Formel $C_6H_{12}O_6$ ist die Molekülformel des Stoffs; seine Verhältnisformel ist $C_1H_2O_1$.
Das beim Schweißen verwendete Gas Acetylen hat die Formel C_2H_2. Diese Formel ist die Molekülformel von Acetylen, denn die tiefgestellten Zahlen in der Formel haben einen gemeinsamen Teiler, der größer als 1 ist. Als Verhältnisformel von Acetylen ergibt sich C_1H_1.

In anderen Fällen benötigt man zusätzliche Angaben, um zu entscheiden, ob es sich bei einer Formel um eine Verhältnis- oder eine Molekülformel handelt.

Für Verbindungen, die aus Ionen aufgebaut sind, gibt es keine Molekülformel. Denn hier existieren keine zahlenmäßig definierten Atomaggregate wie bei Molekülverbindungen. Daher kann man lediglich eine Verhältnisformel angeben.

1. Die chemische Zeichensprache ist international

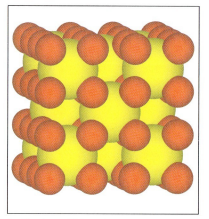
2. Kupfersulfid – eine Ionenverbindung mit der Verhältnisformel Cu_2S

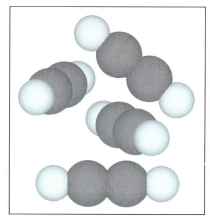
3. Acetylen – eine Molekülverbindung mit der Molekülformel C_2H_2

Reaktionssymbole. Eine chemische Reaktion wird symbolisch durch ein *Reaktionsschema* oder durch eine *Reaktionsgleichung* dargestellt. Das **Reaktionsschema** gibt nur die Namen der Ausgangsstoffe und der Endstoffe an. In der **Reaktionsgleichung** werden dagegen die entsprechenden Element- und Verbindungssymbole, also Formeln, verwendet.

Bei jeder chemischen Reaktion ist die Masse der Endstoffe gleich der Masse der Ausgangsstoffe. Die Anzahl der beteiligten Atome bleibt unverändert. Damit auf der linken und der rechten Seite der Reaktionsgleichung gleiche Atomzahlen stehen, werden vor den Formeln entsprechende Vorzahlen angegeben. Wie bei den tiefgestellten Zahlen in Formeln wird die Vorzahl 1 meist nicht angegeben.

Das Aufstellen einer Reaktionsgleichung kann man in die folgenden sechs Einzelschritte zerlegen:

Beispiel 1: Wasserstoff (H_2) und Sauerstoff (O_2) reagieren zu Wasser (H_2O).

1. *Aufstellen des Reaktionschemas:*
   Wasserstoff + Sauerstoff ⟶ Wasser

   Ausgangsstoffe (Edukte)   Endstoff (Produkt)

2. *Einsetzen der Formeln:*
   ☐ H_2 + ☐ O_2 --→ ☐ H_2O

3. *Einrichten auf der Seite der Endstoffe:*
   Aus **1 O_2**-Molekül entstehen **2 H_2O**-Moleküle.

   ☐ H_2 + **1** O_2 --→ **2** H_2O

4. *Einrichten auf der Seite der Ausgangsstoffe:*
   2 H_2O-Moleküle erfordern **2 H_2**-Moleküle.

   2 H_2 + **1** O_2 ⟶ **2** H_2O

5. Oft ist es wichtig, die Aggregatzustände der beteiligten Stoffe zu kennen. Man verwendet bestimmte Abkürzungen, um anzugeben, ob ein Stoff fest, flüssig oder gasförmig oder in wässeriger Lösung vorliegt:

   s (engl. *solid*): fest;
   l (engl. *liquid*): flüssig;
   g (engl. *gaseous*): gasförmig;
   aq (engl. *aqueous*): gelöst.

   Angabe der Aggregatzustände:

   $2 H_2(g) + O_2(g) \longrightarrow 2 H_2O(l)$

6. Jede chemische Reaktion ist mit einem Energieumsatz verbunden. Diesen Energieumsatz kann man durch die Angabe *exotherm* oder *endotherm* in der Reaktionsgleichung zum Ausdruck bringen:

   Angabe des Energieumsatzes:

   $2 H_2(g) + O_2(g) \longrightarrow 2 H_2O(l)$; exotherm

Die Aggregatzustände und der Energieumsatz werden nicht in jeder Reaktionsgleichung angegeben.

Beispiel 2: Eisen (Fe) und Chlor (Cl_2) reagieren zu Eisenchlorid ($FeCl_3$).

1. Eisen + Chlor ⟶ Eisenchlorid
2. ☐ Fe + ☐ Cl_2 --→ ☐ $FeCl_3$
3. ☐ Fe + ☐ Cl_2 --→ **2** $FeCl_3$
4. **2** Fe + **3** Cl_2 ⟶ **2** $FeCl_3$
5. $2 Fe(s) + 3 Cl_2(g) \longrightarrow 2 FeCl_3(s)$
6. $2 Fe(s) + 3 Cl_2(g) \longrightarrow 2 FeCl_3(s)$; exotherm

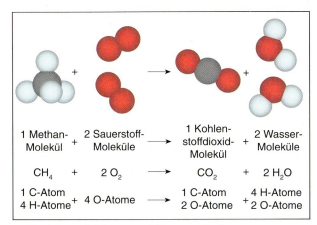

1. Reaktionsgleichung und Massenerhaltung für Molekülverbindungen

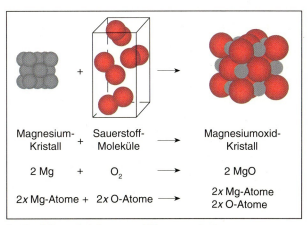

2. Reaktionsgleichung und Massenerhaltung für Ionenverbindungen

8.8 Wie Chemiker rechnen

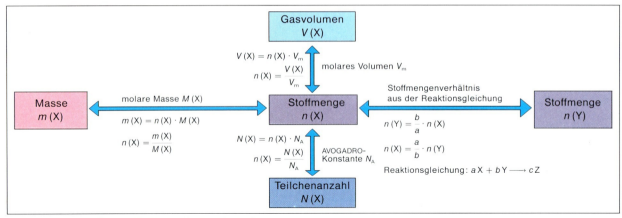

1. Schema zum Lösen stöchiometrischer Aufgaben

Angaben zu den Aufgaben:

$M(Ag) = 108 \frac{g}{mol}$
$M(C) = 12 \frac{g}{mol}$
$M(Fe) = 56 \frac{g}{mol}$
$M(H) = 1 \frac{g}{mol}$
$M(O) = 16 \frac{g}{mol}$
$M(S) = 32 \frac{g}{mol}$
$V_m(0\,°C) = 22,4 \frac{l}{mol}$
$V_m(20\,°C) = 24 \frac{l}{mol}$
$N_A = 6 \cdot 10^{23} \frac{1}{mol}$

Aufgabe 1: Wieviel Gramm Schwefel benötigt man, um 150 g Silbersulfid herzustellen?

Aufgabe 2: Wieviel Gramm Wasser erhält man bei 20 °C aus 2 l Wasserstoff und 1 l Sauerstoff?

Aufgabe 3: Welche Masse an Schwefeldioxid erhält man bei der Oxidation von 10 kg Pyrit (FeS_2)? Bei der Oxidation entsteht neben Schwefeldioxid noch Eisenoxid (Fe_2O_3).

Aufgabe 4: 5 g Traubenzucker ($C_6H_{12}O_6$) werden verbrannt. Wieviel Liter Kohlenstoffdioxid entstehen? Das Volumen des entstehenden Gases wird bei Raumtemperatur gemessen.

Aufgabe 5: Es gelingt, 100 000 Moleküle einer Substanz mit der molaren Masse von 750 $\frac{g}{mol}$ herzustellen. Wie schwer ist die erzeugte Stoffportion?

Reaktionsgleichungen geben an, welche Stoffe an der Reaktion beteiligt sind und in welchem Stoffmengenverhältnis sie reagieren.

Daraus lassen sich quantitative Aussagen ableiten. Der Teilbereich der Chemie, der sich mit solchen mengenmäßigen Aussagen beschäftigt, heißt *Stöchiometrie*. Alle stöchiometrischen Berechnungen lassen sich auf ein einfaches Grundschema zurückführen.

Beispiel 1: Wieviel Gramm Silber erhält man aus 150 g Silbersulfid?

Verhältnisformel von Silbersulfid: Ag_2S

Molare Massen: $M(Ag) = 108 \frac{g}{mol}$; $M(S) = 32 \frac{g}{mol}$;

Reaktionsgleichung: **1** $Ag_2S \longrightarrow$ **2** $Ag + 1\,S$

Rechenschema:

Rechenschritte:

1. *Molare Masse von Silbersulfid:*

$M(Ag_2S) = 2 \cdot M(Ag) + M(S) = 2 \cdot 108 \frac{g}{mol} + 32 \frac{g}{mol} = 248 \frac{g}{mol}$

2. *Stoffmenge an Silbersulfid:*

$n(Ag_2S) = \dfrac{m(Ag_2S)}{M(Ag_2S)} = \dfrac{150\,g}{248 \frac{g}{mol}} = 0,6\,mol$

3. *Stoffmenge an Silber:*

$n(Ag) = 2 \cdot n(Ag_2S) = 2 \cdot 0,6\,mol = 1,2\,mol$

4. *Masse an Silber:*

$m(Ag) = n(Ag) \cdot M(Ag) = 1,2\,mol \cdot 108 \frac{g}{mol} = 130\,g$

Ergebnis: Aus 150 g Silbersulfid kann man 130 g Silber gewinnen.

Beispiel 2: Wieviel Gramm Schwefeldioxid erhält man aus 50 g Schwefel, wenn genügend Sauerstoff zur Verfügung steht?

Molare Massen: $M(O) = 16 \frac{g}{mol}$; $M(S) = 32 \frac{g}{mol}$;

Reaktionsgleichung: **1** S + **1** O$_2$ ⟶ **1** SO$_2$

Rechenschema:

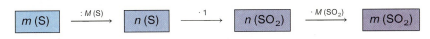

Rechenschritte:

1. *Stoffmenge an Schwefel:*

$n(S) = \dfrac{m(S)}{M(S)} = \dfrac{50 \text{ g}}{32 \frac{g}{mol}} = 1{,}56 \text{ mol}$

2. *Stoffmenge an Schwefeldioxid:*

$n(S) = n(SO_2) = 1{,}56 \text{ mol}$

3. *Molare Masse von Schwefeldioxid:*

$M(SO_2) = M(S) + 2 \cdot M(O) = 32 \frac{g}{mol} + 2 \cdot 16 \frac{g}{mol} = 64 \frac{g}{mol}$

4. *Masse an Schwefeldioxid:*

$m(SO_2) = n(SO_2) \cdot M(SO_2) = 1{,}56 \text{ mol} \cdot 64 \frac{g}{mol} = 100 \text{ g}$

Ergebnis: Aus 50 g Schwefel erhält man 100 g Schwefeldioxid.

Angaben zu den Aufgaben:

$M(Al)$	$= 27 \frac{g}{mol}$
$M(C)$	$= 12 \frac{g}{mol}$
$M(H)$	$= 1 \frac{g}{mol}$
$M(Mg)$	$= 24{,}3 \frac{g}{mol}$
$M(O)$	$= 16 \frac{g}{mol}$
$V_m(20\,°C)$	$= 24 \frac{l}{mol}$

Aufgabe 1: 5 Liter Wasser werden in die Elemente zerlegt.
a) Wieviel Gramm Wasserstoff entstehen bei der Reaktion?
b) Wieviel Liter Knallgas entstehen bei der Reaktion (Raumtemperatur)?

Aufgabe 2: Magnesium reduziert Kohlenstoffdioxid.
Wieviel Gramm Kohlenstoffdioxid benötigt man, um 10 g Kohlenstoff zu erzeugen?

Aufgabe 3: Wieviel Gramm Aluminium sind in 100 g Aluminiumoxid (Al$_2$O$_3$) enthalten?

Reaktionsschema:	Wasserstoff	+	Sauerstoff	⟶	Wasser
Reaktionsgleichung:	2 H$_2$	+	O$_2$	⟶	2 H$_2$O
Modell:					
Teilchenanzahlverhältnis:	2 Wasserstoff-Moleküle	reagieren mit	1 Sauerstoff-Molekül	zu	2 Wasser-Molekülen
Umrechnungsfaktor: AVOGADRO-Konstante	$2 \cdot 6 \cdot 10^{23}$ Wasserstoff-Moleküle	reagieren mit	$1 \cdot 6 \cdot 10^{23}$ Sauerstoff-Molekülen	zu	$2 \cdot 6 \cdot 10^{23}$ Wasser-Molekülen
Stoffmengenverhältnis:	2 mol Wasserstoff	reagieren mit	1 mol Sauerstoff	zu	2 mol Wasser
Umrechnungsfaktor: Molare Masse	$M(H_2) = 2 \frac{g}{mol}$		$M(O_2) = 32 \frac{g}{mol}$		$M(H_2O) = 18 \frac{g}{mol}$
Massenverhältnis:	$2 \text{ mol} \cdot 2 \frac{g}{mol}$ $= 4 \text{ g}$	reagieren mit	$1 \text{ mol} \cdot 32 \frac{g}{mol}$ $= 32 \text{ g}$	zu	$2 \text{ mol} \cdot 18 \frac{g}{mol}$ $= 36 \text{ g}$

1. Die verschiedenen Informationen, die man einer Reaktionsgleichung entnehmen kann

8.9 Aufgaben · Versuche · Probleme

Angaben zu den Aufgaben:

$M(Al) = 27 \frac{g}{mol}$
$M(C) = 12 \frac{g}{mol}$
$M(Fe) = 56 \frac{g}{mol}$
$M(H) = 1 \frac{g}{mol}$
$M(O) = 16 \frac{g}{mol}$
$M(S) = 32 \frac{g}{mol}$
$\varrho(Al) = 2{,}7 \frac{g}{cm^3}$
$\varrho(Fe) = 7{,}9 \frac{g}{cm^3}$
$\varrho(H_2O) = 1{,}0 \frac{g}{ml}$
$V_m(20°C) = 24 \frac{l}{mol}$

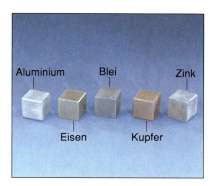

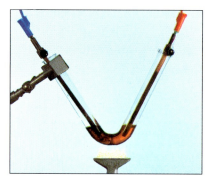

Aufgabe 1: Berechne die Teilchenanzahl folgender Stoffportionen:
a) 2,5 mol Wasserstoff
b) 0,5 mmol Helium
c) 5 kg Sauerstoff
d) 1 m³ Luft (20 °C)

Aufgabe 2: Würfelzucker besteht aus Rohrzucker ($C_{12}H_{22}O_{11}$). Bei der Oxidation dieses Stoffs entstehen Kohlenstoffdioxid und Wasser.
a) Entwickle die Reaktionsgleichung.
b) Wieviel Liter Kohlenstoffdioxid (20 °C) erhält man bei der Oxidation eines Stückes Würfelzucker mit der Masse 4 g?

Aufgabe 3: a) Ein gasförmiges Kohlenstoffoxid hat bei 0 °C und normalem Druck die Dichte 1,25 $\frac{g}{l}$. Wie groß ist die molare Masse dieses Kohlenstoffoxids?
b) Wie lautet die Molekülformel des Kohlenstoffoxids?

Aufgabe 4: Eisen und Schwefel reagieren miteinander im Massenverhältnis 7 : 4. Welche Formel hat das entstehende Eisensulfid?

Aufgabe 5: Im Unterricht veranschaulicht Chemielehrer Hörner das Gesetz der konstanten Massenverhältnisse mit Metallschrauben und dazu passenden Muttern.
a) 100 Schrauben wiegen 1210 g, 100 Muttern 320 g. Auf eine Schraube passen zwei Muttern. In welchem Massenverhältnis „reagieren" Schrauben und Muttern?
b) Ein Schüler meint, die Veranschaulichung habe ihre Tücken: „Und wenn man nur eine Mutter auf eine Schraube dreht?" Gibt es in der Chemie dafür Beispiele?

Aufgabe 6: Nach dem Gesetz von AVOGADRO enthalten gleiche Volumina aller Gase bei gleichem Druck und gleicher Temperatur gleichviele Teilchen.
Berechne die Anzahl der Aluminium-Atome und der Eisen-Atome in 1 cm³ Aluminium und in 1 cm³ Eisen und die Anzahl der Wasser-Moleküle in 1 cm³ Wasser.
Gilt das Gesetz von AVOGADRO auch für Feststoffe und Flüssigkeiten?

Aufgabe 7: Ein kleines Stück Würfelzucker ($C_{12}H_{22}O_{11}$) mit der Masse 4 g wird in Wasser gelöst. Dann wird die Lösung so lange verdünnt, bis pro Liter Lösung nur noch 1 Zucker-Molekül enthalten ist. Wieviel Wasser ist dazu notwendig? Vergleiche: Der gesamte Wasservorrat der Weltmeere beträgt etwa 1,35 Milliarden Kubikkilometer.

Versuch 1: Massenerhaltung
Man gibt 5 Zündholzköpfe in ein Reagenzglas und verschließt es mit einem Luftballon. Dann wird die Masse mit Hilfe der Waage bestimmt. Anschließend wird das Reagenzglas mit einem Gasbrenner so lange erhitzt, bis sich die Zündholzköpfe entzünden. Nach Ablauf der Reaktion wird das Reagenzglas mit seinem Inhalt erneut gewogen.

Versuch 2: Ionenwanderung
Tränke einen Streifen Filtrierpapier (Länge 5 cm) mit Kochsalzlösung und lege ihn auf eine Glasplatte. Verbinde die Enden des Streifens mit den Polen einer Gleichspannungsquelle (2 V). Lege einen Kristall eines farbigen Salzes in die Mitte des Papierstreifens.

Problem 1: Ionenverbindungen leiten nicht nur in wässeriger Lösung den elektrischen Strom, sondern auch in der Schmelze. Begründe diese Beobachtung.

Problem 2: In einem Schülerversuch wird das Massenverhältnis bei der Bildung von Kupfersulfid (Cu_2S) ermittelt. Zur Durchführung der Reaktion nimmt man eine abgewogene Menge Kupfer und erhitzt mit viel Schwefel. Der für die Reaktion nicht benötigte Schwefel wird teilweise verdampft, teilweise auch oxidiert. Bei der Oxidation wird aber auch ein Teil des Kupersulfids zu Kupferoxid (CuO) umgewandelt.
Begründe, weshalb durch diese Reaktion das Ergebnis des Versuchs nicht beeinflußt wird.

Problem 3: Niedrigsiedende Stoffe sind *Molekülverbindungen*. Stoffe mit hoher Schmelz- und Siedetemperatur, die in Lösung oder in der Schmelze den elektrischen Strom leiten, sind *Ionenverbindungen*.
Neben Molekülverbindungen und Ionenverbindungen gibt es noch drei weitere Stoffgruppen:
1. Metalle. Sie leiten schon im festen Zustand den elektrischen Strom.
2. Stoffe mit hoher Schmelz- und Siedetemperatur, die auch in der Schmelze den elektrischen Strom nicht leiten. *Beispiele:* Diamant, Quarz.
3. Stoffe, die sich beim Erhitzen zersetzen. *Beispiele:* Kunststoffe, Eiweißstoffe.

Wie sind die Stoffe dieser drei Gruppen auf der Teilchenebene aufgebaut?

Atome, Moleküle, Ionen

1. Atome
a) Atome sind die Grundbausteine der Materie. Es gibt ebensoviele Atomarten, wie es Elemente gibt. Die Atome eines Elements sind untereinander gleich.
b) Die **Atommasse** wird in der atomaren Masseneinheit 1 u angegeben. Das leichteste aller Atome, das Wasserstoff-Atom, besitzt die Masse von etwa 1 u.

2. Gesetz von der Erhaltung der Masse
Bei einer chemischen Reaktion werden Atome weder erzeugt noch vernichtet: Eine Reaktion besteht in einer Umgruppierung der Atome. Die Gesamtmasse bleibt daher bei einer Reaktion unverändert.

3. Gesetz der konstanten Massenverhältnisse
Die konstanten Massenverhältnisse bei chemischen Reaktionen lassen sich im Teilchenmodell erklären: Die Atome eines Elements reagieren mit den Atomen eines anderen Elements stets in einem bestimmten Anzahlverhältnis. Das Atomanzahlverhältnis wird in der Verhältnisformel angegeben.

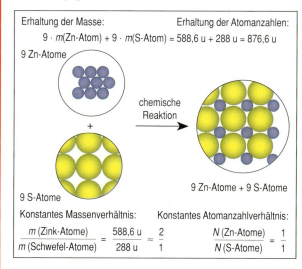

4. Das Mol
Die Chemiker geben Stoffmengen durch die Teilchenanzahl an. Sie verwenden dabei die Einheit 1 mol.
Ein Mol ist die Stoffmenge eines Systems, das rund $6 \cdot 10^{23}$ Teilchen enthält.

5. Molare Masse
a) Zur Umrechnung der Masse in die Stoffmenge benötigt man die molare Masse $M(X)$: $n(X) = \dfrac{m(X)}{M(X)}$
b) Die molare Masse ist der Quotient aus der Masse und der Stoffmenge einer Stoffportion: $M(X) = \dfrac{m(X)}{n(X)}$
c) Man erhält die molare Masse einer Verbindung auf eine einfache Weise, wenn man bei der Teilchenmasse die Einheit 1 u durch die Einheit $1 \frac{g}{mol}$ ersetzt.

6. AVOGADROsches Gesetz
a) Bei allen gasförmigen Stoffen ist das molare Volumen V_m bei gleichem Druck und gleicher Temperatur gleich groß. Das molare Volumen ist der Quotient aus dem Volumen und der Stoffmenge einer Stoffportion:
$$V_m(X) = \frac{V(X)}{n(X)}.$$
Es hat bei Raumtemperatur einen Wert von etwa 24 Liter pro Mol.
b) Bei gasförmigen Stoffen kann man die molare Masse auf einfache Weise experimentell über die Dichte bestimmen: $M(X) = \varrho \cdot V_m$
c) Aus den Volumenverhältnissen bei Reaktionen gasförmiger Stoffe kann man auf das Verhältnis der Teilchenzahlen schließen.

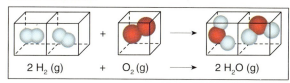

7. Moleküle
a) Moleküle sind Teilchen, die aus mehreren Atomen aufgebaut sind. Die Zusammensetzung wird in *Molekülformeln* angegeben.
b) Stoffe, die aus Molekülen aufgebaut sind, besitzen relativ niedrige Schmelz- und Siedetemperaturen.

8. Gefriertemperaturerniedrigung
a) Lösungen besitzen eine niedrigere Gefriertemperatur als das reine Lösungsmittel.
b) Die Erniedrigung der Gefriertemperatur ist unabhängig von der Art des gelösten Stoffs; sie hängt bei gegebenem Volumen des Lösungsmittels nur von der Anzahl der gelösten Teilchen ab.

9. Ionen
Experimente zur Gefriertemperaturerniedrigung zeigen, daß in einer Kochsalzlösung keine NaCl-Teilchen vorliegen, sondern voneinander unabhängige Na-Teilchen und Cl-Teilchen. Aufgrund der Leitfähigkeit kann man schließen, daß diese Teilchen elektrisch geladen sind. Solche elektrisch geladenen Teilchen nennt man Ionen. Das Natrium-Ion ist positiv geladen: Na^+. Das Chlorid-Ion ist negativ geladen: Cl^-.

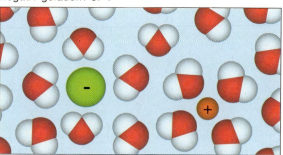

9 Chemische Verwandtschaften

Seit mehr als tausend Jahren lassen sich Menschen durch Feuerwerke faszinieren. Die ältesten Berichte stammen aus China. In Europa entwickelte sich das Feuerwerk seit dem 16. Jahrhundert als erfreuliches Spektakel aus der kriegerischen Anwendung von Schießpulver.

Die Geheimnisse des Feuerwerks wurden von einigen wenigen Familien gehütet. Erst im 19. Jahrhundert stellten Chemiker ihr Wissen in den Dienst der Pyrotechnik. Inzwischen werden in Deutschland jährlich mehr als 100 Millionen Mark allein für das Silvesterfeuerwerk in die Luft gejagt.

Die Papphülle einer Feuerwerksrakete enthält drei wichtige Bestandteile: den *Treibsatz*, den *Sprengsatz* und den *Leuchtsatz*.
- Der Treibsatz besteht meistens aus Schwarzpulver. Er befördert die Rakete in die Höhe.
- Der Sprengsatz läßt den Feuerwerkskörper explodieren.
- Im Leuchtsatz sorgen Metalle und Metallsalze für die leuchtende Farbenpracht.

Stoffe im Leuchtsatz	Leuchtwirkung
Natriumsalze	gelb
Strontiumsalze	rot
Bariumsalze	grün
Kupfersalze	blau
Magnesium	weiß
Aluminium	weiß
Eisen	gold

9.1 Natrium – ein ungewöhnliches Metall

Natrium ist eins der häufigsten Elemente in der Erdkruste. Dennoch ist den meisten Menschen das Metall Natrium unbekannt. Natriumverbindungen wie Kochsalz, Natron oder Soda begegnet man dagegen in vielen Bereichen des täglichen Lebens.

Reines Natrium weist die typischen Eigenschaften eines Metalls auf. Es glänzt, ist ein guter Wärmeleiter, leitet den elektrischen Strom gut und läßt sich leicht verformen. Wegen seiner geringen Dichte wird Natrium zu den *Leichtmetallen* gezählt. Die Dichte von Natrium ist sogar noch etwas geringer als die Dichte von Wasser.

Aber Natrium hat auch recht ungewöhnliche Eigenschaften. Es ist so weich, daß man es mit einem Messer schneiden kann. Die frische Schnittfläche bleibt nur kurze Zeit silbrig-glänzend; dann überzieht sie sich mit einem grauen Belag. Dieser Belag bildet sich noch schneller, wenn man auf die Schnittstelle haucht. Natrium ist nämlich sehr reaktionsfreudig und reagiert an der Luft mit Sauerstoff, Kohlenstoffdioxid und Luftfeuchtigkeit. Metallisches Natrium kommt daher in der Natur nicht vor. Es muß technisch hergestellt und anschließend vor Luft und Feuchtigkeit geschützt werden. Dazu bewahrt man Natrium unter Paraffinöl auf.

Unter dem schützendem Paraffinöl läßt sich Natrium auch leicht schmelzen. Schon bei 98 °C zerfließen die Natriumstücke. An der Luft entzündet sich geschmolzenes Natrium leicht und verbrennt dann mit einer leuchtendgelben Flamme. Die gleiche Färbung tritt auf, wenn man eine Natriumverbindung in eine Flamme bringt. An der Flammenfärbung kann man daher leicht erkennen, ob ein Gemisch Natriumverbindungen enthält.

Verwendung. Flüssiges Natrium wird als *Kühlmittel* in Flugzeugmotoren und in bestimmten Kernkraftwerken verwendet. Hier nutzt man die gute Wärmeleitfähigkeit des Natriums. Da Natrium leicht brennt und heftig mit Wasser reagiert, bedeuten Lecks in Natriumkühlern jedoch eine große Gefahr.

In einer neuartigen Autobatterie dient Natrium zusammen mit Schwefel als Antriebsquelle für Elektroautos. Die Natrium/Schwefel-Batterie liefert bei gleichem Gewicht viermal soviel Energie wie ein herkömmlicher Bleiakku.

Besonders gefährliche Straßenkreuzungen und Fußgängerüberwege werden mit *Natriumdampflampen* beleuchtet. Im Lampenkörper befindet sich metallisches Natrium. Wird die Lampe eingeschaltet, so verdampft Natrium und sendet intensiv gelbes Licht aus. Gerade gelbes Licht durchdringt Nebel und Dunst besonders gut. So sorgt man für brauchbare Sichtverhältnisse selbst bei schlechtem Wetter.

1. Natrium reagiert mit Luft

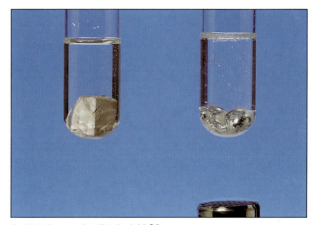

2. Natrium schmilzt bei 98 °C

3. Natriumdampflampen sorgen für gute Sicht

9.2 Vom Natrium zur Natronlauge

1. Natrium reagiert mit Wasser

Aufgabe 1: Natrium reagiert heftig mit Wasser. Wie löscht man Natrium-Brände?

Aufgabe 2: a) Die Verhältnisformel für Natriumoxid ist Na_2O. In welchem Verhältnis steht die Anzahl der Natrium-Atome zur Anzahl der Sauerstoff-Atome?
b) Welcher Stoff entsteht beim Lösen von Natriumoxid in Wasser? Formuliere die Reaktion als Reaktionsschema und als Reaktionsgleichung.

Gibt man ein Stück Natrium auf ein feuchtes Filtrierpapier, so reagiert es sofort mit dem Wasser. Die Reaktion ist so heftig, daß das Natriumstück rasch zu einer Kugel zusammenschmilzt. Gleichzeitig entweicht zischend ein farbloses Gas, das sich an dem glühenden Natrium entzündet. Nach der Reaktion erstarrt die Schmelze zu einem farblosen, durchscheinenden Feststoff.

Der entstandene Feststoff wird **Natriumhydroxid** genannt. Die chemischen Bezeichnung Natriumhydroxid weist auf die in ihm enthaltenen Elemente hin. Im Wort *Hydroxid* stecken die Anfänge der Elementnamen *Hydro*genium für Wasserstoff und *Oxy*genium für Sauerstoff.
Natriumhydroxid enthält gleich viele Natrium-Atome, Wasserstoff-Atome und Sauerstoff-Atome. Die Verhältnisformel für Natriumhydroxid ist daher **NaOH**.

Wirft man ein kleines Stück Natrium in Wasser, so schmilzt es zu einer Kugel und gleitet auf dem Wasser hin und her. Die antreibende Kraft ist hierbei der Rückstoß durch das entweichende Gas. Drückt man das Natrium unter Wasser, so steigen Gasbläschen auf. Eine Knallgasprobe zeigt, daß es sich um Wasserstoff handelt.

Die Reaktion von Natrium mit Wasser läßt sich demnach durch folgende Reaktionsgleichung beschreiben:

$2\,Na + 2\,H_2O \longrightarrow 2\,NaOH + H_2$;   exotherm

Natrium + Wasser $\longrightarrow$ Natriumhydroxid + Wasserstoff;   exotherm

Natrium reagiert mit Wasser zu Natriumhydroxid und Wasserstoff. Dabei wird Energie frei.

Für festes Natriumhydroxid ist in der Technik auch die Bezeichnung *Ätznatron* gebräuchlich. Der Name weist auf das aggressive Verhalten dieses Stoffes hin. Natriumhydroxid zerfrißt Metalle wie Zink oder Aluminium, wobei Wasserstoff frei wird. Auch organische Stoffe wie Fett oder Haare werden von Natriumhydroxid zersetzt. Daher wird es als Abflußreiniger verwendet. Häufig enthalten Abflußreiniger auch noch etwas Aluminium, damit Wasserstoff-Gas die Verstopfung lockert.

2. Abflußreiniger enthalten Natriumhydroxid

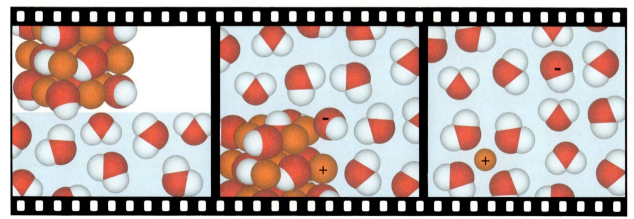

1. Natriumhydroxid löst sich in Wasser – eine Modellbetrachtung

Natronlauge. In feuchter Luft zerfließen Natriumhydroxid-Plätzchen allmählich. Es bildet sich eine Lösung, weil Natriumhydroxid begierig den Wasserdampf aus der Luft aufnimmt: Natriumhydroxid ist *hygroskopisch*.

Natriumhydroxid löst sich sehr gut in Wasser, dabei wird die Lösung heiß; es löst sich also exotherm. Die Lösung leitet den elektrischen Strom. Sie muß daher elektrisch geladene Teilchen enthalten. Es handelt sich um positiv geladene **Natrium-Ionen (Na^+)** und negativ geladene **Hydroxid-Ionen (OH^-)**.
Die Lösung von Natriumhydroxid in Wasser fühlt sich glitschig an wie Seifenlauge. Man nennt sie daher *Natronlauge*.

Natronlauge färbt Universalindikator blau, Phenolphthalein wird rot. Die Indikatoren zeigen an, daß die Lösung **alkalisch** reagiert. Beim Lösen von Natriumhydroxid in Wasser steigt der pH-Wert. Während neutrales Wasser den pH-Wert von 7 hat, erreicht man schon in verdünnter Natronlauge einen pH-Wert von 14.

Beim Gebrauch von Natronlauge ist Vorsicht geboten. Natronlauge greift insbesondere Schleimhäute und Augen an. Konzentrierte Natronlauge, eine Lösung mit etwa 30 % Natriumhydroxid, ist besonders gefährlich. Ein Spritzer reicht aus, um das Augenlicht zu zerstören. Natronlauge sollte man daher nur mit Schutzbrille und Gummihandschuhen handhaben. Selbst Glas wird von Natronlauge angeätzt. Daher soll Natronlauge in Kunststoffflaschen aufbewahrt werden. Keinesfalls darf man Glasflaschen mit Glasstopfen verwenden.

Verwendung. Weltweit wird Natriumhydroxid in großen Mengen hergestellt. Es steht an siebenter Stelle unter allen Chemikalien. Natronlauge wird vorrangig bei der Herstellung von Aluminium, Papier, Kunststoffen und Waschmitteln benötigt. Auch im Labor ist sie eine der wichtigsten Chemikalien.
Im Haushalt wird Natronlauge zum Abbeizen von Ölfarben gebraucht. Laugenbrezel werden so genannt, weil sie vor dem Backen mit sehr verdünnter Natronlauge behandelt werden. Beim Backen reagiert die Natronlauge mit Kohlenstoffdioxid zu unschädlichen Verbindungen.

Versuch 1: Natronlauge – eine aggressive Lösung
Vorsicht! Schutzbrille!
In 5 Reagenzgläser gibt man einen Wollfaden, ein Stückchen Fleisch, einige Haare, ein Stück Aluminiumfolie und eine Vogelfeder.
Jedes Reagenzglas wird dann so weit mit konzentrierter Natronlauge (C) gefüllt, daß die Materialien bedeckt sind.
Anschließend erhitzt man die Reagenzgläser im siedenden Wasserbad und beobachtet die Veränderungen.
Entsorgung: B1

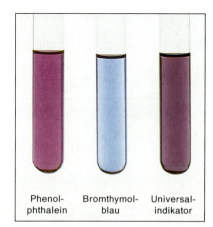

Phenol- | Bromthymol- | Universal-
phthalein | blau | indikator

2. Natronlauge ist eine alkalische Lösung

9.3 Alkalimetalle

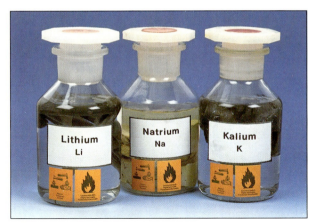

1. Alkalimetalle müssen vor Luft geschützt werden

Versuch 1: Reaktion von Lithium mit Wasser
Vorsicht! Schutzbrille!
Man füllt eine Schale mit Wasser und legt ein Reagenzglas hinein. Das vollständig mit Wasser gefüllte Reagenzglas wird angehoben, so daß seine Öffnung 2 cm unterhalb der Wasseroberfläche liegt. Nun schiebt man mit einer Pinzette ein linsengroßes Stück Lithium (C, F) unter die Öffnung des Reagenzglases und fängt das gebildete Gas auf. Anschließend wird das Gas entzündet. Die Lösung in der Schale wird danach mit Universalindikator geprüft. Welche Stoffe sind entstanden? Formuliere Reaktionsschema und Reaktionsgleichung.
Entsorgung: B 1

Versuch 2: Untersuchung von Holzasche
Löse etwas Holzasche in wenig Wasser. Filtriere die Lösung und sprühe sie in die rauschende Flamme eines Gasbrenners.
Beschreibe deine Beobachtungen. Welches Element kannst du an der Flammenfärbung erkennen?

2. Alkalimetalle reagieren unterschiedlich heftig mit Wasser

Das Element **Kalium** ähnelt in vielen Eigenschaften dem Natrium. Es ist sehr weich, schmilzt bei niedriger Temperatur, hat eine niedrige Dichte und färbt die Flamme. Ebenso wie Natrium muß es unter Paraffin aufbewahrt werden, da es sonst mit Luft reagiert.

Da sich die Elemente Natrium und Kalium so sehr ähnlich sind, werden sie zu einer **Elementgruppe** oder **Elementfamilie** gezählt. Man bezeichnet die Elemente dieser Gruppe als **Alkalimetalle.** Der Name rührt von dem arabischen Wort *alqaljan* für Holzasche her. Tatsächlich besteht Holzasche zu einem großen Teil aus Kaliumverbindungen.

Auch **Lithium** ist ein Alkalimetall. Lithium hat die geringste Dichte aller Feststoffe. Es schwimmt auf dem Paraffinöl, in dem es aufbewahrt wird. Die Alkalimetalle **Rubidium** und **Caesium** müssen sogar in luftleere Ampullen eingeschmolzen werden, damit sie nicht sofort mit Luft reagieren. Das letzte Element dieser Familie ist das radioaktive **Francium,** es kommt in der Natur nicht vor.

Elemente mit ähnlichen chemischen und physikalischen Eigenschaften werden zu einer Elementfamilie zusammengefaßt. Die Elemente Lithium, Natrium, Kalium, Rubidium, Caesium und Francium bilden die Elementfamilie der Alkalimetalle.

Bei aller Ähnlichkeit der Alkalimetalle gibt es aber auch Unterschiede. Dabei ändern sich die Eigenschaften abgestuft innerhalb der Elementfamilie.
Ein Beispiel ist die *Härte*: Lithium läßt sich nur schwer mit einem Messer schneiden, Natrium dagegen mühelos. Kalium ist noch weicher, so daß man es auch mit einem Spatel zerteilen kann.
Auch die *Schmelztemperaturen* der Alkalimetalle werden niedriger, wenn die Atommasse steigt: Lithium schmilzt bei 180 °C, Caesium bereits bei 29 °C.

Reaktion mit Sauerstoff. Alle Alkalimetalle reagieren schon bei Raumtemperatur mit Sauerstoff. Sie lassen sich leicht entzünden und verbrennen dann zu Oxiden. Die Flammen zeigen dabei Färbungen, die typisch für die einzelnen Alkalimetalle sind. Besonders auffällig sind die gelbe Flammenfärbung des Natriums und die rote Flammenfärbung des Lithiums. Die Elemente Caesium und Rubidium erhielten ihre Namen aufgrund genauerer Untersuchungen ihrer Flammenfärbungen (lat. *caesius:* himmelblau und lat. *ruber:* rot).

Wegen ihrer Reaktionsfreudigkeit kommen die Alkalimetalle in der Natur nicht als Elemente vor, sondern nur in Verbindungen.

Reaktion mit Wasser. Bei der Reaktion der Alkalimetalle mit Wasser entstehen neben Wasserstoff die wässerigen Lösungen der Hydroxide. Benutzt man die Abkürzung Me für das Alkalimetall, so läßt sich eine Reaktionsgleichung für alle Alkalimetalle aufstellen:

$$2\,Me + 2\,H_2O \longrightarrow 2\,MeOH + H_2;\ \text{exotherm}$$

Alkalimetall + Wasser ⟶ Alkalimetallhydroxid + Wasserstoff

Die Alkalimetalle reagieren unterschiedlich heftig mit Wasser: Lithium schmilzt nicht, wenn man es auf Wasser gibt. Natrium wird so heiß, daß Wasser an der Berührungsstelle siedet. Kalium entzündet den entstehenden Wasserstoff sofort. Caesium explodiert, bevor es das Wasser berührt, da es bereits mit der Luftfeuchtigkeit heftig reagiert. In der Elementfamilie der Alkalimetalle steigt die Reaktionsfreudigkeit vom Lithium zum Caesium an.

Alkalimetallhydroxide. Die Alkalimetallhydroxide sind farblose, hygroskopische Feststoffe. Sie lösen sich sehr gut in Wasser. So kann konzentrierte *Kalilauge* mehr als 100 g Kaliumhydroxid in 100 ml Lösung enthalten.

Schon das Auflösen in Wasser kann gefährlich sein. Die Lösungen werden siedend heiß, wenn das Hydroxid zu schnell zugegeben wird. Da Alkalimetallhydroxide und ihre Lösungen stark ätzend sind, muß man sehr vorsichtig mit ihnen umgehen.

Die Lösungen der Alkalimetallhydroxide sind *alkalisch*. Die alkalische Reaktion wird durch die Hydroxid-Ionen hervorgerufen, die in den Lösungen vorliegen.

Aufgabe 1: Ein Stück Natrium nimmt bei der Reaktion mit Wasser die Form einer Kugel an, ein Stück Lithium jedoch nicht. Erkläre diesen Sachverhalt.

Aufgabe 2: a) Beschreibe die Reaktion von Kalium mit Wasser. **b)** Formuliere Reaktionsschema und Reaktionsgleichung.

Versuch 1: Kaliumhydroxid ist hygroskopisch
Vorsicht! Schutzbrille!
Gib in ein Porzellanschälchen etwa 15 Kaliumhydroxid-Plätzchen (C). Wiege die Schale sofort und nach 15 Minuten.
Entsorgung: B1

Versuch 2: Lösungswärme von Natriumhydroxid
Vorsicht! Schutzbrille!
Gib in ein Reagenzglas mit 5 Plätzchen Natriumhydroxid (C) etwas Wasser und miß die Temperatur.
Entsorgung: B1

Elementare Alkalimetalle					
Flammenfärbung	karminrot	gelb	hellviolett	rotviolett	blauviolett
Element	Lithium	Natrium	Kalium	Rubidium	Caesium
Elementsymbol	Li	Na	K	Rb	Cs
Atommasse	6,9 u	23,0 u	39,1 u	85,5 u	132,9 u
Schmelztemperatur	180 °C	98 °C	64 °C	39 °C	28 °C
Siedetemperatur	1370 °C	883 °C	776 °C	696 °C	708 °C
Dichte	0,53 $\frac{g}{cm^3}$	0,97 $\frac{g}{cm^3}$	0,86 $\frac{g}{cm^3}$	1,53 $\frac{g}{cm^3}$	1,87 $\frac{g}{cm^3}$
Härte	mäßig hart				sehr weich
Reaktion mit Wasser	langsam				explosionsartig

1. *Steckbrief:* **Alkalimetalle**

9.4 Erdalkalimetalle

1. Marmorsteinbrüche bei Carrara

Die Elemente **Beryllium, Magnesium, Calcium, Strontium, Barium** und **Radium** bilden die Elementfamilie der **Erdalkalimetalle.** Der Name weist auf den erheblichen Anteil hin, den Verbindungen des Calciums und des Magnesiums am Aufbau der Erdkruste haben. Die chemischen Eigenschaften sind den Eigenschaften der Alkalimetalle sehr ähnlich.

Calcium. Ein typischer Vertreter der Erdalkalimetalle ist das Calcium. Es ist ein silberglänzendes Leichtmetall. Calcium ist noch härter als Lithium, das härteste Alkalimetall. Zu den Verbindungen des Calciums gehören viele Mineralien wie Kalkstein, Marmor, Kreide und Gips.

An der Luft reagiert Calcium langsam mit Sauerstoff und Feuchtigkeit. Beim Erhitzen verbrennt es mit ziegelroter Flamme zu Calciumoxid.

$$2\,Ca + O_2 \longrightarrow 2\,CaO;\ \text{exotherm}$$

Calcium + Sauerstoff ⟶ Calciumoxid

Reaktion mit Wasser. Calcium reagiert mit Wasser zu Calciumhydroxid und Wasserstoff. Diese Reaktion verläuft deutlich langsamer als bei den Alkalimetallen. Sie ist auch weniger exotherm.

$$Ca + 2\,H_2O \longrightarrow Ca(OH)_2 + H_2;\ \text{exotherm}$$

Calcium + Wasser ⟶ Calciumhydroxid + Wasserstoff

Calciumhydroxid besteht aus zweifach positiv geladenen Calcium-Ionen (Ca^{2+}) und einfach negativ geladenen Hydroxid-Ionen (OH^-). Auf ein Calcium-Ion entfallen zwei Hydroxid-Ionen, die Verhältnisformel von Calciumhydroxid ist daher $(Ca^{2+})_1(OH^-)_2$ oder kurz $Ca(OH)_2$.

Aufgabe 1: Gibt man ein Stück Calcium aus der Vorratsflasche in Wasser, so dauert es einige Zeit, bis die Gasentwicklung einsetzt. Nenne die Ursache.

Aufgabe 2: Betonsteine werden aus Sand, Zement und Wasser hergestellt. Gibt man Calcium hinzu, so entsteht poröser Gasbeton. Worauf beruht das Verfahren?

Elementare Erdalkalimetalle					
Flammenfärbung	keine	keine	ziegelrot	karminrot	fahlgrün
Element	Beryllium	Magnesium	Calcium	Strontium	Barium
Elementsymbol	Be	Mg	Ca	Sr	Ba
Atommasse	9,0 u	24,3 u	40,0 u	87,6 u	137,3 u
Schmelztemperatur	1285 °C	650 °C	845 °C	771 °C	726 °C
Siedetemperatur	2477 °C	1105 °C	1483 °C	1385 °C	1686 °C
Dichte	1,85 $\frac{g}{cm^3}$	1,74 $\frac{g}{cm^3}$	1,54 $\frac{g}{cm^3}$	2,63 $\frac{g}{cm^3}$	3,62 $\frac{g}{cm^3}$
Härte	hart				mäßig weich
Reaktion mit Wasser	keine Reaktion				lebhaft

2. *Steckbrief:* Erdalkalimetalle

Kalkwasser. In 100 g Wasser lösen sich nur 0,16 g Calciumhydroxid. Die gesättigte Lösung nennt man *Kalkwasser*. Diese Lösung reagiert stark alkalisch. Leitet man Kohlenstoffdioxid in Kalkwasser, so trübt sich die Lösung. Es bildet sich schwerlösliches Calciumcarbonat ($CaCO_3$). Diese Reaktion dient zum *Nachweis von Kohlenstoffdioxid*.

Magnesium. Das Element Magnesium ist wie Calcium ein silberglänzendes Leichtmetall. Es reagiert ebenfalls an der Luft mit Sauerstoff. Dabei bildet sich jedoch eine dünne undurchlässige Schicht von Magnesiumoxid. Sie schützt das Magnesium vor weiterer Oxidation.
Magnesium und Magnesium-Legierungen werden daher vielseitig als Werkstoffe genutzt. Besonders wichtig sind diese Leichtmetall-Legierungen für den Flugzeugbau.

Bei Raumtemperatur reagiert reines Magnesium mit Wasser noch langsamer als Calcium. In heißem Wasser ist die Reaktion jedoch lebhafter. Man erkennt deutlich, daß sich Wasserstoff entwickelt. Ein Indikator zeigt an, daß Hydroxid-Ionen entstehen.

Strontium und Barium. Von den übrigen Erdalkalimetallen sind nur Strontium und Barium von Bedeutung. Ihre Salze verursachen die roten und grünen Leuchtspuren von Feuerwerkskörpern. Bariumoxid ist ein wichtiger Bestandteil von Gläsern für Bildschirme. Es verringert die gesundheitsschädliche UV-Strahlung.

Die Erdalkalimetalle sind unedle Leichtmetalle. Mit Nichtmetallen reagieren sie zu Ionenverbindungen. Die Ionen der Erdalkalimetalle sind zweifach positiv geladen.

1. Magnesium-Legierungen im Flugzeugbau

Aufgabe 1: Gib Reaktionsschema und Reaktionsgleichung für die Reaktion von Barium mit Wasser an.

Aufgabe 2: Blitzlichtbirnchen enthalten Magnesium und Sauerstoff. Welche chemische Reaktion läuft beim Blitzen ab? Formuliere Reaktionsschema und Reaktionsgleichung.

EXKURS

Magnesium sorgte für das rechte Licht

Aufgabe 1: Die Entwicklung des Blitzlichts erfolgte in drei Schritten. Beschreibe für jeden Schritt den lichterzeugenden Prozeß.

Die ersten Fotoplatten waren nur wenig lichtempfindlich. So benötigte man für eine einzige Aufnahme eine Belichtungszeit von acht Stunden. Bewegte Objekte konnten nicht fotografiert werden.

Schnell entwickelte sich die Idee, die Belichtungszeit durch künstliches Licht zu verkürzen. Besonders geeignet war das grelle Licht, das beim Verbrennen von Magnesium entsteht.

Anfangs diente ein Gemisch von Magnesiumpulver mit Kaliumchlorat als *Blitzlichtpulver*. Als die Filme jedoch empfindlicher wurden, mußte das Blitzlicht genormt werden: Jeder Blitz sollte gleich stark sein. Dazu wurde dünner Magnesiumdraht zusammen mit Sauerstoff in einen Glaskolben eingeschmolzen. Diese *Blitzlichtbirnchen* wurden dann elektrisch gezündet.

Alkalimetalle und Erdalkalimetalle

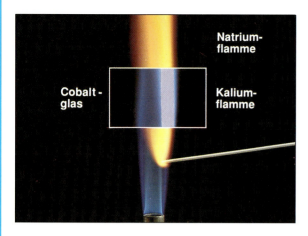

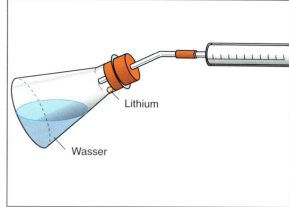

Versuch 1: Flammenfärbung

Materialien: Gasbrenner, Magnesiastäbchen, Becherglas (100 ml), Uhrgläser, Cobaltglas, Spektroskop; Lithiumchlorid (Xn), Natriumchlorid, Kaliumchlorid, Strontiumchlorid, Bariumchlorid (T), Salzsäure (verd.) (Xi).

Durchführung:
1. Tauche das Magnesiastäbchen in das Becherglas mit Salzsäure. Erhitze dann das Stäbchen so lange, bis keine Flammenfärbung mehr zu erkennen ist.
2. Feuchte das Magnesiastäbchen mit Salzsäure an. Nimm mit dem Stäbchen einige Kristalle Lithiumchlorid vom Uhrglas auf und halte sie in die Flamme. Beobachte die Flamme mit und ohne Cobaltglas.
3. Betrachte die Flamme durch ein Spektroskop.
4. Wiederhole den Versuch mit den anderen Salzen.

Aufgabe: Notiere deine Beobachtungen.

Versuch 2: Reaktion von Magnesium mit Wasser

Materialien: Reagenzgläser, Gasbrenner, Schmirgelpapier;
4 Magnesiumstreifen (F) (2 cm), Phenolphthalein-Lösung.

Durchführung:
1. Reibe zwei der vier Magnesiumstreifen blank.
2. Verteile die Streifen auf vier Reagenzgläser, die jeweils 5 ml Wasser und drei Tropfen Phenolphthalein-Lösung enthalten.
3. Erhitze ein Reagenzglas mit einem blanken Streifen und eines mit einem ungereinigten Streifen.

Aufgabe: Notiere deine Beobachtungen.

Aufgabe 1: **a)** Bei der Reaktion von 80 mg Calcium werden 48 ml Wasserstoff frei. Berechne die Stoffmengen an Calcium und Wasserstoff.
b) In welchem Verhältnis steht die Anzahl der Wasserstoff-Atome zur Anzahl der Calcium-Atome?
c) Stelle das Reaktionsschema und die Reaktionsgleichung für die Reaktionen von Calcium mit Wasser auf.

Hinweis: Alkalimetalle und Erdalkalimetalle unterscheiden sich in der Zahl der Wasserstoff-Atome, die ein Metall-Atom bei der Reaktion mit Wasser freisetzt. Das Verhältnis der Atomanzahlen an Wasserstoff und Metall kann in einem Versuch bestimmt werden. Hierzu wird ein Metallstück abgewogen und so in ein Gefäß mit Wasser gegeben, daß es nicht mit dem Wasser in Berührung kommt. Dann verschließt man das Gefäß und läßt das Metallstückchen ins Wasser gleiten. Das Volumen des entstehenden Wasserstoffs wird dann gemessen.

Auswertungsbeispiel: Reaktion von Lithium mit Wasser

1. *Stoffmenge an Lithium:*

$m(\text{Li}) = 30 \text{ mg}; \quad M(\text{Li}) = 7 \frac{\text{g}}{\text{mol}}$

$n(\text{Li}) = \frac{m(\text{Li})}{M(\text{Li})} = \frac{0{,}030 \text{ g}}{7 \frac{\text{g}}{\text{mol}}} = 0{,}0043 \text{ mol}$

2. *Stoffmenge an Wasserstoff-Molekülen:*

$V(\text{H}_2) = 50 \text{ ml}; \quad V_m(\text{H}_2) = 24 \frac{\text{l}}{\text{mol}}$

$n(\text{H}_2) = \frac{V(\text{H}_2)}{V_m(\text{H}_2)} = \frac{0{,}050 \text{ l}}{24 \frac{\text{l}}{\text{mol}}} = 0{,}0021 \text{ mol}$

3. *Stoffmenge an Wasserstoff-Atomen:*

$n(\text{H}) = 2 \cdot n(\text{H}_2) = 0{,}0042 \text{ mol}$

4. *Ergebnis:*

Jedes Lithium-Atom setzt ein Wasserstoff-Atom frei.

EXKURS

Die Leuchtspur der Elemente

Wenn Sonnenlicht durch ein Prisma fällt, erscheinen alle Farben des Regenbogens. Die einzelnen Farben gehen dabei fließend ineinander über. Man spricht von einem *kontinuierlichen Spektrum*. Mit Hilfe eines Spektrometers lassen sich die einzelnen Farben den Wellenlängen des Lichts zuordnen.

Bringt man eine Natriumverbindung in eine Flamme, so wird gelbes Licht ausgestrahlt. Das Spektrum besteht hier nur aus einer gelben Linie.

Die anderen Alkalimetalle und einige Erdalkalimetalle haben Spektren mit charakteristischen Linienmustern. Um festzustellen, ob eine Stoffprobe Alkalimetalle oder Erdalkalimetalle enthält, braucht man daher nur die Flammenfärbung der Probe mit einem Spektroskop zu untersuchen und das Spektrum mit den Linienspektren der Elemente zu vergleichen.

Die deutschen Wissenschaftler BUNSEN und KIRCHHOFF fanden 1860 bei der spektroskopischen Untersuchung des Dürkheimer Mineralwassers Linienspektren von zwei noch unbekannten Elementen. Die Namen der neuen Elemente gehen auf die Farben der Spektrallinien zurück: Rubidium (lat. *ruber*: rot) und Caesium (lat. *caesius*: himmelblau)

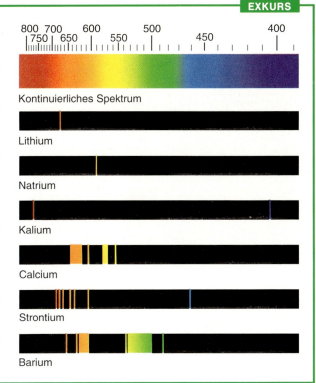

Kontinuierliches Spektrum

Lithium

Natrium

Kalium

Calcium

Strontium

Barium

EXKURS

Karies – ein Säureanschlag auf die Zähne

Die Zähne des Menschen enthalten schwerlösliche Calcium-Salze. Sie sorgen für die nötige Härte der Zähne. Besonders hart ist die äußere Schicht des Zahns, der Zahnschmelz.

Der Körper stellt den Zähnen fortlaufend Calciumverbindungen zur Verfügung, um die natürliche Abnutzung auszugleichen. Es gibt aber auch Vorgänge, die den Zahnschmelz abbauen. Besonders schlimm ist es, wenn Säuren auf die Zähne einwirken. Jeder kennt das Gefühl, wenn man unverdünnten Zitronensaft an die Zähne bekommt. Die Zahnoberfläche wird stumpf, weil die Zitronensäure den Zahnschmelz anätzt.

Auch bei Karies (Zahnfäule) ist eine Säure für den Zahnverfall verantwortlich. Die Kariesbakterien ernähren sich von Zucker. Als Stoffwechselprodukt entsteht Milchsäure. Sie wandelt die schwerlöslichen Calcium-Salze in leichtlösliche Salze um. Schließlich wird der Zahnschmelz durchbrochen und das weichere Zahnbein wird dann rasch zerstört.

Das beste Mittel gegen Karies ist eine gute Zahnpflege. Vor allem nach dem Genuß zuckerhaltiger Nahrungsmittel müssen die Zähne geputzt werden.

9.5 Halogene

1. Wasser-Chlorung im Schwimmbad

Versuch 1: Chlorbleiche
Gib etwas Chlorwasser (Xn) auf ein Filtrierpapier mit einem Tintenfleck.

Aufgabe 1: Der Kunststoff PVC hat die Verhältnisformel C_2H_3Cl. Wie groß sind die Massen der beteiligten Elemente in 62,5 g PVC?

Die Elemente **Fluor, Chlor, Brom** und **Iod** bilden eine weitere Elementfamilie. Es handelt sich um typische Nichtmetalle, die mit Metallen zu Salzen reagieren. Dieses Reaktionsverhalten gab ihnen den Namen **Halogene** (griech. *hals*: Salz; griech. *gennan*: bilden). Da die Halogene sehr reaktionsfähig sind, kommen sie in der Natur nicht elementar vor, sondern nur als Verbindungen.

Chlor. Das Element Chlor (griech. *chloros*: gelbgrün) ist ein gelbgrünes, stechend riechendes, sehr giftiges Gas. Die kleinsten Teilchen des Elements Chlor und der anderen Halogene sind Moleküle aus zwei Atomen. Die Molekülformel für Chlor ist daher Cl_2.

Früher wurden dem Trinkwasser geringe Mengen an Chlor zugesetzt, um es zu desinfizieren. Doch auch bei moderneren Desinfektionsmethoden verzichtet man nicht ganz auf Chlor: Sehr geringe Mengen machen das Trinkwasser haltbar. In Schwimmbädern fällt der Chlorgeruch auf, obwohl dort nur 0,3 mg Chlor pro Liter Wasser zugesetzt werden. Aber schon diese geringen Mengen greifen Augen und Haut an.
Im Labor wird gelegentlich *Chlorwasser* benutzt, es ist eine gesättigte Lösung von Chlor in Wasser. In Benzin löst sich Chlor noch besser als in Wasser. Allerdings ist Chlor so reaktionsfreudig, daß es mit Benzin reagiert.

Elementares Chlor wird aus Kochsalz gewonnen. Allein in Deutschland sind es jährlich 5 Millionen Tonnen. Ein Drittel der Chlor-Produktion wird zu Lösungsmitteln weiterverarbeitet. 20% des Chlors dient zur Herstellung von Kunststoffen. So besteht *Polyvinylchlorid* (PVC) zu mehr als der Hälfte seiner Masse aus Chlor.

EXKURS

Bleichen mit Chlor – eine Gefahr für die Umwelt

Viele Naturfasern sind im Rohzustand gelblich. Beim Färben erhält man nur dann reine Farbtöne, wenn Garne und Tuche zuvor gebleicht werden. In vergangenen Jahrhunderten kannte man nur die *Rasenbleiche*. Sonnenlicht und Luftsauerstoff halfen hier beim Bleichen.

Schneller und damit auch billiger lassen sich Stoffe mit Chlor bleichen: Das reaktionsfreudige Chlor zerstört viele Farbstoffe. Chlor hat dadurch für die Textil- und Papierindustrie eine erhebliche Bedeutung erlangt.

Bei der *Chlorbleiche* bilden sich allerdings auch gefährliche Chlorverbindungen, die in das Abwasser gelangen. Um unsere Umwelt zu schonen, arbeitet man inzwischen zunehmend mit neuen Bleichverfahren ohne Chlor.

Fluor. Elementares Fluor ist noch reaktionsfähiger als Chlor, es ist das reaktionsfähigste Element überhaupt. Fluor ist ein blaßgelbes Gas, es reagiert mit fast allen Stoffen, selbst mit Glas. Deshalb kann man mit Fluor nur in speziellen Apparaturen experimentieren.

Der Name Fluor (lat. *fluere:* fließen) geht auf Flußspat (Calciumfluorid) zurück. Es ist das häufigste Fluormineral. Flußspat wird als *Flußmittel* bei der Produktion von Stahl aus Roheisen eingesetzt. Es läßt die gebildete Schlacke dünnflüssig werden. Andere Fluorverbindungen dienen zur Herstellung von Kunststoffen. Zum Schutz gegen Karies enthalten viele Zahnpasten geringe Mengen an Fluorsalzen. Sie härten den Zahnschmelz.

Brom. Neben Quecksilber ist Brom das einzige Element, das bei Raumtemperatur flüssig ist. Der Name weist auf den üblen Geruch dieser Flüssigkeit hin (griech. *bromos:* Gestank). Tatsächlich ist Brom einer der Stoffe, die von unserer Nase am besten erkannt werden. Die wichtigste Bromverbindung ist Silberbromid. Man verwendet es vor allem für die Herstellung von Filmen und Fotopapieren.

Iod. Als einziges Halogen ist Iod bei Raumtemperatur fest. Es erhielt seinen Namen nach der Farbe des Dampfs (griech. *ioeides:* veilchenfarbig). Iod wirkt desinfizierend, ist aber weniger giftig als Chlor. Früher war die alkoholische Lösung als *Iodtinktur* ein bekanntes Desinfektionsmittel.
Mischt man wässerige Lösungen von Iod und von Stärke, so färbt sich das Gemisch tiefblau. Diese **Iod-Stärke-Reaktion** dient sowohl zum *Nachweis von Stärke* als auch zum *Nachweis von elementarem Iod*.

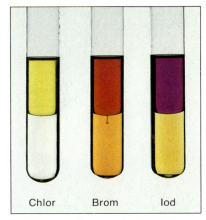

1. Halogene lösen sich in Benzin besser als in Wasser

Versuch 1: **Iod-Stärke-Reaktion**
Gib einige Tropfen einer verdünnten Iod-Lösung zu einer frisch hergestellten Stärkelösung. Erwärme das Gemisch und kühle es wieder ab. Prüfe mit einem Tropfen der verdünnten Iod-Lösung, ob dein Laborkittel gestärkt ist.
Entsorgung: B1

Elementare Halogene				
Element	Fluor	Chlor	Brom	Iod
Elementsymbol	F	Cl	Br	I
Atommasse	19,0 u	35,5 u	79,9 u	126,9 u
Molekülformel	F_2	Cl_2	Br_2	I_2
Schmelztemperatur	−220 °C	−101 °C	−7 °C	114 °C
Siedetemperatur	−188 °C	−34 °C	59 °C	185 °C
Dichte bei 20 °C	1,58 $\frac{g}{l}$	2,95 $\frac{g}{l}$	3,12 $\frac{g}{cm^3}$	4,94 $\frac{g}{cm^3}$
Reaktion mit Wasserstoff	sehr heftig			langsam
Reaktion mit Metallen	sehr heftig			langsam

2. *Steckbrief:* **Halogene**

9.6 Halogene bilden Salze

1. Natrium verbrennt in Chlor

Versuch 1: Brom bildet mit Metallen Salze
Bromwasser (T, Xi) wird mit Magnesiumpulver geschüttelt. Die Lösung wird filtriert und eingedampft. Wiederhole den Versuch mit Eisenpulver und Zinkpulver. Notiere jeweils Reaktionsschema und Reaktionsgleichung.
Entsorgung: B 2

Aufgabe 1: Bei der Reaktion von Eisenpulver mit Chlorwasser ist die Lösung vor und nach der Reaktion gelblich gefärbt. Wie kann man zeigen, daß die Lösung nach der Reaktion kein Chlor mehr enthält?

Leitet man Chlor auf geschmolzenes Natrium, so verbrennt das Natrium mit einer grellen, gelben Flamme. Dabei entsteht ein farbloser Feststoff, der salzig schmeckt. Das Reaktionsprodukt *Natriumchlorid* ist im Alltag als Kochsalz bekannt. Natriumchlorid enthält gleich viele Natrium-Atome und Chlor-Atome. Die *Verhältnisformel* für Natriumchlorid ist also NaCl.

$$2\,Na + Cl_2 \longrightarrow 2\,NaCl; \quad \text{exotherm}$$

Natrium + Chlor ⟶ Natriumchlorid; exotherm

Geschmolzenes Natriumchlorid leitet den elektrischen Strom. Kochsalz ist also aus Ionen aufgebaut, es besteht aus positiv geladenen Natrium-Ionen (Na^+) und negativ geladenen Chlorid-Ionen (Cl^-).

Chlor reagiert aber auch mit anderen Metallen. Eisenwolle glüht in Chlor auf. Es entsteht braunes Eisenchlorid. Die Reaktion verläuft schwächer exotherm als die mit Natrium, denn Eisen ist reaktionsträger als Natrium. Im Eisenchlorid liegen Chlor-Atome und Eisen-Atome im Atomanzahlverhältnis 3:1 vor.

$$2\,Fe + 3\,Cl_2 \longrightarrow 2\,FeCl_3; \quad \text{exotherm}$$

Eisen + Chlor ⟶ Eisenchlorid; exotherm

Viele Metalle reagieren auch mit Brom und mit Iod. Es bilden sich Metallbromide und Metalliodide. *Beispiele:*

$$2\,Al + 3\,Br_2 \longrightarrow 2\,AlBr_3; \quad \text{exotherm}$$

Aluminium + Brom ⟶ Aluminiumbromid; exotherm

$$Zn + I_2 \longrightarrow ZnI_2; \quad \text{exotherm}$$

Zink + Iod ⟶ Zinkiodid; exotherm

Die Reaktion von Aluminiumpulver mit Brom setzt bereits bei Raumtemperatur ein. Dabei wird soviel Wärme frei, daß glühendes Aluminium umhergeschleudert wird.

Halogene reagieren mit Metallen exotherm zu Ionenverbindungen, den Metallhalogeniden. Die Reaktionsfähigkeit der Halogene nimmt dabei vom Fluor zum Iod ab.

BEILSTEIN-Probe. Erhitzt man Kupfer mit Halogenen oder Halogenverbindungen, so entstehen Kupferhalogenide. Diese Reaktion wird in der BEILSTEIN-Probe zum Nachweis von Halogenverbindungen genutzt: Man glüht einen Kupferdraht in der nichtleuchtenden Brennerflamme aus und taucht ihn dann in die Probe. Der Kupferdraht färbt die Brennerflamme grün, wenn es sich bei der Probe um eine Halogenverbindung handelt.

Nachweis von Chlorid-Ionen. Die meisten Metallchloride lösen sich gut in Wasser. In der Lösung liegen dann positiv geladene Metall-Ionen und negativ geladene Chlorid-Ionen (Cl^-) vor. Da Silberchlorid (AgCl) schwer löslich ist, läßt sich leicht überprüfen, ob eine Probelösung Chlorid-Ionen enthält: Man tropft Silbernitrat-Lösung hinzu. Bildet sich ein weißer Niederschlag von Silberchlorid, so sind Chlorid-Ionen nachgewiesen.

2. Eisen reagiert mit Chlor und Aluminium mit Brom

Salze. Metalle reagieren mit Nichtmetallen zu Ionenverbindungen. Solche Verbindungen werden allgemein als **Salze** bezeichnet. Ein typisches Beispiel für die Bildung von Salzen ist die Reaktion von Metallen mit Halogenen unter Bildung von *Metallhalogeniden*. Mit Sauerstoff reagieren Metalle zu *Metalloxiden*. Aus Metallen und Schwefel entstehen *Metallsulfide*.

Im **Namen eines Salzes** wird zuerst das Metall genannt. Dann folgen die Stammsilbe aus dem lateinischen oder griechischen Namen des Nichtmetalls und die Endung **-id**. *Beispiel:* Eisenbromid.

Halogenide sind aus positiv geladenen Metall-Ionen und negativ geladenen Halogenid-Ionen aufgebaut. Oxide enthalten als negativ geladene Ionen Oxid-Ionen (O^{2-}) und Sulfide enthalten Sulfid-Ionen (S^{2-}).

Da sich die entgegengesetzt geladenen Ionen im Salzkristall stark anziehen, sind Salze *harte Feststoffe* mit *hohen Schmelztemperaturen*.

Versuch 1: Salzlösungen leiten den elektrischen Strom
Löse jeweils etwas Zucker, Kupfersulfat (Xn), Kochsalz, Salpeter (O) und Harnstoff in Wasser. Prüfe die Leitfähigkeit der Lösungen. Welche der untersuchten Stoffe sind Salze?
Entsorgung: Kupfersulfat (B2)

Aufgabe 1: Mit den Elementen Natrium, Brom, Eisen, Schwefel, Aluminium und Sauerstoff gibt es neun Möglichkeiten, daß ein Nichtmetall mit einem Metall reagiert. Formuliere für jede Möglichkeit das Reaktionsschema.

THEORIE

Die Verhältnisformel von Natriumchlorid

Eine wichtige Aufgabe der Chemie ist es, die Verhältnisformel einer Verbindung zu bestimmen. Für das Beispiel Natriumchlorid ist der erste Schritt schon getan: Mit den Ausgangsstoffen Natrium und Chlor kennt man schon die Elemente, die in der Verbindung enthalten sind. Nun gilt es nur noch festzustellen, in welchem Verhältnis die beiden Atomarten im Salzkristall vertreten sind.
Dazu geht man folgendermaßen vor: Zuerst wird ein Stück Natrium genau abgewogen. Dann erhitzt man das Natrium und leitet Chlor-Gas darüber. Wenn das Natrium vollständig reagiert hat, liefert eine zweite Wägung die Masse des gebildeten Natriumchlorids.

Auswertungsbeispiel:

1. *Meßwerte:*
m(Natrium) $= 0,46$ g
m(Natriumchlorid) $= 1,15$ g

2. *Masse an Chlor:*
m(Chlor) $= m$(Natriumchlorid) $- m$(Natrium)
$= 1,15$ g $- 0,46$ g $= 0,69$ g

3. *Massenverhältnis:*

$$\frac{m(\text{Natrium})}{m(\text{Chlor})} = \frac{0,46 \text{ g}}{0,69 \text{ g}} = 0,67$$

4. *Verhältnis der Atommassen:*

$$\frac{m(\text{Na-Atom})}{m(\text{Cl-Atom})} = \frac{23 \text{ u}}{35,5 \text{ u}} = 0,65$$

5. *Ergebnis:*
Das Massenverhältnis zwischen Natrium und Chlor entspricht dem Verhältnis der Atommassen. Daher müssen sich gleich viele Natrium-Atome und Chlor-Atome verbunden haben. Die Verhältnisformel von Natriumchlorid ist **NaCl**.

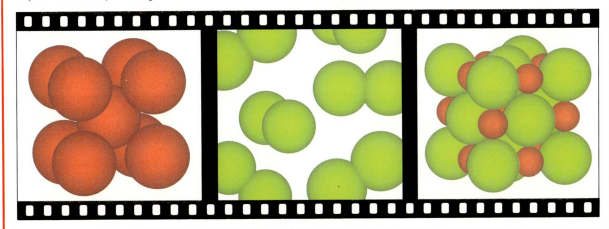

9.7 Halogenwasserstoffe

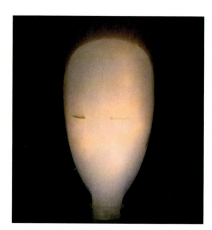

1. Chlor ist im Gemisch mit Wasserstoff explosiv

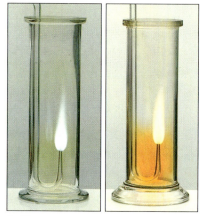

2. Wasserstoff verbrennt in Chlor und in Brom

Die Gase Chlor und Wasserstoff lassen sich mischen, ohne daß eine Reaktion eintritt. Zündet man das Gemisch jedoch, so explodiert es. Man bezeichnet daher das Gemisch als **Chlorknallgas.** Die Zündung kann durch Hitze oder auch durch Licht erfolgen.
Gefahrloser verläuft die Reaktion, wenn man eine Wasserstoffflamme in ein Gefäß mit Chlor taucht. Der Wasserstoff brennt mit fahlweißer Flamme weiter, und die grüne Farbe des Chlors verschwindet. Es entsteht ein farbloses Gas, das stechend riecht und an der feuchten Luft Nebel bildet. Das Gas ist eine Molekülverbindung, man bezeichnet es als **Chlorwasserstoff.**

$$H_2 + Cl_2 \longrightarrow 2\,HCl; \quad \text{exotherm}$$

Wasserstoff + Chlor ⟶ Chlorwasserstoff; exotherm

Ein Gemisch von Bromdampf mit Wasserstoff verbrennt zu **Bromwasserstoff.** Die Reaktion verläuft deutlich langsamer als beim Chlor.

$$H_2 + Br_2 \longrightarrow 2\,HBr; \quad \text{exotherm}$$

Wasserstoff + Brom ⟶ Bromwasserstoff; exotherm

Iod reagiert mit Wasserstoff nur sehr langsam zu **Iodwasserstoff.** Die Reaktion läßt sich aber beschleunigen, wenn man Aktivkohle oder fein verteiltes Platin als Katalysator verwendet. Dabei darf nur leicht erwärmt werden, denn bei hoher Temperatur zerfällt Iodwasserstoff wieder in Wasserstoff und Iod.

$$H_2 + I_2 \xrightarrow{\text{Katalysator}} 2\,HI; \quad \text{exotherm}$$

Wasserstoff + Iod ⟶ Iodwasserstoff; exotherm

Fluor reagiert noch heftiger mit Wasserstoff als Chlor. In der Schule kann diese Reaktion nicht gezeigt werden, da mit Fluor nur in Speziallabors experimentiert werden darf.

Halogene reagieren mit Wasserstoff exotherm zu Molekülverbindungen, den Halogenwasserstoffen. Die Heftigkeit der Reaktion nimmt vom Fluor zum Iod ab.

THEORIE

Die Molekülformel von Chlorwasserstoff

$1 \cdot N$ H_2-Moleküle $1 \cdot N$ Cl_2-Moleküle

$2 \cdot N$ HCl-Moleküle

Nach dem Gesetz von AVOGADRO enthalten alle Gase in gleichen Volumina gleich viele Teilchen, wenn die Gase die gleiche Temperatur und den gleichen Druck aufweisen. Daher sind bei Gasen das Volumenverhältnis und das Zahlenverhältnis der enthaltenen Moleküle gleich.
Für eine vollständige Reaktion von 10 ml Wasserstoff mit Chlor benötigt man 10 ml Chlor. Bei der Reaktion bilden sich 20 ml Chlorwasserstoff.
Aus je einem Molekül Chlor (Cl_2) und Wasserstoff (H_2) entstehen also zwei Moleküle Chlorwasserstoff. Ein Chlorwasserstoff-Molekül muß also aus einem Wasserstoff-Atom und einem Chlor-Atom aufgebaut sein; die Molekülformel für Chlorwasserstoff ist daher **HCl.**

Salzsäure. Chlorwasserstoff-Gas löst sich sehr gut in Wasser. Bei Raumtemperatur sind es fast 500 Liter Chlorwasserstoff in einem Liter Wasser. Die Lösung färbt Universalindikator rot, sie reagiert also stark sauer. Die wässerige Lösung von Chlorwasserstoff wird allgemein als **Salzsäure** bezeichnet. Dieser Name geht auf eine alte Labormethode zur Herstellung von Salzsäure zurück: Man tropft konzentrierte Schwefelsäure auf Kochsalz. Dabei bildet sich Chlorwasserstoff-Gas, das dann in Wasser eingeleitet wird.

Die Reaktion von Chlorwasserstoff mit Wasser verläuft stark exotherm. Die gebildete Salzsäure leitet den elektrischen Strom. Beim Lösungsvorgang entstehen also Ionen: HCl-Moleküle bilden in Wasser positiv geladene Wasserstoff-Ionen und negativ geladene Chlorid-Ionen. In der Lösung sind die Ionen von Wasser-Molekülen umgeben. Dies kennzeichnet man durch den Zusatz (aq), Beispiel: $H^+(aq)$, $Cl^-(aq)$.

$$HCl(g) \xrightarrow{\text{Wasser}} H^+(aq) + Cl^-(aq); \quad \text{exotherm}$$

$$\text{Chlorwasserstoff-Gas} \xrightarrow{\text{Wasser}} \underbrace{}_{\text{Salzsäure};} \quad \text{exotherm}$$

Konzentrierte Salzsäure und verdünnte Salzsäure. *Konzentrierte Salzsäure* enthält 30% bis 37% Chlorwasserstoff. Die Angabe 37% entspricht dem *Massenanteil* des gelösten Chlorwasserstoffs: In 100 g einer 37%igen Salzsäure sind 37 g Chlorwasserstoff gelöst.
Im Labor arbeitet man häufig mit *verdünnter Salzsäure*. Sie enthält 7% Chlorwasserstoff. Das entspricht fast 50 Liter Chlorwasserstoff-Gas in einem Liter Lösung.

Salzsäure ist eine der wichtigsten Säuren im Labor und in der chemischen Industrie. Viele in Wasser schwerlösliche Salze können durch Reaktion mit Salzsäure gelöst werden. So lassen sich mit Salzsäure Kalkablagerungen entfernen. In der Industrie verwendet man Salzsäure, um Metalloberflächen zu reinigen.
Im Magensaft des Menschen ist Salzsäure zu 0,3% enthalten. Die Salzsäure ermöglicht die Verdauung der Nahrung. Ein zu hoher Gehalt an Salzsäure macht sich als Sodbrennen bemerkbar.

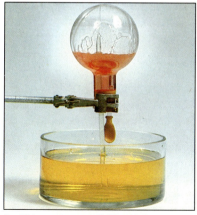

1. Chlorwasserstoff löst sich sehr gut in Wasser

Aufgabe 1: Berechne die Stoffmenge an Chlorwasserstoff in einem Liter Salzsäure (7%).

Aufgabe 2: Neben Chlorwasserstoff bilden auch die anderen Halogenwasserstoffe mit Wasser saure Lösungen. Gib jeweils Reaktionsschema und Reaktionsgleichung an.

Versuch 1: **Reaktion von Salzsäure mit einem Silbersalz**
Gib einige Tropfen einer Silbernitrat-Lösung (Xi) in verdünnte Salzsäure (Xi). Beschreibe deine Beobachtungen. Welches Ion aus der Salzsäure läßt sich so nachweisen?
Entsorgung: B 2

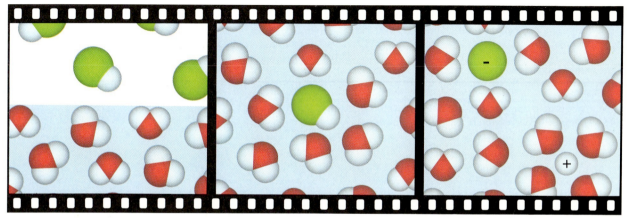

2. Chlorwasserstoff reagiert beim Lösen mit dem Wasser

Halogene und ihre Salze

Versuch 1: Nachweis von Halogenen mit der BEILSTEIN-Probe

Hinweis: Bei diesem Nachweis können krebserzeugende halogenierte Kohlenwasserstoffe entstehen.

Materialien: Tiegelzange, Gasbrenner; Kupferblech, Chlorwasser (Xn), Bromwasser (T, Xi), Iod-Tinktur (F, Xn), Magnesiumchlorid, Paraffin, Glycerin, PVC-Pulver.

Durchführung:
1. Glühe das Kupferblech in der nicht leuchtenden Flamme aus, bis die Flamme farblos ist.
2. Erhitze das Kupferblech zusammen mit einer der flüssigen Proben. Glühe danach das Kupferblech wieder aus.
3. Wiederhole den Versuch mit den festen Proben.
4. Prüfe die anderen Stoffe, ob sie ein Halogen enthalten.

Aufgabe: Notiere und erkläre deine Beobachtungen.

Versuch 2: Nachweis von Halogeniden

Materialien: Reagenzgläser, Tropfpipetten; Silbernitrat-Lösung (1%), Salpetersäure (5%, C), Natriumchlorid-Lösung, Natriumbromid-Lösung, Natriumiodid-Lösung, Leitungswasser, Salzsäure (verd., Xi).

Durchführung:
1. Fülle ein Reagenzglas zur Hälfte mit einer der Salzlösungen.
2. Gib 1 ml Salpetersäure und einige Tropfen Silbernitrat-Lösung zu.
3. Betrachte das Reagenzglas vor einem dunklen Hintergrund.
4. Wiederhole den Versuch mit den anderen Salzlösungen sowie mit Salzsäure und mit Leitungswasser.

Aufgaben:
a) Notiere deine Beobachtungen.
b) Läßt sich die Reaktion einer Chlorid-Lösung von der Reaktion einer Iodid-Lösung unterscheiden?
c) Vergleiche den Chloridgehalt des Leitungswassers mit dem Chloridgehalt der Natriumchlorid-Lösung.

Reaktivitätsreihe der Halogene. Die Halogene Chlor, Brom und Iod reagieren unterschiedlich heftig mit Natrium. Bei diesem Versuch müssen alle Halogene gasförmig sein, damit man die Heftigkeit der Reaktion vergleichen kann.

Versuch 3: Reaktivität der Halogene

Materialien: Reagenzgläser mit Stopfen, Tropfpipetten; Chlorwasser (Xn), Bromwasser (T, Xi), Iod gelöst in Kaliumiodid-Lösung (Xn), Natriumchlorid-Lösung, Natriumbromid-Lösung, Natriumiodid-Lösung, Benzin (F).

Durchführung:
Gib zu je 2 ml Salzlösung und 1 ml Lösung eines Halogens entsprechend der folgenden Auflistung je 1 ml Benzin. Verschließe das Reagenzglas und schüttle es. Notiere die Farbe der Benzinschicht.
1. Natriumchlorid und Bromwasser.
2. Natriumchlorid und Iod-Lösung.
3. Natriumbromid und Chlorwasser.
4. Natriumbromid und Iod-Lösung.
5. Natriumiodid und Chlorwasser.
6. Natriumiodid und Bromwasser.

Aufgaben:
a) Erkläre die Farben der Benzinschichten.
b) In welchen Fällen hat eine chemische Reaktion stattgefunden?
c) Formuliere jeweils Reaktionsschema und Reaktionsgleichung.
d) Ordne die Halogene nach ihrer Reaktivität. Begründe deine Anordnung.

EXKURS

Iod und Fluor in der Küche?

Beim Einkauf von Speisesalz hat man die Wahl zwischen verschiedenen Sorten. Gesundheitsbewußte Verbraucher entscheiden sich immer häufiger für ein „Iodsalz mit Fluor".

Iod und Fluor können natürlich nicht als elementare Stoffe enthalten sein, denn sie wären viel zu reaktionsfähig. Die kleiner gedruckte Angabe auf der Packung ist schon klarer: „Iodiertes Speisesalz mit Zusatz von Fluorid".

In der Zutatenliste erfährt man, daß die Iod-Verbindung Kaliumiodat (KIO_3) mit einem Massenanteil von mindestens 0,0025 % zugesetzt ist. Fluorid liegt als Kaliumfluorid (KF) mit etwa 0,06 % vor.

Meist wird auch auf den Zusatz von *Trennmitteln* hingewiesen: Stoffe wie Calciumcarbonat, Magnesiumcarbonat oder Calciumsilicat sollen das eigentliche Speisesalz Natriumchlorid (NaCl) rieselfähig halten.

Jodiertes Speisesalz mit Zusatz von Fluorid
Füllgewicht **500 g e**

Jodsalz mit Fluor

Jodsalz mit Fluor verbessert die Iod- und Fluorversorgung. Fluorid härtet den Zahnschmelz und ist daher wichtig für die Zähne. Jodsalz schmeckt wie normales Salz und ist nur im Haushalt zu verwenden.

Bei Verwendung von Jodsalz mit Fluor sollten fluoridhaltige Präparate, etwa in Form von Tabletten, nur auf ärztliche Empfehlung eingenommen werden.

Zutaten:
Siedesalz, Trennmittel Calciumcarbonat und Magnesiumcarbonat, Kaliumfluorid 0,058 % – 0,076 %, Kaliumjodat mind. 0,0025 %.

Mindestens haltbar bis:
siehe Bodenprägung

Warum werden dem Speisesalz Iod- und Fluor-Verbindungen zugesetzt? Iodiertes Speisesalz soll die Iodversorgung des Körpers verbessern. Jeder Mensch benötigt täglich etwa 0,2 Milligramm Iod, damit in der Schilddrüse das Hormon Thyroxin in ausreichender Menge synthetisiert werden kann. Die in Deutschland übliche Nahrung enthält aber zuwenig Iod. Im Körper fehlt es dann an Thyroxin. Die Folge sind Stoffwechselstörungen mit Übergewicht und Müdigkeit. Bei länger andauerndem Iodmangel vergrößert sich die Schilddrüse. Es bildet sich ein Kropf.

Der Zusatz von Kaliumfluorid soll die Fluoridversorgung des Körpers verbessern. Täglich benötigt man etwa ein Milligramm. Fluorid-Ionen werden vor allem in die Knochen eingebaut. Sie härten den Zahnschmelz und dienen so der Kariesvorsorge. Bereits Mengen ab 2 mg pro Tag sind jedoch gesundheitsschädlich.

EXKURS

Halogenlampen

In der herkömmlichen Glühlampe wird ein Faden aus Wolfram, einem Metall mit einer besonders hohen Schmelztemperatur, elektrisch auf 2500 °C erhitzt. Bei dieser Temperatur werden etwa 4 % der elektrischen Energie als Licht genutzt. Leider kann man nicht stärker erhitzen, da schon bei dieser Temperatur etwas Wolfram verdampft. Nach einer Brenndauer von etwa tausend Stunden ist soviel Wolfram verdampft, daß der Glühfaden reißt. Bei einer alten Glühlampe erkennt man im Glaskolben oft einen dunklen Beschlag von Wolfram.

Eine Halogenlampe ist wesentlich kleiner als eine Glühlampe. Sie sendet trotz geringeren Stromverbrauchs mehr Licht aus.

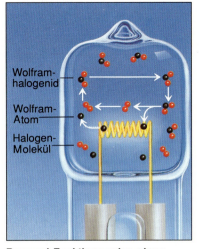

Bau und Funktionsweise einer Halogenlampe

In der Halogenlampe wird der Edelgasfüllung etwas Brom oder Iod zugesetzt. Der Wolframfaden erreicht eine Temperatur von 3000 °C. Dabei verdampft natürlich mehr Wolfram. Doch das verdampfte Wolfram bildet mit dem Brom gasförmiges Wolframbromid. In der Nähe des Wolframfadens, zersetzt sich das Wolframbromid wieder in Wolfram und Brom. Das Wolfram verstärkt dadurch den Faden. Das Brom kann erneut mit verdampftem Wolfram reagieren.

Der Kolben einer Halogenlampe muß so heiß sein, daß sich kein festes Wolframbromid an der Wandung niederschlägt. Deshalb sind die Kolben aus Quarzglas gefertigt.

9.8 Edelgase

1. Helium in Forschungsballons

Aufgabe 1: Warum eignet sich Argon als Schutzgas beim Schweißen?

Aufgabe 2: Entfernt man aus der trockenen Luft den Sauerstoff, so hat das Restgas eine höhere Dichte als Stickstoff. Wie ist dies zu erklären?

In keiner Elementfamilie sind die Ähnlichkeiten so ausgeprägt wie bei den Elementen **Helium, Neon, Argon, Krypton** und **Xenon**. Diese Elemente sind alle sehr reaktionsträge und werden daher als **Edelgase** bezeichnet. Die Edelgase sind farblose und geruchlose Gase, deren kleinste Teilchen aus einzelnen Atomen bestehen. Erst 1962 gelang es mit Xenonfluorid eine Verbindung eines Edelgases herzustellen.

Entdeckung. Der Engländer RAYLEIGH wollte die Dichte von Stickstoff bestimmen. Das Gas erhielt er einmal aus der Luft, zum anderen Mal aus einer Stickstoffverbindung. Zu seiner großen Überraschung stellte er fest, daß ein Liter Stickstoff aus der Luft um 0,0067 g schwerer war, als aus der Stickstoffverbindung. Auch bei wiederholten Messungen ergab sich immer die gleiche Differenz.
RAYLEIGH und sein Landsmann RAMSAY schlossen daraus, daß der Stickstoff aus der Luft mit einem schwereren Gas verunreinigt sein mußte. Als sie 1895 aus einer Luftprobe auch noch den Stickstoff entfernten, blieb tatsächlich eine kleine Blase eines noch unbekannten Gases übrig. Sie nannten es **Argon** (griech. *argos*: träge).
Innerhalb von drei Jahren wurden auch **Neon** (griech. *neos*: neu), **Krypton** (griech. *kryptos*: verborgen) und **Xenon** (griech. *xenos*: fremdartig) in der Luft aufgespürt. **Helium** ist nach Wasserstoff das häufigste Element im Weltall. Der Name Helium (griech. *helios*: Sonne) weist auf die Sonne hin, wo man es 1868 mit Hilfe eines Spektroskops entdeckte.

Die Edelgase Neon, Argon, Krypton und Xenon werden durch mehrfache Destillation von flüssiger Luft gewonnen. Helium ist im Erdgas enthalten. Es bleibt als Gas zurück, wenn man die übrigen Gase verflüssigt.

Edelgase in Leuchtröhren					
	gelb	rot	violett	gelbgrün	blaugrün
Element	Helium	Neon	Argon	Krypton	Xenon
Elementsymbol	He	Ne	Ar	Kr	Xe
Atommasse	4,0 u	20,2 u	39,9 u	83,8 u	131,3 u
Schmelztemperatur	−272 °C	−249 °C	−189 °C	−157 °C	−112 °C
Siedetemperatur	−269 °C	−246 °C	−186 °C	−153 °C	−108 °C
Dichte bei 20 °C	0,16 $\frac{g}{l}$	0,83 $\frac{g}{l}$	1,64 $\frac{g}{l}$	3,44 $\frac{g}{l}$	5,42 $\frac{g}{l}$
Anteil in 1000 l Luft	0,5 ml	1,5 ml	9,3 l	0,1 ml	0,008 ml
Verwendung	Ballongas	Leuchtröhren	Schutzgas	Glühlampen	Leuchtröhren

2. *Steckbrief:* Edelgase

> EXKURS

Edelgase sorgen für edles Licht

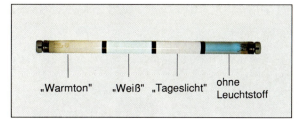

„Warmton" „Weiß" „Tageslicht" ohne Leuchtstoff

Leuchtröhren. Leuchtreklamen werden aus Glasröhren gebaut, die mit Edelgasen gefüllt sind. Meistens spricht man von *Neonröhren*.

Mit Neon gefüllte Röhren leuchten allerdings nur rot. Helium liefert gelbes und Argon violettes Licht. Krypton gibt gelbgrünes und Xenon blaugrünes Licht.

Die Leuchtröhren bestehen aus dickwandigen Glasröhren mit eingeschmolzenen Metallelektroden. Die Röhren werden evakuiert und dann mit einer geringen Menge des jeweiligen Edelgases gefüllt. Legt man eine Spannung von 5000 Volt an, so fließt ein Strom zwischen den beiden Polen der Leuchtröhre. Er regt die Edelgas-Atome zum Leuchten an.

Leuchtstoffröhren. Im Unterschied zu den Leuchtröhren enthalten die Leuchtstoffröhren nur Spuren des Edelgases Argon. Außerdem sind sie dünnwandiger, und zu ihrem Betrieb reicht schon die Netzspannung von 230 V. In ihnen leuchten Quecksilber-Atome. Die Argon-Atome werden nur noch zum Zünden der Rohre benötigt.
Das Licht der Quecksilber-Atome besteht zum größten Teil aus unsichtbarer ultravioletter Strahlung. Sie wäre für Augen und Haut gefährlich. Deshalb werden Leuchtstoffröhren mit Leuchtstoffen beschichtet, die UV-Licht in sichtbares Licht umwandeln. Die Lichtausbeute ist mit etwa 25 % fünfmal so groß wie bei einer Glühlampe. Inzwischen werden Leuchtstoffröhren auch in verkleinerter Form als *Energiesparlampen* angeboten.

> EXKURS

Helium – gegen Tiefenrausch und Taucherkrankheit

Immer wieder müssen Taucher an den Stützen der Ölplattformen in der Nordsee Reparaturen durchführen. Die oft komplizierten Arbeiten in großer Tiefe sind nicht nur riskant für die Taucher, sie kosten die betroffenen Firmen auch eine Menge Geld.
Nur gut bezahlte Spezialisten sind für solche Arbeiten geeignet. Sogar das Atemgas ist teuer: Jeder Atemzug eines Tauchers in 400 m Tiefe kostet etwa 3 Mark. Das Atemgas besteht aus einem speziellen Helium/Sauerstoff-Gemisch. Doch weshalb nimmt man nicht einfach preiswerte Preßluft?

In Preßluftflaschen befindet sich unter Druck ganz normale Luft. Atmet ein Taucher diese Luft ein, löst sich nicht nur der lebenswichtige Sauerstoff im Blut, sondern auch Stickstoff. Stickstoff ist an sich nicht giftig. Unter Druck übt er aber eine berauschende Wirkung auf den Menschen aus. Schon ab 30 m Wassertiefe droht deshalb die Gefahr eines *Tiefenrausches*. Den Taucher überkommt ein Gefühl übersteigender Lebensfreude. Er wird leichtsinnig und verliert die Selbstkontrolle. Das kann dazu führen, daß er immer tiefer taucht und das Auftauchen vergißt. Ersetzt man den Stickstoffanteil im Atemgas durch Helium, kann man den Tiefenrausch verhindern.

Auch wegen der lebensgefährlichen *Taucherkrankheit* verwendet man Helium. Sie tritt auf, wenn ein Taucher zu schnell an die Wasseroberfläche zurückkehrt. Dann perlen Stickstoffbläschen aus Blut und Gewebe – wie Kohlenstoffdioxid aus einer gerade geöffneten Mineralwasserflasche. Die Bläschen verstopfen die Blutgefäße und schädigen die Körperzellen. Wenn dabei Nervenzellen geschädigt werden, können die Folgen tödlich sein. Helium löst sich weniger gut im Blut als Stickstoff. Die Gefahr der Bläschenbildung ist deshalb geringer.

9.9 Ordnung ist das halbe Leben

1. MENDELEJEFF (1834–1907) und MEYER (1830–1895), die beiden Erfinder des Periodensystems der Elemente

Ueber die Beziehungen der Eigenschaften zu den Atomgewichten der Elemente

von

D. Mendelejeff.

Zeitschrift für Chemie 12. Jhrg. (Neue Folge, V. Bd.) (1869), S. 405 u. 406.

```
H = 1                      Cu = 63,4   Ag = 108    Hg = 200
       Be = 9,4   Mg = 24   Zn = 65,2   Cd = 112
       B  = 11    Al = 27,4  ? = 68    Ur = 116    Au = 197 ?
       C  = 12    Si = 28    ? = 70    Sn = 118
       N  = 14    P  = 31    As = 75   Sb = 122    Bi = 210
       O  = 16    S  = 32    Se = 79,4 Te = 128?
       F  = 19    Cl = 35,5  Br = 80   J  = 127
Li = 7 Na = 23               K  = 39   Rb = 85,4  Cs = 133   Tl = 204
                             Ca = 40   Sr = 87,6  Ba = 137   Pb = 207
```

2. Ausschnitt aus MENDELEJEFFs Periodensystem von 1869. Die Perioden sind senkrecht angeordnet.

Peri- ode	Gruppe							
	I	II	III	IV	V	VI	VII	VIII
1	1,008 $_1$H (Atommasse in u / Ordnungszahl)							4,003 $_2$He
2	6,94 $_3$Li	9,01 $_4$Be	10,81 $_5$B	12,01 $_6$C	14,00 $_7$N	16,00 $_8$O	19,00 $_9$F	20,18 $_{10}$Ne
3	22,99 $_{11}$Na	24,31 $_{12}$Mg	26,98 $_{13}$Al	28,09 $_{14}$Si	30,97 $_{15}$P	32,07 $_{16}$S	35,45 $_{17}$Cl	39,94 $_{18}$Ar
4	39,10 $_{19}$K	40,08 $_{20}$Ca	69,72 $_{31}$Ga	72,61 $_{32}$Ge	74,92 $_{33}$As	78,96 $_{34}$Se	79,90 $_{35}$Br	83,80 $_{36}$Kr
5	85,47 $_{37}$Rb	87,62 $_{38}$Sr	114,82 $_{49}$In	118,71 $_{50}$Sn	121,75 $_{51}$Sb	127,60 $_{52}$Te	126,90 $_{53}$I	131,29 $_{54}$Xe
6	132,91 $_{55}$Cs	137,33 $_{56}$Ba	204,38 $_{81}$Tl	207,2 $_{82}$Pb	208,98 $_{83}$Bi	$_{84}$Po	$_{85}$At	$_{86}$Rn

3. Periodensystem der Elemente (Hauptgruppen). Metalle sind braun, Nichtmetalle gelb unterlegt.

In diesem Chemiebuch wurden schon viele verschiedene Elemente vorgestellt – und allmählich geht der Überblick verloren. Die Chemiker des 19. Jahrhunderts waren in einer vergleichbaren Situation. Sie suchten daher Ordnungsprinzipien. Zwei Kriterien schienen besonders erfolgversprechend: Einerseits hatten sie festgestellt, daß sich die Elemente in den *Atommassen* unterscheiden. Eine Möglichkeit zur Ordnung bestünde also darin, die Elemente nach ihrer Atommasse zu ordnen. Andererseits war ihnen aufgefallen, daß sich bestimmte Elemente in ihren *chemischen Eigenschaften* ähnlich sind. Solche Elemente wurden zu Elementfamilien zusammengefaßt. Beispiele dafür sind die Alkalimetalle, die Erdalkalimetalle, die Halogene und die Edelgase.

Geschichte des Periodensystems. 1829 versuchte DÖBEREINER als erster, die bis dahin bekannten 50 Elemente zu ordnen. Ihm war aufgefallen, daß sich jeweils drei chemisch sehr ähnliche Elemente zu einer Gruppe zusammenfassen lassen. In diesen *Triaden* ergab sich die Atommasse des mittleren Elements als arithmetisches Mittel der Atommassen der übrigen. *Beispiel:* Cl (35,5); Br (79,9); I (126,9).

1869 veröffentlichten MENDELEJEFF und MEYER unabhängig voneinander eine periodische Anordnung der bis dahin bekannten Elemente. Sie ordneten die Elemente nach steigender Atommasse zu einer Reihe. In dieser Anordnung änderten sich die chemischen Eigenschaften von Element zu Element. Nach gewissen „Perioden" traten jedoch Elemente auf, die vorhergehenden ähnlich waren. Es zeigte sich das *Gesetz der Oktaven,* das sich beispielsweise an den Alkalimetallen belegen läßt. Auf Lithium folgt als *achtes* Element Natrium. Mit gleichem Abstand folgt dann das Element Kalium.

MENDELEJEFF fiel auf, daß sein Periodensystem Lücken hatte. So waren die Felder unter dem Aluminium und unter dem Silicium noch unbesetzt. 1871 behauptete er, die entsprechenden Elemente seien noch nicht entdeckt. Er nannte sie Eka-Aluminium und Eka-Silicium. MENDELEJEFF wagte sogar, einige Eigenschaften der unbekannten Elemente vorherzusagen. So sollte das Eka-Aluminium eine Atommasse von 68 u und eine Dichte von $6 \frac{g}{cm^3}$ aufweisen. Außerdem sollte es bereits in der Hand schmelzen.

Schon sechs Jahre später wurde dieses Element entdeckt: das Gallium. Die Atommasse von 70 u und die Dichte von $5,9 \frac{g}{cm^3}$ stimmten erstaunlich genau mit den Vorhersagen überein. Gallium schmilzt bereits bei 30 °C, es ist also tatsächlich bei Körpertemperatur flüssig. 1886 entdeckte der deutsche Chemiker WINKLER dann Eka-Silicium: das Germanium.

Periodensystem. Im heutigen Periodensystem stehen die Elemente einer **Periode** nebeneinander. Die Elemente einer Elementfamilie stehen untereinander, sie bilden eine **Gruppe.** Jede Periode beginnt mit einem Alkalimetall und endet mit einem Edelgas.

Heute kennt man mehr als 100 Elemente. Wenn man versucht, alle Elemente nach dem Gesetz der Oktaven zu ordnen, so ergeben sich Schwierigkeiten, weil die Zahl der Elemente, die eine Periode bilden, mit steigender Atommasse zunimmt. Dieses Problem wurde durch Unterscheidung in *Hauptgruppenelemente* und *Nebengruppenelemente* gelöst. Betrachtet man nur die Elemente der Hauptgruppen, so gilt das Gesetz der Oktaven.

Die Elemente werden im Periodensystem periodenweise von links nach rechts durchnumeriert. So erhält jedes Element seine **Ordnungszahl.** Diese Reihenfolge weicht an einigen Stellen von der Anordnung der Elemente nach steigender Atommasse ab: Kalium steht erst hinter Argon, obwohl es die geringere Atommasse hat. Aufgrund seiner chemischen Eigenschaften gehört Kalium in die Gruppe der Alkalimetalle. Die chemische Verwandtschaft ist also wichtiger als die Ordnung nach der Atommasse.

Im Periodensystem stehen links Metalle und rechts Nichtmetalle. Sie werden durch eine Diagonale getrennt, die etwa vom Element Bor über Arsen zum Astat verläuft. Elemente, die in diesem Grenzbereich stehen, haben teils metallische, teils nichtmetallische Eigenschaften.

Die IV., V. und VI. Hauptgruppe enthalten sowohl Nichtmetalle als auch Metalle. In diesen Fällen stehen die Nichtmetalle oben, die Metalle unten in der Gruppe.

Aufgabe 1: a) Stelle mit Hilfe des Periodensystems im Anhang die Elemente mit den Atommassen 68 und 70 fest, die in MENDELEJEFFs System noch fehlten.
b) Vergleiche die Atommassen mit den von MENDELEJEFF vorausgesagten Werten.
c) Welche Hauptgruppen hatte MENDELEJEFF bereits richtig geordnet?

Aufgabe 2: Wie ändern sich innerhalb einer Elementfamilie folgende Eigenschaften:
a) Dichte, **b)** Schmelztemperatur und Siedetemperatur, **c)** Reaktionsfähigkeit?

Aufgabe 3: Die Ähnlichkeiten zwischen den Elementen sind bei den Elementen der Hauptgruppen I, II, VII und VIII besonders ausgeprägt. Warum ist das bei den Elementen der anderen Hauptgruppen nicht der Fall?

Aufgabe 4: Germanium kommt in der Natur häufiger vor als Blei oder Zinn. Wie kann man erklären, daß Germanium dennoch erst viel später als Blei oder Zinn entdeckt wurde?

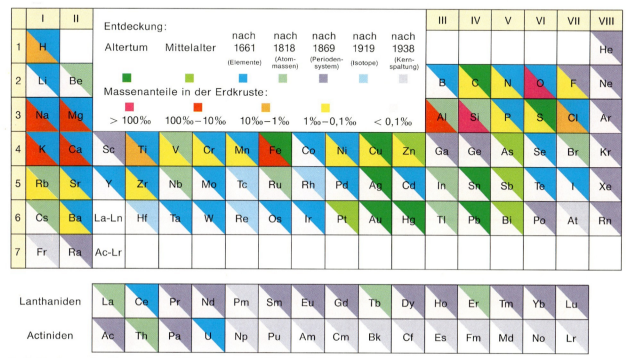

1. Entdeckung der Elemente und ihr Massenanteil in der Erdkruste

9.10 Aufgaben · Versuche · Probleme

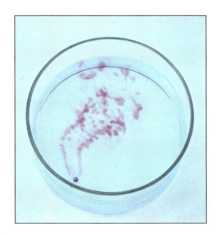

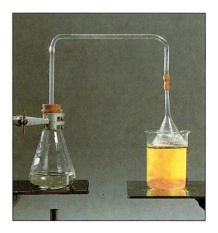

Aufgabe 1: Gibt man ein Stück Natrium auf ein feuchtes Blatt Papier, so entwickeln sich nach kurzer Zeit Flammen. Bei der Reaktion von Natrium mit Wasser in einer Glasschale treten keine Flammen auf.
a) Welcher Stoff verbrennt?
b) Warum entzündet sich das Reaktionsgemisch in der Schale nicht?
c) Bei der Reaktion von Natrium mit Wasser in einer Glasschale setzt man aus Sicherheitsgründen dem Wasser einige Tropfen Spülmittel zu. Was soll dadurch verhindert werden?

Aufgabe 2: Aus welchen Teilchen besteht das Salz Calciumchlorid? Leite die Verhältnisformel für Calciumchlorid her.

Aufgabe 3: Gib Reaktionsschema und Reaktionsgleichung für die Reaktion von Magnesium mit Iod an.

Aufgabe 4: Ergänze die folgende Tabelle durch Schätzwerte für das Erdalkalimetall Strontium (Sr).

Element	Mg	Ca	Sr	Ba
Ordnungszahl	12	20	38	56
Dichte in $\frac{g}{cm^3}$	1,7	1,5		3,7
Schmelztemperatur in °C	649	839		714
Atommasse in u	24,3	39,1		137,3

Aufgabe 5: Warum kommen sowohl Halogene als auch Alkalimetalle in der Natur nur als Salze vor?

Aufgabe 6: Konzentrierte Salzsäure bildet an der Luft Nebel. Erkläre dieses Phänomen und gib eine Reaktionsgleichung an.

Aufgabe 7: Aus 100 mg Calciumbromid kann man 20 mg Calcium und 80 mg Brom gewinnen. Berechne die Stoffmengen an Calcium-Atomen und Brom-Atomen und stelle die Verhältnisformel für Calciumbromid auf.

Aufgabe 8: Nenne vier Elementfamilien und je drei zugehörige Elemente.

Aufgabe 9: Bei welchen Elementen im Periodensystem steigt die Atommasse nicht mit der Ordnungszahl an?

Versuch 1: Nachweis von Chlor
a) *Herstellung von Kaliumiodid/Stärke-Papier:*
Rühre 0,5 g Stärke mit wenig kaltem Wasser an. Erhitze in einem Becherglas 50 ml Wasser zum Sieden und gieße die angerührte Stärke hinein. Löse 0,25 g Kaliumiodid in dem Gemisch. Tränke mit dem Gemisch Filtrierpapierstreifen und lasse sie trocknen.
b) *Bildung von Chlor (T, N) aus Salzsäure und Kaliumpermanganat:*
Vorsicht! Schutzbrille und Abzug!
Gib in einem Reagenzglas einige Tropfen konzentrierter Salzsäure (C) auf Permanganat-Kristalle (Xn, O). Prüfe das entstehende Gas mit angefeuchtetem Kaliumiodid/Stärke-Papier.
Notiere deine Beobachtungen. Welche Reaktion hat stattgefunden?

Versuch 2: Eigenschaften von Chlorwasserstoff (C, T)
Vorsicht! Schutzbrille und Abzug!
Erhitze konzentrierte Salzsäure (C) und leite das entstehende Gas auf eine wässerige Lösung von Universalindikator.
Aufgaben: a) Wie verändert sich die Löslichkeit von Chlorwasserstoff bei Temperaturerhöhung?
b) Was geschieht, wenn man Chlorwasserstoff nicht auf die Wasseroberfläche, sondern *in* das Wasser leitet?

Versuch 3: Löslichkeit von Alkalimetall- und Erdalkalimetallverbindungen
Vorsicht! Schutzbrille!
Untersuche Natronlauge (C), Kalilauge (C), Kalkwasser und Bariumhydroxid-Lösung (Xn).
Tropfe jeweils zu einer Probe in einem Reagenzglas Natriumcarbonat-Lösung.
Tropfe jeweils zu einer zweiten Probe Natriumsulfat-Lösung.
Aufgaben: a) Beschreibe deine Beobachtungen und fasse sie in einer Tabelle zusammen.
b) Wie kann man Kalilauge von Kalkwasser unterscheiden?

Problem 1: Wie läßt sich die Verhältnisformel für Schwefelwasserstoff mit Hilfe des Periodensystems vorhersagen?

Problem 2: Natrium und Lithium werden in Paraffinöl aufbewahrt. Lithium wird sogar in Paraffin eingeschmolzen. Welche Vorteile haben diese Methoden?

Elementfamilien und Periodensystem

1. Alkalimetalle
Die wichtigsten Alkalimetalle sind: Lithium (Li), Natrium (Na), Kalium (K).

a) Eigenschaften:
- Die Alkalimetalle sind unedle Leichtmetalle mit niedrigen Schmelztemperaturen und geringer Härte.
- Sie bilden einfach positiv geladene Ionen.
- Die Alkalimetalle und ihre Verbindungen geben charakteristische Flammenfärbungen.

b) Reaktion mit Wasser:
Bei der heftigen Reaktion entstehen Alkalimetallhydroxide und Wasserstoff.

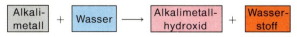

Beispiel: $2\,Na + 2\,H_2O \longrightarrow 2\,NaOH + H_2$; exotherm

Die Heftigkeit der Reaktion nimmt mit vom Lithium zum Caesium zu.

c) Alkalimetallhydroxide:
Sie lösen sich sehr gut in Wasser und bilden dabei starke **Laugen**.
Die wässerige Lösung von Natriumhydroxid heißt *Natronlauge*.

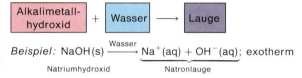

Beispiel: $NaOH(s) \xrightarrow{Wasser} \underbrace{Na^+(aq) + OH^-(aq)}_{Natronlauge}$; exotherm

(Natriumhydroxid)

2. Erdalkalimetalle
- Die wichtigsten Erdalkalimetalle sind: Magnesium (Mg) und Calcium (Ca).
- Die Erdalkalimetalle ähneln den Alkalimetallen. Sie bilden aber zweifach positiv geladene Ionen.
- Die Reaktionsfreudigkeit gegenüber Wasser ist deutlich geringer als bei den Alkalimetallen.

3. Halogene
Die wichtigsten Halogene sind: Fluor (F), Chlor (Cl), Brom (Br), Iod (I).

a) Eigenschaften:
- Halogene sind reaktionsfreudige Nichtmetalle. Die Heftigkeit der Reaktion nimmt von Fluor zum Iod ab.
- Als Elemente bestehen die Halogene aus zweiatomigen Molekülen.
- Halogene bilden einfach negativ geladene Halogenid-Ionen.

b) Reaktion mit Wasserstoff:
Halogene reagieren mit Wasserstoff im Atomanzahlverhältnis 1:1 zu Halogenwasserstoffen.

Beispiel: $Cl_2 + H_2 \longrightarrow 2\,HCl$; exotherm

c) Halogenwasserstoffe:
Diese Gase lösen sich sehr gut in Wasser. Dabei bilden sie **Säuren**.
Chlorwasserstoff löst sich zu *Salzsäure*.

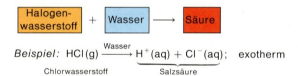

Beispiel: $HCl(g) \xrightarrow{Wasser} \underbrace{H^+(aq) + Cl^-(aq)}_{Salzsäure}$; exotherm

(Chlorwasserstoff)

d) Reaktion mit Metallen:
In heftigen Reaktionen entstehen Salze.

Beispiel: $Mg + Cl_2 \longrightarrow MgCl_2$; exotherm

e) Salze:
Salze sind kristalline Feststoffe mit hohen Schmelztemperaturen. Sie bestehen aus positiv und negativ geladenen Ionen. Es sind *Ionenverbindungen*.

4. Edelgase
Die wichtigsten Edelgase sind: Helium (He), Neon (Ne) und Argon (Ar).
Edelgase kommen nur atomar vor. Sie gehen kaum Verbindungen ein.

5. Periodensystem
a) Im Periodensystem sind die Elemente nach ihrer **Ordnungszahl** geordnet.
b) Die Elemente einer Elementfamilie bilden eine **Gruppe** und stehen im Periodensystem untereinander.
c) Die Elemente einer **Periode** stehen nebeneinander.
d) Der Platz eines jeden Elements ist durch seine Gruppe und seine Periode eindeutig festgelegt.
e) Die **Metalle** stehen im Periodensystem links und unten. Sie sind von den Nichtmetallen durch eine Diagonale getrennt. Die **Nichtmetalle** stehen daher rechts und oben. Man unterscheidet *Haupt-* und *Nebengruppen*.

Periode	Gruppe							
	I	II	III	IV	V	VI	VII	VIII
1	1,008 H 1 (Atommasse in u, Ordnungszahl)							E
2	A	E		Nichtmetalle			H	D
3	L	R					A	E
4	K A L I	D A L K A					L O	L G
5	M E	L I M					G	A
6	T A L L	E T A L L		Metalle			E N	S
7	E	E					E	E

10 Atome

Atome unterscheiden sich im wesentlichen durch die Anzahl der Protonen im Atomkern. Ein einziges Proton weniger im Atomkern – und aus Gold wird Platin, ein einziges Proton mehr – und schon hat man Quecksilber.

Platin

Quecksilber

10.1 Fotoreise in die Welt der Atome

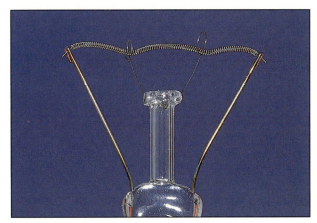

1. Der Wolframdraht einer Glühlampe ...

3. ... im Elektronenmikroskop (20 tausendfach)

„Zeigen Sie mir ein Atom, erst dann glaube ich daran". So raunzte der berühmte Physiker MACH jeden Fachkollegen an, der ihn davon überzeugen wollte, daß alle Stoffe aus Atomen bestehen. Zu Beginn des 20. Jahrhunderts zweifelten noch viele Wissenschaftler daran, daß die Materie aus Atomen aufgebaut ist. Da wäre eine fotografische Abbildung von Atomen schon sehr überzeugend gewesen! Aber lassen sich Atome überhaupt fotografieren?

Vom Wolframdraht zum Wolfram-Atom. Mit bloßem Auge ist der nur 0,01 mm starke Draht der Wolframwendel in einer Glühlampe gerade noch zu sehen. Bei tausendfacher Vergrößerung mit einem *Mikroskop* erkennt man zwar, daß es sich um eine Doppelwendel handelt und die Oberfläche sehr rauh ist – Atome sieht man aber noch lange nicht. Sichtbares Licht ist mit einer Wellenlänge von etwa 500 nm viel zu grob, um Atome abzubilden.

Wesentlich weiter kommt man mit einem *Elektronenmikroskop*: Bei 20tausendfacher Vergrößerung sind bereits kleine Wolfram-Kristalle zu erkennen. Allerdings zeigen sich auch bei der maximal erreichbaren 500tausendfachen Vergrößerung noch keine Atome.

Erst das 1983 entwickelte *Raster-Tunnel-Mikroskop*, das eine 50millionenfache Vergrößerung erlaubt, schafft den Durchbruch in die atomare Dimension: Auf der Oberfläche der Wolfram-Kristalle erscheinen die Atome wie dicht aneinandergeklebte Perlen.

Richtige Fotos von Atomen sind die so gewonnenen Bilder allerdings nicht. Bei diesem Abbildungsverfahren wird ein Metalldraht mit extrem feiner Spitze über den Kristall geführt, und ein Computer verarbeitet die Abtastsignale. Das Bild einer Hügellandschaft aus Atomen ist also kein Foto, sondern eher eine Computergrafik.

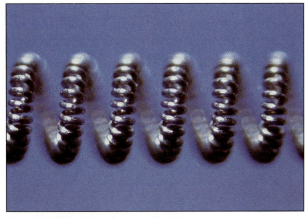

2. ... im Mikroskop (tausendfach)

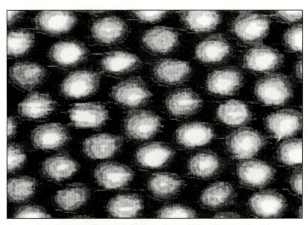

4. ... im Raster-Tunnel-Mikroskop (50millionenfach)

10.2 Atome enthalten Elektronen

1. Ein Blitz leitet gewaltige Mengen elektrischer Ladung zum Erdboden ab

Bei starken Gewittern sollte man möglichst Schutz suchen. Freistehende Bäume sind allerdings zu meiden: Ein Blitz könnte einschlagen.

Erste naturwissenschaftliche Untersuchungen zur Natur der Blitze fanden im 18. Jahrhundert statt. Der amerikanische Naturforscher FRANKLIN (1706–1790) vermutete, daß Gewitterwolken elektrisch geladen seien. Um die Elektrizität aus den Wolken abzuleiten, tat er, was man bei Gewittern auf gar keinen Fall tun sollte: Er ließ Drachen in die Wolken aufsteigen! Er zeigte, daß von der feuchten Drachenschnur Funken auf einen Metalldraht überspringen. Das war ein Hinweis darauf, daß bei einem Blitz tatsächlich elektrische Ladung aus den Wolken zum Erdboden abfließt. FRANKLIN entwickelte aus dieser Erkenntnis den ersten Blitzableiter.

Reibungselektrizität. Elektrische Aufladungen kommen auch im Alltag vor. Kämmt man frisch gewaschene Haare oder zieht man einen Wollpullover über das Haar, so sieht man im Dunkeln Miniblitze und hört Knistergeräusche.
Viele Stoffe, die gegeneinander gerieben werden, laden sich elektrisch auf. Diese Erscheinung nennt man auch Reibungselektrizität.

2. Bernstein wird durch Reiben an Wolle elektrisch aufgeladen

Im Experiment läßt sich die Reibungselektrizität gut mit Bernstein zeigen. Wird Bernstein mit Wolle gerieben und dann mit einer Glimmlampe berührt, so leuchtet die Lampe kurz auf. Hält man den geriebenen Bernstein über Papierschnitzel, so werden sie angezogen. Schon die alten Griechen kannten dieses Phänomen. Sie nannten Bernstein daher „electron"
– das Anziehende.

EXKURS

Blitze an der Tankstelle verboten!

Benzindämpfe sind leichtentzündlich und hochexplosiv. Rauchen und offenes Feuer sind daher an der Tankstelle verboten. Es gibt aber noch eine heimtückische Gefahrenquelle: elektrostatische Aufladungen.
Die Gefahr überspringender Funken ist besonders groß, wenn die Ladung eines Tankwagens umgefüllt wird. Rund 40 000 Liter Benzin strömen dann mit hoher Geschwindigkeit vom Tankwagen durch einen Kunststoffschlauch in den Vorratstank. Dabei reibt sich die Flüssigkeit an Kunststoff: Elektrische Ladungen werden übertragen, und der Schlauch lädt sich elektrostatisch auf.
Um die Gefahr einer Explosion auszuschließen, wird eine elektrisch leitende Verbindung zwischen Tankwagen und Tank gelegt. Sie sorgt für Ladungsausgleich.

Elektrische Kräfte. Auch Folien aus Kunststoff werden durch Reiben mit Papier elektrisch aufgeladen. Oft sind die elektrischen Anziehungskräfte so stark, daß sich das Unterlegpapier von der Folie nur mühsam entfernen läßt. Reibt man dagegen zwei Folien zuerst mit Papier und bringt sie dann zusammen, so stoßen sich die beiden Folien ab.

Der Versuch erinnert an die Wechselwirkung zwischen zwei Magneten: Gleiche Pole stoßen sich ab, unterschiedliche Pole ziehen sich an. Bei Bernstein und Folien sind jedoch keine magnetischen Kräfte, sondern elektrische Kräfte wirksam. Ihre Ursache sind *elektrische Ladungen*. Für sie gilt:

Unterschiedliche Ladungen ziehen sich an, gleichartige Ladungen stoßen sich ab.

Die elektrische Aufladung von Gegenständen läßt sich durch die Annahme von **Ladungsträgern** erklären. Man unterscheidet positive und negative Ladungsträger. Die negativen Ladungsträger nennt man **Elektronen**.

Reibt man eine Kunststoffolie mit Papier, so werden Elektronen vom Papier auf die Folie übertragen. Auf der Folie herrscht nun ein Elektronenüberschuß: Sie ist *negativ geladen*. Das Papier hat einen Mangel an Elektronen. Durch den Überschuß an positiven Ladungsträgern ist es *positiv geladen*.

Elektronenüberschuß führt zu negativer Aufladung, Elektronenmangel zu positiver Aufladung.

Elektronen in Atomen. Die beim Reiben der Stoffe übertragenen Elektronen stammen aus den Atomen. Sie können von Atomen abgetrennt oder Atomen hinzugefügt werden. Die Ladung eines Elektrons ist die kleinste Ladungsmenge, die man kennt. Sie wird deshalb auch als negative *Elementarladung* bezeichnet.

Atome enthalten Elektronen. Das Elektron ist Träger der negativen Elementarladung, es wird mit dem Symbol e$^-$ gekennzeichnet.

Wie Blitze entstehen, läßt sich folgendermaßen erklären: An heißen Tagen steigt feuchte Luft schnell nach oben, und Wasserdampf gefriert in den höheren Luftschichten. Die gebildeten Hagelkörner fallen aus großer Höhe herunter und schmelzen dabei teilweise. Wassertröpfchen werden abgerissen. Dabei kommt es zur Ladungstrennung. Wird der Elektronenüberschuß sehr groß, dann fließen Elektronen von der Wolke zur Erde ab: Es blitzt. Der Blitz erhitzt den Luftkanal, in dem er sich bewegt, auf etwa 30 000 °C. Die Luft dehnt sich dadurch schlagartig aus: Es donnert.

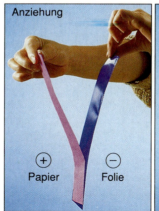 

1. Elektrische Kräfte

Versuch 1: Elektrische Kräfte
a) Reibe einen aufgeblasenen Luftballon an einem Pullover. Bringe den Ballon dann in die Nähe von Papierschnitzeln.
b) Hänge zwei aufgeblasene Luftballons so nebeneinander auf, daß sie sich gerade berühren. Reibe nun beide Ballons mit Wolle.

Aufgabe 1: Manchmal bekommt man einen leichten elektrischen Schlag, wenn man einen Türgriff aus Metall berührt. Wie läßt sich das erklären?

Aufgabe 2: a) Beschreibe, wie der Blitzableiter eines Hauses beschaffen sein muß. Wohin wird der Blitz abgeleitet?
b) Der Donner ist manchmal sofort nach dem Blitz zu hören, oft aber erst einige Sekunden später. Wie ist das zu erklären?

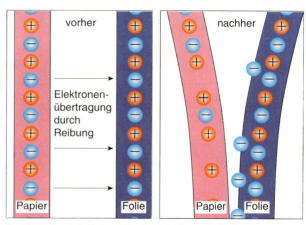

2. Modellvorstellung zur elektrischen Aufladung

10.3 Geladene Teilchen: Ionen

1. Elektrolyse von Zinkbromid-Lösung

Aufgabe 1: Leitfähigkeitsprüfungen bei Lösungen werden im allgemeinen nicht mit Gleichspannung, sondern mit Wechselspannung durchgeführt.
a) Erläutere den Unterschied zwischen Gleichspannung und Wechselspannung.
b) Welche Spannung steht üblicherweise im Haushalt zur Verfügung?
c) Welche Spannungswerte verwendet man zur Leitfähigkeitsprüfung?
d) Warum verwendet man bei Leitfähigkeitsmessungen besser Wechselspannung als Gleichspannung?

Aufgabe 2: Die Elektrolyse einer Kupferchlorid-Lösung ($CuCl_2$) liefert an den Elektroden Kupfer und Chlor. Erläutere die Vorgänge an Pluspol und Minuspol.

Aufgabe 3: In der Industrie wird Aluminium durch die Schmelzflußelektrolyse von Aluminiumoxid (Al_2O_3) gewonnen. In der Schmelze befinden sich Al^{3+}-Ionen und O^{2-}-Ionen. Notiere jeweils die Reaktionsgleichung für die Elektrodenvorgänge.

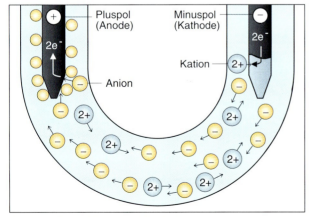

2. Modellvorstellung zur Elektrolyse

Ein Glühlämpchen leuchtet, wenn man es elektrisch leitend mit den beiden Polen einer Spannungsquelle verbindet. Dabei bewegen sich Elektronen vom Minuspol durch den Metalldraht zum Pluspol. Dieser elektrische Strom erhitzt den Glühfaden der Lampe so stark, daß er hell aufglüht.

Läßt man den elektrischen Strom über zwei Kohlestäbe durch eine *Salzlösung* fließen, so leuchtet das Lämpchen auch auf. Die Salzlösung leitet also den Strom. Dabei wird die elektrische Ladung in der Lösung allerdings nicht durch Elektronen transportiert, sondern durch geladene Teilchen, durch **Ionen**.

Elektrolyse von Zinkbromid-Lösung. Taucht man zwei Kohlestäbe in eine Zinkbromid-Lösung und schließt den Stromkreis, so treten auch Stoffänderungen auf. An der *positiv geladenen Elektrode*, dem Pluspol, beobachtet man eine braune Färbung von gelöstem Brom. An der *negativ geladenen Elektrode*, dem Minuspol, bildet sich eine graue Schicht. Es ist Zink entstanden. Insgesamt gesehen, wird Zinkbromid in Zink und Brom zerlegt. Eine solche Reaktion, bei der ein Stoff durch elektrische Energie zerlegt wird, bezeichnet man allgemein als **Elektrolyse**.

$$\text{Zinkbromid} \xrightarrow{\text{elektrische Energie}} \text{Zink} + \text{Brom}$$

Vorgänge an den Elektroden. Die Lösung von Zinkbromid ($ZnBr_2$) enthält doppelt so viele Bromid-Ionen wie Zink-Ionen. Ein Bromid-Ion (Br^-) ist einfach negativ geladen. Gegenüber einem Brom-Atom weist es ein zusätzliches Elektron auf. Ein Zink-Ion (Zn^{2+}) ist zweifach positiv geladen. Es hat also zwei Elektronen weniger als ein Zink-Atom.

Zink-Ionen bewegen sich bei der Elektrolyse zur negativ geladenen Elektrode, der **Kathode**. Dort nimmt jedes Zink-Ion zwei Elektronen auf und wird dadurch zum Zink-Atom entladen. Kommen viele Zink-Atome zusammen, so bildet sich festes Zink.

Minuspol (Kathode): $Zn^{2+}(aq) + 2e^- \longrightarrow Zn(s)$

Ein Zink-Ion kann sich nur dann an der Kathode entladen, wenn gleichzeitig am Pluspol, der **Anode**, zwei Bromid-Ionen entladen werden. Diese geben je ein Elektron ab und werden dadurch zu Brom-Atomen. Je zwei Brom-Atome bilden ein Brom-Molekül (Br_2):

Pluspol (Anode): $2\,Br^-(aq) \longrightarrow Br_2(aq) + 2e^-$

Positiv geladene Ionen bezeichnet man als Kationen, denn sie wandern zur Kathode, dem Minuspol. Negativ geladene Ionen nennt man Anionen, da sie zur Anode, dem Pluspol, wandern.

Natrium aus Steinsalz

Das Alkalimetall Natrium wird durch Elektrolyse aus Steinsalz (Natriumchlorid) gewonnen. Die Elektrolyse kann man allerdings nicht mit einer wässerigen Lösung durchführen. Zwar erhält man am Pluspol Chlor-Gas, aber am Minuspol scheidet sich kein Natrium ab. Statt dessen bildet sich aus dem Wasser Wasserstoff-Gas.

Natriummetall erhält man neben Chlor durch die Elektrolyse einer Natriumchlorid-Schmelze. Aus der Schmelze scheidet sich Natrium am Minuspol ab. Eine solche Elektrolyse bezeichnet man als **Schmelzflußelektrolyse.**

In der Technik wird eine spezielle Elektrolysezelle verwendet; nach ihrem Konstrukteur heißt sie DOWNS-Zelle. Der Pluspol besteht aus einer Graphitsäule. Als Minuspol verwendet man einen Eisenring. Beide Elektroden tauchen ganz in die Salzschmelze ein. Da reines Natriumchlorid erst bei 800 °C schmilzt, setzt man Calciumchlorid und Bariumchlorid zu. Die Schmelztemperatur sinkt dadurch auf 600 °C.

Bei einer Gleichspannung von 7 V fließt ein gewaltiger Strom von 35 000 A durch die DOWNS-Zelle.

Natrium-Ionen wandern in der Schmelze zum Eisenring, der seitlich von einem feinmaschigen Drahtnetz umgeben ist. Die Natrium-Ionen entladen sich, und elementares Natrium steigt in der Schmelze auf. Es sammelt sich unter der dachartigen Abdeckung des Minuspols. Chlorid-Ionen wandern zur Graphitsäule und werden dort zu Chlor-Molekülen umgesetzt:

Minuspol (Kathode): $2\,Na^+ + 2\,e^- \longrightarrow 2\,Na$

Pluspol (Anode): $2\,Cl^- \longrightarrow Cl_2 + 2\,e^-$

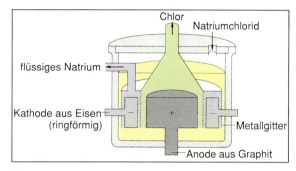

Gold aus Abfall

Aus Erzen hergestellte Metalle sind in der Regel nicht rein. So hat Rohkupfer nur einen Kupferanteil von 98 %. In den restlichen 2 % sind neben unedlen Metallen auch Edelmetalle wie Silber, Gold und Platin enthalten. Sie werden bei der Reinigung des Kupfers gewonnen.

Die Reinigung des Rohkupfers geschieht durch Elektrolyse von Kupfersulfat-Lösung. Dabei verwendet man Rohkupfer als Pluspol (Anode) und Feinkupfer als Minuspol (Kathode). Bei der Elektrolyse löst sich der Pluspol nach und nach auf, und am Minuspol scheidet sich reines Kupfer ab. Der Kupferanteil beträgt dann mehr als 99,9 %.

Pluspol (Anode): $Cu(s, roh) \longrightarrow Cu^{2+}(aq) + 2\,e^-$

Minuspol (Kathode): $Cu^{2+}(aq) + 2\,e^- \longrightarrow Cu(s, rein)$

Bei der Elektrolyse werden am Pluspol außer Kupfer auch alle unedlen Metalle gelöst, also in Ionen überführt. Sie werden aber nicht am Minuspol abgeschieden. Edle Metalle wie Gold, Silber und Platin lösen sich dagegen nicht. Sie sinken zu Boden und bilden *Anodenschlamm*. Die Verunreinigungen des Rohkupfers werden so auf zwei Wegen entfernt: Ein Teil geht in die Lösung, der andere Teil setzt sich als fester Stoff ab.

Der Anodenschlamm wird mit starken Säuren gelöst. Aus der Lösung scheidet man die Edelmetalle elektrolytisch ab.

Minuspol (Kathode): $Au^{3+}(aq) + 3\,e^- \longrightarrow Au(s)$

So erhält man durch die Reinigung von Kupfer als Nebenprodukt reines Gold. Gewissermaßen gewinnt man Gold aus dem Abfall der **Kupferraffination.**

10.4 Das Kern-Hülle-Modell des Atoms

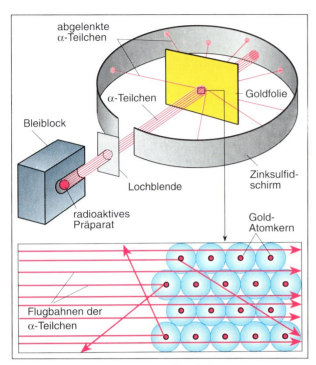

1. Streuung von α-Teilchen an Goldfolie

Aufgabe 1: Das Blattgold des Herrn RUTHERFORD war 0,0004 mm dick oder etwa 1000 Gold-Atome stark.
a) Wieviel Goldfolien sind nötig, um eine 1 mm hohe Goldschicht zu erhalten?
b) Welchen Durchmesser hat das Gold-Atom ungefähr?

Aufgabe 2: Der Atomkern wird gedanklich zu einem Tischtennisball, $d = 3$ cm, vergrößert. Wie groß müßte dann das gesamte Atom sein?

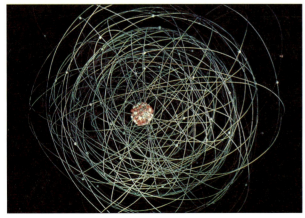

2. Kern-Hülle-Modell des Uran-Atoms

Die Reibungselektrizität und die Vorgänge bei der Elektrolyse zeigen, daß Atome Elektronen aufnehmen und abgeben können. Wo aber befinden sich im Atom positive und negative Ladungen? Eine Antwort gab der englische Physiker RUTHERFORD (1871–1937).

RUTHERFORDS Streuversuch. Die Radioaktivität war inzwischen entdeckt worden, und RUTHERFORD arbeitete wie viele Wissenschaftler am Anfang des Jahrhunderts mit radioaktiven Stoffen. Er stellte fest, daß die Teilchen der Alpha-Strahlung (positiv geladene Helium-Ionen) Metallfolien leicht durchdringen. An einer Goldfolie untersuchte er, ob diese α-Teilchen durch Gold-Atome abgelenkt werden. Die Folie war zwar nur 0,0004 mm dick, enthielt aber immerhin noch 1000 Atomschichten.

Die α-Teilchen wurden mit Hilfe eines Zinksulfidschirms beobachtet. Immer, wenn ein α-Teilchen auf dem Schirm auftrifft, erzeugt es einen winzigen Lichtblitz, der sich mit einer Lupe erkennen läßt. Auf diese Weise konnte man übrigens zum ersten Mal einzelne atomare Teilchen indirekt beobachten und abzählen.

Im Juni 1909 berichtete RUTHERFORDs Mitarbeiter GEIGER, der inzwischen mehr als 100 000 Lichtblitze gezählt hatte, daß α-Teilchen manchmal sehr stark abgelenkt werden. Etwa jedes zehntausendste wird sogar zurückgeworfen, so als sei es auf ein festes Hindernis geprallt.
Dieses Ergebnis kam völlig überraschend. „Es ist, als würde man mit einer Kanonenkugel auf ein Taschentuch schießen und die Kugel würde in die Ausgangsrichtung zurückfliegen", meinte RUTHERFORD. Es dauerte fast zwei Jahre, bis er dieses Rätsel löste.

Kern-Hülle-Modell. RUTHERFORD veröffentlichte 1911 seine bahnbrechende Vorstellung vom Aufbau der Atome. Danach hat ein Atom ein Massezentrum mit positiver Ladung, den **Atomkern.** Er ist 10 000mal kleiner als das Atom selbst, enthält aber mehr als 99,9% der Masse des Atoms.
Um den Atomkern bewegen sich die negativ geladenen, fast masselosen Elektronen. Sie bilden die **Atomhülle.** Das ganze Atom entspricht einer Kugel mit einem Radius von etwa einem zehnmillionstel Millimeter (0,000 000 1 mm).
Insgesamt ist ein Atom elektrisch neutral, denn die Anzahl der Elektronen in der Atomhülle stimmt mit der Anzahl der positiven Ladungen im Kern überein.

Ein Atom besteht aus Atomkern und Atomhülle. Der Atomkern ist positiv geladen und enthält fast die gesamte Masse des Atoms. In der Atomhülle befinden sich die Elektronen.

Marie CURIE entdeckt die Radioaktivität

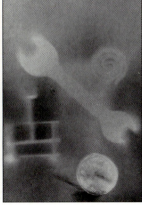

Radioaktive Strahlung durchdringt die Papierhülle einer Fotoplatte

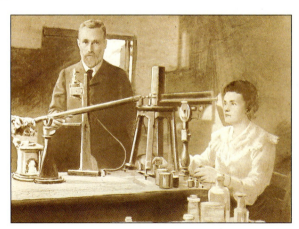

Marie CURIE bei der Untersuchung radioaktiver Stoffe

Die Wende vom 19. zum 20. Jahrhundert war die große Zeit der Entdeckung und Untersuchung neuer Strahlungsarten. So entdeckte der deutsche Physiker RÖNTGEN 1895, daß bestimmte Elektronenröhren eine Strahlung erzeugen, die sogar die Papierhülle von Fotoplatten durchdringt und die Fotoplatten schwärzt. Er konnte mit diesen Strahlen die Knochen seiner Hand abbilden.

Nachdem der französische Physiker BECQUEREL (1852–1908) von der neuen Strahlung erfahren hatte, untersuchte er, ob Kristalle Röntgenstrahlen aussenden, wenn man sie dem Sonnenlicht aussetzt. Dazu stellte er Proben verschiedener Salze zusammen mit gut eingepackten Fotoplatten auf eine Fensterbank. Die erwartete Strahlung sollte die Platten durch die Verpackung hindurch belichten.

BECQUEREL fand diesen Effekt allerdings nur bei **Uranverbindungen** und zu seiner Überraschung auch bei schlechtem Wetter – ohne Sonnenschein. Später schrieb er: „Sämtliche von mir untersuchten Uransalze führten zum selben Ergebnis, unabhängig ob sie dem Sonnenlicht ausgesetzt waren oder sich in Lösung befanden. So kam ich zu dem Schluß, daß der Effekt deshalb auftritt, weil in den Salzen das Element Uran vorhanden ist". Aus diesem Grund nannte man in Frankreich diese neue Strahlung zunächst „Uranstrahlen".

Im Herbst des Jahres 1891 kam die junge Polin Marja SKLODOWSKA nach Paris. Obwohl sie fast mittellos und nur unzureichend vorgebildet war, machte sie glänzende Examen in Physik und Mathematik an der berühmten Sorbonne-Universität. 1895 heiratete sie den Physiker Pierre CURIE.

Kurz nach der Geburt des ersten Kindes im Herbst 1897 suchte Marie CURIE nach einem Thema für ihre Doktorarbeit. Sie las BECQUERELs Bericht über die Strahlung von Uransalzen und fand hier das Arbeitsgebiet für ihr ganzes Leben.

Bei der Untersuchung von Pechblende, einem Uranerz, entdeckte sie zwei weitere strahlende Elemente: Das eine nannte sie **Polonium** nach ihrem Geburtsland, das andere **Radium** (lat.: das Strahlende). Sie erkannte, daß neben Uran auch diese Elemente ohne jede Einwirkung von außen Strahlen aussenden. Diese neuartige Erscheinung nannte sie **Radioaktivität.**

Marie CURIE plante dann, Radium in wägbaren Mengen zu gewinnen, um die chemischen Eigenschaften und die Atommasse dieses Elements zu ermitteln. Zunächst mußte sie allerdings geeignete chemische Trennverfahren entwickeln. Dann isolierte sie in vier Jahren langer, mühseliger Arbeit aus eineinhalb Tonnen Uranerz 0,1 g Radium.

Für seine Streuversuche an Goldfolien verwendete RUTHERFORD eine Radiumchlorid-Probe, die Marie CURIE hergestellt hatte.

Unabhängig voneinander zeigten ihr Ehemann Pierre CURIE und RUTHERFORD durch Ablenkversuche im Magnetfeld, daß radioaktive Strahlung nicht einheitlich ist. Sie besteht aus positiv geladenen α-Teilchen (He^{2+}-Ionen) und aus negativ geladenen β-Teilchen (Elektronen). Beide Strahlungsarten werden von γ-Strahlen begleitet, die wie Röntgenstrahlen keine Ablenkung im Magnetfeld zeigen.

Marie CURIE gehört zu den wenigen großen Wissenschaftlerinnen, die sich in der Männerwelt der Naturwissenschaften einen bleibenden Namen gemacht haben. 1903 erhielt sie für die Erforschung der Radioaktivität zusammen mit Pierre CURIE und Henri BECQUEREL den Nobelpreis für Physik. Zusätzlich wurde Marie CURIE im Jahre 1911 für die Entdeckung und Reindarstellung des Elements Radium der Nobelpreis für Chemie verliehen. Im gleichen Jahr verweigerte man ihr jedoch die Aufnahme in die französische Akademie der Wissenschaften mit der „Begründung", sie sei eine Frau!

10.5 Ein Modell des Atomkerns

Elementar-teilchen	Proton	Neutron	Elektron
Symbol	p$^+$	n	e$^-$
Ladung in Elementar-ladungen	+1	0	−1
Masse	1,0073 u	1,0087 u	0,0005 u
	+	(grün)	−

1. Elementarteilchen und ihre Eigenschaften

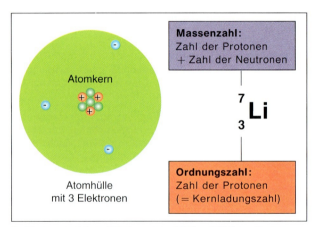

2. Massenzahl und Ordnungszahl des Lithium-Atoms

Teilchen-art	Anzahl der			Atom-masse
	Protonen	Neutronen	Elektronen	
H-Atom	1	—	1	≈ 1 u
He-Atom	2	2	2	≈ 4 u
Li-Atom	3	4	3	≈ 7 u
Be-Atom	4	5	4	≈ 9 u
B-Atom	5	6	5	≈ 11 u
C-Atom	6	6	6	≈ 12 u
N-Atom	7	7	7	≈ 14 u
O-Atom	8	8	8	≈ 16 u

3. Aufbau der Atome der ersten 8 Elemente im Periodensystem

Nach dem Kern-Hülle-Modell von RUTHERFORD enthalten die winzigen Atomkerne die positive Ladung des Atoms und über 99,9 % der Atommasse. Man wußte jedoch lange Zeit nicht, wie Atomkerne aufgebaut sind.

Proton. Am einfachsten gebaut ist der Atomkern des Wasserstoff-Atoms: Er besteht aus einem einzigen Teilchen, dem **Proton** (griech.: das Erste). Dieses Teilchen ist positiv geladen; die Ladung stimmt dem Betrage nach mit der Ladung des Elektrons überein. Die Masse des Protons entspricht etwa der atomaren Masseneinheit 1 u.

Ordnet man die Elemente nach steigender Atommasse, so nimmt die Zahl der Protonen in den Atomkernen jeweils um eins zu. Der Kern des Helium-Atoms enthält also zwei Protonen, der des Lithium-Atoms drei Protonen. Das schwerste Atom, das in der Natur vorkommt, ist das Uran-Atom. Es hat 92 Protonen im Kern. Die Anzahl der Protonen im Atomkern heißt auch **Kernladungszahl**.

Durch die Kernladungszahl wird eindeutig festgelegt, zu welchem Element ein Atom gehört. Ein Atom mit 6 Protonen im Kern ist immer ein Kohlenstoff-Atom. Die Kernladungszahl entspricht der **Ordnungszahl** eines Elements im Periodensystem.

Die Zahl der Protonen im Atomkern wird Kernladungszahl oder Ordnungszahl genannt. Sie bestimmt eindeutig das zugehörige Element.

Neutron. Mit Ausnahme des Wasserstoffs sind die Atome aller Elemente mindestens doppelt so schwer wie die Protonen in ihren Atomkernen. So hat ein Lithium-Atom mit 3 Protonen eine Masse von 7 u. Da ein Elektron etwa 2000mal leichter ist als ein Proton, muß es neben den Protonen noch weitere Kernbausteine geben. Es handelt sich dabei um Elementarteilchen, die keine elektrische Ladung haben, die **Neutronen**. Sie sind etwas schwerer als Protonen.

Die Bausteine der Atomkerne bezeichnet man als **Nukleonen** (griech. *nucleus*: Kern). Die Anzahl aller Nukleonen in einem Atomkern ist die **Massenzahl** eines Atoms. Um den Aufbau eines Atoms zu beschreiben, gibt man Massenzahl und Kernladungszahl links neben dem Elementsymbol an. Oben steht die Massenzahl, unten die Kernladungszahl:

$^{7}_{3}\text{Li}$ $\qquad$ $^{19}_{9}\text{F}$ $\qquad$ $^{23}_{11}\text{Na}$ $\qquad$ $^{27}_{13}\text{Al}$

Protonen und Neutronen sind die Bausteine der Atomkerne. Man bezeichnet sie zusammenfassend als Nukleonen.

Isotope. Jeder Kernbaustein hat etwa die Masse 1 u. Atommassen sollten daher nur unwesentlich von ganzzahligen Werten abweichen. Ein Blick in das Periodensystem zeigt jedoch beispielsweise für Chlor die Atommasse 35,5 u. Halbe Kernbausteine gibt es aber nicht. Wie läßt sich dieser Widerspruch lösen?

Eine genaue Untersuchung von Chlor ergibt, daß 75% aller Chlor-Atome die Masse 35 u und 25% die Masse 37 u haben. Der für Chlor angegebene Wert von 35,5 u stellt also nicht die Masse eines einzelnen Chlor-Atoms dar, sondern die *durchschnittliche* Masse von Chlor-Atomen.

Die leichteren Chlor-Atome haben neben den 17 Protonen 18 Neutronen im Kern, die schwereren dagegen 20 Neutronen. Atome ein und desselben Elements können sich also in der Anzahl ihrer Neutronen unterscheiden. Man bezeichnet sie als **Isotope** eines Elements. Um Isotope zu kennzeichnen, gibt man mit dem Elementsymbol die Massenzahlen an: ^{35}Cl oder Cl-35, ^{37}Cl oder Cl-37.

Auch Wasserstoff besteht aus verschiedenen Isotopen. Neben den Wasserstoff-Atomen, die nur ein Proton im Kern enthalten, gibt es solche mit den Massenzahlen 2 oder 3. Wegen der großen Massenunterschiede hat man den Wasserstoff-Isotopen sogar besondere Namen gegeben: *Deuterium* (D) für das Isotop H-2, *Tritium* (T) für H-3. Wasserstoff enthält allerdings nur einen sehr kleinen Anteil der schweren Atomsorten. Die durchschnittliche Atommasse ist deshalb nur wenig größer als 1 u (genau: 1,008 u).

Neben Chlor und Wasserstoff sind auch die meisten anderen Elemente Isotopengemische, man spricht von *Mischelementen*. Nur 19 Elemente sind *Reinelemente*, sie bestehen aus einer einzigen Atomart. Natrium, Aluminium und Fluor gehören zu diesen Reinelementen.

Isotope sind Atome eines Elements, die sich in der Neutronenzahl und damit in der Masse unterscheiden.

Das C-12-Isotop und die atomare Masseneinheit. Ursprünglich hat man Atommassen auf die durchschnittliche Masse von Wasserstoff-Atomen bezogen. 1961 wurde international vereinbart, für das Kohlenstoff-Isotop C-12 die Masse *genau* auf den Wert 12,000... u festzulegen.

Die atomare Masseneinheit 1 u ist definiert als $\frac{1}{12}$ der Masse eines Atoms des Kohlenstoff-Isotops C-12: $1\,u = \frac{1}{12}\,m\,(^{12}_{6}C)$

Wasserstoff	Deuterium	Tritium
$^{1}_{1}$H	$^{2}_{1}$H oder $^{2}_{1}$D	$^{3}_{1}$H oder $^{3}_{1}$T

1. Atomkerne der Wasserstoff-Isotope

Aufgabe 1: Gib die Anzahl der Protonen, Neutronen und Elektronen für folgende Atome an: $^{1}_{1}$H, $^{2}_{1}$H, $^{3}_{1}$H, $^{12}_{6}$C, $^{13}_{6}$C, $^{14}_{6}$C, $^{16}_{8}$O, $^{23}_{11}$Na, $^{27}_{13}$Al, $^{31}_{15}$P, $^{32}_{16}$S, $^{40}_{20}$Ca, $^{235}_{92}$U, $^{238}_{92}$U.

Aufgabe 2: Vergleiche die Atommassen von Tellur ($_{52}$Te) und Iod ($_{53}$I) im Periodensystem. Wie läßt sich erklären, daß Iod mit der größeren Ordnungszahl die kleinere Atommasse hat?

Aufgabe 3: *Schweres Wasser* ist eine Bezeichnung für Deuteriumoxid. Gib die Molekülformel, die Molekülmasse und die molare Masse von schwerem Wasser an.

Aufgabe 4: Berechne jeweils die durchschnittliche Atommasse:
a) Beim Chlor gehören 75% aller Atome zum Isotop Cl-35 und 25% zum Isotop Cl-37.
b) Magnesium besteht aus den Isotopen Mg-24 (78,7%), Mg-25 (10,1%) und Mg-26 (11,2%).

Elemente	Isotope (Anteil in %)			durchschnittliche Atommasse
Wasserstoff	$^{1}_{1}$H (99,98)	$^{2}_{1}$H (0,02)		1,008 u
Lithium	$^{6}_{3}$Li (7,4)	$^{7}_{3}$Li (92,6)		6,94 u
Kohlenstoff	$^{12}_{6}$C (98,9)	$^{13}_{6}$C (1,1)		12,01 u
Sauerstoff	$^{16}_{8}$O (99,8)	$^{18}_{8}$O (0,2)		16,00 u
Magnesium	$^{24}_{12}$Mg (78,7)	$^{25}_{12}$Mg (10,1)	$^{26}_{12}$Mg (11,2)	24,31 u
Silicium	$^{28}_{14}$Si (92,2)	$^{29}_{14}$Si (4,7)	$^{30}_{14}$Si (3,1)	28,09 u
Schwefel	$^{32}_{16}$S (95,0)	$^{33}_{16}$S (0,8)	$^{34}_{16}$S (4,2)	32,06 u

2. Mischelemente: Isotopenzusammensetzung und durchschnittliche Atommasse

Radioaktive Isotope

Ägyptischer Pharaonensarg

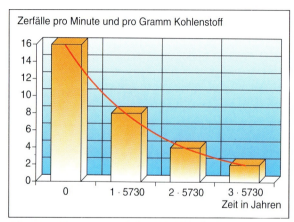

Altersbestimmung nach der C-14-Methode

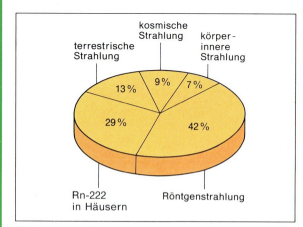

Ursachen der Strahlenbelastung und ihr Anteil am Durchschnittswert

Kohlenstoffhaltige Stoffe senden eine schwache radioaktive Strahlung aus. Es handelt sich dabei um β-Strahlung. Ursache ist das Isotop C-14 mit einem Anteil von nur 0,002 % aller Kohlenstoff-Atome. Dieses Isotop ist *radioaktiv*. Ein Neutron des Kerns kann sich in ein Proton umwandeln, indem es ein Elektron abgibt. Aus dem Kohlenstoff-Atom wird so ein Stickstoff-Atom. Man spricht auch vom **radioaktiven Zerfall** des Kohlenstoffs.

$$^{14}_{6}C \longrightarrow {}^{14}_{7}N + e^-$$

Wann sich ein C-14-Atom umwandelt, läßt sich grundsätzlich nicht vorhersagen. Aus Experimenten konnte man ableiten, daß von den C-14-Atomen in einer Kohlenstoffprobe nach 5730 Jahren nur noch die Hälfte vorhanden ist. Nach weiteren 5730 Jahren existiert wiederum nur noch die Hälfte. Die Zeit, in der sich jeweils die Hälfte einer beliebigen Menge eines radioaktiven Isotops umwandelt, nennt man **Halbwertszeit**.

Halbwertszeiten können sehr unterschiedlich sein. Für das C-14-Isotop sind es 5730 Jahre, für das Uran-Isotop U-238 4,5 Milliarden Jahre, für das Isotop U-236 nur eine halbe Sekunde.

Altersbestimmung. Die Halbwertszeit des Isotops C-14 ist Grundlage für eine Methode, mit der sich das Alter von organischem Material bestimmen läßt. Pflanzen nehmen mit dem Kohlenstoffdioxid aus der Atmosphäre auch C-14-Atome auf. Mit der Nahrung gelangen sie in den Körper. Im lebenden Organismus bleibt der Anteil an C-14-Atomen konstant. Nach dem Tode jedoch verringert sich der Anteil ständig: Nach 5730 Jahren ist nur noch die Hälfte der C-14-Atome vorhanden.

Im lebenden Organismus zerfallen 16 C-14-Atome pro Minute und pro Gramm Kohlenstoff. Ermittelt man für das Holz eines Pharaonensargs nur noch 8 Zerfälle pro Minute und pro Gramm Kohlenstoff, so folgt daraus: Das Holz wurde vor etwa 5700 Jahren geschlagen.

Strahlenbelastung. Alle Lebewesen sind ständig radioaktiver Strahlung ausgesetzt. Das führt zu einer Strahlenbelastung, denn die Strahlung kann die Funktion von Körperzellen verändern und Störungen hervorrufen.

Die größte Rolle bei der natürlichen Strahlenbelastung spielt Strahlung aus dem Weltall, die *kosmische Strahlung*. Aber auch die Erde sendet radioaktive Strahlen aus. Diese *terrestrische Strahlung* stammt vor allem aus dem Zerfall der Isotope Kalium-40 und Radon-222. Da man Kalium-40 mit der Nahrung aufnimmt, ist auch unser Körper selbst eine Strahlenquelle. Das radioaktive Edelgas Radon atmen wir ständig mit der Luft ein. In einigen Gebieten ist man vor allem in der Wohnung stark belastet: Radon-222 dringt aus dem Granituntergrund in die Keller und verteilt sich im ganzen Haus.

Ein erheblicher Anteil der gesamten Strahlenbelastung wird durch *Röntgenstrahlen* verursacht, vor allem durch die medizinische Anwendung. Röntgenstrahlung ist zwar keine radioaktive Strahlung, sie zeigt aber die gleiche Wirkung.

Otto HAHN und die Kernspaltung

Viele Jahrhunderte hatten Alchemisten vergeblich versucht, Gold aus anderen Elementen herzustellen. Mit der Entdeckung des radioaktiven Zerfalls war es endlich soweit: Atome eines Elements wandelten sich in Atome eines neuen Elements um. Das alte Ziel schien damit in greifbare Nähe zu rücken. Das „Gold" der Atomphysiker in den dreißiger Jahren waren allerdings völlig neue Elemente mit höherer Ordnungszahl und größerer Atommasse als Uran, das bis dahin bekannte letzte Element im Periodensystem. Man erwartete, daß sich solche *Transurane* bilden, wenn Uran mit Neutronen beschossen wird.

Die deutschen Chemiker HAHN und STRASSMANN kamen 1938 bei solchen Experimenten zu einem Ergebnis, das sie selbst kaum glauben konnten: Durch den Beschuß von Uran mit Neutronen bildeten sich viel leichtere Barium-Atome.

In einem Brief wandte sich HAHN an seine Kollegin Lise MEITNER: „Vielleicht kannst Du irgendeine phantastische Erklärung vorschlagen. Wir wissen selbst, daß das Uran eigentlich nicht in Barium zerplatzen kann."

Kernspaltung. Lise MEITNER nahm aber doch an, daß Uran-Atomkerne in Barium-Kerne und Krypton-Kerne gespalten werden. Schon wenige Monate später wurden Atome des Edelgases Krypton als zweites Spaltprodukt nachgewiesen.

$$^{235}_{92}U + ^{1}_{0}n \longrightarrow ^{144}_{56}Ba + ^{89}_{36}Kr + 3\,^{1}_{0}n$$

Bei dieser Spaltung eines Uran-235-Atoms werden drei Neutronen frei, die wieder weitere Uran-Kerne treffen und spalten können. Ab einer bestimmten Menge an Uran-235 ist eine **Kettenreaktion** möglich: In Bruchteilen einer Sekunde zerfällt dann das gesamte Uran-235, und gewaltige Energiemengen werden frei. Ein Gramm Uran-235 liefert etwa 100 Millionen Kilojoule. Verbrennt man ein Gramm Steinkohle, so sind es nur 29 Kilojoule.

Atombombe. Zu Beginn des Zweiten Weltkriegs war Wissenschaftlern und Politikern klar, daß die Kernspaltung auch militärisch genutzt werden könne. In den USA befürchtete man, Deutschland sei bereits auf dem Wege zu einer neuartigen Uran-Bombe, die die Sprengkraft aller bisherigen Bomben weit übertreffen würde. In den USA begann daraufhin ein gigantisches, geheimes Forschungsprojekt zur Entwicklung einer Atombombe.

Am 16. Juli 1945 wurde im US-Staat New Mexiko die erste Atombombe gezündet. Die zweite der drei gebauten Bomben zerstörte am 6. August 1945 die japanische Stadt Hiroshima, die dritte vernichtete drei Tage später die Stadt Nagasaki. 114 000 Menschen kamen bei diesen beiden Explosionen ums Leben.

HAHN, STRASSMANN und MEITNER veränderten durch ihre Forschung die Welt: Das Atomzeitalter begann. Nicht nur Kernwaffen, sondern auch Kernreaktoren für die Gewinnung von Energie sind längst Wirklichkeit geworden.

Nobelpreis für Otto HAHN – Gedenkmarke der Deutschen Bundespost

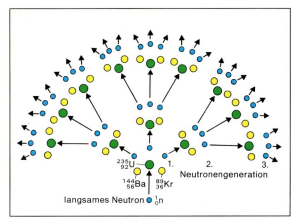

Kettenreaktion bei der Kernspaltung

Hiroshima nach der Explosion der Atombombe am 6. 8. 1945

10.6 Ein Modell der Atomhülle

Edelgas-Atom	Ion	Anzahl der Protonen	Anzahl der Elektronen
He		2	2
	Li^+	3	2
	Be^{2+}	4	2
Ne		10	10
	O^{2-}	8	10
	F^-	9	10
	Na^+	11	10
	Mg^{2+}	12	10
	Al^{3+}	13	10
Ar		18	18
	S^{2-}	16	18
	Cl^-	17	18
	K^+	19	18
	Ca^{2+}	20	18

1. Ionen – Teilchen mit besonderen Elektronenzahlen

Aufgabe 1: a) Zeichne Modelle (Atomkern und Elektronenschalen) für folgende Teilchen: Ne-Atom, Ar-Atom, O-Atom, O^{2-}-Ion, F-Atom, F^--Ion, Cl-Atom, Cl^--Ion.
b) Für welche Atomart gilt folgende Elektronenverteilung?

K   L   M   N
2e⁻ 8e⁻ 8e⁻ 1e⁻

Aufgabe 2: Beim Krypton-Atom sind 36 Elektronen auf 4 Schalen verteilt.
a) Mit wieviel Elektronen sind die einzelnen Schalen besetzt?
b) Welche Teilchen sind in ihrer Hülle ebenso aufgebaut wie das Krypton-Atom?

Elektrisch neutrale Atome enthalten ebenso viele Elektronen in der Atomhülle wie Protonen im Atomkern. Die Ordnungszahl gibt also neben der Protonenzahl auch die Elektronenzahl eines Atoms an.

Bei Ionen unterscheidet sich die Elektronenzahl von der Protonenzahl: Positiv geladene Ionen besitzen weniger Elektronen in der Hülle als Protonen im Kern. In negativ geladenen Ionen überwiegen die Elektronen. Vergleicht man die Elektronenzahlen der Ionen der ersten 20 Elemente, so zeigt sich eine überraschende Regelmäßigkeit: Es treten nur Ionen mit zwei, mit zehn und mit 18 Elektronen auf. Genau diese Elektronenzahlen haben auch die Atome der Edelgase Helium, Neon und Argon. Eine Erklärung dafür gibt das Schalenmodell der Atomhülle.

Schalenmodell. Elektronen verteilen sich nicht beliebig in der Atomhülle, sondern sie ordnen sich schalenartig um den Atomkern. Diese Elektronenschalen bezeichnet man von innen nach außen mit den Buchstaben **K, L, M ...**

Das einzige Elektron des Wasserstoff-Atoms gehört zur **K-Schale.** Schon bei *Helium*-Atomen, den Atomen des zweiten Elements im Periodensystem, ist die innerste Schale mit *zwei* Elektronen vollständig besetzt. Auch Lithium-Ionen (Li^+) und Beryllium-Ionen (Be^{2+}) sind Teilchen mit zwei Elektronen auf der K-Schale.

Bei Lithium-Atomen gehört eines der drei Elektronen bereits zur zweiten Schale. Diese **L-Schale** kann maximal *acht* Elektronen aufnehmen. Im *Neon*-Atom mit insgesamt zehn Elektronen ist neben der K-Schale auch die L-Schale vollständig besetzt. Die gleiche Elektronenverteilung findet man bei den Ionen des Natriums (Na^+), des Magnesiums (Mg^{2+}) und des Sauerstoffs (O^{2-}).

Die dritte Schale, die **M-Schale,** kann insgesamt 18 Elektronen aufnehmen. Allerdings wird hier schon mit acht Elektronen die Elektronenverteilung des nächsten Edelgas-Atoms erreicht: Von den 18 Elektronen eines *Argon*-Atoms gehören zwei zur K-Schale und je acht zur L-Schale und zur M-Schale. Diese Elektronenverteilung liegt auch bei den Ionen des Kaliums (K^+), des Calciums (Ca^{2+}) und des Chlors (Cl^-) vor.

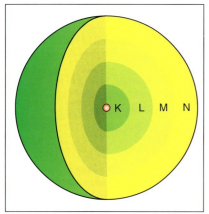
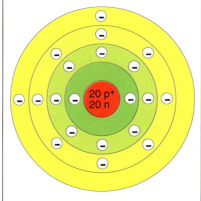
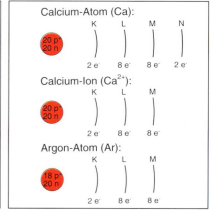

2. Schalenmodell des Calcium-Atoms

Von den Ionisierungsenergien zum Schalenmodell

Das Schalenmodell der Atomhülle liefert ein Bild, mit dem zahlreiche meßbare Eigenschaften der Atome in Einklang stehen. Das gilt beispielsweise für die Ionisierungsenergien.

Ionisierungsenergien. Aus Atomen lassen sich Elektronen abspalten. Die Energie, die erforderlich ist, um ein Elektron vollständig aus der Atomhülle zu entfernen, nennt man Ionisierungsenergie. Sie ist um so kleiner, je größer der Abstand eines Elektrons vom Atomkern ist. Ein Beispiel soll das verdeutlichen:

An Natrium-Atomen stellt man fest, daß sich von den elf Elektronen stets das erste Elektron sehr viel leichter aus der Hülle entfernen läßt als alle anderen. Dieses Elektron ist am weitesten vom Atomkern entfernt. Danach folgen acht Elektronen mit ähnlicher Ionisierungsenergie. Die beiden letzten Elektronen erfordern die größten Energien: Sie haben vom Atomkern den geringsten Abstand und werden deshalb am stärksten angezogen.

Energiestufen und Schalenmodell. Die Abstufung der Ionisierungsenergien legt es nahe, beim Natrium-Atom drei verschiedene Energiestufen für die Elektronen anzunehmen. Die beiden Elektronen mit den größten Ionisierungsenergien sind Elektronen der ersten Energiestufe. Dann folgen die acht Elektronen mittlerer Ionisierungsenergien auf der zweiten Energiestufe. Schließlich befindet sich ein Elektron auf der dritten Energiestufe: Es ist vom Atomkern am weitesten entfernt und läßt sich am leichtesten abtrennen.

Anschaulich entsprechen die drei Energiestufen den drei Kugelschalen, auf denen sich die Elektronen um den Kern des Natrium-Atoms verteilen. Die Elektronen mit dem kleinsten Abstand vom Atomkern bilden die **K-Schale**: Sie sind am schwersten aus der Atomhülle zu entfernen. Einen mittleren Abstand vom Atomkern haben die acht Elektronen der mittleren Energiestufe, sie bilden die **L-Schale**. Die äußere Schale mit dem größten Abstand vom Atomkern ist die **M-Schale**. Zu ihr gehört das einzelne Elektron mit der kleinsten Ionisierungsenergie.

Ähnliche Abstufungen der Ionisierungsenergien wie beim Natrium-Atom findet man auch bei den Atomen der anderen Elemente. Die entsprechenden Elektronenschalen werden von innen nach außen mit den großen Buchstaben **K** bis **Q** bezeichnet.

Für die maximale Anzahl z der Elektronen, die eine Schale aufnehmen kann, gilt die Beziehung: $z = 2n^2$, dabei ist n die Schalennummer. Die K-Schale ($n = 1$) kann also höchstens *zwei*, die L-Schale ($n = 2$) *acht*, die M-Schale ($n = 3$) maximal 18 Elektronen aufnehmen.

Aufgabe 1: Warum steigen die Ionisierungsenergien des ersten Elektrons von Lithium bis Neon an?

Aufgabe 2: Zeichne das Ionisierungsenergie-Diagramm: **a)** für ein Cl-Atom, **b)** für ein Ca^{2+}-Ion.

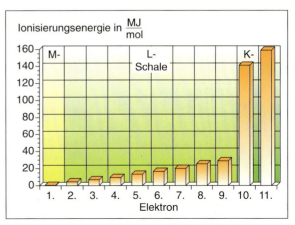

Ionisierungsenergie-Diagramm für die 11 Elektronen des Natrium-Atoms

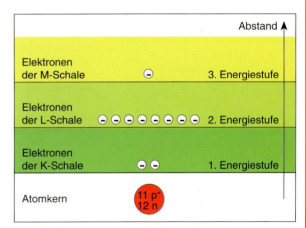

Energiestufen-Diagramm für die 11 Elektronen des Natrium-Atoms

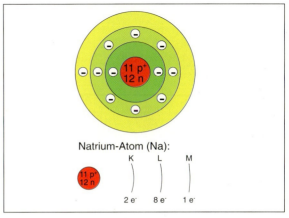

Schalenmodell des Natrium-Atoms

10.7 Atombau und Periodensystem

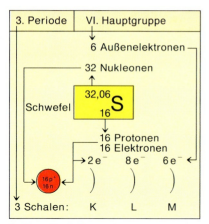

1. Vom Periodensystem zum Atombau

Aufgabe 1: a) Beschreibe mit Hilfe des Periodensystems die Elektronenverteilung in folgenden Atomarten: N, F, Mg, P, S, K, Ca, Br.
b) Gib auch die Elektronenverteilungen der zugehörigen Ionen an.

Es besteht ein enger Zusammenhang zwischen der Stellung der Elemente im Periodensystem und dem Bau ihrer Atome.
Beispiel: Im Periodensystem ist das Element Schwefel in der 3. Periode und in der VI. Hauptgruppe zu finden, es hat die Ordnungszahl 16 und die durchschnittliche Atommasse 32,06 u. Das Schwefel-Atom besitzt also 32 Nukleonen im Kern: 16 Protonen und 16 Neutronen. In der Hülle hat es 16 Elektronen. Aus der Stellung in der 3. Periode erkennt man, daß die 16 Elektronen auf drei Schalen verteilt sind: K-Schale (zwei Elektronen), L-Schale (acht Elektronen) und M-Schale (sechs Elektronen). Die Gruppennummer VI stimmt also überein mit der Zahl der Außenelektronen, den Elektronen der M-Schale.

Außenelektronen. Die Elemente einer Elementfamilie zeigen ähnliches chemisches Verhalten. So reagieren die Alkalimetalle (I. Gruppe) alle in gleicher Weise. Auch die Halogene (VII. Gruppe) gleichen sich in ihren Eigenschaften. Alkalimetall-Atome besitzen jeweils ein Außenelektron und Halogen-Atome sieben Außenelektronen. Die Zahl der Außenelektronen bestimmt offensichtlich das chemische Verhalten. Deshalb kennzeichnet man die Außenelektronen durch besondere Symbole:

Li·   ·Be·   ·Ḃ·   ·Ċ· |Ṅ· |Ọ̇· |F̄· |N̄e|

Die Elementsymbole stehen für den Atomrumpf mit den abgeschlossenen inneren Schalen. Punkte und Striche sind Symbole für die Außenelektronen. Ein Punkt steht für ein einzelnes Elektron, ein Strich für ein Elektronenpaar.

Die Elektronen der äußeren Schale nennt man Außenelektronen. Sie bestimmen das chemische Verhalten der Elemente.

Periode	Hauptgruppe							
	I	II	III	IV	V	VI	VII	VIII
1	H (1+)							He (2+)
2	Li (3+)	Be (4+)	B (5+)	C (6+)	N (7+)	O (8+)	F (9+)	Ne (10+)
3	Na (11+)	Mg (12+)	Al (13+)	Si (14+)	P (15+)	S (16+)	Cl (17+)	Ar (18+)
vereinfachtes Schalenmodell	Na 11p⁺ 12n K L M 2e⁻ 8e⁻ 1e⁻	Mg 12p⁺ 12n K L M 2e⁻ 8e⁻ 2e⁻	Al 13p⁺ 14n K L M 2e⁻ 8e⁻ 3e⁻	Si 14p⁺ 14n K L M 2e⁻ 8e⁻ 4e⁻	P 15p⁺ 16n K L M 2e⁻ 8e⁻ 5e⁻	S 16p⁺ 16n K L M 2e⁻ 8e⁻ 6e⁻	Cl 17p⁺ 18n K L M 2e⁻ 8e⁻ 7e⁻	Ar 18p⁺ 22n K L M 2e⁻ 8e⁻ 8e⁻
Punkt-Schreibweise	Na·	·Mg·	·Ȧl·	·Ṡi·	:Ṗ·	:Ṡ·	:Ċl·	:Ȧr:
Punkt-Strich-Schreibweise	Na·	·Mg·	·Ȧl·	·Ṡi·	|Ṗ·	|S̄·	|C̄l·	|Ār|

2. Schalenmodell der Atome für die ersten 18 Elemente im Periodensystem

Periodische Eigenschaften

Atomradien. Je mehr Elektronenschalen ein Atom besitzt, umso größer ist es. Die Atomradien nehmen daher in einer *Gruppe* des Periodensystems von oben nach unten zu.
In einer *Periode* nehmen die Atomradien dagegen von links nach rechts ab. Denn mit steigender Kernladung werden die Anziehungskräfte auf die Elektronen in der Hülle immer größer.

Ionenradien. *Positiv geladene Ionen* sind immer kleiner als die Atome, aus denen sie sich bilden: Diese Ionen besitzen eine Schale weniger als die Atome.
Negativ geladene Ionen sind dagegen größer als die zugehörigen Atome: Ihre Hüllen enthalten bei gleicher Kernladung mehr Elektronen als die neutralen Atome. Da sich die Elektronen untereinander abstoßen, beanspruchen die Elektronen im negativ geladenen Ion mehr Raum als im Atom.

In einer *Gruppe* nehmen die Ionenradien von oben nach unten zu: Es kommt jeweils eine vollbesetzte Schale hinzu.
In einer *Periode* werden die Radien der positiv geladenen Ionen von links nach rechts kleiner. Bei den letzten Elementen einer Periode bilden sich jedoch nur negativ geladene Ionen. Sie besitzen eine Schale mehr als die positiv geladenen Ionen derselben Periode und sind deshalb erheblich größer.

Ionisierungsenergien. Die Energie für die Abspaltung des ersten Elektrons eines Atoms nennt man *erste* Ionisierungsenergie. Auch sie ändert sich periodisch: In einer *Gruppe* nimmt sie von oben nach unten ab. Das Elektron läßt sich wegen der wachsenden Entfernung vom Kern immer leichter abspalten.
In einer *Periode* steigen die ersten Ionisierungsenergien von einem Alkalimetall-Atom ausgehend zum nächsten Edelgas-Atom an. Das Elektron läßt sich wegen der größer werdenden Kernladung immer schwerer abspalten.

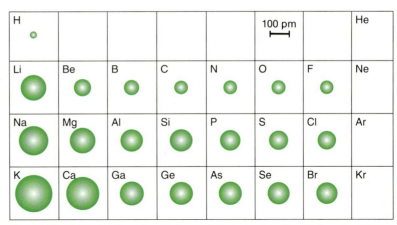

Atomradien. Die Radien der Atome werden aus den Abständen der Atome in Molekülverbindungen ermittelt. Da es nur sehr wenige Edelgasverbindungen gibt, werden für die Elemente der VIII. Gruppe keine Atomradien angegeben.

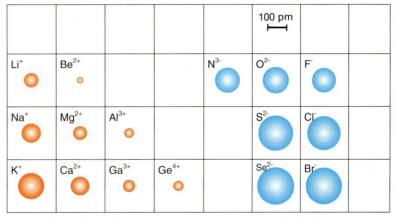

Ionenradien. Die Radien der Ionen werden aus den Abständen der Ionen in Ionenverbindungen ermittelt.

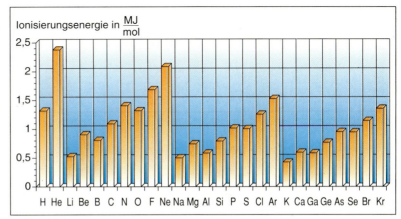

Ionisierungsenergien. Die ersten Ionisierungsenergien ändern sich periodisch mit der Kernladungszahl.

10.8 Aufgaben, Versuche, Probleme

Aufgabe 1: Was sagen Ordnungszahl und Massenzahl über den Aufbau eines Atoms aus?
Beispiel: Die Ordnungszahl lautet 18, die Massenzahl 40. Wie sind Kern und Hülle beschaffen?

Aufgabe 2: Welche Informationen liefern Gruppennummer und Periodennummer?
Beispiel: Ein Element steht in der II. Gruppe und in der 4. Periode. Was entnimmst du diesen Zahlen?

Aufgabe 3: Die Massenzahlen der verschiedenen Schwefel-Isotope lauten 32, 33 und 34; ihre Anteile betragen: 95%, 0,8%, 4,2%. Berechne die durchschnittliche Atommasse des Schwefels.

Aufgabe 4: Das Isotop Radium-226 zerfällt als Alpha-Strahler unter Abgabe von Helium-Kernen. Welches Teilchen entsteht beim Zerfall? Formuliere ein Reaktionsschema für den Kernzerfall.

Aufgabe 5: Die Halbwertszeit des radioaktiven Isotops Caesium-137 beträgt 30 Jahre. Nach wieviel Jahren sind noch 25% von der ursprünglichen Isotopenmenge vorhanden?

Aufgabe 6: Die Elektronen eines Atoms sind auf 3 Schalen verteilt, auf der M-Schale enthält es 4 Elektronen. Um welches Atom handelt es sich? Zeichne das Schalenmodell des Atoms schematisch auf.

1. Silber-Kristalle durch Elektrolyse

Aufgabe 7: Die Elektronenverteilung eines Ions gleicht der des Neon-Atoms. Um welches Ion kann es sich handeln? Gibt es mehrere Ionen?

Aufgabe 8: a) Warum nehmen die Atomradien in einer Gruppe des Periodensystems von oben nach unten zu?
b) Warum nehmen die Atomradien in einer Periode von links nach rechts ab?

Aufgabe 9: a) Warum sind die Radien der positiv geladenen Ionen immer kleiner als die der zugehörigen Atome?
b) Warum sind die Radien der negativ geladenen Ionen immer größer als die der zugehörigen Atome?

Versuch 1: Silber-Kristalle durch Elektrolyse
Gib ammoniakalische Silbernitrat-Lösung (Xi) in eine Glasschale. Befestige dann einen Kupferdraht so am Stativ, daß er mit der Spitze gerade die Lösung berührt. Stelle einen Kohlestab als zweite Elektrode in die Lösung. Der Kupferdraht wird als Minuspol geschaltet, der Kohlestab als Pluspol. Lasse bei 5 Volt Gleichspannung die Elektrolyse laufen. Beobachte, wie die Silber-Kristalle auf der Oberfläche der Lösung wachsen. Der Versuch ist besonders gut als Projektion mit dem Tageslichtprojektor zu verfolgen. *Entsorgung:* B2

Problem 1: Der Name *Atom* ist griechischen Ursprungs und bedeutet *unteilbares Teilchen*. Ist ein Atom teilbar oder nicht? Gibt es unteilbare Teilchen?

Problem 2: Die K-Schale wird maximal mit 2 Elektronen besetzt, die L-Schale mit 8 Elektronen, die M-Schale mit 18 Elektronen. Obwohl beim Calcium-Atom schon die N-Schale begonnen worden ist, wird bei den auf das Calcium folgenden Elementen zuerst die M-Schale aufgefüllt.
Erläutere am Beispiel der Elemente der 4. Periode, wie die Elektronenschalen schrittweise aufgefüllt werden.
Hinweis: Die Elemente mit den Ordnungszahlen 21 (Scandium) bis 30 (Zink) werden als **Nebengruppen-Elemente** bezeichnet.

19 K	20 Ca	21 Sc	22 Ti	...	30 Zn	31 Ga	32 Ge	...	36 Kr
1e⁻	2e⁻	2e⁻	2e⁻		2e⁻	3e⁻	4e⁻	5e⁻ ... 7e⁻	8e⁻
8e⁻	8e⁻	9e⁻	10e⁻	11e⁻ ... 17e⁻	18e⁻	18e⁻	18e⁻		18e⁻
8e⁻	8e⁻	8e⁻	8e⁻		8e⁻	8e⁻	8e⁻		8e⁻
2e⁻	2e⁻	2e⁻	2e⁻		2e⁻	2e⁻	2e⁻		2e⁻
19p⁺	20p⁺	21p⁺	22p⁺		30p⁺	31p⁺	32p⁺		36p⁺

2. Elektronenverteilung bei Atomen der 4. Periode

Atombau

1. Elementarteilchen

Elementar-teilchen	Symbol	Masse	Ladung in e
Elektron	e^-	$\approx \frac{1}{2000}$ u	-1
Proton	p^+	≈ 1 u	$+1$
Neutron	n	≈ 1 u	0

2. Kern-Hülle-Modell des Atoms
a) Ein Atom ist aus **Atomkern** und **Atomhülle** aufgebaut.
b) Der **Atomkern** ist positiv geladen und enthält fast die gesamte Masse des Atoms.
c) Die **Atomhülle** wird durch negativ geladene **Elektronen** gebildet.

Beispiel: Bor-Atom

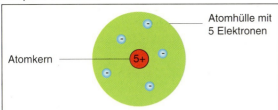

3. Modell des Atomkerns
a) Der Atomkern besteht aus **Protonen** und **Neutronen**.
b) Protonen und Neutronen sind **Nukleonen**.
c) Die **Ordnungszahl** (Protonenzahl) bestimmt eindeutig das zugehörige Element.
d) **Isotope** sind Atome eines Elements, die sich in der Neutronenzahl unterscheiden.

Beispiel: Bor

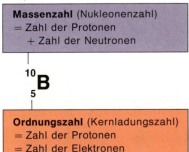

e) **Durchschnittliche Atommasse**
Die Atommasse eines Elements ergibt sich, wenn man die Anteile der einzelnen Isotope berücksichtigt.
Beispiel:
19,6 % Bor-10 und 80,4 % Bor-11
$m(B) = 0{,}196 \cdot m(^{10}_{5}B) + 0{,}804 \cdot m(^{11}_{5}B)$
$= 0{,}196 \cdot 10 \text{ u} + 0{,}804 \cdot 11 \text{ u}$
$= 10{,}80 \text{ u}$

f) **Atomare Masseneinheit**
$1 \text{ u} = \frac{1}{12} \cdot m(^{12}_{6}C)$

4. Schalenmodell der Atomhülle
a) Im Schalenmodell der Atomhülle sind die Elektronen schalenartig um den Atomkern angeordnet.
b) Die Elektronenschalen werden von innen nach außen mit **K, L, M, N, O, P** und **Q** gekennzeichnet.
c) Jede Schale kann nur eine bestimmte Anzahl von Elektronen aufnehmen. Für die maximale Anzahl z der Elektronen, die eine Schale aufnehmen kann, gilt die Beziehung: $z = 2 \cdot n^2$, n: Schalennummer.
K-Schale: 2 Elektronen ($2 \cdot 1^2$)
L-Schale: 8 Elektronen ($2 \cdot 2^2$)
M-Schale: 18 Elektronen ($2 \cdot 3^2$)

Beispiel: Phosphor-Atom

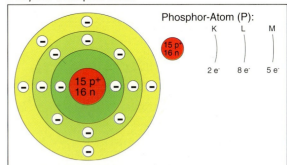

5. Atombau und Periodensystem
Dem Periodensystem sind alle wichtigen Informationen zum Atombau eines Elements zu entnehmen:

Periodennummer ⟶ Zahl der Elektronenschalen

Gruppennummer ⟶ Zahl der Außenelektronen

Ordnungszahl ⟶ Zahl der Protonen
⟶ Zahl der Elektronen

durchschnittliche **Atommasse** ⟶ Nukleonenzahl

Nukleonenzahl ⟶ Zahl der Protonen
+ Zahl der Neutronen

Beispiel: Phosphor

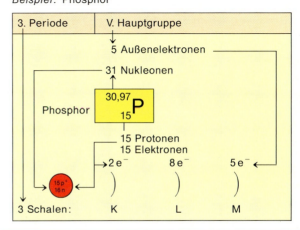

11 Ionen

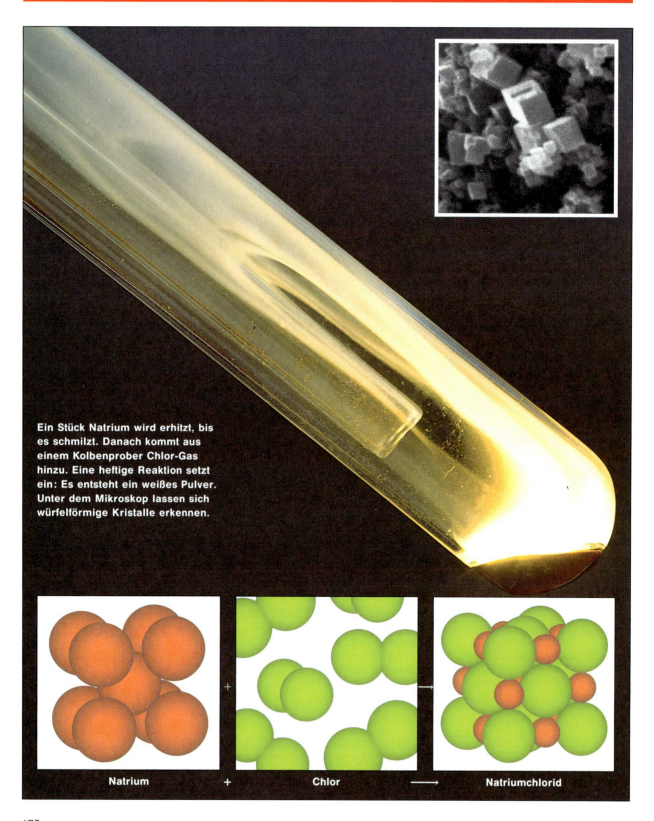

Ein Stück Natrium wird erhitzt, bis es schmilzt. Danach kommt aus einem Kolbenprober Chlor-Gas hinzu. Eine heftige Reaktion setzt ein: Es entsteht ein weißes Pulver. Unter dem Mikroskop lassen sich würfelförmige Kristalle erkennen.

Natrium + Chlor ⟶ Natriumchlorid

11.1 Acht-Elektronen-Chemie (I): die Ionenbindung

Das Alkalimetall Natrium und das gasförmige Halogen Chlor reagieren sehr heftig miteinander. Es entstehen fein verteilte Kristalle von Natriumchlorid. Diese Verbindung ist identisch mit dem Kochsalz aus der Küche. Es ist schon erstaunlich: Aus zwei sehr gefährlichen Stoffen entsteht ein Lebensmittel!

Kochsalz bildet würfelförmige Kristalle. Es schmilzt erst bei 801°C. Die Schmelze leitet den elektrischen Strom, sie enthält also **Ionen**. Natriumchlorid ist ein typisches Beispiel für eine aus Ionen aufgebaute Verbindung.

Bildung von Ionen. Natrium ist ein Element der ersten Gruppe des Periodensystems, Natrium-Atome haben also *ein* Außenelektron. Bei der Reaktion mit Chlor wird dieses Elektron abgegeben, und es bildet sich ein Natrium-Ion:

Na-Atom $\longrightarrow$ Na$^+$-Ion + 1 e$^-$

Ein Natrium-Ion besitzt nur noch 10 Elektronen, es hat aber nach wie vor 11 Protonen im Kern und ist daher einfach positiv geladen. Die Elektronen verteilen sich auf zwei vollbesetzte Schalen: Zwei Elektronen gehören zur K-Schale und acht zur L-Schale. Die gleiche Elektronenverteilung haben Atome des Edelgases Neon. Eine solche Elektronenverteilung bezeichnet man deshalb als **Edelgaskonfiguration.**

Die vom Natrium abgegebenen Elektronen werden auf den Reaktionspartner Chlor übertragen. Jedes Chlor-Atom nimmt ein Elektron auf, und es bildet sich ein einfach negativ geladenes Chlorid-Ion:

Cl-Atom + 1 e$^-$ $\longrightarrow$ Cl$^-$-Ion

Auch das Chlorid-Ion hat eine Edelgaskonfiguration, nämlich die Elektronenverteilung des Argon-Atoms.

Bei der Bildung von Ionen geben Atome Elektronen ab oder sie nehmen Elektronen auf. Die Ionen haben eine Edelgaskonfiguration.

Ionenbindung. Von Ionen gehen elektrische Kräfte aus; sie wirken in alle Richtungen des Raumes. Unterschiedlich geladene Ionen ziehen sich an, gleich geladene Ionen stoßen sich ab. Anziehung und Abstoßung führen zu einer symmetrischen Anordnung der Natrium-Ionen und Chlorid-Ionen: Es entsteht ein **Ionengitter.** Diese Art der chemischen Bindung heißt **Ionenbindung.**

Salze. Auch bei anderen Reaktionen von Metallen mit Nichtmetallen entstehen Verbindungen, die wie Kochsalz aus Ionen aufgebaut sind. Solche Ionenverbindungen bezeichnet man allgemein als **Salze.**

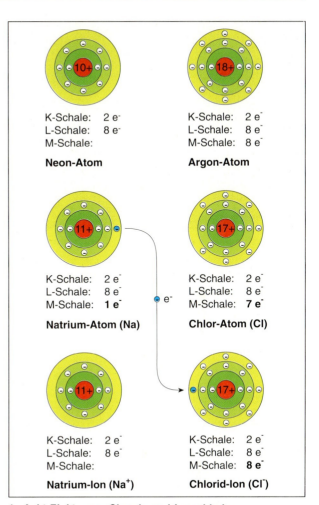

1. Acht-Elektronen-Chemie und Ionenbindung

Aufgabe 1: Das Alkalimetall Lithium (Li) reagiert mit dem Halogen Brom (Br$_2$) zu dem Salz Lithiumbromid (LiBr).
a) Stelle die an der Reaktion beteiligten Atome und Ionen im Schalenmodell dar.
b) Welche Edelgaskonfigurationen liegen in den gebildeten Ionen vor?

11.2 Verhältnisformeln für Salze

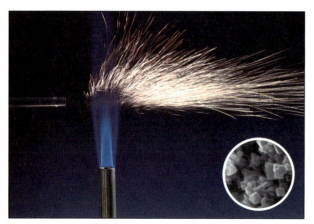

1. Magnesiumpulver verbrennt in der Brennerflamme

Aufgabe 1: In einem Chemieheft findet man zur Reaktion von Natrium mit Chlor folgende Reaktionsgleichung mit Zeichnung. Was ist darin richtig, was ist falsch? Korrigiere die Darstellung.

Aufgabe 2: Leite für folgende Ionenverbindungen die Verhältnisformeln ab: **a)** Lithiumchlorid, **b)** Kaliumbromid, **c)** Calciumchlorid, **d)** Aluminiumfluorid, **e)** Magnesiumiodid, **f)** Magnesiumnitrid, **g)** Magnesiumsulfid, **h)** Natriumsulfid, **i)** Aluminiumsulfid.

Aufgabe 3: Welche Ionen sind am Aufbau der folgenden Salze beteiligt? **a)** Eisenoxid (Fe_2O_3), **b)** Silbersulfid (Ag_2S), **c)** Kupferchlorid ($CuCl_2$), **d)** Titandioxid (TiO_2).

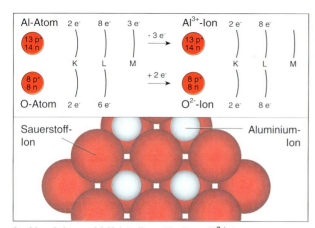

2. Aluminiumoxid-Kristalle enthalten Al^{3+}-Ionen und O^{2-}-Ionen im Anzahlverhältnis 2:3

In Ionenverbindungen wie Natriumchlorid (NaCl) und Magnesiumoxid (MgO) gibt es keine Moleküle – die Formeln NaCl und MgO sind also *Verhältnisformeln.* Sie beschreiben, in welchem Anzahlverhältnis die Ionen im Ionengitter enthalten sind.

Natriumchlorid. Das Natriumchlorid-Gitter wird durch Natrium-Ionen (Na^+) und Chlorid-Ionen (Cl^-) im Anzahlverhältnis 1:1 aufgebaut. Das läßt sich durch folgende Verhältnisformeln ausdrücken:

$(Na^+)_1(Cl^-)_1$ oder Na^+Cl^- oder **NaCl.**

In einer Verhältnisformel können die Ionenladungen angegeben werden, wenn darüber informiert werden soll, aus welchen Ionen ein Salz aufgebaut ist.

Magnesiumoxid. Auch Magnesiumoxid ist eine Ionenverbindung. Die Ladungen der beteiligten Ionen lassen sich aus dem Periodensystem ableiten. Magnesium ist ein Element der II. Gruppe. Magnesium-Atome haben also zwei Außenelektronen. Ein Magnesium-Atom gibt zwei Elektronen ab, und es bildet sich ein zweifach positiv geladenes Magnesium-Ion mit Edelgaskonfiguration:

Mg-Atom $\longrightarrow Mg^{2+}$-Ion $+ 2e^-$

Sauerstoff ist ein Element der VI. Gruppe. Jedes Atom hat also sechs Außenelektronen. Es nimmt zwei Elektronen auf und bildet ein zweifach negativ geladenes Oxid-Ion mit Edelgaskonfiguration:

O-Atom $+ 2e^- \longrightarrow O^{2-}$-Ion

Ein Ionengitter ist elektrisch neutral, denn es sind gleich viele positive und negative Ladungen vorhanden. Da Magnesium-Ionen eine zweifach positive Ladung und Oxid-Ionen eine zweifach negative Ladung tragen, ist das Anzahlverhältnis 1:1:

$(Mg^{2+})_1(O^{2-})_1$ oder $Mg^{2+}O^{2-}$ oder **MgO.**

Aluminiumoxid. Aluminium ist ein Element der III. Gruppe. Aluminium-Atome besitzen drei Außenelektronen. Ein Atom gibt drei Elektronen ab, es bildet sich ein Ion mit Edelgaskonfiguration:

Al-Atom $\longrightarrow Al^{3+}$-Ion $+ 3e^-$

Das Ionengitter des Aluminiumoxids ist elektrisch neutral, wenn auf zwei Aluminium-Ionen (Al^{3+}) drei Oxid-Ionen (O^{2-}) entfallen. Das Anzahlverhältnis muß daher 2:3 lauten:

$(Al^{3+})_2(O^{2-})_3$ oder **Al_2O_3.**

Formeln für Salze geben an, in welchem Anzahlverhältnis die beteiligten Ionen im Ionengitter vorliegen. Es handelt sich um Verhältnisformeln.

Bau von Kugelpackungen

Die dichteste Kugelpackung
– ein Modell für einen Metallkristall

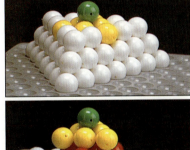

In der Kugelpackung ist ein Würfel aus 14 Kugeln enthalten

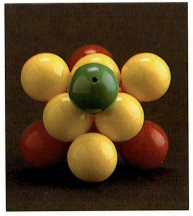
8 Kugeln bilden die Ecken des Würfels, 6 Kugeln sitzen auf den Flächen

Versuch 1: Kugelpackungen als Modelle für Metallkristalle und Salzkristalle

Materialien: Dreiecksrahmen ($a = 17$ cm), große Kugeln ($d = 30$ mm), kleine Kugeln ($d = 12$ mm).

Durchführung:
1. Fülle den Dreiecksrahmen vollständig mit großen Kugeln aus. Packe vier weitere Kugelschichten darüber. Von wieviel Kugeln wird eine Kugel im Inneren der Packung berührt? Diese Zahl wird auch **Koordinationszahl** genannt.
2. In der Kugelpackung ist eine würfelförmige Packung von 14 Kugeln enthalten. Dieser Würfel läßt sich folgendermaßen bauen: Klebe zunächst zwei Kugeldreiecke aus jeweils 6 Kugeln zusammen. Setze aus den beiden Kugeldreiecken und 2 weiteren Kugeln den Würfel zusammen.
3. An den Farben der Kugelschichten erkennst du, wie der Würfel in die Kugelpackung hineinpaßt. Baue den Würfel in die Kugelpackung ein.
4. Zeichne einen Würfel. Vergleiche ihn mit der würfelförmigen Kugelpackung und markiere in der Zeichnung die Mittelpunkte der 14 Kugeln.
5. Baue eine möglichst dichte Packung, indem du die Lücken zwischen den großen Kugeln mit kleinen Kugeln auffüllst. Wie lauten die Koordinationszahlen für beide Kugelsorten?
6. Klebe in die Lücken des Würfels die kleinen Kugeln hinein. Ergänze deine Zeichnung durch die Positionen der kleinen Kugeln im neuen Würfel.

Hinweis: Kugelpackungen aus einer Kugelsorte sind Modelle für den Aufbau vieler *Metallkristalle*.
Kugelpackungen aus zwei Kugelsorten sind Modelle für den Aufbau vieler *Salzkristalle*.

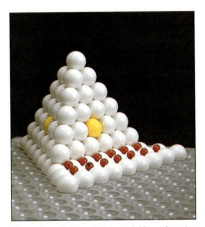
Kugelpackung aus zwei Kugelsorten
– ein Modell für einen Salzkristall

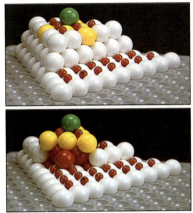
In der Kugelpackung ist ein Würfel aus 14 Kugeln enthalten

Die Lücken des Würfels sind mit kleinen Kugeln gefüllt

11.3 Die räumliche Struktur von Ionengittern

1. Steinsalz-Kristall (NaCl) und LAUE-Diagramm von Natriumchlorid

Die Würfelform der Natriumchlorid-Kristalle weist darauf hin, daß das Ionengitter regelmäßig aus Natrium-Ionen und Chlorid-Ionen aufgebaut ist.

Der Aufbau von Ionengittern läßt sich mit Hilfe von Röntgenstrahlen erforschen. Durchstrahlt man einen Kristall, so ergibt die austretende Strahlung auf einer Fotoplatte ein charakteristisches Punktemuster. Nach ihrem Entdecker werden sie **LAUE-Diagramme** genannt. Aus LAUE-Diagrammen läßt sich der Aufbau von Kristallen herleiten.

Natriumchlorid-Struktur. Chlorid-Ionen sind doppelt so groß wie Natrium-Ionen. Der Aufbau des Ionengitters wird deshalb durch die Chlorid-Ionen bestimmt: Sie bilden eine dichte Kugelpackung. Die kleineren Natrium-Ionen liegen in den Lücken zwischen den großen Chlorid-Ionen. In der Packung wird jedes Natrium-Ion von 6 Chlorid-Ionen berührt, auch jedes Chlorid-Ion ist von 6 Natrium-Ionen umgeben. Man sagt: Beide Ionensorten haben die **Koordinationszahl 6.**

Sechs Chlorid-Ionen umschließen ein Natrium-Ion, sie bilden die Ecken eines Oktaeders. Der Platz, den das Natrium-Ion im Ionengitter einnimmt, bezeichnet man deshalb auch als **Oktaederlücke.** Für den Kochsalz-Kristall ergibt sich folgendes **Kugelpackungsmodell:** Chlorid-Ionen bilden eine dichte Packung, in der alle Oktaederlücken mit Natrium-Ionen besetzt sind.

Sollen lediglich die Positionen der Ionen im Ionengitter durch ein Modell gezeigt werden, so ist ein **Raumgittermodell** besser geeignet. Die Ionen werden hier als kleine, gleichgroße Kugeln dargestellt, die durch Stäbe auf ihren Plätzen gehalten werden.

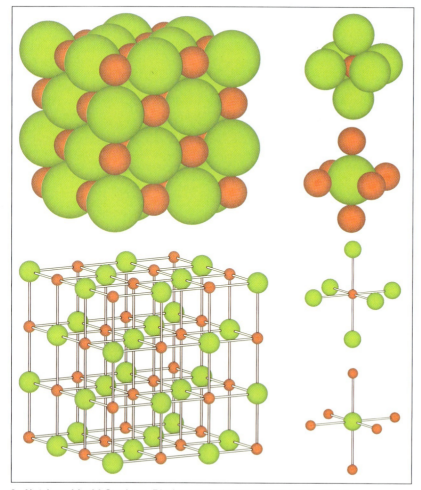

2. Natriumchlorid-Struktur. Die Ionen sind oktaedrisch angeordnet, die Koordinationszahl lautet jeweils 6.

Zinksulfid-Struktur. Zinksulfid (ZnS) ist aus Zink-Ionen (Zn^{2+}) und Sulfid-Ionen (S^{2-}) aufgebaut. Diese Ionen unterscheiden sich in der Größe noch deutlicher als die Ionen im Natriumchlorid. Die großen Sulfid-Ionen bilden eine dichte Kugelpackung. In dieser Packung gibt es neben den großen Oktaederlücken noch kleinere Lücken. Sie werden von nur vier Ionen gebildet, es handelt sich um **Tetraederlücken.** Besonders kleine Ionen wie die Zink-Ionen besetzen diese Lücken. Die **Koordinationszahl** für Zink-Ionen lautet also **4**. Auch die Sulfid-Ionen werden von 4 Zink-Ionen berührt.

Caesiumchlorid-Struktur. Caesium-Ionen (Cs^+) sind fast so groß wie Chlorid-Ionen. Sie passen deshalb weder in die Tetraederlücken noch in die Oktaederlücken zwischen den Chlorid-Ionen. Aus diesem Grund bildet sich eine ganz andere Struktur: Jedes Ion ist würfelförmig von 8 Ionen der anderen Sorte umgeben. Man sagt auch, das Caesium-Ion befindet sich in einer **Würfellücke.** Die **Koordinationszahl** lautet jeweils **8**.

Aluminiumoxid-Struktur. Auch wenn in einem Salz ein anderes Anzahlverhältnis der Ionen als 1:1 vorliegt, läßt sich die Kristallstruktur oft auf eine der drei genannten Grundstrukturen zurückführen.

Aluminiumoxid (Al_2O_3) ist aus Aluminium-Ionen (Al^{3+}) und Oxid-Ionen (O^{2-}) im Anzahlverhältnis 2:3 aufgebaut. In diesem Fall bilden die großen Oxid-Ionen eine dichteste Packung und die Aluminium-Ionen besetzen die Oktaederlücken. Allerdings werden nur zwei Drittel der Oktaederlücken nach einem regelmäßigen Muster besetzt – jede dritte Lücke bleibt leer. Die Verhältnisformel lautet daher $Al_{\frac{2}{3}}O_1$ oder Al_2O_3.

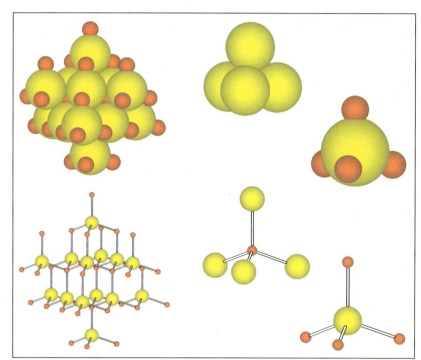

1. Zinksulfid-Struktur. Die Ionen sind tetraedrisch angeordnet, die Koordinationszahl lautet jeweils 4.

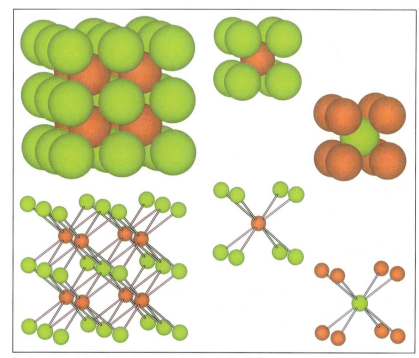

2. Caesiumchlorid-Struktur. Die Ionen sind würfelartig angeordnet, die Koordinationszahl lautet jeweils 8.

11.4 Salzbildung durch Elektronenübertragung

1. Magnesium verbrennt in Sauerstoff und in Chlor

Aufgabe 1: Magnesium reagiert mit Schwefel stark exotherm zu Magnesiumsulfid. Formuliere Reaktionsgleichungen zur Elektronenabgabe, zur Elektronenaufnahme und zur Elektronenübertragung.

Aufgabe 2: a) Aluminium reagiert unter Funkensprühen mit flüssigem Brom. Wie heißt das entstehende Salz?
b) Formuliere die Reaktionsgleichung.
c) Beschreibe die Elektronenübertragung.

Versuch 1: Bildung von Magnesiumnitrid
a) Gib Magnesiumspäne (F) kegelförmig auf ein Drahtnetz. Entzünde sie mit dem Brenner und stülpe ein großes Becherglas darüber.
b) Zerteile das Reaktionsprodukt mit einem Spatel und untersuche es.
c) Gib wenige Tropfen Wasser auf das grüne Reaktionsprodukt und stelle vorsichtig den Geruch fest.
d) Prüfe das entstehende Gas mit Indikatorpapier. Warum bildet sich der grüne Stoff nur im Inneren der Probe?

2. Magnesium reagiert mit dem Stickstoff der Luft zu Magnesiumnitrid

Bei der Reaktion von Natrium mit Chlor ist eine helle Flamme zu beobachten, ganz ähnlich wie bei der Verbrennung in Sauerstoff. Auch wenn sich andere Halogenide oder Sulfide bilden, treten solche Verbrennungserscheinungen auf. Diese Ähnlichkeiten mit Reaktionen des Sauerstoffs sind kein Zufall.

Magnesiumoxid und Magnesiumchlorid. Magnesiumband brennt nicht nur in Sauerstoff, sondern auch in Chlor. In beiden Fällen ist die Reaktion stark exotherm. Die Produkte sind jeweils Ionenverbindungen: Magnesiumoxid und Magnesiumchlorid.

Sowohl bei der Reaktion mit Sauerstoff als auch mit Chlor geben Magnesium-Atome Elektronen ab, gleichzeitig nehmen Atome des Reaktionspartners Elektronen auf. Gemeinsam ist beiden Reaktionen also eine **Elektronenübertragung:**

$$2\,Mg \xrightarrow{\text{Elektronenabgabe}} 2\,Mg^{2+} + 4\,e^-$$
$$O_2 + 4\,e^- \xrightarrow{\text{Elektronenaufnahme}} 2\,O^{2-}$$

$$2\,Mg + O_2 \xrightarrow{\text{Elektronenübertragung}} 2\,MgO$$

$$Mg \xrightarrow{\text{Elektronenabgabe}} Mg^{2+} + 2\,e^-$$
$$Cl_2 + 2\,e^- \xrightarrow{\text{Elektronenaufnahme}} 2\,Cl^-$$

$$Mg + Cl_2 \xrightarrow{\text{Elektronenübertragung}} MgCl_2$$

Magnesiumnitrid. Anders als Magnesiumband reagieren aufgehäufte Magnesiumspäne nur langsam mit der Luft. Nach der Reaktion besteht der äußere Teil des Haufens aus weißem Magnesiumoxid, innen hat sich ein grüner salzartiger Stoff gebildet. Es handelt sich um Magnesiumnitrid, das aus Magnesium und Luftstickstoff entsteht.

Bei dieser Reaktion werden Elektronen von Magnesium-Atomen auf Stickstoff-Atome übertragen. Stickstoff ist ein Element der V. Gruppe, jedes Atom besitzt fünf Außenelektronen. Es nimmt drei Elektronen auf, so daß ein dreifach negativ geladenes Nitrid-Ion mit der Edelgaskonfiguration des Neons entsteht:

$$3\,Mg \xrightarrow{\text{Elektronenabgabe}} 3\,Mg^{2+} + 6\,e^-$$
$$N_2 + 6\,e^- \xrightarrow{\text{Elektronenaufnahme}} 2\,N^{3-}$$

$$3\,Mg + N_2 \xrightarrow{\text{Elektronenübertragung}} Mg_3N_2$$

Bei der Bildung von Salzen aus den Elementen finden Elektronenübertragungen statt. Metall-Atome geben Elektronen ab. Nichtmetall-Atome nehmen Elektronen auf. Es entstehen Ionen.

Redoxreaktionen

Oxidation. Nach der bisher verwendeten Definition versteht man unter Oxidation die Aufnahme von Sauerstoff. So wird Magnesium oxidiert, wenn es sich mit Sauerstoff zu Magnesiumoxid verbindet. Der wesentliche chemische Vorgang ist dabei allerdings, daß Elektronen von Magnesium-Atomen auf Sauerstoff-Atome übertragen werden. Darin gleichen sich alle Reaktionen, bei denen Magnesium oder andere Metalle mit Nichtmetallen reagieren: Metall-Atome geben Elektronen an Nichtmetall-Atome ab. Aus diesem Grunde wurde der Oxidationsbegriff neu definiert und dabei allgemeiner gefaßt:

Eine Oxidation ist eine Abgabe von Elektronen.

Reduktion. Nach der bisher verwendeten Definition bedeutet Reduktion die Abgabe von Sauerstoff. So wird Kupferoxid durch Eisen reduziert, es bilden sich elementares Kupfer und Eisenoxid:

$$3\,CuO + 2\,Fe \longrightarrow 3\,Cu + Fe_2O_3$$

Bei dieser Reaktion werden Kupfer-Ionen durch Aufnahme von Elektronen in Kupfer-Atome überführt. Die Reduktion des Kupferoxids beruht also auf einer Elektronenaufnahme. Damit ergibt sich auch für die Reduktion eine neue Definition:

Eine Reduktion ist eine Aufnahme von Elektronen.

Redoxreaktion. Bei der Reaktion von Kupferoxid mit Eisen finden im Sinne der Elektronenübertragung **Red**uktion und **Ox**idation gleichzeitig statt. Man spricht deshalb von einer **Redox**reaktion:

$$3\,Cu^{2+}O^{2-} + 2\,Fe \longrightarrow 3\,Cu + (Fe^{3+})_2(O^{2-})_3$$

(Elektronenabgabe von Fe zu Cu; Elektronenaufnahme von Cu)

Drei Kupfer-Ionen nehmen insgesamt sechs Elektronen auf und werden zu Kupfer-Atomen reduziert. Zwei Eisen-Atome liefern diese sechs Elektronen und werden zu dreifach positiv geladenen Eisen-Ionen oxidiert. Die Oxid-Ionen bleiben bei der Reaktion unverändert:

Oxidation: $2\,Fe \dashrightarrow 2\,Fe^{3+} + 6\,e^-$

Reduktion: $3\,Cu^{2+} + 6\,e^- \dashrightarrow 3\,Cu$

Bei einer Redoxreaktion werden Elektronen übertragen: Oxidation und Reduktion laufen gleichzeitig ab.

Nach der älteren Definition gibt es Reaktionen, bei denen nur eine Oxidation oder nur eine Reduktion abläuft. Im Sinne der neuen Definition als Elektronenübertragung muß mit jeder Oxidation eine Reduktion einhergehen.

Aufgabe 1: Die Zerlegung von Silberoxid (Ag_2O) in die Elemente wird von einer Schülerin als Reduktion bezeichnet, von ihrer Nachbarin als Redoxreaktion. Wer hat recht? Begründe deine Antwort mit Hilfe von Reaktionsgleichungen.

Aufgabe 2: Beim Anblick seines rostigen Fahrrads fragt ein Schüler: „Woher kommen bloß diese rostigen Stellen?" Sein Nachbar antwortet: „Das blanke Eisen oxidiert an der Luft!" Stimmt das so? Begründe deine Antwort mit Hilfe von Reaktionsgleichungen.

	Redoxreaktion	
	Alte Definition: **Sauerstoffübertragung**	Neue Definition: **Elektronenübertragung**
Reaktion:	Magnesium mit Sauerstoff	
Reduktion:	—	$O_2 + 4\,e^- \dashrightarrow 2\,O^{2-}$
Oxidation:	$2\,Mg + O_2 \longrightarrow 2\,MgO$	$2\,Mg \dashrightarrow 2\,Mg^{2+} + 4\,e^-$
Redoxreaktion:	—	$2\,Mg + O_2 \longrightarrow 2\,MgO$
Reaktion:	Magnesium mit Chlor	
Reduktion:	—	$Cl_2 + 2\,e^- \dashrightarrow 2\,Cl^-$
Oxidation:	—	$Mg \dashrightarrow Mg^{2+} + 2\,e^-$
Redoxreaktion:	—	$Mg + Cl_2 \longrightarrow MgCl_2$
Reaktion:	Kupferoxid mit Eisen	
Reduktion:	$3\,CuO \dashrightarrow 3\,Cu + 3\,O$	$3\,Cu^{2+} + 6\,e^- \dashrightarrow 3\,Cu$
Oxidation:	$2\,Fe + 3\,O \dashrightarrow Fe_2O_3$	$2\,Fe \dashrightarrow 2\,Fe^{3+} + 6\,e^-$
Redoxreaktion:	$2\,Fe + 3\,CuO \longrightarrow 3\,Cu + Fe_2O_3$	$2\,Fe + 3\,Cu^{2+} \longrightarrow 3\,Cu + 2\,Fe^{3+}$

11.5 Edle und unedle Metalle

Edelmetalle und Münzen		
Schalterpreise	Ankauf	Verkauf 8.1.92
Barrengold 1 kg	16 760,00	19 904,40
Barrenplatin 100 g ...	1 645,00	1 972,20
Barrensilber 1 kg	184,00	272,46
Krüger-Rand	506,75	619,88
20-Mark-Stück	135,25	183,83
Vrenell	90,00	132,24
Philharmoniker	529,00	645,24
Sovereign (neu)	112,00	157,32
Stand 11 Uhr, Quelle: Deutsche Bank		

1. Tagespreise für Edelmetalle und Goldmünzen in DM

Versuch 1: Redoxreihe der Metalle
In Lösungen von Kupfersulfat (Xn), Silbernitrat (Xi) und Zinksulfat wird jeweils ein Streifen Kupferblech getaucht. Wiederhole die Versuchsreihe mit Zinkblech und mit Silberblech.
Entsorgung: B2
a) In welchen Fällen findet eine Reaktion statt? Stelle die Ergebnisse in einer Tabelle zusammen.
b) Formuliere jeweils Reaktionsgleichungen für Elektronenabgabe, Elektronenaufnahme und Elektronenübertragung.

Versuch 2: Reaktion von Metallen mit sauren Lösungen
Gib jeweils eine Probe der Metalle Magnesium (F), Zink, Eisen und Kupfer in verdünnte Salzsäure (Xi) und beobachte, ob sich ein Gas entwickelt. *Entsorgung:* B1
a) Formuliere Reaktionsgleichungen für Elektronenabgabe, Elektronenaufnahme und Elektronenübertragung.
b) An welcher Stelle läßt sich Wasserstoff in die Redoxreihe einordnen?

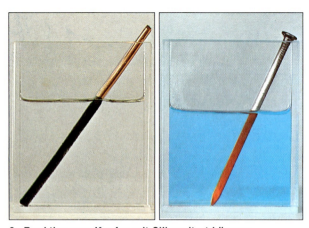

2. Reaktion von Kupfer mit Silbernitrat-Lösung; Reaktion von Eisen mit Kupfersulfat-Lösung

Ein Blick in die Tageszeitung zeigt, daß Edelmetalle besonders teuer sind. Der Preis für Gold, Platin und Silber wird sogar an jedem Börsentag neu festgelegt. Allerdings gibt es auch andere Metalle wie Wolfram, Niob oder Tantal, die ebenfalls sehr teuer sind, aber nicht zu den Edelmetallen gehören.
Gold, Platin und Silber werden nicht wegen des Preises, sondern aus einem ganz anderen Grund als **Edelmetalle** bezeichnet: Selbst beim Erhitzen reagieren sie nicht mit Sauerstoff. Weil sie nicht oxidiert werden, treten sie gediegen in der Natur auf.

Edel oder unedel? Durch einfache Versuche läßt sich feststellen, welches von zwei Metallen das edlere ist. Taucht man beispielsweise Eisenwolle in eine blaue Lösung von Kupfersulfat, so überzieht sie sich sofort mit einer Schicht aus rotem Kupfer. Die durch Kupfer-Ionen blau gefärbte Lösung wird allmählich heller.

Bei der Reaktion nehmen Kupfer-Ionen Elektronen vom Eisen auf und werden zu Kupfer-Atomen. Dadurch nimmt die Konzentration an Kupfer-Ionen ständig ab. Gleichzeitig entstehen aus Eisen-Atomen Eisen-Ionen, die in Lösung gehen. Bei der Reaktion handelt es sich um eine Elektronenübertragung:

$$Fe(s) \xrightarrow{\text{Elektronenabgabe}} Fe^{2+}(aq) + 2e^-$$

$$Cu^{2+}(aq) + 2e^- \xrightarrow{\text{Elektronenaufnahme}} Cu(s)$$

$$Fe(s) + Cu^{2+}(aq) \xrightarrow{\text{Elektronenübertragung}} Fe^{2+}(aq) + Cu(s)$$

Stellt man ein Kupferblech in eine Eisensalz-Lösung, so wird kein Eisen abgeschieden. Es geht also kein Kupfer in Lösung. Die Neigung, Ionen zu bilden und in Lösung zu gehen, ist offenbar beim Kupfer geringer als beim Eisen: Kupfer ist edler als Eisen.

Ähnliche Unterschiede beobachtet man bei Reaktionen mit anderen Paaren von Metallen und ihren Salzlösungen. Auf der Grundlage solcher Versuche lassen sich Metalle in einer Reihe anordnen. In dieser **Redoxreihe der Metalle** stehen links die Metalle, die leicht Elektronen abgeben. Sie gehören zu den *unedlen Metallen.* In der Reihe nimmt die Tendenz, Ionen zu bilden und in Lösung zu gehen, von links nach rechts ab. Rechts stehen die *Edelmetalle:*

K   Mg   Al   Zn   Fe   Sn   Pb   Cu   Ag   Hg   Pt   Au

unedel   edel

Jedes Metall scheidet die rechts von ihm stehenden Metalle aus deren Salzlösungen ab. So löst sich Zink in einer Kupfersulfat-Lösung auf, und Kupfer scheidet sich ab. Zink reagiert aber nicht mit Magnesiumsulfat-Lösung.

11.6 Batterien und galvanische Zellen

In Batterien wird elektrische Energie durch chemische Reaktionen erzeugt. In einem Stromkreis läßt sich damit ein Motor antreiben oder ein Glühlämpchen zum Leuchten bringen. Chemische Systeme dieser Art bezeichnet man als *galvanische Zellen*.

Galvanische Zellen. Eine einfache galvanische Zelle läßt sich folgendermaßen aufbauen: In ein Becherglas mit Zinksulfat-Lösung stellt man einen porösen Tonzylinder mit Kupfersulfat-Lösung. Dann wird ein Zinkblech in die Zinksalz-Lösung und ein Kupferblech in die Kupfersalz-Lösung getaucht. Verbindet man schließlich einen Spannungsmesser mit den beiden Metallblechen, so mißt man eine elektrische Spannung von etwa 1 Volt. Dabei ist das unedle Zink der Minuspol und das Kupfer der Pluspol dieser einfachen Batterie.

Welche chemischen Reaktionen laufen in der galvanischen Zelle ab, wenn ein Strom fließt? Am Minuspol gehen Zink-Ionen in Lösung, für jedes Zink-Ion bleiben zwei Elektronen im Metall zurück. So entsteht hier ein Elektronenüberschuß, das Zinkblech ist gegenüber dem Kupferblech negativ geladen:

Minuspol: $Zn(s) \xrightarrow{\text{Elektronenabgabe}} Zn^{2+}(aq) + 2e^-$

Die Elektronen fließen über das Verbindungskabel vom Zinkblech zum Kupferblech. Dort werden sie auf Kupfer-Ionen aus der Lösung übertragen. Es entstehen Kupfer-Atome, die sich am Kupferblech abscheiden. Am Pluspol herrscht Elektronenmangel:

Pluspol: $Cu^{2+}(aq) + 2e^- \xrightarrow{\text{Elektronenaufnahme}} Cu(s)$

Insgesamt läuft also in der galvanischen Zelle eine *Elektronenübertragungsreaktion* ab. Genau dieselbe Reaktion findet auch statt, wenn Zink direkt in Kupfersalz-Lösung eintaucht:

$Cu^{2+}(aq) + Zn(s) \xrightarrow{\text{Elektronenübertragung}} Zn^{2+}(aq) + Cu(s)$

Durch den Trick, das Zink durch den Tonzylinder von der Kupfersalz-Lösung räumlich zu trennen, können die Elektronen des Zinks die Kupfer-Ionen nur über das Verbindungskabel erreichen. Es fließt ein elektrischer Strom.

Durch den Tonzylinder entstehen zwei Räume: Zink und Zinksulfat-Lösung sowie Kupfer und Kupfersulfat-Lösung bilden jeweils eine **Halbzelle**. Die Poren des Tonzylinders sind für Ionen durchlässig: Sulfat-Ionen wandern in die Zink-Halbzelle und Zink-Ionen in die Kupfer-Halbzelle. Wenn die galvanische Zelle arbeitet, findet in der Lösung eine Ionenwanderung statt und im Verbindungskabel fließen Elektronen. Es besteht also ein geschlossener Stromkreis.

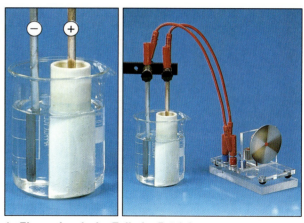

1. Eine galvanische Zelle im Betrieb

Versuch 1: Strom aus der Zitrone
Bohre zwei Löcher in eine Zitrone. Stecke in die eine Öffnung ein doppelt gefaltetes Magnesiumband, in die andere Öffnung ein Kupferblech. Verbinde beide Bleche über zwei Kabel mit einem kleinen Elektromotor. Welches Metall bildet den Minuspol?

Aufgabe 1: Eine galvanische Zelle enthält in einer Halbzelle Magnesiumband in Magnesiumsulfat-Lösung, in der anderen Silberblech in Silbernitrat-Lösung.
a) Zeichne diese galvanische Zelle schematisch auf.
b) Welches Metall bildet den Pluspol, welches den Minuspol?
c) Welche Reaktionen laufen in den Halbzellen ab, wenn ein kleiner Elektromotor läuft?

Aufgabe 2: Zum Aufbau einer galvanischen Zelle kann ein Tonzylinder verwendet werden. Warum ist ein Becherglas ungeeignet?

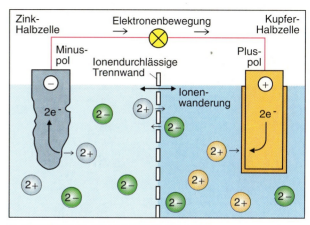

2. Vorgänge in einer galvanischen Zelle

11.7 Fotografie – Bilder aus Silber

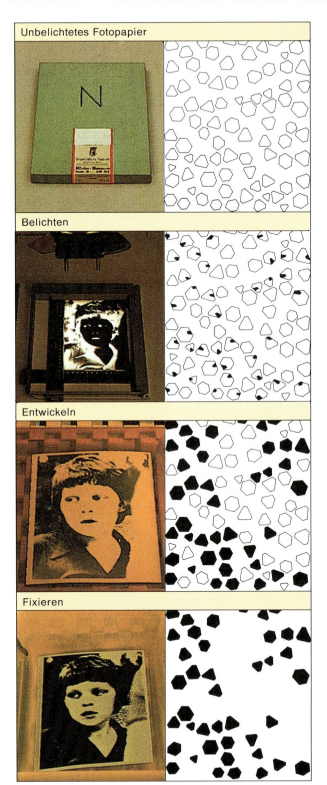

1. **Ein Schwarzweißbild entsteht**

Um 1835 gelang es dem Franzosen DAGUERRE, auf einer mit Silberiodid beschichteten Platte ein fotografisches Bild herzustellen. Damit legte er den Grundstein für die Fotografie. Auch die heutige Schwarzweißfotografie und die Farbfotografie nutzen immer noch die Lichtempfindlichkeit der Silberhalogenide: Filme und Fotopapiere enthalten eine Gelatineschicht, in die winzige Silberbromid-Kristalle eingelagert sind. Das fotografische Bild entsteht in drei Schritten: *Belichten, Entwickeln, Fixieren.*

Belichten. Fällt Licht auf Silberbromid-Kristalle in der fotografischen Schicht, findet eine Elektronenübertragung statt. Von einigen Bromid-Ionen werden Elektronen abgespalten, sie werden von Silber-Ionen aufgenommen.

$$Br^- \xrightarrow{Licht} Br + e^- ; \quad Ag^+ + e^- \dashrightarrow Ag$$

Diese Reaktion wird nur durch den blauen Anteil des Sonnenlichts ausgelöst. Fotopapier ist deshalb unempfindlich gegenüber der schwachen roten oder gelben Beleuchtung in einer Dunkelkammer.
Bei kurzem Lichteinfall werden nur kleinste Bereiche der Silberbromid-Kristalle zersetzt. Dabei bilden sich Silberkeime, die auch unter einem Mikroskop noch nicht zu erkennen sind. Es entsteht ein unsichtbares, *latentes Bild*.

Entwickeln. Um das latente Bild sichtbar zu machen, legt man den belichteten Film in eine Entwicklerlösung. Der Entwickler wandelt in allen Kristallen mit einem Silberkeim die Silber-Ionen in elementares Silber um. Durch das fein verteilte Silber wird die fotografische Schicht geschwärzt. Unbelichtete Stellen bleiben hell. Man erhält so ein *Negativ* des fotografierten Motivs.
Die Entwicklerlösung ist alkalisch. Um die Entwicklung zu stoppen, legt man den entwickelten Film in ein *Stoppbad* aus verdünnter Essigsäure.

Fixieren. Nach dem Entwickeln darf der Film noch nicht ans Licht gebracht werden, da die fotografische Schicht an den unbelichteten Stellen immer noch lichtempfindliches Silberbromid enthält. Um dieses restliche Silberbromid aus der Schicht zu entfernen, legt man den Film einige Minuten in eine Fixiersalzlösung. Das Fixiersalz überführt das schwerlösliche Silberbromid in eine wasserlösliche Silberverbindung. Nach dem Fixieren kann man das fertige Negativ ans Tageslicht bringen.

Ein wirklichkeitsgetreues Bild erhält man erst, wenn man das Negativ auf Fotopapier projiziert und erneut belichtet, entwickelt und fixiert. So entsteht ein Negativ vom Negativ, das **Positivbild.**

Fotografie

Versuch 1: Lichtempfindlichkeit von Silberchlorid

Materialien: Reagenzgläser; Silbernitrat-Lösung (5%) (Xi), Natriumchlorid-Lösung (5%).

Durchführung:
1. Fülle zwei Reagenzgläser etwa zu einem Drittel mit Natriumchlorid-Lösung und setze die gleiche Menge Silbernitrat-Lösung hinzu.
2. Dunkle das eine Reagenzglas ab, stelle das andere in helles Licht. Vergleiche die beiden Proben nach etwa 10 Minuten.

Aufgabe: Notiere deine Beobachtungen und erkläre die ablaufenden Vorgänge.

Versuch 2: Herstellung lichtempfindlicher Schichten

Materialien: Becherglas (100 ml), Papier, Pinsel, Fön, Pinzette, schwarzes Papier, Schere; Silbernitrat-Lösung (10%) (C), Kaliumbromid, Gelatine.

Durchführung:
1. Löse in 50 ml Wasser 6 g Kaliumbromid und 10 g Gelatine und erhitze die Lösung.
2. Trage die Lösung mit einem Pinsel auf Papier auf und trockne das Papier mit dem Fön.
3. Lege das beschichtete Papier drei Minuten in Silbernitrat-Lösung. Nimm es dann mit einer Pinzette heraus und lasse es trocknen.
4. Schneide aus schwarzem Papier Figuren aus, lege sie auf die Schichtseite des hergestellten Fotopapiers und belichte mit einer starken Lichtquelle.

Aufgaben:
a) Notiere deine Beobachtungen.
b) Erkläre die einzelnen Arbeitsschritte.

Versuch 3: Wirkung eines Entwicklers

Materialien: Reagenzgläser; Silbernitrat-Lösung (2%) (Xi), Natriumchlorid-Lösung, Hydrochinon (3%) (Xn), Kaliumhydroxid-Lösung (verd.) (C), Essigsäure (5%).

Durchführung:
1. Gib in einem Reagenzglas gleiche Mengen Silbernitrat-Lösung und Natriumchlorid-Lösung zusammen.
2. Verteile die Flüssigkeit mit dem Silberchlorid-Niederschlag auf drei Reagenzgläser.
3. Gib zur ersten Probe verdünnte wässerige Hydrochinon-Lösung.
4. Gib zur zweiten Probe verdünnte wässerige Hydrochinon-Lösung, der einige Tropfen Kaliumhydroxid-Lösung zugesetzt sind.
5. Versetze die dritte Probe mit 2 ml Essigsäure und gib dann Hydrochinon-Lösung hinzu.

Aufgaben:
a) Notiere deine Beobachtungen.
b) Beschreibe die Wirkung des Entwicklers.

Aufgabe 1: Taucht man in eine gebrauchte Fixiersalzlösung einen blank geschmirgelten Zinkstab, so entsteht ein schwarzer Überzug. Gib eine Erklärung und formuliere die Reaktionsgleichung.

Aufgabe 2: a) Beschreibe die unten abgebildete Versuchsanordnung und erkläre die dargestellten Vorgänge.
b) Formuliere eine Reaktionsgleichung für die in der Apparatur ablaufende Reaktion.
c) Gib Gründe an, warum man Silber aus Fixierbädern zurückgewinnen sollte.

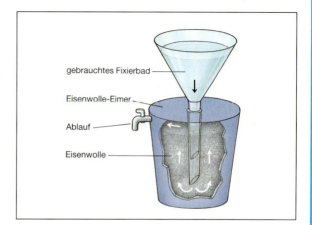

11.8 Aufgaben · Versuche · Probleme

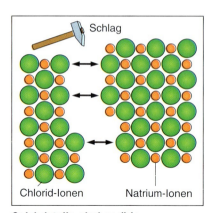

Salzkristalle sind spröde

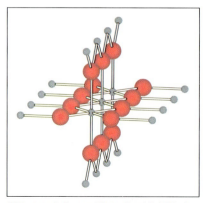

Gittermodell von Titandioxid (TiO$_2$)

Versuch 1: Reaktion von Magnesium mit Kupfersalz-Lösung
Gib Magnesiumband (F) in stark verdünnte Kupfersulfat-Lösung (Xn) und beobachte.
Entsorgung: B2

Aufgabe: Formuliere Reaktionsgleichung und Elektronenübertragung.

Versuch 2: Magnesium-Kupfer-Batterie
Tauche sowohl Magnesiumband (F) als auch Kupferblech in eine Kochsalzlösung, ohne daß sich die Metalle berühren. Schließe einen Spannungsmesser an beide Metalle an und beobachte.

Aufgaben: **a)** Erkläre die auftretende Spannung.
b) Welches Metall bildet den Minuspol der Batterie?

Aufgabe 1: Natriumchlorid-Kristalle sind spröde und zerbrechen leicht durch einen Hammerschlag. Erkläre diese Erscheinung. Warum bilden sich rechtwinklige Bruchstücke?

Aufgabe 2: Kalium reagiert mit lautem Knall, wenn man es in flüssiges Brom wirft. Formuliere die Reaktionsgleichung, kennzeichne die Elektronenübertragung.

Aufgabe 3: Aluminium und Brom reagieren unter hellen Verbrennungserscheinungen. Formuliere die Reaktionsgleichung und die Elektronenübertragung. Warum sind Aluminium-Ionen dreifach positiv geladen?

Aufgabe 4: Natrium reagiert sowohl mit Wasser als auch mit Salzsäure unter Entwicklung von Wasserstoff. Gib die jeweilige Reaktionsgleichung und die Elektronenübertragung an.

Aufgabe 5: Eisen rostet an feuchter Luft, es bilden sich braune Gemische aus Eisenoxiden und Eisenhydroxiden. Welche Reaktionen finden statt?

Aufgabe 6: Um die Korrosion von Eisen zu verhindern, kann man das Eisen mit einem Farbanstrich schützen oder eine Zinkschicht auftragen. Erläutere diese Maßnahmen.
Hinweis: Wenn die Farbschicht beschädigt ist, rostet das Eisen an dieser Stelle. Ist die Zinkschicht zerkratzt, rostet das Eisen dort nicht.

Aufgabe 7: Ermittle aus dem Gittermodell von Titandioxid die Koordinationszahlen für Titan-Ionen und Oxid-Ionen. Welche Ladungszahlen haben die Ionen?

Aufgabe 8: Alte Taschenlampenbatterien besitzen keinen zusätzlichen Stahlmantel zum Schutz vor dem Auslaufen der Batterie. Wie kann es zu Löchern im Zinkmantel der Batterien kommen?

Aufgabe 9: Eine Bleiakku-Zelle liefert nur 2 Volt Spannung, für das Auto sind aber 12 Volt Spannung erforderlich. Wie ist eine 12-Volt-Autobatterie konstruiert?

Problem 1: Die Bildung von Natriumchlorid aus den Elementen ist stark exotherm. Bevor Energie freigesetzt wird, muß allerdings erhitzt werden.
Diskutiere anhand der Abbildung, für welche Vorgänge Energie benötigt wird und wobei Energie frei wird.

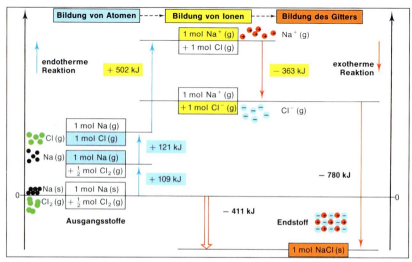

Energiebilanz für die Bildung von Natriumchlorid aus den Elementen

BASISWISSEN

Ionenbindung

1. Ionenbildung – Edelgaskonfiguration
Bei der Bildung von Ionen geben Atome Elektronen ab oder sie nehmen Elektronen auf. Die Ionen haben **Edelgaskonfiguration**. *Beispiel:*

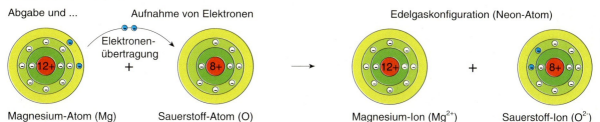

Magnesium-Atom (Mg)   Sauerstoff-Atom (O)   Magnesium-Ion (Mg^{2+})   Sauerstoff-Ion (O^{2-})

2. Salze – Ionengitter – Ionenbindung
a) **Salze** entstehen bei der Reaktion von Metallen mit Nichtmetallen.
b) Salze sind **Ionenverbindungen**: Sie bestehen aus Ionen.
c) Die Ionen bilden aufgrund elektrischer Kräfte ein **Ionengitter**. Diese Art der chemischen Bindung heißt **Ionenbindung**.

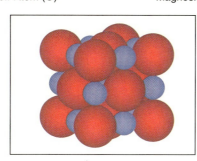

3. Verhältnisformeln
Formeln für **Salze** geben an, in welchem Anzahlverhältnis die beteiligten Ionen im Ionengitter vorliegen. Es handelt sich um **Verhältnisformeln**.
Beispiel: Magnesiumoxid (MgO)
Im Magnesiumoxid kommt auf ein Magnesium-Ion (Mg^{2+}) ein Sauerstoff-Ion (O^{2-}).

4. Elektronenübertragungsreaktionen
a) Bei der Bildung von Salzen aus den Elementen finden Elektronenübertragungen statt. Metall-Atome geben Elektronen ab, Nichtmetall-Atome nehmen Elektronen auf.
Beispiel:

$$2\,Mg \xrightarrow{\text{Elektronenabgabe}} 2\,Mg^{2+} + 4\,e^-$$

$$O_2 + 4\,e^- \xrightarrow{\text{Elektronenaufnahme}} 2\,O^{2-}$$

$$2\,Mg + O_2 \xrightarrow{\text{Elektronenübertragung}} 2\,MgO$$

b) Elektronenübertragungen gibt es auch bei chemischen Reaktionen in wässeriger Lösung:
Atome unedler Metalle geben Elektronen an die Ionen **edler Metalle** ab.

Mg	Al	Zn	Fe	Cu	Ag	Au
unedel						edel

Beispiel: Eisen reagiert mit Silber-Ionen, Silber aber nicht mit Eisen-Ionen.

5. Elektrolyse

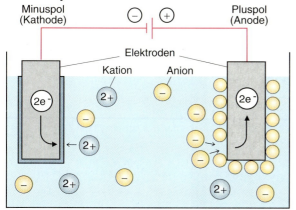

Minuspol (Kathode): Zn^{2+} (aq) + 2 $e^- \longrightarrow$ Zn (s)
Pluspol (Anode): 2 Br^- (aq) $\longrightarrow Br_2$ (aq) + 2 e^-

6. Galvanische Zelle

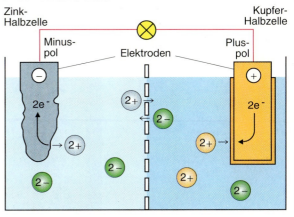

Minuspol: Zn (s) $\longrightarrow Zn^{2+}$ (aq) + 2 e^-
Pluspol: Cu^{2+} (aq) + 2 $e^- \longrightarrow$ Cu (s)

12 Moleküle

In einem abgedunkelten Raum füllt man eine Plastikflasche unter konzentrierter Kochsalzlösung je zur Hälfte mit Chlor-Gas und Wasserstoff-Gas. Die Plastikflasche wird anschließend fest auf das Gewinde einer Zündkerze gesteckt, die fest in einem Holzblock verankert ist. Jetzt zündet man mit einem Piezozünder aus sicherer Entfernung die Zündkerze. Das Gasgemisch explodiert augenblicklich mit einem ohrenbetäubenden Knall, und die Plastikflasche schießt wie eine Rakete durch den Raum. Neben dem Chlor-Geruch nimmt man den beißenden Geruch eines neuen Gases wahr.

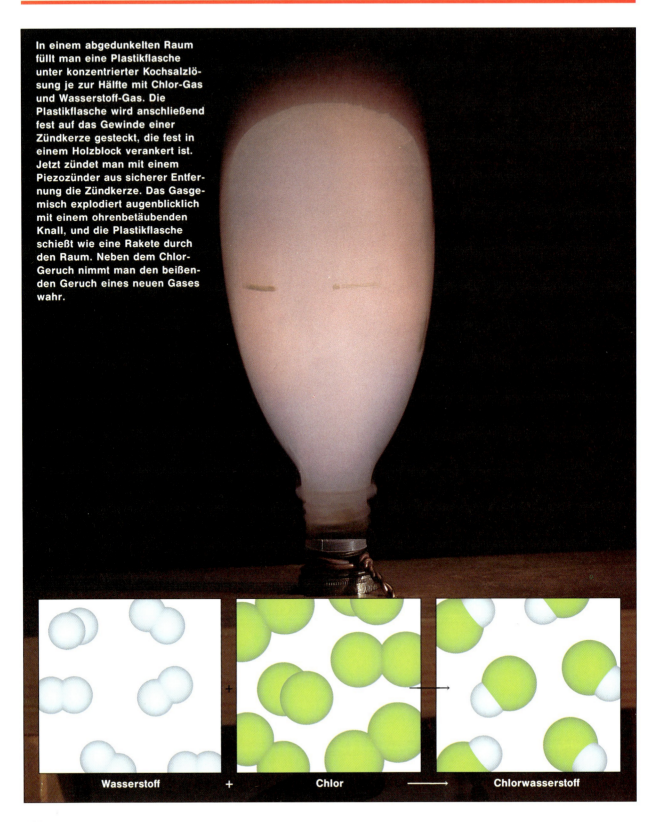

Wasserstoff + Chlor ⟶ Chlorwasserstoff

12.1 Acht-Elektronen-Chemie (II): die Elektronenpaarbindung

Edelgase wie Helium und Argon bestehen aus einzelnen Atomen. Sie bilden keine Moleküle. Helium-Atome und Argon-Atome reagieren weder miteinander noch mit Atomen anderer Elemente.
Die Atome der Edelgase sind so reaktionsträge, weil ihre Außenschale mit zwei oder mit acht Elektronen gefüllt ist. Ihre Elektronenanordnung wird als **Edelgaskonfiguration** bezeichnet. Helium-Atome haben mit zwei Elektronen eine volle K-Schale und Argon-Atome haben mit acht Elektronen eine volle M-Schale. Atome mit Edelgaskonfiguration sind offensichtlich besonders stabil.

Elektronenpaarbindung. Elemente, deren Atome keine Edelgaskonfiguration aufweisen, sind reaktionsfähig. Sie reagieren mit anderen Atomen zu Teilchen, in denen eine Elektronenverteilung wie bei Edelgas-Atomen vorliegt. Dabei lassen sich zwei grundlegende Fälle unterscheiden:
Nichtmetalle reagieren mit Metallen zu *Ionenverbindungen*. Die kleinsten Teilchen sind Ionen, sie haben eine Edelgaskonfiguration.
Nichtmetalle reagieren untereinander zu *Molekülverbindungen*. Die kleinsten Teilchen sind Moleküle. In Molekülen weisen die einzelnen Atome ebenfalls eine Edelgaskonfiguration auf.
Zur vollen K-Schale fehlt dem Wasserstoff-Atom noch ein Elektron. Im *Wasserstoff-Molekül* teilen sich die beiden Wasserstoff-Atome ein *gemeinsames Elektronenpaar*. Beide Atome erreichen dadurch die Elektronenverteilung der Atome des Edelgases Helium. Das gemeinsame Elektronenpaar bewirkt die chemische Bindung im Wasserstoff-Molekül, es handelt sich um eine **Elektronenpaarbindung**.

Nach dem gleichen Prinzip sind die Chlor-Atome im *Chlor-Molekül* miteinander verbunden. Zwei Chlor-Atome erreichen durch ein gemeinsames Elektronenpaar eine mit acht Elektronen voll besetzte M-Schale. Durch das gemeinsame Elektronenpaar gilt die Acht-Elektronen-Chemie auch bei Molekülen.

Auch die Bindung im *Chlorwasserstoff-Molekül* läßt sich durch Elektronenpaarbindungen erklären. Im Chlorwasserstoff-Molekül ist das Wasserstoff-Atom mit dem Chlor-Atom durch ein gemeinsames Elektronenpaar verbunden. Das Wasserstoff-Atom hat dann mit zwei Elektronen eine voll besetzte K-Schale, und das Chlor-Atom hat acht Elektronen in der M-Schale.

Moleküle bestehen aus Atomen, die über *gemeinsame Elektronenpaare* miteinander verbunden sind. Die Elektronen eines Elektronenpaares gehören zu beiden Atomen. Diese Art der chemischen Bindung wird als Elektronenpaarbindung bezeichnet.

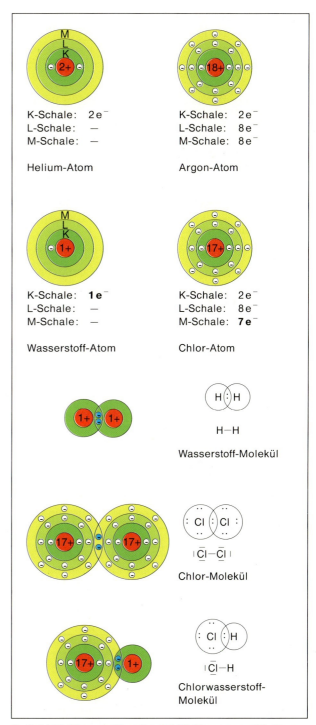

1. Acht-Elektronen-Chemie und Elektronenpaarbindung.
In den Punkt- und Strichdarstellungen der Moleküle werden nur die Elektronen der äußersten Schale berücksichtigt. Elektronenpaare werden durch Striche gekennzeichnet.

12.2 LEWIS-Formeln für Moleküle

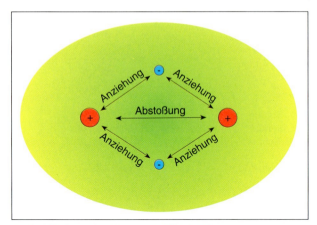

1. Die Bindung im Wasserstoff-Molekül

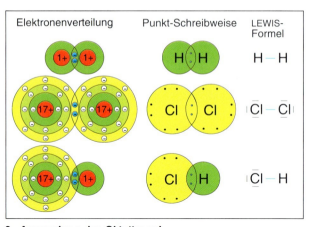

2. Anwendung der Oktettregel

In Molekülen werden die Atome durch gemeinsame Elektronenpaare zusammengehalten. Dieses Modell der Elektronenpaarbindung wurde 1916 von dem amerikanischen Chemiker LEWIS vorgestellt.

Das einfachste Molekül ist das **Wasserstoff-Molekül.** Es bildet sich spontan in einer exothermen Reaktion, wenn zwei Wasserstoff-Atome aufeinander treffen. Das Wasserstoff-Molekül ist energieärmer als zwei getrennte Wasserstoff-Atome. Die freigesetzte Energie wird als *Bindungsenergie* bezeichnet.
Die beiden Elektronen der Wasserstoff-Atome bilden im Wasserstoff-Molekül ein *bindendes Elektronenpaar*. Die Elektronen befinden sich zwischen den beiden positiv geladenen Atomkernen und halten diese durch ihre negative Ladung zusammen. Es muß deshalb Energie aufgewendet werden, um die Anziehung zu überwinden und die beiden Atome wieder zu trennen.

Auch im **Chlorwasserstoff-Molekül** werden die beiden Atome durch ein bindendes Elektronenpaar zusammengehalten. Neben dem Elektron des Wasserstoff-Atoms ist ein Elektron der M-Schale des Chlor-Atoms beteiligt. Die übrigen sechs Außenelektronen des Chlor-Atoms werden ebenfalls zu Paaren zusammengefaßt. Da sie nicht an der Bindung beteiligt sind, bezeichnet man sie als *freie* oder *nichtbindende Elektronenpaare*.

Das Wasserstoff-Molekül und das Chlorwasserstoff-Molekül sind zwei Beispiele für Moleküle mit einer **Einfachbindung** zwischen den Atomen. Es gibt aber auch Moleküle, in denen die Atome durch zwei oder drei bindende Elektronenpaare verknüpft sind. Im Sauerstoff-Molekül liegt eine **Zweifachbindung** und im Stickstoff-Molekül eine **Dreifachbindung** vor.

Oktettregel. Die Beispiele weisen eine wichtige Gemeinsamkeit auf. Zählt man die Bindungselektronen bei jedem Atom mit, so ergibt sich für jedes Atom die gleiche Anzahl Außenelektronen wie bei einem Edelgas-Atom. Im Falle des Wasserstoff-Atoms sind es *zwei* Elektronen wie beim Edelgas Helium. Beim Chlor-Atom sind es *acht* Elektronen wie beim Edelgas Argon. Da auch viele andere Nichtmetall-Atome in Molekülen durch Elektronenpaarbindungen *acht* Elektronen in ihrer Außenschale erreichen, spricht man von der **Oktettregel**.

Oktettregel: **Bei Nichtmetall-Atomen ist in Molekülen die Gesamtzahl der bindenden Elektronen und der nichtbindenden Elektronen in der Regel** *acht*.

LEWIS-Formeln. Auf dem Konzept von LEWIS baut die heute übliche Schreibweise für Strukturformeln auf. Beim Aufstellen einer LEWIS-Formel für ein Molekül empfiehlt sich folgende Reihenfolge:

1. Die Elementsymbole der Atome werden entsprechend ihrer Verknüpfung im Molekül angeordnet.
2. Man zeichnet an jedem Atom die Außenelektronen als Punkte ein. Die Elektronen auf den inneren Schalen werden nicht berücksichtigt.
3. Die Punkte für die Elektronen stehen über, unter sowie rechts und links neben dem Elementsymbol. Bei mehr als vier Elektronen werden je zwei benachbarte Elektronen zu einem Elektronenpaar zusammengefaßt.
4. Zwischen den Atomen werden nun so viele bindende Elektronenpaare gebildet, daß alle Atome die Oktettregel erfüllen. Dabei sind Einfachbindungen und Mehrfachbindungen möglich.
5. Bindende und nichtbindende Elektronenpaare werden durch einen Strich ersetzt.

LEWIS-Formeln

Atom	Kohlenstoff	Stickstoff	Sauerstoff	Fluor	Neon
Elektronenkonfiguration	6+	7+	8+	9+	10+
K-Schale L-Schale	2 e$^-$ 4 e$^-$	2 e$^-$ 5 e$^-$	2 e$^-$ 6 e$^-$	2 e$^-$ 7 e$^-$	2 e$^-$ 8 e$^-$
Punkt-Schreibweise	·C·	·N·	·O:	·F:	:Ne:

Molekül	Methan	Ammoniak	Wasser	Fluorwasserstoff
Punkt-Schreibweise	H··C··H mit H oben und unten	H··N··H mit H unten	H··O··H	H··F:
Oktettregel	H–C–H (Kreise)	H–N–H (Kreise)	H–O| (Kreise)	H–F| (Kreise)
LEWIS-Formel	H–C–H mit H oben/unten (bindendes Elektronenpaar)	H–N–H mit H unten (nichtbindendes Elektronenpaar)	H–O–H	H–F|

Molekül	Sauerstoff	Stickstoff	Kohlenstoffdioxid
Punkt-Schreibweise	:Ö: :Ö:	:N: :N:	:Ö: :C: :Ö:
Oktettregel	|Ō=Ō|	|N≡N|	|Ō=C=Ō|
LEWIS-Formel	Ō=Ō	|N≡N|	Ō=C=Ō

12.3 Die räumliche Struktur der Moleküle

Viele Eigenschaften von Molekülverbindungen hängen vom räumlichen Bau der Moleküle ab. Ein einfaches Modell, mit dessen Hilfe man die Struktur von Molekülen vorhersagen kann, ist das **Elektronenpaarabstoßungs-Modell**, kurz EPA-Modell. Das Modell beruht auf folgender Vorstellung: Die Außenelektronen der zu Molekülen verbundenen Atome halten sich paarweise in bestimmten Bereichen des Moleküls auf, man spricht auch von Elektronenpaarwolken. Da die Elektronenwolken negativ geladen sind, stoßen sie sich untereinander ab und bestimmen so wesentlich den räumlichen Bau der Moleküle.

Im **Methan-Molekül** (CH_4) ist das Kohlenstoff-Atom durch vier Elektronenpaare mit vier Wasserstoff-Atomen verbunden. Die Abstoßung zwischen den Elektronenpaaren ist dann am kleinsten, wenn der Abstand zwischen ihnen am größten ist. Sie richten sich deshalb nach den Ecken eines Tetraeders aus. Im Zentrum des Tetraeders befindet sich das Kohlenstoff-Atom, an den vier Ecken sind die Wasserstoff-Atome. Der HCH-Bindungswinkel beträgt 109,5°.

Im **Ammoniak-Molekül** (NH_3) bilden die vier Elektronenwolken ebenfalls einen Tetraeder. Die LEWIS-Formel zeigt, daß das Stickstoff-Atom von drei bindenden Elektronenpaaren und einem nichtbindenden Elektronenpaar umgeben ist. Die Atome des Ammoniak-Moleküls bilden eine Pyramide. Die drei Wasserstoff-Atome sind an den Ecken der Grundfläche, an der Spitze ist das Stickstoff-Atom.

Aus der LEWIS-Formel für das **Wasser-Molekül** (H_2O) erkennt man, daß das Sauerstoff-Atom ebenfalls von vier Elektronenpaaren umgeben ist. Zwei bindende und zwei nichtbindende Elektronenpaare bilden einen Tetraeder. Das Wasser-Molekül hat daher eine gewinkelte Struktur. Der HOH-Bindungswinkel beträgt 105°.

In einigen Fällen lassen sich einem Atom nur drei Elektronenpaare zuordnen. Durch die Abstoßung von nur drei Elektronenpaaren ergeben sich zum Beispiel beim **Bortrifluorid** (BF_3) ebene dreieckige Moleküle mit einem Bindungswinkel von 120°.

Es gibt auch Moleküle, in denen einem Atom mehr als vier Elektronenpaare zugeordnet werden müssen. **Schwefelhexafluorid** (SF_6) ist aufgrund der Abstoßung der sechs Elektronenpaare ein oktaedrisch gebautes Molekül. Im Zentrum des Oktaeders liegt das Schwefel-Atom, die Fluor-Atome bilden die sechs Ecken.

Abweichungen vom Tetraederwinkel. Der HCH-Bindungswinkel stimmt beim Methan-Molekül genau mit dem Tetraederwinkel von 109,5° überein. Im Ammoniak-Molekül ist der Bindungswinkel etwas kleiner als der Tetraederwinkel. Er beträgt hier 107°. Im Wasser-Molekül weicht der Bindungswinkel mit 105° noch stärker vom Tetraederwinkel ab. Diese Abweichungen deutet man so, daß nichtbindende Elektronenpaare einen größeren Raum einnehmen als bindende Elektronenpaare.

Mehrfachbindungen. Die Elektronenpaare einer Zweifachbindung oder einer Dreifachbindung haben etwa die gleiche Auswirkung auf die Molekülstruktur wie *ein* bindendes Elektronenpaar.

Beim **Kohlenstoffdioxid-Molekül** (CO_2) ist jedes Atom von vier Elektronenpaaren umgeben. Da aber jedes Sauerstoff-Atom durch zwei bindende Elektronenpaare mit dem Kohlenstoff-Atom verbunden ist, ergibt sich eine lineare Anordnung der Atome.

1. Luftballons als Modell für die Abstoßung von Elektronenwolken

Aufgabe 1: Stelle LEWIS-Formeln für folgende Verbindungen auf und ermittle die Struktur:
a) HBr, H_2S, PH_3,
b) SO_2, SO_3, NO.

Aufgabe 2: Wie läßt sich anschaulich erklären, daß nichtbindende Elektronenpaare einen größeren Raum beanspruchen als bindende Elektronenpaare?

---

1. Man stellt die LEWIS-Formel auf und zählt ab, wie viele Elektronenpaare das zentrale Atom umgeben.
2. Die Anzahl der Elektronenpaare um das zentrale Atom bestimmt die Struktur: Die Elektronenpaare werden räumlich so angeordnet, daß sie möglichst weit voneinander entfernt sind.
3. Nichtbindende Elektronenpaare beanspruchen einen größeren Raum als bindende Elektronenpaare. Daher sind die Winkel zwischen nichtbindenden Elektronenpaaren etwas größer als zwischen bindenden Elektronenpaaren.
4. Mehrfachbindungen werden wie Einfachbindungen behandelt.

2. Regeln zur Anwendung des Elektronenpaarabstoßungs-Modells

Das Elektronenpaarabstoßungs-Modell

Verbindung LEWIS-Formel	Elektronenpaare am zentralen Atom	Räumliche Struktur Bindungswinkel	Molekülmodell
Methan H–CH₃ (H oben, H unten, H links, H rechts am C)	4 Einfachbindungen	tetraedrisch bindendes Elektronenpaar 109,5°	
Ammoniak H–N̈–H, H unten	3 Einfachbindungen 1 nichtbindendes Elektronenpaar	pyramidal freies Elektronenpaar 107°	
Wasser H–Ö–H	2 Einfachbindungen 2 nichtbindende Elektronenpaare	gewinkelt freie Elektronenpaare 105°	
Fluorwasserstoff |F̄–H	1 Einfachbindung 3 nichtbindende Elektronenpaare	180°	
Kohlenstoffdioxid Ō=C=Ō	2 Zweifachbindungen	linear 180°	
Blausäure H–C≡N|	1 Einfachbindung 1 Dreifachbindung	linear 180°	
Formaldehyd H₂C=Ō	2 Einfachbindungen 1 Zweifachbindung	trigonal 120°	

Kohlenstoff – die Struktur bestimmt die Eigenschaften

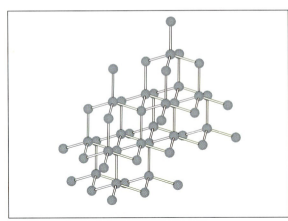

Kohlenstoff I: das Diamant-Gitter

Stoffe, die aus unterschiedlichen Elementen aufgebaut sind, haben begreiflicherweise auch unterschiedliche Eigenschaften. Wie kommt es aber, daß *Diamant* und *Graphit*, die nachweislich nur aus Kohlenstoff bestehen, Stoffe mit ganz verschiedenen, zum Teil gegensätzlichen Eigenschaften sind? Man vergleiche:

- Diamant erscheint glasklar, Graphit dagegen metallisch und undurchlässig für Licht.
- Mit Diamant schneidet man selbst Glas, Graphit läßt sich dagegen als Schmiermittel verwenden.
- Diamant leitet den elektrischen Strom nicht, Graphit aber gut.
- Diamant hat eine Dichte von 3,51 $\frac{g}{cm^3}$, die Dichte des Graphits beträgt nur 2,22 $\frac{g}{cm^3}$.
- Lediglich in der Schmelztemperatur stimmen Diamant und Graphit überein. Sie beträgt bei beiden 3700 °C.

Diamant und Graphit unterscheiden sich deshalb in vielen Eigenschaften so stark, weil sie sich in ihrer inneren Struktur unterscheiden. Beide enthalten zwar nur Kohlenstoff-Atome, aber im Diamanten sind die Atome ganz anders miteinander verknüpft als im Graphit.

Diamant-Gitter. Im Diamanten ist jedes Kohlenstoff-Atom tetraedrisch mit vier weiteren Kohlenstoff-Atomen durch Elektronenpaarbindungen verbunden. Das Atomgitter breitet sich demnach nach allen Seiten völlig gleichförmig aus. Das erklärt:

- die hohe Festigkeit, denn es gibt keine Schwachstellen im Gitter,
- die Isolatoreigenschaft, denn es gibt keine freien Elektronen, die elektrische Ladung transportieren könnten,
- die Lichtdurchlässigkeit, denn Licht wird von gebundenen Elektronen nicht aufgehalten.

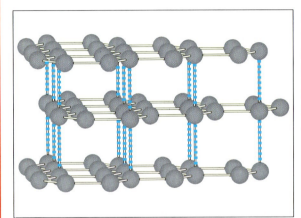

Kohlenstoff II: das Graphit-Gitter

Graphit-Gitter. Im Graphit bilden die Kohlenstoff-Atome ebene Schichten, in denen jedes Atom mit nur drei weiteren Atomen über Elektronenpaarbindungen verbunden ist. Jedes Kohlenstoff-Atom besitzt also ein freies Elektron, das sich mit anderen freien Elektronen innerhalb einer Schicht bewegen kann. Zwischen den Schichten bestehen aber geringe Anziehungskräfte. Das erklärt:

- die Weichheit des Graphits, denn die Schichten lassen sich leicht gegeneinander verschieben.
- die elektrische Leitfähigkeit, denn die freien Elektronen können in ihren Schichten und zwischen den Schichten leicht bewegt werden.
- die Lichtundurchlässigkeit, denn freie Elektronen halten Licht auf.

Fulleren-Molekül. Erst seit einigen Jahren weiß man, daß Kohlenstoff auch Moleküle bilden kann. Im Fulleren-Molekül sind 60 Kohlenstoff-Atome in Form von Sechsecken und Fünfecken zu einem fußballförmigen Molekül verbunden. Aufgrund seiner Molekülstruktur sublimiert Fulleren bereits bei 400 °C. Man findet es beispielsweise auch in einer rußenden Kerzenflamme.

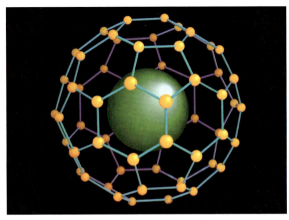

Kohlenstoff III: das Fulleren-Molekül. Im Inneren des Hohlraums ist Platz für andere Teilchen.

Schwefel – ein Element mit ungewöhnlichen Eigenschaften

Das Element Schwefel bildet bei normaler Temperatur einen spröden gelben Stoff. Er löst sich nicht in Wasser, wohl aber in den Lösungsmitteln Kohlenstoffdisulfid (CS_2) und Toluol. Schwefel schmilzt bei 119 °C und siedet bei 444 °C.

Ähnlich wie beim Kohlenstoff gibt es auch beim Schwefel verschiedene Stoffe, die nur aus Schwefel-Atomen bestehen. In den Eigenschaften gibt es aber längst nicht so große Unterschiede wie zwischen Diamant und Graphit.

α- und β-Schwefel. In der Natur tritt jedoch nur eine Form des Schwefels auf. Man bezeichnet sie als α-Schwefel oder auch als *rhombischen* Schwefel. Gut ausgebildete Kristalle ähneln kleinen Doppelpyramiden. Solche Kristalle entstehen auch, wenn man eine Lösung von Schwefel auf ein Uhrglas gießt und das Lösungsmittel verdunsten läßt.

Aus einer heißen Lösung von Schwefel in Toluol und aus einer Schwefelschmelze bilden sich dagegen nadelförmige Kristalle. Man spricht von β-Schwefel oder auch von *monoklinem* Schwefel.

In den Lösungen und auch in den beiden kristallinen Formen des Schwefels liegen kronenartige Moleküle aus jeweils acht Schwefel-Atomen vor. In den Kristallen des β-Schwefels sind diese Moleküle weniger dicht gepackt als im α-Schwefel. Monokliner Schwefel hat deshalb eine geringere Dichte (1,96 $\frac{g}{cm^{-3}}$) als rhombischer Schwefel (2,07 $\frac{g}{cm^{-3}}$).

Das S_8-Molekül. Im S_8-Molekül ist jedes Schwefel-Atom über Einfachbindungen mit den Nachbaratomen verknüpft. Außerdem gehören zu jedem Atom noch zwei freie Elektronenpaare. Die Oktettregel ist also erfüllt. Die Bindungswinkel stimmen fast mit dem Tetraederwinkel überein.

Die Schwefelschmelze. Erwärmt man festen Schwefel, so bildet sich bei 119 °C eine hellgelbe, dünnflüssige Schmelze. Wie der feste Schwefel besteht auch sie aus S_8-Molekülen.

Erhitzt man die Schmelze weiter, so färbt sie sich rotbraun und wird bei 160 °C plötzlich sehr zähflüssig. Bei dieser Temperatur bricht ein Teil der S_8-Ringe auf und verbindet sich zu langen Kettenmolekülen. Oberhalb von 250 °C zerbrechen die Schwefelketten in kleinere Stücke. Aus diesem Grund wird die Schmelze dann wieder dünnflüssig.

Gießt man siedenden Schwefel in kaltes Wasser, so erhält man gummiartig dehnbaren Schwefel; man nennt ihn auch *plastischen* Schwefel. Ebenso wie der zähflüssige Schwefel enthält er lange Kettenmoleküle. Bereits innerhalb eines Tages wandelt sich plastischer Schwefel in ein sprödes Produkt um. Es besteht aus kleinen Kristallen des α-Schwefels.

Unterhalb von 95 °C wandelt sich auch β-Schwefel in α-Schwefel um: Die zunächst glasklaren Nadeln werden allmählich trübe. Sie sind dann aus winzigen rhombischen Kristallen zusammengesetzt.

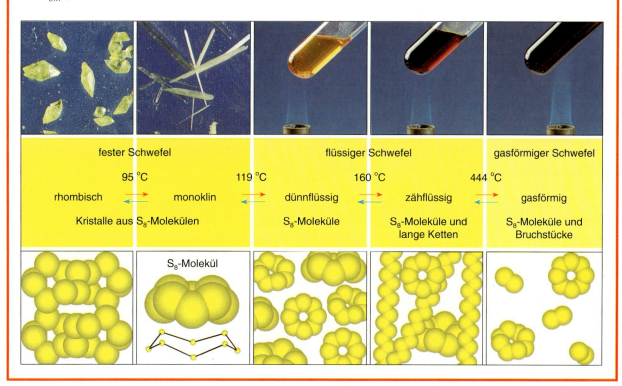

12.4 Das Wasser-Molekül – ein Dipol

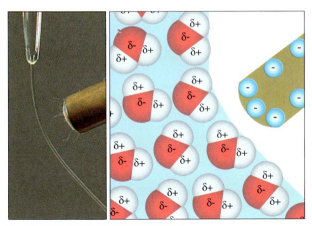

1. Anziehung eines Wasserstrahls – Experiment und Modell

Aufgabe 1: Welche der folgenden Moleküle sind Dipole? Begründe die Antwort mit Hilfe der Molekülstruktur.
HBr, $SiCl_4$, H_2S, O_2, BH_3, NH_3, CH_3Cl, CH_2Cl_2.

Aufgabe 2: Welches Molekül ist der stärkere Dipol?
a) HF oder HCl,
b) H_2S oder H_2O,
c) CH_3Cl oder CH_2Cl_2.
Begründe die Antworten.

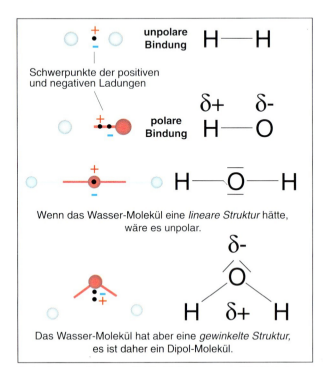

2. Ladungsschwerpunkte in Elektronenpaarbindungen und in Molekülen

Ein dünner Wasserstrahl wird von einem elektrisch aufgeladenen Kunststoffrohr überraschenderweise angezogen. Ursache ist die Verteilung der elektrischen Ladungen im Wasser-Molekül.

Dipol. Das Wasser-Molekül ist insgesamt elektrisch neutral: Es hat zehn positiv geladene Protonen in den Atomkernen und zehn negativ geladene Elektronen in den Atomhüllen. Im Wasser-Molekül sind diese Ladungen jedoch ungleichmäßig verteilt. Der Schwerpunkt aller positiven Ladungen fällt nicht mit dem Schwerpunkt aller negativen Ladungen zusammen. Das Wasser-Molekül ist daher ein Dipol.

Dipol-Moleküle sind elektrisch neutrale Moleküle mit einem positiven und einem negativen Pol. Die Pole mit ihren Teilladungen werden durch die Symbole $\delta+$ und $\delta-$ gekennzeichnet.

Polare und unpolare Bindungen. Im Wasserstoff-Molekül werden die beiden Elektronen der H–H-Bindung gleich stark von den positiv geladenen Atomkernen angezogen: Der Schwerpunkt der negativen Ladungen liegt genau in der Mitte zwischen den beiden Atomkernen. Der Schwerpunkt der positiven Ladungen fällt mit dem Schwerpunkt der negativen Ladungen zusammen, es liegt kein Dipol vor. Man spricht daher von einer *unpolaren Elektronenpaarbindung.*

In einer O–H-Bindung werden die beiden Elektronen des bindenden Elektronenpaars von den acht positiven Ladungen des Sauerstoff-Atomkerns viel stärker angezogen als von der einen positiven Ladung des Wasserstoff-Atomkerns. Der Schwerpunkt der negativen Ladungen ist daher näher am Sauerstoff-Atomkern als der Schwerpunkt der positiven Ladungen. Insgesamt liegt ein Dipol vor. Die O–H-Bindung ist ein Beispiel für eine *polare Elektronenpaarbindung.*

Trotz der beiden polaren Elektronenpaarbindungen wäre das Wasser-Molekül insgesamt kein Dipol, wenn alle drei Atomkerne auf einer Geraden lägen. Die Dipole der beiden O–H-Bindungen würden sich dann gegenseitig aufheben. Das Wasser-Molekül ist aber gewinkelt. Der Schwerpunkt der negativen Ladungen liegt daher näher beim Sauerstoff-Atom als der Schwerpunkt der positiven Ladungen.

Die Ablenkung des Wasserstrahls läßt sich nun erklären: In dem inhomogenen elektrischen Feld des negativ geladenen Kunststoffrohrs werden die Wasser-Moleküle ausgerichtet. Sie drehen sich mit ihrer positiven Seite zum Kunststoffrohr und werden dann angezogen.

Elektronegativität. Um voraussagen zu können, von welchem Atom die Elektronen in einer Bindung stärker angezogen werden, hat der amerikanische Chemiker PAULING den Begriff der *Elektronegativität* (EN) eingeführt:

Die Elektronegativität ist ein Maß für die Fähigkeit eines Atoms, Bindungselektronen anzuziehen.

Die Elektronegativität hängt von der Kernladung und von der Größe der Atome ab. Sie nimmt mit steigender Kernladung zu und sinkt mit steigendem Atomradius.
Da in einer *Periode* des Periodensystems die Kernladung von links nach rechts zunimmt, und der Atomradius gleichzeitig etwas kleiner wird, steigt die Elektronegativität der Elemente im Periodensystem von links nach rechts an.
Obwohl in einer *Gruppe* die Kernladung mit steigender Ordnungszahl anwächst, wird die Elektronegativität kleiner. Entscheidend ist hier, daß der Atomradius zunimmt und die Bindungselektronen weiter vom Atomkern entfernt sind.

Nach diesen Überlegungen ist Fluor das elektronegativste Element. In einer *Elektronegativitäts-Skala* hat PAULING dem Fluor willkürlich den EN-Wert 4 gegeben. Auch die übrigen Halogene haben hohe EN-Werte auf, ebenso Sauerstoff und Stickstoff. Das Alkalimetall Caesium hat mit 0,7 den niedrigsten EN-Wert. Neuere EN-Werte stammen von ALLRED und ROCHOW.

Molekül oder Ion? Die Differenz zwischen den EN-Werten (ΔEN) der Elemente ist ein Maß für die Ladungsverschiebung in einer chemischen Bindung. In Element-Molekülen sind stets Atome gleicher Elektronegativität miteinander verbunden. Im H_2-Molekül und im Cl_2-Molekül liegen deshalb *unpolare Elektronenpaarbindungen* vor.
Wasserstoff hat den EN-Wert 2,20 und Chlor den Wert 3,16. Der EN-Unterschied beträgt 0,96. Das HCl-Molekül hat daher eine *polare Elektronenpaarbindung*.

Elemente, deren EN-Unterschied größer als 1,7 ist, bilden in der Regel Ionenverbindungen. Dabei geben die weniger elektronegativen Elemente ihre Außenelektronen vollständig an die elektronegativeren Elemente ab. Dementsprechend reagieren Metalle mit Nichtmetallen zu salzartigen Verbindungen. So bildet Magnesium (EN-Wert 1,31) mit Sauerstoff (EN-Wert 3,44) die Ionenverbindung Magnesiumoxid.

Bei EN-Unterschieden von etwa 1,5 treten Übergangsformen zwischen polarer Elektronenpaarbindung und reiner Ionenbindung auf.

H 2,20							He —
Li 0,98	Be 1,57	B 2,04	C 2,55	N 3,04	O 3,44	F 3,98	Ne —
Na 0,93	Mg 1,31	Al 1,61	Si 1,90	P 2,19	S 2,58	Cl 3,16	Ar —
K 0,82	Ca 1,00	Ga 1,81	Ge 2,01	As 2,18	Se 2,55	Br 2,96	Kr —
Rb 0,82	Sr 0,95	In 1,78	Sn 1,96	Sb 2,05	Te —	I 2,66	Xe —
Cs 0,79	Ba 0,89	Tl 2,04	Pb 2,33	Bi 2,02	Po —	At —	Rn —

1. Die Elektronegativitäts-Werte nach ALLRED und ROCHOW

Aufgabe 1: Ordne folgende Stoffe nach Ionenverbindungen und Molekülverbindungen: $AlCl_3$, CCl_4, CaF_2, $CuCl_2$, CsI, HI, $MgCl_2$, Na_2S, PCl_3 und $SiCl_4$.
Begründe deine Entscheidung.

Formel	ΔEN	
$|\overline{Cl} - \overline{Cl}|$ unpolare Elektronenpaarbindung	0	unpolare Moleküle
$\delta+ \;\; \delta-$ $H - \overline{Cl}|$ polare Elektronenpaarbindung	0,96	 Dipol-Moleküle
$CuCl_2$	1,26	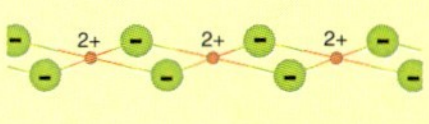 Kettenstruktur
Na^+Cl^- Ionenbindung	2,23	 Ionengitter

2. Molekül oder Ion?

12.5 Eis, Wasser, Dampf – eine Betrachtung in Modellen

1. Wasser – eine anormale Verbindung

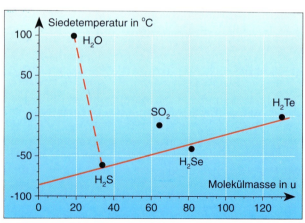

2. Wasser müßte eigentlich bei etwa −80 °C sieden

Durchweg kann man sich in der Chemie bei der Vorhersage von Stoffeigenschaften auf drei *Faustregeln* verlassen:
1. Bei chemisch ähnlichen Verbindungen nehmen Schmelztemperatur und Siedetemperatur mit wachsender Molekülgröße zu.
2. Die Dichte des Feststoffs ist größer als die Dichte der Flüssigkeit.
3. Große Moleküle speichern mehr Wärme als kleine Moleküle.

Auf Wasser trifft keine dieser Regeln zu. Aus der Sicht des Chemikers ist Wasser also ein außergewöhnlicher Stoff.

Schmelztemperatur und Siedetemperatur. Im Trend der ersten Faustregel liegt der Schwefelwasserstoff (H_2S), ein enger Verwandter des Wassers. Schwefelwasserstoff ist ebenfalls aus dreiatomigen Molekülen aufgebaut, er schmilzt bei −83 °C und siedet bei −62 °C. Auch andere Stoffe mit ähnlich großen Molekülen wie Methan (CH_4), Kohlenstoffdioxid (CO_2), Ammoniak (NH_3) und Schwefeldioxid (SO_2) schmelzen schon bei Temperaturen unter −60 °C. Wasser fällt dagegen völlig aus dem Rahmen. Eis schmilzt erst bei der im Vergleich sehr hohen Temperatur von 0 °C, und Wasser ist über den großen Temperaturbereich von 100 Grad flüssig. Gemessen an Stoffen mit ähnlich kleinen Molekülen müßte Wasser eigentlich bei etwa −100 °C schmelzen und schon bei −80 °C sieden. Bei den heutigen Temperaturen gäbe es dann weder Gletscher, Flüsse oder Meere, sondern nur noch Wasserdampf.

Dichte. Die zweite Faustregel trifft auf die meisten Stoffe zu: Festes Kerzenwachs schwimmt nicht auf geschmolzenem Wachs.

Wasser hat dagegen eine größere Dichte als Eis. In der Flüssigkeit sind die Wasser-Moleküle dicht ineinander verschachtelt, während sie im Eis-Kristall ein regelmäßiges Gitter mit relativ großen Hohlräumen aufbauen. Eis schwimmt daher auf Wasser. Diese für uns so selbstverständliche, eigentlich aber anormale Eigenschaft verhindert, daß Seen und Meere im Winter zu Eisblöcken erstarren, weil die Eisdecke das Wasser isoliert.

Wärmekapazität. Auch beim Erwärmen verhält sich Wasser im Vergleich zu den meisten anderen Stoffen anormal. Um einen Liter Alkohol um ein Grad zu erwärmen, müssen 1880 Joule zugeführt werden. Ein Liter Wasser hingegen schluckt dabei 4180 Joule. Auf ein Wasser-Molekül entfällt dabei fast genausoviel Energie wie auf ein Alkohol-Molekül, obwohl Alkohol-Moleküle dreimal so groß sind wie Wasser-Moleküle und aus dreimal so vielen Atomen aufgebaut sind. Wegen des großen Wärmespeichervermögens von Wasser steigt die Temperatur des Wassers beim Erhitzen langsamer als bei den meisten anderen Substanzen, und entsprechend gemächlich kühlt es sich wieder ab.

Die abnorm hohe Wärmespeicherkapazität ist wahrscheinlich die ungewöhnlichste Eigenschaft des Wassers. Ohne sie wäre ein für das Leben annehmbares Erdklima kaum denkbar. Ein Beispiel ist der Golfstrom, die Warmwasserheizung Europas. Das Wasser des Golfstroms fließt pro Tag 36 km vom Golf von Mexiko in Richtung Arktisches Meer. Stündlich werden dabei 100 km³ Wasser transportiert. Über die gesamte Strecke von mehr als 7000 km kühlt sich das Wasser um rund 20 Grad ab; die abgegebene Wärme erwärmt die Umgebung. Ein Heizkraftwerk mit vergleichbarer Leistung würde die Weltjahresproduktion an Kohle in nur zwölf Stunden verfeuern.

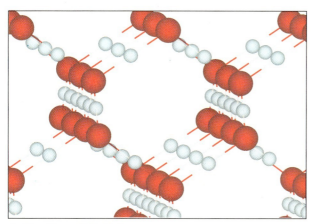

1. Eisgitter mit Hohlräumen

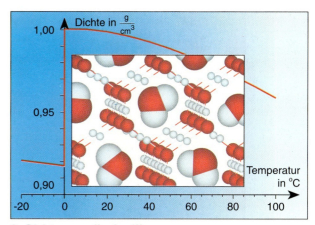

2. Dichteanomalie des Wassers

Wasserstoffbrückenbindung. Die beiden polaren O−H-Elektronenpaarbindungen im Wasser-Molekül und die gewinkelte Struktur machen das Wasser-Molekül zum elektrischen Dipol. Die schwachen Anziehungskräfte zwischen den Dipol-Molekülen reichen aber bei weitem nicht aus, die beobachteten Phänomene zu erklären.

Die auffallend hohen Werte für die Schmelztemperatur und die Siedetemperatur, für die Dichte und für die Wärmekapazität des Wassers lassen sich auf eine gemeinsame Ursache zurückführen: die *Wasserstoffbrückenbindung*.

Zwischen den Wasser-Molekülen besteht eine zusätzliche Bindung, die etwa fünfmal stärker ist als die Anziehung zwischen Dipol-Molekülen.
Jedes Wasserstoff-Atom eines Wasser-Moleküls wird von einem der beiden freien Elektronenpaare am Sauerstoff-Atom eines benachbarten Wasser-Moleküls angezogen: Es bilden sich O−H−O-Brücken aus. Diese Art der zwischenmolekularen Bindung bezeichnet man als *Wasserstoffbrückenbindung*.

Auch zwischen anderen Molekülen können Wasserstoffbrücken vorliegen. Die Bildung von Wasserstoffbrückenbindungen ist dabei an zwei Voraussetzungen geknüpft:

1. Das Wasserstoff-Atom muß Bestandteil einer stark polaren Elektronenpaarbindung sein.
   Beispiele: H−O, H−N, H−F.
2. Als Partner für das polar gebundene Wasserstoff-Atom muß ein Atom mit hoher Elektronegativität und mit einem freien Elektronenpaar zur Verfügung stehen.
   Beispiele: O, N, F.

Eis. Im Eis ist jedes Sauerstoff-Atom tetraedrisch von vier weiteren Sauerstoff-Atomen umgeben. Verbunden sind die Sauerstoff-Atome über Wasserstoffbrücken. Die Wasser-Moleküle bauen so ein weitmaschiges Gitter auf.

Wasser. Wenn Eis schmilzt, löst sich nur ein geringer Anteil der Wasserstoffbrückenbindungen. Das Eisgitter zerfällt stückweise: Im flüssigen Zustand gibt es weiterhin größere Molekülverbände, in denen die Wasser-Moleküle wie im Eis über Wasserstoffbrückenbindungen miteinander verbunden sind. Die Hohlräume des Eisgitters werden durch einzelne Wasser-Moleküle besetzt, deswegen hat flüssiges Wasser eine wesentlich größere Dichte als Eis. Bei 4 °C erreicht die Dichte ihren maximalen Wert. Über 4 °C verhält sich Wasser dann wie eine normale Flüssigkeit: Die Dichte nimmt mit steigender Temperatur ab. Ursache ist die zunehmende Bewegung der Wasser-Moleküle, durch die sich das Wasser ausdehnt.

Die große Zahl der Wasserstoffbrückenbindungen ist auch für die ungewöhnlich hohe Schmelztemperatur sowie für den großen Temperaturbereich verantwortlich, in dem Wasser flüssig ist. Sogar nahe bei der Siedetemperatur existieren zwischen den Wasser-Molekülen noch Wasserstoffbrückenbindungen.
Diese außergewöhnliche Struktur des flüssigen Wassers erklärt auch seine Fähigkeit, enorme Wärmemengen zu speichern: Die zusätzliche Energie steckt in den Wasserstoffbrückenbindungen.

Dampf. Mit steigender Temperatur gelingt es immer mehr Wasser-Molekülen an der Wasseroberfläche, die Wasserstoffbrückenbindungen zu benachbarten Molekülen zu lösen: Das Wasser *verdunstet*. Bei 100 °C siedet es und *verdampft*.

12.6 Der Lösungsvorgang – eine Betrachtung in Modellen

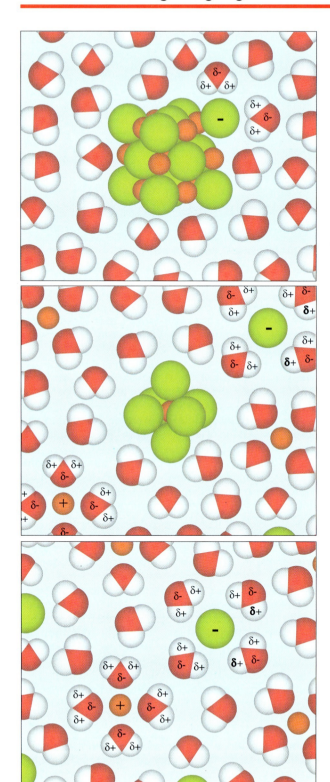

1. Das Lösen von Kochsalz im Modell

Zuckerwasser und Salzwasser sehen völlig gleich aus, und doch besteht zwischen den beiden Lösungen ein großer Unterschied: Zuckerwasser enthält gelöste Moleküle, Salzwasser dagegen Ionen. Wie aber schafft es das Wasser sowohl Moleküle als auch Ionen aus Kristallen herauszutrennen?

Lösen von Ionenverbindungen. Kochsalz ist eine Ionenverbindung, die aus Natrium-Ionen und Chlorid-Ionen aufgebaut ist. Im Inneren des Kochsalzkristalls wird jedes positiv geladene Natrium-Ion von sechs negativ geladenen Chlorid-Ionen auf seinem Gitterplatz gehalten. Umgekehrt ist jedes Chlorid-Ion durch sechs Natrium-Ionen fixiert.

An den Ecken und Kanten eines Kristalls sind die Verhältnisse anders: An den Kanten haben Ionen nur vier entgegengesetzt geladene Nachbarn, an den Eckplätzen des Kristalls sogar nur noch drei. Daher sitzen Ionen, die sich an Kanten und Ecken befinden, weniger fest auf ihren Gitterplätzen als solche im Innern des Kristalls.

Wenn sich ein Kochsalzkristall in Wasser löst, greifen die Dipol-Moleküle des Wassers zuerst die Ionen an den Kanten und Ecken des Kristalls an. Aufgrund ihrer negativen Teilladung lagern sich dabei die Sauerstoff-Atome der Wasser-Moleküle an die positiv geladenen Natrium-Ionen an. Und die positivierten Wasserstoff-Atome der Wasser-Moleküle treten mit den negativ geladenen Chlorid-Ionen in Wechselwirkung.

Im Verlaufe des Lösungsvorgangs wird jedes einzelne Ion von Wasser-Molekülen umhüllt und so von der Oberfläche des Kochsalzkristalls abgetrennt. In der Lösung sind die freien Ionen von einer **Hydrathülle** umgeben. Man sagt: die Ionen sind *hydratisiert*.

Die Wasser-Moleküle der Hydrathülle sind ausgerichtet: Bei den positiv geladenen Natrium-Ionen weisen die negativ geladenen Enden der Dipole nach innen und die positiv geladenen Seiten nach außen. Bei den negativ geladenen Chlorid-Ionen ist es gerade umgekehrt.

Der Lösungsvorgang schreitet von den Kanten und Ecken ausgehend nach innen voran, bis das Ionengitter völlig abgebaut ist und alle Ionen hydratisiert sind. Der Kristall hat sich aufgelöst.

Beim Lösen von Ionenverbindungen in Wasser bilden sich hydratisierte Ionen. Die Struktur der Hydrathülle wird durch die Wechselwirkung zwischen Ion und Dipol bestimmt.

Lösen von Molekülverbindungen. Zuckerkristalle sind aus komplizierten Molekülen aufgebaut. Ein Zucker-Molekül kann man sich näherungsweise als ein langgestrecktes Scheibchen vorstellen. Verantwortlich für den Zusammenhalt eines Zuckerkristalls sind acht OH-Gruppen, die jedes Zucker-Molekül besitzt. Über die OH-Gruppen bilden die Moleküle untereinander Wasserstoffbrückenbindungen aus. Durch diese Bindungen sind die Zucker-Moleküle an ihren Gitterplätzen im Zuckerkristall fixiert.

Zucker-Moleküle, die sich im Inneren des Zuckerkristalls befinden, bilden nach allen Seiten Wasserstoffbrückenbindungen aus. Zucker-Moleküle an der Oberfläche, an den Kanten und an den Ecken des Kristalls haben weniger Wasserstoffbrückenbindungen zu benachbarten Molekülen, sie sind daher weniger fest an ihre Gitterplätze gebunden.

Löst sich ein Zuckerkristall in Wasser, so geschieht folgendes: Wasser-Moleküle lagern sich an der Oberfläche des Kristalls an und bilden mit den OH-Gruppen der Zucker-Moleküle Wasserstoffbrückenbindungen aus. Ganz besonders gilt das für Moleküle an den Kanten des Kristalls. Um die Zucker-Moleküle bildet sich eine Hydrathülle und die Moleküle gehen in Lösung.

Beim Lösen von Molekülverbindungen in Wasser bilden sich hydratisierte Moleküle. Zwischen den gelösten Molekülen und den Wasser-Molekülen der Hydrathülle liegen Wasserstoffbrückenbindungen vor.

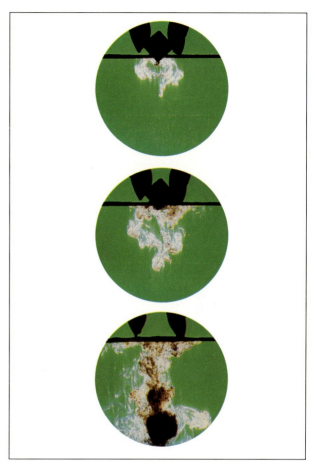

1. Zucker löst sich auf

Gleiches löst Gleiches

Kochsalz und Zucker lösen sich in Wasser, aber nicht in Benzin. Fett löst sich dagegen in Benzin, aber Zucker und Kochsalz lösen sich darin nicht.

Schüttelt man im Reagenzglas gleiche Mengen Wasser und Benzin, so trennen sich die beiden Flüssigkeiten wieder, und es bilden sich zwei Schichten. Wasser und Benzin sind nicht mischbar, weil sich zwischen den polaren Wasser-Molekülen und den unpolaren Molekülen im Benzin keine Wasserstoffbrücken ausbilden können.

Im polaren Lösungsmittel Wasser lösen sich Kochsalz und Zucker, weil diese Stoffe ebenfalls polar sind. Fett ist dagegen aus unpolaren Molekülen aufgebaut und löst sich deshalb im unpolaren Benzin.

Polare Stoffe lösen sich in polaren Lösungsmitteln, unpolare Stoffe lösen sich in unpolaren Lösungsmitteln.

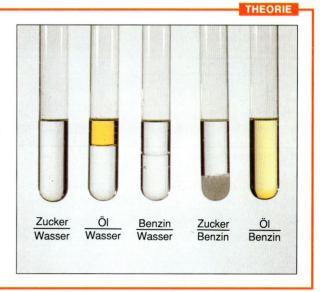

12.7 Die Oxidationszahl

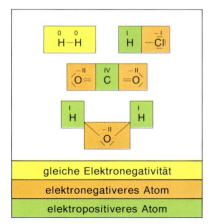

1. Ermittlung von Oxidationszahlen in Molekülen

Aufgabe 1: Ermittle die Oxidationszahlen der Atome in folgenden Verbindungen und Ionen:
MgO, N_2, NH_3, $ZnCl_2$, CO_3^{2-}

Aufgabe 2: Bei den folgenden Beispielen muß die Reihenfolge der Regeln für die Ermittlung der Oxidationszahlen eingehalten werden.
a) Welche Oxidationszahl hat das Wasserstoff-Atom im Natriumhydrid (NaH)?
b) Stelle die LEWIS-Formel für das Wasserstoffperoxid-Molekül (H_2O_2) auf und gib die Oxidationszahlen der Atome an.

Aufgabe 3: Gib die Reaktionsgleichung für die Reaktion von Natrium mit Wasser an. Liegt hier eine Redoxreaktion vor?

Aufgabe 4: Die beiden Feststoffraketen eines Space Shuttles enthalten Aluminium und Ammoniumperchlorat (NH_4ClO_4). Bei der Reaktion im Triebwerk werden Aluminiumoxid, Stickstoff, Chlorwasserstoff und Wasserdampf gebildet:

10 Al(s) + 6 NH_4ClO_4(s) ⟶
   5 Al_2O_3(s) + 3 N_2(g) + 6 HCl(g)
            + 9 H_2O(g)

a) Ergänze die Reaktionsgleichung durch die Oxidationszahlen.
b) Erläutere mit Hilfe der Oxidationszahlen, welche Teilchen in der Feststoffrakete oxidiert und welche reduziert werden.

Bei vielen Reaktionen werden Elektronen übertragen, ohne daß sich dabei Ionen bilden. Dies gilt insbesondere für die Verbrennung von Nichtmetallen wie Kohlenstoff, Wasserstoff, Schwefel oder Phosphor. Die dabei entstehenden Oxide sind aus Molekülen aufgebaut.

Um auch solche Vorgänge als Elektronenübertragungsreaktion beschreiben zu können, wurde als Hilfsmittel die **Oxidationszahl** eingeführt. Sie gibt die Anzahl der Ladungen an, die eine Atomart in einer Verbindung erhält, wenn man sich vorstellt, die Verbindung sei aus Ionen aufgebaut. Für diese formale Überlegung ordnet man die bindenden Elektronenpaare *vollständig* dem Bindungspartner mit der größeren Elektronegativität zu.

Oxidationszahlen geben an, wie viele Elektronen ein Atom in einer Verbindung im Vergleich zum elementaren Zustand formal aufgenommen oder abgegeben hat.

Oxidationszahlen der Elemente. In Elementen haben die Atome die Oxidationszahl Null, da sie nicht mit Atomen unterschiedlicher Elektronegativität verbunden sind. *Beispiele:*

$|\overset{0}{\underline{\overline{Ar}}}|$; $\overset{0}{H}-\overset{0}{H}$ oder H_2; $|\overset{0}{\underline{\overline{Cl}}}-\overset{0}{\underline{\overline{Cl}}}|$ oder Cl_2; $\overset{0}{\overline{O}}=\overset{0}{\overline{O}}$ oder O_2; $\overset{0}{Na}$

Oxidationszahlen in Verbindungen. Im Wasser-Molekül hat der Wasserstoff die Oxidationszahl I, da beide Wasserstoff-Atome formal je ein Elektron an das stärker elektronegative Sauerstoff-Atom abgegeben haben. Der Sauerstoff hat dann die Oxidationszahl −II. Im Chlorwasserstoff-Molekül hat Wasserstoff die Oxidationszahl I und Chlor die Oxidationszahl −I, denn in einer Verbindung ist die Summe der Oxidationszahlen aller Atome Null. Die Zahl der formal abgegebenen und aufgenommenen Elektronen ist gleich. Man gibt die Oxidationszahlen für die einzelnen Atomarten als römische Zahl über den Elementsymbolen an, Pluszeichen werden dabei weggelassen. *Beispiele:*

$\overset{I}{H}-\overset{-II}{\overline{\underline{O}}}-\overset{I}{H}$ oder H_2O; $\overset{I}{H}-\overset{-I}{\underline{\overline{Cl}}}|$ oder HCl; $\overset{-II}{\overline{O}}=\overset{IV}{C}=\overset{-II}{\overline{O}}$ oder CO_2

Regeln. Die Oxidationszahlen in Verbindungen lassen sich mit den folgenden Regeln schnell ermitteln:

1. In einer Verbindung ist die Summe der Oxidationszahlen aller Atome gleich Null.

2. Bei einatomigen Ionen stimmen Oxidationszahl und Ionenladung überein. In einem Ion, das aus mehreren Atomen besteht, entspricht die Summe der Oxidationszahlen aller Atome der Ionenladung.

3. Metalle haben positive Oxidationszahlen. Alkalimetalle haben immer die Oxidationszahl I, Erdalkalimetalle immer II.

4. Wasserstoff hat die Oxidationszahl I.
   Ausnahme: −I in Metallhydriden wie Lithiumhydrid (LiH).

5. Sauerstoff hat die Oxidationszahl −II.
   Ausnahme: −I in Peroxiden wie Wasserstoffperoxid (H_2O_2).

Redoxreaktionen. Alle Reaktionen, bei denen sich die Oxidationszahlen ändern, sind vom Reaktionstyp her Redoxreaktionen. Beispiele sind die Chlorknallgas-Reaktion und die Verbrennung von Schwefelwasserstoff:

$$\overset{0}{H_2} + \overset{0}{Cl_2} \longrightarrow 2\overset{I\ -I}{HCl}$$

Als Elemente haben Wasserstoff und Chlor die Oxidationszahl Null. In der Verbindung Chlorwasserstoff hat Wasserstoff die Oxidationszahl I und Chlor die Oxidationszahl $-$I.

$$2\overset{I\ -II}{H_2S} + 3\overset{0}{O_2} \longrightarrow 2\overset{I\ -II}{H_2O} + 2\overset{IV\ -II}{SO_2}$$

Bei der Verbrennung von Schwefelwasserstoff steigt die Oxidationszahl des Schwefels von $-$II auf IV und die Oxidationszahl des Sauerstoffs nimmt von 0 auf $-$II ab. Der Schwefel im Schwefelwasserstoff wird also oxidiert und der Sauerstoff wird reduziert.

Redoxreaktionen sind Vorgänge bei denen sich Oxidationszahlen ändern. Oxidation bedeutet Erhöhung und Reduktion bedeutet Erniedrigung der Oxidationszahl. Bei der Bildung von Ionen entspricht die Oxidation einer Abgabe von Elektronen und die Reduktion einer Aufnahme von Elektronen.

Benennung von Verbindungen. Oxidationszahlen dienen auch zur Benennung von Verbindungen. Sowohl rotes Kupferoxid (Cu_2O) als auch schwarzes Kupferoxid (CuO) enthalten nur Kupfer und Sauerstoff. Um diese Verbindungen auch vom Namen her eindeutig zu unterscheiden, setzt man die Oxidationszahl des Kupfers in Klammern hinter den Elementnamen: Kupfer(I)-oxid und Kupfer(II)-oxid, man spricht „Kupfereins-oxid" und „Kupfer-zwei-oxid".

1. Haarbleichmittel enthalten Wasserstoffperoxid

Aufgabe 1: Benenne die folgenden Verbindungen mit Hilfe von Oxidationszahlen:
Cu_2S, CuS, Fe_2O_3, FeO, Fe_3O_4, $FeCl_2$, $FeCl_3$, Mn_2O_3, MnO_2.

Aufgabe 2: Eisen(II)-Ionen werden durch Chlor zu Eisen(III)-Ionen oxidiert.
a) Stelle die Reaktionsgleichung auf.
b) Benenne das Oxidationsmittel und das Reduktionsmittel.

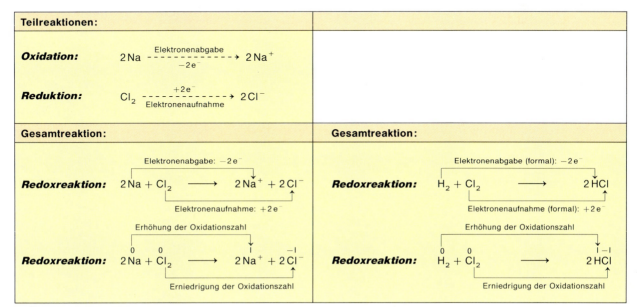

2. Übersicht über Redoxreaktionen. Bei der Bildung von Ionen werden Elektronen übertragen. Bei der Bildung von Molekülen ändern sich die Oxidationszahlen. Formal läßt sich auch das als Elektronenübertragung beschreiben.

12.8 Aufgaben · Versuche · Probleme

Mikrowellen heizen Dipolen ein

Aufgabe 1: Ordne die folgenden Elemente nach steigender Elektronegativität. Begründe deine Anordnung.
C, Cl, Cs, F, H, Li, Mg, O, S.

Aufgabe 2: Ordne die folgenden Bindungen nach steigender Polarität:
Cl—H, Cl—Cl, F—H, N—H, O—H, Si—H.

Aufgabe 3: Welche der folgenden Moleküle sind Dipole? Begründe mit Hilfe von Strukturformeln.
BH_3, HI, H_2S, O_2, PCl_3, $SiCl_4$.

Aufgabe 4: Welche der folgenden Formeln gehören zu den Ionenverbindungen und welche zu den Molekülverbindungen?
$BaCl_2$, HI, KBr, Na_2S, PH_3, $SiCl_4$.

Aufgabe 5: Flüssiges Ammoniak löst Salze ähnlich wie Wasser.
a) Worauf ist diese Eigenschaft des Ammoniaks zurückzuführen?
b) Beschreibe den Lösungsvorgang.

Aufgabe 6: Das SO_2-Molekül ist gewinkelt gebaut (Bindungswinkel 119°).
Wieviel Elektronenpaare umgeben das Schwefel-Atom? Welche Strukturformeln sind möglich?
Die Oktettregel braucht beim Schwefel-Atom nicht eingehalten zu werden.

Aufgabe 7: Zeichne die LEWIS-Formeln folgender Verbindungen:
H_2S, H_2O_2 (Wasserstoffperoxid), C_2H_6 (Ethan), CO, N_2H_4 (Hydrazin).

Aufgabe 8: Die Begriffe Oxidation, Reduktion und Redoxreaktion lassen sich als Austausch von Sauerstoff oder als Elektronenübergang definieren.
a) Begründe, welche Definition umfassender ist.
b) Versuche, mit beiden Definitionen die Reaktion von Bleioxid (PbO) mit Koks (C) zu erläutern. Benutze Oxidationszahlen.
c) Benenne Reduktions- und Oxidationsmittel bei dieser Reaktion.

Versuch 1: Die Sache mit dem Dreh
Innerhalb von Minuten schafft es ein Mikrowellenherd, Speisen zu erhitzen und zu garen. Und das beruht auf dem Dipol des Wasser-Moleküls.
Mikrowellen sind elektromagnetische Wellen. Ihr elektrisches Feld wechselt ständig seine Richtung. Als Dipol hat das Wasser-Molekül ebenfalls ein elektrisches Feld und kann deshalb die elektrische Energie der Mikrowellen absorbieren. Dabei werden Wasserstoffbrückenbindungen gespalten und die Wasser-Moleküle drehen sich um ihre Achse. Und jetzt wird es warm: Wasser-Moleküle stoßen zusammen und in einer exothermen Reaktion entstehen neue Wasserstoffbrücken.
a) Fülle ein Glas zu einem Drittel mit Wasser, ein zweites mit Salatöl. Erhitze die Gläser gleichzeitig zwei Minuten lang bei niedrigster Leistung im Mikrowellenherd. Vergleiche anschließend die Temperaturen.
b) Erhitze bei niedrigster Leistung ein Ei und einen Negerkuß.
c) Erkläre deine Ergebnisse.

Problem 1: Der Japaner NAKAYA fand in vielen Versuchen heraus, unter welchen Bedingungen die verschiedenen Formen von Schneeflocken entstehen. Die schönsten Schneeflocken werden zwischen −10 °C und −20 °C bei hoher Luftfeuchtigkeit gebildet. Bei niedriger Luftfeuchtigkeit entstehen in diesem Temperaturbereich nur flache, nicht verästelte Kristalle. Bei höheren oder niedrigeren Temperaturen bilden sich überwiegend Prismen.
Welche Symmetrie liegt in allen Schneeflocken vor? Warum ist die Symmetrie immer gleich?

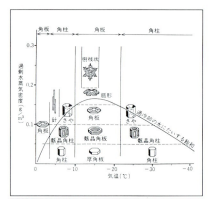

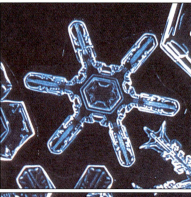

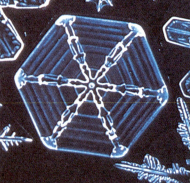

Das Flockengesetz von NAKAYA

Elektronenpaarbindung

1. Elektronenpaarbindung – LEWIS-Formel – Elektronenpaarabstoßungs-Modell

a) **Moleküle** bestehen aus Atomen, die durch *gemeinsame Elektronenpaare* miteinander verbunden sind. Diese Art der Bindung heißt **Elektronenpaarbindung**.

b) In **LEWIS-Formeln** der Moleküle werden *bindende* und *nichtbindende Elektronenpaare* durch Striche gekennzeichnet. Die Atome im Molekül sind in der Regel von vier Elektronenpaaren umgeben, Wasserstoff-Atome von einem Elektronenpaar.

c) **Elektronenpaarabstoßungs-Modell (EPA-Modell):**
Die räumliche Struktur von Molekülen läßt sich mit Hilfe des EPA-Modells vorhersagen. Die Elektronenpaare halten sich in bestimmten Bereichen des Moleküls auf, die man auch als **Elektronenwolken** bezeichnet. Aufgrund ihrer negativen Ladung stoßen sich die Elektronenwolken untereinander ab und bestimmen dadurch den räumlichen Bau des Moleküls.
Nichtbindende Elektronenpaare beanspruchen einen größeren Raum als bindende Elektronenpaare.
Mehrfachbindungen entsprechen in ihrer Wirkung Einfachbindungen.

Beispiele:

$H-\overline{\underline{Cl}}|$ CH_4 $H_2C=\overline{\underline{O}}$ H_2S

2. Elektronegativität – polare Bindung – Dipol

a) Die **Elektronegativität (EN)** ist ein Maß für die Fähigkeit eines Atoms, Bindungselektronen anzuziehen.

b) Elementmoleküle sind *unpolar*. Zwischen Nichtmetall-Atomen verschiedener Elemente bilden sich aufgrund der unterschiedlichen Elektronegativität *polare* Elektronenpaarbindungen.

c) **Dipol-Moleküle** sind elektrisch neutrale Moleküle mit einem positiven und einem negativen Pol. Die Teilladungen werden durch die Symbole $\delta+$ und $\delta-$ gekennzeichnet. In bestimmten Fällen können sich die Wirkungen der polaren Bindungen gegenseitig aufheben.

Beispiele:

$\overset{\delta+}{H}-\overset{\delta-}{\overline{\underline{Br}}}|$ NH_3 H_2O $\overset{\delta-}{\overline{\underline{O}}}=\overset{\delta+}{C}=\overset{\delta-}{\overline{\underline{O}}}$ kein Dipol

Elemente, deren EN-Differenz größer als 1,7 ist, reagieren in der Regel miteinander zu Ionenverbindungen. Dementsprechend reagieren Metalle mit Nichtmetallen zu Salzen. Bei EN-Differenzen von etwa 1,5 treten Übergangsformen zwischen polarer Elektronenpaarbindung und reiner Ionenbindung auf.

3. Wasserstoffbrückenbindungen – Lösungsvorgang

a) Ist ein Wasserstoff-Atom Bestandteil einer stark polaren Elektronenpaarbindung (H–F, H–O oder H–N), so zieht es freie Elektronenpaare von Atomen anderer Moleküle an. Es entstehen *Wasserstoffbrückenbindungen*. Elektronenpaarbindungen sind etwa zwanzigmal fester als Wasserstoffbrückenbindungen.

Beispiele:

$H_2O \cdots H-\overline{\underline{Cl}}|$ $H_2O-H \cdots NH_3$

b) Lösen von *Molekülverbindungen* in Wasser: Es entstehen hydratisierte Moleküle. Zwischen den Molekülen bilden sich Wasserstoffbrückenbindungen.
Lösen von *Ionenverbindungen* in Wasser: Es entstehen hydratisierte Ionen. Die Dipol-Moleküle des Wassers bilden eine Hydrathülle um die Ionen.

4. Oxidationszahlen – Oxidation – Reduktion

a) **Oxidation** bedeutet Erhöhung der Oxidationszahl oder auch Abgabe von Elektronen.
Reduktion bedeutet Erniedrigung der Oxidationszahl oder auch Aufnahme von Elektronen.

b) **Redoxreaktionen** sind Vorgänge, bei denen sich die Oxidationszahlen der beteiligten Atome verändern.

c) **Oxidationszahlen:**
Für Verbindungen gilt:
1. Die Summe der Oxidationszahlen aller Atome ist Null.
2. In Ionen entspricht die Summe der Oxidationszahlen aller Atome der Ionenladung.
3. Metalle haben positive Oxidationszahlen.
4. Wasserstoff hat meist die Oxidationszahl I.
5. Sauerstoff hat meist die Oxidationszahl $-II$.

Beispiele:

| $\overset{I}{H_2}\overset{-II}{O}$ | $\overset{IV}{S}\overset{-II}{O_2}$ | $\overset{III}{Fe}(\overset{-II}{O}\overset{I}{H})_3$ | $\overset{-IV}{C}\overset{I}{H_4}$ | $\overset{I}{H_3}\overset{-II}{O}^+$ | $\overset{-II}{O}\overset{I}{H}^-$ |

13 Chemie im Alltag: Säuren, Laugen, Salze

Fast jeder zweite Baum in der Bundesrepublik galt 1990 als krank oder geschädigt. Die Ursachen dieses Waldsterbens sind vielfältig und bis heute nicht genau geklärt. Klar ist aber, daß mehrere Faktoren gleichzeitig einwirken müssen. Neben Trockenperioden, Schädlingen und Luftschadstoffen scheint der saure Regen eine besondere Rolle zu spielen. Er entsteht, wenn sich Luftschadstoffe wie Schwefeldioxid und Stickstoffoxide im Regen lösen und Säuren bilden. An einigen Stellen ist der Waldboden so sauer geworden wie Essig. Dadurch werden lebenswichtige Nährstoffe wie Kalium-, Magnesium- und Calcium-Salze aus dem Boden verdrängt.

13.1 Säuren in Lebensmitteln

Fast alle Früchte enthalten Säuren. Wir erkennen Säuren an dem sauren Geschmack. Ein Apfel schmeckt fruchtig-sauer, weil er *Äpfelsäure* und *Weinsäure* enthält. In anderen Früchten findet man weitere Fruchtsäuren.

Eine besondere Bedeutung hat die *Ascorbinsäure*, die besser unter der Bezeichnung *Vitamin C* bekannt ist. Größere Mengen dieses Vitamins sind in Zitrusfrüchten, schwarzen Johannisbeeren, Holunderbeeren und Hagebutten enthalten. Es wird empfohlen, mit der täglichen Nahrung 75 mg Vitamin C aufzunehmen. Die Früchte sollte man möglichst frisch verzehren, da Ascorbinsäure durch Sauerstoff und Hitze zerstört wird.

Seit mindestens 5000 Jahren verwenden die Menschen *Essig* als Gewürz. Essig verbessert den Geschmack und macht Speisen haltbarer. Essig enthält etwa 5% *Essigsäure*. Sie bildet sich bei der Vergärung alkoholischer Lösungen. Weinessig wird aus Wein hergestellt, Obstessig entsteht aus Apfelwein. Tafelessig gewinnt man aus alkoholischen Lösungen, die man ihrerseits aus Zuckerrüben, Getreide oder Kartoffeln herstellt. Reine Essigsäure wird technisch produziert. Sie ist eine wasserklare, ätzende Flüssigkeit.

1. Essig enthält 5% Essigsäure

Läßt man Milch einige Zeit stehen, so wird sie sauer: Milchsäurebakterien bauen einen Teil des in der Milch enthaltenen Milchzuckers zu *Milchsäure* ab. Durch die Säure gerinnen die Eiweißstoffe der Milch und flocken aus. Man erhält Dickmilch. Um diesen Säuerungsprozeß zu verhindern, erhitzt man die Milch vor dem Abfüllen in der Molkerei für eine kurze Zeit, man pasteurisiert. Dabei werden die Bakterien abgetötet.

Um Sauermilchprodukte wie Joghurt, Quark und Kefir herzustellen, versetzt man dagegen die Milch gezielt mit bestimmten Milchsäurebakterien. Die Milchsäure verhindert, daß Fäulniserreger angreifen, und erhöht so gleichzeitig die Haltbarkeit dieser Lebensmittel.

2. Joghurt enthält 1% Milchsäure

In Lebensmitteln dienen Säuren häufig als Konservierungsmittel. Man verwendet *Propionsäure, Sorbinsäure* und *Benzoesäure*. Ihr Zusatz ist gesetzlich geregelt. So darf ein Kilogramm Schnittbrot maximal zwei Gramm Sorbinsäure enthalten.

EXKURS

Zitronensäure – ein Produkt der Biotechnologie

Wegen ihres fruchtig-sauren Geschmacks verwendet man *Zitronensäure* in der Lebensmittelindustrie in großen Mengen. Sie wird beispielsweise Fruchtbonbons, Marmeladen, Limonaden, Brausepulver und Speiseeis zugesetzt.

Zitronensäure ist eine farblose, kristalline Substanz, die sich aus Zitronensaft isolieren läßt. Der geringste Teil der heute verwendeten Zitronensäure stammt jedoch aus Zitronen.

Im Jahre 1893 entdeckte man, daß der Schimmelpilz *Aspergillus niger* Zucker in Zitronensäure umwandeln kann. So gewinnt man heute billig Zitronensäure aus *Melasse*, einem Abfallproukt bei der Zuckergewinnung. Der Schimmelpilz ernährt sich von dem Restzucker und bildet dabei Zitronensäure. Weltweit werden auf diese Weise über 350 000 Tonnen Zitronensäure hergestellt.

Zitronen enthalten etwa 5% Zitronensäure

13.2 Säuren und saure Lösungen

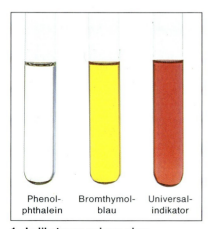

1. Indikatoren zeigen eine saure Lösung an

Säuren werden meist als wässerige Lösung verwendet. Man bezeichnet solche Lösungen auch als *saure Lösungen*. So ist in Zitronensaft Zitronensäure gelöst; sie läßt sich aus dem Saft als Feststoff isolieren. *Salzsäure* ist immer eine wässerige Lösung. Man erhält sie, wenn man Chlorwasserstoff-Gas in Wasser löst. Aus der Bezeichnung *Säure* im Namen eines Stoffes läßt sich also nicht eindeutig schließen, ob es sich um einen Reinstoff oder um eine wässerige Lösung handelt.

Saure Lösungen zeigen eine Reihe gemeinsamer Eigenschaften. In Lebensmitteln können wir sie an ihrem typischen sauren Geschmack erkennen, im Chemielabor lassen sie sich sicherer mit *Indikator-Farbstoffen* nachweisen.

Alle sauren Lösungen leiten den elektrischen Strom. Sie enthalten also *Ionen*. Elektrolysiert man saure Lösungen, bildet sich am Minuspol stets Wasserstoff. Man kann daraus schließen, daß alle sauren Lösungen positiv geladene *Wasserstoff-Ionen* enthalten.

Löst man eine Säure in Wasser, so werden positiv geladene Wasserstoff-Ionen von den Säure-Molekülen abgespalten. Gleichzeitig entstehen negativ geladene *Säurerest-Ionen*. Bei der Bildung von Salzsäure zerfällt Chlorwasserstoff in Wasserstoff-Ionen und Chlorid-Ionen.

$$HCl\,(g) \xrightarrow{Wasser} \underbrace{H^+(aq) \quad + \quad Cl^-(aq)}_{Salzsäure}$$

Säure-Molekül · Wasserstoff-Ion · Chlorid-Ion

Säuren sind Molekülverbindungen, die beim Lösen in Wasser in Wasserstoff-Ionen und Säurerest-Ionen zerfallen.

2. Elektrolyse einer sauren Lösung. Am Minuspol entsteht Wasserstoff.

Wasserstoff-Ionen sind nichts anderes als Protonen. In wässeriger Lösung lagern sie sich an Wasser-Moleküle an: Es entstehen hydratisierte Wasserstoff-Ionen, die *Hydronium-Ionen*. Sie sind die Ursache für die gemeinsamen Eigenschaften der sauren Lösungen. In Reaktionsgleichungen schreibt man vereinfachend für diese Teilchen $H^+(aq)$.

Saure Lösungen enthalten Hydronium-Ionen: $H^+(aq)$.

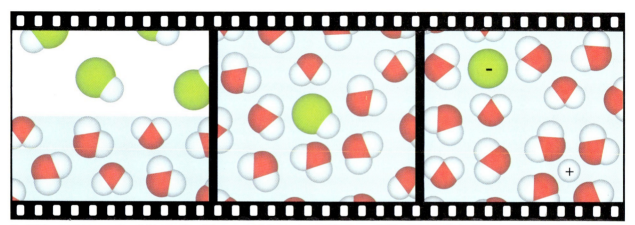

3. Bildung einer sauren Lösung: Reaktion von Chlorwasserstoff-Gas mit Wasser zu Salzsäure

14.3 Laugen – alkalische Lösungen

Im Gegensatz zu dem in der Alltagssprache mehrdeutigen Begriff Säure bezieht sich der Begriff *Lauge* immer auf eine wässerige Lösung mit einer bestimmten Eigenschaft: Sie reagiert *alkalisch*.

Die Bezeichnung alkalisch geht auf das arabische Wort *alqaljan* für Holzasche zurück. Schon im Altertum gewann man aus Holzasche Lösungen, die die Wirkung von sauren Lösungen abschwächen oder aufheben können. Die wichtigste alkalische Lösung ist heute die *Natronlauge*; sie ist eine Lösung von Natriumhydroxid in Wasser.

Alkalische Lösungen haben eine Reihe gemeinsamer Eigenschaften. Gibt man Indikator-Farbstoffe hinzu, so zeigen sich typische Färbungen. Auf der Haut fühlen sie sich seifig und glitschig an. Das beruht auf ihrer ätzenden Wirkung. Sie zersetzen organische Substanzen.

Natriumhydroxid ist eine Ionenverbindung. Das Ionengitter besteht aus positiv geladenen Natrium-Ionen (Na^+) und negativ geladen Hydroxid-Ionen (OH^-). Beim Lösen in Wasser wird das Ionengitter zerstört. Wasser-Moleküle lagern sich um die Ionen und bilden eine Hydrathülle. Bei diesem Vorgang wird viel Wärme frei.

$$(Na^+)(OH^-)(s) \xrightarrow{Wasser} \underbrace{Na^+(aq) + OH^-(aq)}_{Natronlauge}; \text{ exotherm}$$

Natriumhydroxid → Natrium-Ion + Hydroxid-Ion

Entsprechend bilden sich alkalische Lösungen, wenn man Hydroxide der anderen Alkalimetalle und der Erdalkalimetalle in Wasser löst.

Alkalische Lösungen entstehen auch bei der Reaktion von Alkalimetallen oder Erdalkalimetallen mit Wasser sowie bei der Reaktion von Alkalimetalloxiden oder Erdalkalimetalloxiden mit Wasser.
Beispiele:

$2 Na(s) + 2 H_2O(l) \longrightarrow 2 Na^+(aq) + \mathbf{2 OH^-(aq)} + H_2(g)$

$(Ca^{2+})(O^{2-})(s) + H_2O(l) \longrightarrow Ca^{2+}(aq) + \mathbf{2 OH^-(aq)}$

Alkalische Lösungen enthalten Hydroxid-Ionen: $OH^-(aq)$.

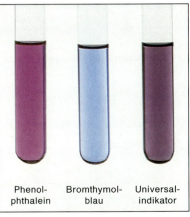

Phenolphthalein · Bromthymolblau · Universalindikator

1. Indikatoren zeigen eine alkalische Lösung an

Aufgabe 1: Formuliere die Reaktionsgleichungen für die Reaktionen der folgenden Stoffe:
a) Magnesium/Wasser,
b) Kalium/Wasser,
c) Kaliumhydroxid/Wasser,
d) Bariumoxid/Wasser.

Aufgabe 2: Warum brennt Seifenschaum in den Augen?

Aufgabe 3: Warum muß man beim Experimentieren mit Laugen höherer Konzentration eine Schutzbrille tragen?

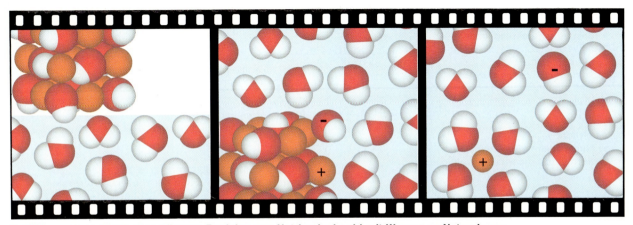

2. Bildung einer alkalischen Lösung: Reaktion von Natriumhydroxid mit Wasser zu Natronlauge

Saure und alkalische Lösungen

Versuch 1: Sauer oder alkalisch?

Materialien: Reagenzgläser;
Salzsäure (verd.) (Xi), Schwefelsäure (verd.) (Xi), Salpetersäure (verd.) (C), Essig, Zitronensaft, Natronlauge (verd.) (C), Calciumhydroxid-Lösung, wässerige Lösung von Kernseife, Bromthymolblau-Lösung, Phenolphthalein-Lösung (F), Universalindikator-Lösung.

Durchführung:
1. Gib von allen Proben jeweils etwa 2 ml Lösung in ein Reagenzglas. Setze überall Bromthymolblau-Lösung zu.
2. Wiederhole die Versuchsreihe mit Phenolphthalein-Lösung.
3. Prüfe alle Lösungen mit Universalindikator-Lösung.

Aufgaben:
a) Notiere die Färbungen der Lösungen in einer Tabelle.
b) Was läßt sich aus den Färbungen des Universalindikators schließen?

Versuch 2: Reaktion von Nichtmetalloxiden mit Wasser

Materialien: Standzylinder mit Schliffdeckel, Verbrennungslöffel, Reagenzglas;
Schwefel, Kohlenstoffdioxid (aus der Stahlflasche), Universalindikator-Lösung.

Durchführung:
1. Entzünde unter dem Abzug Schwefel im Verbrennungslöffel. Halte den brennenden Schwefel so lange in einen Standzylinder, bis die Flamme erlischt.
2. Gib etwas Wasser in den Standzylinder und schüttle kräftig um. Prüfe die Lösung mit dem Indikator.
3. Fülle einen Standzylinder mit Kohlenstoffdioxid. Füge etwas Wasser hinzu und schüttle kräftig um. Prüfe die Lösung mit dem Indikator.

Aufgaben:
a) Notiere deine Beobachtungen.
b) Formuliere die Reaktionsgleichungen.

Versuch 3: Reaktion von sauren Lösungen mit Metallen

Materialien: Reagenzgläser, Gasbrenner;
Salzsäure (verd.) (Xi), Magnesiumpulver (F), Zinkpulver, Eisenpulver, Kupferpulver.

Durchführung:
1. Gib jeweils eine Spatelspitze Metallpulver in ein Reagenzglas.
2. Fülle in jedes Reagenzglas etwa 5 ml Salzsäure und beobachte die Gasentwicklung. Prüfe, ob bei der Reaktion Wärme frei wird.
3. Fange das Gas in einem umgekehrt darüber gehaltenen Reagenzglas auf und führe damit die Knallgasprobe durch.

Aufgaben:
a) Notiere deine Beobachtungen.
b) Stelle die Reaktionsgleichungen auf.
c) Ordne die Metalle nach zunehmender Heftigkeit der Reaktion.

Versuch 4: Reaktion von Calcium und von Calciumoxid mit Wasser

Materialien: Regenzgläser, Gasbrenner;
Calcium (F), Calciumoxid (C), Universalindikator-Lösung.

Durchführung:
1. Fülle etwa 2 ml Wasser in ein Reagenzglas und gib ein kleines Stück Calcium dazu. Fange das Gas in einem umgekehrt darüber gehaltenen Reagenzglas auf. Führe damit die Knallgasprobe durch. Prüfe die entstandene Lösung mit Universalindikator-Lösung.
2. Gib etwas Calciumoxid in ein Reagenzglas mit Wasser, schüttle gut durch und filtriere die Lösung. Prüfe das Filtrat mit Universalindikator-Lösung.

Aufgaben:
a) Notiere deine Beobachtungen.
b) Formuliere die Reaktionsgleichungen.

Aufgabe 1: Magnesium reagiert heftig mit verdünnter Schwefelsäure, aber kaum mit konzentrierter, reiner Schwefelsäure. Erkläre diese Beobachtungen.

Säuren und Laugen

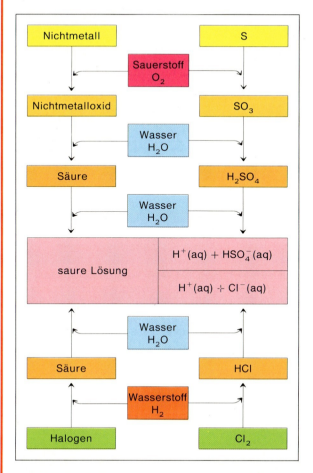
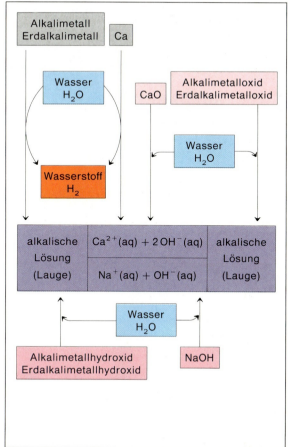

Nichtmetalloxid		Säure		Säurerest-Ion	
Name	Formel	Name	Formel	Name	Formel
Kohlenstoffdioxid	CO_2	Kohlensäure	H_2CO_3	Hydrogencarbonat-Ion Carbonat-Ion	HCO_3^- CO_3^{2-}
Schwefeldioxid	SO_2	Schweflige Säure	H_2SO_3	Hydrogensulfit-Ion Sulfit-Ion	HSO_3^- SO_3^{2-}
Schwefeltrioxid	SO_3	Schwefelsäure	H_2SO_4	Hydrogensulfat-Ion Sulfat-Ion	HSO_4^- SO_4^{2-}
Phosphoroxid	P_4O_{10}	Phosphorsäure	H_3PO_4	Dihydrogenphosphat-Ion Hydrogenphosphat Ion Phosphat-Ion	$H_2PO_4^-$ HPO_4^{2-} PO_4^{3-}
Stickstoffdioxid	NO_2	Salpetrige Säure	HNO_2	Nitrit-Ion	NO_2^-
		Salpetersäure	HNO_3	Nitrat-Ion	NO_3^-
—		Chlorwasserstoff	HCl	Chlorid-Ion	Cl^-
—		Bromwasserstoff	HBr	Bromid-Ion	Br^-

13.4 Auf den pH-Wert kommt es an

1. Der pH-Wert im Aquarium muß regelmäßig kontrolliert werden

2. pH-Meter. Zur genauen Bestimmung des pH-Werts einer Lösung wird anstelle von Indikatoren ein pH-Meter verwendet. Vor Beginn der pH-Messung muß das Gerät kalibriert werden. Dazu taucht man die mit demineralisiertem Wasser abgespülte Meßkette in eine Pufferlösung mit dem pH-Wert 7,0 und stellt diesen Wert auf der Skala ein. Dann wird mit einer weiteren Pufferlösung ein zweiter pH-Wert eingestellt. Vor jeder pH-Wert-Messung ist die Meßkette gründlich mit demineralisiertem Wasser abzuspülen.

Aufgabe 1: In ein Schwimmbecken von 25 m Länge, 20 m Breite und 2 m Tiefe werden:
a) 1 Liter Salzsäure mit pH = 0,
b) 10 Liter Natronlauge mit pH = 13 gegeben.
Bestimme jeweils den pH-Wert nach der Zugabe.

Aufgabe 2: a) Wieviel Liter Wasser werden benötigt, um den pH-Wert von 250 Liter sauren Abwassers durch Verdünnen von pH = 1 auf pH = 6 zu senken?
b) Wie beurteilst du die Methode, Abwasser auf diese Weise „unschädlich" zu machen?

In den letzten 30 Jahren ging der Fischbestand im Arbersee immer mehr zurück. Neu eingesetzte Fische gingen stets wieder ein. Wasserkundler untersuchten daraufhin den See. Mit ihrem pH-Meßgerät stellten sie einen pH-Wert von 3,3 fest: Das kristallklare Wasser war fast so sauer wie Essig. Der niedrige pH-Wert war eine entscheidende Ursache für das Fischsterben.

Auch Aquarienfreunde wissen, daß der richtige pH-Wert für das Gedeihen der Fische von entscheidender Bedeutung ist. Süßwasserfische kann man in Leitungswasser mit einem pH-Wert von 6,5 bis 7,5 halten. Meerwasserfische dagegen benötigen salzreiches, leicht alkalisches Wasser mit einem pH-Wert von 8 bis 9. Stimmt der pH-Wert nicht, so sterben die Fische an Haut- und Kiemenerkrankungen.

Auf den richtigen pH-Wert kommt es bei fast allen Lebensvorgängen an. Pflanzen wachsen nur bei bestimmten pH-Werten optimal: Salat benötigt einen Boden mit einem pH-Wert von 6 bis 7, Erdbeeren bevorzugen leicht alkalische Böden mit pH-Werten zwischen 7,5 und 8,5.

Auf der Oberfläche unserer Haut mißt man einen pH-Wert von 5,5. Eine Säureschicht schützt die Haut gegen Keime und Krankheitserreger. Beim Waschen mit alkalischer Seifenlauge wird dieser Säureschutz angegriffen. Solange die Haut gesund ist, stellt sich der richtige pH-Wert aber schnell wieder ein. Für empfindliche Haut werden im Handel pH-neutrale Körperpflegemittel angeboten, deren Wirksamkeit allerdings umstritten ist.

pH-Skala. Die pH-Skala umfaßt Zahlen zwischen 0 und 14; wobei pH-Werte kleiner als 7 saure Lösungen und pH-Werte größer als 7 alkalische Lösungen kennzeichnen. Neutrale Lösungen enthalten gleich viele Hydronium-Ionen und Hydroxid-Ionen. Ihr pH-Wert ist gleich 7.

Je kleiner der pH-Wert, desto stärker sauer ist eine Lösung. Eine Lösung vom pH-Wert 2 enthält 10mal so viele Hydronium-Ionen pro Liter wie eine Lösung mit dem pH-Wert 3. Ein Unterschied von einer Einheit auf der pH-Skala entspricht also einem Konzentrationsunterschied um den Faktor 10.
Je größer der pH-Wert, desto stärker alkalisch ist eine Lösung. Eine Lösung vom pH-Wert 12 enthält 100mal so viele Hydroxid-Ionen wie eine Lösung mit dem pH-Wert 10.

Der pH-Wert ist ein Maß für den Gehalt einer Lösung an Hydronium-Ionen oder Hydroxid-Ionen.

Die pH-Skala

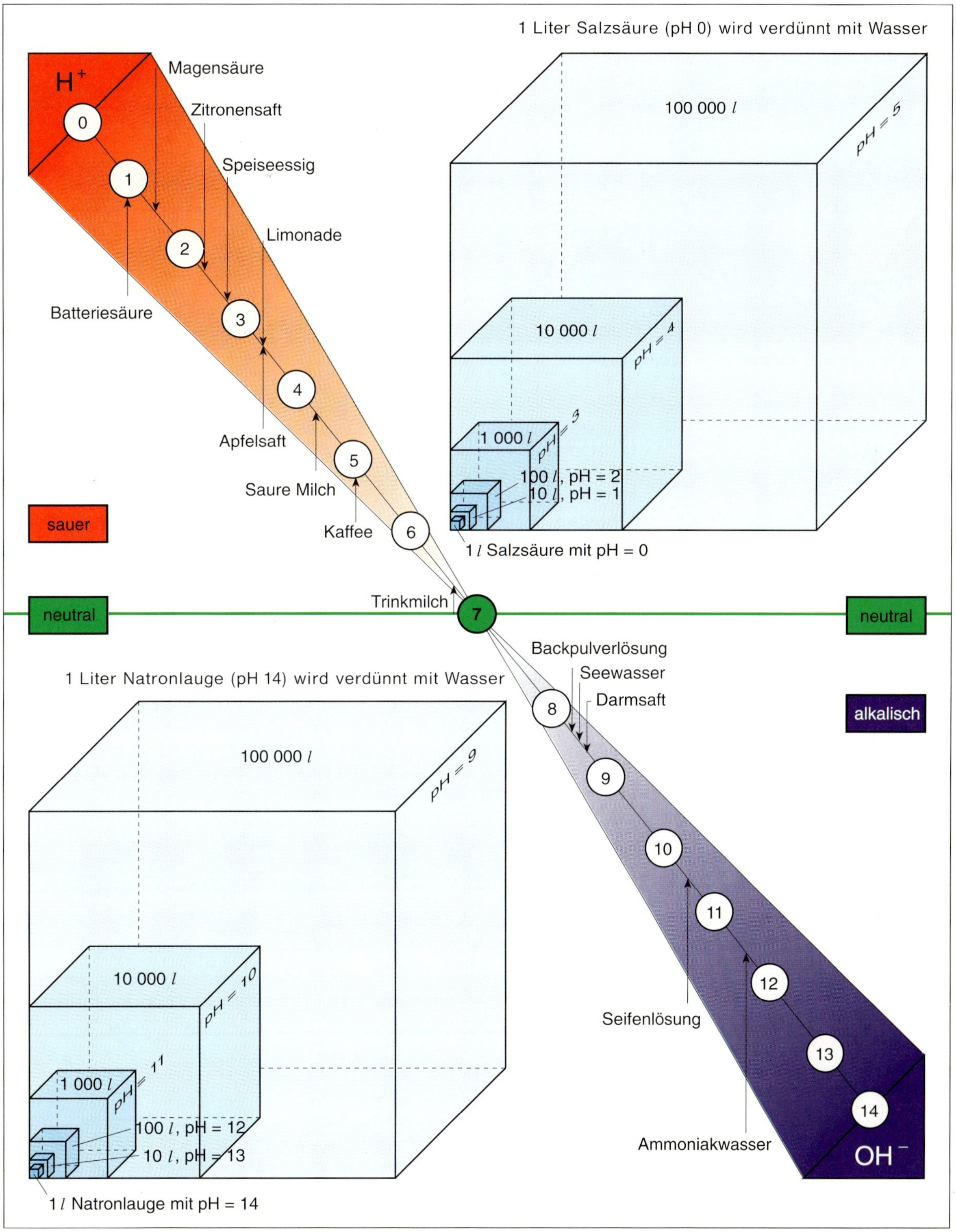

ÜBERSICHT

1 Liter Salzsäure (pH 0) wird verdünnt mit Wasser

- H⁺
- 0
- 1 — Batteriesäure
- 0 — Magensäure
- 1 — Zitronensaft
- 2 — Speiseessig
- 3 — Limonade
- 4 — Apfelsaft
- 5 — Saure Milch
- 6 — Kaffee
- 7 — Trinkmilch
- 8 — Backpulverlösung, Seewasser, Darmsaft
- 9
- 10
- 11
- 12 — Seifenlösung
- 13
- 14 — Ammoniakwasser
- OH⁻

100 000 l, pH = 5
10 000 l, pH = 4
1 000 l, pH = 3
100 l, pH = 2
10 l, pH = 1
1 l Salzsäure mit pH = 0

sauer
neutral
alkalisch

1 Liter Natronlauge (pH 14) wird verdünnt mit Wasser

100 000 l, pH = 9
10 000 l, pH = 10
1 000 l, pH = 11
100 l, pH = 12
10 l, pH = 13
1 l Natronlauge mit pH = 14

211

13.5 Gegensätze heben sich auf: die Neutralisation

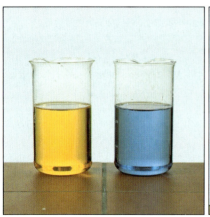  

1. Neutralisation von Salzsäure mit Natronlauge. Die Lösungen enthalten Bromthymolblau als Indikator.

Versuch 1: Neutralisation
Vorsicht! Schutzbrille!
Gib zu 20 ml verdünnter Natronlauge (C) einen Tropfen Phenolphthalein-Lösung (F). Füge so viel verdünnte Salzsäure (Xi) hinzu, bis sich der Indikator gerade entfärbt. Dampfe die Lösung anschließend vorsichtig ein.

Versuch 2: Neutralisationswärme
Vorsicht! Schutzbrille!
Neutralisiere in einem Kunststoffbecher 50 ml verdünnte Natronlauge (C) zügig mit verdünnter Salzsäure (Xi). Miß die Temperaturänderung während der Reaktion.

Aufgabe 1: Warum kann es gefährlich werden, konzentrierte Schwefelsäure mit konzentrierter Natronlauge zu neutralisieren?

Aufgabe 2: Formuliere die Reaktionsgleichungen für folgende Reaktionen:
a) Salzsäure/Kaliumhydroxid-Lösung
b) Schwefelsäure/Natronlauge
c) Schwefelsäure/Calciumhydroxid-Lösung
d) Salpetersäure/Natronlauge

Aufgabe 3: Wie könnte man Calciumchlorid durch Neutralisation herstellen?
Formuliere die Reaktionsgleichung.

Aufgabe 4: Eine saure Lösung wird mit einer Lauge neutralisiert. Leitet die neutrale Lösung den elektrischen Strom? Gib eine Begründung.

Saure und alkalische Lösungen aus dem Chemielabor dürfen nicht einfach durch den Ausguß entsorgt werden. Die Lösungen könnten nämlich die Abwasserrohre beschädigen und die Reinigungsprozesse im Klärwerk behindern. Saure und alkalische Lösungen müssen daher vor dem Einleiten in die Kanalisation unschädlich gemacht werden. Im Schullabor werden daher Säuren und Laugen zusammen in *einem* Entsorgungsgefäß gesammelt. Ein Versuch soll das Prinzip dieser Entsorgung verdeutlichen.

Versetzt man Salzsäure mit Bromthymolblau-Lösung und gibt tropfenweise Natronlauge hinzu, so beobachtet man an der Eintropfstelle blaugrüne Schlieren. Beim Umrühren verschwinden sie zunächst wieder. Die Lösung ist gelb gefärbt, denn sie reagiert noch sauer. Wenn man sehr vorsichtig weitere Tropfen zufügt, kann man erreichen, daß die gesamte Lösung grün wird. Sie reagiert jetzt weder sauer noch alkalisch, die Lösung ist neutral. Die Reaktion zwischen der Säure und der Lauge nennt man daher *Neutralisation*.

Dampft man die neutrale Lösung ein, bleibt eine weiße Kruste zurück: Es handelt sich um Kochsalz. Aus zwei für die Umwelt problematischen Lösungen ist durch die Neutralisation ungefährliche Kochsalzlösung entstanden.

alkalische Lösung + saure Lösung $\xrightarrow{\text{Neutralisation}}$ Salzlösung + Wasser

Die Natrium-Ionen in der Kochsalzlösung stammen aus der Natronlauge, die Chlorid-Ionen aus der Salzsäure. Die Hydronium-Ionen und die Hydroxid-Ionen verschwinden bei der Neutralisation:

$$\underbrace{H^+(aq) + Cl^-(aq)}_{\text{Salzsäure}} + \underbrace{Na^+(aq) + OH^-(aq)}_{\text{Natronlauge}} \longrightarrow \underbrace{Na^+(aq) + Cl^-(aq)}_{\text{Kochsalzlösung}} + \underbrace{H_2O(l)}_{\text{Wasser}}$$

Bei der Neutralisation reagieren die Hydronium-Ionen aus der sauren Lösung mit den Hydroxid-Ionen aus der alkalischen Lösung zu Wasser-Molekülen:

$$H^+(aq) + OH^-(aq) \longrightarrow H_2O(l)$$

THEORIE

Die Neutralisationsreaktion

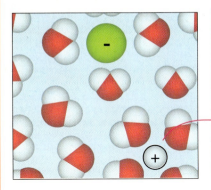 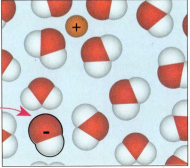 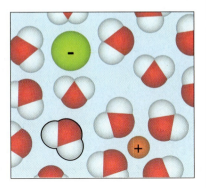

Gibt man eine saure Lösung und eine alkalische Lösung zusammen, so läuft immer die gleiche Reaktion ab. Unabhängig von den verwendeten sauren und alkalischen Lösungen reagieren die Hydronium-Ionen der sauren Lösung und die Hydroxid-Ionen der alkalischen Lösung zu Wasser-Molekülen.

Die Neutralisation ist vollständig, wenn praktisch alle Hydronium-Ionen und Hydroxid-Ionen miteinander reagiert haben. Dann erhält man eine neutrale Lösung.

Die positiv geladenen Metall-Ionen der Lauge und die negativ geladenen Säurerest-Ionen sind an der Neutralisationsreaktion nicht beteiligt. Sie sind Bestandteile der nach der Neutralisation vorliegenden Salzlösung.

Die Neutralisationsreaktion ist stark exotherm. Die frei werdende Wärme nennt man *Neutralisationswärme*. Bei der Reaktion von einem Mol Hydronium-Ionen mit einem Mol Hydroxid-Ionen zu einem Mol Wasser wird eine Wärmemenge von 57 kJ frei.

EXKURS

Sodbrennen

Jeden Tag wird im Magen eines Menschen etwa ein halber Liter Magensaft abgesondert. Er besteht vor allem aus Wasser, Salzen, eiweißspaltenden Enzymen und Magensäure. Magensäure ist nichts anderes als Salzsäure. Durch ihren Anteil im Magensaft kann ein erstaunlich niedriger pH-Wert von 1 erreicht werden.

Der Magensaft vermischt sich mit der aufgenommenen Nahrung. Je nach Zusammensetzung der Nahrung schwankt der pH-Wert im Speisebrei zwischen den Werten 2 und 4.

Die Salzsäure im Magensaft hat vor allem zwei wichtige Aufgaben: Zum einen werden mit der Nahrung aufgenommene Bakterien abgetötet, zum anderen haben die eiweißverdauenden Enzyme im Magen bei diesem extrem niedrigen pH-Wert ihre größte Aktivität. Der Magen selbst schützt sich gegen den aggressiven Magensaft durch eine Schleimschicht an der Magenwand.

Ist zuviel Säure im Magen vorhanden, kann *Sodbrennen* auftreten. Man fühlt ein Brennen in der Speiseröhre und muß sauer aufstoßen. Dabei wird saurer Magensaft in die empfindliche Speiseröhre gedrückt. Vor allem alkoholische Getränke, Rauchen und eine zu hektische Lebensweise führen zum Sodbrennen.

Gegen Sodbrennen helfen Medikamente, die die Magensäure neutralisieren. Diese Mittel enthalten oft Natron, Magnesiumoxid oder Aluminiumhydroxid. Oft hilft es bei Sodbrennen schon, wenn man ein großes Glas Wasser trinkt und damit die Säure verdünnt.

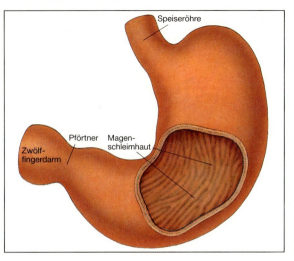

Gehaltsangaben bei Lösungen

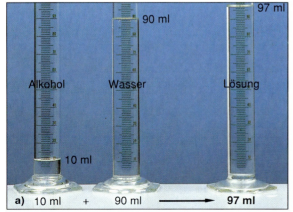

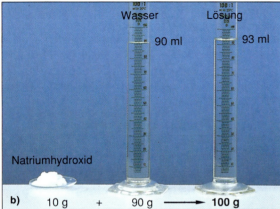

Volumenverringerung (a) und Massenerhaltung (b) beim Lösungsvorgang

Herstellung von Maßlösungen

Es gibt verschiedene Möglichkeiten, um bei einer Lösung den Anteil des gelösten Stoffs zu kennzeichnen. Bei alkoholischen Lösungen verwendet man die *Volumenkonzentration*. Bei Säuren, Laugen und Salzlösungen gibt man oft den *Massenanteil* an. Für die Betrachtung chemischer Reaktionen ist die *Stoffmengenkonzentration* besonders wichtig.

Volumenkonzentration (σ): $\sigma(\text{Stoff}) = \dfrac{V(\text{Stoff})}{V(\text{Lösung})}$

Die Volumenkonzentration σ (sigma) gibt an, welchen Anteil das Volumen des gelösten Stoffs am Gesamtvolumen der Lösung hat. Bei alkoholischen Getränken findet man meist Angaben mit der Bezeichnung % Vol.

Beispiel: Mischt man 10 ml Alkohol und 90 ml Wasser, so erhält man 97 ml alkoholische Lösung.

$\sigma(\text{Alkohol}) = \dfrac{V(\text{Alkohol})}{V(\text{Lösung})} = \dfrac{10 \text{ ml}}{97 \text{ ml}} = 0{,}103 = 10{,}3\%$ Vol

Ein Problem für die Berechnung ist, daß sich beim Mischen von Flüssigkeiten oft das Gesamtvolumen ändert.

Massenanteil (w): $w(\text{Stoff}) = \dfrac{m(\text{Stoff})}{m(\text{Lösung})}$

Der Massenanteil w (engl. *weight*) gibt an, welchen Anteil die Masse des gelösten Stoffs an der Masse der Lösung hat. Meist wird der Massenanteil in Prozent angegeben.

Beispiel: Löst man 10 g Natriumhydroxid in 90 ml Wasser, so erhält man 100 g Lösung.

$w(\text{NaOH}) = \dfrac{m(\text{NaOH})}{m(\text{Lösung})} = \dfrac{10 \text{ g}}{100 \text{ g}} = 0{,}10 = 10\%$

Stoffmengenkonzentration (c): $c(\text{Stoff}) = \dfrac{n(\text{Stoff})}{V(\text{Lösung})}$

Bei chemischen Reaktionen reagieren Teilchen in einem bestimmten Anzahlverhältnis miteinander. Für Berechnungen ist es daher notwendig zu wissen, wie viele Teilchen in einer Lösung vorliegen. Die Stoffmengenkonzentration c (engl. *concentration*) gibt an, wieviel Mol eines Stoffs in einem Liter Lösung enthalten sind. Die Einheit ist $\frac{\text{mol}}{\text{l}}$. Der Stoffmenge $n = 1$ mol entsprechen $6 \cdot 10^{23}$ Teilchen.

Beispiel: Löst man 10 g Natriumhydroxid in 90 ml Wasser, so erhält man 93 ml Lösung. Zur Berechnung der Stoffmengenkonzentration geht man folgendermaßen vor:

$M(\text{NaOH}) = M(\text{Na}) + M(\text{O}) + M(\text{H})$
$= 23 \frac{\text{g}}{\text{mol}} + 16 \frac{\text{g}}{\text{mol}} + 1 \frac{\text{g}}{\text{mol}} = 40 \frac{\text{g}}{\text{mol}}$

$n(\text{NaOH}) = \dfrac{m(\text{NaOH})}{M(\text{NaOH})} = \dfrac{10 \text{ g}}{40 \frac{\text{g}}{\text{mol}}} = 0{,}25 \text{ mol}$

$c(\text{NaOH}) = \dfrac{0{,}25 \text{ mol}}{0{,}093 \text{ l}} = 2{,}7 \frac{\text{mol}}{\text{l}}$

PRAKTIKUM

Titration

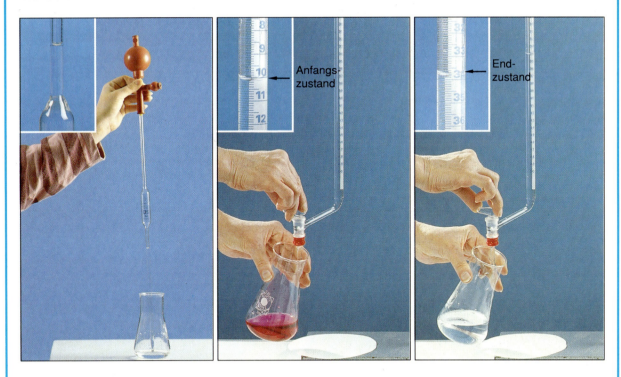

Versuch 1: Titration von Natronlauge

Materialien: Erlenmeyerkolben (200 ml, weit), Pipette (20 ml), Pipettierhilfe, Bürette, kleiner Trichter, Becherglas (100 ml);
Probelösung: Natronlauge ($c \approx 0{,}1 \frac{mol}{l}$),
Maßlösung: Salzsäure ($0{,}1 \frac{mol}{l}$), Phenolphthalein-Lösung (F).

Durchführung:
1. Miß mit der Pipette 20 ml Natronlauge genau ab und lasse die Lösung in den Erlenmeyerkolben laufen.
   Hinweis: Die Pipette darf *nicht* ausgeblasen werden, sie ist auf Auslauf geeicht.
2. Setze einige Tropfen Indikator-Lösung hinzu.
3. Fülle die Bürette mit Salzsäure-Maßlösung. Lasse einige Tropfen in das Becherglas ablaufen, damit der Bürettenauslauf gefüllt ist. Lies den Flüssigkeitsstand in der Bürette ab.
4. Unter ständigem Umschwenken des Erlenmeyerkolbens läßt man Salzsäure in die Natronlauge tropfen, bis die Farbe des Indikators plötzlich umschlägt. Lies das Volumen an der Bürette ab.

Aufgabe: Berechne die Stoffmengenkonzentration der Natronlauge.

Auswertungsbeispiel:

1. *Reaktionsgleichung:*

   $Na^+(aq) + \mathbf{OH^-(aq)} + \mathbf{H^+(aq)} + Cl^-(aq) \longrightarrow$
   $ Na^+(aq) + Cl^-(aq) + \mathbf{H_2O(l)}$

2. *Volumen der zugegebenen Maßlösung:*

   $V(\text{Salzsäure}) = 23{,}8$ ml

3. *Stoffmenge n der Hydronium-Ionen in der zugegebenen Maßlösung:*

   $c(H^+) = \dfrac{n(H^+)}{V(\text{Salzsäure})} \Longrightarrow$

   $n(H^+) = c(H^+) \cdot V(\text{Salzsäure})$

   $n(H^+) = 0{,}1 \frac{mol}{l} \cdot 0{,}0238\, l = 0{,}00238\, mol = 2{,}38\, mmol$

4. *Stoffmenge der Hydroxid-Ionen in der Probelösung:*

   Aus der Reaktionsgleichung folgt:

   $n(OH^-) = n(H^+) = 2{,}38\, mmol$

5. *Stoffmengenkonzentration der Lauge in der Probelösung:*

   $V(\text{Natronlauge}) = 20\, ml$

   $c(OH^-) = \dfrac{n(OH^-)}{V(\text{Natronlauge})} = \dfrac{2{,}38\, mmol}{20\, ml} = 0{,}119\, \frac{mmol}{ml}$

   $c(\text{Natronlauge}) = 0{,}119\, \frac{mol}{l}$

Salze

Versuch 1: Metall und Säure

Materialien: Reagenzglas, Becherglas (150 ml), Gasbrenner;
Salzsäure (verd.) (Xi), Calcium (gekörnt) (F).

Durchführung:
1. Gib etwa 3 ml verdünnte Salzsäure in ein Reagenzglas.
2. Nimm mit dem Spatel wenige Körnchen Calcium und wirf sie in die Salzsäure.
3. Halte das Reagenzglas während der Reaktion mit der Mündung an die Flamme des Gasbrenners.
4. Gieße den Inhalt des Reagenzglases in ein Becherglas, und dampfe die Lösung unter dem Abzug vorsichtig ein.

Aufgaben:
a) Notiere deine Beobachtungen.
b) Stelle die Reaktionsgleichung auf.

Versuch 2: Metalloxid und Säure

Materialien: Reagenzglas, Bechergläser (150 ml), Gasbrenner, Trichter, Filtrierpapier;
Calciumoxid (C), Kupferoxid, Salzsäure (verd.) (Xi), Schwefelsäure (verd.) (Xi).

Durchführung:
1. Gib in einem Reagenzglas etwas Salzsäure zu einer Spatelspitze Calciumoxid.
2. Schüttle vorsichtig um und filtriere gegebenenfalls restliches Calciumoxid ab.
3. Dampfe die Lösung in einem Becherglas vorsichtig unter dem Abzug ein.
4. Wiederhole den Versuch mit Kupferoxid und Schwefelsäure. Die Mischung muß dabei etwas erwärmt werden. *Entsorgung:* B 2

Aufgaben:
a) Notiere deine Beobachtungen.
b) Wie kann man in beiden Fällen beweisen, daß eine Reaktion stattgefunden hat?
c) Stelle die Reaktionsgleichungen auf.

Aufgabe 1: Gib vier Methoden zur Herstellung von Magnesiumbromid (Aluminiumsulfat) an.
Stelle jeweils die Reaktionsgleichungen auf.

Versuch 3: Lauge und saure Lösung

Materialien: Bechergläser (150 ml), Tropfpipetten; Natronlauge (verd.) (C), Calciumhydroxid-Lösung, Salzsäure (verd.) (Xi), Schwefelsäure (verd.) (Xi), Phenolphthalein-Lösung.

Durchführung:
1. Gib 10 ml Natronlauge in ein Becherglas.
2. Setze einige Tropfen Phenolphthalein-Lösung hinzu.
3. Gib tropfenweise Schwefelsäure zu, bis der Indikator umschlägt.
4. Dampfe die Lösung vorsichtig ein.
5. Wiederhole den Versuch mit Calciumhydroxid-Lösung und Salzsäure.

Aufgaben:
a) Notiere deine Beobachtungen. Wie läßt sich zeigen, daß Reaktionen stattgefunden haben?
b) Formuliere die Reaktionsgleichungen.

Versuch 4: Salz und Säure

Materialien: Reagenzglas mit seitlichem Ansatz, Stopfen mit Bohrung, Winkelrohr, Schlauchstück, Tropfpipette, Reagenzglas, Holzspan;
Calciumcarbonat, Salzsäure (verd.) (Xi), Calciumhydroxid-Lösung.

Durchführung:
1. Setze den Versuchsaufbau gemäß nebenstehender Abbildung zusammen.
2. Tropfe Salzsäure auf das Calciumcarbonat.
3. Halte vor das Gasableitungsrohr einen glimmenden Span.
4. Tauche das Gasableitungsrohr in das Reagenzglas mit Calciumhydroxid-Lösung.
5. Filtriere unverbrauchtes Calciumcarbonat ab, dampfe das Filtrat unter dem Abzug vorsichtig ein.

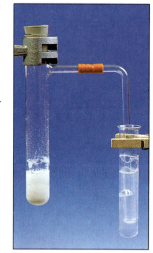

Aufgaben:
a) Notiere deine Beobachtungen.
b) Formuliere die Reaktionsgleichung für die Bildung des Salzes.

Bildung und Benennung von Salzen

$Ca(s) + Cl_2(g) \longrightarrow CaCl_2(s)$

Metall + Nichtmetall

$Ca(s) + \underbrace{2H^+(aq) + 2Cl^-(aq)}_{\text{Salzsäure}} \longrightarrow$

$\underbrace{Ca^{2+}(aq) + 2Cl^-(aq)}_{CaCl_2(aq)} + H_2(g)$

Metall + Säure

Calciumchlorid-Kristalle
$CaCl_2 \cdot 6H_2O$

Metalloxid + Säure

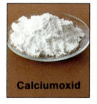 

$CaO(s) + \underbrace{2H^+(aq) + 2Cl^-(aq)}_{\text{Salzsäure}} \longrightarrow$

$\underbrace{Ca^{2+}(aq) + 2Cl^-(aq)}_{CaCl_2(aq)} + H_2O(l)$

Metallhydroxid + Säure

$Ca(OH)_2(s) + \underbrace{2H^+(aq) + 2Cl^-(aq)}_{\text{Salzsäure}} \longrightarrow$

$\underbrace{Ca^{2+}(aq) + 2Cl^-(aq)}_{CaCl_2(aq)} + 2H_2O(l)$

Salz	Ionen	Formel
Natriumchlorid	Na^+, Cl^-	$NaCl$
Kaliumiodid	K^+, I^-	KI
Ammoniumchlorid	NH_4^+, Cl^-	NH_4Cl
Natriumsulfat	$2Na^+, SO_4^{2-}$	Na_2SO_4
Bariumsulfat	Ba^{2+}, SO_4^{2-}	$BaSO_4$

Salz	Ionen	Formel
Natriumhydrogensulfat	Na^+, HSO_4^-	$NaHSO_4$
Calciumcarbonat	Ca^{2+}, CO_3^{2-}	$CaCO_3$
Natriumhydrogencarbonat	Na^+, HCO_3^-	$NaHCO_3$
Natriumphosphat	$3Na^+, PO_4^{3-}$	Na_3PO_4
Kaliumnitrat	K^+, NO_3^-	KNO_3

Benennung von Salzen: Man gibt immer zuerst den Namen des positiv geladenen (Metall-)Ions und dann den Namen des negativ geladenen Säurerest-Ions an.

Nachweisreaktionen für Anionen

Versuch 1: Chlorid-Ionen

Materialien: Reagenzgläser, Tropfpipetten;
Salpetersäure (verd.) (Xi), Silbernitrat-Lösung (1%) (Xi),
Proben: stark verdünnte Kochsalzlösung, stark verdünnte Salzsäure, Leitungswasser, Mineralwasser, destilliertes Wasser.

Durchführung:
1. Fülle Reagenzgläser zu einem Drittel mit den zu untersuchenden Proben.
2. Gib jeweils 10 Tropfen Salpetersäure und 10 Tropfen Silbernitrat-Lösung hinzu und schüttle.
3. Betrachte die Reagenzgläser vor einem dunklen Hintergrund.

Aufgaben:
a) Beschreibe den sich bildenden Niederschlag.
b) Formuliere die Reaktionsgleichung für die Reaktion.
c) Bestimme den Chloridgehalt der Proben mit Hilfe der folgenden Abbildung.

Versuch 2: Bromid-Ionen und Iodid-Ionen

Materialien: Reagenzgläser, Tropfpipetten;
Salpetersäure (verd.) (Xi), Silbernitrat-Lösung (1%) (Xi),
Proben: stark verdünnte Kaliumbromid-Lösung, stark verdünnte Kaliumiodid-Lösung.

Durchführung:
1. Fülle Reagenzgläser zu einem Drittel mit den zu untersuchenden Proben.
2. Gib jeweils 10 Tropfen Salpetersäure und 10 Tropfen Silbernitrat-Lösung hinzu und schüttle.
3. Betrachte die Niederschläge in der Bromid-Lösung und in der Iodid-Lösung nebeneinander.

Aufgaben:
a) Beschreibe die sich bildenden Niederschläge.
b) Formuliere die Reaktionsgleichungen.
c) Worin unterscheiden sich die Niederschläge von Silberchlorid, Silberbromid und Silberiodid?

Versuch 3: Löslichkeit von Silberhalogeniden in Ammoniak-Lösung

Materialien: Reagenzgläser, Tropfpipetten;
Salpetersäure (verd.) (Xi), Silbernitrat-Lösung (1%) (Xi), Ammoniak-Lösung (verd.),
Proben: stark verdünnte Kaliumchlorid-Lösung, stark verdünnte Kaliumiodid-Lösung.

Durchführung:
1. Fülle ein Reagenzglas zu einem Drittel mit der Kaliumchlorid-Lösung.
2. Gib 10 Tropfen Salpetersäure und 10 Tropfen Silbernitrat-Lösung hinzu und schüttle.
3. Versetze den Niederschlag tropfenweise mit Ammoniak-Lösung und schüttle vorsichtig.
4. Versetze die klare Lösung tropfenweise mit Salpetersäure.
5. Überprüfe die Kaliumiodid-Lösung ebenso.

Aufgaben:
a) Beschreibe und deute deine Beobachtungen.
b) Eine Laborantin ist sich nicht sicher, ob in einer Lösung Chlorid-Ionen oder Iodid-Ionen vorliegen. Wie muß sie vorgehen, um Klarheit zu erlangen?

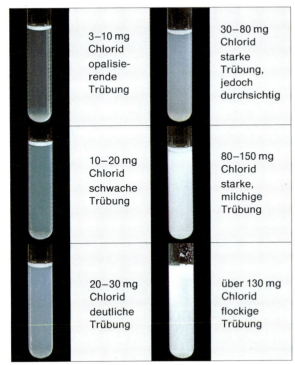

Bestimmung des Chloridgehalts. Die Zahlenangaben beziehen sich auf einen Liter Lösung.

Nachweisreaktionen für Anionen

Versuch 4: Sulfat-Ionen

Materialien: Reagenzgläser, Tropfpipetten; Salzsäure (verd.) (Xi), Bariumchlorid-Lösung (Xn), *Proben:* verdünnte Natriumsulfat-Lösung, verdünnte Schwefelsäure (Xi), Leitungswasser, Mineralwasser.

Durchführung:
1. Fülle Reagenzgläser zu einem Drittel mit den zu untersuchenden Proben.
2. Gib einige Tropfen Salzsäure und einige Tropfen Bariumchlorid-Lösung hinzu und schüttle.

Aufgaben:
a) Beschreibe den sich bildenden Niederschlag.
b) Formuliere die Reaktionsgleichung für die Reaktion.
c) Carbonat-Ionen bilden mit Barium-Ionen ebenfalls einen weißen Niederschlag. Wieso kann man bei diesem Nachweis dennoch sicher sein, daß es sich um Sulfat-Ionen und nicht um Carbonat-Ionen handelt?

Versuch 5: Phosphat-Ionen

Materialien: Reagenzgläser, Gasbrenner, Tropfpipetten; Phosphat-Reagenz (15 g Ammoniummolybdat (Xn), 40 g Ammoniumnitrat (O), 100 ml konzentrierte Salpetersäure (C) in 100 ml Wasser); *Proben:* Natriumphosphat, Waschpulver, Milch, Mineralwasser.

Durchführung:
1. Stelle verdünnte Lösungen der zu untersuchenden Feststoffe her.
2. Gib zu 3 ml Natriumphosphat-Lösung 20 Tropfen Phosphat-Reagenz und erhitze vorsichtig, bis ein Niederschlag entsteht.
3. Prüfe ebenso verdünnte Milch sowie Mineralwasser.

Aufgaben:
a) Welche Beobachtung weist auf Phosphate hin?
b) In welchen Proben lassen sich Phosphate nachweisen?

Versuch 6: Nitrat-Ionen

Materialien: Reibschale, Reagenzgläser; Nitrat-Teststäbchen; *Proben:* Flüssigdünger, Karotten, Kopfsalat.

Durchführung:
1. Zerkleinere Kopfsalat und Karotten und mische mit etwas Wasser.
2. Tauche ein Teststäbchen kurz in die Probe.
3. Vergleiche nach zwei Minuten die Farbe des Stäbchens mit der Farbskala.
4. Verdünne den Flüssigdünger gegebenenfalls so weit mit Wasser, bis der Farbton des Teststäbchens innerhalb des Meßbereichs liegt.

Aufgabe: Beschreibe und deute deine Beobachtungen.

Versuch 7: Carbonat-Ionen

Materialien: Reagenzgläser, durchbohrter Gummistopfen mit gewinkeltem Glasrohr; Salzsäure (verd.) (Xi), Kalkwasser, *Proben:* Natriumcarbonat, Marmor, Tafelkreide.

Durchführung:
1. Gib die zu untersuchende Probe in das erste Reagenzglas.
2. Fülle das zweite Reagenzglas zu einem Drittel mit Kalkwasser.
3. Versetze die Probe mit etwas Salzsäure und setze rasch den Gummistopfen mit dem Glasrohr auf. Leite das entstehende Gas in Kalkwasser.

Aufgaben:
a) Beschreibe und deute deine Beobachtungen.
b) Welche Beobachtung weist auf Carbonate hin?
c) Warum dauert es einige Zeit, bis sich das Kalkwasser trübt?
d) Warum sollte man eine Flasche mit Kalkwasser nicht offen an der Luft stehen lassen?

13.6 Wasserhärte

Härte-bereich	$\frac{mmol}{l}$	°d
1 weich	0–1,3	0–7
2 mittelhart	1,3–2,5	7–14
3 hart	2,5–3,8	14–21
4 sehr hart	>3,8	>21

1. Härtebereiche. Die Angabe in Grad deutscher Härte (°d) bedeutet: 100 l Wasser mit 1°d enthalten ebenso viele Calcium-Ionen wie 1 g Calciumoxid.

Versuch 1: Reaktion von Kohlenstoffdioxid mit Kalkwasser
a) Kohlenstoffdioxid wird zunächst kurze Zeit in Kalkwasser eingeleitet.
b) Setze das Einleiten über längere Zeit fort.

Versuch 2: Marmor reagiert mit Salzsäure
Marmor wird mit verdünnter Salzsäure (Xi) versetzt. Leite das entstehende Gas in Kalkwasser ein.
Entsorgung: B 1

Aufgabe 1: Wie läßt sich Kesselstein aus Kaffeemaschinen entfernen?

Waschmaschinen leben länger, aber nur mit *weichem* Wasser – so sagt die Werbung. Das im Haushalt verwendete Wasser ist allerdings meist zu *hart*: Es enthält Calcium-Ionen und Magnesium-Ionen. Sie sind verantwortlich für die schädlichen Wirkungen von hartem Wasser.

Erhitzt man hartes Wasser, so fällt Calciumcarbonat aus. Calcium-Ionen reagieren dabei mit Hydrogencarbonat-Ionen im Wasser.

$Ca^{2+} + 2\,HCO_3^- \longrightarrow CaCO_3 + H_2O + CO_2;$ endotherm

Calciumcarbonat setzt sich als *Kesselstein* in Wasserboilern, Kaffeemaschinen und Heizkesseln ab. Auch die Heizstäbe von Waschmaschinen verkalken. Kesselstein ist ein schlechter Wärmeleiter. Verkalkte Geräte verbrauchen deshalb mehr Energie. In Warmwasserrohren verengt sich mit der Zeit der Querschnitt. Dann fließt das Wasser nur noch spärlich. Hartes Wasser stört auch beim Waschen. Die Calcium-Ionen bilden mit den Anionen der Seifen wasserunlösliche *Kalkseifen*. Man merkt es daran, daß sich weniger Schaum bildet; die Wirkung der Seife wird dadurch verringert. Waschmittel enthalten daher *Enthärter* als Zusatzstoffe. Sie binden die Calcium-Ionen, so daß sich weder Kesselstein noch Kalkseifen bilden können.

Die Wasserhärte hängt von den Bodenschichten und Gesteinen ab, durch die das Wasser fließt, bevor es in den Haushalt gelangt. So ist Wasser in der Schwäbischen Alb sehr hart, weil es kalkhaltige Schichten durchdringt und dabei Calcium-Ionen herauslöst. Der Boden im Schwarzwald ist kalkarm, das Wasser dort ist daher weich.

Beim Erhitzen von hartem Wasser fällt zwar Calciumcarbonat aus, weich ist das Wasser jedoch noch nicht. Es bleiben Calcium-Ionen, Magnesium-Ionen und Sulfat-Ionen gelöst zurück. Man bezeichnet diesen Teil der Ionen als *bleibende Härte*. Den ausgefällten Teil nennt man *vorübergehende Härte* oder *Carbonathärte*. Beide zusammen machen die **Gesamthärte** aus.

Die Gesamthärte ist ein Maß für den Gehalt an Calcium-Ionen und Magnesium-Ionen im Wasser.

STECKBRIEF

Carbonate

Carbonate sind Salze der Kohlensäure (H_2CO_3). Die Carbonate der Erdalkalimetalle sind kaum wasserlöslich. Sie kommen daher an vielen Stellen der Erde vor.

In reiner Form tritt **Calciumcarbonat** ($CaCO_3$) als *Kalkspat* auf. *Marmor* ist ebenfalls eine kristalline Form des Calciumcarbonats, die unter hohem Druck entstand. Auch *Kreide*felsen bestehen zum großen Teil aus Calciumcarbonat. Einige Gebirge wie die Schwäbische Alb oder die Kalkalpen sind im wesentlichen aus *Kalkstein* aufgebaut. Er enthält hauptsächlich Calciumcarbonat.

Kalkstein wird in der Industrie vielfältig genutzt, beispielsweise als Rohstoff für die Herstellung von Baustoffen, von Glas und Keramik sowie von Düngemitteln.

Natriumcarbonat oder *Soda* (Na_2CO_3) ist eine besonders vielseitige Industriechemikalie. Der überwiegende Teil wird zur Herstellung von Glas, beispielsweise für Flaschen, eingesetzt. Aber auch in der Waschmittelindustrie sowie bei der Herstellung von Papier und Zellstoff oder in der Nahrungsmittelindustrie wird Natriumcarbonat benötigt. Der größte Teil des Natriumcarbonats wird heute noch industriell aus Natriumchlorid und Calciumcarbonat hergestellt. Das technische Verfahren verbraucht jedoch sehr viel Energie. Deshalb gewinnt man Soda heute zunehmend aus natürlichen Vorkommen, beispielsweise durch Untertageabbau in Wyoming (USA) oder auch aus den Salzseen im Westen Nordamerikas.

Weiches Wasser für den Haushalt

Ein Geschirrspüler verkalkt schnell, wenn man ihn mit hartem Wasser betreibt. Deshalb sind in Geschirrspülern *Ionenaustauscher* eingebaut, die das Wasser enthärten.

Ionenaustauscher sind schmale Behälter, die ein Kunststoffharz in Form eines Granulats enthalten. Zwischen den Kügelchen sind Hohlräume, durch die das Wasser fließt. Die im Wasser gelösten Magnesium-Ionen und Calcium-Ionen, die die Härte des Wassers verursachen, sind zweifach positiv geladen. Im Ionenaustauscher verdrängen sie Natrium-Ionen, die als einfach positiv geladene Ionen nur locker an das Austauscherharz gebunden sind. Auf diese Weise läßt sich Wasser vollständig enthärten.

Wenn die Natrium-Ionen weitgehend aus dem Harz verdrängt sind, ist der Ionenaustauscher erschöpft. Er muß dann regeneriert werden. Dazu gibt man in einen Vorratsbehälter des Geschirrspülers festes Natriumchlorid, das in Wasser gelöst wird. Die jetzt in hoher Konzentration vorliegenden Natrium-Ionen verdrängen nun ihrerseits die Magnesium- und Calcium-Ionen. Der ursprüngliche Zustand wird wieder hergestellt.

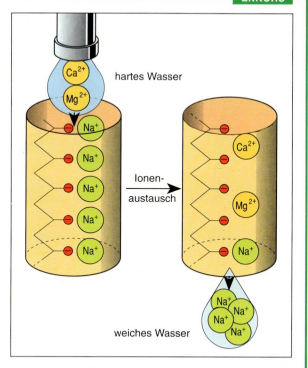

Tropfsteinhöhlen

Jeder Tourist der Schwäbischen Alb kennt sie – die Kalksteinhöhlen mit ihren vielfältig geformten *Stalagmiten* und *Stalaktiten*. Auch in Ungarn, Jugoslawien und Südfrankreich gibt es eindrucksvolle Tropfsteinhöhlen.

Tropfsteinhöhlen bilden sich in Gebieten, die im wesentlichen aus Kalkstein bestehen. Ein Teil des Regenwassers fließt hier nicht oberirdisch ab, sondern dringt in den Boden ein. Dabei nimmt es aus der Luft im Boden Kohlenstoffdioxid auf. Es durchdringt die feinen Risse im Gestein und setzt das Calciumcarbonat zu wasserlöslichem Calciumhydrogencarbonat um.

$$CaCO_3 + H_2O + CO_2 \longrightarrow Ca^{2+} + 2\,HCO_3^-; \quad \text{exotherm}$$

Die Risse erweitern sich zu Spalten, und das Wasser des Gebiets fließt zunehmend unterirdisch ab. An der Oberfläche verödet die Landschaft. Unter der Erde vereinigen sich Rinnsale zu Bächen, die größer werden und allmählich Höhlen bilden.

Tropfsteine entstehen, wenn Sickerwasser mit gelöstem Calciumhydrogencarbonat in eine Höhle dringt und von der Decke tropft. Das Wasser verdunstet, Kohlenstoffdioxid wird frei, und es bleibt Calciumcarbonat zurück, das sich an der Decke der Höhle als Stalaktit und am Boden als Stalagmit absetzt.

$$Ca^{2+} + 2\,HCO_3^- \longrightarrow CaCO_3 + H_2O + CO_2; \quad \text{endotherm}$$

13.7 Mörtel – anorganische Kleber am Bau

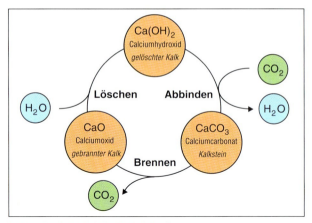

1. Der technische Kalkkreislauf

Mörtel besteht aus einem Gemisch von Sand mit einem Bindemittel. Man unterscheidet zwischen *Kalkmörtel*, *Zementmörtel* und *Gipsmörtel*.

Kalkmörtel. Ausgangsstoff für die Herstellung von Kalkmörtel ist Kalkstein. Er wird bei Temperaturen von etwa 1000 °C gebrannt. Dabei zersetzt sich das Calciumcarbonat zu Calciumoxid und Kohlenstoffdioxid. Calciumoxid bezeichnet man als *gebrannten Kalk* oder Branntkalk.
Noch im Kalkwerk wird Branntkalk mit Wasser gelöscht. Er reagiert in einer stark exothermen Reaktion zu Calciumhydroxid, das als *gelöschter Kalk* oder Löschkalk bezeichnet wird. Auf der Baustelle wird Löschkalk mit Sand und Wasser zu Kalkmörtel angerührt.
Kalkmörtel nimmt aus der Luft allmählich Kohlenstoffdioxid auf. Dabei reagiert Calciumhydroxid zu Calciumcarbonat-Kristallen. Sie verbinden die Sandkörner zu einem festen Baustoff. Dieser Umwandlungsprozeß heißt *Abbinden*. Kalkmörtel erhärtet unter Wasser nicht, er ist ein *Luftmörtel*.

Zementmörtel. Um Zement herzustellen, wird ein Gemisch aus Ton und Kalk fein vermahlen und in einem Drehrohrofen auf Temperaturen bis 1450 °C erhitzt. Die Öfen können bis zu 100 m lang sein. Sie sind leicht geneigt und drehen sich ständig. Das Rohstoffgemisch wandert dadurch langsam einer Flamme entgegen, die von unten her in das Rohr brennt. Die Rohstoffe reagieren zu einem Gemisch von Aluminium-, Calcium- und Eisensilicaten. Nach dem Abkühlen verbacken die Reaktionsprodukte zu steinhartem *Zementklinker*. Er wird fein zermahlen und mit Gips vermischt. Man erhält *Portlandzement*. Zementmörtel erhärtet auch unter Wasser. Er ist im Gegensatz zu Kalkmörtel ein *hydraulischer Mörtel*.

Zementmörtel erstarrt schnell und wird sehr fest. Bereits eine Stunde nach Zugabe von Wasser entstehen längliche Calciumsilicat-Kristalle, die die Sandkörner miteinander verbinden. Der zugesetzte Gips verzögert das Abbinden des Zementmörtels. Er läßt sich dadurch länger verarbeiten. Nach rund 12 Stunden ist Zementmörtel völlig erstarrt, seine endgültige Festigkeit erreicht er allerdings erst nach Monaten.

Gipsmörtel. Gips ist ein Naturprodukt, das in großen Lagerstätten als *Gipsstein* ($CaSO_4 \cdot 2\,H_2O$) vorkommt. Wenn Naturgips gebrannt wird, gibt er einen Teil des Kristallwassers ab und wandelt sich zu *Stuckgips* um. Versetzt man Stuckgips mit Wasser, bilden sich wieder Gips-Kristalle. Sie verfilzen und ergeben einen festen Baustoff, der vor allem für den Innenausbau verwendet wird.

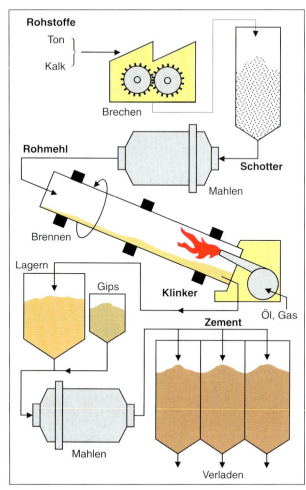

2. Herstellung von Portlandzement

Herstellung und Eigenschaften von Mörtel

Versuch 1: Kalkbrennen

Materialien: Schwerschmelzbares Reagenzglas, durchbohrter Gummistopfen, Glasrohr, Waschflasche, Gasbrenner;
Marmorpulver, Kalkwasser.

Durchführung:
1. Fülle das schwerschmelzbare Reagenzglas zu etwa einem Viertel mit pulverisiertem Marmor und verschließe es mit dem Gummistopfen.
2. Verbinde die Waschflasche über ein Glasrohr und ein Schlauchstück mit dem Reagenzglas.
3. Gib Kalkwasser in die Waschflasche.
4. Erhitze das Marmorpulver stark mit der rauschenden Brennerflamme.
5. Löse zuerst die Schlauchverbindung zur Waschflasche und nimm dann die Flamme weg.

Aufgaben:
a) Notiere deine Beobachtungen.
b) Formuliere die Reaktionsgleichung für die Reaktion mit Kalkwasser.
c) Formuliere die Reaktionsgleichung für die Bildung von Branntkalk.

Versuch 2: Kalklöschen

Materialien: Porzellanschale, Glasstab, Becherglas, Trichter, Filtrierpapier;
Calciumoxid (C), Indikatorpapier.

Durchführung:
1. Gib in einer Porzellanschale zu Calciumoxid tropfenweise Wasser und rühre mit dem Glasstab um.
2. Prüfe die Aufschlämmung mit Indikatorpapier.
3. Filtriere die Kalkmilch und prüfe das klare Filtrat ebenfalls mit Indikatorpapier.

Aufgaben:
a) Beschreibe und deute deine Beobachtungen.
b) Stelle die Reaktionsgleichung auf.

Versuch 3: Kalkmörtel – ein Luftmörtel

Materialien: 2 Tonscherben, Porzellanschale, Glas mit Deckel;
gelöschter Kalk (C), Sand, Salzsäure (verd.) (Xi).

Durchführung:
1. Mische in einer Porzellanschale etwa 5 g gelöschten Kalk (Calciumhydroxid) mit 20 g Sand.
2. Gib unter Rühren langsam Wasser hinzu, bis ein dicker Brei (Mörtel) entsteht.
3. Streiche einen Teil des Mörtels auf eine Tonscherbe und drücke die zweite Scherbe darauf.
4. Forme aus dem übrigen Mörtel zwei Kugeln.
5. Gib die eine Kugel in das Glas und verschließe es luftdicht. Bewahre die andere Kugel an der Luft auf.
6. Prüfe beide Kugeln nach einigen Tagen mit Salzsäure.

Aufgabe: Formuliere die Reaktionsgleichungen.

Hinweis: Die Versuche 4 und 5 eignen sich als *experimentelle Hausaufgaben*.

Versuch 4: Zementmörtel – ein hydraulischer Mörtel

Materialien: 2 Streichholzschachteln, 2 Bechergläser (500 ml);
Zement, Sand.

Durchführung:
1. Rühre aus einem Teil Zement und zwei Teilen Sand mit Wasser einen dicken Mörtel an.
2. Fülle den Mörtel in zwei Streichholzschachteln und verschließe sie.
3. Lege eine Schachtel in ein Becherglas mit Wasser.
4. Bewahre die andere Schachtel an der Luft auf.

Aufgabe: Prüfe nach einigen Tagen die Härte.

Versuch 5: Gipsmörtel

Materialien: Kunststoffbecher, Glasstab, Thermometer, Vaseline;
gebrannter Gips, Sand.

Durchführung:
1. Verrühre in einem Kunststoffbecher einen Teil gebrannten Gips und zwei Teile Sand mit Wasser zu einem dicken Mörtel.
2. Fette ein Thermometer mit Vaseline ein und stecke es während des Abbindens in den Gipsteig.
3. Beobachte den Temperaturverlauf.

Aufgabe: Deute den Temperaturverlauf.

Haushaltschemikalien

	Härtebereich	$\frac{mmol}{l}$	°d
	1 (weich)	0–1,3	0–7
	2 (mittelhart)	1,3–2,5	7–14
	3 (hart)	2,5–3,8	14–21
	4 (sehr hart)	> 3,8	> 21

Arbeitsaufträge: 1. Fertige eine Karte für eure Region an. Trage Angaben über die Wasserhärte ein. Informiere dich dazu auch beim Wasserwerk.
2. Lies die Erläuterungen auf Waschmittelpackungen: Wie kann man ein und dasselbe Waschmittel bei unterschiedlichen Wasserhärten einsetzen? Welche Stoffe enthärten das Wasser? Wird ein zusätzlicher Wasserenthärter empfohlen?

Arbeitsaufträge: 1. Stelle mit Hilfe der Packungen die Inhaltsstoffe von *Reiniger, Klarspüler* und *Regeneriersalz* zusammen. Welche Information erhält man über ihre Funktion? Vergleiche dabei Produkte unterschiedlicher Hersteller.
2. Stelle Vorteile und Nachteile eines Geschirrspülers einander gegenüber. Ist das Spülen mit der Hand umweltfreundlicher?

Versuch 1: Härte von Leitungswasser

Materialien: Meßzylinder; handelsübliche Teststäbchen, alkoholische Seifenlösung, Leitungswasser, destilliertes Wasser.

Durchführung:
1. Fülle jeweils 10 ml destilliertes Wasser und Leitungswasser in ein Reagenzglas.
2. Bestimme in beiden Proben die Wasserhärte mit den Teststäbchen.
3. Füge jeweils 5 Tropfen Seifenlösung hinzu.
4. Schüttle beide Reagenzgläser gleich lange.

Arbeitsaufträge: 1. Wie arbeitet ein handelsüblicher Wasserfilter? Woran erkennt man, daß er verbraucht ist? Ist die Entsorgung problematisch?
2. Wie könnte man seine Wirkung überprüfen?
3. Informiere dich über die Arbeitsweise eines Vollentsalzers.

Versuch 2: Wie wirkt ein Entkalker?

Materialien: Reagenzgläser; Ameisensäure (verd.) (Xi), Salzsäure (verd.) (Xi), Calciumcarbonat.

Durchführung:
1. Fülle in zwei Reagenzgläser etwa die gleiche Menge Calciumcarbonat, so daß der Boden gerade bedeckt ist.
2. Gib in das eine Reagenzglas Ameisensäure und in das andere Salzsäure, bis die Reagenzgläser zu einem Drittel gefüllt sind.
3. Vergleiche die beiden Proben.

Arbeitsaufträge:
1. Sammle verkalkte Küchengeräte, beschaffe ein Glas mit Kalkflecken.
2. Überprüfe an diesen Gegenständen die Wirksamkeit eines Klarspülers, eines handelsüblichen Entkalkers und eines selbst hergestellten Entkalkers. Warum wird Ameisensäure in Entkalkern verwendet, Salzsäure jedoch nicht?
3. Sammle einige handelsübliche flüssige Entkalker und vergleiche, welche Inhaltsstoffe auf der Flasche angegeben werden. Hängen die Anwendungshinweise von den Inhaltsstoffen ab?
Einige Entkalker enthalten einen Indikator. Wird dadurch die Anwendung erleichtert?

PROJEKT

Haushaltschemikalien

Produktion von Reinigungsmitteln

Wirkstoffe	Beispiele	Wirkung
Säuren	Ameisensäure, Essigsäure	Entfernung von Kalk und Metalloxiden
Laugen	Natriumhydroxid	Abbau organischer Stoffe
Salze	Soda	Schmutz wird leichter abgelöst
Tenside	Seifen	Schmutz wird von der Unterlage gelöst, bleibt in der Schwebe, wird weggeschwemmt
Bleichmittel	Hypochlorite, Wasserstoffperoxid	Oxidation von Farbstoffen und Obstflecken; töten Bakterien
Quarzmehl, Marmormehl		mechanische Entfernung von Schmutz
Lösungsmittel	Ethanol, Glykol	Lösen von Fetten, Wachs und Farbflecken

Wirkstoffe in Reinigungsmitteln

Versuch 3: Abflußreiniger

Materialien: Uhrgläser, Pinzette, Reagenzgläser, Bechergläser (100 ml), Thermometer; Abflußreiniger (C), Indikatorpapier, Haare, Papier, Kunststoff.

Durchführung:
1. Gib auf ein Uhrglas einen Löffel Abflußreiniger; sortiere die Körnchen nach Aussehen mit der Pinzette. Gib gleichartige Körnchen jeweils in ein Reagenzglas mit Wasser und miß den pH-Wert.
2. Gib einen gehäuften Spatel Abflußreiniger in ein Reagenzglas. Füge etwas Wasser hinzu und miß sofort den Temperaturverlauf (*Schutzbrille!*).
3. Sortiere einige Metallsplitter aus dem Abflußreiniger aus und gib sie in ein Reagenzglas. Füge einen Spatel des weißen Granulats und etwas Wasser hinzu.
4. Proben von Haaren, Papier und Kunststoff werden jeweils in ein Becherglas gegeben und mit einer Lösung des Abflußreinigers übergossen (1 Löffel in 50 ml Wasser). Überprüfe die Beschaffenheit der Proben nach etwa einer Stunde.

Versuch 4: Sanitärreiniger

Materialien: Reagenzgläser; Sanitärreiniger (Xi), WC-Reiniger (Xi), Indikatorpapier, schwarze Tinte.

Durchführung:
1. Gib etwa 1 ml Sanitärreiniger in ein Reagenzglas, versetze ihn mit etwas Wasser und bestimme den pH-Wert.
2. Gib etwas Sanitärreiniger in ein Reagenzglas und verdünne mit wenig Wasser. Füge dann etwas schwarze Tinte hinzu.
3. *Vorsicht! Es kann sich Chlor (T, N) entwickeln! Abzug!* Gib etwas Sanitärreiniger in ein Reagenzglas. Füge einen gehäuften Spatel WC-Reiniger hinzu.

Arbeitsaufträge:
1. Bringe Reinigungsmittel mit und sortiere sie nach Gruppen.
2. Stelle auf einer Liste die Inhaltsstoffe vergleichbarer Reiniger zusammen.
3. Sammle Informationen über die Wirkungsweise der einzelnen Inhaltsstoffe.
4. Was muß man beim Umgang mit den Reinigern beachten? Gibt es Hinweise auf der Verpackung?
5. Sammle Zeitungsausschnitte, in denen über Unfälle mit Haushaltschemikalien berichtet wird. Wie kann man sich gegen Gefährdung schützen?
6. Versuche, sinnvolle Kriterien aufzustellen, mit denen man Reiniger unterschiedlicher Marken vergleichen kann.
7. Schreibe Hersteller und Verbraucherverbände an und bitte um Informationen über Haushaltsreiniger und ihre Umweltverträglichkeit.

Test	Allzweckreiniger		
Fabrikat	ARI	REIN	ALL
Inhalt in ml	750	750	1000
Preis in DM	**3,00**	**3,00**	**1,69**
Preis für 5 l in Pfennig	22	22	8
test-Qualitätsurteil	**GUT**	**GUT**	**GUT**
pH-Wert des Konzentrats	9,9	9,6	10,1
Wassergehalt in %	93,4	90,5	86,4
Praktische Prüfung	**gut**	**gut**	**gut**
Reinigungswirkung	gut +	gut +	gut +
Klartrocknung	gut +	gut +	gut +
Handhabung	gut +	gut +	gut +
Umweltverträglichkeit	**gut**	**gut**	**gut**
Abbaubarkeit (Tenside)	gut +	gut +	gut +
Abfallbelastung (Verpackung)	gering +	gering +	gering +

13.8 Säure-Base-Reaktionen als Protonenübertragungen

Aufgabe 1: Gibt eine Säure ein Proton ab, so entsteht eine Teilchenart, die wieder ein Proton aufnehmen kann. Zwei Teilchen, die sich nur um ein Proton unterscheiden, nennt man ein *Säure-Base-Paar*.
Stelle die in diesem Kapitel erwähnten Säure-Base-Paare zusammen.

Aufgabe 2: a) Welche Säuren gehören zu folgenden Basen:
O^{2-}, OH^-, S^{2-}, Br^-, CO_3^{2-}, H_2O?
b) Welche Basen gehören zu folgenden Säuren:
H_2O, H_2CO_3, NH_4^+, HNO_3?

Aufgabe 3: Das Wasser-Molekül nimmt unter den in diesem Kapitel erwähnten Teilchen eine Sonderstellung ein. In welcher Beziehung?

Aufgabe 4: Beim Lösen von Ammoniumchlorid in Wasser entsteht eine *saure* Lösung. Versuche zu erklären, wie sich dabei Hydronium-Ionen bilden.
Formuliere die Reaktionsgleichung.

Aufgabe 5: Magnesium löst sich in verdünnter Salzsäure unter Bildung von Wasserstoff. Liegt auch hier eine Säure-Base-Reaktion vor?

Aufgabe 6: Stelle die Reaktionsgleichung für die Reaktion von Salzsäure mit Natronlauge auf und erläutere sie als Säure-Base-Reaktion.

1. Salzsäure wird mit Natronlauge neutralisiert.
Indikator: Bromthymolblau.

Säuren als Protonendonatoren. Das Gas Chlorwasserstoff löst sich sehr gut in Wasser. In einer stark exothermen Reaktion bildet sich dabei Salzsäure. Diese Lösung leitet den elektrischen Strom, sie enthält also Ionen. Lösungen von Chlorwasserstoff in unpolaren Lösungsmitteln wie Benzin oder Toluol zeigen keine Leitfähigkeit, hier bilden sich keine Ionen.

Die in der Salzsäure vorliegenden Ionen können nur durch eine Reaktion von HCl-Molekülen mit H_2O-Molekülen entstehen:

$$HCl(g) + H_2O(l) \longrightarrow H_3O^+(aq) + Cl^-(aq)$$

Bei dieser Reaktion wird ein Proton vom HCl-Molekül auf das H_2O-Molekül übertragen. Das HCl-Molekül gibt dabei ein Proton ab, es wirkt als **Protonendonator.** Solche Teilchen werden nach BRÖNSTED als **Säuren** bezeichnet.

Bisher wurden *Hydronium-Ionen* vereinfacht durch das Symbol $H^+(aq)$ gekennzeichnet. Das Proton kommt allerdings in wässeriger Lösung nicht frei vor. Es lagert sich an ein freies Elektronenpaar eines H_2O-Moleküls an und bildet ein H_3O^+-Ion, ein Hydronium-Ion.

Hydronium-Ionen sind verantwortlich für die Eigenschaften *saurer* Lösungen. Sie entstehen immer dann, wenn Moleküle oder Ionen Protonen an H_2O-Moleküle abgeben.

Basen als Protonenakzeptoren. Das Gas Ammoniak (NH_3) löst sich ausgezeichnet in Wasser. Der Vorgang verläuft exotherm. Die Lösung leitet den elektrischen Strom und färbt Universalindikator blau. Sie enthält einen Überschuß an OH^--Ionen. Ein Teil des Ammoniaks hat also mit Wasser reagiert.

$$NH_3(g) + H_2O(l) \longrightarrow NH_4^+(aq) + OH^-(aq)$$

Auch bei dieser Reaktion findet eine Protonenübertragung statt. Das H_2O-Molekül gibt ein Proton ab und wird zum Hydroxid-Ion. Das Proton wird an das freie Elektronenpaar des Ammoniak-Moleküls angelagert. Es bildet sich ein Ammonium-Ion (NH_4^+).

Teilchen wie das Ammoniak-Molekül, die Protonen aufnehmen können, werden nach BRÖNSTED als **Protonenakzeptoren** oder als **Basen** bezeichnet. Mit H_2O-Molekülen bilden Basen *Hydroxid-Ionen.* Sie verursachen die *alkalische* Reaktion von Lösungen.

Säure-Base-Reaktionen. Ammoniak-Gas reagiert mit Chlorwasserstoff-Gas unter Bildung von festem, weißem Ammoniumchlorid. Auch hier findet eine Protonenübertragung statt, allerdings ohne Beteiligung von Wasser-Molekülen. Das HCl-Molekül wirkt als Säure und gibt ein Proton an die Base Ammoniak ab.

$$NH_3(g) + HCl(g) \longrightarrow NH_4Cl(s)$$

Bei allen Protonenübertragungen wirkt eine Teilchenart als Säure, die andere als Base. Deshalb bezeichnet man Reaktionen mit Protonenübertragungen als **Säure-Base-Reaktionen** oder *Protolysen*.

Protonenübertragungen

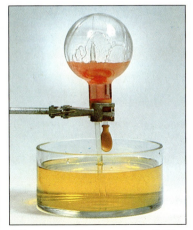
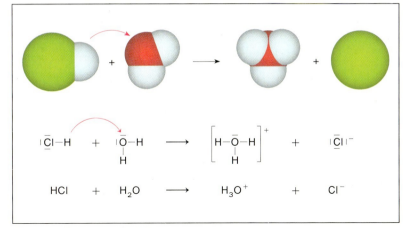

Chlorwasserstoff reagiert mit Wasser. Es entsteht eine saure Lösung.

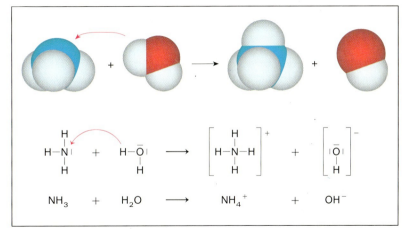

Ammoniak reagiert mit Wasser. Es entsteht eine alkalische Lösung.

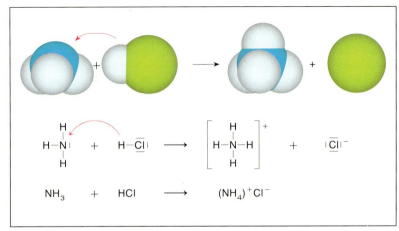

Ammoniak reagiert mit Chlorwasserstoff. Es entsteht Ammoniumchlorid, eine Ionenverbindung.

13.9 Aufgaben · Versuche · Probleme

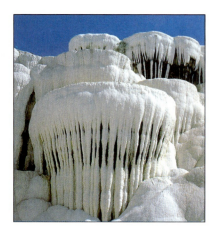

Aufgabe 1: Wenn Wasser, das kalkhaltiges Gestein durchflossen hat, als Quelle zutage tritt, können sich Kalksteinterrassen bilden.
Gib eine Reaktionsgleichung an, die diese Ablagerung von Kalk erklärt.

Aufgabe 2: In kalksteinreichen Gebieten enthalten Seen häufig *Seekreide*, die im wesentlichen aus Calciumcarbonat besteht.
a) Welche Bedeutung haben Wasserpflanzen für die Bildung der Seekreide?
b) Ist das Wasser in diesen Seen eher hart oder eher weich?

Aufgabe 3: *Backpulver* sind Gemische von Stoffen, die beim Erhitzen Gase bilden und so den Teig auftreiben. Brot oder Kuchen wird dadurch lockerer und leichter verdaulich.
a) Viele Backpulver enthalten Natron (Natriumhydrogencarbonat). Beim Erhitzen zerfällt es in Soda (Natriumcarbonat), Wasser und Kohlenstoffdioxid.
Gib die Reaktionsgleichung an.
b) Soda verursacht in Backwaren einen unangenehmen Beigeschmack. Deshalb enthalten Backpulver häufig auch eine Säure. Welche Wirkung könnte diese Säure haben? Nimm für sie das allgemeine Symbol HA an.

Aufgabe 4: Ein Schüler will eine unbekannte Lösung auf Chlorid-Ionen überprüfen. Er säuert die Lösung mit Salzsäure an und versetzt sie dann mit Silbernitrat-Lösung.
Was wird er feststellen? Was hat er falsch gemacht?

Aufgabe 5: Geologen führen für Gesteinsuntersuchungen manchmal ein Fläschchen mit Salzsäure mit sich. Was können sie mit der Säure überprüfen?

Aufgabe 6: Die Härte von Wasser läßt sich verringern, indem man gelöschten Kalk (Calciumhydroxid) oder Natriumcarbonat zusetzt.
Gib für beide Vorgänge die Reaktionsgleichungen an.

Aufgabe 7: a) Zur Neutralisation von 20 ml Salzsäure unbekannter Konzentration verbrauchte man 25,6 ml Natronlauge (0,1 $\frac{mol}{l}$). Berechne die Konzentration der Salzsäure.
b) Zur Neutralisation von 20 ml Schwefelsäure verbrauchte man 25,6 ml Natronlauge (0,1 $\frac{mol}{l}$). Berechne die Konzentration der Schwefelsäure.
c) 25 ml Natronlauge wurden mit Schwefelsäure (0,1 $\frac{mol}{l}$) titriert. Man benötigte 20 ml. Berechne die Konzentration der Natronlauge.
d) Eine Probe von 20 ml Calciumhydroxid-Lösung wurde mit Salzsäure (0,1 $\frac{mol}{l}$) titriert. Bis zum Indikatorumschlag wurden 9,4 ml Salzsäure verbraucht. Berechne die Konzentration an Calciumhydroxid.

Aufgabe 8: Zur Auswertung von Titrationen kann man folgende Berechnungsformel verwenden:

$c(H^+) \cdot V(\text{Säure}) = c(OH^-) \cdot V(\text{Lauge})$

Bestätige die Richtigkeit der Formel.

Versuch 1: Haushaltsessig
Titriere 20 ml Haushaltsessig mit Natronlauge (1 $\frac{mol}{l}$) (Xi). Verwende Phenolphthalein als Indikator.

Aufgaben: a) Ermittle die Stoffmengenkonzentration der Essigsäure im Essig. Verwende für die Essigsäure die vereinfachte Formel HAc.
b) Ein Mol Essigsäure hat eine Masse von 60 g. Berechne, wieviel reine Essigsäure in einem Liter Essig enthalten sind.
c) Ein Liter Essig hat die Masse 1002 g. Berechne den Massenanteil der Essigsäure in Prozent.

Versuch 2: Kalkgehalt in Eierschalen
Gib etwa 1 g getrocknete Eierschale genau abgewogen in ein Becherglas mit 20 ml Salzsäure (2 $\frac{mol}{l}$) (Xi). Lasse die Probe etwa zwei Tage stehen. Titriere die bei der Reaktion nicht verbrauchte Salzsäure mit Natronlauge (2 $\frac{mol}{l}$) (Xi) zurück.

Aufgaben: a) Ermittle, wieviel Milliliter Salzsäure mit dem Kalk der Eierschale reagiert haben.
b) Wieviel Kalk enthält die Probe? (Berechnung in mmol und mg)

Versuch 3: Brausepulver
Gib in ein Becherglas einen Teelöffel Rohrzucker, einen Teelöffel Weinsäure (Xi) und einen halben Teelöffel Natriumhydrogencarbonat. Vermische die Stoffe gut. Übergieße das Gemisch in einem sauberen Becherglas mit Wasser.

Problem 1: a) Eine wässerige Lösung von Natriumcarbonat reagiert alkalisch. Beschreibe die Reaktion mit einer Reaktionsgleichung. Benenne Säure und Base.
b) Welche Reaktion ist für die wässerige Lösung eines Hydrogencarbonats möglich?

Problem 2: Taucht man in Salzsäure (1 $\frac{mol}{l}$) und Essigsäure (1 $\frac{mol}{l}$) Universalindikator-Papier, so stellt man bei Salzsäure einen deutlich kleineren pH-Wert fest. Versuche diese Beobachtung zu erklären.
Warum läßt sich Essig zum Würzen von Speisen verwenden, gleichkonzentrierte Salzsäure jedoch nicht?

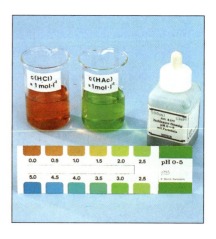

Säuren – Laugen – Salze

1. Saure Lösungen

a) **Säuren** sind Molekülverbindungen, die beim Lösen in Wasser Wasserstoff-Ionen (Protonen) abspalten. Oft bezeichnet man auch die wässerigen Lösungen als Säure: Salzsäure, verdünnte Schwefelsäure.

b) **Säurerest-Ionen** sind negativ geladene Ionen, die durch Abspaltung eines oder mehrerer Wasserstoff-Ionen (Protonen) aus Säure-Molekülen entstehen.

c) **Saure Lösungen** sind wässerige Lösungen, die *Hydronium-Ionen* (H^+(aq)) enthalten. Oft schreibt man auch H_3O^+(aq), da ein Wasser-Molekül besonders fest mit dem Proton verknüpft ist.

d) **Bildung von Säuren:**
Nichtmetalloxid + Wasser ⟶ Säure

e) **Bildung saurer Lösungen:**
Säure + Wasser ⟶
Hydronium-Ionen + Säurerest-Ionen

2. Alkalische Lösungen

a) **Alkalische Lösungen** sind wässerige Lösungen, die *Hydroxid-Ionen* (OH^-(aq)) enthalten.

b) **Hydroxide** sind Feststoffe. Es sind Ionenverbindungen aus positiv geladenen Metall-Ionen und negativ geladenen Hydroxid-Ionen (OH^-).

c) **Bildung alkalischer Lösungen:**

Hydroxid + Wasser ⟶
Hydroxid-Ionen + Metall-Ionen

Metalloxid + Wasser ⟶
Hydroxid-Ionen + Metall-Ionen

Alkalimetall / Erdalkalimetall + Wasser ⟶
Hydroxid-Ionen + Metall-Ionen + Wasserstoff

3. pH-Wert

Der pH-Wert ist ein Maß für den Gehalt einer Lösung an Wasserstoff-Ionen und Hydroxid-Ionen.

4. Neutralisation

Als Neutralisation bezeichnet man die Reaktion einer sauren Lösung mit einer alkalischen Lösung.

saure Lösung + alkalische Lösung ⟶
Salzlösung + Wasser

5. Salze

a) **Salze** sind Ionenverbindungen aus positiv geladenen Metall-Ionen und negativ geladenen Säurerest-Ionen.

b) **Bildung von Salzen:**

Metall + Nichtmetall ⟶ Salz

Metall + saure Lösung ⟶
Salzlösung + Wasserstoff

Metalloxid + saure Lösung ⟶
Salzlösung + Wasser

Metallhydroxid + saure Lösung ⟶
Salzlösung + Wasser

6. Wasserhärte

Die Härte von Wasser wird durch Calcium-Ionen und Magnesium-Ionen verursacht. Beim Erhitzen von hartem Wasser wird ein Teil dieser Ionen als Carbonat gefällt (*Carbonathärte*). Die in Lösung bleibenden Calcium-Ionen und Magnesium-Ionen bilden die *bleibende Härte*. *Ein Grad deutscher Härte* (1°d) liegt vor, wenn 100 l Wasser ebenso viele Calcium-Ionen enthalten wie 1 g Calciumoxid.

7. Konzentrationsangaben

a) Die **Stoffmengenkonzentration** c ist der Quotient aus der Stoffmenge n eines Stoffs und dem Volumen V der Lösung:
$$c(\text{Stoff}) = \frac{n(\text{Stoff})}{V(\text{Lösung})}$$

b) Der **Massenanteil** w gibt an, welchen Anteil die Masse des gelösten Stoffs an der Masse der Lösung hat:
$$w(\text{Stoff}) = \frac{m(\text{Stoff})}{m(\text{Lösung})}$$

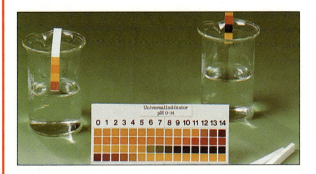

$c(HCl) = 2 \frac{mol}{l}$

$M(HCl) = 36{,}5 \frac{g}{mol}$

$\varrho(\text{Lösung}) = 1{,}033 \frac{g}{ml}$

$w(HCl) = 0{,}07 = 7\%$

14 Chemie und Technik

So sieht eine großtechnische Anlage zur Produktion von Schwefelsäure aus: ein Labyrinth von Rohren unterschiedlichen Querschnitts, scheinbar ohne Anfang und Ende, unterbrochen von Kesseln und Türmen. Von Ausgangsstoffen und Endprodukten keine Spur!
Wieviel übersichtlicher läßt sich da doch Schwefelsäure im Labor herstellen!

Warum muß eine Anlage so kompliziert gebaut sein? Wozu die langen Transportwege in den Röhrensystemen? Welche Bedeutung haben die Kessel? Wo ist der eigentliche Reaktionsraum? Wo entweichen die Abgase? Wie wird der Umweltschutz gewährleistet? Wozu der ganze Aufwand, wenn es auch einfacher geht, wie der Laborversuch zeigt?

Schwefelsäure wird von der chemischen Industrie in großen Mengen hergestellt. Über 70% dieser äußerst aggressiven Verbindung werden zu Düngemitteln weiterverarbeitet.

Für die Produktion in industriellem Maßstab gelten besondere Bedingungen und Gesetzmäßigkeiten: Die Ausgangstoffe sollten leicht zugänglich, in großen Mengen vorrätig und billig sein. Nebenprodukte des Verfahrens müssen weiter verwertbar sein, nicht umgesetzte Ausgangsstoffe sind wieder in den Produktionskreislauf zurückzuführen. Neben Fragen der Wirtschaftlichkeit gibt es jedoch andere wichtige Aspekte, die bei der Herstellung und Verarbeitung von Chemikalien berücksichtigt werden müssen. So sind Gefahren für die Gesundheit der betroffenen Menschen und für die Umwelt konsequent zu vermeiden.

ÜBERSICHT

Vom Rohstoff zum Dünger – ein Produktverbund

Am Beispiel von Mineraldünger stellt dieses Diagramm dar, wie Rohstoffe, Zwischenprodukte und Endprodukte zusammenhängen. Diese Übersicht zeigt nur einen kleinen Ausschnitt aus dem Verbundsystem der chemischen Industrie. Die einzelnen Stoffe werden auch zur Herstellung anderer Produkte und Produktgruppen verwendet.

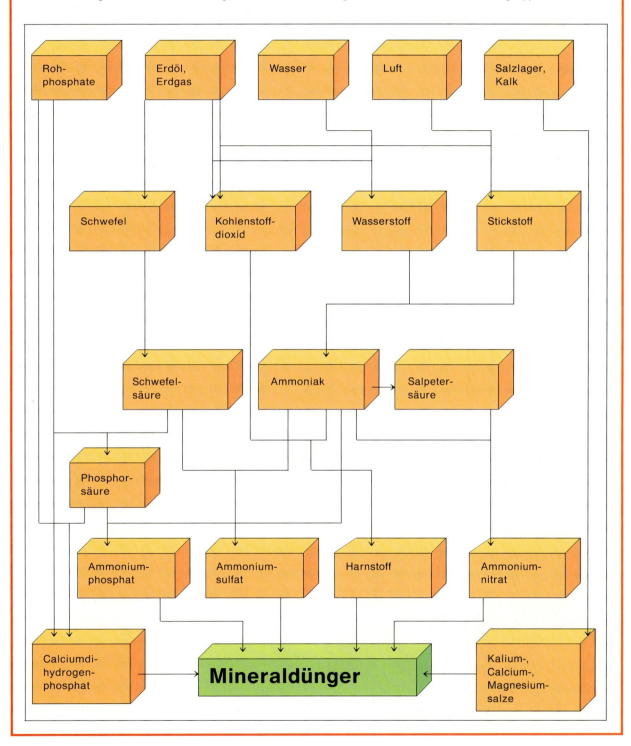

14.1 Vom Schwefel zur Schwefelsäure

1. Schwefelgewinnung

Ausgangsstoff für die technische Herstellung von Schwefelsäure ist elementarer Schwefel. Größere Lagerstätten findet man in Nordamerika und Japan. In Ländern ohne Schwefelvorkommen gewinnt man Schwefel in zunehmendem Maße aus Schwefelwasserstoff-Gas, das in vielen Erdgasen enthalten ist. Durch Oxidation des Schwefelwasserstoffs entsteht Schwefel.

$$2\,H_2S + O_2 \longrightarrow 2\,S + 2\,H_2O$$

Im ersten Schritt zur Herstellung von Schwefelsäure wird Schwefel verbrannt. Dabei entsteht Schwefeldioxid (SO_2), ein farbloses, stechend riechendes Gas.
Schwefeldioxid erhält man auch als Nebenprodukt bei der Metallgewinnung: Schwefelhaltige Erze wie Zinkblende (ZnS) oder Kupferkies ($CuFeS_2$) werden in großen Öfen geröstet.
Neben den Metalloxiden entsteht Schwefeldioxid. Das Gas muß abgekühlt und von Staub gereinigt werden, ehe es zur Herstellung von Schwefelsäure eingesetzt werden kann.
Zukünftig wird auch die Rückgewinnung von Schwefeldioxid aus Abfallschwefelsäure an Bedeutung gewinnen.

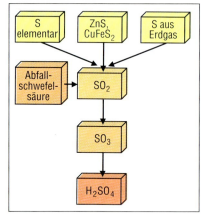

2. Wege zur Schwefelsäure

Vom Schwefeldioxid zur Schwefelsäure. Der entscheidende Vorgang für die technische Gewinnung von Schwefelsäure ist die Oxidation von Schwefeldioxid zu Schwefeltrioxid.

$$2\,SO_2 + O_2 \xrightarrow{\text{Katalysator}} 2\,SO_3; \quad \text{exotherm}$$

In der Technik wird ein Gemisch aus Schwefeldioxid und Luft in einen Kontaktofen geleitet. Er enthält vier bis fünf übereinander angeordnete Böden, die mit Vanadiumoxid (V_2O_5) beschichtet sind. Im Kontakt mit diesem Stoff findet bei etwa 500 °C die Oxidation des Schwefeldioxids statt. Das Vanadiumoxid erhöht die Reaktionsgeschwindigkeit, geht aber unverändert aus der Reaktion hervor. Es wirkt als *Katalysator*.
Nachdem das Gasgemisch den Ofen verlassen hat, leitet man es in konzentrierte Schwefelsäure. Darin löst sich Schwefeltrioxid gut, und man kann durch Zugabe von Wasser Schwefelsäure beliebiger Konzentration herstellen.

$$H_2SO_4 + SO_3 + H_2O \longrightarrow 2\,H_2SO_4; \quad \text{exotherm}$$

EXKURS

Recycling von Schwefelsäure

Schwefelsäure wird in der Industrie vielfältig eingesetzt, aber nie völlig verbraucht. Es bleibt verdünnte und verunreinigte Säure zurück. Um die Umwelt nicht zu belasten, muß diese *Dünnsäure* wieder aufgearbeitet werden. Dazu wird sie in einem Ofen in eine 1000 °C heiße Flamme gesprüht. Organische Verunreinigungen verbrennen dabei, und die Schwefelsäure wird gespalten:

$$2\,H_2SO_4 \longrightarrow 2\,H_2O + 2\,SO_2 + O_2; \quad \text{endotherm}$$

Das Schwefeldioxid wird wieder zu Schwefelsäure verarbeitet. Recycling-Schwefelsäure ist aber teurer als die ursprüngliche Säure, da bei dem Verfahren viel Energie verbraucht wird.

EXKURS

Ein Labyrinth von Rohren …

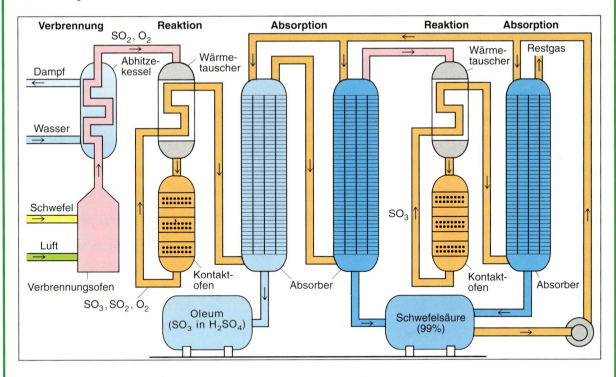

Am Beispiel der Produktion von Schwefelsäure lassen sich einige wichtige Teile einer Produktionsanlage beschreiben.

Geht man für die Herstellung von Schwefeldioxid von elementarem Schwefel aus, so erhält man in einer stark exothermen Reaktion zunächst Schwefeldioxid. Das heiße Gasgemisch aus Schwefeldioxid und Restluft wird dann in einem *Abhitzekessel* mit Wasser gekühlt. Dadurch läßt sich Wasserdampf erzeugen, der bei der Energieversorgung der Anlage eingesetzt wird.

Bevor das Gasgemisch in den Kontaktofen gelangt, muß es gut gereinigt werden, da der Katalysator durch manche Stoffe vergiftet wird. Deshalb werden in einem weiteren Kessel mitgerissene Staubteilchen vom etwa 400 °C heißen Gasgemisch elektrostatisch abgetrennt. Danach wird es nochmals gekühlt, um Verunreinigungen abzuscheiden, die bei dieser Temperatur noch flüchtig sind. Dann erst gelangt es in den *Kontaktofen*.

Der Kontaktofen enthält das Vanadiumoxid fein verteilt auf mehreren Böden. Dadurch wird die Oberfläche des Katalysators vergrößert. Das Gasgemisch kommt auf diese Weise gut in Kontakt mit dem Vanadiumoxid, so daß sich Schwefeltrioxid schneller bildet. Die Reaktion verläuft exotherm. Bei höheren Temperaturen zerfällt jedoch das Schwefeltrioxid wieder in Schwefeldioxid und Sauerstoff. Deshalb muß das Gasgemisch gekühlt werden, nachdem es eine Kontaktschicht durchlaufen hat. Dazu wird es durch *Wärmeaustauscher* geleitet. Hier gibt es einen Teil seiner Wärmeenergie an neues Schwefeldioxid/Luft-Gemisch ab, das auf diese Weise für die Reaktion im Kontaktofen vorgewärmt wird.

Das entstandene Schwefeltrioxid leitet man in mit Keramik ausgekleidete *Absorptionstürme*, in denen 70 °C warme konzentrierte Schwefelsäure dem Gasgemisch von oben entgegenrieselt.

Beim heute üblichen **Doppel-Kontakt-Verfahren** wird das nach der Absorption verbleibende Gasgemisch noch einmal in Wärmeaustauschern erhitzt und in einen Kontaktofen geleitet. Das Schwefeldioxid wird dadurch zu insgesamt 99,5 % umgesetzt, so daß die Abgase fast frei von diesem umweltschädigenden Stoff sind.

Wirtschaftliche Bedeutung. Schwefelsäure ist mengenmäßig gesehen die wichtigste **Grundchemikalie** der Welt. Jährlich werden weit über 100 Millionen Tonnen dieser Chemikalie produziert, knapp vier Millionen Tonnen davon in Deutschland. Wegen ihrer großen wirtschaftlichen Bedeutung gilt die Menge der produzierten Schwefelsäure auch als ein Gradmesser für den Wohlstand eines Landes.

Etwa 70 % der Schwefelsäure gehen weltweit in die Düngemittelproduktion. Die restlichen 30 % verteilen sich auf die Herstellung anorganischer Chemikalien wie Aluminiumsulfat und Flußsäure sowie organischer Verbindungen wie Tenside und Farbstoffe. Eine chemische Industrie ohne Schwefelsäure wäre zur Zeit undenkbar.

STECKBRIEF

Massenanteil der konzentrierten Säure: 98 %;
Dichte: 1,84 $\frac{g}{ml}$; Schmelztemperatur: 3 °C;
Siedetemperatur: 338 °C.

Konzentrierte Schwefelsäure besteht im wesentlichen aus H_2SO_4-Molekülen. Sie ist hygroskopisch und reagiert mit Wasser unter Wärmeentwicklung. Sie spaltet aus organischen Stoffen wie Traubenzucker oder Papier Wasser ab, so daß diese verkohlen.
Konzentrierte Schwefelsäure zerfällt beim Erhitzen in Schwefeldioxid, Wasser und Sauerstoff und wirkt daher als Oxidationsmittel. Sie löst sogar Metalle wie Kupfer oder Silber unter Bildung von Schwefeldioxid auf. Auch Nichtmetalle wie Kohlenstoff und Phosphor werden oxidiert.
Mit Wasser reagiert Schwefelsäure in zwei Stufen:

$H_2SO_4 + H_2O \longrightarrow H_3O^+ + HSO_4^-$
$HSO_4^- + H_2O \longrightarrow H_3O^+ + SO_4^{2-}$

Entsprechend bildet sie zwei Arten von Salzen: Hydrogensulfate und Sulfate.

Verdünnte Schwefelsäure (9 %) verhält sich wie alle anderen stark sauren Lösungen. Sie reagiert mit unedlen Metallen wie Eisen, Zink oder Magnesium unter Bildung von Wasserstoff.

C
ätzend
($w \geq 15\%$)
Xi
($5\% \leq w < 15\%$)

Schwefelsäure
$w = 98\%$
R 35 Verursacht schwere Verätzungen
S 2 Darf nicht in die Hände von Kindern gelangen
S 26 Bei Berührung mit den Augen gründlich mit Wasser abspülen und den Arzt konsultieren
S 30 Niemals Wasser hinzugießen
S 45 Bei Unfall oder Unwohlsein sofort den Arzt hinzuziehen

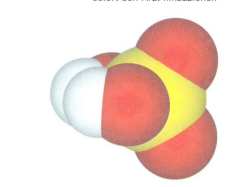

EXKURS

Sulfate in der Medizin

Gips ist eine sehr nützliche Verbindung. Unter anderem „profitieren" davon Skifahrer oder auch andere Sportler, die Pech hatten.

Zur Herstellung eines Gipsverbandes verwendet man Baumwollgewebe, dessen Oberfläche mit fein verteiltem Gips versehen ist. Man taucht das Verbandsmaterial kurz in Wasser, umwickelt dann den gebrochenen Arm und streicht den formbaren Gipsbrei glatt. Der Gips erwärmt sich dabei, es bilden sich Gips-Kristalle, die dicht miteinander verfilzen. Der Gips erhärtet, er *bindet ab*.

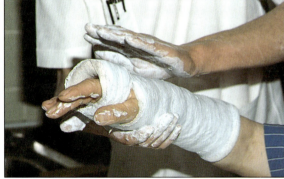

Gips ist Calciumsulfat-Dihydrat ($CaSO_4 \cdot 2 H_2O$). Beim Erhitzen auf 120 °C spaltet er drei Viertel seines Kristallwassers ab, es entsteht *gebrannter* Gips ($CaSO_4 \cdot \frac{1}{2} H_2O$). Bei Zugabe von Wasser bildet sich der Ausgangsstoff in exothermer Reaktion zurück.

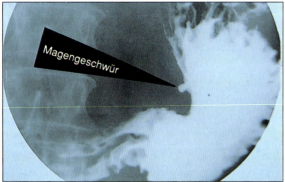

Wer sich den Magen röntgen läßt, muß zunächst einen weißen Brei aus Bariumsulfat ($BaSO_4$) schlucken. Der Brei füllt den Magenraum und überzieht die Magenschleimhaut gleichmäßig. Bariumsalze eignen sich als Bestandteil von Kontrastmitteln, weil sie die Röntgenstrahlen abfangen, so daß das untersuchte Organ auf dem Röntgenschirm abgebildet wird. Barium-Ionen sind allerdings giftig, daher wird nur das praktisch wasserunlösliche Bariumsulfat als Kontrastmittel verwendet.

Schwefelsäure und Sulfate

Versuch 1: Reaktion von Metallen mit Schwefelsäure

Materialien: Gasbrenner, Reagenzgläser, Tropfpipette; Schwefelsäure (verd.) (Xi), Magnesiumpulver (F), Zinkpulver (F), Kupferpulver.

Durchführung:
1. Gib jeweils eine Spatelspitze Metallpulver in ein Reagenzglas.
2. Fülle in jedes Reagenzglas etwa 5 ml Schwefelsäure und beobachte. Prüfe, ob Wärme frei wird.
3. Fange das entstehende Gas in einem umgekehrt darüber gehaltenen Reagenzglas auf. Führe damit die Knallgasprobe durch.

Aufgaben:
a) Beschreibe und deute deine Beobachtungen.
b) Gib jeweils die Reaktionsgleichung an.
c) Vergleiche verdünnte Schwefelsäure mit verdünnter Salzsäure in ihrer Reaktion mit Metallen.

Versuch 2: Bildung von Kupfersulfat

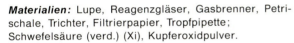

Materialien: Lupe, Reagenzgläser, Gasbrenner, Petrischale, Trichter, Filtrierpapier, Tropfpipette; Schwefelsäure (verd.) (Xi), Kupferoxidpulver.

Durchführung:
1. Gib einen Spatel Kupferoxidpulver in ein Reagenzglas und füge 5 ml Schwefelsäure zu.
2. Erwärme das Gemisch mit kleiner Brennerflamme vorsichtig zum schwachen Sieden. Bewege dabei das Reagenzglas in der Flamme, um Siedeverzug zu vermeiden.
3. Falls das Kupferoxid sich vollständig gelöst hat, füge noch weiteres Kupferoxid zu.
   Filtriere die noch heiße Lösung in eine Petrischale. Stelle das Filtrat zum Kristallisieren auf.
4. Untersuche die Kristalle mit der Lupe.

Aufgaben:
a) Protokolliere und deute deine Beobachtungen.
b) Gib die Reaktionsgleichung für die Reaktion von Kupferoxid mit Schwefelsäure an.
c) Durch welche Teilchen ist die Blaufärbung der Lösung zu erklären?
d) Beschreibe die Form der Kupfersulfat-Kristalle.

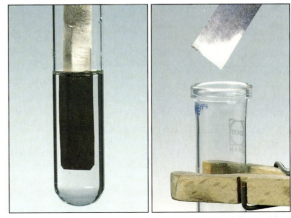

Kupfer reagiert mit konzentrierter Schwefelsäure. Bei der Reaktion entstehen Kupfersulfat und gasförmiges Schwefeldioxid.

Versuch 3: Neutralisation von Schwefelsäure

Materialien: Pipette (10 ml), Pipettierhilfe, Erlenmeyerkolben (100 ml, weit), Bürette (25 ml); Schwefelsäure (0,1 $\frac{mol}{l}$) (Xi), Kalilauge (0,1 $\frac{mol}{l}$) (Xi), Phenolphthalein-Lösung (F).

Durchführung:
1. Pipettiere 10 ml Schwefelsäure in den Erlenmeyerkolben und gib einige Tropfen Phenolphthalein hinzu.
2. Fülle Kalilauge in die Bürette und notiere den Anfangswert.
3. Lasse Kalilauge langsam in die Schwefelsäure fließen, bis sich die Eintropfstelle rot färbt.
4. Füge dann die Kalilauge tropfenweise zu, bis die Färbung des Indikators beim Schütteln nicht mehr verschwindet.
5. Bestimme das Volumen der verbrauchten Kalilauge.

Aufgaben:
a) Protokolliere und deute deine Beobachtungen.
b) Was kann man aus dem verbrauchten Volumen an Kalilauge schließen?
c) Gib die Reaktionsgleichung an.
d) Welches Salz erhält man, wenn man am Ende der Reaktion das Wasser verdampft?
e) Welches Salz erhält man, wenn man das Wasser nach Zulauf von 10 ml Kalilauge verdampft?
f) In welcher Hinsicht wäre der Versuch anders verlaufen, wenn man Salzsäure (0,1 $\frac{mol}{l}$) verwendet hätte?

14.2 Vom Stickstoff zum Ammoniak

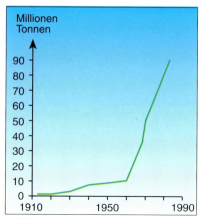

1. Weltproduktion an Ammoniak

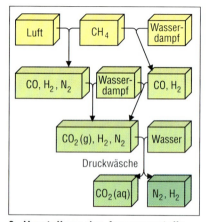

2. Herstellung der Ausgangsstoffe für das HABER-BOSCH-Verfahren

Ammoniak ist nach Schwefelsäure die zweitwichtigste anorganische Grundchemikale. Etwa 85% des erzeugten Ammoniaks werden heute zur Gewinung von Düngemitteln eingesetzt. Der Rest dient zur Herstellung von Vorprodukten für Kunststoffe, Pflanzenschutzmittel und Sprengstoffe. Anfang dieses Jahrhunderts entwickelten der Chemiker HABER und der Ingenieur BOSCH ein großtechnisches Verfahren, bei dem Ammoniak durch Synthese aus den Elementen Wasserstoff und Stickstoff hergestellt wird. HABER und BOSCH erhielten für ,,den Griff in die Luft" den Nobelpreis.

Ausgangsstoffe. Stickstoff ist als Hauptbestandteil der Luft praktisch unbegrenzt verfügbar. Er muß aber noch vom reaktionsfähigen Sauerstoff getrennt werden. Wasserstoff liegt in gebundener Form im Wasser und in Erdgas reichlich vor.
In der Technik gewinnt man heute Stickstoff und Wasserstoff durch Umsetzung von Erdgas zuerst mit Wasserdampf und dann mit Luft. Im Erdgas ist Methan (CH_4) enthalten.

$CH_4 + H_2O \longrightarrow CO + 3 H_2$;   endotherm

$2 CH_4 + \underbrace{O_2 + 4 N_2}_{Luft} \longrightarrow 2 CO + 4 N_2 + 4 H_2$;   exotherm

Im ersten Reaktor setzt man mehr Methan zu, als für die Reaktion mit Wasserdampf benötigt wird. Das Gasgemisch des ersten Reaktionsschritts wird dann in den zweiten Reaktor geleitet. Dort wird überschüssiges Methan mit Luft verbrannt. Neben den gewünschten Produkten Stickstoff und Wasserstoff enthält das Gasgemisch aber noch Kohlenstoffmonooxid. Dieses Gas wird bei einer Temperatur von etwa 400 °C in einem dritten Reaktor mit Wasserdampf umgesetzt. Das dabei entstandene Kohlenstoffdioxid läßt sich durch Waschen mit Wasser leicht aus dem Gemisch entfernen. So bleiben allein Stickstoff und Wasserstoff für die Synthese von Ammoniak zurück.

$CO + H_2O \longrightarrow CO_2 + H_2$;   exotherm

$CO_2(g) \longrightarrow CO_2(aq)$;   exotherm

EXKURS

Ammoniak-Synthese in der Natur

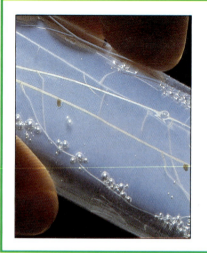

Drei Prozent des Weltenergieverbrauchs entfallen auf die Produktion von Ammoniak nach dem HABER-BOSCH-Verfahren, denn es sind 300 bar und 450 °C erforderlich. Einigen Bakterienarten gelingt es dagegen bereits unter normalen Bedingungen, den Luftstickstoff zu binden und Ammoniak zu bilden. Zu ihnen gehören die *Knöllchenbakterien*, die in Symbiose mit höheren Pflanzen wie Lupinen leben. Diese Bakterien dringen in die Wurzeln der Wirtspflanze ein und leben von den Photosynthese-Produkten der Pflanze. Die Bakterien ihrerseits versorgen die Pflanze mit Stickstoffverbindungen. In der Landwirtschaft werden Lupinen deshalb als Zwischenfrucht angebaut und dann untergepflügt. So läßt sich der Stickstoffgehalt des Bodens auf natürliche Weise steigern.

Stickstoffbindende Bakterien verwenden einen sehr wirksamen Katalysator, das Enzym *Nitrogenase*. Die reaktionsträgen Stickstoff-Moleküle werden für kurze Zeit an das Enzym gebunden und dabei für die Reaktion mit Wasserstoff aktiviert.

Synthese. Die Synthese geht von einem Wasserstoff/Stickstoff-Gemisch im Volumenverhältnis 3:1 aus. Das Gemisch wird im Synthese-Reaktor auf 200 bar bis 300 bar verdichtet und auf etwa 450 °C erhitzt. Eisen wirkt bei der Reaktion als Katalysator. Auch unter diesen Bedingungen reagiert nur ein Teil des Stickstoffs mit dem Wasserstoff zu Ammoniak.

$$N_2 + 3H_2 \xrightarrow{\text{Katalysator}} 2NH_3; \quad \text{exotherm}$$

Das Gasgemisch strömt rasch durch den Reaktor. Es enthält schließlich Ammoniak mit einem Volumenanteil von etwa 15 %. In einem Kühler wird das Gasgemisch dann so weit abgekühlt, daß sich Ammoniak verflüssigt und abgetrennt werden kann.

Wirtschaftlichkeit. In modernen Ammoniak-Anlagen sind die einzelnen Verfahrensschritte von der Erzeugung der Ausgangsstoffe bis hin zur Synthese miteinander verbunden. Die nicht umgesetzten Anteile an Stickstoff und Wasserstoff werden zusammen mit neuen Ausgangsstoffen dem Reaktor wieder zugeführt. Man arbeitet also mit einem *Stoffkreislauf*.

Die meisten Reaktionen, die in einer Ammoniak-Anlage ablaufen, sind exotherm. Mit der freiwerdenden Wärme wird Wasserdampf erzeugt, der sowohl als Reaktionspartner als auch zum Antrieb von Dampfturbinen, Pumpen und Gebläsen eingesetzt wird. Die Energie wird über einen *Dampfkreislauf* ausgetauscht. So können etwa 85 % des Gesamtenergiebedarfs durch die anfallende Wärme abgedeckt werden. Die restliche Energie wird durch Verbrennen von Erdgas erzeugt. Der Preis für Ammoniak hängt wesentlich von dem Preis für das benötigte Erdgas ab. Zur Zeit kostet eine Tonne Ammoniak etwa 700 DM.

1. Ammoniak-Reaktor

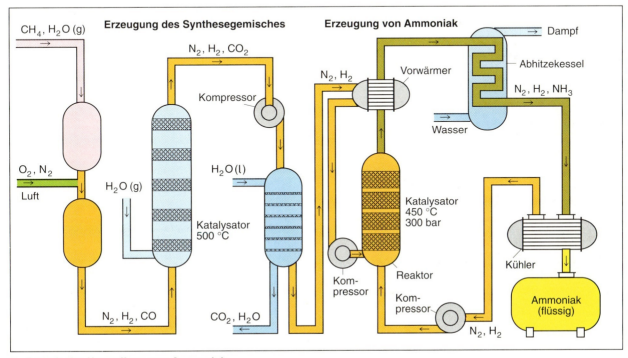

2. Technische Herstellung von Ammoniak

Ammoniak und Ammonium-Verbindungen

Steckbrief: Ammoniak

Vorkommen: Ammoniak entsteht in der Natur, wenn stickstoffhaltige tierische und pflanzliche Stoffe verwesen.

Eigenschaften: Farbloses Gas von stechendem Geruch, das zu Tränen reizt und die Hornhaut verätzt. In höheren Konzentrationen kann es Lungenblutungen hervorrufen.
Dichte: 0,71 $\frac{g}{l}$; Siedetemperatur: $-33\,°C$; Schmelztemperatur: $-78\,°C$.
Ammoniak löst sich ausgezeichnet in Wasser, und zwar lösen sich in einem Liter etwa 700 l Ammoniak. Die wässerige Lösung reagiert alkalisch, weil Ammoniak-Moleküle ein Proton vom Wasser aufnehmen können, so daß Hydroxid-Ionen zurückbleiben. In einer Ammoniak-Lösung der Konzentration $c(NH_3) = 0,1\,\frac{mol}{l}$ reagiert ein Anteil von etwa 1% mit Wasser.
Im Labor verwendet man Ammoniak als konzentrierte Lösung (25%) und als verdünnte Lösung (4%).

Herstellung: HABER-BOSCH-Verfahren.

Verwendung: Ammoniak wird im wesentlichen zur Herstellung stickstoffhaltiger Düngemittel verwendet. Es wird aber auch zu Ammoniumsalzen, Salpetersäure und Harnstoff weiterverarbeitet.
Als *Salmiakgeist* ist Ammoniak in Allzweckreinigern enthalten.
Hustenmittel enthalten Ammoniumsalze, die zähen Schleim verflüssigen und das Abhusten erleichtern.

Ammoniak
$w = 4\%$
R 36/37/38 Reizt die Augen, Atmungsorgane und die Haut
S2 Darf nicht in die Hände von Kindern gelangen
S26 Bei Berührung mit den Augen gründlich mit Wasser abspülen und Arzt konsultieren

Xi reizend
$(5\% \leq w < 10\%)$
C $(10\% \leq w < 25\%)$
C, N $(w \geq 25\%)$

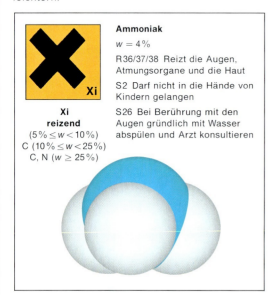

Versuch 1: Thermische Zersetzung von Ammoniumchlorid

Materialien: Reagenzglas; Ammoniumchlorid (Xn), pH-Indikatorpapier, Glaswolle.

Durchführung:
1. Gib eine Spatelspitze Ammoniumchlorid in ein Reagenzglas.
2. Feuchte einen Streifen Indikatorpapier mit Wasser an und befestige ihn so im Reagenzglas, wie es die Abbildung zeigt.
3. Erhitze nun vorsichtig das feste Ammoniumchlorid.

Aufgaben:
a) Beschreibe und deute deine Beobachtungen.
b) Welche Reaktionen verursachen die Farbänderungen des Indikators?
c) Formuliere die Reaktionsgleichung für die Zerlegung des Ammoniumchlorids.
d) Inwiefern handelt es sich um eine Säure-Base-Reaktion?

Versuch 2: Bildung von Ammoniumsulfat

Materialien: Abdampfschale; Ammoniak-Lösung (verd.), Schwefelsäure (verd.) (Xi), Phenolphthalein-Lösung (F).

Durchführung:
1. Gib in eine Abdampfschale Ammoniak-Lösung, so daß der Boden bedeckt ist.
2. Gib wenige Tropfen Phenolphthalein-Lösung hinzu.
3. Versetze die Lösung so lange mit verdünnter Schwefelsäure, bis eine Farbänderung eintritt.
4. Lasse die Probe stehen, bis das Wasser vollständig verdunstet ist.

Aufgaben:
a) Beschreibe und deute deine Beobachtungen.
b) Formuliere die Reaktionsgleichung.
c) Welche Stoffmenge an Schwefelsäure benötigt man, um 1 mol Ammoniak in Ammoniumsulfat zu überführen?
d) Beim Erhitzen von Ammoniumsulfat bildet sich Ammoniumhydrogensulfat. Formuliere die Reaktionsgleichung für diesen Vorgang.

14.3 Vom Ammoniak zur Salpetersäure

Ein großer Teil des nach dem HABER-BOSCH-Verfahren erzeugten Ammoniaks wird zu Salpetersäure weiterverarbeitet. Dies geschieht in der Technik nach dem OSTWALD-Verfahren. Dabei wird zunächst ein Gemisch aus Ammoniak und Luft bei Temperaturen über 800 °C zu Stickstoffmonooxid und Wasser oxidiert. Als Katalysator wirkt ein feinmaschiges Netz aus einer Platin-Legierung, die Rhodium und Palladium enthält.

$$4\,NH_3 + 5\,O_2 \xrightarrow{\text{Katalysator}} 4\,NO + 6\,H_2O; \quad \text{exotherm}$$

Stickstoffmonooxid reagiert mit weiterem Sauerstoff zu Stickstoffdioxid, das dann zusammen mit Sauerstoff in Wasser eingeleitet wird. Dabei bildet sich Salpetersäure.

$$4\,NO + 2\,O_2 \longrightarrow 4\,NO_2; \quad \text{exotherm}$$

$$4\,NO_2 + 2\,H_2O + O_2 \longrightarrow 4\,HNO_3; \quad \text{exotherm}$$

Die so erzeugte Salpetersäure hat einen Massenanteil von 50 % bis 70 %. Sie kann direkt zur Herstellung von Düngemitteln wie Ammoniumnitrat eingesetzt werden.

Eine moderne Salpetersäure-Anlage stellt täglich etwa 1200 Tonnen Säure her. Etwa viermal im Jahr muß die Anlage abgestellt werden, damit die brüchig gewordenen Platin-Netze ersetzt werden können.
Die beim OSTWALD-Verfahren entstehenden *Abgase* bestehen im wesentlichen aus dem nicht umgesetzten Anteil der Luft. Sie enthalten bis zu 97 % Stickstoff, 1 % Edelgase und etwa 2 % Sauerstoff. Der Gehalt an giftigen Stickstoffoxiden ist bei modernen Anlagen geringer als 0,02 %. An der Belastung der Atmosphäre mit Stickstoffoxiden hat die Salpetersäure-Produktion einen Anteil von 1 %. Die Hauptmenge an Stickstoffoxiden in der Luft stammt aus Kraftfahrzeugen und aus Kraftwerken.

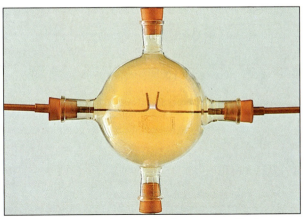

1. Luftverbrennung. In einer Hochspannungs-Funkenstrecke bei Temperaturen über 3000 °C reagiert Stickstoff mit Sauerstoff. Ähnliche Vorgänge finden auch in der Natur bei Entladungen in Blitzen statt.

Aufgabe 1: Erläutere die in Bild 1 dargestellten Vorgänge.
a) Welches Gas bildet sich in der Glaskugel?
b) Bei Einleiten des Gases in Wasser ändert sich die Farbe des Universalindikators von grün nach rot. Wie ist die Änderung der Farbe zu erklären?

Aufgabe 2: Früher wurde das in Bild 1 dargestellte Verfahren der Luftverbrennung auch technisch genutzt. Vor allem in den skandinavischen Ländern diente es zur Herstellung von Salpetersäure. Heute ist es bedeutungslos. Woran kann das liegen?

Aufgabe 3: Salpetersäure wurde um die Jahrhundertwende großtechnisch durch Umsetzung von Chilesalpeter ($NaNO_3$) mit Schwefelsäure hergestellt.
Gib die Reaktionsgleichung für diese Synthese an.

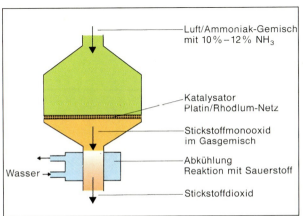

2. Ammoniak-Verbrennungsanlage zur Herstellung von Salpetersäure nach dem OSTWALD-Verfahren

STECKBRIEF

Salpetersäure

Eigenschaften: Reine Salpetersäure ist eine wasserklare Flüssigkeit.
Dichte: 1,522 $\frac{g}{ml}$; Siedetemperatur: 84 °C.
Rote, rauchende Salpetersäure (98%) enthält gelöstes Stickstoffdioxid.
Im Labor werden vor allem *konzentrierte* Salpetersäure (68%) und *verdünnte* Salpetersäure (12%) eingesetzt.
Konzentrierte Salpetersäure: farblose Flüssigkeit; starkes Oxidationsmittel; oxidiert Nichtmetalle wie Schwefel; entzündet organische Stoffe wie Terpentinöl bereits bei Berührung;
löst edle Metalle wie Kupfer und Silber auf, allerdings nicht Gold, den „König der Metalle". Da man mit Salpetersäure Gold und Silber trennen kann, nennt man sie auch *Scheidewasser*.
Königswasser: Mischung aus 1 Volumenteil konzentrierter Salpetersäure und 3 Volumenteilen konzentrierter Salzsäure; löst edle Metalle wie Gold oder Platin auf.
Nitriersäure ist ein Gemisch von konzentrierter Salpetersäure mit konzentrierter Schwefelsäure.
Verdünnte Salpetersäure: reagiert ähnlich stark sauer wie verdünnte Salzsäure oder verdünnte Schwefelsäure; reagiert mit unedlen Metallen unter Bildung von Wasserstoff.
Herstellung: OSTWALD-Verfahren.

**C
ätzend**
(5% ≤ w < 70%)
O, C (w ≥ 70%)
Xi (1% ≤ w < 5%)

Salpetersäure
w = 68%

R 35 Verursacht schwere Verätzungen
S 2 Darf nicht in die Hände von Kindern gelangen
S 23 Dampf nicht einatmen
S 26 Bei Berührung mit den Augen gründlich mit Wasser spülen und Arzt konsultieren
S 36 Bei der Arbeit geeignete Schutzkleidung tragen
S 45 Bei Unfall oder Unwohlsein sofort den Arzt hinzuziehen

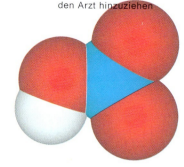

EXKURS

Schwarzpulver

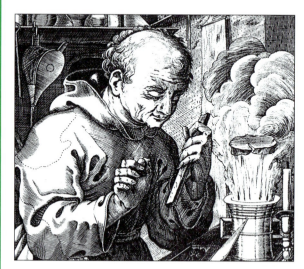

Wer das Pulver erfunden hat, wird wohl auf ewig umstritten bleiben. Daß der Freiburger Mönch Berthold SCHWARZ um 1300 bei alchemistischen Versuchen in einem Mörser als erster das gefährliche Pulver zufällig zur Explosion brachte, wird heute allgemein bezweifelt. Schon viel früher findet man in der Literatur Hinweise auf Brandsätze, die Kohlepulver, Pech, Schwefel, Petroleum und möglicherweise ungelöschten Kalk enthielten. In Schriften des 13. Jahrhunderts wird dann auch Salpeter als Bestandteil von explosiven Mischungen erwähnt. Möglicherweise wurde die Rezeptur für Schwarzpulver in China entdeckt und gelangte über Indien nach Europa.

Schwarzpulver ist ein Gemisch aus etwa 75% Kaliumnitrat, 10% Schwefel und 15% Kohlenstoff. Bis in das 19. Jahrhundert hatte Schwarzpulver große Bedeutung als Treibmittel für Geschosse.

Explosive Gemische wie Schwarzpulver reagieren sehr heftig, wenn man sie zündet. In einer stark exothermen Reaktion oxidiert das Kaliumnitrat die Reduktionsmittel Kohlenstoff und Schwefel unter Bildung gasförmiger Oxide. Die heißen Gase nehmen einen viel größeren Raum ein als das ursprüngliche Gemisch. In einer verschlossenen Papphülse wird der Druck so groß, daß sie mit einem lauten Knall zerplatzt.

Als Sprengstoff wird Schwarzpulver heute praktisch nicht mehr verwendet. Seine Brenngeschwindigkeit ist mit etwa 400 $\frac{m}{s}$ verhältnismäßig gering. Der Wert für *Glycerintrinitrat* (Nitroglycerin) beträgt nahezu das Zwanzigfache. Heute benutzt man Schwarzpulver deshalb hauptsächlich, um Feuerwerkssätze herzustellen.

Salpetersäure und Nitrate

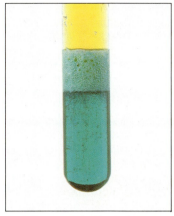  

Reaktion von Kupfer mit konzentrierter, mit verdünnter und mit halbkonzentrierter Salpetersäure

Versuch 1: Reaktion von Metallen mit Salpetersäure

Hinweis: Bereits mit 10%iger Salpetersäure bilden sich aufgrund von Nebenreaktionen auch Stickstoffoxide.

Materialien: Gasbrenner, Reagenzgläser; Salpetersäure (6%) (C), Magnesiumband (F), Zinkpulver (F), Kupferpulver.

Durchführung:
1. Gib jeweils eine Spatelspitze Metallpulver oder ein Stückchen Magnesiumband in ein Reagenzglas.
2. Fülle in jedes Reagenzglas etwa 5 ml Salpetersäure und beobachte. Prüfe, ob Wärme frei wird.

Aufgaben:
a) Beschreibe und deute deine Beobachtungen.
b) Gib jeweils die Reaktionsgleichung an.
c) Wie könnte man das entstehende Gas auffangen und untersuchen?
d) Vergleiche verdünnte Salpetersäure mit verdünnter Salzsäure in ihrer Reaktion mit Metallen.

Aufgabe 1: a) Welches Gas entsteht bei der Reaktion von Kupfer mit konzentrierter Salpetersäure?
b) Was kann man aus der Färbung der Lösung schließen?

Aufgabe 2: a) Bei der Reaktion von Kupfer mit halbkonzentrierter Salpetersäure entstehen zwei Gase. Woran kann man das erkennen?
b) Worin unterscheiden sich die beiden Gase?
c) Die Flüssigkeit im Standzylinder reagiert sauer. Wie ist das zu erklären?

Versuch 2: Kaliumnitrat als Oxidationsmittel

Materialien: Gasbrenner, Reagenzglas; Kaliumnitrat (O), Holzkohle.

Durchführung:
1. Gib etwa 1 cm hoch Kaliumnitrat in ein Reagenzglas.
2. Schmelze das Kaliumnitrat. Erhitze, bis eine Gasentwicklung einsetzt.
3. Erhitze ein Stückchen Holzkohle, bis es glimmt.
4. Wirf die Holzkohle auf die Schmelze.

Aufgaben:
a) Beschreibe und deute deine Beobachtungen.
b) Bei der Reaktion bleibt Kaliumnitrit (KNO_2; T, O) zurück. Gib die Reaktionsgleichung an.
c) In diesem Versuch wird eine Eigenschaft des Kaliumnitrats deutlich, die es auch als Bestandteil des Schwarzpulvers hat. Welche ist das?

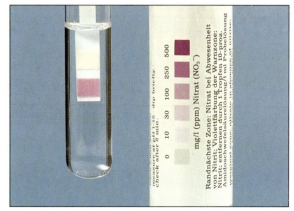

Nitrat-Nachweis. Das Teststäbchen färbt sich violett, wenn Nitrat-Ionen vorliegen.

14.4 Vom Phosphat zur Phosphorsäure

1. Abbau von Phosphat

Aufgabe 1: a) Verbrennt man Phosphor und löst das Oxid in Wasser, so entsteht eine Säure. Welche anderen Nichtmetalle bilden auf diesem Wege Säuren? Gib jeweils die Reaktionsgleichungen an.
b) Metalloxide reagieren mit Wasser und bilden *alkalische* Lösungen. Formuliere für zwei Beispiele die Reaktionsgleichungen.

Aufgabe 2: a) Wie lauten die Formeln für Natriumphosphat, Natriumhydrogenphosphat und Natriumdihydrogenphosphat?
b) Wie lauten die Formeln für die entsprechenden Calciumsalze?

Für die Herstellung von Phosphorsäure nutzt man *Rohphosphate*. Große Lagerstätten sind in den USA und in Afrika zu finden. Hauptbestandteil dieser Lagerstätten ist *Apatit*, ein Mineral, das im wesentlichen aus Calciumphosphat ($Ca_3(PO_4)_2$) besteht. Apatit wird mit Schwefelsäure umgesetzt:

$Ca_3(PO_4)_2 + 3\,H_2SO_4 \longrightarrow 3\,CaSO_4 + 2\,H_3PO_4$

Die entstehende Phosphorsäure läßt sich gut vom Calciumsulfat trennen, das als Niederschlag ausfällt. Die Konzentration der entstandenen Säure ist allerdings verhältnismäßig gering, auch ist sie stark durch Nebenbestandteile der Rohphosphate verunreinigt. Durch Eindampfen wird die Konzentration erhöht. Gleichzeitig fallen dabei Verunreinigungen als Niederschläge aus.

Phosphorsäure aus Phosphor. Ein weiteres Verfahren zur Herstellung von Phosphorsäure geht von elementarem weißen Phosphor (P_4) aus. Man erhält ihn durch Reduktion von Apatit mit Kohle. Weißer Phosphor wird oxidiert und dann mit Wasser umgesetzt. Die so erhaltene Phosphorsäure ist viel reiner als die direkt aus Apatit hergestellte.
Allerdings ist dieses Verfahren sehr energieaufwendig, so daß es bei steigenden Energiekosten kaum konkurrenzfähig ist.

$2\,Ca_3(PO_4)_2 + 10\,C \xrightarrow{\text{elektr. Lichtbogen}} 6\,CaO + 10\,CO + P_4$

$P_4 + 5\,O_2 \longrightarrow P_4O_{10}$

$P_4O_{10} + 6\,H_2O \longrightarrow 4\,H_3PO_4$

EXKURS

Phosphate in Lebensmitteln

Der menschliche Körper benötigt für Wachstum und Stoffwechsel Phosphate. Der tägliche Bedarf wird mit etwa einem Gramm Phosphat angegeben. Das Phosphat wird mit der Nahrung aufgenommen.

Vielen Lebensmitteln wie Schmelzkäse, Knackwürsten, Schokolade und Cola-Getränken werden Phosphate zugesetzt. Phosphate binden Wasser in Lebensmitteln. Dadurch bleibt beispielsweise Schinken länger saftig. Außerdem regulieren sie den Säuregehalt von Lebensmitteln. Kondensmilch wird stabilisiert, weil die zugesetzten Phosphate Calcium-Ionen binden und ein Ausflocken von Eiweiß verhindern.
Ein Phosphatzusatz wird auf Lebensmitteln durch die E-Nummern 338 bis 343 und 450a bis 450c angegeben.

Phosphate sind ungiftig. Ob allerdings eine übermäßige Aufnahme von Phosphaten aufgrund der Bindung der Calcium-Ionen schädlich sein kann, ist umstritten.

E 338	Phosphorsäure	anorganische Säure; Trägerstoff für Antioxidantien; Säuerungsmittel für koffeinhaltige Getränke.
E 339	Natriumphosphate	Salze der Phosphorsäure: allgemein zugelassene Säureregulatoren, die die Wirkung der künstlichen Antioxidantien verstärken; Zusatz zu Schmelzkäse; als Stabilisator in Kondensmilchprodukten (nur E 339 und E 340); Kutterhilfsmittel bei der Wurstherstellung aus nicht schlachtwarmem Fleisch (nur E 450a).
E 340	Kaliumphosphate	
E 341	Calciumphosphate	
E 343	Magnesiumphosphate	
E 450a	Diphosphate (Kalium- und Natriumsalze)	
E 450b	Triphosphate (Kalium- und Natriumsalze)	
E 450c	Polyphosphate (Kalium- und Natriumsalze)	

Phosphorsäure und Phosphate

Versuch 1: Nachweis von Phosphat

Materialien: Probegläschen;
Phosphat-Fertigreagenzien, Teichwasser, Leitungswasser.

Durchführung:
1. Fülle das Probegläschen bis zum Eichstrich mit der Wasserprobe.
2. Versetze die Wasserprobe mit der vorgesehenen Menge des Reagenziengemischs entsprechend der Gebrauchsanweisung. Schüttle gut durch.
3. Vergleiche die Farbe der Wasserprobe mit der Farbskala.

Aufgabe: Lies den Phosphatgehalt der Wasserproben ab.

Versuch 2: Bestimmung von Phosphorsäure in einem Cola-Getränk

Materialien: 2 Erlenmeyerkolben (250 ml), Bürette, Meßzylinder;
Cola-Getränk, Natronlauge (0,1 $\frac{mol}{l}$), Vergleichslösung (0,3 % NaH_2PO_4), Methylorange-Lösung.

Durchführung:
1. Gib 40 ml Vergleichslösung in den Erlenmeyerkolben und füge 3 Tropfen Methylorange-Lösung hinzu.
2. Verdünne 3 ml eines Cola-Getränks mit 27 ml Wasser.
3. Schüttle die Cola-Lösung kräftig durch, bis sie nicht mehr schäumt und gib 3 Tropfen Methylorange-Lösung hinzu.
4. Fülle die Bürette mit Natronlauge. Lies den Flüssigkeitsstand ab.
5. Stelle die Vergleichslösung und die Cola-Lösung auf einen weißen Untergrund und titriere die Cola-Lösung bis zur Farbgleichheit.
6. Lies den Flüssigkeitsstand an der Bürette ab.

Aufgaben:
a) Warum wird das Cola-Getränk so stark verdünnt?
b) Weshalb muß die Probe geschüttelt werden?
c) Berechne den Phosphatgehalt des Cola-Getränks.
Hinweis: Cola-Getränke enthalten nach Entfernung der Kohlensäure als einzige nennenswerte Säure Phosphorsäure.

Aufgabe 1: 100 ml Phosphorsäure (1 $\frac{mol}{l}$) werden mit 12 g Natriumhydroxid versetzt.
a) Berechne die Stoffmengen an Phosphorsäure und Natriumhydroxid, die miteinander reagieren.
b) Stelle die Reaktionsgleichung für den Vorgang auf.
c) Welchen Stoff erhält man, wenn man nach der Reaktion das Wasser verdampft?

Steckbrief: **Phosphorsäure**

Eigenschaften: Reine Phosphorsäure bildet farblose Kristalle; Schmelztemperatur: 42°C; sehr gut wasserlöslich;
im Handel vor allem 85%ige Lösung von Phosphorsäure; dickflüssig aufgrund von Wasserstoffbrücken zwischen den Molekülen;
oberhalb von 200°C Umwandlung unter Wasserabspaltung in Diphosphorsäure ($H_4P_2O_7$) und in Polyphosphorsäuren.

Phosphorsäure ist eine dreiprotonige Säure. Ihre Lösung ist deutlich schwächer sauer als die einer Schwefelsäure vergleichbarer Konzentration. Versetzt man Phosphorsäure mit Natronlauge, so werden nacheinander alle drei Protonen abgegeben.

$H_3PO_4 + OH^- \longrightarrow H_2PO_4^- + H_2O$

$H_2PO_4^- + OH^- \longrightarrow HPO_4^{2-} + H_2O$

$HPO_4^{2-} + OH^- \longrightarrow PO_4^{3-} + H_2O$

Phosphorsäure bildet drei Arten von Salzen: Dihydrogenphosphate, Hydrogenphosphate und Phosphate.

Herstellung: Aus natürlich vorkommenden Phosphaten oder aus weißem Phosphor.

Verwendung: Zum größten Teil Weiterverarbeitung zu Phosphaten: Einsatz als *Düngemittel*.
Zum kleineren Teil in der *Lebensmittelindustrie*; außerdem in Industriereinigern, Flammschutzmitteln und Rostumwandlern.

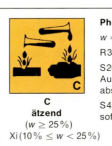

C
ätzend
($w \geq 25\%$)
Xi ($10\% \leq w < 25\%$)

Phosphorsäure
$w = 85\%$
R34 Verursacht Verätzungen
S26 Bei Berührung mit den Augen gründlich mit Wasser abspülen und Arzt konsultieren
S45 Bei Unfall oder Unwohlsein sofort den Arzt hinzuziehen

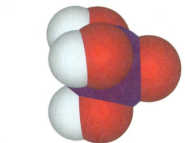

14.5 Aufgaben · Versuche · Probleme

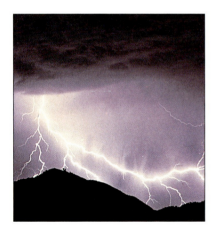

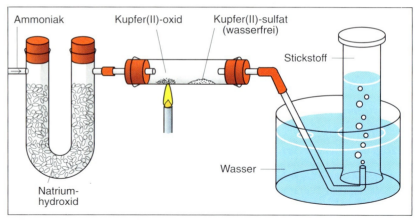

Aufgabe 1: Nach Gewittern reagiert Regen deutlich sauer.
Wie entsteht dieser saure Regen?

Aufgabe 2: Die Menge der in Deutschland hergestellten Schwefelsäure erreichte in den siebziger Jahren einen Höchstwert, nahm dann ab und änderte sich in den letzten Jahren kaum.
Wo könnten die Gründe für diese Entwicklung liegen? Folgende Stichworte können dir bei der Antwort helfen: abnehmende Düngemittelproduktion, Umweltschutz-Auflagen, Recycling, phosphatfreie Waschmittel.

Aufgabe 3: Wässerige Lösungen von Bariumsalzen sind giftig. Warum kann man trotzdem Bariumsulfat gefahrlos als Kontrastmittel bei Röntgenuntersuchungen einnehmen?

Aufgabe 4: Gib die Reaktionsgleichungen für die Bildung und für die Zerlegung von Ammoniumchlorid an. Unter welchen Bedingungen verläuft jeweils die Reaktion?

Aufgabe 5: Ammoniumcarbonat läßt sich als *Backpulver* verwenden. Wenn man eine Spatelspitze Ammoniumcarbonat in einem offenen Reagenzglas erhitzt, bleibt nach kurzer Zeit von der Ausgangssubstanz nichts zurück.
a) Welche chemische Reaktion könnte stattgefunden haben?
b) Entwirf eine Versuchsanleitung, mit der du deine Vermutungen überprüfen kannst.

Aufgabe 6: Mit Hilfe der abgebildeten Apparatur soll nachgewiesen werden, aus welchen Elementen Ammoniak besteht. Dazu leitet man das Ammoniak über erhitztes Kupferoxid. Es bildet sich Kupfer.
a) Welche Aufgabe hat das weiße Kupfersulfat?
b) Wie würdest du versuchen, das aufgefangene Gas zu identifizieren?
c) Stelle die Reaktionsgleichung für die Reaktion auf.
d) Wie groß muß das Auffanggefäß sein, wenn 1 l Ammoniak reagiert?

Aufgabe 7: Ammoniak wird in einer Kolbenprober-Apparatur bei Anwesenheit eines Katalysators vollständig in seine Elemente zerlegt. Nach dem Abkühlen vergleicht man das Gasvolumen vor der Reaktion mit dem nach der Reaktion. Was wird man feststellen?

Aufgabe 8: a) Wenn man eine Lösung von Calciumhydroxid mit einigen Tropfen Phosphorsäure versetzt, bildet sich sogleich ein Niederschlag. Gib die Reaktionsgleichung an.
b) Wird weiter Phosphorsäure hinzugegeben, löst sich der Niederschlag wieder auf. Wie ist das zu erklären?

Versuch 1: Phosphate reagieren mit Wasser
In 3 Reagenzgläsern werden jeweils etwa 0,5 g Natriumdihydrogenphosphat, Natriumhydrogenphosphat und Natriumphosphat mit 5 ml Wasser versetzt. Schüttle und setze 3 Tropfen Universalindikator hinzu.

Versuch 2: Wirkung von Lötstein
a) Erhitze einen waagerecht eingespannten Kupferblechstreifen.
Gib auf das entstehende schwarze Kupferoxid eine Spatelspitze Ammoniumchlorid (Xn). Beobachte die Oberfläche des Metalls.
b) Zwei waagerecht eingespannte Kupferblechstreifen werden erhitzt. Gib auf den einen Streifen eine Spatelspitze Ammoniumchlorid und ein erbsengroßes Stück Lötzinn. Auf dem anderen Streifen wird nur das Lötzinn erhitzt. Vergleiche die Oberflächen nach dem Versuch.

Problem 1: Weißer Phosphor besteht aus P_4-Molekülen. Diese Moleküle sind tetraedrisch gebaut, dabei sind die Phosphor-Atome durch Elektronenpaarbindungen verknüpft.
a) Welcher Bindungswinkel besteht zwischen den Phosphor-Atomen?
b) Weißer Phosphor ist äußerst reaktionsfähig. Läßt sich diese Tatsache mit dem Bau des Moleküls erklären?

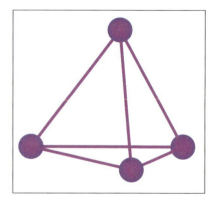

BASISWISSEN

Industrielle anorganische Chemie

1. Schwefelsäure

Herstellung:	Doppelkontakt-Verfahren
Ausgangsstoffe:	Schwefel, Sulfide, Erdöl, Dünnsäure

$$S \xrightarrow{\text{Luft}} SO_2 \xrightarrow[\text{Kat., 500°C}]{\text{Luft}} SO_3 \xrightarrow{\text{Wasser}} H_2SO_4$$

Eigenschaften:
konz. Schwefelsäure: ölige Flüssigkeit; hygroskopisch; Oxidationsmittel
verd. Schwefelsäure: stark saure Lösung; reagiert mit unedlen Metallen unter Wasserstoffentwicklung

Verwendung: Düngemittel, Farbstoffe, Chemiefasern, Kunststoffe, Reinigen von Erdöl, Trockenmittel

Wichtige Salze: Calciumsulfat ($CaSO_4$), Kupfersulfat ($CuSO_4$), Bariumsulfat ($BaSO_4$), Kaliumhydrogensulfat ($KHSO_4$)

2. Ammoniak

Herstellung: HABER-BOSCH-Verfahren
Ausgangsstoffe: Luft, Wasser, Erdgas

$$N_2 + 3H_2 \xrightarrow[\text{300 bar, 450°C}]{\text{Kat.}} 2NH_3$$

Eigenschaften: farbloses, stechend riechendes Gas; sehr gut wasserlöslich; bildet alkalische Lösung (Ammoniakwasser)

Verwendung: Herstellung von Salpetersäure, Düngemittel, Soda

Wichtige Salze: Ammoniumchlorid (NH_4Cl), Ammoniumsulfat (($NH_4)_2SO_4$), Ammoniumnitrat (NH_4NO_3)

3. Salpetersäure

Herstellung: OSTWALD-Verfahren
Ausgangsstoffe: Ammoniak, Luft

$$NH_3 \xrightarrow[\text{Kat.}]{\text{Luft}} NO \xrightarrow{\text{Luft}} NO_2 \xrightarrow{O_2, H_2O} HNO_3$$

Eigenschaften:
konz. Salpetersäure: reagiert als starkes Oxidationsmittel auch mit Kupfer und Silber; wird zu nitrosen Gasen reduziert
verd. Salpetersäure: stark saure Lösung; reagiert mit unedlen Metallen unter Wasserstoffentwicklung

Verwendung: Düngemittel, Farbstoffe, Lacke, Explosivstoffe

Wichtige Salze: Kaliumnitrat (KNO_3), Ammoniumnitrat (NH_4NO_3), Silbernitrat ($AgNO_3$), Strontiumnitrat ($Sr(NO_3)_2$)

4. Phosphorsäure

Herstellung:
$$Ca_3(PO_4)_2 + 3H_2SO_4 \longrightarrow 3CaSO_4 + 2H_3PO_4$$
$$P_4 \xrightarrow{\text{Luft}} P_4O_{10} \xrightarrow{\text{Wasser}} H_3PO_4$$

Ausgangsstoffe: Rohphosphate (Apatit, Phosphorit), Phosphor

Eigenschaften: dreiprotonige Säure; farblose Kristalle; gut wasserlöslich

Verwendung: Düngemittel, Lebensmittelindustrie, Rostschutz

Wichtige Salze: Calciumphosphat ($Ca_3(PO_4)_2$), Calciumdihydrogenphosphat ($Ca(H_2PO_4)_2$)

15 Chemie und Umwelt

Fleischgenuß und Gülleflaß

Deutschland erstickt an der Gülle aus intensiver Viehhaltung

Hannover, Aug. 91 (SSV). Fleisch lassen wir uns immer besser schmecken. Mit 90 kg pro Jahr liegt der durchschnittliche Verzehr eines Bundesbürgers heute dreimal so hoch wie 1950. Diese Entwicklung hat aber ihre Kehrseite. Aus den Ställen der Massentierhaltung müssen in Deutschland jährlich 340 Millionen Tonnen Flüssigmist von Kühen, Schweinen und Hühnern entsorgt werden.

Die Bauern dürfen nur eine begrenzte Menge dieser Gülle pro Hektar Anbaufläche ausbringen. Für überschüssige Gülle wurden daher auch Äcker in größerer Entfernung benötigt. Da Mais die einzige Pflanze ist, die den kontinuierlichen Gülleregen übersteht, wuchs die Anbaufläche für Mais in den letzten 30 Jahren um das Zwanzigfache.

Die Folgen der Gülleflut tragen wir alle. Mikroorganismen im Boden wandeln Gülle in Nitrat um. Dies ist wertvoller Dünger für die Pflanzen. Sie können Nitrat aber nur begrenzt und nicht zu jeder Jahreszeit aufnehmen. So wird mit dem Regen Nitrat in Seen und Flüsse gespült. Nach einiger Zeit gelangt es dann auch ins Grundwasser.

• Die Zufuhr an Nitrat aus der Gülle trägt dazu bei, daß sich in Seen Algen explosionsartig ausbreiten. Nach ihrem Absterben ersticken die Seen an Sauerstoffmangel.

• Vielerorts mußten private Trinkwasserbrunnen geschlossen werden, weil der Nitratgehalt den Grenzwert von 50 Milligramm pro Liter überschritt.

• Der Nitratanteil in unserer Nahrung steigt. Besonders in Spinat, Kopfsalat, Kohl und Rhabarber kann sich Nitrat anreichern.

Einige Bundesländer zahlen Landwirten, die keine Gülle mehr in Wasserschutzgebieten ausbringen, einen Ausgleichsbetrag. Man schätzt, daß sich diese Maßnahme über eine Erhöhung des Trinkwasserpreises um 3 Pfennige pro Kubikmeter finanzieren ließe. Die technischen Verfahren zum Entzug von Nitrat aus dem Trinkwasser schlagen dagegen mit fast 50 Pfennigen pro Kubikmeter zu Buche.

Abhilfe könnten auch Gülle-Verwertungsanlagen bringen, die Gülle zu Dünger verarbeiten. Die Entsorgungskosten von 3 DM pro Kubikmeter Gülle schrecken die meisten Landwirte jedoch ab.

Langfristig ist das Gülleproblem nur zu lösen, wenn die Massentierhaltung als Industrieunternehmen betrachtet wird. Dann gelten schärfere Auflagen für die Betriebe, dazu sind aber neue Gesetze erforderlich. Diese müßten auf europäischer Ebene abgesprochen werden, um deutsche Landwirte in ihrer Konkurrenzfähigkeit nicht zu benachteiligen.

Wo Güllewagen ihre Fracht auf Weiden und Felder verspritzen, verbreitet sich der beißende Geruch von Ammoniak.

15.1 Was braucht die Pflanze zum Leben?

Alle grünen Pflanzen bauen ihre körpereigenen Substanzen vor allem aus *Wasser* und dem *Kohlenstoffdioxid* der Luft auf. Dabei liefert Sonnenlicht die nötige Energie.

Verbrennt man Pflanzenteile, so entstehen als Reaktionsprodukte wieder Kohlenstoffdioxid und Wasserdampf. Außerdem bleibt Pflanzenasche zurück, ein Gemisch von *Mineralsalzen*. Hauptbestandteile sind neben Sulfat- und Phosphat-Ionen die Ionen von Kalium, Natrium, Calcium und Magnesium.

Alle diese Ionen zählen zu den Pflanzennährstoffen, ohne die eine Pflanze nicht leben kann. So sind Magnesium-Ionen am Aufbau des Blattgrüns beteiligt und die körpereigenen Eiweißstoffe können nur gebildet werden, wenn genügend Nitrat-Ionen verfügbar sind. Jede Pflanze muß also wasserlösliche Mineralsalze über ihre Wurzeln aus dem Boden aufnehmen. Je nach Wachstumsstadium benötigen die Pflanzen diese Nährstoffe in unterschiedlichen Mengen und in unterschiedlichen Anteilen.

In der Natur durchlaufen die Mineralsalze einen Kreislauf: Sobald die Pflanzen absterben, werden sie zersetzt, und die Mineralsalze gelangen in den Boden zurück. Erntet der Mensch die Pflanzen jedoch jährlich ab, so kommt es ohne Düngung mit der Zeit zu einem Mangel an Mineralsalzen im Boden. Die Erträge nehmen ab.

LIEBIG entdeckte um 1840 den Zusammenhang zwischen Bodenfruchtbarkeit und Mineralsalzgehalt. Er ist der Begründer der Agrikulturchemie. Untersuchungen an Pflanzenaschen führten ihn zu dem Ergebnis, daß der Mineralsalzbedarf verschiedener Pflanzen recht unterschiedlich ist.

Gesetz vom Wachstumsminimum. Für das optimale Wachstum von 1 kg Weizenkörnern benötigen die Pflanzen bis zur Reife 30 g Stickstoff als Nitrat-Ionen und 5 g Phosphor als Phosphat-Ionen. Bietet man den Pflanzen mit dem Dünger 30 g Stickstoff und 30 g Phosphor an, verbleibt der überschüssige Phosphatdünger mit 25 g Phosphor ungenutzt im Boden. Enthält der ausgestreute Dünger 30 g Stickstoff und 2,5 g Phosphor, so fällt die Ernte geringer aus. Die Pflanzen nehmen dann nur 15 g Stickstoff auf. Der restliche Stickstoffdünger bleibt im Boden.

Grundsätzlich sollte nur gezielt gedüngt werden, nachdem eine Bodenanalyse durchgeführt wurde: Man spart Geld und tut gleichzeitig etwas für die Erhaltung der Umwelt. Überschüssige Düngemittel gefährden nämlich Gewässer und Grundwasser.

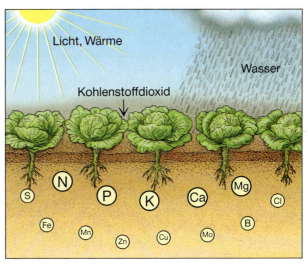

1. Was braucht die Pflanze zum Leben?

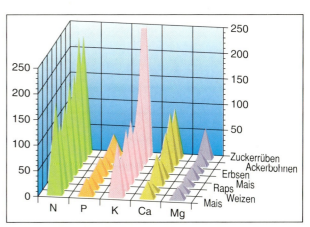

2. Nährstoffaufnahme einiger Pflanzen in Kilogramm pro Hektar bei durchschnittlicher Ernte

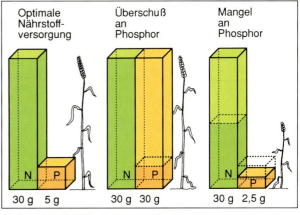

3. Gesetz vom Wachstumsminimum

15.2 Chemie und Landwirtschaft – Düngemittel

1. Düngung und Pflanzenwachstum

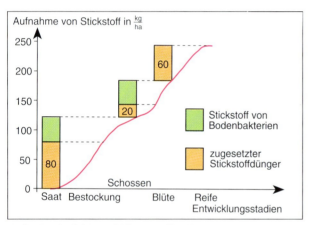

2. Optimale Stickstoffdüngung für Winterweizen

Mineraldünger	Salze	Nährstoffgehalt in %		
		N	P	K
Stickstoffdünger (N): Ammonsulfat-salpeter 26	$(NH_4)_2SO_4$ NH_4NO_3	26		
Phosphatdünger (P): Superphosphat	$Ca(H_2PO_4)_2$ $CaSO_4$		8	
Kalidünger (K): Kaliumchlorid	KCl			41
Volldünger (NPK): Nitrophoska	NH_4NO_3 $(NH_4)_2HPO_4$ $CaHPO_4$ KCl $Ca(H_2PO_4)_2$ $CaSO_4$	13	6	17

3. Zusammensetzung von Mineraldüngern

Bei einer guten Weizenernte von 8 Tonnen pro Hektar entziehen die Pflanzen dem Boden 240 Kilogramm Stickstoff, indem sie Nitrat und Ammoniumsalze aufnehmen. Dabei ist der Stickstoffbedarf während der verschiedenen Wachstumsperioden unterschiedlich. Ein Teil der benötigten Stickstoffverbindungen wird fortwährend von Bodenbakterien produziert, der Rest muß dem Boden durch Düngung zugeführt werden.

Organische Dünger. Seit alters her verwendet man *Wirtschaftsdünger* wie Mist, Jauche und Kompost. Dieser organische Dünger kann aber von der Pflanze nicht direkt aufgenommen werden. Er muß zunächst durch Mikroorganismen im Boden zersetzt werden. Erst dabei entstehen wasserlösliche Mineralsalze, die von der Pflanze aufgenommen werden. Organische Dünger wirken daher nur langsam. Sie fördern aber die Humusbildung und verbessern dadurch die Bodenstruktur, den Wasserhaushalt des Bodens und die Lebensbedingungen der Bodenorganismen.

Gründüngung. Leguminosen, also Pflanzen wie Lupinen oder Klee, können Ammoniak bilden. Dabei helfen ihnen Knöllchenbakterien in ihren Wurzeln. Leguminosen wachsen daher auch auf extrem stickstoffarmen Böden. Pflügt man sie unter, so wird der Boden mit Stickstoffverbindungen angereichert.

Mineraldünger. Seit etwa 150 Jahren wird ein großer Teil der fehlenden Mineralsalze durch Mineraldünger bereitgestellt. Die wasserlöslichen Bestandteile stehen dann der Pflanze sofort zur Verfügung. Man muß aber darauf achten, daß Mineraldünger zum richtigen Zeitpunkt und in einer auf die Bodenverhältnisse abgestimmten Menge ausgebracht werden.

Die wichtigsten *Stickstoffdünger (N)* sind Nitrate und Ammoniumverbindungen. 85% des weltweit nach dem HABER-BOSCH-Verfahren erzeugten Ammoniaks werden zu Stickstoffdüngern weiterverarbeitet.
Phosphatdünger (P) werden aus Calciumphosphat hergestellt, das aus großen Phosphatlagern in Marokko und den USA stammt. Da Calciumphosphat nicht wasserlöslich ist, wird es mit Schwefelsäure oder Phosphorsäure zu Calciumdihydrogenphosphat umgesetzt.
Kalidünger (K) stellt man aus Kaliumsalzen her, die in Kalibergwerken abgebaut werden. Die geförderten Rohsalze enthalten oft 75% Fremdsalze, die zunächst durch Löse- und Kristallisationsverfahren abgetrennt werden müssen.
Volldünger enthalten diese Pflanzennährstoffe in einem abgestimmten Verhältnis. Man bezeichnet sie als *NPK-Dünger*. Oft werden ihnen noch andere Salze mit wichtigen *Spurenelementen* zugesetzt.

Düngemittel

Versuch 1: Veraschung

Materialien: Becherglas, Messer, Gasbrenner mit Dreifuß, Tondreieck, Porzellantiegel, Trockenschrank; Pflanzenmaterial.

Durchführung:
1. Zerkleinere 10 g Pflanzenmaterial und trockne es 2 Stunden im Trockenschrank bei 110 °C.
2. Gib das getrocknete Pflanzenmaterial in den Porzellantiegel, stelle den Tiegel auf das Tondreieck und erhitze stark mit dem Gasbrenner, bis der Rückstand hellgrau bis weiß ist.

Aufgabe: Erkläre die Vorgänge beim Veraschen.

Versuch 2: Untersuchung von Pflanzenasche und Flüssigdünger

Materialien: Erlenmeyerkolben (100 ml), Trichter, Filtrierpapier;
Salzsäure (5%) (Xi), Salpetersäure (5%) (C), Pflanzenasche (Zigarettenasche), Flüssigdünger, Ammoniumthiocyanat-Lösung (Xn), Kaliumhexacyanoferrat(III)-Lösung, Ammoniumoxalat-Lösung (Xn), Ammoniumcarbonat, Ammoniak-Lösung (verd.), Natriumhydrogenphosphat-Lösung.

Durchführung:
1. *Vorbereitung:*
   Gib etwa 1 g der Asche in etwa 20 ml Salpetersäure und schüttle gut durch. Filtriere die Lösung. Mische je 20 ml Flüssigdünger mit der gleichen Menge Salzsäure bzw. Salpetersäure.
2. *Nachweis von Chlorid-Ionen, Sulfat-Ionen, Phosphat-Ionen, Nitrat-Ionen:*
   Führe die Nachweisreaktionen entsprechend den Versuchsanleitungen im Praktikum *Nachweisreaktionen für Ionen* durch. Achte jeweils darauf, ob in salzsaurer oder in salpetersaurer Lösung gearbeitet wird.
3. *Nachweis von Eisen-Ionen:*
   a) Gib zu der salpetersauren Probelösung einige Tropfen Ammoniumthiocyanat-Lösung. Bei positiver Reaktion entsteht eine tiefrote Lösung.
   b) Gib zu der salzsauren Probelösung einige Tropfen Kaliumhexacyanoferrat(III)-Lösung. Bei positiver Reaktion zeigt sich eine Blaufärbung.
4. *Nachweis von Calcium-Ionen:*
   Gib zu 3 ml der salzsauren Probelösung 1 ml Ammoniumoxalat-Lösung. Die Reaktion ist positiv, wenn sich ein weißer Niederschlag bildet.

5. *Nachweis von Magnesium-Ionen:*
   Gib zu 3 ml Probelösung eine Spatelspitze festes Ammoniumcarbonat, um störende Calcium-Ionen auszufällen. Filtriere den Niederschlag ab. Gib dann etwas Ammoniumcarbonat zu dem Filtrat. Falls sich erneut ein Niederschlag bildet, muß nochmals filtriert werden.
   Gib zuerst Ammoniak-Lösung und anschließend Natriumhydrogenphosphat-Lösung zum Filtrat. Bei positiver Reaktion bildet sich ein weißer Niederschlag.

Aufgabe: Fasse die Ergebnisse der Nachweisreaktionen in einer Tabelle zusammen.

Versuch 3: Adsorptionsvermögen von Ackerboden

Materialien: Becherglas (150 ml), Trichter, Filtrierpapier;
Gartenerde, Phosphat-Lösung (eine Spatelspitze Natriumdihydrogenphosphat in einem Liter Wasser), Nitrat-Lösung (eine Spatelspitze Ammoniumnitrat (O) in einem Liter Wasser), Phosphat-Reagenz (Xn, C), Nitrat-Teststäbchen.

Durchführung:
1. Prüfe die Phosphat-Lösung auf Phosphat.
2. Wiege 50 g Gartenerde ab und schlämme sie mit 50 ml Phosphat-Lösung in einem Becherglas gut auf.
3. Filtriere die Suspension. Prüfe das Filtrat auf Phosphat-Ionen.
4. Ermittle mit dem Teststäbchen den Nitratgehalt der Nitrat-Lösung.
5. Schlämme 50 g Gartenerde mit 50 ml Nitrat-Lösung auf. Filtriere die Suspension. Prüfe das Filtrat auf Nitrat-Ionen.

Aufgabe: Welche Bedeutung hat das Ergebnis für die Düngung?

Versuch 4: Nitrat in Gemüseproben

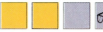

Materialien: Reibschale, Erlenmeyerkolben, Trichter, Filtrierpapier;
Gemüseproben (Radieschen, Spinat, Karotten), Nitrat-Teststäbchen, Aktivkohle.

Durchführung:
1. Verreibe Gemüseteile in der Reibschale zu einem Brei, füge ein wenig Wasser hinzu und filtriere.
2. Sollte das Filtrat gefärbt sein, setze Aktivkohle hinzu, schüttele kräftig und filtriere erneut.
3. Untersuche das Filtrat mit Nitrat-Teststäbchen.

Aufgabe: Notiere deine Beobachtungen.

15.3 Der Stickstoffkreislauf

Ein Teil des Stickstoffs auf der Erde befindet sich durch Stoffwechselvorgänge bei Bakterien, Pflanzen und Tieren in einem ständigen Kreislauf.

Pflanzen benötigen zum Wachstum Stickstoff, den sie nur in Form wasserlöslicher Nitrate und Ammoniumsalze aufnehmen können. Daraus bauen sie organische Stickstoffverbindungen auf, vor allem pflanzliches Eiweiß. Pflanzenfressende Tiere und der Mensch bauen dieses Eiweiß zu körpereigenen Eiweißstoffen um. Ausscheidungen und Pflanzenreste bringen die organischen Stickstoffverbindungen in die Humusschicht des Bodens zurück.

95% des Stickstoffs in der Humusschicht liegt in Form organischer Verbindungen vor. Bakterien bauen jährlich etwa 2% dieser Stoffe zu Ammoniak und Ammoniumsalzen ab. Diesen Abbau organischer Stoffe zu anorganischen Verbindungen nennt man *Mineralisation*. Daran schließt sich die *Nitrifikation* an, die bakterielle Oxidation zu Nitraten.

Molekularer Stickstoff, mit fast 80% der Hauptbestandteil der Luft, kann von Pflanzen nicht direkt aufgenommen werden. Er wird von speziellen Bakterien in den Kreislauf eingeschleust: Freilebende Bodenbakterien können in unseren Breiten jährlich 25 kg Luftstickstoff pro Hektar binden. Knöllchenbakterien in den Wurzelknöllchen der Leguminosen bringen es auf 400 kg pro Hektar und Jahr.

Bei Gewittern entsteht in Blitzen Stickstoffmonooxid, das sich mit Sauerstoff und Luftfeuchtigkeit zu Salpetersäure umsetzt. Durch Niederschläge gelangt auf diesem Wege jährlich aber nur etwa 1 kg Stickstoff pro Hektar in den Boden.

Neben den Pflanzen verbrauchen einige Bodenbakterien Nitrate bei ihrem Stoffwechsel. Durch diese *denitrifizierenden Bakterien* werden elementarer Stickstoff und Stickstoffoxide an die Atmosphäre abgegeben. Auch ein Teil des durch Bakterien im Boden gebildeten Ammoniaks geht an die Luft verloren, ehe er von den Pflanzen genutzt werden kann.

Der Mensch greift durch die Landwirtschaft erheblich in den Stickstoffkreislauf ein. Mit der Ernte wird dem Boden Stickstoff entzogen. Diesen Verlust gleicht der Landwirt durch Düngung wieder aus. Dabei ist Luftstickstoff der Ausgangsstoff für alle Stickstoffdüngemittel. Im ersten Schritt wird Stickstoff nach dem HABER-BOSCH-Verfahren zu Ammoniak umgesetzt. Und aus Ammoniak werden anschließend Harnstoff, Salpetersäure und Nitrate gewonnen.

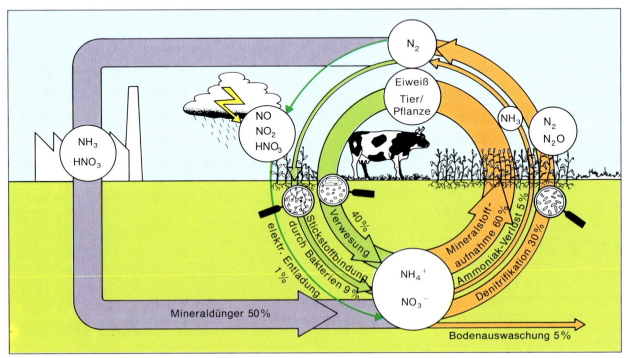

1. Der Stickstoffkreislauf

EXKURS

Das Nitrat-Nitrit-Problem

„Nitratgehalt im Trinkwasser überschreitet den Grenzwert". „Bedenkliche Mengen Nitrat im Spinat".

Solche Pressemeldungen weisen immer wieder auf ein Problem hin: Es wird zuviel gedüngt. Pflanzen wie Spinat und Salat nehmen über ihren Bedarf hinaus Nitrat auf. Und der Rest versickert ins Grundwasser.

Trinkwasser darf aber nach der *Trinkwasserverordnung* nicht mehr als 50 mg Nitrat pro Liter enthalten. Ein Mensch sollte nach den Empfehlungen der Weltgesundheitsorganisation (WHO) höchstens 4 mg Nitrat pro Kilogramm Körpergewicht am Tag aufnehmen.

Nitrat selbst ist eigentlich ungiftig. Bakterien in Mund und Magen wandeln Nitrat aber in Nitrit um. Nitrit behindert den Sauerstofftransport im Blut. Bei Säuglingen kann das zur *Blausucht* führen.

Problematischer ist aber die Reaktion von Nitrit mit Produkten der Eiweißverdauung. Dabei können sich auch krebserregende *Nitrosamine* bilden.

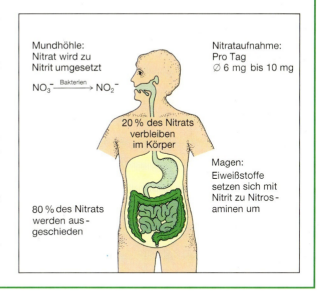

EXKURS

Algenpest und Fischsterben

In einem gesunden Gewässer herrscht ein Gleichgewicht zwischen Algen, Fischen und Bakterien. Die Algen nehmen Kohlenstoffdioxid auf und produzieren Sauerstoff für Fische und Bakterien. Gleichzeitig sind Algen Nahrung für Fische und Bakterien. Die Bakterien zersetzen abgestorbene Algen zu Kohlenstoffdioxid und Mineralsalzen wie Nitraten, Sulfaten und Phosphaten. Algen benötigen diese Mineralsalze zum Wachstum: Der Kreislauf schließt sich.

Eingriffe des Menschen bringen den Kreislauf aus dem Gleichgewicht: Aus überdüngten Feldern werden Nitrate und Phosphate in die Gewässer gespült. Die Algen vermehren sich jetzt explosionsartig: Es kommt zur Algenpest.

Die abgestorbenen Algen werden, wie sonst auch, von den Bakterien zersetzt. Dazu wird aber wesentlich mehr Sauerstoff benötigt. Der Sauerstoff fehlt dann den Fischen: Es kommt zum Fischsterben.

Aber auch den Bakterien kann der Sauerstoff ausgehen. Dann setzen sich Bakterien durch, die keinen Sauerstoff benötigen. Sie zersetzen die Algenmassen zu stinkenden Faulgasen wie Ammoniak und Schwefelwasserstoff: Das Gewässer kippt um.

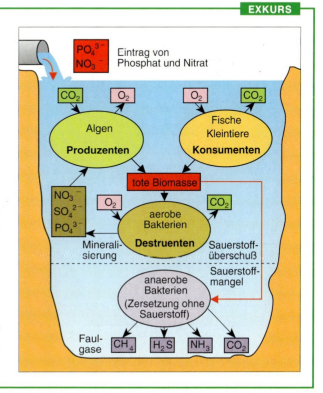

15.4 Saurer Regen – Entstehung und Folgen

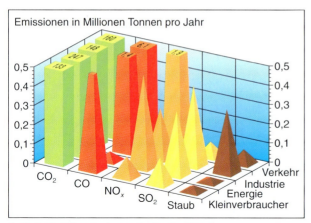

1. Schadstoffemissionen in Deutschland

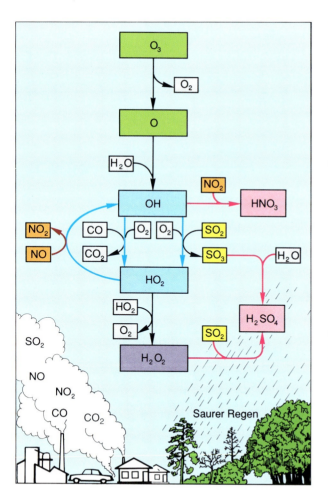

2. Chemische Prozesse in der Atmosphäre. Bei den Reaktionen spielen kurzlebige, sehr reaktionsfähige Zwischenprodukte wie das Hydroxyl-Teilchen (OH) eine zentrale Rolle.

„Regen fast so sauer wie Essig!" Solche Pressemeldungen führen uns eindringlich das Ausmaß von Umweltbelastungen vor Augen. Dabei ist Regenwasser mit einem pH-Wert zwischen 5 und 6 natürlicherweise immer leicht sauer: Spurengase aus der Luft wie Kohlenstoffdioxid, Schwefeldioxid und Stickstoffoxide lösen sich in den Regentropfen. Es bildet sich eine schwach saure Lösung. Die Gase gelangen durch Vulkanausbrüche und durch den Stoffwechsel von Bodenbakterien fortwährend in die Atmosphäre.

Durch die Verbrennung der fossilen Energieträger Kohle, Erdöl und Erdgas wird die Atmosphäre zusätzlich stark mit Schadstoffen belastet. Kohle und Erdöl enthalten immer Schwefelverbindungen. So gelangen über die Abgase von Kraftwerken und privaten Haushalten große Mengen *Schwefeldioxid* in die Atmosphäre. *Autoabgase* belasten die Atmosphäre vor allem mit *Stickstoffoxiden*, die sich bei der Verbrennung im Motor bilden.

Die Atmosphäre wirkt nun wie ein großes Reaktionsgefäß. Unter dem Einfluß des Sonnenlichts reagieren die Schadstoffe mit Sauerstoff und Wasser in vielfältiger Weise. Dies läßt sich gut beobachten, wenn bei bestimmten Wetterlagen die Schadstoffe aus einem Gebiet nicht abziehen können. Es bildet sich *Smog* (engl. *smoke*: Rauch; engl. *fog*: Nebel). Bei den Reaktionen in der Atmosphäre bildet sich aus Schwefeldioxid letztlich Schwefelsäure, aus den Stickstoffoxiden entsteht Salpetersäure. Die Wassertröpfchen der Wolken enthalten daher verdünnte Schwefelsäure und verdünnte Salpetersäure. In tieferen Wolkenschichten können pH-Werte um 3 erreicht werden. Die pH-Werte der Niederschläge in Nordwesteuropa schwanken zwischen 3 und 5.

Auswirkungen auf Boden und Wasser. Saurer Regen kann weitab von der Quelle der Luftverschmutzung niedergehen. Von der Zusammensetzung des Bodens am Niederschlagsort hängt es ab, wie weit die pH-Werte im Boden und in den Gewässern absinken. Auf kalkhaltigen Böden reagieren die Säuren mit Calciumcarbonat und verursachen zunächst keine Änderung des pH-Werts. In kalkarmen Böden findet ein Ionenaustausch statt: Im Boden gebundene Calcium-Ionen, Magnesium-Ionen oder Aluminium-Ionen werden freigesetzt; an ihrer Stelle werden Wasserstoff-Ionen aus dem sauren Regen im Boden gespeichert. Der Boden versauert.

In kalkarmen Gebieten können auch Gewässer durch den sauren Regen rasch versauern. Für die meisten Wasserorganismen sind pH-Werte unter 4 tödlich. In 2000 der 5000 Seen Südnorwegens leben bereits keine Fische mehr.

Zerstörung von Bauwerken. Saurer Regen greift Gesteine an. Besonders gefährdet sind Sandsteine, in denen die Sandkörner durch Kalk zusammengehalten werden. Kalk reagiert mit Schwefelsäure zu Gips.

$$CaCO_3(s) + H_2O(l) + 2H^+(aq) + SO_4^{2-}(aq) \longrightarrow CaSO_4 \cdot 2H_2O(s) + CO_2(g)$$

Bei dieser Umwandlung von Kalk in Gips nimmt das Volumen erheblich zu. So wird das Steingefüge allmählich aufgebrochen. Viele alte Baudenkmäler sind durch diese Steinkorrosion stark angegriffen.

Waldsterben. Laut Waldschadensbericht von 1990 sind 25% der Bäume in Deutschland deutlich geschädigt. Die Rolle des sauren Regens beim Waldsterben ist nicht eindeutig geklärt. Eine Hypothese besagt, daß durch den sauren Regen die Versorgung der Bäume mit Calcium-Ionen und Magnesium-Ionen gestört ist: Wasserstoff-Ionen aus dem sauren Regen werden im Boden gebunden, gleichzeitig werden Calcium-Ionen und Magnesium-Ionen aus dem Boden freigesetzt und ausgewaschen. Daneben können aus dem Boden auch Metall-Ionen in Lösung gehen, die für die Bäume giftig sind. Weiterhin werden bei pH-Werten unter 4 Mikroorganismen geschädigt, die für das Ökosystem im Boden und somit auch für das Nährstoffangebot der Bäume wichtig sind.
Neben dieser Hypothese wird auch diskutiert, ob Luftschadstoffe wie Schwefeldioxid und Ozon Blätter und Nadeln direkt schädigen.

Maßnahmen gegen den sauren Regen. Wichtigste Aufgabe des Umweltschutzes ist es, die Emission von Schadstoffen zu verringern. Kraftwerke müssen dazu mit *Entschwefelungsanlagen* ausgerüstet werden. Dort besprüht man die Rauchgase unter Luftzufuhr mit einer Kalksuspension. Das Schwefeldioxid wird dabei zu Calciumsulfat (Gips) umgesetzt, der in der Bauindustrie weiter verwendet werden kann. Durch *Entstickungsanlagen* lassen sich auch die Stickstoffoxide beseitigen. Man setzt dabei die Stickstoffoxide mit Ammoniak zu Stickstoff und Wasser um. 1990 waren erst wenige Kraftwerke mit solchen Anlagen ausgerüstet. Im Verlaufe der 90er Jahre wird diese Technik aber allgemein angewendet werden.

Autoabgase lassen sich wirkungsvoll nur mit einem *geregelten Katalysator* reinigen. Die Schadstoffe (CO, NO_x, Kohlenwasserstoffe) reagieren dabei an fein verteiltem Platin zu Kohlenstoffdioxid, Stickstoff und Wasser.
Abgase aus Haushalten lassen sich bisher nicht reinigen. Die Verbraucher sollten daher schwefelarme Brennstoffe wie Erdgas verwenden und die Heizungsanlagen sorgfältig warten.

1. Gesteinskorrosion durch sauren Regen

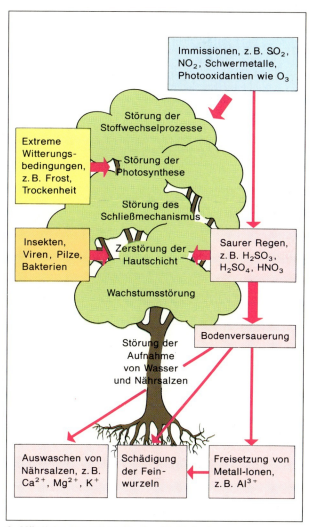

2. Mögliche Ursachen für das Waldsterben

PROJEKT

Gewässeruntersuchungen

Vom Kanal zum Biotop

Hannover, September 91 (SSV).
Eine Woche lang tauschten zwölf Schülerinnen und Schüler ihre Füller und Schulhefte gegen Gummistiefel und Anoraks. Die Jugendlichen wollten die schulnahe Seebek wieder in ein naturnahes Gewässer verwandeln.

„Zuerst haben wir ganz schön viel Müll herausgeholt", berichtet Sven, Sprecher der Gruppe. Sie entfernten dann die Uferbefestigung und legten mit großen Kieselsteinen Hindernisse im Bach an. Hinter diesen Steinhaufen bildeten sich im Wasser ruhige Zonen, die gern von Fischen und Fröschen zum Laichen aufgesucht werden.

Gemeinsam mit Vertretern des Kreisamtes ermittelten die Bachpaten den pH-Wert und den Sauerstoffgehalt des Gewässers. Mit einem Kescher fingen sie Kleinstlebewesen. Ergebnis: Die ökologischen Bedingungen im Bach sind zufriedenstellend.

Nicht nur diese Jugendlichen engagieren sich für Gewässer. Im Kreis gibt es bereits 90 solcher Bachpatenschaften, die sich bemühen, die oft zu Abwasserkanälen degradierten Wasserläufe wieder in naturnahe Biotope zu verwandeln.

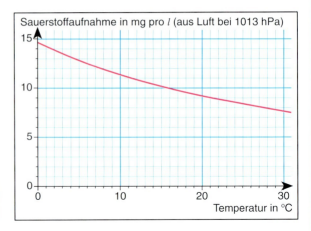

Wir untersuchen ein Gewässer

1. Zeichne eine Karte des zu untersuchenden Gewässers.
2. Suche geeignete Stellen für die Probenentnahme (Quelle, Zuflüsse, Industriegebiete, Gewerbegebiete).
3. Führe die im Musterprotokoll angegebenen Untersuchungen durch. Anleitungen zu den Ionen-Nachweisen findest du in den Praktika auf den Seiten 232, 233 und 257.
4. Führe Gewässeruntersuchungen über einen längeren Zeitraum, zu verschiedenen Jahreszeiten und bei unterschiedlichem Wetter durch.

Protokoll für Gewässeruntersuchungen		
Probennummer	20	
Entnahmestelle	Yachthafen	
Datum	20.08.91	
Wetter	Regen	
Aussehen	bräunlich, Ölschlieren	
Geruch	muffig	
Temperatur	18 °C	
	1. Wert	2. Wert
Sauerstoffgehalt		
Sättigungswert	9,2	$\frac{mg}{l}$
gemessener Wert	3,6	3,5 $\frac{mg}{l}$
Sauerstoff-Defizit	5,6	5,7 $\frac{mg}{l}$
BSB_5-Wert	10,2	9,1 $\frac{mg}{l}$
pH-Wert	7,4	7,5
Ammonium-Ionen	1,5	1,3 $\frac{mg}{l}$
Chlorid-Ionen	127	131 $\frac{mg}{l}$
Nitrat-Ionen	30	28 $\frac{mg}{l}$
Nitrit-Ionen	0,5	0,5 $\frac{mg}{l}$
Phosphat-Ionen	0,4	0,4 $\frac{mg}{l}$
Kaliumpermanganat-Verbrauch	54	57 $\frac{mg}{l}$

Versuch 1: Oxidation einer Gewässerprobe mit Kaliumpermanganat

Materialien: Erlenmeyerkolben (300 ml), Uhrglas, Bürette (25 ml), Meßpipette (20 ml), Magnetrührer; Schwefelsäure (25%) (C), Kaliumpermanganat-Lösung (0,002 $\frac{mol}{l}$), Oxalsäure-Lösung (0,05 $\frac{mol}{l}$).

Durchführung:
1. Gib zu 100 ml der filtrierten Wasserprobe 5 ml Schwefelsäure und 15 ml Kaliumpermanganat-Lösung.
2. Erhitze die Lösung in einem abgedeckten Erlenmeyerkolben zum schwachen Sieden.
3. Gib in die noch heiße Lösung 15 ml Oxalsäure-Lösung.
4. Tropfe in die noch warme Lösung aus einer Bürette Kaliumpermanganat-Lösung bis zur bleibenden Rosafärbung. Notiere das verbrauchte Volumen an Kaliumpermanganat-Lösung.

Auswertung:
1 ml der Permanganat-Lösung enthält 0,316 mg $KMnO_4$.
1 ml Oxalsäure-Lösung verbraucht 10 ml Permanganat-Lösung. Berechne den Verbrauch für einen Liter der Wasserprobe.

Bedeutung des Kaliumpermanganat-Verbrauchs:

Gewässer enthalten je nach Gewässergüte unterschiedliche Mengen an oxidierbaren organischen Substanzen. Der Kaliumpermanganat-Verbrauch für einen Liter Gewässerprobe ist ein Maß für die Gesamtverunreinigung des Wassers durch leichter oxidierbare organische Verbindungen. Ganz ähnlich geht man bei der experimentellen Bestimmung des **c**hemischen **S**auerstoff**b**edarfs **(CSB-Wert)** vor. Bei diesem Verfahren werden organische Stoffe nahezu vollständig oxidiert. Aus den Versuchsergebnissen berechnet man, wieviel Sauerstoff für die Oxidation benötigt würde.

Gewässeruntersuchungen

Versuch 2: Sauerstoffgehalt und BSB$_5$-Wert

Materialien: Gaswaschflasche, Wasserstrahlpumpe; Reagenziensatz zur Sauerstoffbestimmung, Wasserprobe.

Durchführung:
1. Führe mit 100 ml der Wasserprobe die Sauerstoffbestimmung entsprechend der Gebrauchsanleitung des Reagenziensatzes durch.
2. BSB$_5$-Wert: Fülle von derselben Wasserprobe einen Teil in eine Gaswaschflasche und leite Luft bis zur Sättigung durch. Teile die mit Luftsauerstoff gesättigte Probe auf zwei Flaschen auf.
3. Bestimme in der einen Teilprobe sofort den Sauerstoffgehalt.
4. Bewahre die andere Teilprobe in verschlossener Flasche bei konstanter Temperatur fünf Tage im Dunkeln auf und bestimme dann den Sauerstoffgehalt.

Bedeutung des BSB-Werts:

Ein großer Teil der organischen Verunreinigungen in einem Gewässer kann von Mikroorganismen abgebaut werden. Dabei wird Sauerstoff verbraucht. Die Menge Sauerstoff, die für den biologischen Abbau organischer Verbindungen in einem Liter Wasser innerhalb von 5 Tagen verbraucht wird, nennt man den **b**iologischen **S**auerstoff**b**edarf, kurz BSB$_5$-Wert. Ein hoher BSB$_5$-Wert läßt auf starke Verunreinigungen schließen.

Arbeitsaufträge:
1. Mit zunehmender Verschmutzung nimmt die Vielfalt der in einem Gewässer vorhandenen Lebewesen ab. Der Grad an Verarmung kennzeichnet die Gewässergüte. Informiere dich in diesem Zusammenhang über den *Saprobienindex*.
2. Stelle die Ergebnisse deiner Gewässeruntersuchung auf Schautafeln dar. Zeichne eine Gewässergütekarte des von dir untersuchten Gewässers.

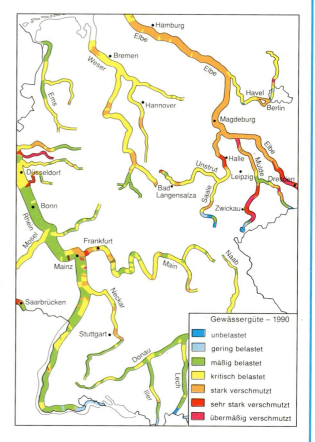

Arbeitsaufträge:
1. Informiere dich über die Grenzwerte der Trinkwasserverordnung.
2. Können sehr geringe Schadstoffkonzentrationen eine Gefährdung darstellen? Stelle unterschiedliche Meinungen zu dieser Frage dar.

Güteklasse		Saprobienindex	O$_2$-Minimum in $\frac{mg}{l}$	BSB$_5$-Wert in $\frac{mg}{l}$	KMnO$_4$-Verbrauch in $\frac{mg}{l}$	Ammoniumgehalt in $\frac{mg}{l}$	Nitritgehalt in $\frac{mg}{l}$	Nitratgehalt in $\frac{mg}{l}$	Phosphatgehalt in $\frac{mg}{l}$	Gesamtkoloniezahl pro ml (coliforme Keime)
I	(unbelastet)	1,0–1,5	8	1	< 20	< 0,1	< 0,02	< 1,0	< 0,03	um 10^2 (50)
I–II	(gering belastet)	1,5–1,8	8	1–2	bis 30	um 0,1	um 0,1	bis 1,0	um 0,03	um 10^3 (> 50)
II	(mäßig belastet)	1,8–2,3	6	2–5	bis 40	0,1–0,4	um 0,2	< 5,0	bis 0,5	um 10^4 (10^2)
II–III	(kritisch belastet)	2,3–2,7	4	5–8	bis 60	um 1,0	um 0,5	um 5,0	> 0,5	> 10^4 (> 100)
III	(stark verschmutzt)	2,7–3,2	2	8–14	bis 80	> 2,0	um 4,0	> 5,0	> 0,5	um 10^5 (10^3)
III–IV	(sehr stark verschmutzt)	3,2–3,5	2	14–20	> 80	> 4,0	um 6,0	> 5,0	> 0,5	um 10^4 (> 10^3)
IV	(übermäßig verschmutzt)	3,5–4,0	2	> 20	> 80	um 10	um 8,0	> 5,0	> 0,5	> 10^6 (2×10^4)

15.5 Wohin mit dem Müll?

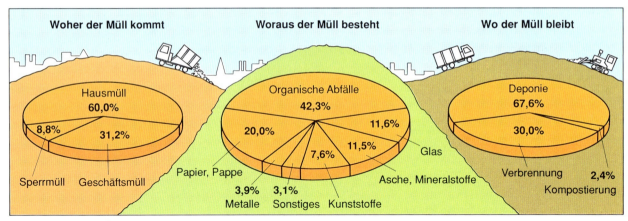

1. Der jährliche Müllberg

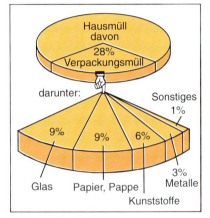

2. Verpackungsmüll

Jährlich fallen etwa 500 Kilogramm Hausmüll pro Einwohner an. Die Abfalltonnen quellen über, die Müllberge auf den Deponien wachsen. Mancherorts weiß man kaum noch wohin mit dem Müll.

Vermeidung. Abfall zu vermeiden, ist zunächst das Gebot der Stunde. Und dabei steht der Verpackungsmüll, der vom Volumen her etwa die Hälfte des Mülls ausmacht, im Mittelpunkt der Überlegungen. So müssen Hersteller ihre Transportverpackungen seit Dezember 1991 zurücknehmen. Zweitverpackungen wie beispielsweise Kartons für Zahnpastatuben können seit April 1992 von den Kunden im Laden zurückgelassen werden. Weiterhin sollen Einwegflaschen und Einwegverpackungen in naher Zukunft mit einem Pflichtpfand belegt werden.

Recycling. Nahezu die Hälfte des Hausmülls läßt sich wiederverwerten. Altpapier wird zu Umweltpapier, aus Altglas entstehen neue Flaschen. Auch Metalle und Kunststoffe können wiederverwertet werden. Allerdings müssen die Verbraucher dazu die Wertstoffe im Hausmüll sortieren und getrennt sammeln, um sie dann in die dafür vorgesehenen Container zu geben. Organische Küchen- und Gartenabfälle lassen sich im eigenen Komposthaufen zu Dünger verarbeiten.

Müllverbrennung. Was an Müll übrig bleibt, muß beseitigt werden. Ein Teil wird in Heizwerken verbrannt. Die Verbrennungswärme läßt sich zur Stromerzeugung oder als Fernwärme nutzen. Auf diese Weise wird Deponieraum gespart. Die zurückbleibende Schlacke benötigt aber immer noch ein Drittel des Raums der Ausgangsmenge. Außerdem entstehen bei der Verbrennung schädliche Abgase.
Seit einigen Jahren wird geprüft, ob *Pyrolyse*-Verfahren umweltfreundlicher sind. Dabei wird der Müll unter Luftausschluß auf 450 °C bis 1200 °C erhitzt und so in Stoffe zerlegt, die sich nutzen lassen.

Deponien. Trotz allem kann man auf Mülldeponien nicht verzichten. Der Standort einer Deponie muß sorgfältig geplant werden. Sie muß so angelegt werden, daß Grundwasser, Luft und Boden nicht gefährdet werden. Der Boden wird abgedichtet, Sickerwasser wird gesammelt und in Kläranlagen gereinigt. Deponiegase wie Methan, die durch Zersetzung des Mülls entstehen, kann man zur Energieerzeugung nutzen.

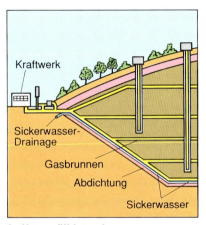

3. Hausmülldeponie

Müllverbrennung – Notwendiges Übel oder üble Notlage?

Ein Streitgespräch zwischen dem Biochemiker und Kreisbeigeordneten *Dr. Harald Friedrich* und dem technischen Bereichsleiter für Abfall- und Bodenbehandlung der Deutsche Babcock Anlagen AG *Dr. Klaus Horch*.

bdw: Herr Dr. Friedrich, unser Müllberg wird tagtäglich höher, und dennoch haben Sie bei der Müllverbrennung allergrößte Bedenken.

Friedrich: Allererster Grundsatz nach dem Abfallgesetz ist, Abfälle zu vermeiden. Der Entschluß für eine Müllverbrennungs-Anlage ist dagegen ein deutliches Signal, das Konzept der Müllvermeidung nicht mehr weiterzuführen. Denn mit dem Bau einer Müllverbrennungs-Anlage wird der Müllanfall festgeschrieben.

Horch: Das sehe ich in keinem Fall so. Dreißig Prozent unseres Hausmülls entsorgen wir über die Müllverbrennung, aber siebzig Prozent landen auf der Deponie.
Selbst wenn wir die Hälfte des Mülls vermeiden oder verwerten könnten – ein Traumziel – müßte immer noch deponiert werden.

Friedrich: Abfallwirtschaftliche Untersuchungen in Hamburg und Berlin belegen, daß bei optimaler Beratung zwanzig Prozent ganz vermieden werden können.

bdw: Von den insgesamt anfallenden dreißig Millionen Tonnen Hausmüll wären demnach rund sechs Millionen Tonnen vermeidbar...

Friedrich: Nach der Vermeidung kommt die stoffliche Verwertung. Überall, wo Papiertonnen eingeführt werden, geht das Abfallaufkommen schlagartig um zwanzig Prozent zurück.
Durch die getrennte Erfassung von Glas kann die Müllmenge nochmals um sieben Prozent verringert werden. Der bei weitem größte Anteil am Abfallberg, nämlich 35 bis 40 Prozent, geht auf das Konto der organischen Abfälle. Diese könnten kompostiert werden.
So, und jetzt reden wir nur noch über die 45 Prozent Restmüll, die je nach Vermeidung und Verwertung übrigbleiben.

bdw: Müllverbrennung ade, denn das Zeug brennt doch gewiß nicht mehr.

Horch: ... Alle Analysen zeigen, daß der durchschnittliche Heizwert, der bei 2000 Kilokalorien pro Kilogramm Müll liegt, selbst bei erheblichen Verwertungsmengen nicht zurückgeht. Wir haben schon Müllverbrennungs-Anlagen gebaut, die mit einem Heizwert von weniger als 1500 Kilokalorien pro Kilogramm auskommen.

Friedrich: Keine Müllverbrennungs-Anlage wird den Bau einer Deponie überflüssig machen. Man kann eine Müllverbrennungs-Anlage nicht ohne eine Deponie betreiben, auf der Schlacke und die anderen Reststoffe entsorgt werden.

Horch: Schlacke ist in Zukunft kein Deponieprodukt mehr: Sie wird künftig verglast. Gefährliche Grundwasserauswaschungen sind damit passé.

Friedrich: Lassen Sie uns über Anlagen sprechen, die es derzeit gibt. Und da ist die Schlacke sehr wohl auslaugbar... Noch gibt es die von Ihnen angepriesene Anlage nicht.

Horch: Das stimmt, dennoch haben wir technisch längst bewiesen, daß das geht.

bdw: Hätten Sie, Herr Friedrich, weniger Probleme mit der Müllverbrennung, wenn die Verglasung von Schlacke bundesweit vorgeschrieben wäre?

Friedrich: Damit ist nur ein Pfad der Schadstoff-Austragung abgedeckt. Ein weiterer ist der Schornstein. Über das Abgas verlassen Tausende verschiedener Stoffe trotz Rauchgaswäsche die Anlage.

bdw: Vierzig Gramm des Seveso-Dioxins werden Jahr für Jahr von den bundesdeutschen Müllverbrennungs-Anlagen in die Luft geblasen. Vor kurzem hat Bundesumweltminister Klaus Töpfer einen Grenzwert für die Dioxin-Emission angeregt, der bei 0,1 milliardstel Gramm pro Kubikmeter Abgas liegt. Dadurch verspricht er sich einen Rückgang der jährlichen Dioxin-Gesamtfracht auf vier Gramm. Wie wollen Sie die Altanlagen auf diesen niedrigen Grenzwert trimmen?

Horch: Das Dioxin entsteht aus organischen Resten aus der Feuerung während der Auskühlung von Abgasen. Bei dem neuen Feuerungskonzept, das wir erstmals in Ludwigshafen eingesetzt haben, bleiben die Abgase länger bei den höheren Temperaturen des Verbrennungsraumes – dadurch liegen die Dioxin-Restwerte zehn- bis zwanzigmal niedriger als bisher.

bdw: Und damit packen Sie den neuen Grenzwert schon?

Horch: Nicht ganz. Nachgeschaltete Reinigungsanlagen werden auch weiterhin nötig sein...

Friedrich: Schön und gut. Sie wenden zwar Ihren ganzen Stolz als Anlagenbauer auf, um das Entstehen dieser Stoffe zu vermeiden. Doch man kann es auch einfacher haben. Es ist wissenschaftlich nachgewiesen, daß die Chlorchemie Ursache für die Entstehung der Dioxine ist.

Horch: Eindeutige Korrelationen sind nach den vorliegenden Untersuchungen nicht möglich. Daß Produkte der Chlorchemie bei der Verbrennung, wie auch bei der übrigen Abfallentsorgung, für Schwierigkeiten sorgen, bestreite ich allerdings nicht. Trotzdem behaupte ich: Der einseitige Widerstand gegen die Müllverbrennung, der im wesentlichen an den Dioxinen aufgehängt wird, ist umweltschädigend...

Horch: ... der Widerstand lenkt von den gravierenden Problemen ab und macht sich an einer Bagatelle fest: Schauen wir uns doch mal die anderen Dioxin-Emittenten an: Haushalt, Kfz-Verkehr, Kleinverbrennungs-Anlagen, die Stahlindustrie und weitere Quellen emittieren mindestens das Tausendfache an toxischen Äquivalenten wie die Müllverbrennung.

Friedrich: Wenn man die Gesamtheit der Dioxine betrachtet, mag das stimmen. Doch bei den hochtoxischen schneidet die Müllverbrennung ungleich schlechter ab. Im übrigen vermag nicht mal der größte Computer zu simulieren, welche Reaktionsprodukte bei der Verbrennung insgesamt entstehen.

bdw: Nach Ihrer Schätzung sind das offenbar weit über eine halbe Million Verbindungen?

Friedrich: Genau. Deshalb hat es keinen Sinn, über Grenzwerte für einzelne Verbindungen zu sprechen. Zudem gibt es für viele toxische Stoffe immer noch keine kontinuierlichen Meßverfahren. Keine Stadt und kein Kreis darf deshalb nur auf die Schiene der Müllverbrennung setzen, sondern muß erkennen, daß es bessere ökologische Alternativen gibt.

Horch: Ich gebe Ihnen recht, daß sich die Abfallwirtschaft nicht auf ein Verfahren konzentrieren darf. Doch ich glaube nicht, daß wir in den nächsten Jahren bereits Vermeidungs- und Verwertungsquoten von zusammen fünfzig Prozent erreichen. Deshalb werden wir auf die Verbrennung von Restmüll nicht verzichten können...

(Auszug aus Bild der Wissenschaft 10/1990, S. 130 f.)

15.6 Aufgaben · Versuche · Probleme

Aufgabe 1: Viele Landwirte lassen Bodenuntersuchungen durchführen. Inwiefern können sie auf diese Weise die Umweltbelastung verringern?

Aufgabe 2: Berechne den prozentualen Massenanteil an Stickstoff in Ammoniumsulfat (($NH_4)_2SO_4$) und in Ammoniumnitrat (NH_4NO_3). Vergleiche die Werte.

Aufgabe 3: Ein Landwirt will auf einem Feld Kartoffeln anbauen. Der Düngemittelbedarf an Stickstoff wird zu 110 kg bestimmt. Als Mineraldünger steht Ammoniumhydrogenphosphat (($NH_4)_2HPO_4$) zur Verfügung. Berechne die Masse an Ammoniumhydrogenphosphat, die eingesetzt werden muß.

Aufgabe 4: Erläutere die Bedeutung des Minimumgesetzes von LIEBIG anhand der Abbildung.

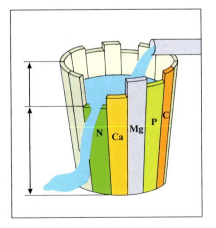

Aufgabe 5: Im Abwasser bilden sich beim Abbau eiweißhaltiger Verunreinigungen Nitrat-Ionen.
a) Auf welchem anderen Weg gelangen Nitrat-Ionen in Gewässer?
b) Zur Beseitigung von Nitrat-Ionen versetzt man Abwässer in einem Teilbereich der biologischen Stufe der Kläranlage mit speziellen Bakterien. Welche Wirkung könnten diese Bakterien haben?

Aufgabe 6: Wenn saurer Regen gelöste Salpetersäure enthält, bildet sich aus dem Kalk von Baudenkmälern Kalksalpeter ($Ca(NO_3)_2 \cdot 4\,H_2O$). Stelle die Reaktionsgleichung für diesen Korrosionsvorgang auf.

Aufgabe 7: Leichtes Heizöl (Dichte: $0{,}8\,\frac{g}{ml}$) enthält bis zu 0,3% Schwefel. Wie groß ist das Volumen an Schwefeldioxid, das ein Haushalt emittiert, wenn man von einem jährlichen Verbrauch von 5000 l Heizöl ausgeht?

Aufgabe 8: In einer mittleren Großstadt mit 250 000 Einwohnern fallen im Jahr etwa 540 000 m³ Abfall an.
a) Wie groß ist die Fläche, die dafür zur Verfügung gestellt werden muß, wenn der gesamte Müll deponiert wird? Vergleiche die Fläche mit der Größe eures Sportplatzes!
b) Wie groß ist die Deponiefläche, wenn ein Drittel des Mülls verbrannt wird und die Schlacke 30% des ursprünglichen Volumens einnimmt? Die Höhe der Halde soll jeweils 25 m betragen.

Aufgabe 9: Von der Weltgesundheitsorganisation (WHO) wird die tägliche Aufnahme von 3,7 mg Nitrat pro Kilogramm Körpergewicht als ungefährlich angesehen. In Deutschland werden täglich durchschnittlich etwa 90 mg Nitrat pro Bundesbürger aufgenommen. Davon stammen etwa 21% aus dem Trinkwasser.
Wieviel Prozent der von der WHO zugelassenen Nitratmenge nimmt ein Deutscher durchschnittlich mit dem Trinkwasser auf?
Gehe für die Berechnung von 70 kg Körpergewicht aus.

Problem 1: Informiere dich darüber, was man unter *Sondermüll* versteht. Welcher Sondermüll fällt im Haushalt an? Wie kann man ihn entsorgen?

Problem 2: Welche Möglichkeiten siehst du, den Verpackungsmüll zu verringern? Informiere dich in diesem Zusammenhang darüber, welche Bedeutung der *grüne Punkt* auf Verpackungen hat.

Problem 3: Die Meldung „Zu viel Nitrat im Trinkwasser" beunruhigt manchmal dörfliche Gemeinden. Häufig wird die Düngung in der Landwirtschaft dafür verantwortlich gemacht. Das Nitrat stammt aber wahrscheinlich zum größeren Teil aus der im Boden vorhandenen organischen Substanz, die langsam in anorganische Verbindungen umgewandelt wird.
a) Warum ist die Gefahr, daß Nitrat ausgewaschen wird und ins Grundwasser gelangt, während der Monate Dezember bis Februar am größten?
b) Organische Dünger wie Mist, Jauche, Gülle und Kompost werden seit alters her verwendet. Ist die Gefahr des Nitrataustrages bei ihnen größer oder kleiner als bei Mineraldüngern?
c) Landwirte bauen manchmal nach der Ernte eine *Zwischenfrucht* an. Wie könnte sich das auf den Nitratgehalt des Grundwassers auswirken?

Chemie und Umwelt

1. Pflanzenwachstum

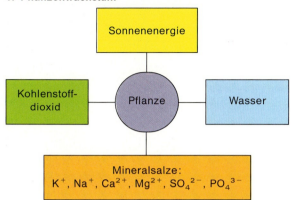

2. Düngemittel

Minimumgesetz: Das Wachstum einer Pflanze wird durch *den* Stoff begrenzt, an dem es ihr im Vergleich zum optimalen Nährstoffangebot am meisten mangelt

3. Böden

a) **Boden** ist der lockere Teil der Erdkruste, der von der Erdoberfläche bis zum Gestein reicht.

b) **Bodenbildung:**

Gestein $\xrightarrow{\text{chemische Verwitterung}}$ anorganische Substanz

Pflanzenreste $\xrightarrow{\text{Verwesung}}$ organische Substanz (Humus)

c) Zusammensetzung eines Braunerdebodens (Volumenanteile):

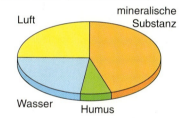

4. Müllkonzepte

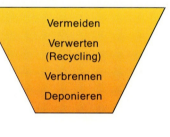

5. Saurer Regen – Entstehung und Folgen

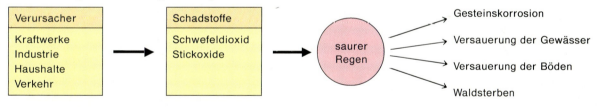

6. Konzentrationsangaben für Schadstoffe

Beispiel: Ein Zuckerwürfel, aufgelöst in			
0,27 Liter	1 Prozent ist 1 Teil von hundert Teilen	10 Gramm pro Kilogramm	$10 \frac{g}{kg}$
2,7 Liter	1 Promille ist 1 Teil von tausend Teilen	1 Gramm pro Kilogramm	$1 \frac{g}{kg}$
2700 Liter	1 ppm (part per million) ist 1 Teil von 1 Million Teile	1 Milligramm pro Kilogramm	$0{,}001 \frac{g}{kg}$ (10^3)
2,7 Millionen Liter	1 ppb (part per billion) ist 1 Teil von 1 Milliarde Teile (b=billion, amerik. f. Milliarde)	1 Mikrogramm pro Kilogramm	$0{,}000001 \frac{g}{kg}$ (10^6)
2,7 Milliarden Liter	1 ppt (part per trillion) ist 1 Teil von 1 Billion Teile (t=trillion, amerik. f. Billion)	1 Nanogramm pro Kilogramm	$0{,}000000001 \frac{g}{kg}$ (10^9)
2,7 Billionen Liter	1 ppq (part per quadrillion) ist 1 Teil von 1 Billiarde Teile (q=quadrillion, amerik. f. Billiarde)	1 Pikogramm pro Kilogramm	$0{,}000000000001 \frac{g}{kg}$ (10^{12})

16 Chemie der Kohlenwasserstoffe

Experten schätzen, daß jährlich weltweit bis zu 800 Millionen Tonnen Methan in die Luft gelangen. *Methan* ist ein gasförmiger Kohlenwasserstoff, der den Hauptbestandteil des Biogases ausmacht.

Methanbakterien produzieren dieses Gas bei der Vergärung und der Fäulnis pflanzlichen Materials. So steigen große Mengen an Methan aus dem sumpfigen Untergrund von Reisfeldern auf.

Auch das Rind ist eine Art „Biogasanlage". Im Rindermagen helfen die Methanbakterien bei der Verdauung von Cellulose und bewirken, daß ein Rind täglich bis zu 200 Liter Methan in die Luft rülpst.

Methan gehört zu den Spurengasen der Atmosphäre und wirkt auch als Treibhausgas. So führt die weltweit zunehmende Rinderhaltung nicht nur zu immer mehr Gülle und Mist, sondern sie verstärkt auch den Treibhauseffekt.

16.1 Organische Stoffe – Organische Chemie

Wir alle ärgern uns über verkohltes Toastbrot und zu dunkel geratene Grillwürste. Es tröstet dabei wenig, zu erfahren, daß man gerade einen wichtigen chemischen Nachweis durchgeführt hat: Fleisch, Brot und andere Lebensmittel zersetzen sich bei hohen Temperaturen; übrig bleibt eine kohleartige Masse. Diese *Verkohlung* ist typisch für Stoffe, an deren Aufbau Kohlenstoff-Atome beteiligt sind. Solche Stoffe nennt man *organische Stoffe*.

Zucker und Kochsalz sind leicht zu verwechseln. Beides sind farblose kristalline Stoffe. Werden sie in einem Reagenzglas erhitzt, so zeigt sich, daß Zucker eine organische Verbindung ist: Bald bildet sich eine braune, zähe Schmelze. Gase entweichen, und schließlich bleibt poröse Zuckerkohle zurück. Kochsalz schmilzt dagegen erst bei einer Temperatur von etwa 800 °C. Aus der wasserklaren Schmelze kristallisiert das Salz ohne sichtliche Veränderung wieder aus. Das Ionengitter aus Natrium-Ionen und Chlorid-Ionen hat sich zurückgebildet, es fand keine Zersetzung statt. Kochsalz gehört zu den *anorganischen Stoffen*.

Holz, Bienenwachs, Medikamente, Farbstoffe und Kunststoffe sind Beispiele für organische Stoffe. Die Chemie der Kohlenstoff-Verbindungen wird allgemein als **organische Chemie** bezeichnet. Nur einige Kohlenstoff-Verbindungen rechnet man zur **anorganischen Chemie**. Die wichtigsten sind Kohlenstoffmonooxid, Kohlenstoffdioxid und Carbonate wie Soda (Na_2CO_3) und Kalkstein ($CaCO_3$).

Organische Stoffe sind Kohlenstoff-Verbindungen. Die organische Chemie ist die Chemie der Kohlenstoff-Verbindungen.

1. Ein einfacher chemischer Nachweis

Versuch 1: Prüfung auf Kohlenstoff und Wasserstoff
a) Erhitze jeweils in einem Reagenzglas etwas Holz, Papier und Eiweiß.
b) Wiederhole den Versuch mit einem Stück eines glasklaren Joghurtbechers und mit Glasstücken.
c) Erhitze Zucker und halte einen kühlen Glastrichter über die Öffnung des Reagenzglases.

> **EXKURS**

Die Anfänge der organischen Chemie

Bis ins 18. Jahrhundert untersuchten die Naturforscher fast ausschließlich Stoffe aus der unbelebten Natur. Viele dieser Verbindungen konnten sogar synthetisiert werden. Um 1800 wurden dann auch Substanzen aus der belebten Natur isoliert und analysiert. Der schwedische Chemiker BERZELIUS schlug für sie 1807 die Bezeichnung **organische Stoffe** vor. Zu dieser Zeit ließ sich keine dieser organischen Verbindungen im Labor herstellen. Man führte ihre Bildung auf eine besondere „Lebenskraft" (vis vitalis) zurück.

WÖHLERS Harnstoff-Synthese. Im Jahre 1828 berichtete der deutsche Chemiker WÖHLER in einem Brief an BERZELIUS über seine Untersuchungen:

„Ich kann, so zu sagen, mein chemisches Wasser nicht halten und muß ihnen sagen, daß ich Harnstoff machen kann, ohne dazu Nieren oder überhaupt ein Thier, sey es Mensch oder Hund, nöthig zu haben. Ich fand, daß immer wenn man Cyansäure mit Ammoniak zu verbinden sucht, eine kristallisierte Substanz entsteht, die ... weder auf Cyansäure noch Ammoniak reagierte ..., und es bedurfte nun weiter Nichts als einer vergleichenden Untersuchung mit Pisse-Harnstoff, den ich in jeder Hinsicht selbst gemacht hatte, und dem Cyan-Harnstoff. Wenn nun ... kein anderes Produkt als Harnstoff, entstanden war, so mußte endlich ... der Pisse-Harnstoff genau dieselbe Zusammensetzung haben, wie das cyansaure Ammoniak. Und dies ist in der That der Fall..."

LIEBIG, ein Zeitgenosse WÖHLERS, bezeichnete die Harnstoff-Synthese als eigentlichen Beginn der wissenschaftlichen organischen Chemie.

Biogas...

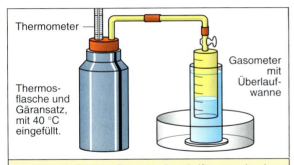

Arbeitsaufträge: 1. Besorge Anschriften von landwirtschaftlichen Betrieben mit Biogasproduktion.
2. Informiere dich vor Ort über den Aufbau der Biogasanlage sowie über die Nutzung des Biogases und des vergorenen Materials.

Arbeitsaufträge: 1. Informiere dich in Biologiebüchern über die Zersetzungsvorgänge beim Verfaulen und Vergären.
2. Stelle in einer Übersicht Gemeinsamkeiten und Unterschiede zwischen Methangärung, alkoholischer Gärung und Milchsäuregärung dar.

Versuch 1: Biogas aus der Thermosflasche

Materialien: Thermosflasche (mindestens 700 ml), Stopfen mit 2 Löchern (8 mm), Thermometer (0 °C bis 100 °C), gewinkeltes Glasrohr, Erlenmeyerkolben (1 l) mit Stopfen, Gasmeßglocke, Wasserbad, Pulvertrichter, Schere, Gasbrenner, Dreifuß mit Drahtnetz, regelbare Heizplatte;
Kohlenstoffdioxid (Stahlflasche), Gras, Salatblätter, rohe Kartoffelschalen, Faulschlamm oder Teichschlamm, Brühwürfel.

Durchführung:
1. Baue die Apparatur auf.
2. Gib etwa 10 g der stark zerkleinerten Pflanzen und 0,5 g des Brühwürfels in den Erlenmeyerkolben. Fülle nun mit Schlamm bis etwa 2 cm unterhalb des unteren Stopfenrandes auf.
3. Spüle die Thermosflasche mit Kohlenstoffdioxid und fülle anschließend den Inhalt des Erlenmeyerkolbens in die Thermosflasche. Zwischen Flüssigkeit und Stopfen muß ein Zwischenraum von 2 cm bleiben.
4. Notiere über einige Tage den Temperaturverlauf und das gebildete Gasvolumen. Schüttle die Thermosflasche dabei gelegentlich. Beende den Versuch, wenn die Gasentwicklung merklich nachläßt.
5. Führe den Gäransatz bei 30 °C und 50 °C sowie mit einer anderen Pflanzenmischung durch.
6. Führe den Versuch in einem Erlenmeyerkolben durch, der über ein Wasserbad auf gleicher Temperatur gehalten wird.

Aufgabe: Vergleiche die Ergebnisse der Gäransätze.

Versuch 2: Analyse von Biogas

Materialien: 2 Kolbenprober, Absorptionsrohr mit Natronkalk (C), Schlauchstücke, Bleiacetat-Papier (Xn); Gasproben aus Versuch 1.

Durchführung:
1. *Quantitative Bestimmung von Kohlenstoffdioxid:*
Verbinde 2 Kolbenprober über das Absorptionsrohr. Fülle den einen Kolbenprober mit 100 ml Biogas und schiebe das Gas so lange hin und her, bis sich das Volumen nicht mehr ändert. Die Volumenabnahme entspricht dem Anteil an Kohlenstoffdioxid.
2. *Nachweis von Schwefelwasserstoff:*
Leite Biogas über feuchtes Bleiacetat-Papier.

Arbeitsauftrag: Sammle Informationen über die Zusammensetzung und Verwendung von Biogas einer Mülldeponie, einer Kläranlage oder eines Bauernhofs.
Hinweis: Die Volumenanteile der einzelnen Gase im Biogas schwanken je nach Anlage.
Methan: 55 % bis 70 %
Kohlenstoffdioxid: 27 % bis 44 %
Schwefelwasserstoff: bis 3 %
Wasserstoff: bis 1 %

Methan-Quelle	Emission in Millionen Tonnen pro Jahr
Wiederkäuer	100 – 200
Reisfelder	280
Sümpfe, Meere, Seen	190 – 300
Grubengas, Vulkane, Autoabgase	6 – 22

PROJEKT

... Methan aus Mist

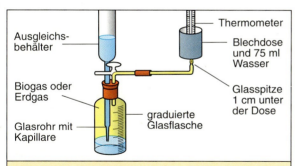

Relativer Treibhauseffekt		Anteil am *zusätzlichen* Treibhauseffekt	
CO_2	1	CO_2	50%
CH_4	20	CH_4	20%
N_2O	200	FCKW	17%
O_3	2000	O_3	10%
CCl_2F_2	10 000	N_2O	3%

Arbeitsaufträge: 1. Bei der Verbrennung von Biogas und Erdgas entsteht Kohlenstoffdioxid. Warum ist es unter Berücksichtigung des Treibhauseffektes günstiger, Biogas zu verwenden?
2. Gib Gründe an, warum undichte Biogasanlagen und undichte Erdgasleitungen nachteilig sind.

Arbeitsaufträge: 1. Informiere dich über die Begriffe natürlicher und zusätzlicher Treibhauseffekt.
2. Nenne Hauptursachen für die Emission der Gase, die den zusätzlichen Treibhauseffekt bewirken.
3. Warum nimmt die Konzentration des Methans in der Atmosphäre stetig zu?

Versuch 3: Biogas als Energieträger

Materialien: Weithalsflasche (250 ml) mit Graduierung, Stopfen mit 2 Löchern, Dreiwegehahn, Ausgleichsbehälter, Glasrohr mit kapillarer Spitze, gewinkeltes Glasrohr mit Spitze, Getränkedose, Thermometer (0,1 °C); Biogas, Erdgas oder Methan.

Durchführung:
1. Baue die Apparatur auf.
2. Fülle über den Dreiwegehahn etwa 250 ml Erdgas in die Flasche, dabei wird das Wasser in den Ausgleichsbehälter verdrängt.
3. Fülle in die Dose 75 ml Wasser und lies die Wassertemperatur auf 0,1 °C genau ab.
4. Stelle den Dreiwegehahn so ein, daß Gas durch die Spitze strömt. Entzünde das Gas.
5. Bringe die Flamme unter die Dose. Stelle den Gasstrom ab, wenn ein Gasvolumen von 150 ml verbrannt ist.
6. Durchmische das Wasser in der Dose und lies die Temperatur ab. Ermittle die Temperaturänderung.
7. Ersetze nun das Wasser in der Blechdose und führe den Versuch mit Biogas erneut durch.

Aufgaben:
a) Vergleiche deine Werte mit den folgenden Durchschnittswerten: Temperaturerhöhung bei Biogas 7 °C; bei Erdgas 11,4 °C (jeweils bei 150 ml Gas).
b) Vergleiche die Heizwerte von Biogas und Erdgas.

Arbeitsaufträge: 1. Entwickle ein Schaubild für den Kohlenstoffkreislauf. Ordne Bildung und Verwendung von Biogas in den Kohlenstoffkreislauf ein.
2. Was versteht man unter regenerativer Energie?

Heizwerte und CO_2-Produktion

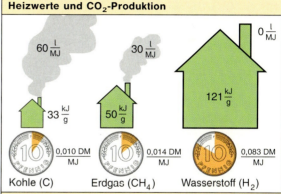

Arbeitsaufträge: 1. Vergleiche die Heizwerte verschiedener Brennstoffe sowie die CO_2-Produktion bei deren Verbrennung.
2. Stelle eine Reihenfolge der Brennstoffe auf: unter ökologischen Gesichtspunkten und unter wirtschaftlichen Aspekten.

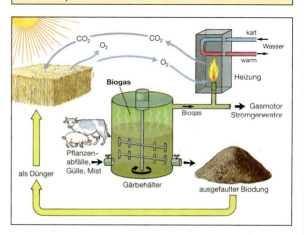

263

16.2 Methan – Kohlenwasserstoff Nummer Eins

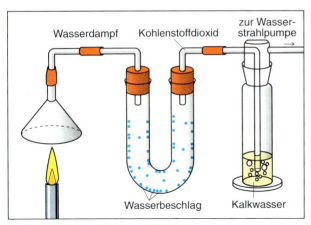

1. Qualitative Analyse von Methan

Wenn ein Haus mit Erdgas beheizt wird, gibt es für den Schornsteinfeger nicht mehr viel zu tun. Von Ruß, der sich bei der Verbrennung fester Brennstoffe oder von Öl im Kamin absetzt, ist nicht viel zu sehen. Erdgas besteht fast ausschließlich aus Methan.
Eine Beobachtung im Labor zeigt, daß Methan trotzdem eine *Kohlenstoff-Verbindung* ist: Hält man eine Porzellanschale über einen Erdgasbrenner, der nur mit schwacher Luftzufuhr betrieben wird, so bildet sich unter der Schale ein Rußbelag.
Die Nebelbildung über dem Schornstein einer Erdgasheizung gibt einen weiteren Hinweis auf die Zusammensetzung von Methan: Bei der Verbrennung entsteht Wasserdampf, also muß das Methan-Molekül *Wasserstoff-Atome* enthalten.

Molekülformel von Methan. Wie viele Kohlenstoff-Atome und Wasserstoff-Atome zu einem Methan-Molekül gehören, ergibt sich aus Experimenten.
In einer geschlossenen Apparatur läßt sich Methan mit *Kupferoxid* vollständig oxidieren. Das bei der Oxidation entstehende Wasser kann von einem Trockenmittel aufgenommen werden. Das Volumen des in einem Kolbenprober gesammelten Kohlenstoffdoxids ist genauso groß wie das Volumen des ursprünglichen Methans. Ein Methan-Molekül enthält demnach ein Kohlenstoff-Atom.
Um die Anzahl der Wasserstoff-Atome zu ermitteln, muß man die molare Masse von Methan kennen. Eine Dichtebestimmung durch **Gaswägung** führt auf den Wert von $16 \frac{g}{mol}$. Da Kohlenstoff-Atome die molare Masse $12 \frac{g}{mol}$ haben, und Wasserstoff-Atome die molare Masse $1 \frac{g}{mol}$, ergibt sich als *Molekülformel* von Methan CH_4.

Methan ist die einfachste Verbindung aus Kohlenstoff und Wasserstoff. Methan ist ein Kohlenwasserstoff und hat die Molekülformel CH_4.

Vorkommen: Hauptbestandteil des Erdgases; entsteht durch Abbau pflanzlichen Materials in Sümpfen, Deponien, Faultürmen der Kläranlagen, Wiederkäuermägen und Biogasanlagen.

Eigenschaften: Farbloses, geruchloses und brennbares Gas; brennt mit bläulicher Flamme; Methan/Luft-Gemische sind explosiv (Schlagwetter in Bergwerken);
Dichte: $0,67 \frac{g}{l}$ (bei 20 °C und 1013 hPa);
Schmelztemperatur: -182 °C;
Siedetemperatur: -161 °C.

Verwendung: Heizgas in Haushalten und Kraftwerken; wichtiger Rohstoff für die chemische Industrie.

F +
hochentzündlich

Methan

R 12 Hochentzündlich

S 9 Behälter an einem gut gelüfteten Ort aufbewahren

S 16 Von Zündquellen fernhalten

S 33 Maßnahmen gegen elektrostatische Aufladungen treffen

Strukturformel von Methan. Im Methan-Molekül sind die Wasserstoff-Atome jeweils über eine Elektronenpaarbindung mit dem Kohlenstoff-Atom verbunden. Nach dem Elektronenpaarabstoßungs-Modell ist die Abstoßung zwischen den vier Elektronenpaaren dann am kleinsten, wenn der Abstand zwischen Elektronenpaaren am größten ist. Sie richten sich deshalb nach den Ecken eines Tetraeders aus. Im Zentrum des Tetraeders befindet sich das Kohlenstoff-Atom, an den vier Ecken sind die Wasserstoff-Atome. Der HCH-Bindungswinkel beträgt 109,5°. Diesen Winkel bezeichnet man als *Tetraederwinkel*.
Projiziert man ein Kugel-Stab-Modell des Methan-Moleküls an die Wand, so werden die Bindungen als rechte Winkel abgebildet. Die übliche Strukturformel des Methans gibt eine solche Projektion wieder.

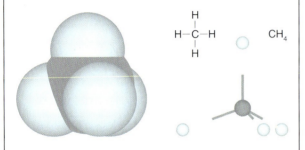

2. Steckbrief: Methan

Die Molekülformel von Methan

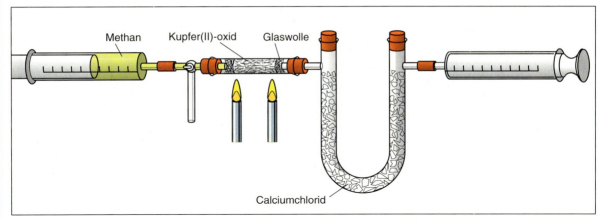

Oxidation von Methan mit Kupferoxid. Aus 50 ml Methan-Gas erhält man 50 ml Kohlenstoffdioxid. Wasser wird von wasserfreiem Calciumchlorid gebunden.

Versuch 1: Wieviel Kohlenstoff-Atome hat ein Methan-Molekül?

Materialien: 2 Kolbenprober (100 ml) mit Dreiwegehähnen, Reaktionsrohr (etwa 15 cm lang), 2 durchbohrte Gummistopfen, U-Rohr mit 2 Stopfen, Gasbrenner; Stickstoff (Stahlflasche), Methan (F +), Kupferoxid (Drahtform), Glaswolle, Calciumchlorid (wasserfrei) (Xi), Kalkwasser.

Durchführung:
1. Baue die Apparatur auf.
2. Schiebe den rechten Kolben auf Nullstellung und fülle den linken Kolbenprober mit Stickstoff. Öffne den rechten Stopfen des U-Rohres und drücke den Stickstoff durch die Apparatur. Verschließe dann sofort wieder das U-Rohr.
3. Ziehe über den Hahn 50 ml Methan ein, schließe den Hahn nach außen und öffne die Querverbindung.
4. Erhitze das Kupferoxid auf Rotglut und drücke das Methan zehnmal langsam von einem Kolbenprober in den anderen.
5. Lies nach dem Abkühlen das Gasvolumen ab und leite das Gas anschließend durch Kalkwasser.

Aufgaben:
a) Beschreibe deine Beobachtungen.
b) Warum wird die Apparatur zu Beginn des Versuchs mit Stickstoff gefüllt?
c) Wozu dient bei dem Versuch das Calciumchlorid?
d) Berechne das Stoffmengenverhältnis von Methan und Kohlenstoffdioxid.
e) Wieviel Kohlenstoff-Atome enthält ein Methan-Molekül?

Auswertungsbeispiel:

gegeben:
Molare Masse vom Methan: $M(\text{Methan}) = 16 \frac{g}{mol}$
Ausgangsvolumen: $V(\text{Methan}) = 50 \text{ ml}$
Endvolumen: $V(CO_2) = 50 \text{ ml}$

1. *Volumenverhältnis:*
$$\frac{V(\text{Methan})}{V(CO_2)} = \frac{1}{1}$$

2. *Stoffmengenverhältnis:*
Da Gase gleiche molare Volumina haben, ist das Stoffmengenverhältnis gleich dem Volumenverhältnis:
$$\frac{n(\text{Methan})}{n(CO_2)} = \frac{1}{1}$$

3. *Anzahl der Kohlenstoff-Atome:*
C_1H_x reagiert zu C_1O_2
1 Methan-Molekül enthält **1** Kohlenstoff-Atom.

4. *Anzahl der Wasserstoff-Atome:*
$$M(C_1H_x) = 16 \frac{g}{mol} = 1 \cdot M(C) + x \cdot M(H) \text{ g}$$
$$= 12 \frac{g}{mol} + x \cdot 1 \frac{g}{mol}$$
$$x = \frac{16 \frac{g}{mol} - 12 \frac{g}{mol}}{1 \frac{g}{mol}} = 4$$

5. *Ergebnis:*
Methan hat die Molekülformel **CH$_4$**.

Aufgabe 1: Durch Gaswägung wurde für 100 ml Methan eine Masse von 67 mg ermittelt. Berechne die Dichte und die molare Masse von Methan ($V_m = 24 \frac{l}{mol}$).

Aufgabe 2: 20 ml eines gasförmigen Kohlenwasserstoffs mit der molaren Masse $58 \frac{g}{mol}$ ergeben bei der vollständigen Oxidation 80 ml Kohlenstoffdioxid. Welche Molekülformel hat dieser Kohlenwasserstoff?

16.3 Alkane – die Basis der organischen Chemie

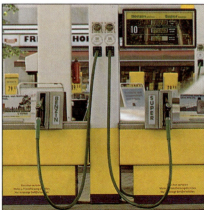

1. Alkane im Alltag: als Butan-Gas in Gaskartuschen und Feuerzeugen, als Gemisch flüssiger Kohlenwasserstoffe im Benzin, als Paraffin in Wachsmalstiften

Aufgabe 1: Gib die Molekülformel eines Alkans mit 22 C-Atomen an.

Aufgabe 2: a) Schreibe die Strukturformel von Pentan auf.
b) Baue ein Molekülmodell von Pentan.
c) Wodurch unterscheiden sich Strukturformel und Modell?

Aufgabe 3: Erkundige dich an einer Tankstelle, wie man die unterschiedlichen Viskositäten auf den Ölbehältern angibt.

Zum Camping braucht man einen Gaskocher, der meist mit **Butan** aus blauen Kartuschen oder Gasflaschen betrieben wird. Die nachfüllbaren roten Gasflaschen für den Haushalt enthalten dagegen **Propan**. Bei Normaldruck sind Propan und Butan *gasförmig*. Beide Gase lassen sich jedoch durch Druck leicht verflüssigen und werden deshalb als Flüssiggase bezeichnet. In manchen Feuerzeugen kann man das verflüssigte Butan sehen. Sowohl Butan als auch Propan haben einen hohen Heizwert. Sie gehören wie **Methan** und **Ethan** zu der Stoffgruppe der **Kohlenwasserstoffe oder Alkane.** Ethan ist Bestandteil des Erdgases. Ethan, Propan und Butan entstehen auch bei der Aufarbeitung von Erdöl.

Flüssige Alkane wie **Pentan, Hexan, Heptan** und **Octan** werden als Lösungsmittel verwendet, zum Beispiel als Waschbenzin. Hauptsächlich dienen sie aber als Treibstoffe für Automotoren. Alkane mit längeren Molekülketten, wie **Hexadecan** gehören zu den Mineralölen, dies sind Schmiermittel für Motoren und Getriebe.

Bunte Wachsmalstifte und kunstvoll geformte Kerzen lassen sich aus gefärbten **Paraffinen** fertigen. Das sind Alkane, die bei Zimmertemperatur *fest* sind.

Homologe Reihe der Alkane. Alkan-Moleküle sind nur aus Kohlenstoff-Atomen und Wasserstoff-Atomen aufgebaut. Dabei sind alle Kohlenstoff-Atome durch C–C-Einfachbindungen miteinander verbunden. Man bezeichnet solche Alkane auch als **gesättigte Kohlenwasserstoffe.** Die Alkane lassen sich nach der Anzahl der Kohlenstoff-Atome in ihren Molekülen ordnen. Jedes Glied dieser **homologen Reihe** wächst um eine CH_2-Gruppe gegenüber dem vorhergehenden Molekül. Die so entstehenden unverzweigten Moleküle bestehen aus einer Kette von CH_2-Gruppen. Den Anfang und den Abschluß der Ketten bildet jeweils eine CH_3-Gruppe. Dieser regelmäßige Aufbau führt zur allgemeinen Molekülformel C_nH_{2n+2}.

Kohlenwasserstoffe mit C–C-Einfachbindungen im Molekül heißen gesättigte Kohlenwasserstoffe oder Alkane.
Die Alkane bilden eine homologe Reihe.

Name	Formel	
Methan	CH_4	CH_4
Ethan	C_2H_6	CH_3-CH_3
Propan	C_3H_8	$CH_3-CH_2-CH_3$
Butan	C_4H_{10}	$CH_3-(CH_2)_2-CH_3$
Pentan	C_5H_{12}	$CH_3-(CH_2)_3-CH_3$
Hexan	C_6H_{14}	$CH_3-(CH_2)_4-CH_3$
Heptan	C_7H_{16}	$CH_3-(CH_2)_5-CH_3$
Octan	C_8H_{18}	$CH_3-(CH_2)_6-CH_3$
Nonan	C_9H_{20}	$CH_3-(CH_2)_7-CH_3$
Decan	$C_{10}H_{22}$	$CH_3-(CH_2)_8-CH_3$
Dodecan	$C_{12}H_{26}$	$CH_3-(CH_2)_{10}-CH_3$
Hexadecan	$C_{16}H_{34}$	$CH_3-(CH_2)_{14}-CH_3$
Eicosan	$C_{20}H_{42}$	$CH_3-(CH_2)_{18}-CH_3$

2. Namen und Formeln von Alkanen

THEORIE

Molekülmodelle und Strukturformeln

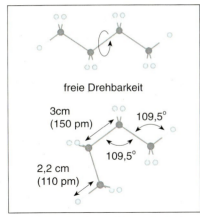 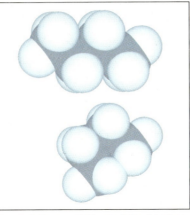 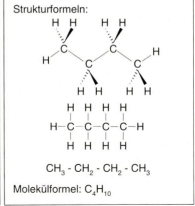

Das Butan-Molekül: Kugel-Stab-Modelle, Kalottenmodelle und Strukturformeln

Die Eigenschaften der Stoffe hängen in starkem Maße vom räumlichen Bau der Moleküle ab. Moleküle sind aber so klein, daß sich ihre Struktur der direkten Anschauung entzieht. Durch vielfältige Experimente ist es jedoch gelungen, gesicherte Daten über den Aufbau der Moleküle zu gewinnen:

- Bei einer C—C-Einfachbindung haben die Atomkerne einen Abstand von 154 pm (1 pm = 10^{-12} m) voneinander. Eine C—H-Bindung ist 108 pm lang.
- Bei Kohlenstoff-Atomen mit 4 Bindungspartnern beträgt der Bindungswinkel 109,5°.
- Die Molekülteile sind bei einer C—C-Einfachbindung frei gegeneinander drehbar, während eine C=C-Zweifachbindung starr ist.

Diese Daten werden genutzt, um mit Molekülmodellen wie dem *Kugel-Stab-Modell* oder dem *Kalottenmodell* die Molekülstruktur anschaulich darzustellen. Der Aufbau eines Moleküls läßt sich auch zeichnerisch durch Strukturformeln wiedergeben.

Kugel-Stab-Modell. Beim Kugel-Stab-Modell stellt man die Atome durch kleine Kugeln und die Elektronenpaarbindungen durch Stäbchen dar. Für das Kohlenstoff-Atom wird eine schwarze Kugel mit vier Bindungszapfen im Winkel von 109,5° benutzt. Eine weiße Kugel steht für ein Wasserstoff-Atom. Die Stäbchen werden nach der Bindungslänge zugeschnitten: 2 cm im Modell entsprechen meist 100 pm im Molekül.

Das Kugel-Stab-Modell gibt *Bindungswinkel* und *Bindungslängen* sehr anschaulich wieder. Auch die freie Drehbarkeit um die C—C-Einfachbindung läßt sich gut demonstrieren. Insgesamt wird durch das Kugel-Stab-Modell auch für große Moleküle eine übersichtliche Darstellung des „Molekülskeletts" erreicht. Die Raumerfüllung und damit die äußere Form der Moleküle wird aber nicht deutlich.

Kalottenmodell. Ein Modell, das die Raumerfüllung von Molekülen besser veranschaulicht, ist das Kalottenmodell. In diesem Modell werden die Atome durch Kugeln dargestellt, die sich gegenseitig durchdringen. Dies entspricht der Überlappung der Elektronenhüllen bei der Bildung von Elektronenpaarbindungen. Das fertige Modell bietet so das Bild einer Kombination von Kugelabschnitten oder *Kugelkalotten*.

Im Kalottenmodell werden die Kugelabschnitte durch Steckverbindungen verknüpft, die im Winkel der Elektronenpaarbindungen angeordnet sind. Die Größe der Kalotten ist so gewählt, daß die Elektronenhülle der Moleküle hundertmillionenfach vergrößert dargestellt wird. Auch in diesem Modell werden Bindungslängen und Bindungswinkel maßstabsgerecht wiedergegeben. Diese lassen sich aber nur schwierig nachmessen. Bei großen Molekülen ist das Kalottenmodell unübersichtlich.

Strukturformeln. Auf dem Papier läßt sich der räumliche Aufbau eines Moleküls nur unvollkommen durch eine Strukturformel wiedergeben. Man unterscheidet verschiedene Möglichkeiten:

1. Bei kettenförmigen Kohlenstoffverbindungen legt man die Kohlenstoff-Kette in die Papierebene. Der Winkel zwischen den Kohlenstoff-Atomen wird mit dem Tetraederwinkel richtig eingezeichnet. Die aus der Papierebene ragenden Bindungen werden durch einen ausgefüllten Keil, die in die Papierebene ragenden Bindungen durch einen gestrichelten Keil dargestellt.

2. Meist verzichtet man aber auf eine räumliche Darstellung und zeichnet den Tetraederwinkel als rechten Winkel. Es wird also nur dargestellt, welche Atome miteinander verknüpft sind.

3. Die Strukturformeln großer Moleküle sind anschaulicher, wenn man die Kohlenstoff-Atome mit den direkt daran gebundenen Wasserstoff-Atomen zu CH_2-Gruppen oder CH_3-Gruppen zusammenfaßt.

16.4 Vielfalt durch Ringbildung und Verzweigung

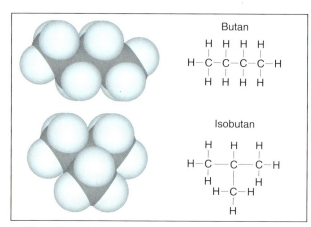

1. Molekülmodelle der beiden isomeren Butane

Aufgabe 1: Zeichne die Strukturformeln der isomeren Pentane.

Aufgabe 2: a) Notiere die Strukturformeln von Cyclopentan und Pentan.
b) Begründe, warum es sich bei diesen Verbindungen nicht um Isomere handelt.

Aufgabe 3: Entwickle ein Experiment, mit dessen Hilfe man die unterschiedlichen Isomere des Hexans trennen könnte.

Aufgabe 4: Zeige an dem Kugel-Stab-Modell eines unverzweigten Octan-Moleküls, welche Drehbewegungen um die Einfachbindungen möglich sind, ohne daß das Molekül zerstört wird.

Aufgabe 5: Die Sesselform des Cyclohexan-Moleküls ist gegenüber der Wannenform energetisch begünstigt. Begründe dies mit Hilfe eines Kugel-Stab-Modells.

Gasfeuerzeuge enthalten als Brennstoff Butan (C_4H_{10}), das unter Druck verflüssigt wurde. Feuerzeuggas läßt sich aber auch durch Abkühlen verflüssigen. Bei einer Temperatur von $-1\,°C$ bilden sich kleine Tröpfchen. Es kondensiert jedoch nur ein Teil des Gases, der Rest verflüssigt sich erst bei $-12\,°C$. Feuerzeuggas ist also ein Gasgemisch.

Isomerie. Neben Butan, das unter Normaldruck bei $-1\,°C$ flüssig wird, enthält Feuerzeuggas ein weiteres Alkan. Es handelt sich um **Isobutan** (C_4H_{10}). Isobutan hat zwar die gleiche Molekülformel wie Butan, aber die Siedetemperatur ist mit $-12\,°C$ niedriger.

Butan und Isobutan unterscheiden sich in der Struktur ihrer Moleküle. Die Struktur des Isobutans läßt sich aus der Struktur des Butans ableiten, indem man ein Wasserstoff-Atom am zweiten Kohlenstoff-Atom und eine CH_3-Gruppe gegeneinander austauscht. Die Kohlenstoff-Kette wird dadurch verzweigt.

Verbindungen, die bei gleicher Molekülformel eine unterschiedliche Molekülstruktur haben, bezeichnet man als Isomere.

Die Zahl der möglichen Isomere einer Verbindung nimmt mit der Anzahl der Kohlenstoff-Atome stark zu, weil sich immer mehr Kombinationsmöglichkeiten ergeben.
Vom Butan (C_4H_{10}) gibt es zwei Isomere, vom Hexan (C_6H_{14}) schon fünf und vom Decan ($C_{10}H_{22}$) sind es bereits 75 Isomere. Für Eicosan ($C_{20}H_{42}$) wächst die Zahl auf 366 319 an.

Cycloalkane. Gesättigte Kohlenwasserstoffe können auch ringförmige Moleküle bilden, die Cycloalkane. In ihren Eigenschaften sind die Cycloalkane mit den Alkanen vergleichbar. Ihre Moleküle enthalten zwei Wasserstoff-Atome weniger, als es der allgemeinen Molekülformel der Alkane entspricht.

Das wichtigste Cycloalkan ist **Cyclohexan** (C_6H_{12}). Es hat ähnliche Eigenschaften wie Hexan und wird wie dieses als Lösungsmittel verwendet.

Aufgrund des Bindungswinkels von $109,5°$ sind Cyclohexan-Moleküle nicht eben gebaut. Hierbei gibt es unterschiedliche Strukturmöglichkeiten mit verschiedenen Stellungen der Atome zueinander. Diese Strukturen lassen sich ohne Öffnung von $C-C$-Bindungen durch Drehung ineinander überführen. Die energetisch günstigste Form ist die *Sesselform*, in der die Wasserstoff-Atome den größtmöglichen Abstand voneinander haben. Die *Wannenform* ist dagegen wesentlich instabiler.

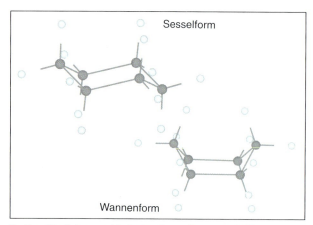

2. Das Cyclohexan-Molekül: Sesselform und Wannenform

18.5 Die Nomenklatur schafft Ordnung

Neben der Vielzahl isomerer Alkane kennt man heute schon über zehn Millionen weitere organische Verbindungen. Damit trotz dieser Vielfalt der Überblick nicht verloren geht, war es notwendig, ein eindeutiges und möglichst rationelles System der Namensgebung, eine *Nomenklatur,* einzuführen. Heute richten sich weltweit die Chemiker bei der Benennung organischer Verbindungen nach Regeln, die von besonderen Nomenklatur-Kommissionen der **IUPAC** (**I**nternational **U**nion of **P**ure and **A**pplied **C**hemistry) erarbeitet werden.

Für die wissenschaftlich exakte Benennung der isomeren Alkane gelten folgende IUPAC-Regeln: Zuerst wird die längste Kohlenstoff-Kette im Molekül, die *Hauptkette,* bestimmt. Dann betrachtet man die Verzweigungen. Die *Seitenketten* bezeichnet man allgemein als **Alkyl-Gruppen**. Die Namen der Alkyl-Gruppen ergeben sich, indem man die Silbe **-an** des zugehörigen Alkans durch die Endung **-yl** ersetzt. Der einfachste Alkyl-Rest ist der Methyl-Rest (CH_3-Rest).

Nomenklaturregeln für Alkane:

1. Alkane haben die Endung **-an**.

2. Der Name des Alkans, das die Hauptkette bildet, liefert den Stammnamen des Stoffs.

Beispiel: Alle Alkane mit fünf Kohlenstoff-Atomen in der längsten Kette heißen **Pentan**.

3. Die Namen der Seitenketten werden dem Stammnamen vorangestellt.

Beispiel: **Methyl**pentan

4. Um anzuzeigen, an welchem Kohlenstoff-Atom die Seitenkette sitzt, wird die Hauptkette numeriert. Die Verzweigungsstellen sollen dabei möglichst kleine Zahlen erhalten. Diese Zahlen werden den Namen der Seitenketten vorangestellt.

Beispiel: **2**-Methylpentan

5. Treten gleiche Seitenketten mehrfach in einem Molekül auf, so wird das entsprechende Zahlwort (di-, tri-, tetra-, penta-) als Vorsilbe verwendet.

Beispiel: 2,4-**Di**methylpentan

6. Unterschiedliche Seitenketten werden alphabetisch nach den Namen der Alkyl-Gruppen geordnet.

Beispiel: 3-**E**thyl-2,4-di**m**ethylpentan

```
            CH₂—CH₃
             |
CH₃—CH—CH—CH—CH₃
     |      |
    CH₃    CH₃
```

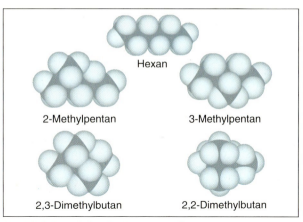

1. Molekülmodelle der isomeren Hexane

Aufgabe 1: Gib Strukturformeln und Namen der fünf isomeren Hexane an.

Aufgabe 2: Gib die Strukturformeln folgender Alkane an. Zeichne und benenne jeweils ein Isomeres.
a) 3-Ethylpentan
b) 3-Ethyl-2-methylhexan
c) 2,2,4-Trimethylpentan
d) 2,2,3-Trimethyl-4-propylheptan

Aufgabe 3: Benenne folgende Alkane:

a)
```
       CH₃  CH₂—CH₂—CH₃
        |    |
CH₃—C—C—CH₃
        |    |
        H    H
```

b)
```
       CH₃  CH₃  CH₃
        |    |    |
CH₃—C—C—C—CH₃
        |    |    |
        H   CH₃   H
```

IUPAC-Name	Strukturformel und IUPAC-Regel
Pentan	$\overset{1}{CH_3}-\overset{2}{CH_2}-\overset{3}{CH_2}-\overset{4}{CH_2}-\overset{5}{CH_3}$ Die Hauptkette bestimmt den Stammnamen.
2-Methyl-pentan	CH_3 an C2: $\overset{1}{CH_3}-\overset{2}{CH}-\overset{3}{CH_2}-\overset{4}{CH_2}-\overset{5}{CH_3}$ Die Seitenketten erhalten möglichst kleine Zahlen.
3-Ethyl-**2,4**-di**methyl**-pentan	C_2H_5 an C3; CH_3 an C2 und C4: $\overset{1}{CH_3}-\overset{2}{CH}-\overset{3}{CH}-\overset{4}{CH}-\overset{5}{CH_3}$ Gleiche Seitenketten werden zusammengefaßt; verschiedene Seitenketten werden alphabetisch geordnet.

2. Anwendung der Nomenklaturregeln

16.6 Molekülstruktur und Stoffeigenschaft

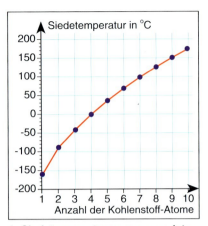

1. Siedetemperaturen unverzweigter Alkane

Aufgabe 1: **a)** Entnimm dem Diagramm die Siedetemperaturen für Propan (C_3H_8), Hexan (C_6H_{14}), Nonan (C_9H_{20}) und Decan ($C_{10}H_{22}$).
b) Welche von diesen Alkanen sind vermutlich im Waschbenzin enthalten, welche im Heizöl?

Aufgabe 2: Warum löst sich Brom gut in Benzin? Warum ist Kaliumbromid in Benzin unlöslich?

Aufgabe 3: Bei starkem Frost können sich in Dieselkraftstoff und in Heizöl Flocken bilden. Erkläre diesen Vorgang.

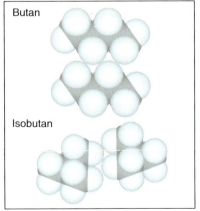

2. Verzweigungsgrad und Berührungsfläche

Aufgrund des gleichartigen Aufbaus ihrer Moleküle haben Alkane untereinander ähnliche chemische Eigenschaften. Die Abstufungen der physikalischen Eigenschaften lassen sich auf die unterschiedliche Größe und Form der Moleküle zurückführen.

Siedetemperaturen. Bei den Alkanen mit unverzweigten Molekülen steigt die Siedetemperatur mit wachsender Kettenlänge. So sind die kurzkettigen Alkane vom *Methan* bis zum *Butan* bei Raumtemperatur Gase. Ab dem *Pentan* folgen flüssige Kohlenwasserstoffe. Mit zunehmender Anzahl von Kohlenstoff-Atomen erhalten die flüssigen Alkane eine ölige Beschaffenheit. Das ist bei Alkanen der Fall, die 10 bis 15 Kohlenstoff-Atome im Molekül haben. Alkane mit 18 und mehr Kohlenstoff-Atomen sind fest, wie man es vom *Paraffin* her kennt.
Entsprechend ihrer Siedetemperatur werden die Alkane zu verschiedenen Zwecken verwendet: Man benutzt sie hauptsächlich als gasförmige und flüssige Brennstoffe und als Lösungsmittel für fettlösliche Stoffe. Festes Paraffin dient zum Imprägnieren und als Kerzenmaterial.

VAN-DER-WAALS-Bindung. Die Moleküle der Kohlenwasserstoffe sind nahezu unpolar, denn Kohlenstoff-Atome und Wasserstoff-Atome haben praktisch die gleiche Elektronegativität. Trotzdem wirken Anziehungskräfte zwischen den Molekülen. Schon die Tatsache, daß die meisten Kohlenwasserstoffe flüssig oder fest sind, ist ein Hinweis darauf: Je höher die Siedetemperatur eines Stoffs ist, umso größer sind diese Anziehungskräfte.

Nach dem niederländischen Physiker VAN-DER-WAALS bezeichnet man Wechselwirkungen zwischen **unpolaren Molekülen** als *VAN-DER-WAALS-Bindungen*. Diese Bindungen sind zwar viel schwächer als Elektronenpaarbindungen, doch summieren sie sich in ihrer Stärke. Weil lange Moleküle mehr Berührungsstellen untereinander besitzen als kurze, wirken sich die VAN-DER-WAALS-Bindungen bei ihnen besonders stark aus. Das erklärt, warum die Siedetemperatur mit der Kettenlänge der Alkan-Moleküle ansteigt.
Bei isomeren Alkanen hat stets der Stoff die niedrigere Siedetemperatur, der das stärker verzweigte Molekül besitzt. Auch hier spielt die Kontaktmöglichkeit zwischen den Molekülen eine Rolle: Je mehr ein Molekül sich der Kugelform nähert, um so kleiner ist die Berührungsfläche und um so weniger wirken sich die VAN-DER-WAALS-Bindungen aus.

Die Wechselwirkung zwischen unpolaren Molekülen nennt man VAN-DER-WAALS-Bindung. Ihre Stärke nimmt mit der Kontaktfläche der Moleküle zu.

Löslichkeit. Untereinander sind Alkane in jedem Verhältnis mischbar. Auch weitgehend unpolare Stoffe wie Fett oder Iod lösen sich gut in den unpolaren Alkanen, da in diesen Fällen VAN-DER-WAALS-Bindungen ausgebildet werden. Es gilt die Regel: „Gleiches löst sich in Gleichem."
Dagegen sind Alkane mit Wasser nicht mischbar. Sie verhalten sich wasserabstoßend, sie sind **hydrophob**. Die Wasserstoffbrückenbindungen zwischen den Wasser-Molekülen sind fester als mögliche VAN-DER-WAALS-Bindungen zwischen den beiden Molekülarten.
Stark polare Stoffe wie Zucker oder Ionenverbindungen wie Kochsalz sind in Alkanen unlöslich, da die VAN-DER-WAALS-Bindungen zu schwach sind, um den Kristallverband aufzulösen.

PRAKTIKUM

Eigenschaften von Kohlenwasserstoffen

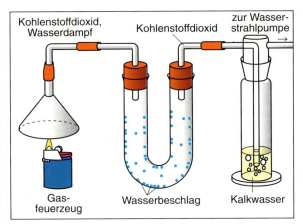

Qualitative Analyse eines Kohlenwasserstoffs

Stuttgart, Juli 93 (SSV). Erst schaute er zu tief ins Glas, dann schaute ein 18jähriger mit angezündetem Feuerzeug in die Tanköffnung, wodurch er eine kleine Explosion verursachte. Nur weil der mit dem 18jährigen befreundete Autobesitzer rasch den Tankwart der nächsten Tankstelle alarmierte, konnte mit einem Feuerlöscher Schlimmeres vermieden werden.

Auf die richtige Temperatur kommt es an

Versuch 1: Kohlenwasserstoffe als Lösungsmittel

Materialien: Reagenzgläser, Stopfen; Speisefett, Kerzenwachs, Natriumchlorid, Iod (Xn), Sudanrot, Methylenblau (Xn), Heptan (F).

Durchführung:
1. Gib in die Reagenzgläser kleine Proben der zu lösenden Stoffe.
2. Füge jeweils 3 ml Heptan zu und schüttle kräftig.
3. Gib zu den gefärbten Lösungen etwa gleichviel Wasser und schüttle erneut.

Aufgaben:
a) Welche Stoffe lösen sich in Heptan?
b) Vergleiche Natriumchlorid und Iod. Warum unterscheiden sie sich so stark in ihrer Löslichkeit in Benzin und in Wasser?

Versuch 2: Viskositätsvergleich

Materialien: Stoppuhr, Bechergläser (25 ml), 2 Meßpipetten (10 ml) mit Pipettierhilfe; Heptan (F), Dodecan oder Paraffinöl.

Durchführung:
1. Fülle 20 ml Heptan in ein Becherglas und ziehe die Flüssigkeit mit der Pipettierhilfe bis zur Nullmarke der Pipette.
2. Starte den Auslauf, indem du die Pipettierhilfe abziehst. Miß die Zeit bis der Auslauf beendet ist.
3. Wiederhole den Versuch mit Dodecan.

Aufgabe: Bestimme jeweils die durchschnittliche Auslaufzeit und begründe die Unterschiede.

Versuch 3: Entflammbarkeit von Kohlenwasserstoffen

Materialien: 3 kleine Porzellantiegel mit Deckel, Tiegelzange, Holzspan, Becherglas (400 ml), Gasbrenner; Heptan (F), Petroleum (F), Paraffinöl.

Durchführung:
1. Gib jeweils etwa 2 ml der Flüssigkeit in einen Porzellantiegel. Versuche, die Flüssigkeit mit einem brennenden Holzspan zu entzünden.
2. Die Tiegel mit den Stoffen, die sich bei Zimmertemperatur nicht entzünden lassen, werden erwärmt, indem man sie mit der Tiegelzange in das Becherglas mit heißem Wasser hält.
Versuche erneut, die Flüssigkeit mit einem brennenden Holzspan zu entzünden.

Flammpunkt: Temperatur, bei der die verdampfenden Bestandteile einer Flüssigkeit bei Annäherung einer Zündquelle zum erstenmal kurz aufflammen und wieder erlöschen.	Heizöl	60 °C
	Diesel	> 55 °C
	Cyclohexan	− 17 °C
	Benzin	− 20 °C
	Hexan	− 26 °C
Zündtemperatur: Temperatur, bei der sich der Stoff an der Luft selbst entzündet und dauernd weiterbrennt.	Methan	600 °C
	Ethan	515 °C
	Butan	365 °C
	Heizöl	220 °C
Zündgrenzen: Volumenanteil des Gases am Gas/Luft-Gemisch, bei dem eine Zündung möglich ist.	Methan	5,0 % bis 15,0 %
	Benzindampf	0,6 % bis 8,0 %

16.7 Reaktionen der Alkane

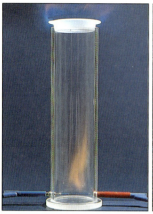

1. Alkan/Luft-Gemische sind explosiv

Versuch 1: Reaktionsträgheit von Paraffin
Vorsicht! Abzug! Schutzbrille!
In 3 Reagenzgläsern werden etwa 3 ml folgender konzentrierter Lösungen bereitgestellt: Natronlauge (C), Salzsäure (C), Schwefelsäure (C).
In jedes Reagenzglas läßt man nun ein erbsengroßes Stück farbloses Paraffin gleiten und schüttelt vorsichtig.
Entsorgung: B1, B3 (Paraffin)

Aufgabe 1: Ein Butan/Luft-Gemisch reagiert explosionsartig, wenn Butan einen Volumenanteil zwischen 1,5 % und 8,5 % aufweist.
a) Welche Reaktion läuft im Falle einer Explosion ab? Formuliere die Reaktionsgleichung.
b) Wieviel Butan müßte aus einer lecken Gasflasche mindestens in einen Raum ausströmen, der 6 m lang, 3 m breit und 2,5 m hoch ist, um die Explosionsgrenze zu überschreiten? ($V_m = 24 \frac{l}{mol}$)

2. Reaktion von Heptan mit Brom

Natrium wird in Paraffinöl aufbewahrt. Und auch andere reaktive Stoffe wie Salzsäure, Schwefelsäure und Natronlauge reagieren nicht mit Alkanen. Diese Eigenschaft trug den Alkanen den Namen **Paraffine** ein (lat. *parum affinis:* reaktionsträge).
Wir alle kennen aber auch die Bilder von Häusern, die durch eine Erdgasexplosion zerstört wurden, oder Aufnahmen von brennenden Öltankern. Alkane können demnach auch sehr reaktiv sein – es müssen nur die Reaktionsbedingungen stimmen.

Reaktionen mit Sauerstoff. Wie die obigen Beispiele zeigen, erweisen sich Alkane gegenüber Sauerstoff als Reaktionspartner als sehr reaktionsfähig. Chemisch betrachtet handelt es sich dabei um **Oxidationsreaktionen**. Die bei diesen Reaktionen frei werdende Energie nutzt man zum Heizen und zum Antrieb von Maschinen. Als Reaktionsprodukte entstehen Kohlenstoffdioxid und Wasser:

C_7H_{16} (g) + 11 O_2 (g) $\longrightarrow$
$\qquad\qquad$ 7 CO_2 (g) + 8 H_2O (g); exotherm

Bei der Verbrennung wird allerdings das Kohlenstoffgerüst der Alkan-Moleküle vollständig zerstört. Die Verbrennungsreaktion ist daher nicht dazu geeignet, aus Alkanen neue organische Verbindungen zu synthetisieren.

Reaktionen mit Halogenen. Selbst mit den sehr reaktiven Halogenen Chlor und Brom reagieren Alkane nicht spontan: Gibt man einige Tropfen Brom zu Heptan, bleibt die Farbe des Broms erhalten. Belichtet man das Gemisch jedoch, so verschwindet die braune Farbe langsam. Über der Flüssigkeit entsteht Nebel, der Universalindikator-Papier rot färbt.
Bei dieser Reaktion werden Wasserstoff-Atome im Heptan-Molekül durch Brom-Atome ersetzt. Man sagt, die Wasserstoff-Atome werden durch Brom-Atome substituiert (lat. *substituere:* ersetzen). Als neue Produkte entstehen Bromheptan und gasförmiger Bromwasserstoff. Der Nebel und die saure Reaktion sind auf Tröpfchen von Bromwasserstoffsäure zurückzuführen, die sich bei der Reaktion von Bromwasserstoff mit Wasserdampf bilden.

$H_3C-(CH_2)_5-CH_3$ (l) + Br_2 (l) $\xrightarrow{\text{Licht}}$
Heptan $\qquad\qquad$ Brom
$\qquad\qquad H_3C-(CH_2)_5-CH_2Br$ (l) + HBr (g)
$\qquad\qquad\qquad$ Bromheptan $\qquad\qquad$ Bromwasserstoff

Reaktionen, bei denen in einem Molekül ein Atom durch ein anderes Atom ersetzt wird, heißen Substitutionsreaktionen.

Bei der Reaktion von Halogenen mit Alkanen entstehen Halogenalkane.

Die Substitutionsreaktion

Die Reaktionsgleichungen für organische Reaktionen lassen sich häufig einfach formulieren. In Wirklichkeit verbirgt sich aber hinter einer solchen Gleichung ein komplizierter Reaktionsablauf. Wird der Weg von den Ausgangsstoffen zu den Endstoffen in einzelnen Schritten modellhaft dargestellt, spricht man von einem **Reaktionsmechanismus**.

Am Beispiel der Reaktion von Chlor mit Methan wird im folgenden der *Mechanismus einer Substitutionsreaktion* beschrieben. Dabei treten als Zwischenstufen reaktive Teilchen mit ungepaarten Elektronen auf, die **Radikale.**

Startreaktion. Chlor-Moleküle werden durch Licht in Atome gespalten. Der Punkt am Elementsymbol (Cl·) steht für das ungepaarte Elektron des Chlor-Radikals.

$$|\overline{\underline{Cl}} - \overline{\underline{Cl}}| \xrightarrow{Licht} |\overline{\underline{Cl}}\cdot + \cdot\overline{\underline{Cl}}|$$
Chlor-Molekül → Chlor-Radikale

Kettenreaktion. Chlor-Radikale reagieren mit Methan-Molekülen unter Bildung von Chlorwasserstoff und Methyl-Radikalen.

I: $CH_4 + \cdot\overline{\underline{Cl}}| \longrightarrow \cdot CH_3 + H-\overline{\underline{Cl}}|$
Methan   Chlor-Radikal   Methyl-Radikal   Chlorwasserstoff

Durch die Reaktion von Methyl-Radikalen mit Chlor-Molekülen werden neue Chlor-Radikale gebildet.

II: $H_3C\cdot + |\overline{\underline{Cl}} - \overline{\underline{Cl}}| \longrightarrow CH_3 - \overline{\underline{Cl}}| + \cdot\overline{\underline{Cl}}|$
Methyl-Radikal   Chlor-Molekül   Monochlormethan   Chlor-Radikal

Diese Kettenreaktion wird genauer als *Radikalkettenreaktion* bezeichnet, weil bei jedem Teilschritt ein Radikal reagiert und ein neues Radikal entsteht, das die Reaktionskette fortsetzt.

Abbruchreaktion. Stoßen zwei Radikale zusammen und reagieren miteinander, so wird die Reaktionskette abgebrochen. Die Radikale gehen dabei eine Elektronenpaarbindung ein und reagieren nicht mehr weiter. *Beispiele:*

$|\overline{\underline{Cl}}\cdot + \cdot\overline{\underline{Cl}}| \longrightarrow |\overline{\underline{Cl}} - \overline{\underline{Cl}}|$
$|\overline{\underline{Cl}}\cdot + \cdot CH_3 \longrightarrow CH_3 - \overline{\underline{Cl}}|$
$H_3C\cdot + \cdot CH_3 \longrightarrow CH_3 - CH_3$

Durch Abbruchreaktionen können auch längerkettige Alkane entstehen.

Radikale sind reaktive Teilchen mit ungepaarten Elektronen.
Substitutionsreaktionen, die unter Beteiligung von Radikalen ablaufen, nennt man radikalische Substitutionen.

Aufgabe 1: Bei der Chlorierung von Methan können außer Monochlormethan auch Dichlormethan, Trichlormethan und Tetrachlormethan entstehen. Formuliere dafür Reaktionsgleichungen.

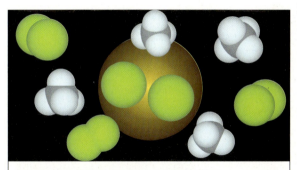

Startreaktion: Bildung von Chlor-Radikalen

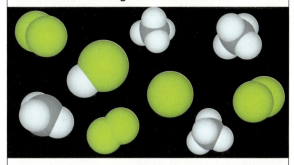

Kettenreaktion (I): Bildung eines Methyl-Radikals

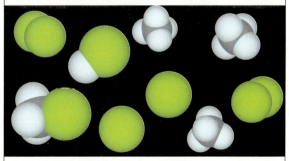

Kettenreaktion (II): Bildung eines Chlor-Radikals

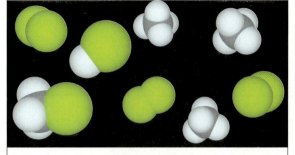

Abbruchreaktion: Bildung eines Chlor-Moleküls

Aufgabe 2: Beschreibe die vier Teilschritte der Substitutionsreaktion. Ordne dazu in den vier Bildern jeweils die neu gebildeten Teilchen zu.

16.8 Halogenkohlenwasserstoffe – viel genutzt, aber sehr problematisch

Verwendungszweck und Name	Formel
Lösungsmittel Tetrachlormethan *Tetra*	CCl_4 flüssig, unbrennbar
Lösungsmittel 1,1,1-Trichlorethan	Cl_3C-CH_3 flüssig
Lösungsmittel Tetrachlorethen *Per*	$Cl_2C=CCl_2$ flüssig, unbrennbar
Treibgas Trichlorfluormethan *Freon, FCKW*	CCl_3F gasförmig, unbrennbar, ungiftig
Insektizid Hexachlorcyclohexan *HCH, Lindan*	$C_6H_6Cl_6$ fest, giftig für Insekten

1. Halogenwasserstoffe in Alltag und Umwelt

Aufgabe 1: In öffentlichen Bädern wird das Wasser meist mit Chlor desinfiziert. Bei dieser Chlorung entstehen durch Reaktionen mit organischen Verunreinigungen im Wasser leichtflüchtige Chlorkohlenwasserstoffe. Formuliere die Reaktionsgleichung für die Bildung von Trichlormethan (Chloroform).

2. FCKW-Entsorgung bei Kühlschränken

Halogenhaltige Kohlenwasserstoffe finden in großen Mengen als Lösungsmittel, Pflanzenschutzmittel, Treibgase und Kühlmittel Verwendung. Weil Halogenkohlenwasserstoffe aber giftig sind und die Umwelt belasten, werden sie mehr und mehr durch weniger gefährliche Verbindungen ersetzt.

Verwendung. Halogenkohlenwasserstoffe sind hervorragende **Lösungsmittel** für Stoffe, die sich in Wasser nicht lösen: In chemischen Reinigungen verdrängte *Tetrachlorethen* (Per) das ursprünglich verwendete Waschbenzin. In Büros werden Korrekturlacke verwendet, die in *1,1,1-Trichlorethan* gelöst sind. In der Metallverarbeitung entfettet man Metalloberflächen mit *Tetrachlormethan* (Tetra) oder *Trichlorethen* (Tri). Andere Halogenkohlenwasserstoffe wurden weltweit als hochwirksame Pestizide (Schädlingsbekämpfungsmittel) eingesetzt. Holzschutzlasuren enthielten früher *Hexachlorcyclohexan* (Lindan) und **p**oly**c**hlorierte **B**iphenyle (PCB). *Fluorchlorkohlenwasserstoffe* (FCKW) dienen als **Treibgase** und in Kühlgeräten als **Kühlmittel.**

Eigenschaften. Die Verwendung halogenierter Kohlenwasserstoffe hatte vor allem zwei Gründe: die guten Eigenschaften als Lösungsmittel für hydrophobe Stoffe und die Reaktionsträgheit. Je mehr Wasserstoff-Atome in einem Molekül gegen Halogen-Atome ausgetauscht sind, desto schlechter reagiert die Verbindung mit Sauerstoff. Halogenalkane sind deshalb weniger feuergefährlich als Alkane. In chemischen Reinigungen wird dadurch die Brandgefahr gemindert, und in Industriehallen, in denen Bleche zu entfetten sind, sinkt die Explosionsgefahr.
Bei der Produktion von Schaumstoffen schäumt man Kunststoffe mit Treibgasen auf. Diese Gase müssen reaktionsträge und ungiftig sein. Fluorchlorkohlenwasserstoffe sind deshalb dafür besonders geeignet.

Probleme. Wegen der vielen Vorteile der Halogenkohlenwasserstoffe, stieg ihr Verbrauch ständig. In den letzten 10 Jahren kamen jedoch immer neue Hiobsbotschaften: Durch sorglosen Umgang mit halogenhaltigen Lösungsmitteln ist das Grundwasser in vielen Gebieten der Bundesrepublik Deutschland durch Halogenalkane verunreinigt. Mit Hilfe von Aktivkohlefiltern muß das belastete Wasser von den giftigen und teilweise krebserregenden Verbindungen gereinigt werden. Mitte der achtziger Jahre kam es dann zu einer Trendwende: Im Jahr 1986 wurden in der Bundesrepublik Deutschland noch 60 000 Tonnen des Lösungsmittels *Dichlormethan* (CH_2Cl_2) verwendet. 1990 war der Verbrauch bereits auf 30 000 Tonnen gesunken. Auslöser für den Wandel waren **gesundheitliche Schäden,** die durch Halogenkohlenwasserstoffe verursacht wurden.
Es konnte nachgewiesen werden, daß Pestizide wie *Lindan* oder *Pentachlorphenol* aus behandeltem Holz in die Wohnräume austraten und gesundheitliche Schäden verursachten. Im Jahre 1976 machte ein spektakulärer Unfall im italienischen Seveso das Supergift **T**etrachlor**d**ibenzo**d**ioxin (TCDD) bekannt. Es war durch einen Fehler im Produktionsprozeß einer chemischen Fabrik gebildet worden und verseuchte die gesamte Umgebung.
Andere Stoffe bewirken **ökologische Schäden.** Dazu gehören Insektizide wie DDT, die sich, gerade weil sie reaktionsträge und fettlöslich sind, in der Nahrungskette anreichern und so Konzentrationen erreichen, die auch für den Menschen schädlich sind. An der Zerstörung der Ozonschicht sind schließlich Fluorchlorkohlenwasserstoffe beteiligt.

Ozon – die Schutzschicht der Erde wird dünner

Journalisten und Wissenschaftler schlagen Alarm: Es wird dringend davor gewarnt, in der sommerlichen Mittagszeit im Freien Sport zu treiben, weil die Ozonwerte zu *hoch* sind. Gleichzeitig wird aber beklagt, daß die Ozonkonzentration in der Ozonschicht zu *niedrig* ist und von Jahr zu Jahr weiter sinkt.

Gefahr durch Ozon. Im Gegensatz zu Sauerstoff (O_2) sind Ozon-Moleküle (O_3) aus drei Sauerstoff-Atomen aufgebaut. Ozon ist äußerst reaktiv. Viele Stoffe, auch die organischen Stoffe lebender Zellen, werden von Ozon angegriffen. Ozon reizt Augen, Schleimhäute und die Lunge. Pflanzen werden ebenfalls stark geschädigt. Das giftige Gas ist deshalb in den bodennahen Luftschichten unerwünscht.

An der Erdoberfläche gibt es keine natürlichen Ozon-Quellen. Hauptursache für die Bildung von *bodennahem Ozon* sind menschliche Aktivitäten: Autos und Industrieanlagen produzieren pausenlos Stickstoffoxide. Durch die UV-Strahlung der Sonne werden von Stickstoffdioxid-Molekülen Sauerstoff-Radikale abgespalten, die mit Sauerstoff-Molekülen der Luft zu Ozon-Molekülen reagieren.

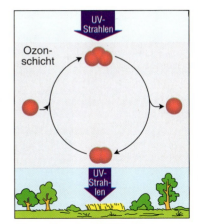

Absorption der UV-Strahlung durch Ozon-Moleküle

Schutz durch Ozon. Im Bereich der Stratosphäre bildet sich Ozon in 20 bis 30 Kilometer Höhe durch Einwirkung von UV-Strahlung auf Sauerstoff-Moleküle. Nicht nur bei der Bildung von Ozon wird UV-Strahlung absorbiert, auch das Ozon selbst nimmt einen Teil dieser gefährlichen Strahlung auf. So schützt die Ozonschicht die Lebewesen auf der Erde vor zu intensiver UV-Strahlung. Ohne die Filterwirkung der Ozonschicht würde die UV-Strahlung beim Menschen verstärkt zu Augenerkrankungen, zu einer erhöhten Hautkrebsrate und zur Schwächung des Immunsystems führen. Die Schädigung von Pflanzen könnte ein solches Ausmaß annehmen, daß die Ernährungsgrundlage des Menschen in Gefahr gerät.

Zerstörung der Ozonschicht. Die **F**luor**c**hlor**k**ohlen**w**asserstoffe (**FCKW**) galten sechzig Jahre lang als ideale Treibgase und Kühlflüssigkeiten. Sie sind chemisch sehr reaktionsträge und ungiftig. Gerade weil sie so stabil sind, haben sie sich zum Ozonkiller entwickelt. Einmal freigesetzt, gelangen sie im Laufe der Jahre bis in 30 Kilometer Höhe. Dort spaltet die UV-Strahlung Chlor-Atome ab. Jedes dieser aggressiven Chlor-Radikale kann dann in einer Radikalkettenreaktion mit Ozon reagieren und bis zu 10 000 Ozon-Moleküle zerstören, bis es selbst wieder gebunden und damit unschädlich wird. Durch den Abbau des Ozons entstehen in der Stratosphäre Bereiche mit geringer Ozonkonzentration, die man auch als **Ozonloch** bezeichnet.

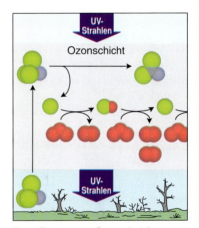

Zerstörung von Ozon durch Fluorchlorkohlenwasserstoffe

Gewarnt wurden die Menschen schon 1974 von amerikanischen Chemikern, die auf die Schädigung des Ozons durch Fluorchlorkohlenwasserstoffe hinwiesen. Jahrelang hat dann die Industrie die schädliche Wirkung der Fluorchlorkohlenwasserstoffe bestritten. Die Umweltpolitiker begnügten sich mit halbherzigen Produktionseinschränkungen: Erst 1987, zwei Jahre nachdem über der Antarktis erstmals ein Ozonloch entdeckt wurde, einigten sich 46 Staaten im Abkommen von Montreal darauf, bis zum Jahr 2000 ihre FCKW-Produktion zu halbieren.

1990 wurde dann in London ein vollständiger Ausstieg bis zum Jahr 2000 vorgesehen. Und 1992 schließlich folgte auf der UNO-Ozonkonferenz in Kopenhagen der Beschluß, daß alle Industriestaaten bis zum Jahr 1996 aus Produktion und Verbrauch der Fluorchlorkohlenwasserstoffe aussteigen.

Doch auch das hilft vorerst kaum: Es dauert 20 Jahre, bis die bisher freigesetzten FCKW-Moleküle vom Boden bis in die Stratosphäre gelangen und dort die Ozonschicht abbauen.

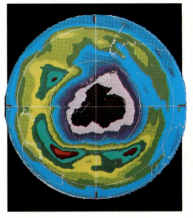

Ozonloch über der Antarktis

16.9 Ethen – ein ungesättigter Kohlenwasserstoff

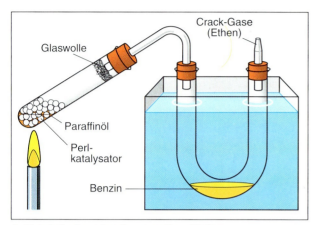

1. Katalytisches Cracken von Paraffinöl

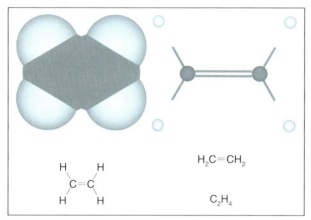

2. **Das Ethen-Molekül.** Molekülmodelle und Strukturformeln.

3. Grüne Bananen reifen in Gegenwart von Ethen schneller

Erhitzt man Paraffinöl in Gegenwart eines Katalysators, so entsteht ein Produktgemisch aus dünnflüssigen und gasförmigen Kohlenwasserstoffen. Der Hauptbestandteil des Gasgemisches ist **Ethen.** Es ist ein farbloses Gas, das sich kaum in Wasser löst. Bromwasser wird durch Ethen entfärbt.

Struktur des Ethen-Moleküls. Die Bestimmung der molaren Masse von Ethen ergibt 28 $\frac{g}{mol}$. Für einen Kohlenwasserstoff ist also nur die *Molekülformel* C_2H_4 möglich. Wegen der Vierbindigkeit des Kohlenstoff-Atoms liegt im Ethen-Molekül eine C=C-Zweifachbindung vor. Ethen gehört damit zu der großen Gruppe der **ungesättigten Kohlenwasserstoffe,** deren Moleküle mindestens eine C/C-Mehrfachbindung enthalten.

Nach dem Elektronenpaarabstoßungs-Modell wirkt sich eine Zweifachbindung kaum anders auf den Bau eines Moleküls aus als eine Einfachbindung. Im Ethen-Molekül sind dementsprechend alle Bindungswinkel etwa 120°. Sämtliche Atome liegen in einer Ebene. Der Abstand zwischen den Kohlenstoff-Atomen ist mit 135 pm kleiner als in der C–C-Einfachbindung mit 154 pm.

Alkene. Ethen ist das erste Glied der *homologen Reihe der Alkene.* Ihre allgemeine Molekülformel ist C_nH_{2n}. Die Endung **-en** weist auf die C=C-Zweifachbindung in den Molekülen hin. Die physikalischen Eigenschaften der Alkene ähneln denen der Alkane.

Ab Buten (C_4H_8) gibt es *isomere Alkene.* Die Stellung von C=C-Zweifachbindungen gibt man durch Ziffern an, die den Namen vorangestellt werden:

$\overset{1}{C}H_2=\overset{2}{C}H-\overset{3}{C}H_2-\overset{4}{C}H_3$ $\overset{1}{C}H_3-\overset{2}{C}H=\overset{3}{C}H-\overset{4}{C}H_3$
1-But**en** 2-But**en**

$\overset{1}{C}H_2=\overset{2}{C}H-\overset{3}{C}H=\overset{4}{C}H_2$
1,3-Buta**dien**

Alkene sind ungesättigte Kohlenwasserstoffe mit mindestens einer C=C-Zweifachbindung im Molekül.

Nachweis. Alkene reagieren rasch mit Brom. Dabei verschwindet die braune Farbe des Broms. Die Entfärbung dient als *Nachweis für Alkene.* Gesättigte Kohlenwasserstoffe reagieren erst bei Belichtung mit Brom.

Verwendung. Viele chemische Synthesen bauen auf Produkten auf, die aus Erdöl gewonnen werden. Zu diesen Produkten gehört auch Ethen. Die reaktive C=C-Zweifachbindung ermöglicht beispielsweise die Verknüpfung vieler Ethen-Moleküle zu den langen Ketten des Kunststoffs *Polyethylen.*

Die Additionsreaktion

Alkene verhalten sich gegenüber Halogenen anders als Alkane. Wird Bromdampf mit Ethen gemischt, so verschwindet die braune Färbung schnell. Im Gegensatz zu der Reaktion von Brom mit Alkanen läuft diese Reaktion auch im Dunkeln ab. Als einziges Produkt entsteht 1,2-Dibromethan, ein Halogenalkan; Bromwasserstoff wird nicht gebildet. Da bei dieser Reaktion aus zwei Molekülen ein neues Molekül entsteht, spricht man von einer **Additionsreaktion.** Das Brom-Molekül wird an die C=C-Zweifachbindung des Ethen-Moleküls addiert, dabei wird eine C—C-Einfachbindung gebildet.

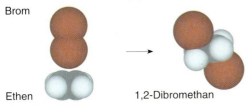

Brom
Ethen   1,2-Dibromethan

C_2H_4 (g) + Br_2 (g) ⟶ Br-CH_2-CH_2-Br (l)

Additionsreaktionen sind umkehrbar. Aus 1,2-Dibromethan läßt sich Brom wieder abspalten. Dabei bildet sich Ethen. Wird von einem Molekül unter Ausbildung einer Mehrfachbindung ein anderes Molekül abgespalten, spricht man von einer **Eliminierungsreaktion.**

Reaktion von Ethen mit Brom. Beide Stoffe sind zunächst durch eine Glasscheibe getrennt. Sobald man die Scheibe entfernt, mischen sich die Gase. Die Farbe des Broms verschwindet, und es bilden sich farblose Tropfen von 1,2-Dibromethan. *Hinweis:* 1,2-Dibromethan (T) zählt zu den krebserzeugenden Stoffen.

Versuch 1: Nachweis von Alkenen
Vorsicht! Abzug! Schutzhandschuhe!
In Reagenzgläsern gibt man zu etwas Benzin (F) und zu Wundbenzin (F) einige Tropfen Bromwasser (T, Xi). Welche Probe entfärbt Brom?
Entsorgung: B4

Cis-trans-Isomerie

Eine C=C-Zweifachbindung hat zwei wichtige Auswirkungen auf die Molekülgeometrie: Die beiden C-Atome und ihre direkten Bindungspartner liegen in einer Ebene, und die C=C-Zweifachbindung verhindert die freie Drehung der Molekülteile gegeneinander. Die Bindungspartner der Kohlenstoff-Atome können deshalb zwei verschiedene geometrische Anordnungen einnehmen. Dies führt zu einer besonderen Isomerie, der **cis-trans-Isomerie:** Liegen beim 1,2-Dichlorethen die beiden Atome auf der gleichen Seite, so heißt die Verbindung *cis*-1,2-Dichlorethen. Liegen sie auf gegenüberliegenden Seiten, nennt man sie *trans*-1,2-Dichlorethen.

Cis-trans-Isomere unterscheiden sich in ihren physikalischen Eigenschaften: *Cis*-1,2-Dichlorethen siedet bei 60 °C, *trans*-1,2-Dichlorethen bei 48 °C. In beiden Molekülen liegen polare C—Cl-Bindungen vor. *Trans*-1,2-Dichlorethen ist trotzdem *unpolar*, weil sich die Dipole der beiden C—Cl-Bindungen gegenseitig aufheben. Im *cis*-Isomeren addieren sich die beiden intramolekularen Dipole zu einem Gesamtdipol des Moleküls. *Cis*-1,2-Dichlorethen ist daher *polar*. Da VAN-DER-WAALS-Bindungen zwischen polaren Molekülen etwas fester sind als zwischen unpolaren Molekülen, hat *cis*-1,2-Dichlorethen eine höhere Siedetemperatur als *trans*-1,2-Dichlorethen.

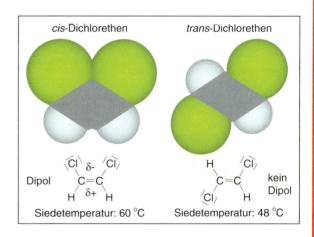

Aufgabe 1: Die C=C-Zweifachbindung kann im Buten-Molekül an zwei verschiedenen Stellen liegen.
a) Zeichne die Strukturformeln der beiden isomeren Butene.
b) Bei welchem der beiden Isomere tritt zusätzlich *cis-trans*-Isomerie auf? Gib die Strukturformeln an.

16.10 Ethin – ein Gas sorgt für große Hitze

1. Ethin ist ein wichtiges Schweißgas

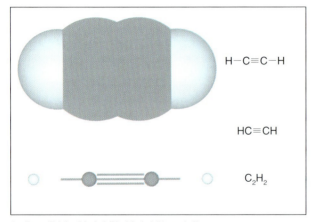

2. Das Ethin-Molekül. Molekülmodelle und Strukturformeln.

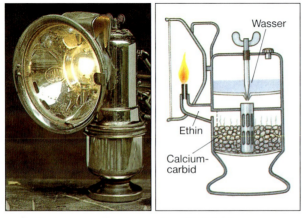

3. Carbidlampe – die erste Fahrradbeleuchtung

Mit einer dunklen Brille schützt der Schlosser seine Augen vor dem grellen Licht und den Funken, die beim Zusammenschweißen von Eisenteilen entstehen. Sein Schweißbrenner ist durch zwei Schläuche mit Gasflaschen verbunden. Neben der blauen Sauerstoff-Flasche steht eine gelbe Flasche mit der Aufschrift **Acetylen**. Der systematische Namen für dieses Schweißgas lautet Ethin. Bei der Verbrennung von Acetylen mit Sauerstoff entstehen Temperaturen bis zu 3000 °C.

$$2\,C_2H_2\,(g) + 5\,O_2\,(g) \longrightarrow$$
Ethin   Sauerstoff

$$4\,CO_2\,(g) + 2\,H_2O\,(g); \text{ exotherm}$$
Kohlenstoffdioxid   Wasser

Reines Ethin ist ein farbloses und geruchloses Gas. Gemische mit Luft, die zwischen 1,5 % und 82 % Ethin enthalten, sind explosiv. Im Gegensatz zu Ethan und Ethen zerfällt Ethin unter Druck explosionsartig. Es kann daher nicht wie andere Gase direkt in Stahlflaschen gepreßt werden. Das Gas wird zuerst in Aceton gelöst und dann unter einem verhältnismäßig geringen Druck von 12 bar in Stahlflaschen gefüllt, die Kieselgur zum Aufsaugen der Lösung enthalten. Unter diesen Bedingungen lösen sich 300 Liter Ethin-Gas in einem Liter Aceton.

Struktur des Ethin-Moleküls. Ein Merkmal der Acetylenflamme ist, daß sie stärker rußt als die Flammen, die bei der Verbrennung von Ethan und Ethen entstehen. Die Rußentwicklung deutet auf einen geringen Wasserstoffanteil im Molekül hin. Die Bestimmung der molaren Masse ergibt 26 $\frac{g}{mol}$, daraus leitet sich die *Molekülformel* C_2H_2 ab. Ethin ist also eine stark ungesättigte Verbindung. Wegen der Vierbindigkeit des Kohlenstoff-Atoms muß zwischen den Kohlenstoff-Atomen eine C≡C-Dreifachbindung vorliegen. Die Bindungslänge ist noch geringer als bei der C=C-Zweifachbindung. Sie beträgt nur 120 pm.
Da die Kohlenstoff-Atome im Ethin-Molekül nur zwei Bindungspartner haben, beträgt der HCC-Bindungswinkel 180°. Das Ethin-Molekül ist linear gebaut.

Ethin ist ein ungesättigter Kohlenwasserstoff. Kohlenwasserstoffe mit einer oder mehreren C≡C-Dreifachbindungen heißen Alkine.

Oldtimer in Zweirad- und Automuseen haben übergroße Scheinwerfer. Die Scheinwerfer wurden mit festem Calciumcarbid und Wasser betrieben. Die beiden Stoffe reagieren zu Ethin, das dann entzündet werden kann. Die Grubenlampen der Bergarbeiter funktionierten nach dem gleichen Prinzip:

$$CaC_2\,(s) + 2\,H_2O\,(l) \longrightarrow C_2H_2\,(g) + Ca(OH)_2\,(s)$$
Calcium-   Wasser   Ethin   Calcium-
carbid   hydroxid

16.11 Benzol – ein aromatischer Kohlenwasserstoff

An Benzinzapfsäulen sind zwei Gefahrensymbole angebracht: F + (hoch entzündlich) und T (giftig). Das Symbol F + ist sofort verständlich. Das Symbol T muß angegeben werden, weil Benzin bis zu 5 % **Benzol** enthält, eine farblose, giftige und krebserzeugende Flüssigkeit. Damit unsere Atemluft weniger durch Benzol und andere Kohlenwasserstoffe belastet wird, sollen die Tankstellen spezielle Zapfventile erhalten, die die Dämpfe in den Lagertank zurückleiten.

Benzol entsteht bei der Verarbeitung von Erdöl. In der chemischen Industrie sind Benzol und Benzol-Verbindungen wichtige Lösungsmittel sowie Zwischenprodukte für die Herstellung von Farbstoffen und Kunststoffen. Als Zusatz für Kraftstoffe verbessert Benzol die Klopffestigkeit von Benzin.

Benzol und ähnliche Verbindungen werden zur Stoffklasse der **aromatischen Kohlenwasserstoffe** zusammengefaßt. Die Bezeichnung „aromatisch" hängt mit dem aromatischen Geruch vieler Naturstoffe zusammen, die in ihrem Molekül einen Benzol-Rest enthalten.

Struktur des Benzol-Moleküls. Benzol ist ein ungesättigter Kohlenwasserstoff. Die *Molekülformel* C_6H_6 läßt vermuten, daß im Molekül C/C-Mehrfachbindungen vorliegen. Versetzt man Benzol mit Brom, so findet überraschenderweise keine Addition von Brom statt. Strukturuntersuchungen haben ergeben, daß die Kohlenstoff-Atome in einer Ebene liegen. Der Abstand zwischen zwei Kohlenstoff-Atomen ist immer gleich. Er liegt mit 139 pm zwischen den Bindungslängen der C–C-Einfachbindung (154 pm) und der C=C-Zweifachbindung (134 pm). Im Benzol-Molekül liegen also besondere Bindungsverhältnisse vor. Ein regelmäßiges Sechseck mit Innenkreis als Strukturformel weist auf diese Besonderheit hin.

Eigenschaften: Farblose Flüssigkeit mit süßlich-aromatischem Geruch;
Dichte: 0,874 $\frac{g}{ml}$;
Schmelztemperatur: 5,5 °C;
Siedetemperatur: 80 °C;
Flammpunkt: –11 °C.

Verwendung: Ausgangsstoff zur Herstellung von Textilfasern, Kunststoffen, Farbstoffen, Arzneimitteln, Aromastoffen, Pflanzenschutzmitteln; Benzinzusatz.

Gefahren: Benzol ist giftig und krebserregend; Benzoldämpfe verursachen Schwindelgefühl, Übelkeit, Atemlähmung; Benzol schädigt Leber, Nieren und Knochenmark; Benzol kann auch durch die Haut aufgenommen werden.

F
leichtentzündlich

Benzol

T
giftig

R45
Kann Krebs erzeugen
R11
leicht entzündlich
R23/24/25
Giftig beim Einatmen,
Verschlucken und Berührung
mit der Haut
R48
Gefahr ernster Gesundheits-
schäden bei längerer
Exposition

S53
Exposition vermeiden
S45
Bei Unfall oder Unwohlsein
sofort den Arzt hinzuziehen

2. *Steckbrief:* **Benzol**

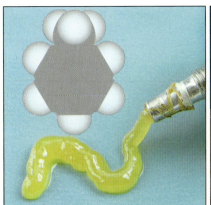
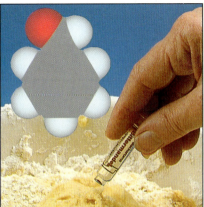

1. Aromatische Verbindungen: das Lösungsmittel Toluol, der Aromastoff Benzaldehyd, das krebserregende Benzpyren

Nichts ist ohne Gift

„Was ist, das nit gifft ist? All ding sind gifft, und nichts ist ohn gifft. Allein die Dosis machts, das ein ding kein gift ist".

Dieser rätselhafte Satz stammt von dem berühmten Arzt PARACELSUS (1493 – 1541). Was er damit meinte, ist gut am Beispiel von Kochsalz zu verstehen.

Mineralsalze sind für uns lebensnotwendig und niemand würde das gesalzene Frühstücksei als vergiftet ansehen. Dennoch bekäme ein Säugling ein mehrstündiges schweres „Kochsalzfieber", würde ihm 1 Gramm reines Kochsalz (NaCl) verabreicht. Selbst Stoffe des täglichen Gebrauchs können also giftig wirken, wenn sie der Körper in hoher Dosis aufnimmt.

Umgekehrt können Giftstoffe unter Umständen ungiftig sein. Viele Kriminalromane begründen den unrühmlichen Ruf von Arsen als Mordgift. Der Mensch kann sich allerdings an Arsen oder genauer gesagt an *Arsenik* (As_2O_3) gewöhnen. In Europa gab es noch in diesem Jahrhundert Bergsteiger und Holzfäller, die Arsenik in langsam steigender Dosis einnahmen, um körperlichen Strapazen besser gewachsen zu sein.

Bei vielen Giftpflanzen hängt die Gefährlichkeit von der aufgenommenen Dosis ab. Vor dem Genuß bestimmter Pflanzen oder Pflanzenteile wird jedes Kind gewarnt. Die *Tollkirsche* enthält den giftigen Stoff Atropin. Er greift das Nervensystem an, so daß es zu Atemlähmungen kommt. Auf Meerschweinchen und Kaninchen wirkt Atropin dagegen nicht giftig. Sie können Tollkirschen fressen, ohne Schäden davonzutragen. In winzigen Einzeldosen unter 1 mg wird Atropin beim Menschen in der Augenheilkunde eingesetzt.

Auch der *Rote Fingerhut* (Digitalis purpurea) ist eine Giftpflanze. Dennoch werden aus dieser Pflanze die wichtigen Digitalispräparate für die Therapie von Herzerkrankungen gewonnen.

Giftige Verbindungen können unterschiedlich schnell wirken. Sofort giftige, **akut-toxische Stoffe** wie *Blausäure* (HCN) sind innerhalb von Minuten tödlich. *Arsenik* wirkt innerhalb von Stunden. Langfristig giftige, **chronisch-toxische Stoffe** wie das Seveso-Gift *Dioxin* (2,3,7,8-Tetrachlordibenzodioxin) können noch nach vielen Jahren wirken.

Manche Stoffe zeigen kurzfristige *und* langfristige Giftwirkungen. Früher verwendete man *Chloroform* (Trichlormethan) zur Narkose. Wurde die Dosierung von 1% in der Atemluft um das Doppelte überschritten, endete die Narkose meist tödlich. Bei der Anwendung von Chloroform ist außerdem als Spätfolge Krebs nicht auszuschließen.

Benzol, das im Tankstellenbenzin enthalten ist, löst beim Einatmen kurzfristig Schwindel, Kopfschmerzen und Atemlähmung aus. Tödliche Vergiftungen sind kaum bekannt, dafür kann als Spätfolge Krebs auftreten.

Es gibt verschiedene Aufnahmewege für giftige Stoffe. Meist erfolgt die Aufnahme über den Mund oder die Atemwege. Zu den Stoffen, die über die Haut, also durch Hautresorption, aufgenommen werden, gehört neben Benzol das Halogenalkan *Tetrachlormethan* (CCl_4). Es schädigt die Zellen des Nervensystems und verursacht Ekzeme, Leberschäden und Nierenschäden.

Wissen schützt vor Vergiftungen, deshalb sollte man wissen:

1. Die verschiedensten Stoffe können als Gift wirken.
2. Nicht nur der Mensch stellt Gifte her, sie kommen auch in der Natur vor.
3. Stoff, Dosis und Art der Verabreichung sind für die Giftigkeit entscheidend.
4. Gifte können auf verschiedenen Aufnahmewegen in den Körper gelangen.

Giftpflanzen: Tollkirsche und Roter Fingerhut

Giftstoff	Vorkommen	tödliche Dosis
Botulinus-Toxin A	verdorbene Konserven	0,00003
Tetanus-Toxin	Bakterien im Boden	0,0001
Diphterie-Toxin	Bakterien	0,3
Seveso-Dioxin	chemisches Nebenprodukt	1
Aflatoxin B_1	Schimmel	10
Nikotin	Tabak	1 000
Arsenik	Chemikalie	3 000
Blausäure	Chemikalie	10 000
E 605	Pestizid	100 000
Alkohol	Getränk	3 500 000

Tödliche Dosis natürlicher und synthetischer Gifte. Zahlenwerte in Millionstel Gramm pro Kilogramm Körpergewicht.

DDT – Geschichte eines Insektizids

An keiner Verbindung lassen sich Segen und Fluch der Halogenkohlenwasserstoffe eindrucksvoller beschreiben als an **DDT**, einem jahrzehntelang in der ganzen Welt verwendeten Insektenbekämpfungsmittel.

DDT gegen Malaria. DDT (**D**ichlor**d**iphenyl**t**richlorethan) wurde 1939 von dem Schweizer Chemiker Paul MÜLLER bei der Suche nach synthetischen Pflanzenschutzmitteln entdeckt. Bald erkannte er die hervorragenden Eigenschaften von DDT: Es ist ein wirksames Fraß- und Kontaktgift gegen Insekten; die Wirkung ist langanhaltend; es ist nur schwer in Wasser löslich; es ließ sich preisgünstig herstellen. Gegen Pflanzen und Warmblüter schien DDT harmlos zu sein.

Ab 1941 wurde DDT als Insektizid eingesetzt. Einer der wichtigsten Anwendungsbereiche war die Bekämpfung von Stechmücken, die in Afrika, Asien und Südamerika die gefährliche *Malaria* übertragen. Wegen der großen Erfolge war DDT jahrzehntelang das meistproduzierte Insektizid der Welt.

Folgen der Anwendung von DDT. Bereits in den sechziger Jahren geriet DDT in Verruf: Die hohe Wirksamkeit führte dazu, daß auch nützliche Insekten abgetötet wurden. Außerdem entwickelten viele Insektenarten im Laufe der Jahre eine Resistenz gegenüber DDT: Sie wurden mit der Zeit unempfindlich. Hinzu kommt, daß DDT im Organismus und in der Natur nur sehr langsam abgebaut wird. Einmal mit der Nahrung aufgenommen, wird es im Fettgewebe abgelagert. In der Nahrungskette reichert sich DDT dann vom Plankton über Fische und von Pflanzen über Nutztiere bis zum Menschen an. Gefährlich wird es, wenn Fettpolster abgebaut werden und die Konzentration von DDT im Blut ansteigt.

Heute findet man DDT im Gewebe aller Lebewesen, verteilt über die ganze Erde: bei Möwen und Eisbären im Polarmeer ebenso wie bei Pinguinen am Südpol und das, obwohl man dort nie DDT eingesetzt hat.

Neue Insektizide. Wegen der beschriebenen Nachteile wurde die Herstellung und Anwendung von DDT in den Industrieländern schon in den siebziger Jahren verboten. Für die Bekämpfung der Malaria wird es in Entwicklungsländern aber weiterhin produziert. Heute forscht man nach Stoffen, die möglichst gezielt gegen bestimmte Schädlinge wirken. Außerdem sollen die Chemikalien in der Natur leicht abbaubar und unschädlich gegenüber Warmblütern sein.

Versprühen eines Pestizids

1. Pestizide sind die wirksamsten Waffen gegen Schädlinge, die Kulturpflanzen und Haustiere befallen.
2. Pestizide haben Millionen von Menschen vor Malaria, Gelbfieber, Schlafkrankheit oder anderen durch Insekten übertragene Krankheiten bewahrt.
3. Nur mit Hilfe von Pestiziden lassen sich die vom Gesetzgeber geforderten Qualitätsnormen im Obst- und Gemüsebau erzielen.
4. Ohne den Pestizideinsatz würden sich die Lebensmittelpreise erhöhen. Schätzungen gehen von bis zu 70% höheren Preisen aus.
5. Biologische Schädlingsbekämpfungsverfahren liegen erst für wenige Schädlinge praxisreif vor, so daß sie den Pestizideinsatz nicht ersetzen können.

Pestizide: Pro...

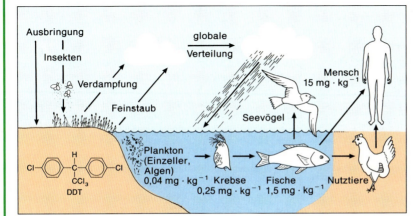

Anreicherung von DDT in der Nahrungskette

1. Eine Reihe von Pestiziden wird in der Natur nur sehr langsam abgebaut. Für DDT wird eine mittlere Abbauzeit von zehn Jahren angegeben.
2. Bedingt durch lange Abbauzeiten können sich Pestizide über die Nahrungsketten anreichern.
3. Pestizide werden im Fettgewebe gespeichert. Die Langzeitwirkung im Körper des Menschen ist weitgehend unbekannt.
4. Pestizide vernichten nicht nur Schädlinge, sondern vielfach auch Nützlinge, so daß der Bestand einer ganzen Reihe von Tier- und Pflanzenarten durch den Einsatz chemischer Mittel bedroht ist.

Pestizide: ...und Contra

EXKURS

Chemiker auf Spurensuche

Spurenanalytik

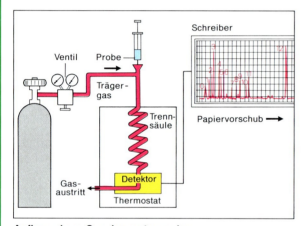

Aufbau eines Gaschromatographen

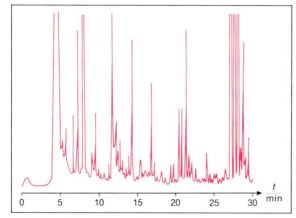

Gaschromatogramm

Für viele chemische Verbindungen mit schädlichen Wirkungen auf Mensch und Umwelt werden zulässige Höchstmengen gesetzlich festgelegt. Bei den meisten Umweltchemikalien liegen diese Konzentrationen im ppm-Bereich (engl. *parts per million*): Wie bei der Nadel im Heuhaufen ist dann unter einer Million Teilchen ein Gift-Teilchen aufzuspüren. Ein *Grenzwert* kann für einen Schadstoff nur unter zwei Bedingungen angegeben werden: Die Giftwirkung muß bekannt sein, und der Stoff muß in der geringen Konzentration überhaupt nachweisbar sein.

Ein Beispiel ist das Seveso-Gift Dioxin. Es ist hochgiftig. Höhere Dosen des Gifts verursachen schwer heilende Hautgeschwüre, und Dioxin fördert die Krebsbildung. Um Grenzwerte festlegen zu können, fehlen immer noch die Kenntnisse über den Zusammenhang zwischen Giftwirkung und Dosis. Deshalb werden Angaben zu Grenzwerten immer dem neuesten Wissensstand angepaßt. Die Werte sind von Staat zu Staat unterschiedlich. In der Bundesrepublik Deutschland gilt zur Zeit (1993) folgender Grenzwert: Die Aufnahme von Dioxin durch den Menschen soll nicht mehr als 1 Pikogramm (1 pg = 1 billionstel Gramm) pro Kilogramm Körpergewicht und pro Tag betragen, das entspricht 1 ppt (engl. *parts per trillion*). Die mittlere tägliche Aufnahme durch die Nahrung beträgt 24,6 pg pro Tag. Allein Milchprodukte und Fleisch tragen dazu mit 13,2 pg pro Tag bei.

Die Spuren des Schadstoffs liegen in der untersuchten Stoffprobe in der Regel neben einer Vielzahl anderer Substanzen vor. Deshalb muß der gesuchte Stoff vor dem eigentlichen Nachweis aus dem Substanzgemisch abgetrennt werden.

Probennahme, Probenaufbereitung und die Konzentrationsbestimmung von Spurenstoffen werden unter dem Begriff **Spurenanalytik** zusammengefaßt.

Gaschromatographie. Ein wichtiges Verfahren der Spurenanalytik ist die Gaschromatographie. Mit ihr lassen sich gasförmige und leicht verdampfbare Substanzgemische in ihre Bestandteile auftrennen. Dazu wird ein bestimmtes Volumen der Probe in eine *Trennsäule* eingespritzt. Dort werden die Moleküle der Probe durch den Gasstrom eines *Trägergases* mitgerissen. In der Trennsäule befindet sich eine gasdurchlässige Füllung. Mit dieser Füllung treten die verschiedenen Moleküle der Probe in Wechselwirkung. Das Ende der Trennsäule erreichen diejenigen Moleküle als erste, die von der Füllung am wenigsten aufgehalten werden. Die anderen Moleküle folgen je nach Stärke der Wechselwirkung in bestimmten zeitlichen Abständen. Am Ende der Trennsäule werden die Moleküle durch eine Meßvorrichtung, den *Detektor*, erfaßt. Der Detektor sendet jedesmal, wenn er einen Stoff registriert, ein elektrisches Signal an einen Schreiber. Dieser zeichnet den Verlauf der Signale auf. Eine solche Aufzeichnung heißt *Chromatogramm*. Aus ihm lassen sich entnehmen, welche Stoffe in welcher Menge in dem Stoffgemisch enthalten sind.

Kohlenwasserstoffe

Name und Molekülformel	Strukturformeln und Molekülmodelle	Schmelz-temperatur	Siede-temperatur	Verwendung
Methan CH_4	H–C(H)(H)–H	−182 °C	−162 °C	Heizgas
Ethan C_2H_6	H–C(H)(H)–C(H)(H)–H	−183 °C	−89 °C	Heizgas
Ethen C_2H_4	$H_2C=CH_2$	−169 °C	−104 °C	Herstellung von Kunststoffen
Ethin C_2H_2	H–C≡C–H	−81 °C	−84 °C	Schweißgas
Hexan C_6H_{14}	$CH_3-CH_2-CH_2-CH_2-CH_2-CH_3$	−95 °C	69 °C	Lösungsmittel
Cyclohexan C_6H_{12}	(Ringstruktur)	7 °C	81 °C	Lösungsmittel
Benzol C_6H_6	(Ring) oder ⬡	6 °C	80 °C	Lösungsmittel, Benzin
Octan C_8H_{18}	$CH_3-CH_2-CH_2-CH_2-CH_2-CH_2-CH_2-CH_3$	−57 °C	126 °C	Benzin
Isooctan C_8H_{18}	$CH_3-C(CH_3)(H)-C(H)(H)-C(CH_3)(H)-CH_3$	−107 °C	99 °C	Benzin
Octadecan $C_{18}H_{38}$	$CH_3-CH_2-CH_2-CH_2-CH_2-CH_2-CH_2-CH_2-CH_2-CH_2-CH_2-CH_2-CH_2-CH_2-CH_2-CH_2-CH_2-CH_3$	28 °C	316 °C	Kerzenwachs

ÜBERSICHT

16.12 Aufgaben · Versuche · Probleme

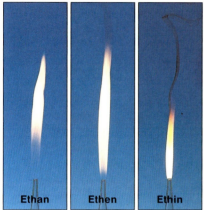

	Ethan
Molekülformel	
Strukturformel	
HCC-Bindungswinkel	109°
C/C-Bindungslänge	154 pm
C/C-Bindungsenergie	348 $\frac{kJ}{mol}$
Flamme	kaum rußend
Reaktionsgleichungen:	
Reaktion mit Sauerstoff	
Reaktion mit Bromwasser	

Dioxin-Quellen:
- Zellstoff- und Papierherstellung
- Chemische Reinigungen
- Wiederverwertung von Altölen
- Hausmüllverbrennung
- Sonderabfallverbrennung
- Klärschlammverbrennung
- Automobilabgase
- Hausfeuerung (Öl, Kohle, Holz)
- Zigarettenrauchen
- PVC-, Lager- und Hausbrände

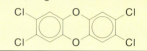

Aufgabe 1: a) Vervollständige die Tabelle und ergänze die entsprechenden Daten für Ethen und Ethin. Gib die Änderung von Bindungslänge und Bindungsenergie mit größer oder kleiner als bei Ethan an.
b) Begründe die Unterschiede.

Aufgabe 2: Gib die Strukturformeln der isomeren Pentane an und ordne die folgenden Siedetemperaturen zu: 28 °C, 10 °C, 36 °C.
Begründe deine Zuordnung.

Aufgabe 3: Wenn man einen Kohlenwasserstoff über heißes, schwarzes Kupfer(II)-oxid (CuO) leitet, reagiert dieses zu einem rotglänzenden Stoff. Außerdem bilden sich farblose Flüssigkeitströpfchen. Ein gleichzeitig entstehendes Gas trübt Kalkwasser.
a) Deute die Beobachtungen.
b) Inwiefern lassen sich durch diese Untersuchungsmethode die Elemente Wasserstoff und Kohlenstoff im untersuchten Stoff nachweisen?
c) Formuliere die Reaktionsgleichung für die Reaktion von Butan mit Kupferoxid.

Versuch 1: Gesättigte und ungesättigte Kohlenwasserstoffe
Vorsicht! Abzug! Schutzbrille!
a) Leite folgende Gase durch Bromwasser (T, Xi): Ethan (F+) und Ethen (F+).
b) Schüttle nacheinander mit Bromwasser (T, Xi): Pentan (F), 1-Hexen (F), Salatöl.
Entsorgung: B4

Versuch 2: Redoxreaktionen mit dem Gasbrenner
Scheide mit der leuchtenden Flamme des Gasbrenners an einer Porzellanschale Ruß ab. Erhitze danach mit der nichtleuchtenden Flamme. Erkläre die Reaktionen und formuliere Reaktionsgleichungen.

Problem 1: Flüssige Kohlenwasserstoffe wie Hexan sind leichtentzündlich (F). Das Halogenalkan Bromchlordifluormethan (Halon) wurde dagegen lange Zeit als Löschmittel in Feuerlöschern verwendet.
a) Leite aus dem Vergleich der beiden Substanzen eine Faustregel zur (Nicht-)Brennbarkeit von Kohlenwasserstoff-Verbindungen ab.
b) Warum wird heute auf halogenhaltige Löschmittel verzichtet?

Problem 2: Sportschiffe sind oft mit Propan- oder Butangaskochern ausgerüstet. Dabei sind folgende Sicherheitsbestimmungen einzuhalten:
1. Gasflaschen müssen in einem abgeschotteten Kasten mit Entlüftung nach außenbords stehen.
2. Die Kocher müssen eine Zündsicherung haben, die beim Verlöschen der Flamme die Gaszufuhr automatisch abriegelt.
3. Alle Leitungen müssen aus Kupfer sein und regelmäßig auf Dichtigkeit überprüft werden.
4. Nach jedem Benutzen muß die Gasflasche am Ventil verschlossen werden.
Erläutere und begründe die einzelnen Sicherheitsbestimmungen.

Problem 3: Das Seveso-Gift 2,3,7,8-Tetrachlordibenzodioxin (TCDD) gehört zu einer Gruppe stabiler halogenierter Kohlenwasserstoffe, den *Dioxinen*. Die Bildung von Dioxinen ist besonders begünstigt, wenn chlorhaltige organische Verbindungen bei hohen Temperaturen mit Sauerstoff oxidiert werden. Erst wenn die Temperaturen weit über 1000 °C liegen, werden auch die Dioxine wieder zerstört.
a) Halogene in organischen Verbindungen werden häufig mit der BEILSTEIN-Probe nachgewiesen.
Begründe die Empfehlung, auf diese Probe ganz zu verzichten oder sie zumindest im Abzug durchzuführen?
b) Bei Schwelbränden von Elektrokabeln und beim Zigarettenrauchen werden Dioxine freigesetzt. Suche nach Gründen dafür.

BASISWISSEN

Kohlenwasserstoffe

Molekülformel:	C_2H_6
Strukturformeln:	H H H–C–C–H H H $CH_3 – CH_3$

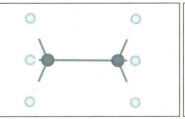
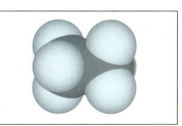

Das Ethan-Molekül: Molekülformel, Strukturformeln und Molekülmodelle

1. Kohlenwasserstoffe

Kohlenwasserstoffe
- gesättigte Kohlenwasserstoffe
  - Alkane
    – C – C –
  - *Beispiele:* Methan, Ethan, Propan, Butan
- ungesättigte Kohlenwasserstoffe
  - Alkene
    H₂C=CH₂
    Beispiel: Ethen
  - Alkine
    H–C≡C–H
    Beispiel: Ethin
  - Aromaten
    Beispiel: Benzol

2. Isomere Kohlenwasserstoffe

Isomere sind Verbindungen mit gleicher Molekülformel aber unterschiedlicher Molekülstruktur.
Beispiel:

$CH_3 – CH_2 – CH_2 – CH_2 – CH_3$ Pentan C_5H_{12}

$CH_3 – \underset{H}{\underset{|}{\overset{CH_3}{\overset{|}{C}}}} – CH_2 – CH_3$ 2-Methylbutan C_5H_{12}

$CH_3 – \underset{CH_3}{\underset{|}{\overset{CH_3}{\overset{|}{C}}}} – CH_3$ 2,2-Dimethylpropan C_5H_{12}

3. Eigenschaften

a) VAN-DER-WAALS-Bindung
Die Wechselwirkung zwischen **unpolaren** Molekülen nennt man VAN-DER-WAALS-Bindung. Ihre Stärke nimmt mit der Kontaktfläche der Moleküle zu.

b) Siedetemperaturen
Bei Alkanen mit unverzweigten Molekülen steigt die Siedetemperatur mit der Zahl der Kohlenstoff-Atome.
Ursache: VAN-DER-WAALS-Bindung

Butan

c) Löslichkeit
Alkane mischen sich untereinander in jedem Verhältnis.
Alkane mischen sich *nicht* mit Wasser. Sie wirken wasserabstoßend. Man sagt: Sie sind **hydrophob.**
Ursache: Zwischen Wasser-Molekülen und Alkan-Molekülen könnten sich nur schwache VAN-DER-WAALS-Bindungen ausbilden. Es bleiben daher die starken Wasserstoffbrückenbindungen zwischen den Wasser-Molekülen erhalten.

4. Reaktionen

a) Substitutionsreaktion
Im Molekül wird ein Atom gegen ein anderes Atom ausgetauscht. Bei der radikalischen Substitution reagieren **Radikale** – reaktive Teilchen mit einem ungepaarten Elektron – in einer *Kettenreaktion*.

b) Additionsreaktion
Ein Molekül wird an eine Mehrfachbindung addiert.

c) Eliminierungsreaktion
Ein Molekül wird von einem größeren Molekül unter Ausbildung einer Mehrfachbindung abgespalten.

$H_3C – CH_3 + Br_2 \xrightarrow{\text{Substitution}} H_3C – CH_2Br + HBr$

$H_2C = CH_2 + Br_2 \underset{\text{Eliminierung}}{\overset{\text{Addition}}{\rightleftharpoons}} BrH_2C – CH_2Br$

17 Energie und Umwelt

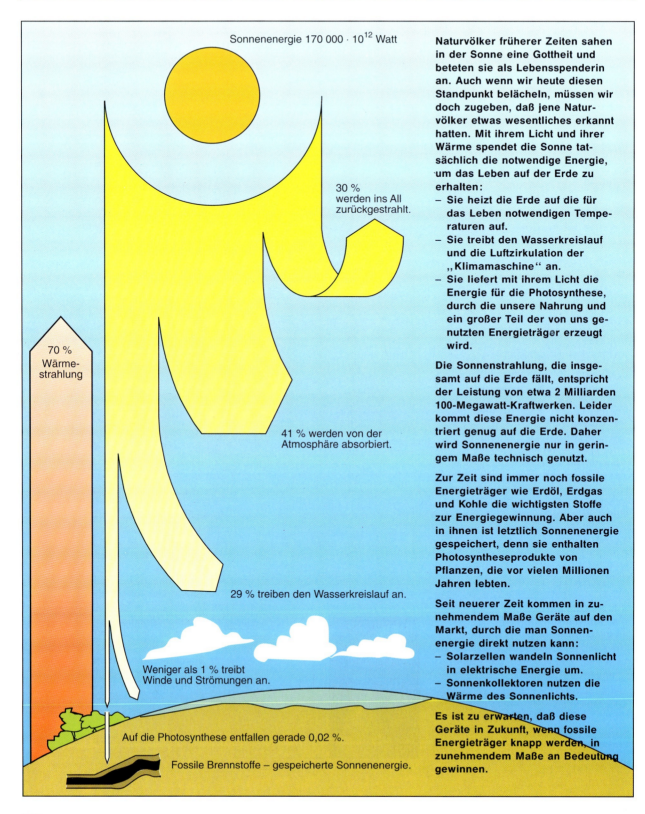

Sonnenenergie 170 000 · 10^{12} Watt

30 % werden ins All zurückgestrahlt.

70 % Wärmestrahlung

41 % werden von der Atmosphäre absorbiert.

29 % treiben den Wasserkreislauf an.

Weniger als 1 % treibt Winde und Strömungen an.

Auf die Photosynthese entfallen gerade 0,02 %.

Fossile Brennstoffe – gespeicherte Sonnenenergie.

Naturvölker früherer Zeiten sahen in der Sonne eine Gottheit und beteten sie als Lebensspenderin an. Auch wenn wir heute diesen Standpunkt belächeln, müssen wir doch zugeben, daß jene Naturvölker etwas wesentliches erkannt hatten. Mit ihrem Licht und ihrer Wärme spendet die Sonne tatsächlich die notwendige Energie, um das Leben auf der Erde zu erhalten:
- Sie heizt die Erde auf die für das Leben notwendigen Temperaturen auf.
- Sie treibt den Wasserkreislauf und die Luftzirkulation der „Klimamaschine" an.
- Sie liefert mit ihrem Licht die Energie für die Photosynthese, durch die unsere Nahrung und ein großer Teil der von uns genutzten Energieträger erzeugt wird.

Die Sonnenstrahlung, die insgesamt auf die Erde fällt, entspricht der Leistung von etwa 2 Milliarden 100-Megawatt-Kraftwerken. Leider kommt diese Energie nicht konzentriert genug auf die Erde. Daher wird Sonnenenergie nur in geringem Maße technisch genutzt.

Zur Zeit sind immer noch fossile Energieträger wie Erdöl, Erdgas und Kohle die wichtigsten Stoffe zur Energiegewinnung. Aber auch in ihnen ist letztlich Sonnenenergie gespeichert, denn sie enthalten Photosyntheseprodukte von Pflanzen, die vor vielen Millionen Jahren lebten.

Seit neuerer Zeit kommen in zunehmendem Maße Geräte auf den Markt, durch die man Sonnenenergie direkt nutzen kann:
- Solarzellen wandeln Sonnenlicht in elektrische Energie um.
- Sonnenkollektoren nutzen die Wärme des Sonnenlichts.

Es ist zu erwarten, daß diese Geräte in Zukunft, wenn fossile Energieträger knapp werden, in zunehmendem Maße an Bedeutung gewinnen.

EXKURS

Wie Erdöl, Erdgas und Kohle entstanden sind

In Naturkundemuseen findet man uralte Versteinerungen von Pflanzen und Tieren. Diese *Fossilien* sind bei der Gesteinsbildung erhalten geblieben. Auch Kohle, Erdöl und Erdgas sind tierischen und pflanzlichen Ursprungs. Man nennt sie deshalb **fossile Energieträger**. Eine Reise in die Erdgeschichte soll Licht in das Geheimnis ihrer Entstehung bringen.

Erdöl und Erdgas. Vor mehr als 500 Millionen Jahren bedeckten flache Meere große Teile der Erde. In ihnen lebten unzählige Kleinstlebewesen. Wenn diese starben, sanken sie zusammen mit mineralischen Schwebstoffen auf den Meeresgrund. Wo der Sauerstoff fehlte, wurde das organische Material durch anaerobe Bakterien nur teilweise zersetzt. Es bildete sich *Faulschlamm* mit einem hohen Anteil an Kohlenstoff-Wasserstoff-Verbindungen.

Über diesem Faulschlamm lagerten sich Sand und Tonschichten ab. Durch Bewegungen der Erdkruste sanken diese Erdschichten im Laufe von Millionen von Jahren in immer größere Tiefen. Durch den dort herrschenden hohen Druck und die hohen Temperaturen bildeten sich im Laufe der Zeit aus den organischen Resten Erdöl und Erdgas.

Erdöl und Erdgas haben eine geringere Dichte als Wasser. Sie verdrängten daher das Wasser aus den Gesteinsporen der darüberliegenden Gesteinsschichten und wanderten so immer weiter nach oben.

Wenn Erdöl und Erdgas schließlich auf undurchlässige Tonschichten stießen, bildete sich darunter eine *Lagerstätte*.

Kohle. Vor etwa 300 Millionen Jahren bedeckten Sumpfwälder mit Baumfarnen und Mammutbäumen große Landstriche unserer Erde. Die umgestürzten Bäume versanken in den sumpfigen Gebieten. Unter Luftabschluß konnten die Pflanzen nicht vollständig verwesen. Es bildete sich *Torf*.

Durch Erdbewegungen sanken diese Torfschichten in die Tiefe, und Flüsse lagerten Sand und Ton darüber ab. Darauf wuchsen neue Sumpfwälder, die neue Torfschichten bildeten. Durch Absenkungsvorgänge gelangten die Torfschichten in immer größere Tiefen. Bei dem dort herrschenden Druck und den höheren Temperaturen liefen chemische Prozesse ab, die man als **Inkohlung** bezeichnet. Aus dem organischen Material wurden dabei Methan, Wasser, Kohlenstoffmonooxid und Kohlenstoffdioxid abgespalten.

Durch die Vorgänge bei der Inkohlung entstand aus dem Torf zunächst *Braunkohle*. Diese wandelte sich in *Steinkohle* um. Am weitesten ist der Prozeß im *Anthrazit* fortgeschritten. Bei der Inkohlung stieg der Kohlenstoffgehalt von 55% beim Torf über 70% bei Braunkohle und 85% bei Steinkohle auf 92% beim Anthrazit an.

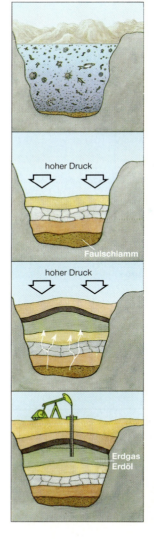

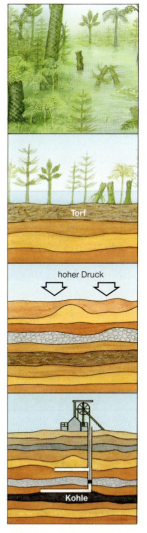

17.1 Erdöl und Erdgas – fossile Brennstoffe

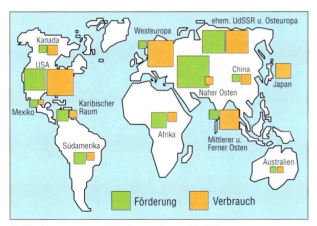

1. Vorkommen und Verbrauch von Erdöl

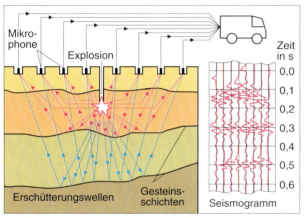

2. Seismographische Untersuchung

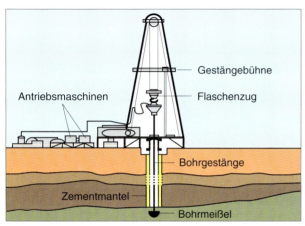

3. Erdölförderturm

Die Lagerstätten von Erdöl und Erdgas sind weit über die Erde verteilt. Aber es ist nicht einfach, die öl- und gasführenden Gesteinsschichten bis in 3000 m Tiefe aufzuspüren. Nur eine seismographische Untersuchung liefert genauere Informationen über die Struktur des Untergrunds: Man bohrt ein Loch und löst darin eine Explosion aus. Vom Explosionsherd gehen Erschütterungswellen aus. Sie pflanzen sich durch das Gestein hindurch fort und werden an den verschiedenen Gesteinsschichten reflektiert. So kommen die Erschütterungen in unterschiedlichen Zeitabständen zur Erdoberfläche zurück. Dort werden sie von speziellen Mikrophonen registriert. Die Auswertung der Signale liefert ein Bild über die geologische Beschaffenheit des Untergrunds.

Wenn die seismographische Untersuchung eine Lagerstätte vermuten läßt, führt man eine Probebohrung durch. Ein Bohrkern nach dem anderen wird heraufgeholt und untersucht. Wenn schließlich tatsächlich Erdöl aus einer Gesteinsprobe tropft, besteht Hoffnung auf ein ergiebiges Erdöllager.

Erschließung. In das vermutete Zentrum des Erdöllagers werden mehrere Bohrungen niedergebracht. Jeweils neun Meter tief mahlt sich der Bohrmeißel in das Gestein, dann muß ein weiteres Gestängerohr angefügt werden. Spülwasser bringt Gesteinsmehl aus der Tiefe hervor und kühlt den mit Diamanten besetzten Meißel. Trotzdem wird mancher Bohrkopf verschlissen. Dann ist es eines Tages so weit: Gas oder Erdöl kommt an die Oberfläche. Manchmal steigt auch eine riesige Ölfontäne aus dem Bohrloch oder Gas strömt mit Gewalt aus. Nun muß man darauf achten, daß kein Feuer ausbricht. Erdölfeuer und Erdgasfeuer sind schwer zu löschen.

Förderung. Das gesamte unterirdische Lager wird nun durch Bohrungen erschlossen. Der anfängliche Druck, der Öl und Gas von selbst heraufbringt, läßt später nach. Für die Erdölförderung müssen dann Pumpen eingesetzt werden. Die typischen Pferdekopf-Pumpen nicken Tag und Nacht und bringen Erdöl aus der Tiefe hervor, das aus dem Muttergestein langsam zum Bohrloch sickert. Obwohl man Pumpen einsetzt und zusätzlich Wasser in das poröse, ölhaltige Gestein preßt, lassen sich in den meisten Fällen nur 30 % des tatsächlich vorhandenen Erdöls gewinnen.

Transport. Erdgas und Erdöl transportiert man am besten durch Pipelines. Aber über Meere, von einem Kontinent zum anderen, lassen sich Rohre kaum verlegen. Hier verkehren Öltanker und bringen die wertvolle Fracht zu ihrem Bestimmungsort.

Erdgas, ein sauberer Energieträger. Immer mehr Haushalte stellen ihre Zentralheizung auf Erdgas um. Die Gründe dafür liegen auf der Hand: keine Lagertanks, die in einigen Jahren durchrosten könnten, kein Warten auf die Öllieferung, kein Ölgeruch im Haus. Bis auf wenige Wartungsarbeiten kann man die Heizung fast vergessen. Der Schornsteinfeger bescheinigt eine saubere Verbrennung, bei der nur ein Minimum an Schadstoffen entsteht.

Bevor das Erdgas ins Haus kommt, hat es schon einen langen Weg hinter sich: Erdgas, das aus dem Bohrloch strömt, bringt Wasser und Staub mit. Ungereinigt ist es nicht zu gebrauchen. Zuerst muß man es entwässern und vom Staub befreien. Außerdem wird stinkendes Schwefelwasserstoff-Gas abgetrennt. Dabei fällt Schwefel an, der zur Herstellung von Schwefelsäure genutzt wird.

Das gereinigte Erdgas strömt durch Pipelines zu den Verbrauchern. Um undichte Stellen schneller zu bemerken, mischt man einen Geruchsstoff zu. So wird weitgehend verhindert, daß sich unbemerkt explosive Gemische aus Erdgas und Luft bilden, die ganze Häuser in die Luft sprengen können.

Etwa 30 % des in der Bundesrepublik benötigten Erdgases stammt aus Norddeutschland. Die Hauptmenge wird aus den Niederlanden und aus Rußland eingeführt. Um eine gleichmäßige Versorgung sicherzustellen, legen die Gasversorgungsunternehmen Erdgasvorräte an. In Niedersachsen lagern große Erdgasmengen in unterirdischen Hohlräumen. Diese Speicherkavernen werden in Salzstöcken angelegt, nachdem das Salz herausgelöst wurde.

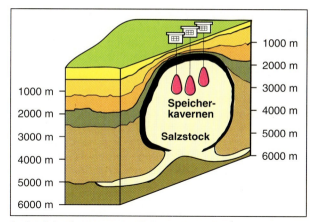

1. Speicherkavernen im Salzstock von Lesum

Versuch 1: Verbrennung von Erdgas
Fülle Erdgas von unten durch Wasserverdrängung in ein Reagenzglas. Verschließe das Reagenzglas mit einem Stopfen und stelle es so auf, daß die Mündung nach oben zeigt. Öffne das Reagenzglas und entzünde das Gas. Gib in das Reagenzglas, nachdem die Flamme erloschen ist, 3 ml Kalkwasser, verschließe das Glas und schüttle es.

Versuch 2: Verpuffung von Erdgas
Bohre in die Seite einer größeren Papphöre nahe am Boden ein kleines Loch. Fülle durch dieses Loch etwa 50 ml Erdgas mit einer Spritze in die Röhre. Verschließe die Röhre mit einem Papierknäuel. Zünde nun das Erdgas/Luft-Gemisch mit einer Flamme, die du vor das seitliche Loch hältst.

EXKURS

Öl contra Natur

Am sichersten fließt Erdöl in Pipelines. Große Mengen an Erdöl werden jedoch von Tankern über die Meere transportiert. Dabei sind Unfälle nicht völlig vermeidbar. Allein 1989 ereigneten sich weltweit dreizehn größere Ölkatastrophen.

1989 verlor der Tanker Exxon Valdez nach einer Havarie vor Alaska 40 Millionen Liter Rohöl. Ein riesiger Ölteppich trieb gegen die Küsten Alaskas und 1 160 km Küste versanken unter dem schmierigen und giftigen Öl. Trotz des Einsatzes von 8 000 Helfern kamen 30 000 Seevögel um, 750 Seeottern und unzählige andere Tiere verendeten elendig in der zähen Masse. Es wird lange Jahre dauern, bis sich Pflanzen- und Tierwelt dieser Küste wieder erholt haben.

17.2 Vom Rohöl zum Rohölprodukt

Das geförderte Erdöl kann nicht direkt weiterverarbeitet werden. Es ist noch mit Salzwasser, Sand und verschiedenen Gasen verunreinigt. Die Verunreinigungen werden in einer Trennanlage entfernt und man erhält **Rohöl**.

In einer **Erdölraffinerie** (franz. *raffiner:* verfeinern) wird das Rohöl destilliert. Dabei ist es nicht erforderlich, das Rohöl in einzelne Reinstoffe zu trennen. Vielmehr zerlegt man es durch Destillation in Gemische, die einen bestimmten *Siedebereich* haben. Solche Teilprodukte werden als *Erdölfraktionen* bezeichnet (lat. *frangere:* brechen).

Fraktionierte Destillation. Im großtechnischen Verfahren läßt man Rohöl durch beheizte Röhren fließen, wobei es auf etwa 300°C erhitzt wird. Der dabei entstehende Dampf strömt in eine *Destillationskolonne.* In dieser Anlage sind etwa 40 sogenannte *Böden* übereinander angeordnet. Jeder Boden hat einige glockenartige Durchlässe. Der Öldampf kondensiert teilweise und sammelt sich als flüssige Erdölfraktion auf den Böden. Durch seitliche Ausgänge können die Fraktionen abgelassen werden.

Im unteren Bereich der Kolonne kondensieren aus dem Öldampf zwischen 250°C und 360°C *Schweröl (Dieselöl)* und *Leichtöl (leichtes Heizöl).*

Der etwas abgekühlte Dampf steigt weiter auf. Im folgenden Temperaturbereich zwischen 150°C und 250°C gewinnt man *Petroleum* und *Kerosin.*

Auf den oberen Böden der Kolonne sinkt die Temperatur von 140°C auf 35°C. Hier scheidet sich *Benzin* als wasserklares Kondensat ab. Am Kopf der Kolonne entweichen die gasförmigen Bestandteile.

Vakuumdestillation. Die Erdöldestillation wird bei gewöhnlichem Druck durchgeführt. Zurück bleibt eine schwarze, zähe Flüssigkeit. In einer anschließenden Vakuumdestillation gewinnt man daraus bei stark vermindertem Druck als weitere Produkte *schweres Heizöl* und die noch höher siedenden *Schmieröle.*

Am Schluß bleibt *Bitumen* übrig, das beim Abkühlen zu einer schwarzen Masse erstarrt.

Zusammensetzung von Erdölfraktionen. Erdölfraktionen sind Gemische von Kohlenwasserstoffen. So enthält *Benzin* Alkan-Moleküle mit 5 bis 12 Kohlenstoff-Atomen. *Petroleum* besteht aus Alkanen mit 9 bis 20 Kohlenstoff-Atomen. *Paraffin,* ein Gemisch fester Kohlenwasserstoffe, das man aus Schmierölfraktionen gewinnt, enthält Alkane mit 19 bis 40 Kohlenstoff-Atomen im Molekül.

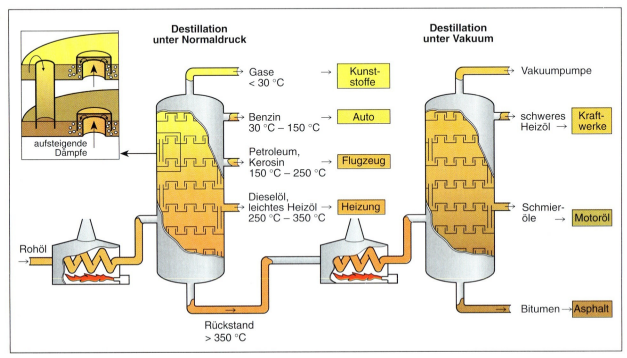

1. **Erdöl-Destillationsanlage**

Verwendung von Erdölprodukten. Erdölprodukte werden hauptsächlich als *Treibstoffe, Brennstoffe* und *Schmierstoffe* verwendet. Darüber hinaus sind sie wichtige *Rohstoffe* für viele technische Produkte und Synthesen.

Benzin und Dieselkraftstoffe sind **Treibstoffe**. Auch Kerosin gehört hierzu. Man verwendet es für die Turbinentriebwerke von Flugzeugen.
Heizöl ist ein **Brennstoff**. Es wird verbrannt, um Wärme und elektrische Energie zu gewinnen.
Gereinigte Schweröle dienen als **Schmierstoffe** für Motoren und Getriebe. Schmierfett ist ein Gemisch aus Schmieröl und Seife.

Als **Rohstoff** ist pastenartiges Paraffin, die Vaseline, in Bohnerwachs und Schuhcreme enthalten.

Ein Teil der Benzinfraktion wird zu Essigsäure und zu Ausgangsstoffen für die Synthese von Kunststoffen verarbeitet.
Asphalt ist ein Gemisch aus Bitumen und Mineralstoffen. Man verwendet ihn zum Beispiel in der Verschleißschicht der Straßendecken. Da Bitumen wasserundurchlässig ist, dient es auch zum Abdichten: Metall- und Fundamentanstriche, Dachpappen und Dichtungspapiere sind Produkte, die aus Bitumen hergestellt sind.

Katalytisches Cracken. Das durch Destillation aus Rohöl gewonnene Benzin reicht nicht aus, um die Nachfrage zu decken. Dagegen liefert die Destillation mehr Petroleum als abgesetzt werden kann. Höhersiedende Fraktionen werden deshalb durch **Cracken** in Benzin umgewandelt. Längere Kohlenwasserstoff-Moleküle werden dabei in kürzere Kohlenwasserstoff-Moleküle gespalten (engl. *to crack:* spalten). Es entstehen hauptsächlich ungesättigte Kohlenwasserstoffe sowie Alkane mit verzweigten Kohlenstoff-Ketten und Kohlenwasserstoffe mit ringförmigen Molekülen.

Beim Cracken wird ein Katalysator verwendet. Bei 650 °C bilden sich aus Petroleum dann Benzin, Gasöl und brennbare Gase. Außerdem scheidet sich Kohlenstoff ab, der nach und nach die Oberfläche des Katalysators bedeckt und ihn unwirksam macht. Um den Katalysator zu aktivieren, leitet man stets einen Teil des Katalysators zum Regenerator, wo der Kohlenstoff in heißer Luft verbrennt. Danach fließt der Katalysator in den Reaktor zurück. Auf diese Weise läßt sich die Anlage ohne Unterbrechung betreiben.

Das gewonnene Benzin hat wegen seiner ungesättigten, verzweigten und ringförmigen Moleküle günstige Kraftstoffeigenschaften. Man mischt es dem durch Destillation hergestellten Benzin bei.

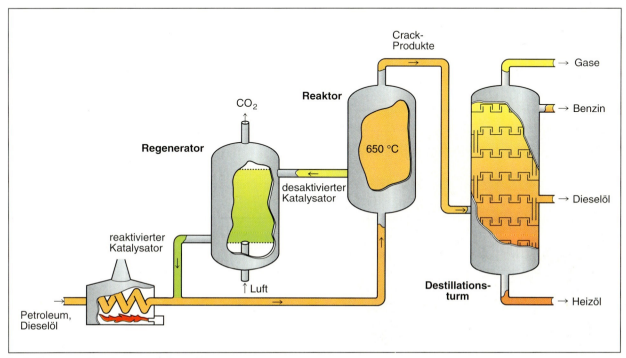

1. Anlage zum Cracken von Schweröl

17.3 Auf den richtigen Treibstoff kommt es an

1. Das Kraftstoffangebot der Tankstellen ist vielfältig
(Preise: Stand Herbst 1992)

Versuch 1: Entflammbarkeit von Kraftstoffen
Gib in eine Porzellanschale einige Tropfen Normalbenzin (F) und in eine andere Porzellanschale einige Tropfen Dieselkraftstoff (F). Versuche, die beiden Kraftstoffproben mit einem Streichholz zu entzünden.
Welcher Kraftstoff ist leichter entzündbar? Erkläre den Unterschied.

Versuch 2: Siedetemperatur von Kraftstoffen
Kein offenes Feuer verwenden!
Ermittle in einer Destillationsapparatur die Siedebereiche von Normalbenzin (F) und Dieselkraftstoff (F).
Warum ist keine konstante Siedetemperatur zu erwarten?
Entsorgung: B3

Normalbenzin, Superbenzin, Diesel, Zweitaktgemisch... Warum gibt es so viele verschiedene Kraftstoffe? Die Antwort ist einfach: Jeder Motortyp braucht seinen eigenen Kraftstoff!

Ottomotoren verschiedenen Typs unterscheiden sich darin, wie sehr sie das Kraftstoff/Luft-Gemisch verdichten. Motoren, die einen Verdichtungsdruck von weniger als 9 bar erzeugen, fahren mit Normalbenzin. Ottomotoren, die bis zu 10 bar verdichten, benötigen Superbenzin.

Jedes Autobenzin enthält bis zu 10% **Additive** oder Zusatzstoffe. Sie geben ihm besondere Eigenschaften:
– *Vereisungsverhinderer* sorgen dafür, daß der Vergaser nicht so leicht verstopft.
– *Antioxidantien* schützen ungesättigte Verbindungen vor Veränderungen durch Luftsauerstoff.
– *Korrosionsschutzstoffe* verhindern, daß Metallteile chemisch angegriffen werden.
– *Vergaserreinigungsmittel* entfernen schmierige Reste aus den Vergaser.
– *Antiklopfmittel* erlauben ein höheres Verdichtungsverhältnis. Sie sind besonders reichlich in Superbenzin enthalten.
– *Farbstoffe* kennzeichnen eine Benzinsorte.

Dieselmotoren verdichten das Kraftstoff/Luft-Gemisch besonders stark. Deswegen sind höher siedende Kraftstoffe erforderlich. Aber auch Dieselkraftstoffe kommen nicht ohne Additve aus. So verhindert ein bestimmter Zusatzstoff, daß an kalten Wintertagen festes Paraffin ausflockt.

EXKURS

Schwierigkeiten mit dem Altöl

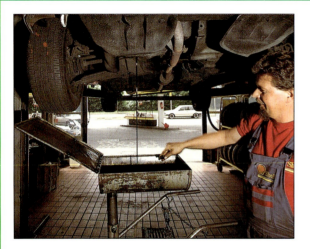

Ohne Motoröl käme ein Auto nicht weit! Schon nach wenigen Kilometern hätten sich die Kolben festgefressen. Bei jedem Hub müssen die Zylinderwände geschmiert werden.

Motoröl ist höchsten Belastungen ausgesetzt: Starker Temperaturwechsel und mechanische Belastungen zerstören Schmieröl-Moleküle. Verbrennungsrückstände des Motors lösen sich im Öl. Das alles verändert die chemischen und physikalischen Eigenschaften, und nach einigen Tausend Kilometern muß das Altöl abgelassen und durch frisches Öl ersetzt werden.

In Deutschland müssen jährlich etwa 500 000 Tonnen Altöl entsorgt werden. Es ist sehr teuer, das Altöl zu entgiften und zu Heizöl oder Schmieröl aufzubereiten.

Kraftstoffe auf dem Prüfstand

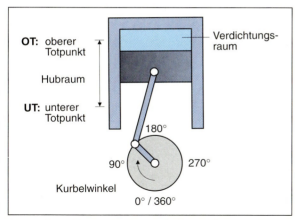

Ottomotor mit verschiedenen Kolbenstellungen. Beim oberen Totpunkt erreicht der Kolben den Höchststand.

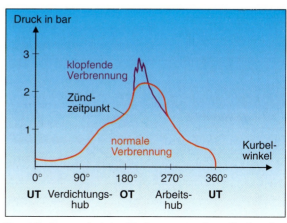

Druckänderung bei der Verbrennung eines Kraftstoffs im Ottomotor

Beim Besuch eines Kraftstoffherstellers wird der **Kraftstoffprüfstand** besichtigt: Im Prüfmotor verbrennt gerade ein Kraftstoff, dessen Oktanzahl bestimmt werden soll. Noch läuft der Motor ruhig. Doch der Werkmeister verkleinert mit einer Schraube den Hubraum des Zylinders und erhöht so nach und nach das Verdichtungsverhältnis. Plötzlich hört man es ganz deutlich: „... dang, dang, dang." Der Motor klopft, es kommt zu Frühzündungen.

Nun wird am Prüfmotor auf eine andere Kraftstoffsorte umgeschaltet, und das Klopfen hört auf. „Da ist mehr Isooctan drin!", bemerkt der Werkmeister. „Das ist nämlich Superbenzin!" An einer Schautafel erläutert er: „Während des Verdichtungshubs steigt der Druck im Zylinder auf etwa 10 bar an. Kurz bevor der obere Totpunkt des Kolbens erreicht ist, zündet die Zündkerze, und der Druck erhöht sich plötzlich auf 40 bar. Bei normaler Verbrennung verläuft die Druckkurve „rund". Klopfende Verbrennung erzeugt dagegen eine Druckspitze."

Versuche zeigen, daß *Heptan* mit seinen unverzweigten Molekülen besonders leicht zum Klopfen neigt. *Isooctan* (2,4,4-Trimethylpentan) ist dagegen besonders klopffest. Die Klopffestigkeit eines Kraftstoffs wird durch seine **Oktanzahl (OZ)** charakterisiert:

Ein Kraftstoff mit der Klopffestigkeit von Isooctan hat die Oktanzahl 100. Heptan besitzt die Oktanzahl 0.

Ein Kraftstoffgemisch erhält die Oktanzahl 90, wenn es sich im Prüfmotor hinsichtlich seiner Klopffestigkeit ebenso verhält wie ein Gemisch aus 90 % Isooctan und 10 % Heptan.

Normalbenzin muß in der Bundesrepublik Deutschland eine Oktanzahl von 90 bis 93 haben. Bei Superbenzin liegt die Oktanzahl zwischen 96 und 98. Diese hohen Werte werden nur durch Zusatzstoffe (Additive) erreicht, die man als **Antiklopfmittel** bezeichnet, *Benzol* und *Bleitetraethyl* sind solche Antiklopfmittel. Bleifreies Benzin enthält als Antiklopfmittel Methyl-*tert*-butylether (MTBE).

Die Chemie der Kraftstoffe ist recht kompliziert, denn die erforderliche Oktanzahl hängt von der Belastung des Motors ab. Bei Voll-Last kann sie um 10 Oktanzahlen höher liegen als im Leerlauf. Entsprechend hoch muß die Oktanzahl des Kraftstoffs sein.

Kraftstoffchemiker verwenden Spezialvokabeln wie Research-Oktanzahl (ROZ), Motor-Oktanzahl (MOZ), Front-Oktanzahl (FOZ) und Straßen-Oktanzahl (SOZ). Sie machen deutlich, wie kompliziert die Verhältnisse sind: Ist die Front-Oktanzahl zu niedrig, kann das *Beschleunigungsklopfen* auftreten, bei zu niedriger Motor-Oktanzahl das *Hochgeschwindigkeitsklopfen*.

Seit 1950 wurde das Verdichtungsverhältnis (die Kompression) der Motoren fortlaufend erhöht, um höhere Wirkungsgrade zu erzielen. Entsprechend mußte auch die Research-Oktanzahl (ROZ), das Oktanangebot der Kraftstoffe, verbessert werden. Die Kraftstoffchemiker laufen also stets der Motorentwicklung hinterher.

Name	Anzahl der C-Atome	Oktanzahl	Siedetemperatur
Pentan	5	62	36 °C
2-Methylbutan		90	28 °C
Hexan	6	26	69 °C
2-Methylpentan		74	60 °C
2,3-Dimethylbutan		102	58 °C
Cyclohexan		83	81 °C
Benzol		> 100	80 °C
Heptan	7	0	98 °C
2-Methylhexan		46	90 °C
2,3-Dimethylpentan		88	88 °C
Octan	8	< 0	126 °C
2-Methylheptan		24	118 °C
2,3-Dimethylhexan		79	115 °C
2,2,4-Trimethylpentan		100	99 °C

Autoabgase und der Katalysator

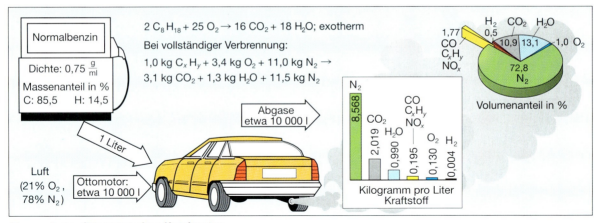

Abgase beim Ottomotor ohne Katalysator

Der immer dichtere Kraftfahrzeugverkehr ist zum Problem geworden: Er verbraucht Erdölprodukte und belastet die Umwelt mit Abgasen.

Bei einer Fahrgeschwindigkeit von 130 $\frac{km}{h}$ setzt ein 1,8-Liter-Motor fast zwei Kubikmeter Kraftstoff/Luft-Gemisch in jeder Minute um. Dabei bildet sich etwa die gleiche Menge Abgas. Zu 98 % besteht es aus *Stickstoff, Wasserdampf, Kohlenstoffdioxid* und *Sauerstoff*. Nur bis zu 2 % nehmen umweltschädliche Abgasanteile ein: *Kohlenwasserstoffe, Kohlenstoffmonooxid* und *Stickstoffoxide*.

Ein Autokatalysator wandelt die schädlichen Stoffe in umweltverträglichere Verbindungen um. Dafür hat er aber im Schnitt nur 0,03 Sekunden Zeit. So schnell durchströmt das Abgas den Katalysator.

Die optimale Wirkung des Katalysators wird allerdings nur erreicht, wenn man nicht wesentlich schneller fährt als 130 $\frac{km}{h}$.

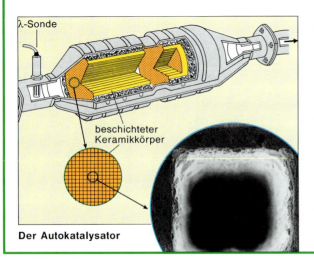

Der Autokatalysator

Autokatalysator. Der Abgaskatalysator besteht meist aus einem Keramikkörper mit gitterartigen Gängen. Ihre Oberfläche ist mit einer porösen Schicht von Aluminiumoxid überzogen. Die wirksame Oberfläche wird dadurch auf das 5000fache erhöht. Auf der Oxidschicht sind als eigentlicher Katalysator etwa 2 g einer Platin/Rhodium-Legierung verteilt. An der Oberfläche des Metalls erfolgt sowohl die Verbrennung von Kohlenstoffmonooxid und von Kraftstoffdämpfen als auch die Umsetzung von Stickstoffoxiden zu Stickstoff.

Damit alle diese Reaktionen optimal ablaufen können, muß das Benzin/Luft-Gemisch, das dem Motor zugeführt wird, immer eine bestimmte Zusammensetzung haben. Um dies zu erreichen, mißt man über einen Meßfühler, die *Lambda-Sonde* (λ-Sonde), fortwährend den Sauerstoffgehalt im Abgas. Entsprechend dem Meßergebnis steuert ein Regelmechanismus den Vergaser oder die Einspritzpumpe, so daß die erforderliche Zusammensetzung des Gemischs auch bei wechselnder Motorleistung erreicht wird.

Das Gemisch darf auf 100 Raumteile Luft nur einen Raumteil gasförmigen Kraftstoff enthalten. Es muß nämlich noch etwas Sauerstoff für das Abgas übrigbleiben. Nur dann können sich die restlichen unverbrannten Kohlenwasserstoffe an der Oberfläche des Katalysators zu Kohlenstoffdioxid und Wasser umsetzen:

$$2\,C_8H_{18}(g) + 25\,O_2(g) \longrightarrow 16\,CO_2(g) + 18\,H_2O(g)$$

Kohlenstoffmonooxid und Stickstoffoxide können gleichzeitig unschädlich gemacht werden. Sie reagieren am Katalysator zu Kohlenstoffdioxid und Stickstoff:

$$2\,CO(g) + 2\,NO(g) \longrightarrow 2\,CO_2(g) + N_2(g)$$

Voraussetzung ist allerdings, daß im Abgas praktisch kein Sauerstoff mehr für die Oxidation von Kohlenstoffmonooxid verfügbar ist.

EXKURS

Treibhauseffekt und Kohlenstoffkreislauf

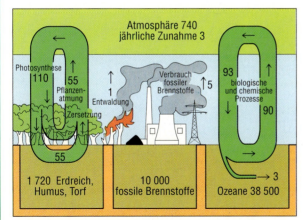

Kohlenstoffkreislauf. Zahlenwerte in 10^9 Tonnen Kohlenstoff.

Treibhauseffekt

Kohlenstoffkreislauf. Seit langem besteht auf der Erde ein Gleichgewicht zwischen freiem Kohlenstoffdioxid in der Luft und gebundenem Kohlenstoffdioxid, das im Kalkgestein enthalten und in den Ozeanen gelöst ist.

Eine kleinere Kohlenstoffmenge befindet sich im organischen Material der Lebewesen: Pflanzen nehmen bei der *Photosynthese* Kohlenstoffdioxid auf und bilden mit dem darin enthaltenen Kohlenstoff körpereigene Stoffe. Tiere und Mikroorganismen nehmen diese Stoffe mit der Nahrung auf. Der Kohlenstoff wird mit dem Kohlenstoffdioxid wieder ausgeatmet. So schließt sich der biologische Kohlenstoffkreislauf.

Kohlenstoffdioxid ist nur mit einem Volumenanteil von 0,034 % in der Luft enthalten, spielt aber für den Wärmehaushalt der Erde eine große Rolle: Sonnenstrahlen dringen durch die Atmosphäre ein und heizen die Erdoberfläche auf. Die von der Oberfläche zurückgestrahlte Wärme wird vom Kohlenstoffdioxid der Luft festgehalten. Dadurch verzögert sich die Wärmeabgabe an den Weltraum, und die Lufthülle erwärmt sich. Man spricht von einem **Treibhauseffekt.**

Neben Kohlenstoffdioxid sind vor allem Wasserdampf und Wolken an der Erwärmung der Atmosphäre beteiligt. Ohne diesen **natürlichen Treibhauseffekt** wäre die mittlere Lufttemperatur um 30 Grad niedriger: Bei einer Durchschnittstemperatur von $-15\,°C$ statt $+15\,°C$ wäre Leben für Menschen, Tiere und Pflanzen auf der Erde nicht möglich.

Durch Verbrennung der *fossilen Brennstoffe* Kohle, Erdöl und Erdgas kommen große Mengen an Kohlenstoff zusätzlich in den Kohlenstoffkreislauf. Der Kohlenstoffdioxidgehalt der Atmosphäre hat dadurch in den letzten 150 Jahren von 0,026 % auf 0,034 % zugenommen. Gleichzeitig ist die Jahresdurchschnittstemperatur um 0,6 Grad angestiegen.

Viele Forscher befürchten, daß der Treibhauseffekt durch die Zunahme des Kohlenstoffdioxidgehalts der Luft und durch andere Gase, die durch den Menschen in die Atmosphäre geraten, verstärkt wird.

Kohlenstoffdioxid ist mit 50 % an diesem **zusätzlichen Treibhauseffekt** beteiligt. Etwa 20 % wird durch *Methan* verursacht, das bei der Rinderzucht und als Erdgas freigesetzt wird. 17 % des zusätzlichen Treibhauseffekts gehen auf das Konto von **F**luor-**C**hlor-**K**ohlen**w**asserstoffen. FCKWs zerstören also nicht nur die lebenswichtige Ozonschicht, sie wirken auch in geringster Konzentration als gefährliche Treibhausgase.

Aufgrund von Modellrechnungen erwarten Wissenschaftler als Folge des zusätzlichen Treibhauseffekts in den nächsten 50 bis 100 Jahren einen Temperaturanstieg um mehr als 3 Grad. Damit wäre die Jahresdurchschnittstemperatur höher als je zuvor, seit Menschen auf der Erde leben.

Die Auswirkungen auf Winde, Niederschläge und die übrigen Klimafaktoren sind kaum voraussagbar. Eine Theorie besagt: Wenn die Temperatur der Meere ansteigt, dehnt sich das Wasser aus. Die Meeresspiegel steigen an, und küstennahe Gebiete werden überflutet.

Politiker der Industriestaaten denken schon heute darüber nach, wie man den Verbrauch an fossilen Brennstoffen vermindern kann. Die Bundesregierung setzt sich dafür ein, die Emission von Kohlenstoffdioxid bis zum Jahr 2005 weltweit um ein Viertel zu reduzieren. Aber wirksame Maßnahmen gegen die ständige Zunahme des Kohlenstoffdioxids in der Luft sind noch nicht getroffen worden. Vielleicht führt eine staatlich verordnete **CO_2-Abgabe** dazu, daß die Verbraucher ihr Verhalten ändern und mit weniger Energie auskommen. Auch alternative Energiequellen müssen erschlossen werden, um den Ausstoß an Kohlenstoffdioxid zu verringern.

18 Alkohole und Ether

Wein enthält neben Wasser und Alkohol (Ethanol) noch sehr viele andere Inhaltsstoffe. Die nichtflüchtigen Anteile bezeichnet man als Extrakt. Mehrere hundert verschiedene Verbindungen prägen das Aroma oder das Bukett eines Weines.

Einige Inhaltsstoffe von trockenem Wein (Mittelwerte in $\frac{mg}{l}$):

Alkohole: Ethanol (73 000), Methanol (100), 1-Propanol (35), Isobutanol (90), 1-Butanol (3), 2-Methyl-1-butanol (35), 3-Methyl-1-butanol (112), 1-Pentanol (0,1), 1-Hexanol (1,6), 1-Octanol (0,3), 2-Phenylethanol (69), 1,2-Ethandiol (8), Glycerin (7 000), 2,3-Butandiol (500);

Aldehyde: Ethanal (30), Propanal (1), 2-Methylpropanal (1,5), Butanal (0,7), 2- und 3-Methylbutanal (1,2), Pentanal (7,1), Hexanal (0,1), Propenal (1,9), Butenal (0,5);

Ketone: 2,3-Butandion (1,7), 2,3-Pentandion (0,17), 2-Butanol-3-on (15), Dihydroxyaceton (3);

Carbonsäuren: Weinsäure (2 500), Äpfelsäure (5 000), Zitronensäure (500), Aminosäuren (3 500), Bernsteinsäure (1 000), Brenztraubensäure (300), 2-Ketoglutarsäure (300), Milchsäure (300);

Ester: Ameisensäureethylester (3), Essigsäureethylester (62), Milchsäureethylester (141);

Kohlenhydrate: Mannit (650), Sorbit (150), Inosit (495), Erythrit (110), Xylit (13), Arabit (42), Xylose und Ribose (500), Glucose und Fructose (6 000).

Von der Traube zum Wein

Der Herbst ist die Zeit der Weinlese – die Trauben werden geerntet. Bei blauen Trauben entfernt man in einem Schlagwerk die Stiele, weiße Trauben werden meist direkt gemahlen. Man erhält die *Maische*, einen Brei aus Fruchtfleisch und Kernen. Die Maische wird in *Keltern* ausgepreßt. 100 kg Trauben liefern etwa 75 Liter Most. Die festen Rückstände bleiben als *Trester* zurück.

Gärung. Bei der alkoholischen Gärung wird unter Einwirkung von Hefe-Enzymen der gelöste Zucker zu Ethanol (C_2H_5OH) und Kohlenstoffdioxid umgesetzt. Als Nebenprodukte entstehen in geringer Menge Glycerin, Methanol und höhere Alkohole (Fuselöle), Aldehyde, Ketone, organische Säuren und Ester.
Die Hauptgärung dauert bei einer Temperatur von 13 °C etwa eine Woche. Um Wein mit *Restsüße* zu erhalten, bricht man die Gärung durch Druck oder Kälte ab; trockene Weine sind dagegen durchgegoren. Bei einem Volumenanteil von etwa 14 % Alkohol stellen die meisten Hefen ihre Tätigkeit ein, der restliche Zucker wird dann nicht mehr umgesetzt.

Kellerbehandlung. Bis zum tafelfertigen Wein ist es noch ein weiter Weg. Ein erster Schritt ist das *Schwefeln*. Früher wurden dazu Schwefelschnitten im Faß verbrannt. Heute setzt man dem Wein meist Kaliumdisulfit zu. Durch die Reaktion mit den Säuren des Weins bildet sich schweflige Säure. Als starkes Reduktionsmittel setzt sie den Sauerstoffgehalt herab. Dadurch werden sauerstoffzehrende Mikroorganismen wie Essigsäurebakterien gehemmt. Seit 1986 gelten qualitätsstufenbezogene EG-Höchstmengen für den Gehalt an Schwefeldioxid. So dürfen trockene Weißweine bis zu 210 $\frac{mg}{l}$ SO_2 enthalten.
Der Alkoholgehalt des Weines kann durch *Anreicherung* erhöht werden. Man setzt dazu dem Most vor der Gärung Zucker zu.
Auch eine spätere *Süßung* des Weins mit Traubenmost oder Zucker ist möglich.
Durch *Entsäuerung* wird der Gehalt an Weinsäure verringert. Man kann dazu Calciumcarbonat benutzen, das die Weinsäure neutralisiert.
Zur *Stabilisierung* des Weins dürfen geringe Mengen an Zitronensäure zugesetzt werden.
In weiteren Arbeitsgängen werden beim *Klären* und *Schönen* grobe Trübungen abfiltriert oder mit Gelatine ausgeflockt. Um die Bildung schwerlöslicher Eisensalze zu verhindern, werden die Eisen-Ionen mit Kaliumhexacyanoferrat(II)-Ionen ausgefällt. Farb- und Geschmacksfehler lassen sich mit Aktivkohle korrigieren.
Nach mehreren *Abstichen* und *Filtrationen* reift der Wein 3 bis 9 Monate im Faß. Dabei bilden sich auch die Aromastoffe, die weitgehend das *Bukett* des Weins bestimmen. Anschließend wird der Wein steril in Flaschen abgefüllt.

Die Güte eines Weines wird nach analytisch ermittelten Kennzahlen wie Mostgewicht, Restzucker, Alkoholgehalt, Extraktgehalt und Säuregehalt sowie durch Weinkostproben ermittelt.

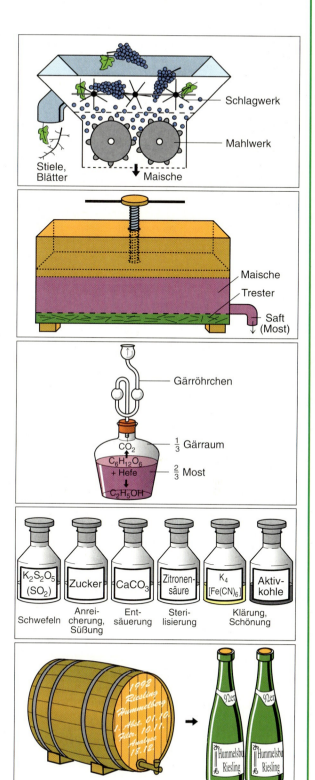

18.1 Die Struktur des Ethanol-Moleküls

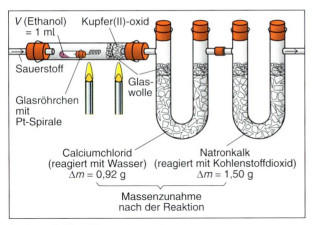

1. Quantitative Elementaranalyse

Aufgabe 1: Formuliere die Reaktionsgleichungen für:
a) die Verbrennung von Ethanol,
b) die Reaktion von Ethanol mit Magnesium,
c) die Reaktion von Ethanol mit Kupfer(II)-oxid,
d) die Reaktion von Ethanol mit Natrium.

Aufgabe 2: 100 mg Ethanol enthalten 52 mg Kohlenstoff, 13 mg Wasserstoff und 35 mg Sauerstoff. Berechne das Atomanzahlverhältnis im Ethanol-Molekül.
(M (Ethanol) = 46 $\frac{g}{mol}$)

Ethanol ist eine farblose Flüssigkeit, die mit bläulicher Flamme brennt. Dabei entsteht Kohlenstoffdioxid, das sich mit Calciumhydroxid-Lösung nachweisen läßt. Hält man ein kaltes Becherglas kurz in die Flamme, so erkennt man einen Wasserbeschlag. Bei der Verbrennung von Ethanol entsteht also Wasserdampf. Mit Magnesium reagiert Ethanol zu weißem Magnesiumoxid und Wasserstoff.

Die Reaktionsprodukte deuten darauf hin, daß das Ethanol-Molekül aus Kohlenstoff-, Wasserstoff- und Sauerstoff-Atomen aufgebaut ist. Atome anderer Elemente lassen sich bei einer solchen *qualitativen Analyse* nicht nachweisen.

Verhältnisformel. Das Atomanzahlverhältnis ergibt sich aus einer *quantitativen Elementaranalyse*. Dabei wird Ethanol mit Kupfer(II)-oxid zu Kohlenstoffdioxid und Wasser oxidiert. Aus den gefundenen Massen lassen sich die Massenanteile von Kohlenstoff, Wasserstoff und Sauerstoff berechnen. Mit Hilfe der molaren Massen erhält man das Atomanzahlverhältnis 2:6:1. Ethanol hat die *Verhältnisformel* $C_2H_6O_1$.

Molekülformel. Die molare Masse von Ethanol beträgt 46 $\frac{g}{mol}$. Ein Ethanol-Molekül ist demnach aus zwei Kohlenstoff-Atomen, sechs Wasserstoff-Atomen und einem Sauerstoff-Atom zusammengesetzt: Die *Molekülformel* von Ethanol stimmt also mit der Verhältnisformel überein: C_2H_6O.

Strukturformel. Für ein Molekül mit der Formel C_2H_6O sind zwei isomere Strukturen denkbar: Bei einer der beiden sind alle Wasserstoff-Atome wie im Ethan-Molekül direkt mit den Kohlenstoff-Atomen verbunden. Bei der anderen Struktur ist dagegen *ein* Wasserstoff-Atom wie im Wasser-Molekül an das Sauerstoff-Atom gebunden.

An den Eigenschaften und Reaktionen von Ethanol läßt sich erkennen, welche der beiden Isomeren zutrifft. Besonders aufschlußreich ist die Reaktion mit Alkalimetallen. Mit Natrium reagiert Ethanol zu Wasserstoff und einem Salz. Ähnlich regiert auch Wasser mit Natrium: Es entsteht Wasserstoff und Natriumhydroxid. Ein an Sauerstoff gebundenes Wasserstoff-Atom ist offenbar besonders reaktionsfähig. Dagegen reagieren direkt an Kohlenstoff-Atome gebundene Wasserstoff-Atome nicht mit Natrium. Deshalb wird Natrium in flüssigem Paraffin aufbewahrt. Aus diesen Überlegungen folgt, daß im Ethanol-Molekül ein Wasserstoff-Atom an das Sauerstoff-Atom gebunden ist.

Ethanol hat die Strukturformel CH_3-CH_2-OH. Das Molekül besteht aus einer Ethyl-Gruppe (C_2H_5-Gruppe) und einer Hydroxyl-Gruppe (OH-Gruppe).

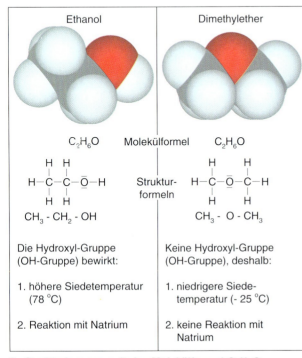

2. Strukturisomere mit der Molekülformel C_2H_6O

PRAKTIKUM

Untersuchung von Ethanol

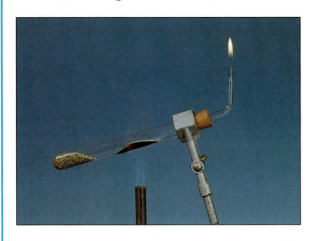

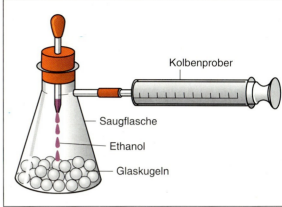

Versuch 1: Qualitative Analyse

Materialien: Porzellanschale, Becherglas (400 ml), Reagenzglas, ausgezogenes Glasrohr mit Stopfen, Tropfpipette, Gasbrenner, Dreifuß mit Drahtnetz;
Spiritus (F), Magnesiumband (F) oder Magnesiumpulver (F), Calciumhydroxid-Lösung (Kalkwasser), Sand.

Durchführung:
Nachweis von Wasserstoff und Kohlenstoff:
1. Entzünde etwas Spiritus in der Porzellanschale und halte das kalte Becherglas kurz mit der Öffnung nach unten über die Flamme.
2. Spüle das Becherglas anschließend mit etwas Kalkwasser aus.

Nachweis von Sauerstoff und Wasserstoff:
1. Gib etwas Sand in ein Reagenzglas und befeuchte ihn mit Spiritus aus der Pipette, ohne daß die Glaswand dabei feucht wird.
2. Spanne ein Stück Magnesiumband in die Mitte des Reagenzglases und verschließe dieses mit dem Stopfen und dem Glasrohr.
3. Erhitze das Reagenzglas mit dem Gasbrenner, zuerst beim Magnesium und dann beim Sand, so daß Ethanol-Dampf über das glühende Magnesium strömt.
4. Entzünde nach einiger Zeit das aus der Düse austretende Gas.

Aufgaben:
a) Notiere deine Beobachtungen.
b) Formuliere die Reaktionsgleichungen.
c) Wie ließe sich bestätigen, daß nur die bei der qualitativen Analyse nachgewiesenen Elemente in der Verbindung enthalten sind?

Versuch 2: Bestimmung der molaren Masse

Materialien: Saugflasche (1 l) mit Stopfen und Glaskugeln, Pipette (0,1 ml), Kolbenprober mit Stativ; Ethanol (F).

Durchführung:
1. Baue die Versuchsapparatur zur Bestimmung der molaren Masse auf.
2. Miß mit der Pipette 0,1 ml Ethanol ab und lasse die Flüssigkeit vorsichtig auf dem Boden der Saugflasche auslaufen.
3. Verschließe nun die Saugflasche mit dem Stopfen.
4. Verdampfe durch Schütteln die Flüssigkeit vollständig.
5. Lies die Volumenzunahme am Kolbenprober ab, sobald das Volumen konstant bleibt.

Aufgaben:
a) Beschreibe das Prinzip dieser Methode zur Bestimmung der molaren Masse.
b) Berechne die molare Masse von Ethanol.

Auswertungsbeispiel:
V (Ethanol) = 0,15 ml, ϱ (Ethanol) = 0,785 $\frac{g}{ml}$

V (Ethanol-Dampf) = 60 ml, V_m (Gas) = 24 000 $\frac{ml}{mol}$

m (Ethanol) = $\varrho \cdot V$ = 0,785 $\frac{g}{ml}$ · 0,15 ml = 0,118 g

n (Ethanol) = $\dfrac{V}{V_m}$ = $\dfrac{60 \text{ ml}}{24\,000 \frac{ml}{mol}}$ = 0,0025 mol

M (Ethanol) = $\dfrac{m}{n}$ = $\dfrac{0,118 \text{ g}}{0,0025 \text{ mol}}$ = 47,2 $\frac{g}{mol}$

PROJEKT

Alkohol – biotechnologisch ...

Versuch 1: Herstellung von Bananenwein

Materialien: Waage, Kunststoffeimer (10 l), Teller, Gabel Becherglas (250 ml, hoch), Rührlöffel, Trichter, Gärgefäß (10 l), Gärröhrchen mit Stopfen, Gummischlauch (1 m), Oechslewaage, Mikroskop, Geschirrtuch; Calciumhydroxid-Lösung, Kaliumdisulfit (Xi), Zucker, Bananen, Hefenährsalz, Antigel (Antigeliermittel), Reinzuchthefe (in Drogerien als Kitzinger Reinzuchthefe erhältlich; geeignete Sorten: Malaga, Portwein, Samos, Tokajer), Zitronensäure.

Durchführung:

a) Vorbereitung des Gäransatzes:
1. Löse 1,25 kg Zucker in 4 l heißem Wasser und lasse die Lösung abkühlen.
2. Löse 25 g Zitronensäure in möglichst wenig Wasser und gib die Lösung zu dem Zuckerwasser.
3. Schäle 2 kg Bananen und zerdrücke sie auf dem Teller mit der Gabel zu einem Bananenbrei.
4. Löse 2 g Hefenährsalz in etwas Wasser und gib die Lösung zu dem Obstbrei.
5. Rühre den Obstbrei in das Zuckerwasser.
6. Setze nun das Antigeliermittel in der angegebenen Menge zu und rühre sorgfältig um.

b) Bestimmung des Mostgewichts:
1. Entnimm dem Gäransatz vor Beginn der Gärung eine Probe von etwa 200 ml.
2. Trenne das Fruchtfleisch ab, indem du die Probe mit einem Tuch auspreßt.
3. Bestimme das Mostgewicht mit der Oechslewaage.

c) Gärprozeß:
Die Umwandlung des Zuckers in Alkohol erfolgt bei der Gärung. Dieser Vorgang läuft unter der Einwirkung von Hefepilzen ab.

1. Gib die Hefe zu dem Ansatz und rühre sorgfältig um.
2. Fülle nun das Gemisch in das Gärgefäß und verschließe das Gefäß mit dem Gärröhrchen.
3. Fülle das Gärröhrchen mit Calciumhydroxid-Lösung.
4. Zwei Wochen lang wird das Gärgefäß täglich geschüttelt, um eine gute Durchmischung zu gewährleisten.
5. Nach diesen zwei Wochen muß das Fruchtfleisch abgetrennt werden. Presse dazu den Brei durch ein Geschirrtuch. Reinige den Gärbehälter und fülle die Flüssigkeit wieder ein. Verschließe das Gefäß wiederum mit dem Gärröhrchen.
6. Lasse das Gärgefäß bis zur Beendigung des Gärprozesses in einem warmen Raum stehen. Das Ende des Gärprozesses erkennt man daran, daß keine Gasentwicklung mehr erfolgt.

d) Klären und Schwefeln des Bananenweins:
1. Zum Absetzen der Hefe und anderer Trübstoffe wird der Wein nun für zwei Wochen kühl gestellt.
2. Danach wird die nun klare Flüssigkeit mit einem Schlauch abgezogen.
3. Dann wird der Wein geschwefelt, um ihn besser haltbar zu machen. Versetze dazu den Wein mit 0,5 g Kaliumdisulfit.

Aufgaben:

a) Notiere deine Beobachtungen.
b) Betrachte die Hefezellen unter dem Mikroskop.
c) Berechne aus dem Mostgewicht den Zuckergehalt und den späteren Alkoholgehalt des Gäransatzes:

> Oechslegrade · 2 ≙ Zuckergehalt in Gramm je Liter
> Oechslegrade : 8 ≙ Volumenkonzentration des Alkohols in %

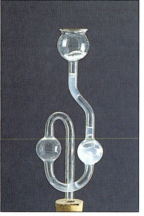
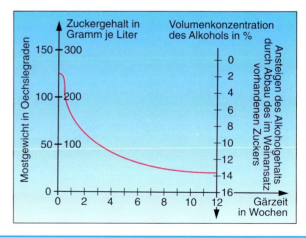

... und gesundheitlich gesehen

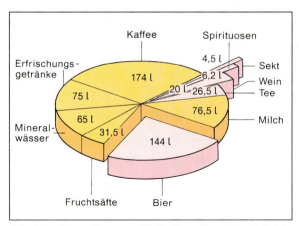

Arbeitsauftrag: Besorge Statistiken über die Entwicklung des Alkoholverbrauchs in den letzten Jahren.

Stadien der Alkoholwirkung	
0,1‰–0,5‰	Wärmegefühl, Redseligkeit
0,5‰–1,0‰	Verlängerung der Reaktionszeit
1,0‰–1,5‰	Enthemmung, Euphorie
1,5‰–2,0‰	Gleichgewichts- und Sprachstörungen
2,0‰–3,0‰	Vollrausch, Erbrechen, Erinnerungslücken
3,0‰–4,0‰	Atemlähmung, Koma, Tod

Arbeitsauftrag: Eine Person von 60 Kilogramm Körpermasse erreicht einen Blutalkoholspiegel von 0,5‰ bereits nach dem Genuß von 0,4 Liter Bier. Erkundige dich nach dem Alkoholgehalt verschiedener alkoholischer Getränke und rechne um.

$$\text{Blutalkoholgehalt (in Promille)} = \frac{m\,(\text{Alkohol})\,(\text{in g})}{0{,}7 \cdot m\,(\text{Körper})\,(\text{in kg})}$$

Pro Stunde sinkt der Alkoholspiegel um etwa 0,15‰ bei Männern und um etwa 0,1‰ bei Frauen.

Tips zum Umgang mit Alkohol

- Trinke keinen Alkohol gegen den Durst. Mineralwasser löscht den Durst besser und hilft Kalorien sparen.
- Trinke keinen Alkohol, um Probleme zu überwinden.
- Trinke keinen Alkohol aus Langeweile.
- Trinke keine alkoholischen Getränke auf nüchternen Magen.
- Trinke stets weniger Alkohol als du glaubst, vertragen zu können.
- Animiere deine Freunde nicht zum Alkoholgenuß.
- Scheue dich nicht, „nein danke, kein Alkohol" zu sagen.

Arbeitsauftrag: Diskutiere mit deinen Eltern und Freunden diese Hinweise zum Umgang mit Alkohol.

Arbeitsaufträge:

1. Sammle aus einer Illustrierten die Werbeanzeigen für alkoholische Getränke. Welche Aktivitäten sind dargestellt?
2. Verfolge einen Abend lang die Werbesendungen eines privaten Fernsehsenders. Wie groß ist der Anteil der Werbung für alkoholische Getränke? Welche Wirkungen des Alkohols werden gezeigt? Charakterisiere die dargestellten Personen.
3. Besorge bei Krankenkassen oder Suchtberatungsstellen Informationsmaterial über Alkoholabhängigkeit und über Möglichkeiten zur Therapie.
4. Organisiert eine Podiumsdiskussion zum Thema Alkoholismus. Ladet dazu einen Arzt und einen Vertreter einer Selbsthilfegruppe ein.

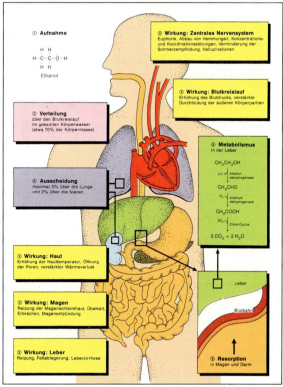

Arbeitsauftrag: Beschaffe weitere Informationen zu langfristigen Schäden bei zu hohem Alkoholkonsum.

18.2 Holzgeist, Weingeist und andere Geister

1. Unterscheidung von Ethanol und Methanol durch Reaktion mit Borsäure

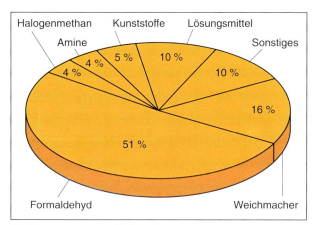

2. Verwendung von Methanol

Methanolvergiftung: 80 Tote

Neu-Delhi, Sept. 93 (SSV). Mindestens 80 Tote hat eine Massenvergiftung durch Methylalkohol in der zentralindischen Stadt Indore gefordert. Nach Angaben der Polizei vom Freitag kämpfen die Ärzte um das Leben von weiteren 120 Vergifteten.
Die Polizei hat 40 Personen festgenommen und 14 Spirituosenläden geschlossen. Alle Opfer gehörten den ärmsten Schichten der Bevölkerung an. Wegen hoher Steuern auf Alkohol können sie sich nur den billigsten Fusel leisten, der von Schwarzbrennereien hergestellt wird. Er enthält aber relativ viel des hochgiftigen Alkohols Methanol. Erst vor einigen Monaten war es in der südindischen Stadt Madras zu einer Massenvergiftung durch Methylalkohol gekommen, die mehr als 100 Opfer gefordert hatte.

3. Pressenotiz

In der Chemie werden alle Verbindungen, die wie Ethanol in ihren Molekülen eine Hydroxyl-Gruppe enthalten, zur Stoffklasse der *Alkohole* zusammengefaßt. Die Eigenschaften und das Reaktionsverhalten dieser Stoffe werden weitgehend von der Hydroxyl-Gruppe bestimmt, sie ist ihre *funktionelle Gruppe*.
Viele Alkohole lassen sich formal von den Alkanen ableiten, indem man ein Wasserstoff-Atom des Alkan-Moleküls durch eine Hydroxyl-Gruppe ersetzt. Die Namen dieser **Alkanole** werden gebildet, indem man die Endung **-ol** an den Namen des entsprechenden Alkans anhängt.

Alkanole bilden wie Alkane eine homologe Reihe. Die ersten Glieder sind Methanol, Ethanol, Propanol und Butanol.
Die Eigenschaften der Alkanole werden durch ihre funktionelle Gruppe, die Hydroxyl-Gruppe (OH-Gruppe), bestimmt.

Methanol. Früher wurde Methanol durch trockene Destillation von Holz hergestellt. Dies führte zum Namen *Holzgeist* für Methanol. Heute geht man von Synthesegas aus, einem Gemisch aus Kohlenstoffmonooxid und Wasserstoff, das aus Erdgas gewonnen werden kann.

Methanol wird überwiegend zu Formaldehyd für die Kunststoffindustrie weiterverarbeitet. Daneben ist es auch als Kraftstoff oder Kraftstoffzusatz und als Lösungsmittel von Bedeutung. Zunehmend wird Methanol auch als Kohlenstoffquelle benutzt, um Einzeller zu züchten und daraus Eiweiß zu gewinnen.
Methanol ist sehr giftig; schon kleine Mengen führen zur Erblindung und anderen Dauerschäden. Bereits 25 g reines Methanol können tödlich wirken.

Ethanol. Alkoholische Getränke vom Bier über Wein bis hin zum hochprozentigen Schnaps dürfen nur durch alkoholische Gärung erzeugt werden. Dabei wird Zucker unter Einwirkung von Enzymen zu Ethanol und Kohlenstoffdioxid abgebaut:

$$C_6H_{12}O_6 \xrightarrow{\text{Hefe-Enzyme}} 2\,C_2H_5OH + 2\,CO_2$$

Der größte Teil des in der Industrie benötigten Ethanols wird aus Ethen und Wasser synthetisiert:

$$H_2C=CH_2 + H_2O \longrightarrow C_2H_5OH$$

Im Labor und in der Industrie nutzen die Chemiker Ethanol als vielseitiges *Lösungsmittel*. Ethanol ist außerdem ein wichtiger Ausgangsstoff für chemische *Synthesen*. Aber auch wir verwenden Ethanol im Alltag: als Lösungsmittel und zur Desinfektion. Beim Fensterputzen und im Spiritusbrenner wird *vergälltes Ethanol* (Brennspiritus) benutzt.

Isomere Alkohole. Bei Alkoholen mit mehr als zwei Kohlenstoff-Atomen im Molekül tritt Isomerie auf: Die Kohlenwasserstoff-Reste können geradkettig oder verzweigt sein, und die Hydroxyl-Gruppe kann an verschiedene Kohlenstoff-Atome gebunden sein. Man unterscheidet *primäre, sekundäre* und *tertiäre Kohlenstoff-Atome*, je nachdem, ob sie mit einem, zwei oder drei weiteren Kohlenstoff-Atomen verbunden sind. Nach dem die Hydroxyl-Gruppe tragenden Kohlenstoff-Atom werden die Alkohole dann entsprechend in *primäre, sekundäre* und *tertiäre Alkohole* eingeteilt.

Bei der **Benennung der Alkanole** stellt man die Nummer des C-Atoms, das mit der OH-Gruppe verbunden ist, dem Namen des Alkohols voran.

Propanole. Beim Propanol gibt es zwei Isomere: 1-Propanol und 2-Propanol. Das technisch wichtigere 2-Propanol, ein sekundäres Alkanol, ist unter dem Trivialnamen *Isopropanol* bekannt. Es entsteht bei der Reaktion von Propen mit Wasser. Isopropanol erstarrt erst bei $-88\,°C$; es wird daher als Frostschutzmittel dem Benzin zugesetzt, um die Vereisung des Vergasers zu verhindern. In der Medizin dient es als Desinfektionsmittel für Wunden. In der chemischen Industrie wird Isopropanol zu Aceton weiterverarbeitet.

Butanole. Beim Butanol sind vier Isomere möglich: das primäre 1-Butanol, das sekundäre 2-Butanol, das primäre 2-Methyl-1-propanol und das tertiäre 2-Methyl-2-propanol (*tert*-Butanol). 1-Butanol fällt beim Vergären von Stärke und Zuckerrüben an. Die drei anderen Isomeren werden synthetisch hergestellt. Sekundäres und tertiäres Butanol sind wichtige Lösungsmittel für die Lackindustrie.

Pentanole. Die Zahl der isomeren Alkanole nimmt mit steigender Anzahl der Kohlenstoff-Atome rasch zu. Beim Pentanol gibt es schon acht Isomere.
Einige davon fallen als unerwünschte Nebenprodukte bei der alkoholischen Gärung als *Fuselöle* an. Sie verursachen Kopfschmerzen und andere Gesundheitsschäden. Pentanole dienen als Lösungsmittel für Fette, Öle und Harze.

Fettalkohole. Alkohole mit zehn bis zwanzig Kohlenstoff-Atomen werden aufgrund ihrer gemeinsamen Eigenschaften zu den Fettalkoholen zusammengefaßt. Sie sind in Wasser nahezu unlöslich, lösen sich aber gut in Hexan. Ab zwölf Kohlenstoff-Atomen sind die Alkanole fest.
Fettalkohole dienen in Hautcremes als Rückfetter und Emulgatoren. Hauptsächlich werden sie aber zur Herstellung waschaktiver Substanzen verwendet.

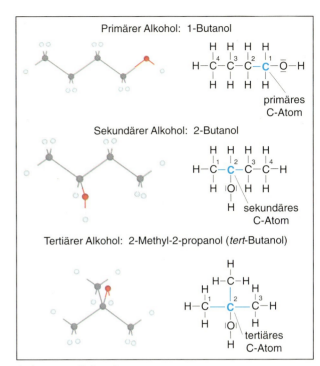

1. Isomere Butanole

Aufgabe 1: Gib die Strukturformeln aller isomeren Pentanole an. Benenne sie mit ihren systematischen Namen und teile sie in primäre, sekundäre und tertiäre Alkohole ein.

Aufgabe 2: Isopropanol wird großtechnisch durch säurekatalysierte Hydratisierung von Propen gewonnen. Formuliere die Reaktionsgleichung.

Aufgabe 3: Zeichne die Strukturformeln von Laurylalkohol (Dodecanol) und Cetylalkohol (Hexadecanol).

2. Inhaltsstoffe einer Handcreme (Cetylalkohol: $C_{16}H_{33}OH$)

18.3 Molekülstruktur und Stoffeigenschaft

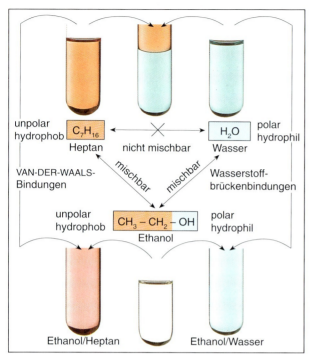

1. Löslichkeit von Ethanol. Zur Unterscheidung wurde Wasser blau und Heptan rot angefärbt.

Versuch 1: Löslichkeit von Alkanolen
Prüfe, ob sich Methanol (T, F), 2-Propanol (F), 2-Methyl-2-propanol (F, Xn) und Hexadecanol (Cetylalkohol) in Wasser und in Heptan (F) lösen. *Entsorgung:* B3

Aufgabe 1: Begründe das Löslichkeitsverhalten innerhalb der homologen Reihe der Alkanole.

Aufgabe 2: Erkläre die unterschiedlichen Schmelz- und Siedetemperaturen von Alkanolen und Alkanen.

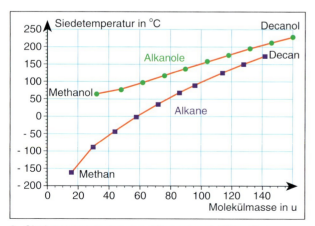

2. Siedetemperaturen von Alkanen und Alkanolen

Die Struktur der Moleküle bestimmt die Eigenschaften der Stoffe. Dies wird beim Löslichkeitsverhalten und bei den Siedetemperaturen der Alkanole besonders deutlich. Die Hydroxyl-Gruppen und die Kohlenwasserstoff-Reste der Alkanol-Moleküle wirken sich unterschiedlich auf die Eigenschaften der Alkanole aus.

Löslichkeit. Methanol, Ethanol und die beiden Propanole mischen sich in jedem Verhältnis mit Wasser. Vom 1-Butanol lösen sich dagegen nur 8 g in 100 g Wasser, vom 1-Pentanol sogar nur noch 2,2 g. 1-Hexanol ist in Wasser nahezu unlöslich. Es löst sich dagegen gut in Heptan. Mit steigender Zahl der Kohlenstoff-Atome nimmt also die Wasserlöslichkeit der Alkanole ab.

Die Hydroxyl-Gruppe ist wegen der unterschiedlichen Elektronegativitäten von Sauerstoff und Wasserstoff stark *polar*. Wie im Wasser bilden sich auch im Alkanol zwischen den OH-Gruppen verschiedener Moleküle *Wasserstoffbrückenbindungen* aus. Solche Bindungen liegen auch in einer Alkanol/Wasser-Mischung vor. Die Hydroxyl-Gruppe bestimmt also die Löslichkeit in Wasser; sie wirkt wasseranziehend, man bezeichnet sie als *hydrophil*.

Der Kohlenstoff-Rest ist dagegen infolge der ähnlichen Elektronegativitäten von Wasserstoff und Kohlenstoff nahezu *unpolar*. Wie in den Alkanen bilden sich auch in Alkanolen zwischen den Alkyl-Resten *VAN-DER-WAALS-Bindungen* aus. Solche Bindungen liegen auch in einer Alkohol/Heptan-Mischung vor. Die Mischbarkeit mit Heptan beruht auf dem Alkyl-Rest; er wirkt wasserabstoßend, man bezeichnet ihn als *hydrophob*. Das Verhältnis von hydrophiler Hydroxyl-Gruppe und hydrophobem Kohlenwasserstoff-Rest bestimmt somit das Löslichkeitsverhalten der Alkanole:

Innerhalb der homologen Reihe der Alkanole nimmt der unpolare Charakter und damit die Wirkung der VAN-DER-WAALS-Bindungen zu. Gleichzeitig sinkt die Löslichkeit in Wasser.

Siedetemperaturen. Ethanol ist bei Raumtemperatur flüssig, es siedet bei 78 °C. Propan, ein Alkan ähnlicher Molekülmasse, ist dagegen gasförmig.
Zwischen den *unpolaren* Alkan-Molekülen wirken nur schwache *VAN-DER-WAALS-Bindungen*. Zwischen den *polaren* Hydroxyl-Gruppen der Alkanole bilden sich zusätzlich stärkere *Wasserstoffbrückenbindungen* aus. Alkanole sieden daher erst bei höheren Temperaturen als Alkane mit vergleichbarer Molekülmasse.

ÜBERSICHT

Alkanole

Alkanol	Isomere	Strukturformel	Molekülmodell	Schmelz-temperatur	Siede-temperatur	Löslichkeit in Wasser
Methanol CH_3OH	—	$\overset{1}{C}H_3-OH$ primär		−97 °C	65 °C	∞
Ethanol C_2H_5OH	—	$\overset{2}{C}H_3-\overset{1}{C}H_2-OH$ primär		−114 °C	78 °C	∞
Propanole C_3H_7OH	1-Propanol	$\overset{3}{C}H_3-\overset{2}{C}H_2-\overset{1}{C}H_2-OH$ primär		−126 °C	97 °C	∞
	2-Propanol	$\overset{1}{C}H_3-\underset{OH}{\overset{\overset{H}{|}}{\overset{2}{C}}}-\overset{3}{C}H_3$ sekundär		−89 °C	82 °C	∞
Butanole C_4H_9OH	1-Butanol	$\overset{4}{C}H_3-\overset{3}{C}H_2-\overset{2}{C}H_2-\overset{1}{C}H_2-OH$ primär		−89 °C	118 °C	8,3 g in 100 g H_2O
	2-Butanol	$\overset{1}{C}H_3-\underset{OH}{\overset{\overset{H}{|}}{\overset{2}{C}}}-\overset{3}{C}H_2-\overset{4}{C}H_3$ sekundär		−115 °C	100 °C	12,5 g in 100 g H_2O
	2-Methyl-1-propanol	$\overset{3}{C}H_3-\underset{H}{\overset{\overset{CH_3}{|}}{\overset{2}{C}}}-\overset{1}{C}H_2-OH$ primär		−108 °C	108 °C	9 g in 100 g H_2O
	2-Methyl-2-propanol	$\overset{3}{C}H_3-\underset{OH}{\overset{\overset{CH_3}{|}}{\overset{2}{C}}}-\overset{1}{C}H_3$ tertiär		26 °C	83 °C	∞

Nomenklatur

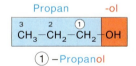

①–Propanol

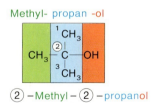

②–Methyl–②–propanol

18.4 Süße Alkohole

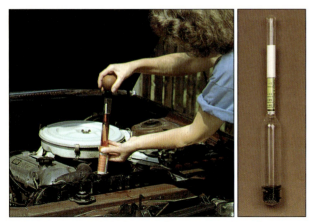

1. Prüfung der Kühlerflüssigkeit auf ausreichenden Glykolgehalt

Aufgabe 1: Gib die Strukturformeln von 1,2-Butandiol und 1,2,4-Pentantriol an.

Aufgabe 2: Formuliere die Reaktionsgleichung zur Herstellung von Glycerin aus 1-Propen-3-ol und Wasserstoffperoxid (H_2O_2).

Aufgabe 3: In den alten Chemiebüchern findet man für Glycerin noch den Namen *Ölsüß*. Wie kam es zu dieser Bezeichnung?

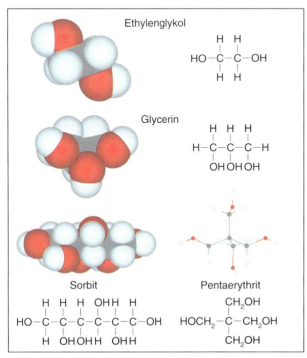

2. Mehrwertige Alkohole

Alkohole mit mehreren Hydroxyl-Gruppen im Molekül werden als **mehrwertige Alkohole** bezeichnet. Dabei trägt ein C-Atom höchstens eine OH-Gruppe. Mehrwertige Alkohole schmecken süß. Darauf weist auch die Silbe *gly-* im Trivialnamen für mehrwertige Alkohole hin, die wir aus dem Alltag kennen: Glykol und Glycerin (griech. *glykys*: süß).

Zwischen den Molekülen mehrwertiger Alkohole wirken wegen der größeren Anzahl von Hydroxyl-Gruppen verstärkt *Wasserstoffbrückenbindungen*. Daher sind mehrwertige Alkohole zähflüssiger als vergleichbare einwertige Alkohole, und ihre Schmelz- und Siedetemperaturen liegen höher. In Wasser lösen sich mehrwertige Alkohole besser als einwertige.

Ethylenglykol. 1,2-Ethandiol (CH_2OH-CH_2OH) ist der einfachste und wichtigste *zweiwertige* Alkohol. Man verwendet auch die Bezeichnung Ethylenglykol oder kurz Glykol. Eine Mischung aus gleichen Teilen Ethylenglykol und Wasser gefriert erst bei $-40\,°C$. Daher dient Glykol als Frostschutzmittel in wassergekühlten Motoren und in Sprinkleranlagen. Außerdem findet Glykol als Wärmeträgerflüssigkeit in Sonnenkollektoren Verwendung. Ein großer Teil des Ethylenglykols wird zu Lösungsmitteln und Kunststoffen weiterverarbeitet.

Glycerin. 1,2,3-Propantriol ($CH_2OH-CHOH-CH_2OH$) ist der einfachste und wichtigste *dreiwertige* Alkohol. Er kommt als Baustein in den Fetten vor und wurde bereits 1779 von SCHEELE bei der hydrolytischen Spaltung von Olivenöl entdeckt. In überreifen und faulen Weintrauben findet man bis zu 2% Glycerin. Es entsteht auch als Nebenprodukt der alkoholischen Gärung; Wein enthält daher bis zu 9 Gramm Glycerin in einem Liter. Glycerin wird durch Fettspaltung gewonnen und durch Reaktion von 1-Propen-3-ol mit Wasserstoffperoxid synthetisiert.
Glycerin ist stark viskos und zieht Wasser aus der Luft an. Es dient als Gleitmittel und als Frostschutzmittel. Aufgrund seiner hygroskopischen Eigenschaften ist es ein wichtiges Feuchthaltemittel und wird beispielsweise Schuhcremes zugesetzt. In großen Mengen wird Glycerin zur Herstellung von Kunststoffen und auch von Sprengstoffen verwendet.

Pentaerythrit und Sorbit. Der *vierwertige* Alkohol Pentaerythrit kann nur synthetisch hergestellt werden. Dagegen findet sich der *sechswertige* Alkohol Sorbit in der Natur. So enthalten die Beeren der Eberesche (Vogelbeeren) reichlich Sorbit. Nahezu das gesamte Pentaerythrit wird in der Kunststoff- und Sprengstoffindustrie verarbeitet. Reines Sorbit dient als Zuckeraustauschstoff für Diabetiker.

18.5 Vom Alkohol zum Ether

Erhitzt man ein Gemisch aus Ethanol und konzentrierter Schwefelsäure auf 140°C, so bildet sich unter Abspaltung von Wasser eine Flüssigkeit, die bereits bei 35°C siedet. Dabei handelt es sich um *Diethylether*.

$$C_2H_5OH + HOC_2H_5 \xrightarrow{H_2SO_4} C_2H_5-O-C_2H_5 + H_2O$$

Diethylether wird meist kurz als *Ether* bezeichnet. Er wurde früher als Narkosemittel verwendet, weil das Einatmen von Etherdämpfen zur Bewußtlosigkeit führt.
Allgemein heißen jedoch alle Stoffe **Ether,** in deren Molekülen zwei Kohlenwasserstoff-Reste über ein Sauerstoff-Atom miteinander verbunden sind:
R₁−O−R₂.

Zwischen Ether-Molekülen können keine *Wasserstoffbrückenbindungen* ausgebildet werden. Daher sieden Ether im allgemeinen sehr viel niedriger als vergleichbare Alkohole.
So ist der zu Ethanol isomere Dimethylether gasförmig, er siedet bereits bei −25°C. Das dem Diethylether isomere 1-Butanol siedet erst bei 118°C.
Zwischen Ether-Molekülen wirken wie zwischen Alkan-Molekülen nur *VAN-DER-WAALS-Bindungen*. Daher sind die Siedetemperaturen beider Stoffklassen vergleichbar, so siedet Pentan auch schon bei 36°C.

Dagegen können sich zwischen Ether-Molekülen und Wasser-Molekülen durchaus *Wasserstoffbrückenbindungen* ausbilden. Ether löst sich daher merklich in Wasser. Mit Alkoholen sind Ether in jedem Verhältnis mischbar.

Die meisten Ether sowie ihre Dämpfe sind leicht entzündlich und neigen im Gemisch mit Luft zu Explosionen. Dennoch werden sie als Lösungsmittel und bei Synthesen eingesetzt.

Technisch wichtige Ether. Um die Klopffestigkeit von Kraftstoffen zu verbessern, verwendet man seit einigen Jahren verstärkt *Methyl-tert-butylether* (*MTBE*). Zu seiner Synthese wird Isobuten mit Methanol umgesetzt.
Der cyclische Ether *Dioxan* ist auch mit Wasser mischbar und dient daher als ein vielseitiges Lösungsmittel. Ein Dioxan-Molekül entsteht aus zwei Ethandiol-Molekülen unter Abspaltung von zwei Wasser-Molekülen.
Werden dagegen zwei Ethandiol-Moleküle unter Abspaltung nur eines Wasser-Moleküls verknüpft, so erhält man die Verbindung *Diethylenglykol*. Man verwendet diesen Stoff, um die Tragflächen von Flugzeugen oder die Startbahnen von Flughäfen von Eis zu befreien.

Eigenschaften: Klare, leichtbewegliche Flüssigkeit von süßlichem Geruch, die äußerst leicht verdampft.
Dichte: $0{,}71 \frac{g}{ml}$;
Schmelztemperatur: −116°C;
Siedetemperatur: 35°C;
Zündtemperatur: 185°C;
Zündbereich (im Gemisch mit Luft): 1,7%−48%;
An der Luft und bei Licht können sich hochexplosive Peroxide bilden;
Löslichkeit: 6,5 g in 100 g Wasser; mischbar mit organischen Lösungsmitteln.

Herstellung: Aus Ethanol durch Wasserabspaltung mit Hilfe von konzentrierter Schwefelsäure oder Aluminiumoxid.

Verwendung: Wichtiges Lösungs- und Extraktionsmittel; früher wurde „Äther" zur Narkose verwendet.

Diethylether
R 12 Hochentzündlich
R 19 Kann explosionsfähige Peroxide bilden
S 9 Behälter an einem gut gelüfteten Ort aufbewahren
S 16 Von Zündquellen fernhalten
S 29 Nicht in die Kanalisation gelangen lassen
S 33 Maßnahmen gegen elektrostatische Aufladungen treffen

F+ hochentzündlich

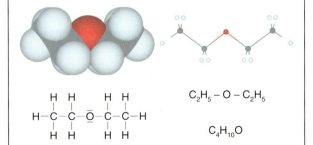

$C_2H_5-O-C_2H_5$

$C_4H_{10}O$

1. *Steckbrief:* **Ether**

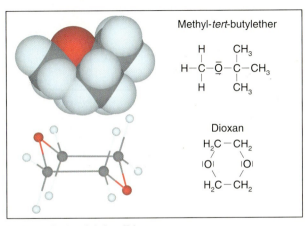

Methyl-*tert*-butylether

Dioxan

2. Technisch wichtige Ether

18.6 Aufgaben · Versuche · Probleme

Aufgabe 1: Mit einem Aräometer läßt sich der Alkoholgehalt einer wässerigen Lösung bestimmen. Dabei wird über den Auftrieb die Dichte der Flüssigkeit gemessen. Auf der Skala eines Alkoholometers (Spindel) ist direkt die Volumenkonzentration des Ethanols in % Vol. angegeben. Verwendet man ein normales Aräometer, so muß die Auswertung mit Hilfe eines Dichtediagramms vorgenommen werden.
a) Ein Weinbrand hat eine Dichte von 0,94 $\frac{g}{ml}$. Wie groß ist seine Volumenkonzentration an reinem Ethanol?
b) Welche Dichte hat ein 75%iger Rum?

Aufgabe 2: 0,1 ml Ethanol reagieren vollständig mit Natrium.
a) Formuliere die Reaktionsgleichung.
b) Wieviel Milliliter Wasserstoff entstehen bei Raumtemperatur?
c) Wieviel Milliliter Kohlenstoffdioxid und wieviel Gramm Wasser entstehen, wenn 0,5 ml Ethanol durch die Reaktion mit Kupfer(II)-oxid vollständig oxidiert werden?
(ϱ (Ethanol) = 0,785 $\frac{g}{ml}$;
V_m (Gas) = 24 000 $\frac{ml}{mol}$)

Aufgabe 3: Für drei verschiedene Pentanole werden folgende Siedetemperaturen gemessen: 138°C, 129°C und 113°C. Bei den Substanzen handelt es sich um 2,2-Dimethyl-1-propanol, 2-Methyl-1-butanol und 1-Pentanol. Ordne die Siedetemperaturen den Alkanolen zu.

Aufgabe 4: Gib die Strukturformeln und die Namen aller Alkohole und Ether mit der Molekülformel $C_4H_{10}O$ an.

Aufgabe 5: Ether lassen sich als Dialkyl-Derivate des Wassers oder als Alkyl-Derivate der Alkohole auffassen.
a) Erläutere diese Aussage am Beispiel des Diethylethers.
b) Begründe die unterschiedlichen Siedetemperaturen von Wasser, Ethanol und Dimethylether.

Aufgabe 6: Gemischte Ether haben unterschiedliche Alkyl-Gruppen. Gib Namen und Strukturformel des einfachsten gemischten Ethers an.

Versuch 1: Ethanol-Dämpfe
Eine 10%ige Ethanol-Lösung wird in einem Rundkolben erhitzt, auf dem ein etwa 50 cm langes Glasrohr sitzt. Beobachte die Kondensationszonen von Wasser und Ethanol. Entzünde die Ethanol-Dämpfe (F) am Ende des Glasrohres.

Versuch 2: Volumenkontraktion
In einem Meßkolben (1 l) werden 998 ml Wasser mit 2 ml Diethylether (F+) intensiv geschüttelt. Laß den Meßkolben einige Zeit stehen und erkläre deine Beobachtung.

Gefährliche Ether-Dämpfe. Diethylether-Dämpfe sind schwerer als Luft, sinken nach unten und entzünden sich an der Kerzenflamme.

0,3 bis 0,5 Liter Bier ergeben 0,3 Promille:
Verhalten und Reaktionsfähigkeit sind leicht verändert; erste Gangstörungen treten auf.

0,4 bis 0,8 Liter Bier ergeben 0,5 Promille:
Reaktionsfähigkeit wird langsamer; Stimmung wird euphorisch.

0,7 bis 1,5 Liter Bier ergeben 0,8 Promille:
Offizielle Grenze der Verkehrstüchtigkeit ist erreicht; Reaktionsfähigkeit sehr langsam; Urteilskraft und Selbstkritik sind eingeschränkt.

1,4 bis 2,8 Liter Bier ergeben 1 bis 2 Promille:
Reaktionsvermögen hat stark abgenommen; Selbstkontrolle schwindet; Aggressionen wachsen; Grenze der Zurechnungsfähigkeit ist erreicht.

3,6 bis 10 Liter Bier ergeben 3 bis 5 Promille:
Gleichgewichtssinn empfindlich gestört; Bewußtseinstrübungen.

über 4 Promille: Tod durch Atemlähmung und Kreislaufversagen möglich.

Wirkung von Bierkonsum auf einen 70 Kilogramm schweren Menschen

Problem 1: Es ist interessant zu wissen, wieviel Alkohol man in sich hat und wie er wieder abgebaut wird.

Berechnungsbeispiel: Ein Mensch (70 kg) trinkt 1 Liter Bier mit 5% Vol Alkohol.

Blutalkoholgehalt (in Promille)
$$= \frac{\text{Masse (Alkohol)}}{\text{Körpermasse} \cdot 0{,}7}$$
$$= \frac{1000 \text{ ml} \cdot 0{,}05 \cdot 0{,}785 \frac{g}{ml}}{70 \text{ kg} \cdot 0{,}7} = 0{,}8‰$$

Abbau des Blutalkohols: Infolge der unterschiedlichen Leberaktivität sinkt der Alkoholspiegel in einer Stunde bei Männern um etwa 0,15‰, bei Frauen dagegen nur um durchschnittlich 0,1‰. Ein 70 kg schwerer Mann hat einen Blutalkoholgehalt von 1‰. Berechne den Blutalkoholgehalt nach zwei Stunden.

Alkohole und Ether

1. Ethanol (Ethylalkohol, Weingeist)

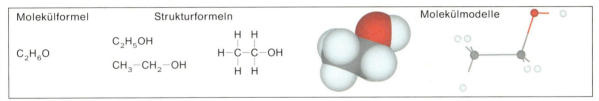

Molekülformel: C_2H_6O

Strukturformeln: C_2H_5OH, CH_3-CH_2-OH

Molekülmodelle

2. Struktur der Alkanole

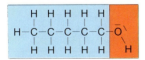

Kohlenwasserstoff-Rest (Alkyl-Rest)   Hydroxyl-Gruppe

Alkanol-Moleküle enthalten einen Kohlenwasserstoff-Rest und die Hydroxyl-Gruppe. Die Hydroxyl-Gruppe ist die funktionelle Gruppe der Alkohole. Sie bestimmt ihre Eigenschaften und Reaktionen.

3. Eigenschaften der Alkanole

unpolar; hydrophob   polar; hydrophil

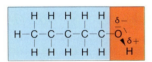

Der Alkyl-Rest geht VAN-DER-WAALS-Bindungen ein.   Die Hydroxyl-Gruppe geht Wasserstoffbrückenbindungen ein.

a) Schmelztemperaturen und Siedetemperaturen

Alkanole schmelzen und sieden wesentlich höher als Alkane vergleichbarer Molekülmasse.
Ursache: Zwischen den Hydroxyl-Gruppen der Alkanol-Moleküle wirken starke *Wasserstoffbrückenbindungen*.

b) Löslichkeit/Mischbarkeit

Die Löslichkeit der Alkanole nimmt mit zunehmender Anzahl der Kohlenstoff-Atome
– in Wasser (polar) ab,
– in Heptan (unpolar) zu.
Ursache: Bei kurzkettigen Alkanolen überwiegt der Einfluß der hydrophilen Hydroxyl-Gruppe. Zwischen Alkanol-Molekülen und Wasser-Molekülen bilden sich *Wasserstoffbrückenbindungen* aus.
Mit zunehmender Länge der Kohlenwasserstoff-Kette wächst der Einfluß des hydrophoben Alkyl-Rests. Zwischen Alkanol-Molekülen und Heptan-Molekülen bilden sich *VAN-DER-WAALS-Bindungen* aus.

4. Nomenklatur der Alkanole

Der Alkyl-Rest wird nach den Regeln für die Alkane benannt. Für die Hydroxyl-Gruppe fügt man an diesen Stammnamen die Endung **-ol** an. Die Stellung der Hydroxyl-Gruppe wird durch eine Ziffer vor dem Namen des Alkanols angegeben.

5. Homologe Reihe der Alkanole

Die Alkanole bilden wie die Alkane eine homologe Reihe. Die allgemeine Molekülformel lautet $C_nH_{2n+1}OH$. Die ersten vier Glieder der Reihe sind Methanol, Ethanol, Propanol und Butanol.

6. Isomere Alkanole

Isomere haben die gleiche Molekülformel, aber unterschiedliche Strukturformeln.

a) Die Alkyl-Reste können geradkettig oder verzweigt sein: 1-Butanol und 2-Methyl-1-propanol.

b) Die Hydroxyl-Gruppe kann an unterschiedliche Kohlenstoff-Atome gebunden sein: 1-Propanol und 2-Propanol.

Nach der Stellung des Kohlenstoff-Atoms mit der Hydroxyl-Gruppe unterscheidet man *primäre, sekundäre* und *tertiäre* Alkohole.

Ethanol — primär   2-Propanol (Isopropanol) — sekundär   2-Methyl-2-propanol (*tert*-Butanol) — tertiär

7. Mehrwertige Alkohole

Im Vergleich zu einwertigen Alkoholen mit einer Hydroxyl-Gruppe im Molekül unterscheidet man die mehrwertigen Alkohole mit mehreren Hydroxyl-Gruppen: 1,2-Ethandiol (CH_2OH-CH_2OH, Glykol) ist ein zweiwertiger Alkohol. 1,2,3-Propantriol ($CH_2OH-CHOH-CH_2OH$, Glycerin) ist ein dreiwertiger Alkohol.

8. Ether

In den Ether-Molekülen sind zwei Alkyl-Reste über ein Sauerstoff-Atom miteinander verbunden.
Die Ether werden benannt, indem man die Namen der beiden Alkyl-Reste vor die Bezeichnung *ether* setzt.

19 Oxidationsprodukte der Alkohole

Bisher mußten die Autofahrer bei Verdacht auf Trunkenheit am Steuer „blasen". Zur Bestimmung des Alkoholgehalts in der Atemluft nutzt man dabei die oxidierende Wirkung von Chromaten aus, die Ethanol zu Ethanal oxidieren. Das gelbe Chromat wird dabei zu grünen Chrom(III)-Verbindungen reduziert. Der Grad der Verfärbung erlaubt Rückschlüsse auf den Blutalkoholgehalt.

Heute werden auch elektronische Meßgeräte eingesetzt, die den Alkoholgehalt auf physikalischem Weg durch Absorptionsmessung im Infrarotbereich bestimmen. Die Meßergebnisse sind sehr viel genauer und lassen sich durch einen entsprechenden Protokollausdruck dokumentieren.

19.1 Vom Ethanol zum Ethanal

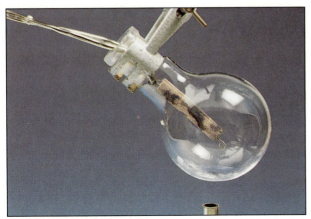

1. Oxidation von Ethanol mit Kupferoxid

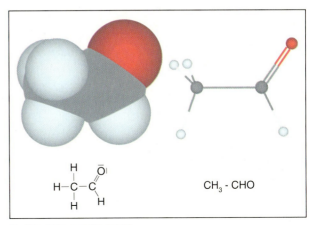

2. Das Ethanal-Molekül

Hält man ein heißes oxidiertes Kupferblech in einen Rundkolben mit Ethanol-Dampf, so macht sich der stechende Geruch eines neuen Stoffs bemerkbar. Gleichzeitig wird das schwarze Kupferoxid zu metallischem Kupfer reduziert. Außerdem bildet sich Wasser. Aus diesen Beobachtungen kann man schließen, daß dem Alkohol Wasserstoff (Hydrogenium) entzogen wird: Der **Al**kohol wird **dehyd**riert. Der entstehende Stoff wird daher als **Aldehyd** bezeichnet, genauer als *Acetaldehyd*.

$$CH_3-CH_2-OH + CuO \longrightarrow CH_3-CHO + Cu + H_2O$$

Ethanol Kupferoxid Acetaldehyd Kupfer Wasser

In der systematischen Benennung werden Aldehyde durch die Endsilbe **-al** gekennzeichnet. Aldehyde, die sich von Alkanen ableiten, heißen dementsprechend **Alkanale**, und der systematische Name für Acetaldehyd ist *Ethanal*.

Aldehyde entstehen durch Oxidation primärer Alkohole. Sie enthalten als funktionelle Gruppe die *CHO*-Gruppe, die als *Aldehyd-Gruppe* bezeichnet wird.

Reaktionen. Aldehyde lassen sich weiter oxidieren, weil das C-Atom der Aldehyd-Gruppe noch mit einem Wasserstoff-Atom verbunden ist. Darauf beruhen typische *Redoxreaktionen* der Aldehyde:
Aus einer ammoniakalischen Silbersalz-Lösung wird durch Aldehyde Silber ausgefällt, das sich an der Glaswand als Silberspiegel abscheiden kann. Falls keine anderen Reduktionsmittel vorliegen, ist diese TOLLENS-Probe ein *Nachweis für Aldehyde*.
Eine andere Redoxreaktion, die als Aldehyd-Nachweis genutzt wird, ist die FEHLING-Probe. Dabei wird eine Kupfer(II)-Lösung durch Aldehyde in alkalischer Lösung zu Kupfer(I)-oxid reduziert, das als roter Niederschlag ausfällt.

Versuch 1: Aldehyd-Nachweise
Vorsicht! Ethanal und besonders Methanal gelten als krebserzeugend. Für die folgenden Versuche eignet sich Propanal (Xi, F).

Silberspiegel-Probe nach TOLLENS: 1 ml Silbernitrat-Lösung (5%) (Xi) wird in ein neues Reagenzglas gegeben und tropfenweise mit verdünnter Ammoniak-Lösung versetzt, bis der entstehende Niederschlag sich gerade wieder auflöst. Nach Zugabe einiger Tropfen eines Aldehyds wird im siedenden Wasserbad erwärmt.
Entsorgung: B2

FEHLING-Probe: 3 ml FEHLING-Lösung I (Kupfersulfat-Lösung, 7%) (Xn) und 3 ml FEHLING-Lösung II (5 g Natriumhydroxid und 35 g Kaliumnatriumtartrat gelöst in 100 ml Wasser) (C) werden gemischt. Nach Zugabe eines Aldehyds wird im siedenden Wasserbad erwärmt.
Entsorgung: B2

SCHIFFsche Probe: 1 ml Fuchsinschweflige Säure wird mit einigen Tropfen eines Aldehyds versetzt.
Entsorgung: B3

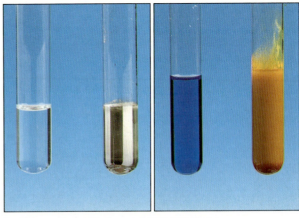

3. Silberspiegel-Probe und FEHLING-Probe

19.2 Aldehyde und ihre Verwendung

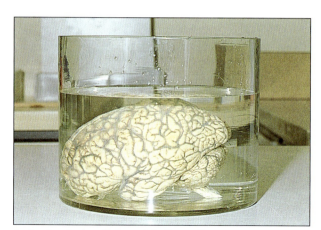

1. Anatomisches Präparat in Formalin

Versuch 1: Zersetzung von Esbit
Vorsicht! Abzug! Ein Stückchen Esbit wird in einem Reagenzglas erhitzt. Halte ein mit Fuchsinschwefliger Säure getränktes Filtrierpapier in die Dämpfe (F+, Xi).

Aufgabe 1: Gib für folgende Verbindungen Strukturformeln an:
a) Propanal,
b) Trioxan (cyclisches trimeres Methanal),
c) Paraformaldehyd.

Aufgabe 2: Formuliere Reaktionsgleichungen für die Bildung folgender Verbindungen:
a) Paraformaldehyd,
b) Paraldehyd und Metaldehyd,
c) Polymeres Ethanal.

Von den zahlreichen Aldehyden aus der *homologen Reihe der Alkanale* sind zwei Verbindungen von großer praktischer Bedeutung: *Formaldehyd* und *Acetaldehyd*.

Formaldehyd. Der einfachste Aldehyd ist Formaldehyd (CH_2O). Da er sich vom Methan ableitet, wird er als *Methanal* bezeichnet. Formaldehyd ist bei Raumtemperatur gasförmig, er siedet bereits bei $-19\,°C$. Das Gas ist leicht wasserlöslich. In einem Liter Wasser lösen sich etwa 400 Liter Methanal. Eine 37 %ige wässerige Lösung von Formaldehyd wird als *Formalin* bezeichnet.
Formaldehyd-Moleküle können miteinander zu einem Feststoff, dem *Paraformaldehyd*, reagieren. Diese Verbindung scheidet sich bei längerem Stehen aus Formalin als weißer Bodensatz ab.

Anatomische Präparate werden zur Konservierung in Formalin eingelegt. Die Wirkung beruht auf der Vernetzung von Eiweiß-Molekülen durch Methanal.
Formaldehyd ist der wirksame Bestandteil des flüssigen Desinfektionsmittels Lysoform. Auch zur Desinfektion von Räumen dient Formaldehyd. Um in der Raumluft eine Konzentration von 1 % bis 2 % zu erreichen, wird Formaldehyd durch Erhitzen von Paraformaldehyd erzeugt.
Durch die Reaktion von Formaldehyd mit Ammoniak erhält man Hexamethylentetraamin. Dieser Stoff ist unter dem Namen *Esbit* bekannt. Es dient als Trockenbrennstoff für Campingkocher und Spielzeugherde.

Formaldehyd ist Ausgangsstoff für wichtige Kunststoffe. 1909 wurde aus Formaldehyd und Phenol der erste vollsynthetische Kunststoff hergestellt: Die Zeit des *Bakelits* begann. Aus Bakelit wurden Radiogehäuse und andere Geräte gefertigt.
Ein ähnlicher Kunststoff ist *Melamin*. Es entsteht durch Reaktion von Formaldehyd mit Amino-Verbindungen. Steckdosen und Lichtschalter werden aus Melamin hergestellt. Melamin-Harze sind Bestandteile von Lacken und Leimen und werden als Tränkharze in der Holz- und Papierindustrie verwendet.

Acetaldehyd. Ethanal ist eine farblose Flüssigkeit, die schon bei etwa $20\,°C$ siedet und daher im Kühlschrank aufbewahrt werden muß. Ähnlich wie Formaldehyd reagiert auch Acetaldehyd leicht mit sich selbst. Aus drei Molekülen bildet sich der trimere *Paraldehyd*, ein seit über hundert Jahren bekanntes Schlafmittel. Das tetramere *Metaldehyd* entsteht aus vier Molekülen und wird als Schneckenkorn verwendet. Mehrere hundert Ethanal-Moleküle können zu einem weißen Feststoff, dem polymeren Acetaldehyd reagieren.

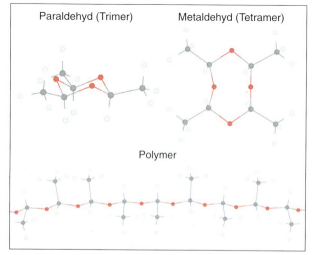

2. Acetaldehyd-Moleküle reagieren leicht miteinander

Die Formaldehyd-Diskussion

Noch vor wenigen Jahren war Formaldehyd für die breite Öffentlichkeit eine kaum bekannte Chemikalie. Doch seit einigen Jahren wird immer heftiger über diesen Stoff diskutiert. Formaldehyd ist giftig und kann auch Allergien auslösen. Schon bei geringer Konzentration und kurzzeitiger Einwirkung kann es Auge, Nase und Atemwege stark reizen. Besonders umstritten ist, ob Formaldehyd beim Menschen Krebs erzeugen kann, nachdem dies im Tierversuch beobachtet wurde.

Im Haushalt finden wir Formaldehyd überall: im Haushaltsreiniger und Weichspüler, in Kosmetika und Seifen, in Deodorants, Shampoos und Haarsprays, in Kleidung und in Möbeln. Auch im Zigarettenrauch ist Formaldehyd enthalten; schon mit drei Zigaretten wird in einem normalen Raum der empfohlene Grenzwert für Formaldehyd überschritten.

Die industrielle Produktion dieses Stoffes in der Bundesrepublik Deutschland beträgt etwa 500 000 Tonnen im Jahr. Formaldehyd wird in mehr als 50 verschiedenen Industriezweigen eingesetzt. Für Leime und Harze für Spanplatten, Sperrholz, Möbel, Teppichböden und Papier wird allein 40% der Produktion verwendet. Zur Konservierung und Desinfektion gelangen rund 8000 Tonnen unverarbeitet zum Verbraucher.

Die **Maximale Arbeitsplatzkonzentration (MAK)** wurde 1991 von 1 ppm auf 0,5 ppm erniedrigt (1 ppm entspricht 1 cm^3/m^3 oder 1,2 g/m^3). Seit einigen Jahren steht Formaldehyd in der Abteilung III B der MAK-Liste (Stoffe mit begründetem Verdacht auf krebserzeugendes Potential).

Dazu heißt es: „Die Abteilung III B wird in jährlichen Abständen daraufhin überprüft, ob Stoffe nach III A (eindeutig als krebserzeugend ausgewiesene Arbeitsstoffe) überführt werden müssen oder ganz aus der Abteilung III entlassen werden können."
Wenn ein Stoff in der Abteilung III A der MAK-Liste aufgeführt wird, müssen besondere Schutz- und Überwachungsmaßnahmen getroffen werden.

Grenzwerte für Formaldehyd

Spanplatten: Hierfür wurden 1980 drei Emissionsklassen festgelegt (gemessen unter Standardbedingungen):

Emissionsklasse	Formaldehyd-Emission
E 1	maximal 0,1 ppm
E 2	0,1 bis 1,0 ppm
E 3	1,0 bis 2,3 ppm

Spanplatten müssen vom Hersteller entsprechend gekennzeichnet werden. Für Wohn- und Aufenthaltsräume dürfen nur unbeschichtete E1-Spanplatten oder beschichtete E2-Platten verwendet werden. Seit 1977 empfiehlt das Bundesgesundheitsamt für Wohnräume einen oberen Grenzwert für Formaldehyd von 0,1 ppm.

Kosmetika: 1977 wurden zulässige Höchstwerte festgelegt: in Mundpflegemitteln (0,1%), als Konservierungsstoff (0,2%), in Nagelhärtern (5,0%).
Kosmetika, die mehr als 0,05% Formaldehyd enthalten, tragen den Warnhinweis: „enthält Formaldehyd".

Transport von Giftstoffen

Täglich transportieren Tausende von Lastkraftwagen viele verschiedene feste, flüssige und gasförmige Chemikalien. An Bug und Heck der Lastzüge sind orangefarbene Warntafeln angebracht, damit bei Unfällen richtig und schnell geholfen werden kann.

Die **obere Zahlenkombination** beschreibt die Gefahren. Die **erste Ziffer** weist auf die *größte Gefahr* hin:
2 Gas
3 entzündbare Flüssigkeit
4 entzündbarer fester Stoff
5 entzündend wirkender Stoff
6 Gift
8 ätzende Materialien
Die Ziffern 1 und 7 werden hier nicht verwendet, da man sie zu leicht verwechselt.

Die **zweite Ziffer** kennzeichnet *zusätzliche Gefahren*:
0 kein weiteres Risiko
1 Explosionsgefahr
2 Gas kann entweichen
3 Entzündbarkeit
5 entzündende Eigenschaften
6 Giftgefahr
8 Ätzgefahr
9 Risiko einer heftigen Reaktion

Sind die beiden ersten Ziffern gleich, so ist die Gefahr besonders groß: 33 deutet also auf eine besonders leicht entzündbare Flüssigkeit hin.

Eine mögliche **dritte Ziffer** warnt noch einmal vor zusätzlicher Gefahr. 336 steht für einen sehr leicht entzündlichen Stoff, der außerdem noch giftig ist.

Steht vor der Kombination ein X, so bedeutet das, daß die Ladung auf keinen Fall mit Wasser in Berührung kommen darf.

Die **untere Zahlenkombination** bezeichnet genau den Stoff, der transportiert wird. Sie ist vierstellig. Die niedrigste Zahl ist 1001 für gelöstes Acetylen. Weitere Beispiele:
1090 – Aceton, 1830 – Schwefelsäure, 1888 – Chloroform.

Aufgabe 1: Auf welche Stoffe und auf welche Gefahren weisen die beiden folgenden Warntafeln hin?

19.3 Aceton – das einfachste Keton

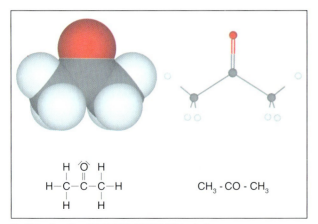

1. Das Aceton-Molekül. Molekülmodelle und Strukturformeln.

Aufgabe 1: Gib die Strukturformeln und Namen der ersten Glieder der homologen Reihe der Alkanone an.

Aufgabe 2: Gibt es bei Pentanal und Pentanon Isomere? Wenn ja, gib Namen und Strukturformeln an.

Aufgabe 3: Ordne die folgenden Siedetemperaturen den Verbindungen Butanal, Butanon, 1-Butanol und Pentan zu: 36°C, 75°C, 80°C und 118°C.
Begründe jeweils deine Entscheidung.

Aufgabe 4: Formuliere die Reaktionsgleichungen für die in Versuch 1 genannten Beispiele.

Versuch 1: In drei Reagenzgläsern werden 1-Butanol (Xn), 2-Butanol (Xn) und 2-Methyl-2-propanol (F, Xn) mit etwas schwefelsaurer Kaliumpermanganat-Lösung (Xn, O) versetzt und anschließend vorsichtig erwärmt.
Entsorgung: B3

2. Aceton hilft beim Entfernen von Nagellack

Ähnlich wie primäre Alkohole lassen sich auch sekundäre Alkohole durch Kupferoxid oxidieren. Aus 2-Propanol erhält man so eine Flüssigkeit, die unter dem Trivialnamen *Aceton* bekannt ist. Aceton gehört zur Stoffklasse der **Ketone.**

$CH_3-CHOH-CH_3$ + CuO $\longrightarrow$
2-Propanol   Kupferoxid
$CH_3-CO-CH_3$ + Cu + H_2O
Aceton   Kupfer   Wasser

In der systematischen Benennung werden Ketone durch die Endsilbe **-on** gekennzeichnet. So heißen die Ketone, die sich von den Alkanen ableiten, **Alkanone.** Aceton, das erste Glied der homologen Reihe der Alkanone, hat den systematischen Namen *Propanon*. Wenn nötig, kennzeichnet eine Ziffer vor dem Namen die Stellung der Carbonyl-Gruppe. *Beispiel:* 2-Pentanon oder 3-Pentanon.

Carbonyl-Gruppe. Ketone und Aldehyde enthalten als funktionelle Gruppe die C=O-Gruppe, die als **Carbonyl-Gruppe** oder **Keto-Gruppe** bezeichnet wird. Diese funktionelle Gruppe ist wegen der hohen Elektronegativität des Sauerstoff-Atoms stark polar. Die Carbonyl-Gruppe bestimmt sowohl die Eigenschaften der Ketone, als auch die der Aldehyde. Alkanale und Alkanone sieden um etwa 50°C höher als Alkane mit ähnlich großen Molekülen. Ihre Siedetemperaturen liegen jedoch wesentlich niedriger als bei entsprechenden Alkanolen, denn zwischen Aldehyd-Molekülen oder Keton-Molekülen sind keine Wasserstoffbrückenbindungen möglich. Mit Wasser-Molekülen können Carbonyl-Gruppen aber durchaus Wasserstoffbrückenbindungen ausbilden. Aus diesem Grund sind Aldehyde und Ketone mit kleinen Molekülen gut in Wasser löslich.

Reaktionen. Im Gegensatz zu Aldehyden wirken Ketone nicht reduzierend, da am Kohlenstoff-Atom der Carbonyl-Gruppe kein Wasserstoff-Atom vorhanden ist. Die Silberspiegel-Probe und die FEHLING-Probe verlaufen bei den Ketonen daher negativ.

Aldehyde wirken reduzierend, Ketone nicht.

Verwendung. Das wichtigste Keton ist **Propanon** (*Aceton, Dimethylketon*). Es siedet bei 56°C und ist ein sehr gutes Lösungsmittel für hydrophile und hydrophobe Stoffe. So kann Aceton mit Wasser, Ethanol und Benzin beliebig gemischt werden. Im Haushalt wird Aceton als Nagellackentferner und zum Enteisen von Türschlössern verwendet. In der Industrie dient Aceton als Lösungsmittel für Lacke, Harze und Klebstoffe. Butanon (Ethylmethylketon) ist ein gebräuchliches Vergällungsmittel für Ethanol.

ÜBERSICHT

Oxidationszahlen organischer Verbindungen

Regeln zur Ermittlung von Oxidationszahlen

1. Die Bindungselektronen einer polaren Elektronenpaarbindung werden jeweils ganz dem elektronegativeren Atom zugeordnet.

2. Bei unpolaren Bindungen werden die Bindungselektronen den beiden Atomen je zur Hälfte zugeordnet.

3. Nach der Zuordnung vergleicht man jeweils die Elektronenzahlen der Atome in der Verbindung mit den Elektronenzahlen der isolierten Atome. Die sich für die Atome in der Verbindung ergebenden *fiktiven Ladungszahlen* nennt man **Oxidationszahlen.**

Beispiel: Brenztraubensäure

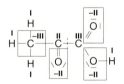

Elektronegativitäten
H: 2,20 C: 2,55 O: 3,44

Zur Unterscheidung von Ionenladungen werden Oxidationszahlen als römische Zahlen an die Elementsymbole geschrieben.

Redoxreaktion am Beispiel der FEHLING-Probe von Acetaldehyd

Teilreaktionen:

Oxidation (Erhöhung der Oxidationszahl): $\overset{I}{C}H_3-\overset{}{C}HO + 2\,OH^- \xrightarrow[-2e^-]{\text{Elektronenabgabe}} \overset{III}{C}H_3-COOH + H_2O$

Reduktion (Erniedrigung der Oxidationszahl): $2\,\overset{II}{Cu}^{2+} + 2\,OH^- \xrightarrow[+2e^-]{\text{Elektronenaufnahme}} \overset{I}{Cu}_2O + H_2O$

Gesamtreaktion:

$$CH-CHO + 2\,Cu^{2+} + 4\,OH^- \longrightarrow CH_3-COOH + Cu_2O + 2\,H_2O$$

(Elektronenabgabe: $-2e^-$; Elektronenaufnahme: $+2e^-$)

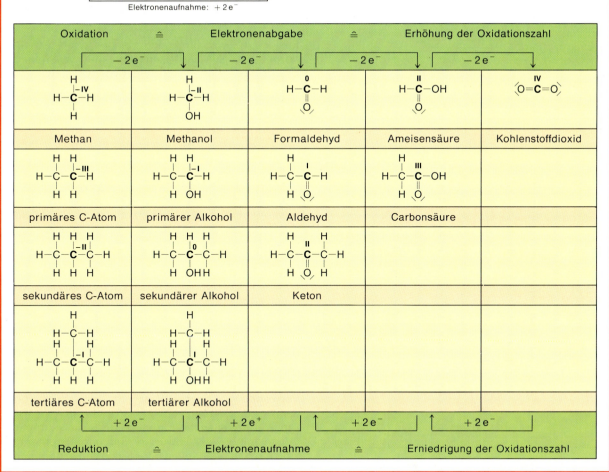

19.4 Wenn der Wein sauer wird: Essig

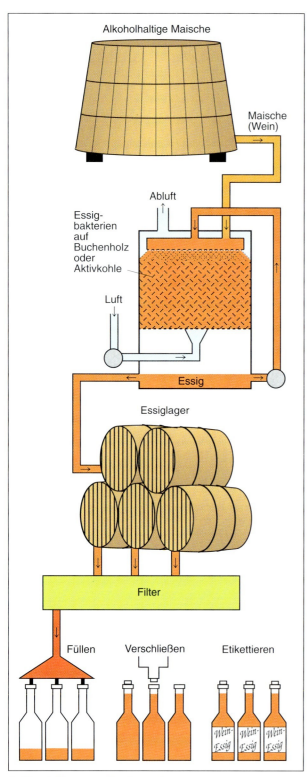

1. Herstellung von Speiseessig

Schon im Altertum war bekannt, daß Wein in offenen Gefäßen nach einiger Zeit *sauer* wird und nach Essig riecht. An der Oberfläche bildet sich eine Haut, in der *Essigsäurebakterien* leben. Ihre Enzyme katalysieren die Umwandlung des im Wein vorhandenen Alkohols, des Ethanols. Bei dieser **Essigsäuregärung** reagiert Ethanol mit dem Sauerstoff der Luft. Zunächst entsteht Acetaldehyd, der dann zu Essigsäure weiteroxidiert wird.

$$\underset{\text{Ethanol}}{CH_3-CH_2-OH} + O_2 \xrightarrow{\text{Essigsäure-gärung}} \underset{\text{Essigsäure}}{CH_3-COOH} + H_2O$$

Herstellung. *Gärungsessig* gewinnt man durch enzymatische Oxidation alkoholhaltiger Flüssigkeiten. Dabei läuft die eigentliche Reaktion von Ethanol zu Essigsäure auf Buchenholzspänen ab. Sie bilden mit ihrer großen Oberfläche für Essigsäurebakterien den idealen Nährboden. Die alkoholhaltige Maische rieselt von oben auf die Holzspäne, die benötigte Luft strömt ihr von unten entgegen.
Neuere Verfahren arbeiten ohne Holzspäne; die Bakterien sind frei in der Maische verteilt. Der nötige Sauerstoff wird dabei über Luftbläschen zugeführt.

Essigsäure wird in großen Mengen auch technisch hergestellt. Als Ausgangsstoffe für *synthetische Essigsäure* dienen Acetaldehyd (CH_3CHO) oder Methanol (CH_3OH).

Handelsformen. *Haushaltsessig* ist eine wässerige Lösung von Essigsäure mit einem Massenanteil von etwa 5%. In der „Verordnung über den Verkehr mit Essig und Essigsäure" vom 25.4.1972 ist festgelegt, daß bei Gärungsessig die Ausgangsprodukte und die Rohstoffe angegeben werden müssen: *Weinessig* wird aus Wein hergestellt, *Branntweinessig* aus Agraralkohol und *Obstessig* meist aus Apfelwein. Durch Zusatz von Kräutern oder Kräuterauszügen erhält man *Kräuteressig*.

Auch synthetische Essigsäure wird als Haushaltsessig verwendet. Er wird als *Syntheseessig* oder in konzentrierter Form als *Essigessenz* angeboten. Essigessenz hat einen Essigsäuregehalt bis zu 20%. Syntheseessig enthält im Gegensatz zum Gärungsessig keinerlei Begleitstoffe. Er hebt den Geschmack der Speisen besonders hervor, ohne ihn zu überdecken oder zu verfälschen.

Verwendung. Essig wird schon seit mehr als 5000 Jahren zum Würzen von Speisen und zum Konservieren von Lebensmitteln benutzt. In Essig eingelegte Lebensmittel wie Gewürzgurken oder Brathering sind haltbar, weil Keime oder Bakterien in der sauren Lösung nicht lebensfähig sind.

19.5 Essigsäure – chemisch betrachtet

Reine Essigsäure ist eine wasserklare Flüssigkeit. Sie erstarrt schon bei 17 °C zu einer eisartigen Masse; man bezeichnet sie daher auch als **Eisessig**. Essigsäure riecht stechend. In konzentrierter Form ist sie eine aggressive, ätzende Substanz.

Essigsäure entsteht bei der Oxidation von Ethanol oder Acetaldehyd. Oxidiert man als Ausgangsprodukt Ethanol, so bildet sich Acetaldehyd als Zwischenprodukt. Bei der Oxidation zu Essigsäure entsteht eine neue funktionelle Gruppe, die **Carboxyl-Gruppe (COOH-Gruppe)**.

Carboxyl-Gruppe. Die Carboxyl-Gruppe bestimmt weitgehend Eigenschaften und Reaktionen der Essigsäure. Sie ist stark polar und kann Wasserstoffbrückenbindungen ausbilden. Essigsäure löst sich daher gut im polaren Lösungsmittel Wasser. Der Einfluß der unpolaren Methyl-Gruppe auf die Eigenschaften der Essigsäure ist dagegen gering.

Die wässerige Lösung von Essigsäure verhält sich ganz ähnlich wie verdünnte Salzsäure:
- Essigsäure färbt Universalindikator rot, die wässerige Lösung reagiert also sauer.
- Essigsäure leitet den elektrischen Strom, die wässerige Lösung enthält also Ionen.
- Essigsäure reagiert mit unedlen Metallen zu Wasserstoff und einer Salzlösung.
- Essigsäure wird von Hydroxiden neutralisiert. Dabei bilden sich Salze und Wasser.

Bei der Reaktion von Essigsäure mit Wasser handelt es sich um eine Protonenübertragung. Ein Teil der Essigsäure-Moleküle gibt Protonen an Wasser-Moleküle ab. Wie bei anorganischen Säuren bilden sich dabei Hydronium-Ionen (H_3O^+). Als Säurerest-Ionen entstehen **Acetat-Ionen** (CH_3COO^-).
Essigsäure ist eine *schwache Säure*: In Haushaltsessig haben nur etwa 1% der Essigsäure-Moleküle als Säure reagiert und Hydronium-Ionen gebildet.

Bei der Neutralisation von Essigsäure mit Natronlauge entsteht eine Lösung des Natriumsalzes der Essigsäure. Beim Eindampfen der Lösung kristallisiert dann *Natriumacetat* als Salz aus.

Essigsäure hat die Strukturformel CH_3-COOH. Das Molekül besteht aus einer Methyl-Gruppe (CH_3-Gruppe) und einer Carboxyl-Gruppe (COOH-Gruppe).
Die Carboxyl-Gruppe prägt das chemische Verhalten der Essigsäure. Sie ist für ihre saure Reaktion verantwortlich.
Die Salze der Essigsäure heißen Acetate.

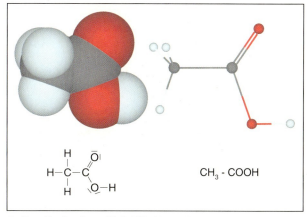

1. Das Essigsäure-Molekül. Molekülmodelle und Strukturformeln.

Versuch 1: Oxidation von Ethanol mit Kupferoxid
Vorsicht! Abzug! Halte ein Kupferblech in die Flamme des Gasbrenners bis sich eine schwarze Kupferoxidschicht bildet. Tauche dann das heiße Blech in Ethanol (F).
Entsorgung: B 3

Aufgabe 1: In der Technik wird Essigsäure aus Methanol und Kohlenstoffmonooxid synthetisiert. Formuliere die Reaktionsgleichung.

Aufgabe 2: Formuliere die Reaktionsgleichungen für die Reaktion von Essigsäure mit folgenden Stoffen:
a) Magnesium,
b) Calciumoxid,
c) Natronlauge.

Aufgabe 3: Essigsäure und Essig können zum Entkalken von Heißwassergeräten benutzt werden. Mit Essigreinigern lassen sich auch Kalkflecke von Kacheln oder Sanitärarmaturen entfernen. Dabei reagiert die Essigsäure mit Calciumcarbonat (Kalk, Kesselstein) unter Bildung von Calciumacetat, Kohlenstoffdioxid und Wasser. Formuliere die Reaktionsgleichung.

2. Essigsäure reagiert mit Natronlauge zu Natriumacetat

19.6 Essigsäure und Verwandte

1. Ameisensäure. Ameisen benutzen sie als Abwehrstoff gegen Pilze und Bakterien.

Versuch 1: Oxidation von Ameisensäure
Gib in ein Reagenzglas etwas Ameisensäure (C) und füge dann eine Spatelspitze Kaliumpermanganat (Xn, O) hinzu. Setze einen Stopfen mit einem Gasableitungsrohr auf und leite das entweichende Gas in eine Lösung von Calciumhydroxid (Kalkwasser). *Entsorgung:* B2

Versuch 2: Reaktion mit unedlen Metallen
Gib etwas Magnesiumpulver (F) zu verdünnter Ameisensäure und zu verdünnter Essigsäure.
Formuliere die Reaktionsgleichungen.

Aufgabe 1: Im Labor wird Kohlenstoffmonooxid durch Reaktion von Methansäure mit konzentrierter Schwefelsäure hergestellt. Formuliere die Reaktionsgleichung.

Aufgabe 2: Als preiswerte Säure ist Ameisensäure wirksamer Bestandteil vieler Entkalkungsmittel. Formuliere die Reaktionsgleichung für die Reaktion zwischen Methansäure und Kalk.

Trivialname (Systematischer Name)	Strukturformel	Schmelz-	Siedetemperatur
Ameisensäure (Methansäure)	H—COOH	8 °C	101 °C
Essigsäure (Ethansäure)	CH_3—COOH	17 °C	118 °C
Propionsäure (Propansäure)	C_2H_5—COOH	−21 °C	141 °C
Buttersäure (Butansäure)	C_3H_7—COOH	−5 °C	163 °C
Valeriansäure (Pentansäure)	C_4H_9—COOH	−34 °C	186 °C

2. Einige Carbonsäuren

Neben Essigsäure gibt es noch eine Reihe weiterer organischer Verbindungen, die sauer reagieren. Sie werden zur Stoffklasse der **Carbonsäuren** zusammengefaßt. Carbonsäure-Moleküle haben als funktionelle Gruppe eine Carboxyl-Gruppe.

Alkansäuren leiten sich von den Alkanen ab. Ihr Name wird gebildet, indem man die Endung *-säure* an den Namen des Kohlenwasserstoffs anhängt, der gleich viele Kohlenstoff-Atome im Molekül hat. Dabei wird das Kohlenstoff-Atom der Carboxyl-Gruppe mitgezählt.

Ameisensäure (Methansäure). Die einfachste Carbonsäure ist die Ameisensäure (HCOOH). Ameisen verspritzen sie bei Gefahr. Auch Brennesseln und Quallen brennen schmerzhaft wegen der Ameisensäure, die sie bei Berührung freisetzen. Ameisensäure ist stark hautreizend und hat einen typischen stechenden Geruch.
Ameisensäure wird in der Wollfärberei und in der Kautschukindustrie verwendet. In der Lebensmittelindustrie dient sie als Konservierungsmittel.
Als einzige Carbonsäure besitzt Ameisensäure keinen Kohlenwasserstoff-Rest. Sie wirkt daher reduzierend und wird dabei zu Kohlenstoffdioxid oxidiert.

Essigsäure (Ethansäure). Vom Kohlenwasserstoff Ethan leitet sich die Essigsäure (CH_3COOH) ab. Im Haushalt wird sie als *Speiseessig* verwendet.
In der Industrie ist Essigsäure eine wichtige Grundchemikalie zur Herstellung von Kunstseide, Arzneimitteln, Lösungsmitteln und Duftstoffen.
Von den Salzen wird *Aluminiumacetat (essigsaure Tonerde)* als altes Hausmittel wegen seiner entzündungshemmenden und desinfizierenden Wirkung für Umschläge und zur Wundheilung benutzt.

Propionsäure (Propansäure). In der Reihe der Carbonsäuren folgt auf die Essigsäure die Propionsäure (C_2H_5COOH). Sie dient als Konservierungsmittel für Backwaren sowie zur Herstellung von Duftstoffen, Aromastoffen, Kunststoffen und Unkrautvertilgungsmitteln.

Höhere Carbonsäuren. Buttersäure (Butansäure, C_3H_7COOH), **Pentansäure** (C_4H_9COOH) und **Hexansäure** ($C_5H_{11}COOH$) haben einen unangenehmen Geruch. Sie kommen in ranziger Butter und im Schweiß vor. Langkettige Carbonsäuren sind in Fetten chemisch an Glycerin gebunden. Sie werden daher auch als **Fettsäuren** bezeichnet. **Stearinsäure** (Octadecansäure, $C_{17}H_{35}COOH$) wird zur Herstellung von Kerzen sowie von kosmetischen und pharmazeutischen Präparaten verwendet.

19.7 Molekülstruktur und Stoffeigenschaft

Die Eigenschaften der Stoffe beruhen auf der Struktur ihrer Moleküle. Dies gilt auch für das Löslichkeitsverhalten, die Schmelz- und die Siedetemperaturen der Carbonsäuren.

Löslichkeit. Der Kohlenwasserstoff-Rest und die Carboxyl-Gruppe haben unterschiedliche Einflüsse auf die Löslichkeit der Carbonsäuren. Der Kohlenwasserstoff-Rest ist nahezu unpolar. Er wirkt wasserabstoßend oder *hydrophob*. Die polare Carboxyl-Gruppe wirkt wasseranziehend oder *hydrophil*.

Ameisensäure, Propionsäure und Butansäure mischen sich in jedem Verhältnis mit Wasser. Pentansäure löst sich nur noch geringfügig und Hexansäure ist in Wasser nahezu unlöslich. Mit zunehmender Größe des Kohlenwasserstoff-Rests verliert also die hydrophile Carboxyl-Gruppe an Einfluß und die Wasserlöslichkeit der Carbonsäuren nimmt ab.
In unpolaren Lösungsmitteln wie Benzin lösen sich alle Carbonsäuren. Dabei bilden sich zwischen den Carboxyl-Gruppen zweier Carbonsäure-Moleküle stabile Wasserstoffbrückenbindungen aus, so daß Doppelmoleküle entstehen, die insgesamt unpolar sind.

Schmelztemperaturen. Zwischen den Kohlenwasserstoff-Resten der einzelnen Doppelmoleküle liegen VAN-DER-WAALS-Bindungen vor.
Die VAN-DER-WAALS-Bindungen sind bei kleineren Molekülen noch relativ schwach: Essigsäure ist daher flüssig. Die Festigkeit der VAN-DER-WAALS-Bindungen nimmt aber mit der Zahl der Kohlenstoff-Atome im Molekül und der dadurch wachsenden Oberfläche der Moleküle zu: Carbonsäuren mit mehr als neun Kohlenstoff-Atomen wie die Decansäure oder die Stearinsäure sind bei Raumtemperatur fest.

Siedetemperaturen. Der Kohlenwasserstoff Butan (C_4H_{10}) siedet bei $-0{,}5\,°C$. Essigsäure mit ähnlich großen Molekülen siedet dagegen erst bei $118\,°C$. Dies entspricht etwa der Siedetemperatur des Kohlenwasserstoffs Octan (C_8H_{18}; Siedetemperatur: $126\,°C$). Die hohe Siedetemperatur der Essigsäure läßt sich damit erklären, daß auch noch bei der Siedetemperatur Doppelmoleküle vorliegen. Die Siedetemperaturen von Octan und Essigsäure liegen nahe beieinander, weil zwischen den Molekülen des Octans und den Doppelmolekülen der Essigsäure vergleichbare VAN-DER-WAALS-Bindungen wirken.

Die Eigenschaften der Carbonsäuren werden durch die hydrophile Carboxyl-Gruppe und den hydrophoben Kohlenwasserstoff-Rest bestimmt. Mit der Zahl der Kohlenstoff-Atome nimmt der Einfluß des Kohlenwasserstoff-Rests zu.

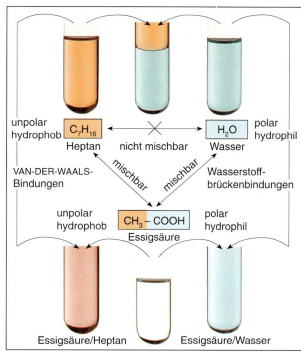

1. Löslichkeit von Essigsäure. Zur Unterscheidung wurde Wasser blau und der Kohlenwasserstoff rot angefärbt.

Versuch 1: Löslichkeit von Carbonsäuren
Untersuche die Löslichkeit von Ameisensäure (C), Essigsäure (C), Hexansäure (Xi) und Decansäure in Wasser und in Benzin (F). *Entsorgung:* B3

Aufgabe 1: Hexansäure löst sich nur geringfügig in Wasser. In Natronlauge löst sich Hexansäure dagegen gut. Gib eine Erklärung und formuliere die Reaktionsgleichung.

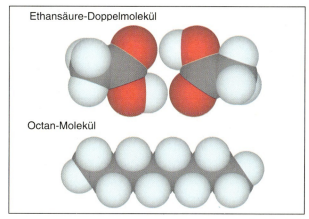

2. Die Doppelmoleküle der Essigsäure und Octan-Moleküle sind gleich groß

19.8 Carbonsäuren mit mehreren funktionellen Gruppen

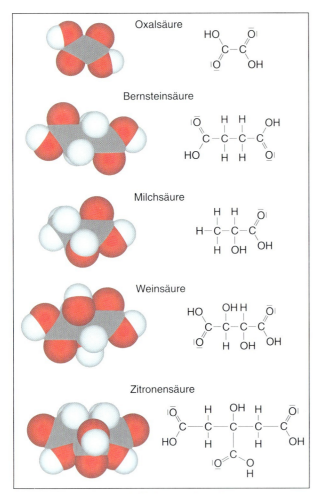

1. Dicarbonsäuren und Hydroxycarbonsäuren

Viele Carbonsäuren, die in der Natur vorkommen, enthalten mehrere funktionelle Gruppen. Carbonsäuren mit zwei Carboxyl-Gruppen bezeichnet man als *Dicarbonsäuren*. *Hydroxycarbonsäuren* enthalten noch eine oder mehrere Hydroxyl-Gruppen. In *Aminosäuren* treten als weitere funktionelle Gruppen Amino-Gruppen (NH_2-Gruppen) auf.

Dicarbonsäuren. Der saure Geschmack von Sauerampfer und Rhabarber wird durch **Oxalsäure** verursacht. Oxalsäure (($COOH)_2$) ist die einfachste Dicarbonsäure. Sie leitet sich vom Ethan ab und wird deshalb als *Ethandisäure* bezeichnet.
Aufgrund der stark polaren Carboxyl-Gruppen ist Oxalsäure ein kristalliner Feststoff, der sich gut in Wasser löst. Als Dicarbonsäure bildet Oxalsäure bei der Neutralisation zwei Reihen von Salze, die *Hydrogenoxalate* und die *Oxalate*.
Oxalsäure und ihre Salze sind giftig. Schon 5 Gramm können tödlich wirken! Oxalsäure stört den Calcium-Stoffwechsel, weil Calciumoxalat ein schwerlösliches Salz ist. Calciumoxalat ist auch für die Bildung von Oxalatsteinen verantwortlich, die sich als Nierensteine oder Blasensteine absetzen.

Die nächsten Verbindungen der homologen Reihe der Dicarbonsäuren sind *Malonsäure* (Propandisäure) und *Bernsteinsäure* (Butandisäure). *Adipinsäure* (Hexandisäure) dient als Ausgangsstoff zur Herstellung von Nylon.

Hydroxycarbonsäuren. In der Natur kommen zahlreiche Hydroxycarbonsäuren vor. Hydroxycarbonsäuren sind stärker sauer und schwerer flüchtig als die entsprechenden Alkansäuren.
Milchsäure (2-Hydroxypropansäure) entsteht beim bakteriellen Abbau von Milchzucker. Durch diese Milchsäuregärung wird die Milch sauer und gerinnt. Die Milchsäuregärung spielt auch eine Rolle bei der Bereitung von Sauerkraut, Salzgurken und Silofutter. Auch beim enzymatischen Abbau von Glucose (Traubenzucker) kann Milchsäure gebildet werden.
Weinsäure (2,3-Dihydroxybutandisäure) ist eine Dicarbonsäure mit zwei Hydroxyl-Gruppen. Sie ist in vielen reifen Früchten enthalten, vor allem in Weintrauben. Ein schwerlösliches Salz der Weinsäure, das Kaliumhydrogentartrat, setzt sich in Weinfässern als Weinstein ab.
Zitronensäure (2-Hydroxypropan-1,2,3-tricarbonsäure) kommt nicht nur in Zitronen vor, sondern auch in vielen anderen Früchten wie Johannisbeeren oder Stachelbeeren. In der Lebensmittelindustrie wird Zitronensäure vielfältig als Säuerungsmittel verwendet. Sie ist auch in Backpulver und Brausepulver enthalten.

Aufgabe 1: Oxalsäure läßt sich in saurer Lösung mit Kaliumpermanganat ($KMnO_4$) zu Kohlenstoffdioxid und Wasser oxidieren. Dabei entsteht Braunstein (MnO_2). Stelle mit Hilfe der Oxidationszahlen die Reaktionsgleichung dieser Redoxreaktion auf.

Aufgabe 2: Gib die Verhältnisformeln folgender Salze an und zeichne die Strukturformeln ihrer Anionen:
a) Kaliumhydrogenoxalat,
b) Calciumoxalat,
c) Kaliumhydrogentartrat.

Aufgabe 3: Formuliere die Reaktionsgleichungen folgender Reaktionen und benenne die Produkte.
a) Oxalsäure reagiert mit Natriumhydroxid.
b) Weinsäure reagiert mit Calciumhydroxid.

Aminosäuren. Am Aufbau der Eiweiße (Proteine) sind zwanzig verschiedene Aminosäuren beteiligt. Die einfachste Aminosäure ist **Glycin** oder *Aminoessigsäure* (NH_2-CH_2-COOH).

Glycin ist eine kristalline, etwas wasserlösliche Verbindung mit einer auffällig hohen Schmelztemperatur. Während Glycin erst bei 292 °C schmilzt, hat Hydroxyessigsäure, eine ähnlich aufgebaute Verbindung, eine Schmelztemperatur von 80 °C. Die hohe Schmelztemperatur des Glycins erinnert an salzähnliche Stoffe, bei denen die elektrischen Anziehungen zwischen den Ionen ebenfalls erst bei hoher Temperatur überwunden werden. Tatsächlich liegen auch im Glycin-Kristall geladene Teilchen vor: Statt der Carboxyl-Gruppen findet man negativ geladene *Carboxylat-Gruppen* (COO^--Gruppen) und die Amino-Gruppen sind in Wirklichkeit positiv geladene *Ammonium-Gruppen* (NH_3^+-Gruppen). Solche Teilchen werden als **Zwitterionen** bezeichnet. Offensichtlich geben die Carboxyl-Gruppen ihr Proton an die Amino-Gruppen ab. Auch die wässerigen Lösungen der Aminosäuren enthalten Zwitterionen.

Die anderen Aminosäuren haben ähnliche Eigenschaften wie Glycin. Sie lassen sich vom Glycin ableiten, indem ein H-Atom der CH_2-Gruppe durch einen Rest R ersetzt wird. In dem Rest können auch weitere funktionelle Gruppen auftreten.

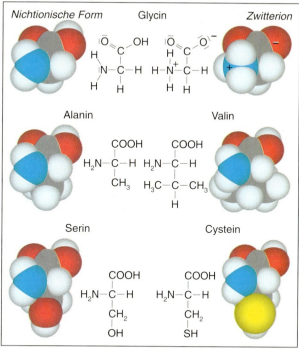

1. Verschiedene Aminosäuren. Beim Glycin sind die nichtionische Form und das Zwitterion dargestellt.

EXKURS

Glutamat – ein Geschmacksverstärker

Geschmacksverstärker haben selbst keinen Geschmack, verstärken aber das Aroma von Lebensmitteln. Sie potenzieren nicht nur den Eigengeschmack von Speisen, sondern können auch einen Geschmack überdecken oder korrigieren.

Glutaminsäure und ihr Salz, *Natriumglutamat*, sind unter den E-Nummern 620 und 621 als Lebensmittelzusatzstoffe zugelassen. Bei dem Salz handelt es sich wohl um den meist verwendeten Geschmacksverstärker. Es hebt insbesondere den salzig-süßen Geschmack von gewürzten Gerichten, Fleischprodukten und Fischerzeugnissen hervor. Viele Gewürzmischungen, Suppenprodukte und Fertiggerichte enthalten bereits Glutamat.

Die Aufnahme von Glutamat kann bei sehr empfindlichen Menschen zu starkem Erröten, Benommenheit und Kopfschmerzen führen. Besonders in der fernöstlichen Küche wird Glutamat häufig verwendet. Deshalb können sich die Symptome auch nach einem Essen im China-Restaurant zeigen. Allerdings klingen die Erscheinungen dieses *China-Restaurant-Syndroms* in der Regel innerhalb weniger Stunden wieder von alleine ab.

Die farb- und geruchlosen Kristalle des Natriumglutamats werden in einem biotechnologischen Verfahren mit Hilfe von Mikroorganismen aus Zuckerrüben hergestellt.

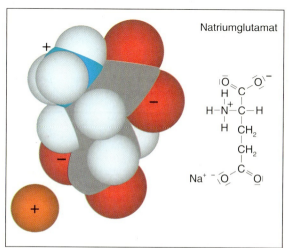

Carbonsäuren

Versuch 1: Essigsäure aus Ethanol

Materialien: Meßzylinder (50 ml), Erlenmeyerkolben (100 ml), Destillationsapparatur, Siedesteinchen, Waage;
Ethanol (Spiritus) (F), Kaliumpermanganat (Xn, O), Schwefelsäure (konz.) (C).

Durchführung:
1. Baue die Destillationsapparatur auf.
2. Mische im Erlenmeyerkolben vorsichtig unter Kühlung 30 ml Wasser, 5 ml Ethanol und 10 ml konzentrierte Schwefelsäure.
3. Gib das Gemisch in den Destillationskolben und füge 4 g Kaliumpermanganat und einige Siedesteinchen hinzu.
4. Setze die Teile der Apparatur dicht zusammen, erhitze das Reaktionsgemisch und destilliere etwa 15 ml Flüssigkeit in die Vorlage.

Aufgaben:
a) Notiere deine Beobachtungen.
b) Stelle mit Hilfe der Oxidationszahlen und der Teilgleichungen die Reaktionsgleichung auf.
c) Vergleiche die gemessene Siedetemperatur der Essigsäure mit dem Literaturwert und erkläre eventuelle Abweichungen.

Versuch 2: Untersuchung der Essigsäure

Materialien: Leitfähigkeitsprüfer, Pipette (5 ml) mit Pipettierhilfe, Erlenmeyerkolben (50 ml), Bürette (25 ml), Porzellanschale, Gasbrenner, Dreifuß mit Drahtnetz;
Universalindikator-Papier, Essigsäure (aus Versuch 1), Magnesiumpulver (F), Natronlauge ($1\,\frac{mol}{l}$) (C), Phenolphthalein-Lösung (F).

Durchführung:
1. Prüfe vorsichtig den Geruch der Essigsäure.
2. Ermittle mit Universalindikator-Papier ihren pH-Wert.
3. Untersuche die elektrische Leitfähigkeit.
4. Gib in der Porzellanschale zu 5 ml Essigsäure eine Spatelspitze Magnesiumpulver und führe die Knallgasprobe durch. Dampfe die Lösung anschließend vorsichtig ein.
5. Gib 5 ml Essigsäure in den Erlenmeyerkolben und titriere die Lösung mit Natronlauge gegen Phenolphthalein als Indikator bis zur bleibenden Rotfärbung.
6. Neutralisiere 5 ml Essigsäure in der Porzellanschale mit der gleichen Menge an Natronlauge, die bei der Titration verbraucht wurde. Dampfe die Lösung anschließend vorsichtig ein.

Aufgaben:
a) Welchen pH-Wert hat die Essigsäure? Formuliere die Reaktionsgleichung für die Reaktion von Essigsäure mit Wasser. Welche Teilchen liegen in der wässerigen Lösung vor?
b) Formuliere die Reaktionsgleichung für die Reaktion von Essigsäure mit Magnesium.
c) Formuliere die Reaktionsgleichung für die Neutralisation von Essigsäure mit Natronlauge und benenne die Reaktionsprodukte.

Versuch 3: Bestimmung des Säuregehalts von Joghurt

Materialien: Erlenmeyerkolben (200 ml, weit), Bürette, Waage, Löffel;
Magermilch-Joghurt, Natronlauge ($0{,}1\,\frac{mol}{l}$), Phenolphthalein-Lösung.

Durchführung:
1. 20 g Joghurt werden in den Erlenmeyerkolben gegeben und mit etwa 50 ml Wasser gut verrührt.
2. Fülle die Bürette mit der Natronlauge-Maßlösung und befestige sie an einem Stativ.
3. Gib dann einige Tropfen der Indikator-Lösung zu der Joghurt-Probe und titriere mit der Natronlauge bis die Mischung rosa gefärbt bleibt.

Aufgaben:
a) Welche Stoffmenge an OH^--Ionen wurde benötigt?
b) Welche Stoffmenge an einprotonigen Säuren enthalten demnach 100 g Joghurt?
c) Welchem Massenanteil an Milchsäure ($CH_3-CHOH-COOH$) entspricht dieser Säuregehalt?

Versuch 4: Konservierende Wirkung verschiedener Stoffe

Materialien: 5 Bechergläser (100 ml), Folie;
Sorbinsäure, Benzoesäure (Xn), Kochsalz, Essig, Fleischwurst.

Durchführung:
1. Gib in fünf Bechergläser je ein Stückchen Wurst und soviel Wasser, daß sie bedeckt wird.
2. Gib ins erste Glas eine Spatelspitze Sorbinsäure, ins zweite Benzoesäure, ins dritte Kochsalz, ins vierte etwas Essig und verschließe die Gläser mit Folien.
3. Prüfe nach einigen Tagen den Geruch.

Aufgabe: Vergleiche die konservierende Wirkung der verschiedenen Stoffe.

Lebensmittelkonservierung

Die meisten Lebensmittel sind nur begrenzt haltbar, sie verderben und sind dann ungenießbar. Verantwortlich dafür sind *Mikroorganismen* wie Bakterien, Hefen und Schimmelpilze. Sie zersetzen die in den Lebensmitteln enthaltenen Nährstoffe.

Schon seit Jahrhunderten haben die Menschen daher Methoden entwickelt, ihre Nahrungsmittel haltbarer zu machen:
Milch hält sich länger, wenn man sie kühl lagert. Noch besser ist es, sie vorher abzukochen. Getreide wird getrocknet, Heringe salzt man ein, Marmelade wird Zucker zugesetzt, und Gewürzgurken werden in Essig eingelegt.

In allen Fällen wird das Wachstum der Mikroorganismen eingeschränkt oder verhindert. Durch Abkochen werden die meisten Mikroorganismen abgetötet. Bei niedriger Temperatur vermehren sie sich nicht so schnell und ihr Stoffwechsel arbeitet langsamer. Beim Trocknen, Einsalzen und Zuckern wird den Nahrungsmitteln Wasser entzogen, das den Mikroorganismen dann zum Leben fehlt. Essig konserviert durch die Änderung des pH-Werts; ein niedriger pH-Wert behindert die Mikroorganismen.

Es gibt auch Verbindungen, die bereits in sehr geringer Konzentration die Haltbarkeit von Lebensmitteln erhöhen. Einige davon dürfen Lebensmitteln als **Konservierungsstoffe** zugesetzt werden.

Es sind nur solche Stoffe zugelassen, die nach dem Stand der Wissenschaft als unbedenklich gelten. Einige Konservierungsstoffe stehen allerdings in dem Verdacht, Allergien auszulösen oder andere gesundheitsschädliche Nebenwirkungen zu haben.

E-Nr.	Konservierungsstoff	Bemerkungen
E200 E201 E202 E203	Sorbinsäure und Na-Salz K-Salz Ca-Salz	Gelten als unbedenklich, werden wie Fettsäuren abgebaut, Geschmack von Brot wird beeinträchtigt.
E210 E211 E212 E213	Benzoesäure und Na-Salz K-Salz Ca-Salz	Möglicherweise leberbelastend, als allergieauslösend bekannt, körperfremder Stoff.
E214 E215 E216 E217 E218 E219	p-**H**ydroxy**b**enzoesäureethylester und Na-Salz PHB-propylester und Na-Salz PHB-Methylester und Na-Salz	Können Allergien auslösen, in großen Mengen gefäßerweiternd und betäubend, metallischer Geschmack möglich.
E236 E237 E238	Ameisensäure und Na-Salz Ca-Salz	Können im Körper abgebaut werden, in größeren Mengen giftig.
E260 E261 E262	Essigsäure und K-Salz Ca-Salz	Säuerungsmittel
E270	Milchsäure	Säuerungsmittel
E280 E281 E282	Propansäure und Na-Salz Ca-Salz	Werden im Körper abgebaut, gelten als unschädlich.

Verfahren	Lebensmittel	Konservierungsbedingungen	Nährstoffveränderungen
Trocknen	Getreide, Gewürze, Rohkaffee, Tee, Obst, Weintrauben	Wasserentzug durch Sonne/Luft oder durch maschinelle Verfahren	Vitamine werden zerstört, Nährstoffverluste, Veränderungen im Aussehen und Aroma
Gefriertrocknen	Instantkaffee, Instanttee, Pilze	Wasserentzug im Vakuum bei $-30\,°C$	Vitamine und Nährstoffe werden geschont, Aussehen und Aroma bleiben erhalten
Salzen	Matjes, Sardellen, Käse, Butter	Einlegen in Kochsalzlösung	starke Verluste an Vitaminen, Nährstoffverluste; beim Pökeln: Nitritrückstände
Pökeln	Fleischwaren, Schinken	Einlegen in Nitritpökel-Lösung	
Zuckern	Marmeladen, Fruchtsirupe, Marzipan	Zugabe von Zucker	Vitamine werden zerstört, Nährstoffverluste, Veränderungen im Aussehen und Aroma
Säuern	Gurken, Paprika, Sauerbraten	Einlegen in Essig	Nährstoffe laugen aus; starke Verluste an Vitaminen
	Sauerkraut, Joghurt	Milchsäuregärung	
Kühlen	Butter, Milch, Käse, Obst, Gemüse, Fisch, Fleisch, Speisen	Kühllagern bei $0\,°C$ bis $+10\,°C$	Nährstoffe und Vitamine werden geschont, Aussehen und Aroma bleiben erhalten; Lebensmittel kurzfristig haltbar
Tiefgefrieren	Fleisch, Fisch, Geflügel, Obst, Backwaren, Fertiggerichte	Einfrieren bei mindestens $-25\,°C$ Gefrierlagerung bei mindestens $-18\,°C$	Nährstoffe werden geschont, Aussehen und Aroma bleiben erhalten
Pasteurisieren	Milch, Fruchtsäfte, Bier	Dauererhitzen: 30 min bei $62\,°C$ bis $65\,°C$, Kurzzeiterhitzen: 40 s bei $71\,°C$ bis $75\,°C$, Ultrahocherhitzen: 10 s bei $135\,°C$ bis $140\,°C$	Vitamine gehen verloren, Nährstoffe werden geschont, Lebensmittel kurzfristig haltbar
Sterilisieren	Fleischwaren, Fischprodukte, Fertigsuppen, Gemüse, Obst	Erhitzen auf $115\,°C$ bis $135\,°C$, die Dauer richtet sich nach dem Produktdurchmesser	starke Verluste an Vitaminen, Nährstoffverluste, Veränderungen in Aussehen und Aroma
Zusetzen von Konservierungsmitteln	Benzoesäure in Feinkostsalaten, Propionsäure in Schnittbrot, Sorbinsäure in Margarine, Mayonnaise	Zusatz des Konservierungsstoffs bei der Herstellung	Vitamine gehen verloren, Konservierungsstoffe können Allergien auslösen

19.9 Ester – Produkte aus Alkoholen und Säuren

1. Ester in Früchten. Ethansäurepentylester (Banane), Butansäuremethylester (Ananas), Butansäureethylester (Pfirsich), Butansäurepentylester (Birne), Pentansäurepentylester (Apfel).

Aufgabe 1: Formuliere die Reaktionsgleichungen zur Bildung von Methansäuremethylester, Essigsäurepropylester und Buttersäurebutylester.

Aufgabe 2: Essigsäureethylester mischt sich mit Heptan. In Wasser ist Essigsäureethylester nur geringfügig löslich. Erkläre diese Ergebnisse.

Aufgabe 3: Vergleiche die Siedetemperaturen der Ester mit den Siedetemperaturen der Alkohole und Carbonsäuren, aus denen sie gebildet wurden. Begründe die Unterschiede.

Ester aus Säure und Alkohol	Methanol (65°C)	Ethanol (78°C)	1-Propanol (97°C)
Methansäure (101°C)	32°C	54°C	81°C
Ethansäure (118°C)	57°C	77°C	102°C

Läßt man ein Gemisch aus Butanol und Buttersäure einige Zeit stehen, so verschwindet der Gestank nach Buttersäure, und es riecht frisch wie Eisbonbons. Ein neuer Stoff ist entstanden, ein **Ester.**

Ester bilden sich bei der Reaktion von Alkoholen mit Säuren, gleichzeitig wird ein Wasser-Molekül abgespalten.

Der Name des Esters wird aus dem Namen der Säure, dem Namen der Alkyl-Gruppe des Alkohols und der Endung *-ester* gebildet: Butansäure reagiert mit Butanol zu Butansäurebutylester.

$$CH_3-CH_2-CH_2-COOH + HO-CH_2-CH_2-CH_2-CH_3$$
$$\xrightarrow[H_2O]{} CH_3-CH_2-CH_2-COO-CH_2-CH_2-CH_2-CH_3$$

Ester organischer Säuren. Ester kurzkettiger Alkohole mit Carbonsäuren von einem bis fünf Kohlenstoff-Atomen sind farblose, flüchtige Flüssigkeiten mit erfrischendem Geruch. Viele von ihnen kommen in Früchten vor. Solche Ester werden daher als *Aromastoffe* verwendet. *Wachse* sind Ester langkettiger Alkohole und langkettiger Carbonsäuren.
Die wichtigsten natürlichen Ester sind die *Fette*, Verbindungen aus dem dreiwertigen Alkohol Glycerin und langkettigen Carbonsäuren (Fettsäuren).

Ester-Moleküle können untereinander keine Wasserstoffbrückenbindungen ausbilden. Ester schmelzen und sieden deshalb viel tiefer als Alkohole oder Carbonsäuren. Obwohl Ester-Moleküle polare C–O-Bindungen enthalten, sind Ester eher unpolare Stoffe, denn die Alkyl-Reste überwiegen in ihrem Einfluß auf die Polarität der Moleküle. Ester lösen sich daher leicht in unpolaren Lösungsmitteln wie Heptan.

THEORIE

Veresterung und Esterspaltung

Veresterung. Essigsäure und Ethanol reagieren zu Essigsäureethylester. Die Esterbildung wird durch starke Säuren katalysiert. Die Veresterung ist ein Beispiel für eine **Kondensation:** Zwei Moleküle reagieren miteinander unter Abspaltung eines kleinen Moleküls wie Wasser.

Esterspaltung. Die Veresterung ist unter bestimmten Bedingungen umkehrbar. Reiner Essigsäureethylester reagiert mit Wasser in Gegenwart von Schwefelsäure teilweise zu Essigsäure und Ethanol. Diese Esterspaltung ist ein Beispiel für eine **Hydrolyse:** die Zerlegung eines Moleküls durch den Reaktionspartner Wasser.

$$H_3C-\underset{\text{Säure}}{C\underset{O-H}{\overset{\overset{\displaystyle O}{\|}}{}}} + H-O-CH_2-CH_3 \underset{\text{Hydrolyse}}{\overset{\text{Kondensation}}{\rightleftarrows}} H_3C-\underset{\text{Ester}}{C\underset{O-CH_2-CH_3}{\overset{\overset{\displaystyle O}{\|}}{}}} + H_2O \text{ (Wasser)}$$

Ester anorganischer Säuren. Auch anorganische Säuren bilden mit Alkoholen unter Abspaltung von Wasser Ester. Bei der Reaktion von Alkoholen mit mehrwertigen Säuren können sich unterschiedliche Ester bilden. So reagiert Schwefelsäure mit Ethanol zunächst zu Schwefelsäuremonoethylester. Dieser Ester hat noch ein polar gebundenes Wasserstoff-Atom und ist deshalb eine Säure. Mit weiterem Ethanol kann Schwefelsäurediethylester entstehen. Die Natriumsalze von *Schwefelsäuremonoestern* höherer Alkohole (Fettalkohole) werden in Waschmitteln als waschaktive Substanzen verwendet.

Phosphorsäureester spielen in der Natur als Träger des Erbmaterials und beim Energiestoffwechsel eine wichtige Rolle. Borsäure reagiert leicht mit Methanol. Da *Borsäuretrimethylester* mit charakteristischer grüner Flamme brennt, spielt er beim Nachweis von Bor und Methanol eine Rolle.

Salpetersäureester bilden sich leicht aus Alkoholen und konzentrierter Salpetersäure. Manche dieser Ester explodieren beim Erhitzen oder durch Schlag. Beispiele für solche Explosivstoffe sind die Salpetersäureester der Cellulose (*Schießbaumwolle, Nitrocellulose*) und des Glycerins (*Trisalpetersäureglycerinester, Nitroglycerin*).
Nitroglycerin ist eine ölige Flüssigkeit, die schon bei geringen Erschütterungen explodiert. Durch Aufsaugen in Kieselgur stellte der schwedische Chemiker NOBEL 1867 daraus Dynamit her. Dynamit kann erst durch Initialzündung zur Explosion gebracht werden. Damit gelang ihm die Überführung des gefährlichen Sprengöls in einen transportsicheren Sprengstoff.
In der Medizin wird Nitroglycerin bei akuten Angina-Pectoris-Anfällen verabreicht. Es wirkt rasch gefäßerweiternd.

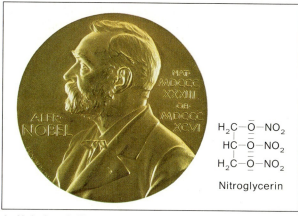

1. Nobelmedaille. Alfred NOBEL übertrug den größten Teil seines Vermögens einer Stiftung. Es soll denen zugute kommen, die im „vergangenen Jahr der Menschheit den größten Nutzen geleistet haben".

Aufgabe 1: Formuliere die Reaktionsgleichungen zur Bildung von Borsäuretrimethylester und Phosphorsäurepropylester.

Aufgabe 2: Erläutere, ob auch Chlorwasserstoff mit einem Alkohol zu einem Ester reagieren kann.

Aufgabe 3: Erhitzt man ein Gemisch aus Ethanol und konzentrierter Schwefelsäure, so entstehen bei verschiedenen Temperaturen unterschiedliche Produkte. Bei 100 °C entsteht Schwefelsäurediethylester, bei etwa 130 °C Diethylether und bei 150 °C bildet sich bevorzugt Ethen. Formuliere die entsprechenden Reaktionsgleichungen.

EXKURS

Biodiesel – Pro und Contra

Biodiesel ist ein *nachwachsender Rohstoff,* der aus dem Rapsanbau stammt. Rapssamen enthält durchschnittlich 32 % Rapsöl, das durch Reaktion mit Methanol zu *Rapsölmethylester,* dem Biodiesel, umgeestert werden kann. In der öffentlichen Diskussion über regenerative Energien und nachwachsende Rohstoffe wird Biodiesel nach wie vor unterschiedlich bewertet.

„Das ist der richtige Weg", sagen die Umweltschützer:
- Wenn Biodiesel verbrennt, wird der Treibhauseffekt nicht weiter verstärkt, denn der in den Pflanzen gebundene Kohlenstoff wurde ja zuvor als Kohlenstoffdioxid aus der Atmosphäre aufgenommen.
- Die Verwendung von Biodiesel schont den kostbaren Rohstoff Erdöl.
- Biodiesel ist biologisch abbaubar, falls es zu Unfällen kommt.

„Alles übertrieben" wehren die Gegner ab:
- Selbst wenn auf 20 % der Ackerfläche Deutschlands Raps angebaut würde, könnte daraus nicht einmal 10 % des Gesamtverbrauchs an Dieselkraftstoffen gedeckt werden.
- Biodiesel ist viel zu teuer und allenfalls für besondere Verwendungszwecke geeignet.
- Der Einsatz von Biodiesel ist nur mit massiver staatlicher Unterstützung finanzierbar.

Ester

Versuch 1: Synthese von Essigsäureethylester

Materialien: Meßzylinder (10 ml), Erlenmeyerkolben (100 ml), Tropfpipette, Destillationsapparatur, Siedesteinchen, Becherglas (50 ml); Essigsäure (C), Ethanol (Spiritus) (F), Schwefelsäure (konz.) (C), Heptan (F).

Durchführung:
1. Baue die Destillationsapparatur auf.
2. Mische im Erlenmeyerkolben vorsichtig unter Kühlung 10 ml Essigsäure, 10 ml Ethanol und etwa 2 ml konzentrierte Schwefelsäure.
3. Gib das Gemisch in den Destillationskolben und füge einige Siedesteinchen hinzu.
4. Setze die Teile der Apparatur dicht zusammen, erhitze das Reaktionsgemisch und destilliere etwa 5 ml Flüssigkeit in die wassergekühlte Vorlage.
5. Gieße das Destillat in ein Becherglas mit Wasser, prüfe vorsichtig den Geruch und füge dann etwas Heptan hinzu.

Aufgaben:
a) Notiere deine Beobachtungen.
b) Formuliere die Reaktionsgleichung.
c) Vergleiche die gemessene Siedetemperatur des Essigsäureethylesters mit dem Literaturwert von 77,1 °C und erkläre eventuelle Abweichungen.
d) Beurteile die Löslichkeit des Esters.

Versuch 2: Hydrolyse von Essigsäureethylester

Materialien: Meßzylinder (100 ml), Erlenmeyerkolben (300 ml), Pipette (10 ml) mit Pipettierhilfe, Heizplatte; Essigsäureethylester (F), Natronlauge (0,1 $\frac{mol}{l}$), Universalindikator-Lösung.

Durchführung:
1. Mische im Erlenmeyerkolben 20 ml Wasser, 5 ml Essigsäureethylester und 8 ml Natronlauge und füge dann einige Tropfen der Universalindikator-Lösung hinzu.
2. Erwärme das Gemisch einige Zeit auf der Heizplatte.

Aufgaben:
a) Prüfe vorsichtig den Geruch und notiere dann deine Beobachtungen.
b) Formuliere die Reaktionsgleichung für diese Esterspaltung.
c) Warum bezeichnet man diese Esterspaltung auch als *alkalische Verseifung*?

Versuch 3: Synthese von Aromastoffen

Materialien: Reagenzgläser mit Stopfen, Tropfpipette, Pipetten (5 ml) mit Pipettierhilfe, Bechergläser (100 ml); Methansäure (C), Ethansäure (C), Butansäure (C), Methanol (T, F), Ethanol (F), 2-Methyl-1-propanol (F, Xn), 1-Pentanol (Xn), Schwefelsäure (konz.) (C).

Durchführung:
1. Mische in einem Reagenzglas jeweils 3 ml Alkansäure mit der gleichen Menge Alkanol. Folgende Kombinationen sind sinnvoll: Methansäure/Ethanol, Ethansäure/2-Methyl-1-propanol, Ethansäure/1-Pentanol, Butansäure/Methanol und Butansäure/Ethanol.
2. Füge anschließend vorsichtig jeweils etwa 1 ml konzentrierte Schwefelsäure hinzu.
3. Verschließe die Gläser mit einem Stopfen und lasse sie mindestens eine Stunde stehen.
4. Gieße dann jede Mischung in ein mit Wasser halbvoll gefülltes Becherglas und prüfe vorsichtig den Geruch.

Aufgaben:
a) Nach welchen Früchten oder Stoffen riechen die verschiedenen Ester?
b) Formuliere die Reaktionsgleichungen für die Bildung der verschiedenen Ester.

Versuch 4: Borsäureester

Materialien: 2 Porzellanschalen, Gasbrenner, Dreifuß mit Drahtnetz, Tropfpipetten; Methanol (T, F), Ethanol (F), Borsäure.

Durchführung:
1. Gib in die eine Porzellanschale etwa 5 ml Methanol, in die andere etwa 5 ml Ethanol.
2. Füge jeweils einen Spatel Borsäure hinzu.
3. Erwärme kurz und entzünde die aufsteigenden Dämpfe.

Aufgaben:
a) Beschreibe deine Beobachtungen.
b) Formuliere die Reaktionsgleichung.

Aufgabe 1: a) Kombiniere alle isomeren Butansäuren mit allen isomeren Butanolen. Gib Strukturformeln und Namen der möglichen Ester an.
b) Begründe, warum unter Einwirkung von konzentrierter Schwefelsäure aus 5-Hydroxypentansäure ein cyclischer Ester entstehen kann. Zeichne die Strukturformel dieses zu den *Lactonen* gehörenden Esters.
c) Könnte Milchsäure mit Ethanol oder mit Ethansäure zu einem Ester reagieren?

Aromastoffe – Geruch und Geschmack entscheiden

High noon im Kinosaal. Der Westernheld wartet auf seine Chance. Doch plötzlich: zuerst ein störendes Rascheln, dann ein zaghaftes Knack-Knack-Knack, und schließlich der unwiderstehliche Duft nach frischen Kartoffelchips! Versunken auf die Leinwand starrend, knabbert der Nachbar seine knackigen Chips mit dem verführerischen Aroma.

Wie funktioniert diese Verführung unserer Sinne? Wer reizt uns zum automatischen Griff in die Tüte? Der Ausgangsstoff ist simpel: die Kartoffel. Erst durch die knusprige Konsistenz und vor allem durch künstliche Geschmacksstoffe und Aromastoffe werden aus Kartoffeln die heißbegehrten Kartoffelchips.

Von der Suppe bis zum Nachtisch: Mit synthetischen Aromastoffen sorgt die Lebensmittelindustrie dafür, daß Fertiggerichte so frisch und natürlich schmecken wie selbstgekochte Speisen. Ohne künstliches Brat- und Backaroma wären viele Mikrowellenprodukte nahezu ungenießbar. Limonaden und Bonbons mit Orangengeschmack hinterlassen den Eindruck, als ob man frisch vom Baum gepflückte Orangen gegessen hätte.

Dabei sind Aromastoffe nichts Neues. Kaum ein Rezept der Großmutter, das nicht natürliche Aromastoffe vorschreibt: Liebstöckel als Suppenwürze und Vanilleschoten für den Pudding. Brataroma braucht man nicht, es entsteht wie viele andere Geschmacksstoffe beim Braten von selbst.

Herstellung. Nach Gewinnung oder Herstellungsverfahren unterscheidet man zwischen natürlichen, naturidentischen und künstlichen Aromastoffen. *Natürliche Aromastoffe* werden aus Früchten, Kräutern und anderen Naturprodukten gewonnen. Destillation und Extraktion sind besonders geeignete Trennverfahren, bei denen sich der Aromastoff selbst nicht verändert. *Naturidentische Aromastoffe* haben die gleiche Molekülstruktur wie die natürlichen Verbindungen, werden aber synthetisch hergestellt. *Künstliche Aromastoffe* finden sich in der Natur nicht. Sie werden synthetisch hergestellt und müssen als *Lebensmittelzusatzstoff* besonders zugelassen werden.

Aromastoffe sind auch eine Frage des Preises. So kosten Vanilleschoten viel Geld, und extrahiertes, natürliches Vanillin ist entsprechend teuer. Synthetisch hergestelltes naturidentisches Vanillin ist erheblich billiger, am preisgünstigsten jedoch ist der künstliche Aromastoff Ethylvanillin.

Geruchssinn. Auch für Aromastoffe gilt: Die Molekülstruktur bestimmt die Eigenschaft. Ein Stoff wird erst dann an seiner bestimmten Duftnote erkannt, wenn sich seine Moleküle nach dem *Schlüssel-Schloß-Prinzip* an genau dazu passende Rezeptoren anlagern. Die gut zehn Millionen Rezeptoren liegen auf den Riechhärchen von Nervenzellen in der oberen Nasenschleimhaut.

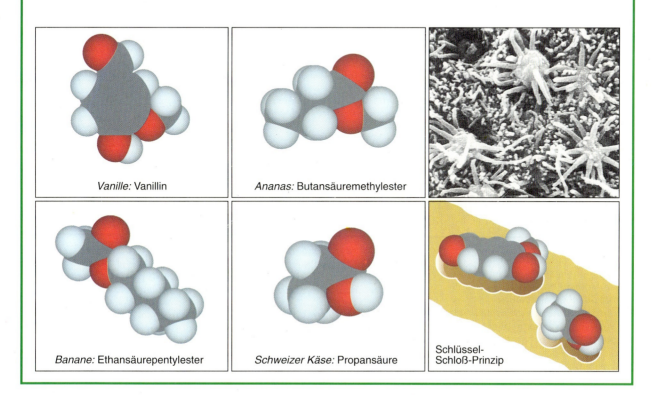

Vanille: Vanillin

Ananas: Butansäuremethylester

Banane: Ethansäurepentylester

Schweizer Käse: Propansäure

Schlüssel-Schloß-Prinzip

19.10 Aufgaben · Versuche · Probleme

Aufgabe 1: Ein primäres, ein sekundäres und ein tertiäres Pentanol sollen oxidiert werden.
Nenne geeignete Oxidationsmittel und formuliere die Reaktionsgleichungen. Gib Oxidationszahlen an.

Aufgabe 2: Zeichne die Strukturformeln aller Aldehyde und Ketone der Molekülformel C_4H_8O.
a) Benenne die Verbindungen mit ihren systematischen Namen.
b) Gib Möglichkeiten an, wie sich die Stoffe herstellen lassen.
c) Vergleiche ihre Eigenschaften und Reaktionen.

Aufgabe 3: Stelle mit Hilfe von Oxidationszahlen Reaktionsgleichungen für folgende Reaktionen auf:
a) Aldehyd-Nachweis nach FEHLING für Acetaldehyd,
b) Aldehyd-Nachweis nach TOLLENS für Formaldehyd,
c) Oxidation von 1-Propanol zu Propanal mit Kupfer(II)-oxid,
d) Oxidation von 1-Propanol zu Propansäure mit Kaliumpermanganat in saurer Lösung. Bei dieser Reaktion wird Kaliumpermanganat ($KMnO_4$) zu Braunstein (MnO_2) reduziert.

Aufgabe 4: Kaffeemaschinen, Heißwassergeräte und Armaturen können mit Essig oder Essigreinigern entkalkt werden. Dabei lösen sich die Kalkflecke unter Aufschäumen. Formuliere die Reaktionsgleichung.

Aufgabe 5: Formuliere die Reaktionsgleichungen folgender Reaktionen und benenne die Produkte.
a) Methansäure reagiert mit Methanol.
b) Propansäuremethylester reagiert mit Natronlauge.
c) Butansäure reagiert mit Kaliumhydroxid-Lösung.

Aufgabe 6: Ein Molekül Glycerin reagiert mit einem Molekül Laurinsäure, einem Molekül Palmitinsäure und einem Molekül Stearinsäure.
a) Formuliere die Reaktionsgleichung.
b) Wie ließe sich das gebildete Fett wieder in die Ausgangsstoffe zerlegen?
c) Welcher Unterschied besteht zwischen Fetten und Wachsen?

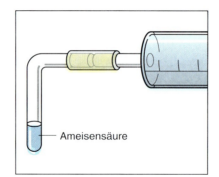
Ameisensäure

Versuch 1: **Doppelmoleküle der Ameisensäure**
Erwärme einen Kolbenprober (100 ml) im Trockenschrank auf 130°C. Pipettiere genau 0,2 ml Ameisensäure (C) in ein 3 cm langes, gewinkeltes und einseitig zugeschmolzenes Glasröhrchen. Schließe das Glasröhrchen mit einem Stück Siliconschlauch an den Kolbenprober an und lege beides so in den Trockenschrank, daß die Flüssigkeit im Glasröhrchen bleibt. Bestimme nach 15 Minuten das Gasvolumen bei einer Temperatur von 130°C im Trockenschrank.
a) Berechne die Stoffmenge n des gebildeten Gases. ($V_m(130°C) = 33\,\frac{l}{mol}$)
b) Berechne die Masse m der verdampften Ameisensäure ($\varrho = 1{,}22\,\frac{g}{ml}$)
c) Berechne die molare Masse M des gebildeten Gases.
d) Vergleiche die ermittelte molare Masse mit der molaren Masse von Ameisensäure und erkläre das Ergebnis.
e) Ameisensäure löst sich sowohl in Wasser als auch in Benzin. Erkläre diesen Sachverhalt. Welche Teilchen liegen in den Lösungen jeweils vor?

Versuch 2: **Rostlösen mit Kleesalz**
Gib zu einer Eisen(III)-chlorid-Lösung (Xn) etwas Ammoniakwasser (C). Nachdem sich der Niederschlag abgesetzt hat, wird die überstehende Flüssigkeit abdekantiert. Gib nun zum Niederschlag eine heiße Lösung von 1 g Kleesalz (Kaliumhydrogenoxalat) (Xn) in 5 ml Wasser.
Hinweis: Es bildet sich eine lösliche Eisenoxalat-Verbindung. Kleesalz dient als Hausmittel gegen Blut- und Rostflecken in der Wäsche. *Vorsicht! Kleesalz ist gesundheitsschädlich!*

Problem 1: Die verschiedenen Kohlenstoff-Atome in den unterschiedlichen Verbindungen haben Oxidationszahlen von −IV bis IV.
a) Begründe, warum es keine kleineren Oxidationszahlen als −IV und keine größeren Oxidationszahlen als IV gibt.
b) Gib für jede Oxidationszahl ein Beispiel.
c) Warum ist beim Kohlenstoff-Atom die Oxidationszahl Null nicht auf den Elementzustand beschränkt?

Problem 2: Ameisensäure nimmt in der homologen Reihe der Alkansäuren eine Sonderstellung ein.
a) In welchen Eigenschaften und Reaktionen unterscheidet sich die Ameisensäure von den übrigen Alkansäuren?
b) Zeige, daß Ameisensäure andere funktionelle Gruppen besitzt als die übrigen Alkansäuren.
c) Beweise die Sonderstellung der Ameisensäure auch durch Angabe der Oxidationszahlen des C-Atoms der funktionellen Gruppen.
d) Formuliere die Reaktionsgleichung der Reaktion von Ameisensäure mit Kupfer(II)-oxid.

Problem 3: In einem Reaktionskolben wird ein Gemisch aus 1-Propanol, Propansäure und konzentrierter Schwefelsäure langsam auf etwa 200°C erhitzt. Dabei entstehen bei verschiedenen Temperaturen bevorzugt unterschiedliche Reaktionsprodukte.
a) Gib Namen und Strukturformeln der möglichen Produkte an.
b) Formuliere die entsprechenden Reaktionsgleichungen.
c) Welche Probleme ergeben sich, wenn bei industriellen Großsynthesen solche Konkurrenzreaktionen ablaufen?

Problem 4: Bei der Detonation von Nitroglycerin (Trisalpetersäureglycerinester) entsteht Kohlenstoffdioxid, Wasserdampf, Stickstoff und Sauerstoff.
a) Formuliere die Reaktionsgleichung.
b) Warum kann Nitroglycerin auch unter Wasser verwendet werden?

Aldehyde – Ketone – Carbonsäuren – Ester

1. Molekülmodelle der wichtigsten Vertreter

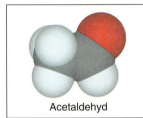
Acetaldehyd

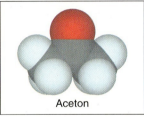
Aceton

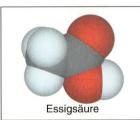
Essigsäure

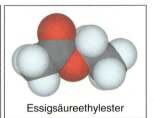
Essigsäureethylester

2. Strukturformeln mit funktionellen Gruppen

Aldehyd-Gruppe

Keto-Gruppe

Carboxyl-Gruppe

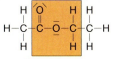
Ester-Gruppe

3. Nomenklatur

Name der Kohlenwasserstoff-Kette + Endung			Säure + Alkyl-Rest des Alkohols + **ester**
-al	-on	-säure	
Ethanal	Propanon	Ethansäure	Ethansäureethylester

4. Eigenschaften der Aldehyde und der Ketone

a) Schmelztemperaturen und Siedetemperaturen
Aldehyde und Ketone schmelzen und sieden höher als vergleichbare Alkane, aber deutlich niedriger als Alkohole ähnlicher Molekülgröße.
Ursache: Zwischen den polaren Carbonyl-Gruppen herrschen stärkere zwischenmolekulare Bindungen, es können sich jedoch keine Wasserstoffbrückenbindungen zwischen den Molekülen ausbilden.

b) Löslichkeit/Mischbarkeit
Die kurzkettigen Vertreter der homologen Reihen sind mit Wasser mischbar, die langkettigen mischen sich mit Benzin.
Ursache: Mit Wasser-Molekülen können sich Wasserstoffbrückenbindungen ausbilden. Bei langkettigen Verbindungen sind die unpolaren Kohlenwasserstoff-Reste jedoch so groß, daß die VAN-DER-WAALS-Bindungen überwiegen.

c) Redoxreaktionen
Aldehyde wirken reduzierend, Ketone dagegen nicht.
Ursache: Im Gegensatz zur Aldehyd-Gruppe enthält die Keto-Gruppe keinen Wasserstoff. Aldehyde lassen sich deshalb zu Carbonsäuren oxidieren.

Auf ihrer Reduktionswirkung beruhen typische Reaktionen der Aldehyde wie die **FEHLING-Probe** und die **Silberspiegel-Probe**.

5. Eigenschaften der Carbonsäuren und der Ester

a) Schmelztemperaturen und Siedetemperaturen
Carbonsäuren haben hohe Schmelz- und Siedetemperaturen, Ester haben niedrigere Schmelz- und Siedetemperaturen als Alkohole und Carbonsäuren.
Ursache: Zwischen den Carboxyl-Gruppen zweier Carbonsäure-Moleküle bilden sich Wasserstoffbrückenbindungen aus, so daß Doppelmoleküle entstehen.
Ester sind insgesamt kaum polar. Untereinander können sie keine Wasserstoffbrücken ausbilden.

b) Saure Reaktion
Carbonsäuren geben das Wasserstoff-Atom ihrer Carboxyl-Gruppe als Proton ab und zeigen somit das typische Verhalten von Säuren. Mit Laugen reagieren sie zu Salzen.

$$R-COOH + H_2O \longrightarrow R-COO^- + H_3O^+$$
$$R-COOH + NaOH \longrightarrow R-COO^-Na^+ + H_2O$$

Ursache: Das Wasserstoff-Atom der O–H-Bindung der Carboxyl-Gruppe ist positiviert und wird leicht als Proton abgegeben.

c) Veresterung und Esterspaltung
Ester entstehen bei der Reaktion von Säuren mit Alkoholen unter Abspaltung von Wasser.

$$R_1-COOH + HO-R_2 \underset{\text{Hydrolyse}}{\overset{\text{Kondensation}}{\rightleftarrows}} R_1-COO-R_2 + H_2O$$

20 Chemie im Badezimmer

Viele unter uns klagen lautstark über zuviel Chemie in der Umwelt. Doch ohne langes Zögern greifen wir selbst jeden Tag tief in die chemische Trickkiste ... zum Beispiel bei der Körperpflege im Badezimmer.

Tenside zaubern luftige Schaumberge in die Badewanne. Sie holen den Schmutz von Haut und Haaren und machen die Wäsche sauber.

Mischungen aus Ölen und Wasser in Hautcremes und Sonnenmilch pflegen und schützen unsere Haut. Aber erst Emulgatoren machen so gegensätzliche Stoffe wie Wasser und Fett zu verträglichen Partnern.

Auch Düfte beeinflussen unser Leben. Rasierwasser und Parfüm enthalten Duftstoffe, die Chemiker mit großem Aufwand aus Naturstoffen isolieren oder künstlich im Labor herstellen.

1991 wurden in Deutschland etwa 14 Milliarden DM für Körperpflegemittel ausgegeben. Pro Einwohner waren das durchschnittlich 175 DM. Für Seifen, Waschmittel und Reinigungsmittel kamen noch einmal 60 DM pro Person hinzu.

20.1 Was ist Seife?

Aufgrund einer alten Keilschrifttafel weiß man, daß die Sumerer vor 5000 Jahren Seife aus Pflanzenöl und Holzasche herstellten. Sie verwendeten die Seife als Reinigungsmittel und für medizinische Zwecke.

Heute ist Kokosöl neben Rindertalg die wichtigste Rohstoffbasis für Seife. Das Öl wird aus dem Fruchtfleisch der Kokosnuß gepreßt. Eine Kokosnuß liefert Öl für etwa vier Stück Seife. Den Rindertalg gewinnt man aus dem Fettgewebe geschlachteter Rinder.

Seife aus Fett. Rindertalg und Kokosöl gehören zur Stoffklasse der Fette. Dies sind Verbindungen aus Glycerin und verschiedenen Fettsäuren wie Palmitinsäure, Stearinsäure oder Ölsäure. Im wichtigsten Schritt der Seifenherstellung, beim **Seifensieden**, werden Fette mit Natronlauge oder Kalilauge gekocht. Dabei werden die Fette gespalten, und es entstehen Glycerin und Seife.

Fett + Lauge ⟶ Glycerin + Seife

Diese Reaktion wird als **Verseifung** bezeichnet. Verwendet man Natronlauge zur Verseifung, so entsteht feste *Kernseife*, mit Kalilauge bildet sich weiche *Schmierseife*.

Seifen sind die Natriumsalze oder Kaliumsalze von Fettsäuren.

1. Rohstoffe und Produkte der Seifenproduktion

Aufgabe 1: Gib jeweils eine Strukturformel für eine Fettsäure, ein Fett und eine Seife an. Beschreibe die Strukturen und vergleiche sie miteinander.

Aufgabe 2: Beschreibe die wesentlichen Vorgänge, die bei der Seifenherstellung ablaufen.

Aufgabe 3: Läßt sich aus Mineralölen auf gleiche Weise Seife herstellen wie aus Kokosöl? Begründe deine Antwort.

THEORIE

Die Verseifungsreaktion

Bei einer Verseifungsreaktion werden Fette mit Hilfe von Laugen gespalten. Man spricht daher von **alkalischer Verseifung**. Mit Natronlauge entstehen Glycerin und die Natriumsalze der verschiedenen Fettsäuren.

Die Namen der Salze ergeben sich aus den zugehörigen Fettsäuren. So ist Natrium*palmitat* das Natriumsalz der *Palmitinsäure*.

Werden Fette mit heißem Wasserdampf gespalten, so entstehen neben Glycerin die freien Fettsäuren. Eine solche Molekülspaltung durch Reaktion mit Wasser nennt man **Hydrolyse**.

Aufgabe 1: Formuliere die Hydrolyse des dargestellten Fettes als Reaktionsschema und als Reaktionsgleichung. Vergleiche die Hydrolyse und die Bildung des Fettes.

$$\begin{array}{c}\text{H} \\ \text{H–C–O–CO–C}_{15}\text{H}_{31} \\ \text{H–C–O–CO–C}_{17}\text{H}_{35} \\ \text{H–C–O–CO–C}_{17}\text{H}_{33} \\ \text{H}\end{array} + \text{Na}^+(aq) + \text{OH}^-(aq) \longrightarrow \begin{array}{c}\text{H} \\ \text{H–C–OH} \\ \text{H–C–OH} \\ \text{H–C–OH} \\ \text{H}\end{array} + \begin{array}{l}\text{Na}^+ \;{}^-\text{O–CO–C}_{15}\text{H}_{31} \quad \text{Natriumpalminat} \\ \text{Na}^+ \;{}^-\text{O–CO–C}_{17}\text{H}_{35} \quad \text{Natriumstearat} \\ \text{Na}^+ \;{}^-\text{O–CO–C}_{17}\text{H}_{33} \quad \text{Natriumoleat}\end{array}$$

Fett + Natronlauge ⟶ Glycerin + Seife

20.2 Wie wäscht Seife?

1. Wasser hat eine Haut

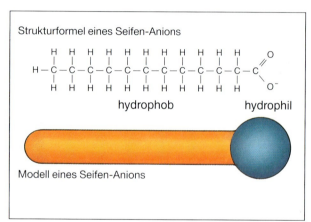

2. Bau des Seifen-Anions

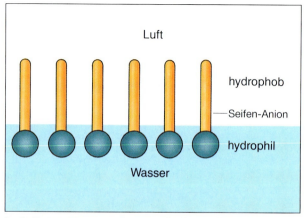

3. Seifen-Anionen an der Oberfläche von Wasser

Wasserläufer sinken auf dem Wasser nicht ein, die Wasseroberfläche verhält sich wie eine Haut. Man sagt: Wasser hat eine hohe *Oberflächenspannung*. Sie entsteht dadurch, daß die Anziehungskräfte zwischen den Wasser-Molekülen an der Wasseroberfläche besonders groß sind. Seife zerstört die Haut des Wassers, die Oberflächenspannung einer Seifenlösung ist geringer als die des reinen Wassers. Wasserläufer sinken daher in Seifenlösung ein. Diese Eigenschaft der Seifenlösung hängt mit dem besonderen Aufbau der Seife zusammen.

Bau der Seifen-Anionen. Seifenlösung enthält neben positiv geladenen Natrium-Ionen noch negativ geladene *Seifen-Anionen*. Die Seifen-Anionen sind Säurereste, sie bilden sich aus Fettsäure-Molekülen. Ein Seifen-Anion besteht aus einer langen Kohlenwasserstoff-Kette mit 10 bis 20 Kohlenstoff-Atomen und einer negativ geladenen Carboxylat-Gruppe (COO^--Gruppe). Die Kohlenwasserstoff-Kette ist *unpolar*. Sie wirkt wasserabstoßend, sie ist **hydrophob**. Die negativ geladene Carboxylat-Gruppe ist stark *polar*. Sie bildet mit Wasser-Molekülen Wasserstoffbrückenbindungen aus. Sie wirkt wasseranziehend, sie ist **hydrophil**. Seifen-Anionen vereinigen also in sich zwei gegensätzliche Eigenschaften.

Verringerung der Oberflächenspannung. Gibt man einen Tropfen Seifenlösung in Wasser, so breiten sich die Seifen-Anionen zunächst zu einer dünnen Schicht an der Wasseroberfläche aus. Dabei schieben sich die hydrophilen Enden zwischen die Wasser-Moleküle, die hydrophoben Kohlenwasserstoff-Ketten ragen aus dem Wasser heraus. Die Anziehungskräfte zwischen den Kohlenwasserstoff-Ketten der Seifen-Anionen sind aber erheblich geringer als die Anziehungskräfte zwischen Wasser-Molekülen. Die Oberflächenspannung wird somit deutlich verringert, das Wasser ist *entspannt*.

Bildung von Micellen. Wenn mehr Seife in das Wasser gelangt, lagern sich die Seifen-Anionen in der Lösung zu Kugeln zusammen. Dabei zeigen die hydrophoben Kohlenwasserstoff-Ketten in das Innere der Kugeln. Die hydrophilen Gruppen sind den Wasser-Molekülen der Lösung zugekehrt. Solche Kugeln aus Seifen-Anionen nennt man *Micellen*. Sie bewirken, daß eine Seifenlösung nicht völlig durchsichtig, sondern trübe ist.

Benetzung. Reines Wasser perlt von Gewebe ab. Nach Zugabe von Seife ist die Oberflächenspannung geringer, und das Wasser kann leicht in die Poren des Gewebes eindringen. Es überzieht die Fasern als eine dünne Schicht, das Gewebe wird *benetzt*.

Waschvorgang. Beim Wäschewaschen muß fetthaltiger Schmutz von der Faser abgelöst werden. Der Schmutz ist wasserabstoßend, aber die hydrophoben Kohlenwasserstoff-Ketten der Seifen-Anionen können in seine Oberfläche eindringen. Die hydrophilen Enden sind dem Wasser zugewandt. Da sich die negativ geladenen Enden der Seifen-Anionen untereinander abstoßen, wird das Fett allmählich zu Tropfen zusammengeschoben, die von Seifen-Anionen umgeben sind. Weitere Seifen-Anionen lagern sich an die Faseroberfläche an, wobei die hydrophilen Enden ebenfalls in Richtung Wasser zeigen. Da sowohl die Faser als auch die Fetttröpfchen durch Seifen-Anionen negativ aufgeladen sind, löst sich der Schmutz von der Faser ab, und das Gewebe wird sauber. Der abgelöste, ölige Schmutz wird durch die Bewegung der Waschflüssigkeit in kleinste Tröpfchen zerteilt. Da diese Tröpfchen durch die Hülle aus Seifen-Anionen nach außen negativ geladen sind, stoßen sie sich auch untereinander ab. Sie bilden mit Wasser eine haltbare *Emulsion*.

Die Waschwirkung der Seife beruht also vor allem auf zwei Vorgängen:
Zum einen wird die Oberflächenspannung des Wassers verringert und das Gewebe wird benetzt. Zum anderen wird der Schmutz abgelöst, in kleinste Tröpfchen zerteilt und in der Schwebe gehalten.

Bei höherer Waschtemperatur und durch Bewegung des Waschguts während des Waschvorgangs löst sich der Schmutz leichter ab.

Stoffe, die wie Seife eine oberflächenentspannende und emulgierende Wirkung besitzen, nennt man Tenside. Man bezeichnet sie auch als waschaktive oder grenzflächenaktive Substanzen.

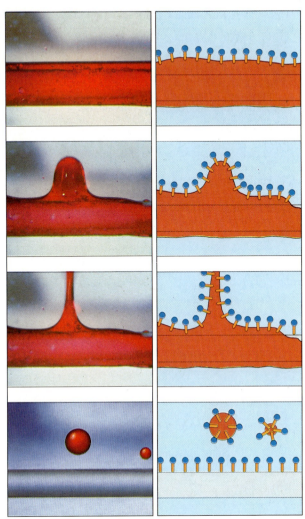

2. Der Waschvorgang im Foto und im Modell

1. Nach Zusatz von Seife benetzt das Wasser die Fasern

Versuch 1: Fette eine Glasplatte ein und gib dann aus einer Pipette vorsichtig tropfenweise Wasser auf die Platte. Tropfe anschließend etwas Spülmittel auf die Platte. Beschreibe und deute deine Beobachtungen.

Aufgabe 1: Fahrradreparaturen enden oft mit ölverschmierten Händen. Mit normaler Seife läßt sich dieser Schmutz nur schlecht entfernen. Deshalb gibt es Spezialwaschpasten, die neben Scheuermitteln auch weiche, schmierige Seifen enthalten.
Warum ist die Reinigung mit Schmierseife erfolgreicher als die mit reinem Wasser oder mit Kernseife? Beschreibe den Vorgang der Schmutzentfernung.

Aufgabe 2: Warum läßt sich Schmutz bei höherer Waschtemperatur und durch Bewegen des Gewebes leichter ablösen?

Seife und Seifenlösungen

Versuch 1: Herstellung von Seife

Materialien: Reagenzglas, Erlenmeyerkolben (200 ml), Becherglas (200 ml), Meßzylinder, Waage, Glasstab, Gasbrenner, Dreifuß mit Drahtnetz;
Kokosfett, Natronlauge (25 %) (C), Ethanol (F), Kochsalz.

Durchführung:
1. Gib 10 g Fett in den Erlenmeyerkolben, füge 5 ml Wasser hinzu und schmelze das Fett über kleiner Flamme.
2. Füge unter Umrühren vorsichtig 10 ml Natronlauge und 5 ml Ethanol hinzu und halte das Gemisch etwa 30 Minuten am Sieden. Ersetze nach und nach das verdampfende Wasser.
3. Nimm eine Probe des entstandenen Seifenleims mit der Spitze des Glasstabs und rühre sie in ein halb mit Wasser gefülltes Reagenzglas. Das Seifensieden ist beendet, wenn im Reagenzglas keine Fetttröpfchen mehr zu beobachten sind.
4. Gieße den Seifenleim in ein Becherglas, das zur Hälfte mit gesättigter Kochsalzlösung gefüllt ist. Schöpfe nach einiger Zeit die oben schwimmende Seife ab.
5. Prüfe, ob eine Probe der Seife beim Schütteln mit warmem Wasser einen haltbaren Schaum bildet.

Aufgabe: Beschreibe deine Beobachtungen.

Hinweis: Die Versuche 2 bis 5 eignen sich als *experimentelle Hausaufgaben*.

Versuch 2: Seife entspannt das Wasser

Materialien: Glasschale, Reißnägel; Seife.

Durchführung:
1. Fülle die Glasschale mit Wasser.
2. Lege die Reißnägel nacheinander mit dem Kopf nach unten auf die Wasseroberfläche.
3. Tauche ein Stück Seife in das Wasser.

Aufgabe: Notiere und deute deine Beobachtungen.

Aufgabe 1: Begründe folgende Vorgänge:
a) Auf einer mit Pfeffer bestreuten Wasseroberfläche wird der Pfeffer verdrängt, sobald man ein Stück Seife ins Wasser hält.
b) Aus einer enghalsigen Flasche läuft Wasser nicht aus, wenn man die Flasche umdreht. Mit Seifenlösung gelingt der Versuch nicht.
c) In Wasser aufgeschwemmte Aktivkohle läßt sich abfiltrieren. Nach Zugabe von Spülmittel läuft die Aktivkohle jedoch durch den Filter.

Boot mit Seifenantrieb

Versuch 3: Seifenantrieb

Materialien: dünne Styroporscheibe (oder Pappe), Glasschale mit größerem Durchmesser; Spülmittel.

Durchführung:
1. Schneide dir ein Boot aus, wie es das Foto zeigt.
2. Fülle die Schale mit Wasser und lege dein Boot auf die Wasseroberfläche.
3. Gib einen Tropfen Spülmittel in den runden Ausschnitt des Boots.

Aufgaben:
a) Notiere deine Beobachtungen.
b) Wodurch wird das Boot angetrieben?

Versuch 4: Öl wird fein verteilt

Materialien: Marmeladenglas mit Deckel; Speiseöl, Spülmittel.

Durchführung:
1. Fülle das Marmeladenglas zu einem Drittel mit Wasser und gieße wenig Speiseöl hinzu.
2. Lasse das Glas eine Weile stehen und beobachte die Trennfläche.
3. Verschließe das Glas und schüttle es kräftig durch. Beobachte einige Minuten lang.
4. Wiederhole den Versuch mit Wasser, dem etwas Spülmittel zugesetzt wurde.

Aufgaben:
a) Notiere deine Beobachtungen.
b) Nenne vergleichbare Beobachtungen aus dem Alltag.
c) Erkläre deine Beobachtungen.
d) Bei der Herstellung von Mayonnaise werden Öl und Essig mit Eigelb geschlagen. Welche Funktion haben vermutlich Inhaltsstoffe des Eigelbs?

Seife und Seifenlösungen

Versuch 5: Seifenblasen

Materialien: flache Schale, Schweißdraht (1 m), Schnürsenkel (90 cm), großes Glas, Trinkhalm; Spülmittel, Glycerin, Wasser.

Durchführung:
1. Überziehe den Draht mit dem Schnürsenkel. Biege den Draht so, daß ein Ring mit einem Durchmesser von etwa 15 cm entsteht.
2. Stelle eine Seifenlösung aus einem Teil Spülmittel, drei Teilen Wasser und drei Teilen Glycerin her. Fülle das Gemisch in die flache Schale.
3. Tauche den Ring vollständig in die Seifenlösung, und ziehe ihn vorsichtig seitwärts heraus. Bewege den Ring langsam senkrecht zu seiner Fläche hin und her. Drehe den Ring in Richtung der Bewegung und ziehe ihn weg, damit sich die Blase schließt und ablöst.
4. *Ping-Pong mit Seifenblasen:* Tauche den Ring in die Seifenlösung, und bespanne ihn mit einer Seifenhaut. Mache kleine Seifenblasen, indem du mit dem Trinkhalm Seifenlösung vorsichtig in die Luft pustest. Versuche, die kleinen Seifenblasen mit dem „Seifenblasenschläger" in der Luft zu halten.

Hinweis: Große Seifenblasen sollte man nicht in Innenräumen erzeugen, da die Flüssigkeit auf dem Boden einen glitschigen Film hinterläßt.

Physikalisches zu Seifenblasen: Seifenblasen sind Luftballons mit einer Haut aus Seifenlösung. Die Haut hat zwei Grenzflächen zur Luft, eine äußere und eine innere Oberfläche. Die Dicke der Haut beträgt etwa $\frac{1}{1000}$ mm. Eine Blase mit 5 cm Durchmesser wiegt nur ungefähr 8 mg. Im Inneren der Blase herrscht ein Überdruck von 2 Pa. Er verhindert, daß die Seifenblase in sich zusammenfällt.

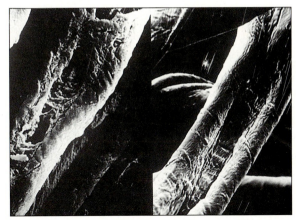

Ablagerungen von Kalkseife schädigen das Gewebe

Versuch 6: Nachteile von Seifen

Materialien: Reagenzgläser, Stopfen; Seife, Universalindikator-Papier, destilliertes Wasser, Leitungswasser, Kalkwasser, Essigsäure (5%).

Durchführung:
1. Bestimme den pH-Wert von Seifenlösung.
2. Gib im Reagenzglas zu destilliertem Wasser, Leitungswasser, Kalkwasser oder Essigsäure jeweils gleiche Mengen Seifenlösung.
3. Schüttle die Reagenzgläser und beobachte die Schaumbildung.

Aufgaben:
a) Notiere deine Beobachtungen.
b) Welchen pH-Wert hat Seifenlösung? Schließe aus dem pH-Wert, ob Seifenlösung den elektrischen Strom leitet.
c) Erkläre die unterschiedliche Schaumbildung und formuliere die Reaktionsgleichungen für die ablaufenden chemischen Reaktionen.

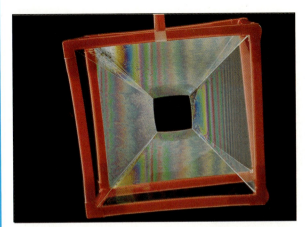

Seifenhäute zwischen festen Kanten bilden immer Strukturen mit möglichst kleiner Oberfläche

Aufgabe 1: Hände, die durch Essig oder Kreide verschmutzt sind, lassen sich schwer mit Seife waschen. Erkläre diese Beobachtung.

Aufgabe 2: a) Informiere dich mit Hilfe des Lehrbuchs über die Entstehung der Wasserhärte.
b) Wie könnte man mit Seifenlösung den Grad der Wasserhärte bestimmen?

Aufgabe 3: Reines Wasser steigt in einer Kapillare höher als Seifenlösung. Erkläre diese Erscheinung.

20.3 Waschen – fast ohne Seife!

Immer, wenn sich bei Familie Müller jemand die Hände mit Seife wäscht, bleibt im Waschbecken ein häßlicher, grauer Belag zurück. Woran liegt das?

Nachteile der Seife. Die Müllers wohnen in einem Gebiet mit hartem Trinkwasser. In hartem Wasser sind verhältnismäßig viele Calcium-Ionen gelöst. Die Calcium-Ionen verbinden sich mit Seifen-Anionen zu schwer löslicher *Kalkseife*. Diese verursacht den unschönen Belag im Waschbecken.

$$Ca^{2+} + 2\,C_{17}H_{35}COO^- \longrightarrow Ca(C_{17}H_{35}COO)_2$$

Calcium-Ionen + Seifen-Anionen ⟶ Kalkseife

Weil die Seifen-Anionen in hartem Wasser zu unlöslicher Kalkseife gebunden werden, schäumt die Seife weniger. Außerdem ist dadurch der Seifenverbrauch höher, denn nur gelöste Seifen-Anionen sind waschaktiv.
Beim Wäschewaschen mit Seife setzt sich die Kalkseife als grauer Belag auf der Faser ab.

Schlimm wirkt sich Seife auf empfindliche Fasern wie Wolle oder Seide aus. Seifenlösung reagiert *alkalisch*, ihr pH-Wert liegt bei 9. Dadurch wird die Faserstruktur angegriffen: Wollstrümpfe schrumpfen und verfilzen, Seide knittert.

Der pH-Wert unserer Haut liegt im schwach sauren Bereich bei pH 5,6. Das saure Milieu der Hautoberfläche verhindert, daß sich Bakterien zu stark vermehren. Die alkalische Seifenlösung zerstört diesen Säureschutzmantel der Haut. Nach dem Waschen mit Seife stellt sich der normale pH-Wert der Hautoberfläche erst nach einiger Zeit wieder ein.

Synthetische Tenside. Moderne Waschmittel enthalten Seife nur noch in geringer Menge. Manchmal fehlt sie sogar ganz. Wenn Seife Waschmitteln zugesetzt wird, geht es nicht um ihre Waschwirkung, sondern sie dient als Schaumregulator. Die ursprüngliche Funktion der Seife haben andere Stoffe übernommen: die *synthetischen Tenside*.

Die ersten synthetischen Tenside wurden nach dem 1. Weltkrieg entwickelt. Einerseits waren Fette knapp, andererseits suchte man nach waschaktiven Substanzen, bei denen die Nachteile der Seifen nicht auftreten. 1928 kam das erste aus Erdölprodukten gewonnene Tensid auf den Markt. Heute geht man bei der Herstellung von natürlichen Fetten aus. Fette sind auf dem Weltmarkt in genügender Menge vorhanden, es sind nachwachsende Rohstoffe.

Zu den wichtigsten synthetischen Tensiden gehören die Fettalkoholsulfate, kurz **Alkylsulfate**. Es handelt sich um Natrium-Salze, und ihre Anionen sehen auf den ersten Blick aus wie Seifen-Anionen:

$$H_3C-CH_2-CH_2-CH_2-CH_2-CH_2-CH_2-CH_2-CH_2-CH_2-CH_2-CH_2-O-SO_3^-$$

Die Anionen bestehen ebenfalls aus einer langen, hydrophoben Kohlenwasserstoff-Kette und einer negativ geladenen, hydrophilen Gruppe. Allerdings ist die negativ geladene Gruppe eine SO_4^--Gruppe. Dieser kleine Unterschied bewirkt, daß Alkylsulfate in hartem Wasser keinen Niederschlag bilden. Sie schäumen daher auch in hartem Wasser. Anders als Seifen reagieren sie außerdem pH-neutral.

EXKURS

Der OECD-Tensid-Test

Tenside werden beim Waschen nicht verbraucht. Sie gelangen mit dem Abwasser über Kläranlagen in die Gewässer. In höheren Konzentrationen wirken sie giftig auf Fische und andere Wasserorganismen.

Der Gesetzgeber fordert daher, daß sich Tenside in Kläranlagen und Gewässern biologisch abbauen lassen. Bevor sie verkauft werden dürfen, müssen sie deshalb in Tests ihre *Umweltverträglichkeit* beweisen. Der bekannteste Test zur Beurteilung der biologischen Abbaubarkeit ist der

Simulation eines Flußlaufs

OECD-Test (OECD: Organisation für wirtschaftliche Zusammenarbeit und Entwicklung). Bei diesem Test wird eine Tensid-Lösung mit Abwasserbakterien versetzt. Nach 19 Tagen müssen die Tenside zu 80% abgebaut sein. Die Abbauprodukte dürfen dann nicht mehr oberflächenentspannend wirken.

Wird diese Forderung nicht erfüllt, entscheidet ein zweiter Test über die Zulassung. Dabei wird der Tensidabbau unter Kläranlagenbedingungen simuliert.

20.4 Die Chemie moderner Waschmittel

Wäschewaschen ist ein sehr komplexer chemischer Vorgang. Eine Vielzahl von Stoffen wie Staub, Schmieröl, Blut, Rotwein und Kakao können als Verschmutzung auf den verschiedensten Textilfasern vorhanden sein. Es gibt daher Waschmittel ganz unterschiedlicher Zusammensetzung. Die Verbraucher können zwischen Feinwaschmitteln und Vollwaschmitteln und zwischen festen und flüssigen Waschmitteln wählen. Angeboten werden auch Waschmittelkonzentrate sowie Spezialwaschmittel für Gardinen, für Wolle und für Seide.

Die wichtigsten Inhaltsstoffe von Waschmitteln sind *Tenside, Wasserenthärter, Bleichmittel, Enzyme, optische Aufheller* und *Parfümöle.*

Flüssigwaschmittel enthalten als waschaktive Substanz bis zu 40% **Tenside**. In festen Waschmitteln beträgt der Tensidanteil etwa 20%.

Als **Wasserenthärter** werden heute überwiegend *Zeolithe* eingesetzt. Es handelt sich dabei um Silicate, die die Calcium-Ionen des harten Wassers gegen Natrium-Ionen austauschen. Somit werden Kalkablagerungen in der Waschmaschine und auf dem Gewebe verhindert.

Gegen hartnäckige Obst- und Rotweinflecken wirken **Bleichmittel** wie *Natriumperborat* oder *Natriumpercarbonat*. Sie zerstören Farbstoffe durch Oxidation.

Damit sich eiweißhaltige Flecken wie Blut oder Kakao leicht entfernen lassen, enthalten viele Waschmittel **Enzyme**. Diese Biokatalysatoren zerlegen die großen Eiweiß-Moleküle in kleinere, lösliche Bruchstücke. Enzyme wirken höchstens bis 60 °C, bei höheren Temperaturen werden sie zerstört.

Optische Aufheller sind farblose Verbindungen, die unsichtbares UV-Licht in sichtbares, blaues Licht umwandeln. Nach dem Waschen ist der optische Aufheller auf der Faser fein verteilt. Weiße Wäsche sieht ohne optische Aufheller leicht gelblich aus. Der Gelbstich der Wäsche ergibt zusammen mit dem Farbeindruck des optischen Aufhellers ein strahlendes Weiß.

Celluloseähnliche Stoffe halten den Schmutz, den die Tenside von der Faser abgelöst haben, in fein verteilter Form in der Waschlauge in der Schwebe. Sie verhindern so, daß die Wäsche durch Ablagerungen grau aussieht.

Silicate schützen die Waschmaschine gegen Korrosion. Sie sorgen dafür, daß das Metall der Waschmaschine nicht durch die Waschlauge angegriffen wird.

Duftstoffe und Parfümöle überdecken unerfreuliche Laugengerüche. Sie sollen der fertigen Wäsche einen frischen Duft geben.

Feste Waschmittel enthalten neben den Stoffen für den Waschvorgang noch bis zu 30% Natriumsulfat. Als **Stellmittel** soll es die Rieselfähigkeit des Waschpulvers verbessern. Die Waschwirkung wird dadurch nicht beeinflußt. Waschmittelkonzentrate kommen meist ohne Stellmittel aus.

Vollwaschmittel enthalten in der Regel alle der genannten Stoffe. Sie sollten nur für Weißwäsche und stark verschmutzte Buntwäsche verwendet werden.

Feinwaschmittel sind meist frei von Bleichmitteln und optischen Aufhellern. Deshalb eignen sie sich besonders gut für Buntwäsche. Die Fasern werden von ihnen weniger stark angegriffen.

1. Tinte wird von Bleichmitteln zerstört und von Waschmitteln ausgewaschen

2. Mit optischen Aufhellern behandeltes Gewebe erscheint im Tageslicht hell, unter UV-Licht blau

21 Chemie und Ernährung

Iß und trink häufig:

Obst
Vollkornbrot
Gemüse
Milchprodukte
Kartoffeln
Hülsenfrüchte
Mineralwasser

Iß und trink mäßig:

Eier
Fleisch
Wurst
fetten Käse
Limonade
Bier
Wein

Iß und trink selten:

Zucker
Torte
Eis
Schokolade
Nüsse
Schnaps

21.1 Unsere Nahrung – nicht nur Nährstoffe

Unsere Nahrung enthält sehr viele verschiedene Inhaltsstoffe. Zu den wichtigsten gehören die **Nährstoffe**: *Kohlenhydrate, Eiweißstoffe* und *Fette*.
Diese Nährstoffe liefern dem Körper die Energie, die er benötigt, um Arbeit zu leisten und lebensnotwendige Funktionen wie Atmung und Blutkreislauf aufrecht zu erhalten. Eine Chemiestunde läßt sich mit einer Energie von etwa 200 kJ überstehen, für eine Stunde Schwimmen braucht man mehr als das Zehnfache.

Kohlenhydrate sind für unseren Körper fast ausschließlich Energielieferanten. Für *Fette* gilt das gleiche. Sie werden aber auch in das Fettgewebe eingebaut. Das Fettgewebe wird als längerfristige Energiereserve angelegt und es trägt zur Wärmeisolation des Körpers bei. *Eiweißstoffe* dienen dem Körper vorwiegend als Ausgangsstoff zum Aufbau körpereigener Substanzen.

Die Nahrung enthält außerdem lebensnotwendige **Wirkstoffe** wie *Vitamine* und *Mineralstoffe*. Der Körper benötigt diese Stoffe nur in geringen Mengen. Jeder Wirkstoff hat eine ganz bestimmte Aufgabe: Schon der Mangel an einem einzigen Wirkstoff kann wichtige Körperfunktionen beeinträchtigen. Mineralstoffe sind vor allem in der Knochensubstanz, sie machen etwa 5% der Körpermasse aus.

Wasser ist mit einem Massenanteil von fast 70% der Hauptbestandteil unseres Körpers. Es ist wichtiger Baustoff und dient im Stoffwechsel als Transportmittel und als Lösungsmittel. Daneben spielt es eine bedeutende Rolle bei der Wärmeregulation. Der Mensch muß täglich bis zu 3 Liter Wasser aufnehmen.

Unsere Nahrung enthält auch **Ballaststoffe** wie *Pektine* und *Cellulose*. Diese Stoffe sind unverdaulich und werden daher praktisch unverändert ausgeschieden. Sie spielen jedoch eine wichtige Rolle bei der Regulierung der Darmtätigkeit. Daher sollte man stets auf eine ballaststoffreiche Ernährung achten.

Für den Geschmack unserer Nahrung sind vor allem **Geschmacksstoffe** und **Aromastoffe** von entscheidender Bedeutung. Sie regen den Appetit an und beeinflussen die Bildung von Verdauungssäften. Um ihren Anteil zu erhöhen oder ihre Wirkung zu verstärken, werden bei der Zubereitung der Speisen Gewürze und Kräuter sowie Salz und Essig verwendet.

Aufgrund von Umweltbelastungen müssen wir damit rechnen, daß unsere Lebensmittel auch **Schadstoffe** wie Blei, Quecksilber oder chlorierte Kohlenwasserstoffe enthalten.

1. **Eine Mahlzeit – energetisch und chemisch betrachtet**

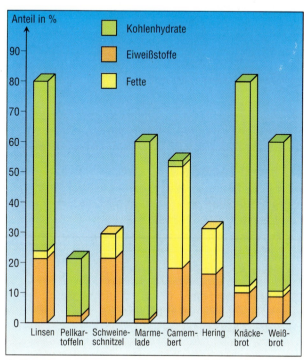

2. **Zusammensetzung von Nahrungsmitteln.** Anteile von Kohlenhydraten, Eiweißstoffen und Fetten.

21.2 Fit durch Zucker?

1. Fit durch Zucker?

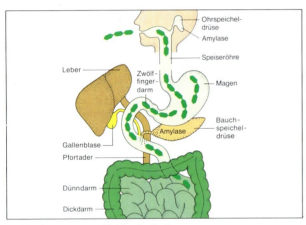

2. Verdauung von Kohlenhydraten

- **Mehr Kohlenhydrate als Fette und Eiweiße essen.**
  Die Deutsche Gesellschaft für Ernährung empfiehlt, etwa 55 % des Energiebedarfs in Form von Kohlenhydraten aufzunehmen.

- **Täglich mehrmals etwas Frisches essen.**
  Rohes Gemüse, Salat und Obst sind reich an Ballaststoffen, Vitaminen und Mineralstoffen.

- **Frisch gepreßte Obstsäfte statt Cola-Getränken trinken.**

- **Häufig Vollkorn-Produkte essen.**
  Vollkorn-Produkte wie Vollkornbrot, Vollkornnudeln, Naturreis und Müsli enthalten Ballaststoffe, Vitamine und Mineralstoffe.

- **Selten etwas Süßes essen.**
  Ein zu hoher Zuckerkonsum führt zu Übergewicht und Karies.

3. *Ernährungstip:* Kohlenhydrate

Wenn man von Zucker spricht, meint man meistens *Rohrzucker,* gelegentlich auch *Traubenzucker.* Andere Zuckerarten werden dagegen mit ihrem vollständigen Namen bezeichnet. Beispiele dafür sind *Milchzucker* oder auch *Fruchtzucker.* Unter **Zucker** versteht man also eine ganze Reihe von Stoffen, die alle zu der Stoffklasse der **Kohlenhydrate** gehören.

Hersteller von Schokoriegeln und Bonbons sagen in der Werbung gerne, ihr Produkt bringe verbrauchte Energie sofort zurück. Wird man wirklich fit durch Zucker?
Der in der Werbung behauptete Zusammenhang zwischen Zucker und Energie ist nur teilweise richtig. Wie alle Kohlenhydrate dient auch Zucker vorwiegend der Energieversorgung des Körpers. Im Stoffwechsel wird Zucker zu Kohlenstoffdioxid und Wasser oxidiert. Diese Reaktion ist exotherm: Es wird Energie freigesetzt und damit die Grundlage für Fitness geschaffen. Ißt man aber zuviel Zucker, so wird die überschüssige Menge in Fett umgewandelt und gespeichert. Auf der Waage registriert man eine Gewichtszunahme.

Traubenzucker und auch Fruchtzucker haben die Molekülformel $C_6H_{12}O_6$. Zucker mit fünf oder sechs Kohlenstoff-Atomen im Molekül sind **Einfachzucker.** Moleküle von Einfachzuckern können zu größeren Einheiten zusammentreten. Man spricht dann von **Zweifachzuckern** und **Vielfachzuckern.** Beispiele für Zweifachzucker sind Rohrzucker, Malzzucker und Milchzucker. Ein Rohrzucker-Molekül besteht aus einem Traubenzucker-Baustein und einem Fruchtzucker-Baustein.
Die Moleküle des Vielfachzuckers *Stärke* sind aus Tausenden von Traubenzucker-Einheiten aufgebaut, ebenso die Moleküle des Vielfachzuckers *Cellulose.* Solche großen Moleküle bezeichnet man als **Makromoleküle.**

Bei der Verdauung werden die Vielfachzucker gespalten. Dabei entstehen Zweifachzucker und letztlich Einfachzucker. Die Verdauung der Kohlenhydrate beginnt bereits im Mund: Kaut man längere Zeit ein stärkehaltiges Nahrungsmittel wie Brot, so schmeckt es süß. Die Stärke wird zu Malzzucker und teilweise zu Traubenzucker abgebaut. Die Kohlenhydrat-Verdauung ist erst im Dünndarm abgeschlossen. Die dort gebildeten Traubenzucker-Moleküle können durch die Darmwand in das Blut gelangen. Mit dem Blut werden sie im ganzen Körper verteilt und stehen damit dem Stoffwechsel sofort zur Verfügung. Traubenzuckerhaltige Nahrungsmittel müssen nicht zuerst zerlegt werden. Sie gelangen direkt ins Blut und bringen also tatsächlich verbrauchte Energie sofort zurück.

Süß auch ohne Zucker

Manche Menschen wollen, andere müssen auf Zucker verzichten. Als Beweggründe dafür kommen in Frage:
- Gewichtsreduktion,
- Kariesprophylaxe,
- Diabetes-Diät.

Als Alternative werden Zuckerersatzstoffe angeboten. Dabei unterscheidet man zwischen **Zuckeraustauschstoffen** und **Süßstoffen**.

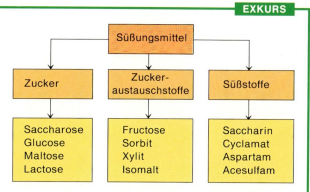

Stoff	Süßkraft	Brennwert in kJ pro 100 g	Höchstmenge in g pro Tag	Einsatz zur Gewichtsreduktion	Einsatz zur Kariesprophylaxe	Einsatz bei Diabetes-Diät
Saccharose	1	1700	60	—	—	—
Glucose	0,5	1700	60	—	—	—
Maltose	0,4	1700	60	—	—	—
Lactose	0,3	1700	20	—	—	—
Fructose	1,2	1700	30–60	—	—	+
Sorbit	0,5	1700	30–60	—	+	+
Xylit	1,1	1700	30–50	—	+	+
Isomalt	0,5	850		—	+	+
Saccharin	450	0	0,18	+	+	+
Cyclamat	35	0	0,77	+	+	+
Aspartam	140	1700	2,8	+	+	+
Acesulfam	200	0	0,6	+	+	+

Aline hat Zucker

Die **Zuckerkrankheit** (Diabetes) ist eine vor allem bei älteren Menschen weit verbreitete Krankheit. Manchmal leiden aber auch Kinder und Jugendliche unter dieser Stoffwechselstörung.

Aline geht in die 6. Klasse des Max-Planck-Gymnasiums. Vor vier Jahren nahm sie in kurzer Zeit fast sechs Kilogramm ab. Sie hatte ständig sehr großen Durst. Ihre Mutter ging mit ihr zum Arzt, der den Blutzuckerspiegel bestimmte. Der Wert lag über 0,5 %. Das entspricht 0,5 g Traubenzucker in 100 ml Blut. Aline kam sofort auf die Intensivstation.

Normalerweise enthält das Blut etwa 0,1 % Traubenzucker. Dieser Wert wird geregelt über die Aufnahme von Traubenzucker aus dem Darm und seine Speicherung als Vielfachzucker in der Leber. Eine wesentliche Rolle spielt dabei das Hormon **Insulin**.

Aline leidet unter Insulinmangel. Sie muß sich Insulin spritzen, um den Blutzuckerspiegel zu senken. Die Gefahren des überhöhten Blutzuckergehalts sind damit praktisch gebannt. Sinkt durch die Insulingaben der Traubenzuckergehalt im Blut aber unter 0,03 %, so droht eine neue Gefahr: Es kommt zu einem schweren Schockzustand mit Bewußtlosigkeit. Deshalb kontrolliert Aline zweimal am Tag ihren Blutzuckerspiegel. Dazu pickt sie sich in den Finger und streift den Bluttropfen auf einen Teststreifen, der in einem Meßgerät ausgewertet wird. Für den Fall, daß der Wert zu niedrig liegt, hat Aline immer eine Flasche eines stark gesüßten Getränks dabei.

Zur Kontrolle des Blutzuckerspiegels gehört bei Zuckerkranken auch die lebenslange Einhaltung eines strengen Diätplans. Die Kohlenhydratmenge wird dabei in Brot-Einheiten gezählt. Eine Brot-Einheit (1 BE) entspricht 12 g Kohlenhydraten. Alines Tagesplan sieht zur Zeit folgendermaßen aus:

6.30 Uhr: 2,0 BE	11.30 Uhr: 1,5 BE	19.00 Uhr: 3,0 BE
9.30 Uhr: 2,5 BE	13.00 Uhr: 4,0 BE	20.30 Uhr: 1,5 BE
	15.30 Uhr: 2,5 BE	

Alines Leben ist anders als das anderer Kinder in ihrem Alter. Der Tag muß genau geplant werden. Immer muß sie Meßgerät, Spritze und auch entsprechende Lebensmittel mit sich führen. Sie ißt nie Süßigkeiten. Und dennoch: Aline ist ein sehr lebhaftes Mädchen.

21.3 Kohlenhydrate – chemisch betrachtet

1. Glucose (Traubenzucker). Molekülmodell, Strukturformel und vereinfachte Strukturformeln.

2. Fructose (Fruchtzucker). Molekülmodell, Strukturformel und vereinfachte Strukturformeln.

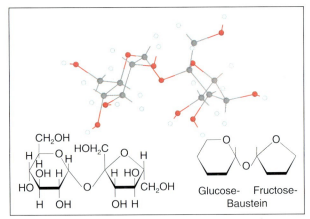

3. Saccharose (Rohrzucker). Molekülmodell und vereinfachte Strukturformeln.

Kohlenhydrate sind aus den Elementen Kohlenstoff, Wasserstoff und Sauerstoff aufgebaut. Ihre allgemeine Verhältnisformel ist $C_n(H_2O)_m$.

Glucose. Einer der einfachsten und wichtigsten Zucker ist die Glucose (Traubenzucker). Die Molekülformel lautet $C_6H_{12}O_6$. Im Glucose-Molekül bilden fünf Kohlenstoff-Atome und ein Sauerstoff-Atom einen sechsgliedrigen Ring. Das Molekül enthält fünf Hydroxyl-Gruppen (OH-Gruppen).

Fructose. Die meisten Früchte enthalten Fructose (Fruchtzucker). Fructose hat die gleiche Molekülformel wie Glucose, die Moleküle sind aber anders gebaut.

Saccharose. Der normale Haushaltszucker ist Saccharose (Rohrzucker). Er wird aus Zuckerrüben und aus Zuckerrohr gewonnen. Bei der Verdauung werden die Moleküle gespalten; dabei entsteht aus einem Saccharose-Molekül ein Glucose-Molekül und ein Fructose-Molekül. Das Fructose-Molekül liegt in der Saccharose als fünfgliedriger Ring vor.

Einteilung der Zucker. Glucose und Fructose sind *Einfachzucker* (Monosaccharide). Zucker wie Saccharose, deren Moleküle aus zwei einfachen Zucker-Molekülen aufgebaut sind, bezeichnet man als *Zweifachzucker* (Disaccharide). Ein weiteres Beispiel für einen Zweifachzucker ist die Maltose. Bei der Spaltung von Maltose-Molekülen entstehen nur Glucose-Moleküle.

Eigenschaften der Zucker. Der süße Geschmack der Zucker wird auf die große Anzahl der OH-Gruppen zurückgeführt. Auch andere Eigenschaften von Zuckern lassen sich damit erklären. Im Gegensatz zu einem Kohlenwasserstoff sind die Zucker sehr gut in Wasser löslich. Die Hydroxyl-Gruppen der Zucker-Moleküle bilden dabei mit den Wasser-Molekülen Wasserstoffbrückenbindungen.

Zucker besitzen eine relativ hohe Schmelztemperatur. Die Wasserstoffbrückenbindungen zwischen den einzelnen Molekülen sind etwa genauso stark wie die Bindungskräfte innerhalb eines Moleküls. Daher zersetzen sich Zucker beim Schmelzen.

Zum **Nachweis** von Glucose und Fructose führt man eine *FEHLING-Probe* durch. Dabei bildet sich ein rotbrauner Niederschlag von Kupfer(I)-oxid. Mit Saccharose verläuft die FEHLING-Reaktion negativ.
Eine spezifische Nachweisreaktion auf Glucose ist der *Glucose-Test*. Er zeigt die Anwesenheit von Glucose durch eine Farbreaktion an.

Stärke. Hauptquelle für Stärke sind Kartoffeln und Getreide. Gibt man Iod-Lösung zu einer Stärkelösung oder auf eine angeschnittene Kartoffel, so entsteht eine tiefblaue Färbung. Die Iod-Stärke-Reaktion dient daher als Nachweis für Stärke. Stärke ist ein *Vielfachzucker* oder Polysaccharid. Durch Kochen mit Säure läßt sich Stärke spalten. Dabei entsteht der Einfachzucker Glucose.

Stärke ist keine einheitliche Substanz; sie setzt sich aus zwei Komponenten zusammen. Mit Hilfe von heißem Wasser läßt sich aus Stärke ein löslicher Anteil gewinnen, die *Amylose*. Sie macht etwa 25 % der pflanzlichen Stärke aus. Amylose-Moleküle sind unverzweigt; sie bestehen aus bis zu 6000 Glucose-Einheiten. Das Amylose-Molekül hat die Struktur einer Spirale. Bei der Iod-Stärke-Reaktion lagern sich Iod-Moleküle in den Hohlraum ein, der durch die Spirale gebildet wird. Dabei färbt sich die Lösung blau.

Der größte Teil der natürlichen Stärke ist auch in heißem Wasser unlöslich. Dieser Bestandteil der Stärke heißt *Amylopektin*. Hier sind die Moleküle verzweigt; sie enthalten bis zu eine Million Glucose-Einheiten.

In Stärkekörnern von Kartoffeln, Reis oder Teigwaren sind die Stärke-Moleküle dicht zusammengepackt. Die einzelnen Moleküle werden durch Wasserstoffbrückenbindungen zusammengehalten. Erwärmt man Stärke in Wasser, so dringen Wasser-Moleküle ein. Sie bilden ihrerseits Wasserstoffbrücken mit den OH-Gruppen der Stärke-Moleküle. Dadurch quillt die Stärke auf, und es entsteht eine zähflüssige Lösung. Stärke wird daher zum Eindicken von Soßen verwendet.

Cellulose. Zu den Vielfachzuckern gehört auch Cellulose. Sie dient den Pflanzen als Bau- und Stützsubstanz. Cellulose ist mengenmäßig die wichtigste organische Verbindung überhaupt. Ebenso wie Stärke ist auch Cellulose aus Glucose-Einheiten aufgebaut. Allerdings sind hier die einzelnen Glucose-Moleküle nicht spiralartig, sondern linear angeordnet. Die Bindungen zwischen den einzelnen Glucose-Einheiten im Cellulose-Molekül können von den Verdauungsenzymen der meisten Organismen nicht gespalten werden. Nur einige Einzeller und holzzerstörende Pilze sind in der Lage, Cellulose zu Glucose zu spalten. Auch im Magen des Rindes leben Mikroorganismen, die Cellulose spalten. Nur so können Tiere die in Cellulose gespeicherte Energie nutzen.

Cellulose ist ein wichtiger Bestandteil des Holzes. Bei der Herstellung von Papier werden die übrigen Bestandteile des Holzes herausgelöst. Durch anschließende Filtration erhält man Rohcellulose oder *Zellstoff*. Auch Baumwolle ist reine Cellulose.

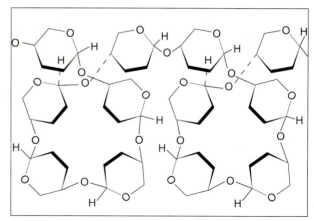

1. Stärke (vereinfachte Strukturformel)

Aufgabe 1: Unterteile die folgenden Kohlenhydrate in Einfachzucker, Zweifachzucker und Vielfachzucker: Amylopektin, Amylose, Cellulose, Fructose, Glucose, Maltose, Saccharose.

Aufgabe 2: a) Welche Eigenschaften von Zuckern sind durch die Hydroxyl-Gruppe bedingt?
b) Weshalb löst sich Cellulose nicht in Wasser?

Aufgabe 3: Stärke und Cellulose sind in vielen unserer Nahrungsmittel enthalten.
a) Welche Nahrungsmittel sind besonders stärkehaltig?
b) Beschreibe, wie Stärke-Moleküle während des Verdauungsvorganges verändert werden.
c) Welche Nahrungsmittel sind besonders cellulosehaltig?
d) Welche Veränderungen erfahren Cellulose-Moleküle während der Verdauung?
e) Welche wichtige Rolle spielt die Cellulose in unserer Verdauung?

2. Cellulose (vereinfachte Strukturformel)

Kohlenhydrate

Versuch 1: Eigenschaften von Zuckern

Materialien: Reagenzgläser, Spannungsquelle, Leitfähigkeitsprüfer, Strommessgerät, Porzellanschale, Gasbrenner, Dreifuß mit Drahtnetz;
Universalindikator, Glucose, Saccharose, Heptan (F, B 3).

Durchführung:
1. Versuche, Glucose in Wasser und in Heptan zu lösen.
2. Prüfe den pH-Wert einer Glucose-Lösung.
3. Prüfe die elektrische Leitfähigkeit einer Glucose-Lösung.
4. Führe die Untersuchungen auch mit einer Saccharose-Lösung durch.
5. Gib etwa 3 g Saccharose in eine Porzellanschale und erhitze vorsichtig mit kleiner Flamme, bis der Zucker geschmolzen ist.

Aufgaben:
a) Notiere deine Beobachtungen.
b) Welche Rückschlüsse auf die Bindungsverhältnisse ergeben sich aus der Löslichkeit, der elektrischen Leitfähigkeit und dem Verhalten beim Schmelzen?
c) Welche Rolle spielt der beim Schmelzen beobachtete Vorgang in der Nahrungsmitteltechnologie?

Versuch 2: Der Glucose-Test

Materialien: Reagenzgläser, Becherglas (400 ml), Gasbrenner, Dreifuß mit Drahtnetz;
Glucose, Saccharose, Salzsäure (verd.) (Xi), Natriumhydrogencarbonat, Glucose-Teststäbchen.

Durchführung:
1. Stelle in einem Reagenzglas eine verdünnte Glucose-Lösung her.
2. Tauche ein Glucose-Teststäbchen kurz in die Lösung, warte eine Minute und beobachte dann die Farbreaktion.
3. Verfahre ebenso mit einer verdünnten Saccharose-Lösung.
4. Koche einige Milliliter Saccharose-Lösung etwa eine Minute lang mit Salzsäure. Gib dann Natriumhydrogencarbonat zu, bis keine Gasblasen mehr aufsteigen. Kühle die Lösung unter fließendem Wasser ab und führe den Glucose-Test durch.

Aufgabe: Führe zu Hause den Glucose-Test mit deinem Urin durch.

Versuch 3: Glucose als Reduktionsmittel

Materialien: Rundkolben (50 ml), Becherglas (800 ml, breit), Becherglas (400 ml), Gasbrenner, Dreifuß mit Drahtnetz;
Glucose, FEHLING-Lösung I (Xn), FEHLING-Lösung II (C), Silbernitrat-Lösung (1%), Ammoniak-Lösung (20%) (C).

Durchführung:
a) *FEHLING-Probe:*
1. Mische in einem Reagenzglas gleiche Volumina FEHLING-Lösung I und II und gib eine Spatelspitze Glucose zu.
2. Erhitze das Reagenzglas im siedenden Wasserbad.

b) *Silberspiegel-Probe:*
1. In dem Rundkolben wird Silbernitrat-Lösung so lange mit Ammoniak-Lösung versetzt, bis sich der gebildete Niederschlag gerade wieder auflöst.
2. Gib eine Spatelspitze Glucose zu und erhitze im Wasserbad.

Aufgabe: Formuliere die Reaktionsgleichungen.

 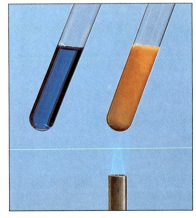 

Zucker und Schwefelsäure (konz.)   **FEHLING-Probe**   **Silberspiegel-Probe**

Kohlenhydrate

Versuch 4: Iod-Stärke-Reaktion

Materialien: Reagenzgläser, Gasbrenner, Messer; Mehl, Brot, Spaghetti, Kartoffeln, Iod-Lösung (LUGOLsche Lösung: Iod gelöst in Kaliumiodid-Lösung).

Durchführung:
1. Gib in ein Reagenzglas etwa 10 ml Wasser und eine Spatelspitze Mehl. Koche kurz auf.
2. Gib nach dem Abkühlen einige Tropfen Iod-Lösung dazu.
3. Verfahre ebenso mit Brot und Spaghetti.
4. Schneide eine Kartoffel durch und gib einige Tropfen Iod-Lösung auf die Schnittfläche.

Aufgabe: Formuliere ein Reaktionsschema.

Versuch 5: Enzymatischer Abbau von Stärke

Materialien: Erlenmeyerkolben (250 ml); Lösliche Stärke (1%), Iod-Lösung, Enzym: Amylase (0,1%), Glucose-Teststäbchen.

Durchführung:
1. Gib in acht Reagenzgläser jeweils 5 ml einer stark verdünnten Iod-Lösung.
2. In dem Erlenmeyerkolben werden 100 ml Stärkelösung mit 10 ml Amylase-Lösung versetzt.
3. Gib sofort und dann nach jeder Minute 5 ml des Gemisches in eines der Reagenzgläser mit Iod-Lösung.
4. Wenn keine Blaufärbung mehr auftritt, wird die Lösung mit Glucose-Teststäbchen geprüft.
5. Wiederhole den Versuch, indem du anstelle der Amylase-Lösung Speichel verwendest.

Aufgabe: Formuliere ein Reaktionsschema.

Versuch 6: Hydrolyse von Stärke und von Cellulose

Materialien: Reagenzglas, Gasbrenner, Dreifuß mit Drahtnetz, Becherglas (400 ml); Stärke, Cellulose, Salzsäure (verd.) (Xi), Natriumhydrogencarbonat, Glucose-Teststäbchen.

Durchführung:
1. Gib in ein Reagenzglas mit etwa 10 ml Salzsäure etwas Stärke.
2. Koche das Gemisch 10 Minuten lang im siedenden Wasserbad.
3. Neutralisiere mit Natriumhydrogencarbonat, bis keine Gasentwicklung mehr auftritt.
4. Kühle das Gemisch unter fließendem Wasser ab und führe einen Glucose-Test durch.
5. Verfahre ebenso mit Cellulose.

Aufgabe: Welche Rolle spielt Wasser bei der Spaltung des Makromoleküls Stärke?

Versuch 7: Stärkekleister

Materialien: Gasbrenner, Dreifuß mit Drahtnetz, Pinsel, Becherglas (100 ml); Kartoffelstärke.

Durchführung:
1. Koche etwas Kartoffelstärke in 5 ml Wasser auf und lasse dann abkühlen.
2. Streiche mit dem Pinsel etwas von dem Stärkekleister auf ein Blatt Papier und falte es. Versuche, das Blatt nach etwa einer halben Stunde zu entfalten.

Aufgabe: Im Haushalt nimmt man Stärke zum Stärken von Wäsche. Worauf beruht diese Anwendung?

Iod-Stärke-Reaktion

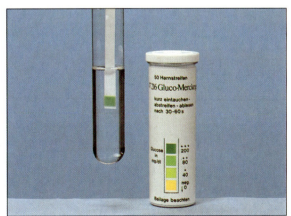

Glucose-Test

Von der Rübe zum Zucker

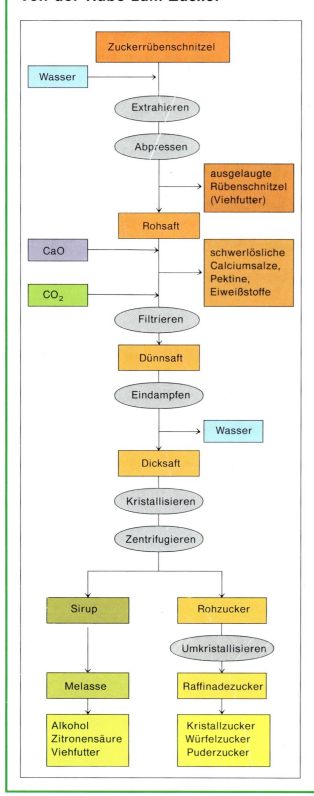

Unser Haushaltszucker Saccharose wird aus Zuckerrüben hergestellt. Die Zuckerrübe speichert im ersten Wachstumsjahr Zucker, der ihr als Energievorrat für die Blüte und Fruchtbildung im zweiten Jahr dient. Die Rüben werden daher im Herbst des ersten Jahres geerntet und in Zuckerfabriken verarbeitet.

Zuckerfabriken arbeiten nur wenige Monate im Jahr. Ab Ende September werden die Zuckerrüben angeliefert. Dann beginnt die etwa dreimonatige „Kampagne". Zahlreiche Saisonarbeiter werden eingestellt. Der Betrieb läuft jetzt Tag und Nacht. Ab Dezember ruht die Arbeit; zurück bleibt nur eine kleine Stammbesatzung, die die Anlage instand hält.

Rohsaftgewinnung. Zuerst werden die Rüben gründlich gereinigt und anschließend zerkleinert. Danach erhitzt man die Rübenschnitzel auf etwa 75 °C. In einem Extraktionsturm wird ihnen mit heißem, leicht angesäuertem Wasser der Zucker entzogen. Man gewinnt einen *Rohsaft*, der fast 99 % des Zuckers der Rüben enthält. Die entzuckerten Schnitzel dienen als Viehfutter.

Saftreinigung. Der bei der Extraktion gewonnene Rohsaft ist dunkel gefärbt und enthält noch sehr viele Nichtzuckerstoffe. Um diese Stoffe zu entfernen, wird der Rohsaft zunächst mit Calciumoxid versetzt. Der pH-Wert steigt von 6 auf etwa 12. Dabei fallen schwerlösliche Calciumsalze, Pektine und Eiweißstoffe aus.

Nun müssen die Calcium-Ionen entfernt werden. Dazu leitet man Kohlenstoffdioxid in den Saft ein. Der pH-Wert sinkt auf etwa 9, und es entsteht schwerlösliches Calciumcarbonat. Dieser Niederschlag adsorbiert viele Begleitstoffe. Durch Filtrieren erhält man einen geklärten und gereinigten *Dünnsaft*.

Durch Erhitzen wird der Saft konzentriert. Je Tonne Rüben muß man fast einen Kubikmeter Wasser verdampfen. Dabei bildet sich der *Dicksaft*, eine hellbraune, viskose Flüssigkeit mit einem Zuckeranteil von nahezu 70 %.

Zuckergewinnung. Unter vermindertem Druck wird der Dicksaft so lange erhitzt, bis fester Zucker auskristallisiert. Dabei bilden sich aus dem braunen Saft weiße Zucker-Kristalle. Dieser Zucker wird in Zentrifugen vom Muttersirup getrennt. Die anhaftenden Sirupreste werden mit Wasser oder Wasserdampf abgespült. Ein auf diese Weise erzeugter *Weißzucker* besitzt einen Saccharosegehalt von etwa 99,95 %.

Den im Haushalt verwendeten *Raffinadezucker* gewinnt man durch Umkristallisieren von Weißzucker. Durch nachträgliches Anfärben mit Zuckercouleur wird aus Weißzucker *brauner Zucker* hergestellt.

Die nach der letzten Kristallisationsstufe übrig bleibende schwarzbraune *Melasse* enthält noch zur Hälfte Saccharose; dies sind 12 % des in den Rüben enthaltenen Zuckers. Aus diesem Nebenprodukt gewinnt man durch Gärung Ethanol oder Zitronensäure.

Bierbrauen – eine alte Biotechnologie

Bier wird aus Gerstenmalz, Hopfen, Hefe und Wasser hergestellt

Das Bierbrauen ist eines der ältesten biotechnologischen Verfahren. Bereits seit dem Jahre 1516 gilt in Deutschland das *Reinheitsgebot.* Danach dürfen zur Herstellung von Bier außer Wasser nur *Hopfen, Malz* und *Hefe* verwendet werden.

Dieses Reinheitsgebot ist die älteste lebensmittelrechtliche Vorschrift in Deutschland. Heute dürfen nach EG-Recht auch andere Stoffe verwendet werden. Beispiele sind Stärke aus Mais, Konservierungsmittel und Schaumstabilisatoren. Trotz dieser Liberalisierung respektieren die deutschen Bierbrauereien immer noch das Reinheitsgebot.

Malzbereitung. Wichtigster Ausgangsstoff bei der Bierherstellung ist Stärke aus Gerste. Zunächst weicht man die Gerste ein und bringt sie so zum Keimen. Dabei wird Stärke in höhermolekulare Abbauprodukte, die Dextrine, und teilweise in Malzzucker gespalten.

Wenn die Keimlinge eine bestimmte Länge erreicht haben, bezeichnet man sie als *Grünmalz.* Dieses wird zunächst an der Luft und dann bei langsam steigenden Temperaturen bis etwa 80 °C getrocknet. Dabei bilden sich Röstdextrine, und es entsteht das dunkel gefärbte *Darrmalz,* das die Farbe des Bieres bestimmt.

Die meisten Brauereien stellen heute das Malz nicht mehr selbst her, sondern beziehen es von Mälzereien.

Würzebereitung. Im nächsten Arbeitsgang wird das geschrotete Malz mit Wasser angerührt. Dann erhitzt man die entstehende Maische. Dabei wird die restliche Stärke abgebaut. Dieser Vorgang läßt sich über die Temperatur steuern: Bis etwa 60 °C erhält man vorwiegend Malzzucker, der später vergoren wird. Bei höheren Temperaturen überwiegt die Bildung von Dextrinen. Durch Filtration erhält man schließlich die *Würze.* Diese wird nun mit *Hopfen* gekocht. Dabei verlieren die dextrinspaltenden Enzyme ihre Wirksamkeit, so daß sich der Dextringehalt nicht mehr ändern kann. Beim Kochen gehen die Bitterstoffe des Hopfens in Lösung. Gleichzeitig fallen die Eiweißstoffe aus. Nach dem Abkühlen wird erneut filtriert.

Vergären. Bei der Gärung spielt *Hefe* die entscheidende Rolle. Ihre Enzyme bauen den in der Würze enthaltenen Zucker zu Alkohol ab. Man unterscheidet zwischen Unterhefen und Oberhefen. Die Oberhefen bilden Zellkolonien, in denen Bläschen des bei der Gärung entstehenden Kohlenstoffdioxids hängenbleiben. Dadurch setzt sich die Hefe oben ab: Man erhält ein obergäriges Bier. Bei der Herstellung von untergärigem Bier setzen sich die Hefen am Boden ab.

Zu den obergärigen Bieren zählen die Biersorten Alt und Kölsch. Hier dauert die Gärung etwa 3 bis 5 Tage. Pils und Exportbier werden als untergärige Biere bei niedrigerer Temperatur und größerer Gärdauer gebraut.

Nach der Gärung muß das Bier noch reifen. Dabei findet eine Nachgärung statt, und die Flüssigkeit wird klar. Das trinkfertige Bier wird in Fässer, Flaschen oder Dosen abgefüllt.

Alkoholfreies Bier. In den letzten Jahren stieg die Nachfrage nach alkoholfreiem Bier und nach Leichtbier (Light-Bier) kontinuierlich an. Voraussetzung für die Einstufung als alkoholfreies Bier ist ein Alkoholgehalt unter 0,5 %. Im Gegensatz zu normalem Bier mit etwa 5 % Alkohol enthalten Leichtbiere nur 2 % bis 3 % Alkohol.

Es gibt grundsätzlich zwei Möglichkeiten, alkoholfreies Bier herzustellen. Einmal können die Würzezubereitung und die Gärung so gesteuert werden, daß möglichst wenig Alkohol entsteht. Dazu benötigt man eine Würze mit niedrigem Zuckergehalt. Zusätzlich wird die Gärung dann nach einer kurzen Angärphase abgebrochen.

Die zweite Möglichkeit besteht darin, normal gebrautes Bier zu entalkoholisieren. Dazu kommen zwei Verfahren in Frage: die *Destillation* und das *Membranverfahren.* Beim Membranverfahren wird der Alkohol unter Druck mit Hilfe einer Membran abgetrennt. Zurück bleiben die typischen Geschmacksstoffe des Biers. Das Wasser, das zusammen mit dem Alkohol durch die Poren der Membran tritt, wird einfach ersetzt.

21.4 Macht Eiweiß stark?

1. Bodybuilder ernähren sich besonders eiweißreich

Leistungssportler ernähren sich besonders eiweißreich. Eiweißhaltige Nahrung, insbesondere Fleisch, wird oft als besonders wertvoll angesehen. So wirbt ein Joghurthersteller mit dem Spruch, sein Produkt sei ,,so wertvoll wie ein kleines Steak''. Was ist das Besondere an Eiweißstoffen?

Eiweißstoffe sind aus den Elementen Kohlenstoff, Wasserstoff, Sauerstoff, Stickstoff und Schwefel aufgebaut. Es handelt sich um *makromolekulare* Substanzen, die aus **Aminosäuren** gebildet werden. Eiweiß-Moleküle bestehen aus Hunderten dieser Bausteine. In den Eiweißstoffen kommen zwanzig verschiedene Aminosäuren vor.

Unser Körper benötigt Aminosäuren, um körpereigenes Eiweiß aufzubauen. So bilden Eiweißstoffe den Hauptbestandteil der Muskulatur. Haare und Fingernägel bestehen ebenfalls aus Eiweiß. Außerdem sind auch die Enzyme Eiweißstoffe.

Wichtige Eiweißquellen in unserer Nahrung sind Fleisch und Fisch, Milchprodukte und Eier sowie Hülsenfrüchte. Die Verdauung der Eiweißstoffe beginnt im Magen. Hier spaltet das Enzym Pepsin die Eiweiß-Moleküle in kleinere Einheiten, die *Polypeptide*. Im Dünndarm werden die Polypeptide schließlich in die einzelnen Aminosäuren zerlegt. Die Aminosäuren gelangen dann in das Blut. Aus den Aminosäuren werden körpereigene Eiweißstoffe gebildet. Überschüssige Aminosäuren dienen wie Kohlenhydrate der Energiegewinnung. Die dabei anfallenden Stickstoffverbindungen werden zu Harnstoff umgesetzt und über die Niere ausgeschieden.

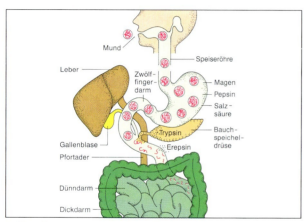

2. Verdauung von Eiweißstoffen

Einige Aminosäuren kann unser Organismus aus anderen Stoffen selbst produzieren. Andere, die *essentiellen Aminosäuren*, muß er mit der Nahrung aufnehmen. Deshalb sind Eiweißstoffe ein lebenswichtiger Bestandteil unserer Nahrung. Der Eiweißbedarf beträgt beim Kleinkind im ersten Lebensjahr etwa 2,2 Gramm pro Kilogramm Körpermasse. Er nimmt dann ständig ab. Ein Erwachsener benötigt nur noch 0,8 Gramm pro Kilogramm.

Bezogen auf den Energiebedarf gilt folgende Faustregel: Nicht mehr als 12% des gesamten Energiebedarfs sollten durch Eiweißstoffe gedeckt werden.

Der Anteil an tierischem Eiweiß in unserer Ernährung liegt deutlich zu hoch. Das schadet zwar nicht der Gesundheit, stellt aber eine Verschwendung von Nahrungsmitteln dar. In der Tiermast benötigt man nämlich etwa 7 kg pflanzliches Eiweiß, um 1 kg tierisches Eiweiß zu produzieren.

- **Weniger Fleisch essen.**
  Die Deutsche Gesellschaft für Ernährung (DGE) empfiehlt pro Person und Tag etwa 45 g bis 55 g Eiweiß. Ein 200-g-Steak enthält bereits 42 g Eiweiß. Die DGE rät zu nicht mehr als drei Fleischmahlzeiten pro Woche.

- **Mehr pflanzliches als tierisches Eiweiß essen.**
  Eiweißreiche tierische Produkte enthalten meist Fett (Cholesterin und gesättigte Fettsäuren).

- **Auf fette Wurst nach Möglichkeit verzichten.**

- **Eiweiß mit hoher biologischer Wertigkeit bevorzugen.**
  Besonders hochwertig sind Kombinationen von tierischem und pflanzlichem Eiweiß. Auch Milch und Eier enthalten viel hochwertiges Eiweiß.

3. *Ernährungstip:* Eiweißstoffe

Milch – ein wertvolles Nahrungsmittel

Kuhmilch ist ein Gemisch aus Wasser (87 %), Fett (4 %), Eiweiß (3 %), Milchzucker (5 %), Mineralstoffen und Vitaminen.

Milcheiweiß ist besonders hochwertig. Den Hauptanteil bildet mit über 75 % das Casein. Es wird zur Käsebereitung verwendet.

Milchfett ist sehr bekömmlich, weil es schon in der Milch in sehr kleine Tröpfchen zerteilt ist. Ihr Durchmesser liegt bei etwa einem Tausendstel Millimeter.

Kohlenhydrate sind in der Milch in Form des Zweifachzuckers *Lactose* enthalten. Dieser Zucker besitzt nur eine geringe Süßkraft. Durch Darmbakterien wird er teilweise in Milchsäure umgewandelt, die Fäulnisprozesse im Darm verhindert.

Mineralstoffe und *Vitamine* runden das Bild der Milch als vollwertigem Lebensmittel ab. Sehr hoch ist der Gehalt an Calcium- und Phosphat-Ionen, die beide für den Aufbau und die Erhaltung der Knochensubstanz wichtig sind. Die Milch ist auch reich an wasserlöslichem Vitamin B_2 und an den fettlöslichen Vitaminen A, D und E.

Kennzeichnung von Milch

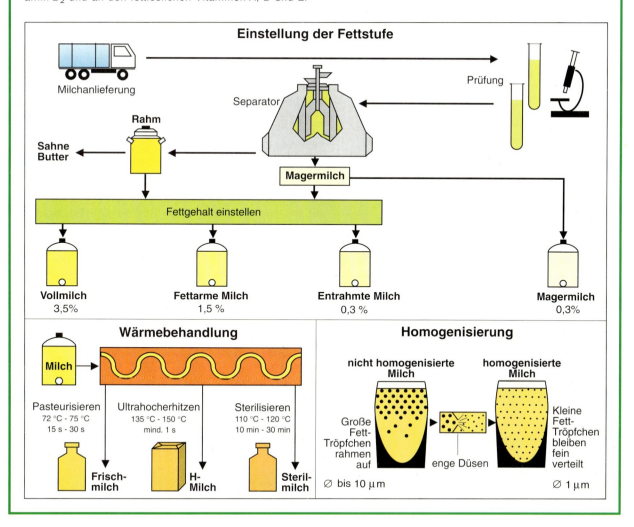

21.5 Eiweiß – chemisch betrachtet

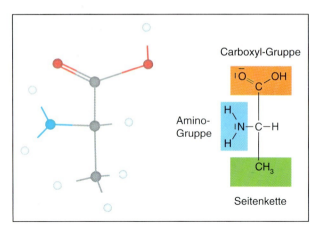

1. Die Aminosäure Alanin. Molekülmodell und Strukturformel.

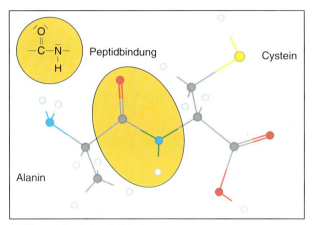

2. Dipeptid mit Peptidbindung

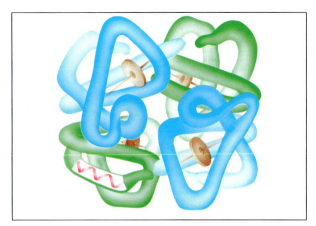

3. Hämoglobin. Dieser Eiweißstoff transportiert den Sauerstoff von der Lunge zu den Zellen.

Eiweißstoffe oder *Proteine* sind makromolekulare Verbindungen, die aus Aminosäuren aufgebaut sind.

Aminosäuren. Aminosäure-Moleküle zeigen einen einheitlichen Bauplan: An ein zentrales Kohlenstoff-Atom sind folgende Gruppen gebunden: eine *Carboxyl-Gruppe* (COOH-Gruppe), eine *Amino-Gruppe* (NH_2-Gruppe), ein Wasserstoff-Atom und eine Seitenkette. Die einzelnen Aminosäuren unterscheiden sich im Aufbau der Seitenkette. Dabei gibt es *unpolare* Seitenketten aus Kohlenwasserstoff-Resten und *polare* Seitenketten mit einer Hydroxyl-Gruppe (OH-Gruppe) oder einer SH-Gruppe. *Saure* Aminosäuren besitzen in der Seitenkette eine zweite Carboxyl-Gruppe, *basische* Aminosäuren eine zusätzliche Amino-Gruppe.

Peptidbindung. In einem Eiweiß-Molekül sind die Aminosäuren durch **Peptidbindungen** miteinander verknüpft. Eine Peptidbindung entsteht formal, wenn die Carboxyl-Gruppe eines Aminosäure-Moleküls mit der Amino-Gruppe eines anderen reagiert. Dabei wird ein Wasser-Molekül abgespalten. Eine solche Reaktion zweier Moleküle heißt *Kondensation*.
Durch die Verknüpfung zweier Aminosäure-Moleküle entsteht ein *Dipeptid*. Eiweiße, deren Moleküle aus vielen Aminosäure-Einheiten aufgebaut sind, nennt man *Polypeptide*. Das Hormon Insulin ist ein Polypeptid aus 51 Aminosäure-Einheiten.

Struktur von Eiweiß-Molekülen. Die Struktur und damit auch die Eigenschaften eines Proteins werden wesentlich von der Reihenfolge der Aminosäure-Einheiten bestimmt. Diese Reihenfolge bezeichnet man als die *Primärstruktur* des Eiweiß-Moleküls.
Innerhalb eines Eiweiß-Moleküls gibt es Wasserstoffbrückenbindungen zwischen den NH-Gruppen und CO-Gruppen weiter entfernt liegender Peptidbindungen. Dadurch erhält die Peptidkette eine stabile Form, die *Sekundärstruktur*. Besonders häufig ist eine schraubenförmige Anordnung, bei der die Seitenketten der Aminosäure-Einheiten nach außen weisen.
Auch zwischen den Seitenketten wirken Anziehungskräfte. Dadurch erhält das Eiweiß-Molekül eine spezifische räumliche Anordnung, seine *Tertiärstruktur*.

Enzyme. Proteine wirken im Stoffwechsel als Enzyme. Darunter versteht man Biokatalysatoren. Die katalytische Funktion eines Eiweiß-Moleküls hängt direkt mit seiner Tertiärstruktur zusammen. Durch Erhitzen oder durch Chemikalien wird die Tertiärstruktur und damit die spezifische Wirksamkeit als Biokatalysator zerstört. Diesen Vorgang bezeichnet man als *Denaturierung*.

Rund ums Ei

Versuch 1: Nachweis von Stickstoff und Schwefel

Materialien: Reagenzgläser, Tropfpipette;
rohes Hühnerei, Universalindikator-Papier, Natronlauge (konz.) (C), Bleiacetat-Papier (Xn).

Durchführung:
1. Schlage ein rohes Hühnerei auf und trenne das Eiklar vom Dotter.
2. Erhitze etwas Eiklar mit 2 ml Natronlauge.
3. Prüfe die entweichenden Dämpfe mit angefeuchtetem Indikatorpapier.
4. Verdünne das Reaktionsprodukt und halte ein Stück Bleiacetat-Papier in die Lösung.

Aufgaben:
a) Notiere deine Beobachtungen.
b) Gib für beide Nachweisreaktionen ein Reaktionsschema an.

Versuch 2: Denaturierung von Eiweiß

Materialien: Reagenzgläser, Filtrierpapier, Trichter, Tropfpipette;
Eiklarlösung (1:5), Spiritus (F), Essigsäure (C), Kupfersulfat-Lösung (5%) (Xn), Kochsalzlösung (konz.).

Durchführung:
1. Gib in fünf Reagenzgläser einige Milliliter der Eiklarlösung.
2. Versetze die Lösung im ersten Reagenzglas mit Spiritus im Überschuß, die im zweiten Reagenzglas mit Essigsäure, die im dritten Reagenzglas mit Kupfersulfat-Lösung und die im vierten Reagenzglas mit der Kochsalzlösung. Die Lösung im fünften Reagenzglas wird zum Sieden erhitzt.
3. Filtriere den Niederschlag aus einem der Reagenzgläser ab und versuche ihn in Wasser aufzulösen.

Aufgabe: Notiere und deute deine Beobachtungen.

Versuch 3: Nachweis von Eiweiß

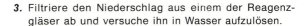

Materialien: Reagenzgläser, Tropfpipette, Gasbrenner;
Eiklarlösung (1:5), hart gekochtes Ei, Natronlauge (verd.) (C), Kupfersulfat-Lösung (verd.) (Xn), Salpetersäure (konz.) (O, C).

Durchführung:
a) Biuret-Reaktion:
1. Versetze 5 ml der Eiklarlösung mit dem gleichen Volumen an Natronlauge.
2. Gib einen Tropfen Kupfersulfat-Lösung hinzu, schüttle um und erwärme.

b) Xanthoprotein-Reaktion:
Gib einen Tropfen konzentrierte Salpetersäure auf ein Stückchen hart gekochtes Ei.

Aufgabe: Beim Experimentieren mit konzentrierter Salpetersäure gibt es manchmal gelbe Flecken an den Händen. Erkläre, wie diese Verfärbung zustande kommt.

Aufgabe 1: Wie viele Möglichkeiten gibt es, zwei (drei, vier ...) verschiedene Aminosäuren zu einem Peptid zu verknüpfen?

Aufgabe 2: Durch verschiedene Vorgänge bei der Zubereitung von Speisen werden Eiweißstoffe denaturiert.
a) Welche Rolle spielt die Denaturierung für den Verdauungsvorgang?
b) Welche Denaturierungsvorgänge werden in der Küche angewandt?

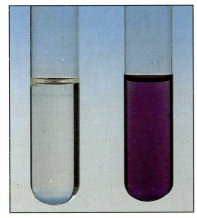

Biuret-Reaktion

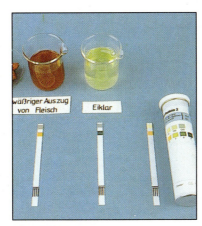

Eiweiß-Test

Xanthoprotein-Reaktion

21.6 Fett ist nicht gleich Fett!

1. Für das Kamel lebensnotwendig – für viele Menschen ein Problem: Fette. Fettzellen in verschiedenen Wachstumsstadien.

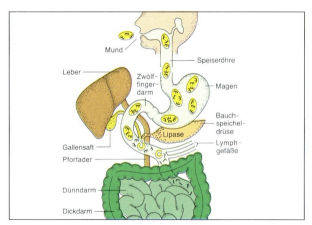

2. Verdauung von Fetten

- **Weniger Fette essen.**
  Der Fettverzehr sollte pro Person und Tag nur etwa 60 Gramm bis 90 Gramm Fett betragen.
- **Auf versteckte Fette achten.**
  Wurst, Fleisch, Käse sowie Süßwaren können reich an versteckten Fetten sein. Eine Bratwurst enthält etwa 50 Gramm Fett.
- **Fette mit einem hohen Anteil ungesättigter Fettsäuren bevorzugen.**
  Pflanzliche Fette sind besonders geeignet.
- **Der Anteil gesättigter, einfach ungesättigter und mehrfach ungesättigter Fettsäuren sollte jeweils ein Drittel des gesamten Fettverzehrs betragen.**

3. *Ernährungstip:* **Fette**

Kamele speichern viel Fett in ihren Höckern. Nur so können sie große Strecken ohne Nahrung und Wasser zurücklegen. Durch den Abbau von Fetten gewinnen sie nicht nur die notwendige Energie, sondern auch Wasser. So liefern 100 Gramm Fett 3900 kJ Energie und 107 Gramm Wasser. Eiweiße und Kohlenhydrate ergeben nur rund 1700 kJ pro 100 Gramm. Fette sind also die bei weitem energiereichsten Nährstoffe.

Fettverdauung. Alle Nahrungsfette sind nach dem gleichen Schema aufgebaut. Jedes Molekül besteht aus einem Glycerin-Rest und drei Fettsäure-Resten. Beim Menschen werden Fette überwiegend im Zwölffingerdarm verdaut. Die Fette werden hier zunächst durch Gallensaft emulgiert und dadurch fein verteilt. So vergrößert sich die Oberfläche des Fetts und der chemische Abbau wird erleichtert.
Enzyme der Bauchspeicheldrüse katalysieren nun die Abspaltung einzelner Fettsäure-Reste. Die Fettsäure-Moleküle passieren die Darmwand und werden mit dem Blut zu den Muskeln transportiert. In den Muskeln erfolgt die Oxidation von Fettsäuren zu Kohlenstoffdioxid und Wasser. Die hierbei freigesetzte Energie wird für Muskelarbeit genutzt. Glycerin und Fettsäuren können jedoch im Blut auch wieder zu Fetten zusammengesetzt und dann im Fettgewebe als Depotfett abgelagert werden.

Fette und Gesundheit. Im Durchschnitt nimmt jeder Deutsche täglich 140 Gramm Fett zu sich. Die Hälfte davon entfällt auf versteckte Fette in Milchprodukten, Wurst und Gebäck. Der tägliche Fettverzehr sollte nach einer Empfehlung der Deutschen Gesellschaft für Ernährung zwischen 60 Gramm und 90 Gramm liegen. Wir essen jedoch nicht nur zuviel Fette, sondern auch die falschen Fette.
Die einzelnen Nahrungsfette unterscheiden sich stark in der Art der Fettsäuren. Ihr Grundgerüst ist jeweils eine Kette von 4 bis 24 Kohlenstoff-Atomen. Bei **gesättigten Fettsäuren** treten nur C—C-Einfachbindungen auf. **Ungesättigte Fettsäuren** enthalten eine oder mehrere C=C-Zweifachbindungen.

In *tierischen Fetten* sind überwiegend gesättigte Fettsäuren wie Stearinsäure gebunden. Die übermäßige Aufnahme gesättigter Fettsäuren kann zu einem Risikofaktor für Herz-Kreislauf-Erkrankungen werden. *Pflanzliche Fette* und Fischöle enthalten vorwiegend Ölsäure und andere ungesättigte Fettsäuren.
Mehrfach ungesättigte Fettsäuren wie Linolsäure kann der Mensch selbst nicht synthetisieren. Sie werden daher als lebenswichtige, *essentielle Fettsäuren* bezeichnet. Sie müssen dem Körper mit der Nahrung zugeführt werden.

Brühwurst mit Eis?

Das Angebot an Wurstwaren ist hierzulande überwältigend. Rund 1500 Sorten werden hergestellt. Ihr Fettgehalt kann je nach Sorte sehr hoch sein. So enthalten beispielsweise Fleischwürste etwa 30%, Leberwürste 50% und fette Mettwürste bis zu 70% Fett. Ein Teil des Fetts, das mit dem Fleisch nicht direkt verkauft werden kann, gelangt so über die Wurst auf den Tisch der Verbraucher.

Den mengenmäßig größten Teil des Wurstsortiments einer Fleischerei machen die Brühwürste aus. Hierzu gehören beispielsweise Knackwürste, Fleischwürste und Bratwürste. Brühwürste enthalten neben dem zerkleinerten Fleisch zusätzlich Fettgewebe und Speck. Das Fett dient als Geschmacksträger für die zugesetzten Gewürze und verleiht den Brühwürsten ihren Glanz.
Die Zutaten werden in einem Schneidegerät, dem Kutter, zerkleinert. Da hierbei rasch Reibungswärme entsteht und Fleischeiweiß beim Erwärmen seine Struktur verändert, muß Eis zugeschüttet werden. Danach werden Phosphat, Citrat und Lactat zugesetzt. Hierdurch bildet sich eine Emulsion aus Fett und Eiweiß, und das Fleisch nimmt mehr Wasser auf.

Lagert sich Sauerstoff an Muskeleiweiß an, so verliert Fleisch rasch seine rote Farbe. Die Fleischer verhindern dieses Grauwerden durch Zusatz von *Pökelsalzen*. Diese enthalten Natriumnitrit ($NaNO_2$), das zu Stickstoffmonooxid reduziert wird. Stickstoffmonooxid lagert sich an das Muskeleiweiß an und verhindert so die Reaktion mit Sauerstoff.

Die fertige Grundmasse wird in Därme gefüllt und anschließend gebrüht, gebacken oder über Dampf gegart. Dabei gerinnt das Muskeleiweiß und die Brühwürste erhalten ihre feste Struktur.

Cholesterin – ein problematisches Blutfett

In medizinischen Labors werden bei Blutuntersuchungen routinemäßig auch die Blutfettwerte bestimmt. Zu den Blutfetten gehört neben den eigentlichen Nahrungsfetten auch Cholesterin. Nach seinem chemischen Aufbau ist Cholesterin zwar kein Fett, es zeigt aber das gleiche Löslichkeitsverhalten wie ein Fett: Es ist unlöslich in Wasser.

Cholesterin ist lebenswichtig. Es wird vom Körper selbst produziert. Zusätzlich wird es mit tierischen Nahrungsmitteln aufgenommen. Ein erhöhter Cholesterinspiegel im Blut zählt zu den Risikofaktoren für **Arterienverkalkungen** (Arteriosklerose). Dabei lagert sich an den Gefäßwänden Cholesterin ab. Der Blutdurchfluß wird hierdurch erschwert, die Arterien verengen sich. Verschließen sich Arterien des Gehirns, so kommt es zum Schlaganfall. Einen Arterienverschluß der Herzgefäße nennt man Herzinfarkt.

Fette und Cholesterin werden im Blut an Eiweiß-Moleküle gebunden. So entstehen **Lipoproteine**. Diese Makromoleküle sind je nach Zusammensetzung unterschiedlich groß und weisen unterschiedliche Dichten auf. **HD-Lipoproteine** (engl. *high density*: hohe Dichte) werden als positive Blutfette bezeichnet, da sie das Cholesterin zur Leber transportieren, wo es abgebaut wird. **LD-Lipoproteine** (engl. *low density*) enthalten den höchsten Anteil an Cholesterin. Sie sind vermutlich die blutgefäßschädigenden Lipoproteine und werden daher als negative Blutfette bezeichnet. Ein erhöhter Cholesterinspiegel im Blut geht oft auf eine fettreiche Ernährung zurück, er kann aber auch erblich bedingt sein.

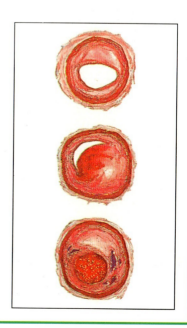

21.7 Fette – chemisch betrachtet

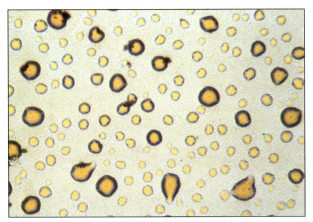

1. Mikroskopisches Bild der Milch

Ein Blick auf die Verpackung zeigt, daß auch Trinkmilch Fett enthält. Im Mikroskop ist das Milchfett als Tröpfchen in der wässerigen Flüssigkeit gut zu erkennen. Die fein verteilten Fetttropfen und das Wasser bilden eine **Emulsion**. Im Gegensatz zu einer echten Lösung sieht eine Emulsion milchig trübe aus.

Die Bildung einer Emulsion aus Milchfett und Wasser zeigt, daß Fette in Wasser unlöslich sind. In unpolaren Lösungsmitteln wie Benzin, Ether oder Chloroform lösen sich Fette dagegen gut. Wasser perlt von Fett ab, Fette wirken also wasserabstoßend, sie sind **hydrophob.**

Jedes Lebewesen enthält Fette und fettähnliche Verbindungen. Die aus den verschiedensten tierischen und pflanzlichen Organismen isolierten Fette unterscheiden sich in ihrer Konsistenz. Manche sind bei Raumtemperatur fest, andere streichbar und wiederum andere flüssig. Flüssige Fette werden auch als **Öle** bezeichnet.

Fette haben keine konstante Schmelztemperatur. Sie erweichen allmählich, da sie keine Reinstoffe sind. Natürlich vorkommende Fette sind immer Gemische aus verschiedenen Verbindungen, die sich in den Fettsäure-Resten unterscheiden. Jede einzelne dieser Verbindungen hat eine definierte Schmelztemperatur.

Aufgabe 1: Fette werden auch als *Triglyceride* bezeichnet. Erkläre diesen Begriff.

Aufgabe 2: Fette lösen sich nicht in Wasser. Kocht man jedoch das Fett mit Natronlauge, so entstehen wasserlösliche Stoffe. Erkläre diesen Sachverhalt und formuliere die Reaktionsgleichung.

Aufgabe 3: Informiere dich anhand einer Margarineverpackung über die verschiedenen Bestandteile der Margarine.

THEORIE

Kondensation und Hydrolyse

Fette entstehen bei der Reaktion von Glycerin mit Fettsäuren. Dabei wird Wasser frei. Derartige Reaktionen, bei denen sich neue Moleküle unter Abspaltung kleiner Moleküle wie Wasser bilden, nennt man **Kondensation**.

Behandelt man Fette mit heißem Wasserdampf, so zerfallen die Fette wieder in Glycerin und Fettsäure. Eine solche Molekülspaltung durch Reaktion mit Wasser bezeichnet man als **Hydrolyse.**

Stearinsäure + Ölsäure + Palmitinsäure + Glycerin ⇌ (Kondensation / Hydrolyse) Fett + 3 H_2O

Bau eines Fett-Moleküls. Fett-Moleküle entstehen bei der Reaktion von Glycerin mit Fettsäuren unter Abspaltung von Wasser. Ein Glycerin-Molekül hat drei reaktionsfähige Hydroxyl-Gruppen, ein Fett-Molekül enthält daher neben dem Glycerin-Rest drei Fettsäure-Reste. In der Regel sind die Fettsäure-Reste in einem Fett-Molekül unterschiedlich.
Bei hohem Druck lassen sich Fette durch Wasser in Glycerin und Fettsäuren spalten. Die *Fettspaltung* ist demnach eine *Hydrolyse*.
Fette können auch durch Kochen mit Natronlauge zerlegt werden. Hierbei entstehen neben Glycerin die Natrium-Salze der Fettsäuren. Diese Verbindungen kennt man als *Seifen*. Die Fettspaltung mit Natronlauge wird daher auch *Verseifung* genannt.

Fettsäuren. Die in Fetten gebundenen Fettsäuren sind oft langkettig und enthalten stets eine gerade Anzahl an Kohlenstoff-Atomen. Besonders häufig sind die *Palmitinsäure* mit 16 C-Atomen und die *Stearinsäure* mit 18 C-Atomen im Molekül. Diese gesättigten Fettsäuren sind bei Zimmertemperatur fest. Daneben treten in Fetten auch **ungesättigte Fettsäuren** auf. Sie enthalten C=C-Zweifachbindungen. Von den Fettsäuren mit 18 Kohlenstoff-Atomen im Molekül ist die *Ölsäure* einfach ungesättigt, die *Linolsäure* und die *Linolensäure* sind mehrfach ungesättigt.

An den C=C-Zweifachbindungen einer ungesättigten Fettsäure sind die beiden Kettenreste zur gleichen Seite hin gerichtet, die Kohlenwasserstoff-Kette ist dadurch geknickt. Ungesättigte Fettsäuren bilden daher im Vergleich zu gesättigten Fettsäuren gleicher Kettenlänge schwerer eine geordnete Struktur. Sie sind deshalb bei Zimmertemperatur flüssig.

Eigenschaften von Fetten. Die *Konsistenz* eines Fettes ergibt sich aus der Art der gebundenen Fettsäuren: Gesättigte Fettsäuren bewirken eine höhere Schmelztemperatur des Fettes. Fette mit einem hohen Anteil an Stearinsäure und Palmitinsäure sind daher bei Zimmertemperatur fest. Öle enthalten dagegen einen hohen Anteil an ungesättigten Fettsäuren und sind deshalb flüssig.
C=C-Zweifachbindungen in ungesättigten Verbindungen können durch Addition von Brom oder Iod nachgewiesen werden. In der Lebensmittelchemie gibt man mit der *Iodzahl* an, wieviel Gramm Iod von 100 Gramm eines Fettes gebunden werden.

Das *Löslichkeitsverhalten* der Fette wird durch die langen, unpolaren Kohlenwasserstoff-Ketten der Fettsäure-Reste bestimmt. Fette lösen sich daher nur in unpolaren Lösungsmitteln wie Benzin und sind unlöslich in Wasser.

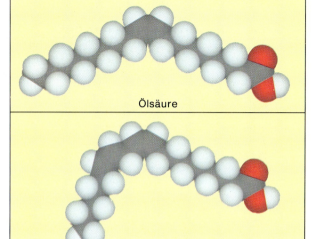

gesättigte Fettsäuren	Beispiele	Vorkommen
kurzkettig	Buttersäure C_3H_7COOH	Butter
mittelkettig	Caprylsäure $C_7H_{15}COOH$	Kokosfett
langkettig	Palmitinsäure $C_{15}H_{31}COOH$	in allen Nahrungsfetten
	Stearinsäure $C_{17}H_{35}COOH$	

Palmitinsäure

Stearinsäure

ungesättigte Fettsäuren	Beispiele	Vorkommen
mit 1 C=C-Zweifachbindung	Ölsäure $C_{17}H_{33}COOH$	Olivenöl, Margarine
mit 2 C=C-Zweifachbindungen	Linolsäure $C_{17}H_{31}COOH$	Maiskeimöl, Sojaöl,
mit 3 C=C-Zweifachbindungen	Linolensäure $C_{17}H_{29}COOH$	Leinöl

Ölsäure

Linolsäure

1. Übersicht: Fettsäuren

Fette

Versuch 1: Gewinnung von Fetten

Materialien: Reibschale, Reagenzglas mit Stopfen, Uhrglas, Filtrierpapier;
Sonnenblumenkerne oder Rapskörner, Heptan (F).

Durchführung:
1. Zerkleinere die Pflanzensamen in der Reibschale und gib die Probe in das Reagenzglas.
2. Füge etwa 5 ml Heptan hinzu, verschließe das Glas mit dem Stopfen und schüttle es.
3. Führe die **Fettfleckprobe** durch:
   Bringe dazu einen Tropfen der überstehenden Lösung auf Filtrierpapier.
4. Lasse den Rest der Lösung im Abzug auf dem Uhrglas verdunsten.

Aufgabe: Notiere deine Beobachtungen.

Versuch 2: Nachweis ungesättigter Fettsäuren

Materialien: Tropfpipette, Bechergläser (50 ml);
Schmalz, Speiseöl, Brom-Lösung (T, F) (zuvor zubereitet aus: 1 ml Brom in 50 ml Heptan).

Durchführung:
1. Löse im Becherglas etwa 1 g Schmalz oder 1 ml Speiseöl in 10 ml Heptan.
2. Tropfe die Brom-Lösung zu den beiden Ansätzen, bis keine Entfärbung mehr eintritt.

Aufgaben:
a) Notiere und deute deine Beobachtungen.
b) Formuliere für die Reaktion von Ölsäure mit Brom die Reaktionsgleichung.

Versuch 3: Brennbarkeit von Fetten und Ölen

Materialien: Porzellanschale, Gasbrenner, Reagenzglas;
Speiseöl.

Durchführung:
1. Gib in die Porzellanschale gerade so viel Speiseöl, daß der Boden bedeckt ist.
2. Versuche das Öl mit der Brennerflamme zu entzünden.
3. Fülle in ein Reagenzglas etwa 2 ml Speiseöl und erhitze das Reagenzglas vorsichtig, bis das Öl zu rauchen anfängt. Halte dann die Brennerflamme an die Öffnung des Reagenzglases.

Aufgaben: Notiere und deute deine Beobachtungen.

Versuch 4: Verseifung eines Fettes

Materialien: Meßzylinder (25 ml), Waage, Becherglas (400 ml), Erlenmeyerkolben (100 ml) mit durchbohrtem Stopfen und Glasrohr, Reagenzglas, Gasbrenner, Dreifuß mit Drahtnetz;
Speiseöl, Natriumhydroxid (C), Ethanol (F), Paraffinöl, Siedesteine.

Durchführung:
1. Gib in den Erlenmeyerkolben 3 ml Speiseöl, 10 ml Wasser, 4 g Natriumhydroxid-Plätzchen und 25 ml Ethanol.
2. Füge einige Siedesteinchen hinzu und setze das Glasrohr auf den Kolben.
3. Erhitze das Gemisch etwa 20 Minuten auf dem siedenden Wasserbad, schüttle den Kolben dabei gelegentlich.
4. Gib einen Teil der sich oben absetzenden Flocken in ein Reagenzglas mit destilliertem Wasser und schüttle.
5. *Unterscheidung von Speiseöl und Mineralöl:*
   Wiederhole den Versuch mit Mineralöl (Paraffinöl).

Aufgabe: Erkläre deine Beobachtungen.

Hinweis: Paraffinöl ist ein Gemisch langkettiger Kohlenwasserstoffe.

Hinweis: **Fettbrände sind gefährlich!**
Oberhalb von 300 °C können sich Fette an der Luft von selbst entzünden. *Fettbrände dürfen keinesfalls mit Wasser gelöscht werden*, da Wasser wegen seiner höheren Dichte im Öl absinkt und dann sofort verdampft. Brennendes Fett wird dadurch nach allen Seiten weggeschleudert. Fettbrände löscht man daher durch Abdecken.

Von der Sojabohne zur Margarine

Margarine ist eine Wasser-in-Öl-Emulsion mit einem Mindestfettgehalt von 80%. Bei den heutigen Margarinesorten überwiegen pflanzliche Öle und Fette. Sie werden in mehreren Arbeitsschritten in Ölmühlen gewonnen.

Rohstoffgewinnung. Sojabohnen, Sonnenblumenkerne, Baumwollsaat, Erdnüsse, Ölpalmfrüchte und Kokosnüsse sind wichtige Rohstoffe für die Herstellung von Margarine.

Die Samen oder das Fruchtfleisch dieser Pflanzen werden zunächst in Brechern zerkleinert und gequetscht. Anschließend erfolgt das *Pressen*. Hierbei wird das erwärmte Pflanzenmaterial bei etwa 70°C durch Schneckenpressen geführt, die wie ein Fleischwolf arbeiten. Bei dieser Heißpressung verlieren die Fette unangenehme Geruchsstoffe und Geschmacksstoffe.

Der zurückbleibende Saatenbrei enthält je nach Sorte noch bis zu 30% Fett, das durch *Extraktion* mit Hexan herausgelöst wird. Die Trennung des Hexans vom Öl erfolgt später durch Vakuumdestillation. Der verbleibende Brei enthält noch 1% Fett. Er läßt sich als Viehfutter verwenden.

Das so gewonnene Öl enthält noch viele unerwünschte Bestandteile, die durch *Raffination* entfernt werden. Mehrere Arbeitsgänge sind hierbei erforderlich: Beim *Entsäuern* werden freie Fettsäuren, die zum schnellen Verderben des Fettes führen würden, durch Laugenzusatz entfernt. Das anschließende *Waschen* mit verdünnter Phosphorsäure schwemmt Schwermetallspuren aus. Es folgt das *Bleichen* und *Filtern*. Dabei werden dem Öl durch Zusatz von Bleicherde Farbstoffe und Schleime entzogen. Nun ist das Öl klar und hell. Beim abschließenden *Dämpfen* und *Desodorieren* durchströmen Heißwasserdämpfe das Öl und beseitigen auch die letzten unerwünschten Geschmacks- und Geruchsstoffe. So erhält man ein relativ haltbares, klares und geschmackloses Öl. Es findet Verwendung als Speiseöl sowie als Grundstoff für die Herstellung von Mayonnaise, Backfett und Margarine.

An die Raffination kann sich die *Härtung* der Öle zu festen und halbfesten Fetten anschließen. Bei diesem als *Hydrierung* bezeichneten Verfahren werden ungesättigte Fettsäure-Reste durch katalytische Anlagerung von Wasserstoff in gesättigte Fettsäure-Reste umgewandelt.

Herstellung von Margarine. Um Margarine herzustellen, benötigt man außer Fetten auch Wasser und entrahmte Milch. Hinzu kommen die Vitamine A und D, der Naturfarbstoff β-Carotin sowie Lecithin oder Eigelb als Emulgator.

In einem Schnellkühler werden alle Zutaten rasch abgekühlt und miteinander verrührt. Es bildet sich eine Emulsion, die sofort erstarrt.

Je nach Zusammenstellung der verschiedenen, teils gehärteten Fette erhält man Margarinesorten, die den unterschiedlichen Kundenwünschen und der Jahreszeit angepaßt sind.

Sojapflanze und Sojabohne

Versuch 1: Herstellung von Margarine
Vermische 200 g geschmolzenes Fritier-Fett und 50 g Speiseöl. Gib nach dem Abkühlen der Mischung unter ständigem Rühren 45 ml Eiswasser, 20 ml Dickmilch, 1 Eigelb und 1 g Kochsalz hinzu. Rühre anschließend so lange, bis die Masse steif ist.

Aufgabe 1: Es gibt verschiedene Margarinesorten: *Tafelmargarine* ist eine Mischung tierischer und pflanzlicher Fette mit geringem Anteil ungesättigter Fettsäuren. *Pflanzenmargarine* enthält einen höheren Anteil ungesättigter Fettsäuren pflanzlicher Herkunft. *Diätmargarine* muß kochsalzarm sein und mindestens 40 Prozent mehrfach ungesättigte Fettsäuren enthalten. *Halbfettmargarine* hat etwa 40 Prozent Fett und einen höheren Kochsalzgehalt als normale Margarinen. Beurteile die Qualität der verschiedenen Margarinesorten.

Fettphase und wässerige Phase im Schnellkühler

21.8 Aufgaben · Versuche · Probleme

Aufgabe 1: Stelle die Spaltung des Rohrzucker-Moleküls in einem Reaktionsschema dar.

Aufgabe 2: Würfelzucker ist chemisch Rohrzucker. Bei der Oxidation dieses Stoffs entstehen Kohlenstoffdioxid und Wasser.
a) Entwickle die Reaktionsgleichung für die Reaktion.
b) Wieviel Liter Kohlenstoffdioxid erhält man bei der Oxidation eines Stückes Würfelzucker mit der Masse 4 g? ($V_m = 24 \frac{l}{mol}$)

Aufgabe 3: Bei der Spaltung von Stärke erhält man das Disaccharid Maltose, bei der Spaltung von Cellulose das Disaccharid Cellobiose. Erkläre den Unterschied im Molekülbau von Maltose und Cellobiose.

Aufgabe 4: Auf Halbfettmargarine findet man den Zusatz: Nicht zum Kochen und Braten geeignet. Erkläre diesen Hinweis.

Aufgabe 5: a) Was versteht man unter Fetthärtung?
b) Warum sind gehärtete Fette für die Ernährung weniger sinnvoll als ungehärtete?

Aufgabe 6: Frau Schulze bringt eine weiße pulverige Substanz mit in den Chemieunterricht. Wie kann man nachweisen, daß es sich um einen Eiweißstoff handelt und nicht um ein Kohlenhydrat oder Fett?

Aufgabe 7: Begründe die Abstufung der Schmelztemperaturen.

Fettsäure	C-Atome	Zweifachbindungen	Schmelztemperatur
Myristinsäure	14	—	54 °C
Palmitinsäure	16	—	63 °C
Stearinsäure	18	—	71 °C
Ölsäure	18	1	16 °C
Linolsäure	18	2	− 5 °C
Linolensäure	18	3	− 11 °C

Versuch 1: Herstellung von Suppenwürze
Gib eine Portion Quark auf einen Teller und stelle diesen zum Trocknen auf einen Heizkörper.
Versetze 50 g des getrockneten Eiweißes in einem Erlenmeyerkolben mit konzentrierter Salzsäure (C), bis das Eiweiß gut durchfeuchtet ist. Man benötigt dazu etwa 30 ml Salzsäure. Erhitze nun das Gemisch eine Stunde lang auf dem Wasserbad auf 100 °C. *Abzug!* Während dieser Zeit müssen nach und nach etwa 15 ml verdünnte Salzsäure (1:1) zugegeben werden.
Erhitze in einem zweiten Erlenmeyerkolben im Wasserbad 30 g zerkleinertes Gemüse (Sellerie, Lauch, Zwiebeln) zusammen mit Pfeffer, Paprikapulver, Muskatnuß und mit 50 ml verdünnter Salzsäure (1:3) bis zur beginnenden Bräunung.
Vermische die beiden Ansätze in einer Abdampfschale und verdünne mit 50 ml Wasser. Neutralisiere dann die Säure mit Natriumhydrogencarbonat, bis sich keine Gasblasen mehr bilden.
Zuletzt wird die Würze abgeschmeckt und mit etwas Glutamat zur Verstärkung des Geschmacks versetzt.

Versuch 2: Nachweis von Stärke
Zerkleinere einige Reiskörner mit Reibschale und Pistill. Koche den zerstoßenen Reis in einem Reagenzglas mit etwas Wasser. Gib nach dem Abkühlen einige Tropfen Iod-Lösung zu.
Verfahre ebenso mit weißen Bohnen und mit Erbsen.

Versuch 3: Entfernung von Fettflecken auf Papier
Verrühre Magnesiumoxid in einer Schale so lange mit etwas Benzin (F), bis eine krümelige Masse entsteht. Verreibe diese Masse auf dem Fleck, lege dann ein Papier darüber und warte 10 Minuten. Klopfe anschließend die Krümel ab: Der Fettfleck ist verschwunden.

Problem 1: Zur Charakterisierung der Qualität von Fetten wird der P/S-Quotient verwendet. Er gibt das Verhältnis von mehrfach ungesättigten (engl. *polyunsaturated*) zu gesättigten (engl. *saturated*) Fettsäuren an. Fette mit einem P/S-Quotienten, der größer bzw. gleich 1 ist, werden in der Ernährungslehre als gute Fette bezeichnet. Erkläre diese Aussage.

Problem 2: Ein übergewichtiger Sportlehrer (44 Jahre, 95 kg) hat einen Energiebedarf von rund 12 000 kJ pro Tag. Nach langer Zeit nimmt er einen neuen Anlauf zur Gewichtsreduktion. Sein selbstgestecktes Ziel liegt bei 75 kg. Mit dem Arzt hat er abgesprochen, daß er nur 5000 kJ pro Tag mit der Nahrung aufnimmt.
a) Berechne, wie lange er hungern muß, bis er sein Ziel erreicht hat. (100 g Fett liefern 3900 kJ)
b) Nach zwei Tagen verkündet er stolz, daß er bereits 2,5 kg abgespeckt habe. Wie ist diese große Gewichtsreduktion zu erklären?

Problem 3: Informiere dich über die folgenden Diäten und erstelle eine Tabelle mit Vorteilen und Nachteilen.

- **Fett- und Eiweiß-Diäten**
  Es sind nur Fett und Eiweiß erlaubt.
  Beispiele: Atkins-Diät, Punkte-Diät.

- **Kohlenhydrat-Diäten**
  Es ist nur kohlenhydratreiche Kost erlaubt.
  Beispiele: Kartoffel-Diät, Reis-Diät, Obst- und Gemüse-Diäten.

- **Eiweiß-Diäten**
  Es ist nur eiweißreiche Kost erlaubt.
  Beispiele: Quark-Diät, Hollywood-Diät.

- **Energiereduzierte Diäten**
  Es gibt kalorienreduzierte Mischkost (Fette, Kohlenhydrate und Eiweiß).
  Beispiele: FdH, Brigitte-Diät.

Kohlenhydrate – Fette – Eiweißstoffe

1. Kohlenhydrate

a) Kohlenhydrate sind Verbindungen der Elemente Kohlenstoff, Wasserstoff und Sauerstoff: $C_m(H_2O)_n$.

b) Bausteine der Kohlenhydrate sind ringförmige Moleküle. Man teilt die Kohlenhydrate ein in:
- **Einfachzucker** (Monosaccharide). *Beispiele:* Glucose (Traubenzucker), Fructose (Fruchtzucker).
- **Zweifachzucker** (Disaccharide). *Beispiele:* Saccharose (Rohrzucker), Maltose (Malzzucker).
- **Vielfachzucker** (Polysaccharide). *Beispiele:* Stärke, Cellulose.

c) Struktur und Eigenschaften:

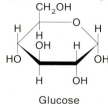
Glucose

Die Hydroxyl-Gruppen bilden *Wasserstoffbrückenbindungen*:
- Einfachzucker und Zweifachzucker sind daher gut wasserlöslich.
- Kohlenhydrate zersetzen sich daher beim Erhitzen.

d) Ernährung:
Der Mensch sollte gut die Hälfte seines Energiebedarfs in Form von Kohlenhydraten aufnehmen. Dabei sollten in erster Linie stärkehaltige Nahrungsmittel verzehrt werden. Ein zu hoher Zuckerkonsum führt zu Übergewicht und verursacht Karies.

2. Fette

a) Fette entstehen bei der Reaktion von Glycerin. Dabei wird Wasser frei.

b) Fett-Moleküle bestehen aus einem Glycerin-Rest und drei, meist verschiedenen Fettsäure-Resten:

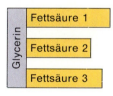

c) Struktur und Eigenschaften:
Die physikalischen Eigenschaften der Fette werden durch die Kohlenwasserstoff-Ketten der gebundenen Fettsäuren bestimmt.

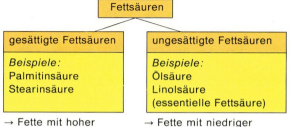

→ Aufgrund des unpolaren Kohlenwasserstoff-Rests lösen sich Fettsäuren und Fette nicht in Wasser.

d) Ernährung:
Fette sind die energiereichsten Nährstoffe. In einer ausgewogenen Ernährung sollte der Gesamtenergiebedarf zu etwa 30 % durch Fette gedeckt werden. Dies entspricht einem täglichen Fettverzehr von 60 g bis 90 g. Pflanzliche Fette mit einem hohen Anteil ungesättigter Fettsäuren sollten bevorzugt werden.

3. Eiweißstoffe

a) Eiweißstoffe sind **makromolekulare** Substanzen.

b) Bausteine der Eiweißstoffe sind die **Aminosäuren.**

c) Struktur der Aminosäuren:

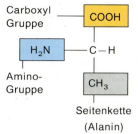
(Alanin)

Es gibt 20 verschiedene Aminosäuren. Sie unterscheiden sich durch die Seitenkette.
Beispiele: Glycin, Alanin

d) Struktur der Eiweißstoffe:

Primärstruktur	Reihenfolge der Aminosäure-Einheiten im Eiweißstoff
Sekundärstruktur	Wasserstoffbrückenbindungen zwischen den CO- und NH-Gruppen der einzelnen Aminosäure-Einheiten
Tertiärstruktur	Wechselwirkungen zwischen den Seitenketten der einzelnen Aminosäure-Einheiten

Die Tertiärstruktur wird durch Säuren, Salze und Temperaturen über 50 °C zerstört: Der Eiweißstoff wird *denaturiert*.

e) Ernährung:
Die Deutsche Gesellschaft für Ernährung empfiehlt pro Person und Tag etwa 45 g bis 55 g Eiweiß. Tierisches Eiweiß hat eine hohe biologische Wertigkeit: Es enthält die essentiellen Aminosäuren im für den Menschen ausgewogenen Verhältnis. Eiweißreiche pflanzliche Produkte enthalten aber weniger Fett.

22 Organische Werkstoffe

Mit Brettern aus Holz und mit Segeln aus Leinen gäbe es keinen Surfsport. Das Surfen ist ein typisches Kind des Kunststoffzeitalters.

Ein Surfbrett wird extrem belastet. Es soll bruchsicher, verwindungssteif und beständig gegen Luft und Wasser sein. Gleichzeitig soll es aber sehr leicht und schwimmfähig sein. Damit das Brett gut auf den Wellen gleitet, soll es eine sehr glatte Unterseite besitzen, andererseits darf der Surfer auf dem Brett nicht ausrutschen. Nicht zuletzt soll das Surfbrett in der optimalen Form kostengünstig hergestellt werden können.

Nur mit *organischen Werkstoffen* lassen sich alle diese Anforderungen erfüllen.

Schlagzähe UV-beständige Polycarbonat-Außenhaut als wasserdichte Verpackung des hochkarätigen Innenlebens.

Doppelte Polyurethan-Lackierung zum Schutz des Farb-Designs und Anti-Rutsch-Belag.

Ultraleichter expandierbarer Polystyrol-Schaumkern, der selbst bei beschädigter Außenhaut kein Wasser aufnimmt.

Verstärkungslage im Standbereich.

Hochfestes Multi-Axial-Glasgewebe aus drei Schichten bringt die nötige Grundfestigkeit.

Verbundschicht

Die Wabenstruktur sorgt für hohe Steifigkeit und Druckfestigkeit.

Randverstärkung

Gewebeverstärkung

Carbon-Einlagen in Längsrichtung für mehr Steifigkeit.

Composite-Stringer machen die kleinen extrem beanspruchten Boards noch steifer und bruchfester.

22.1 Werkstoffe nach Maß

1. Kunststoffe im Auto

Heute sind von den 5000 Einzelteilen eines Autos etwa 1500 aus Kunststoff. Enthielt ein Mittelklassewagen vor 20 Jahren neben 78% Stahl höchstens 4% Kunststoffe, so ist der Kunststoffanteil inzwischen auf etwa 10% gestiegen. Der Stahlanteil verminderte sich entsprechend. Obwohl die Dichte von Kunststoffen rund siebenmal kleiner ist als die Dichte von Stahl, sind die heutigen Autos nicht leichter geworden. Die Gewichtseinsparung wurde durch den Einbau zusätzlicher Teile wieder aufgezehrt.

Es gibt eine ganze Reihe von Gründen, herkömmliche Werkstoffe wie Stahl, Glas und Gummi durch Kunststoffe zu ersetzen:
– Kunststoffe sind beliebig formbar. Karosserieteile, Armaturenbretter oder Benzintanks lassen sich in jeder gewünschten Form kostengünstig als Serienprodukte herstellen.
– Kunststoffe rosten nicht.
– Kunststoffe erhöhen die Sicherheit. Vor allem Innenauskleidungen sind aus elastischen Materialien gefertigt.
– Kunststoffe verbessern den Komfort. Sie lassen sich zu anatomisch paßgenauen Sitzpolstern schäumen.
– Kunststoffe sind leicht. Durch Gewichtseinsparung wird der Benzinverbrauch gesenkt.

Dem Einsatz von organischen Werkstoffen sind aber Grenzen gesetzt. Die meisten Kunststoffe sind nicht genügend wärmebeständig; es fehlt ihnen an Härte, Festigkeit und chemischer Stabilität.

Zu den Kunststoffen mit besonders guten Werkstoffeigenschaften gehören die neu entwickelten *Kunststofflegierungen* und die *Verbundwerkstoffe*.

Kunststofflegierungen. Schmilzt man verschiedene Kunststoffe zusammen, so bildet sich eine Kunststofflegierung mit neuen Eigenschaftskombinationen. Hartes Polystyrol ergibt mit einem elastischen Kunststoff eine schlagzähe Kunststofflegierung. Sie ist mechanisch hoch belastbar, erweist sich aber beim Aufprall als nachgiebig. Aus dieser Legierung werden deshalb Innenauskleidungen für Autos gefertigt.

Verbundwerkstoffe. Häufig werden Kunststoffe zusammen mit einem Verstärkungsmaterial zu einem Verbundwerkstoff verarbeitet. Als Grundsubstanz eignen sich Polyesterharze, Epoxidharze und Polyamide. Als Verstärkung werden Glasfasern, Kohlefasern und Aramidfasern eingebettet. Verbundwerkstoffe sind extrem belastbar und beständig gegen hohe Temperaturen. Selbst Blattfedern für LKWs lassen sich aus Verbundwerkstoffen herstellen.

22.2 Die Struktur bestimmt die Eigenschaft

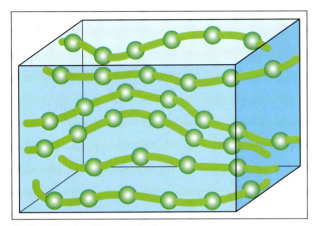

1. Struktur von Thermoplasten

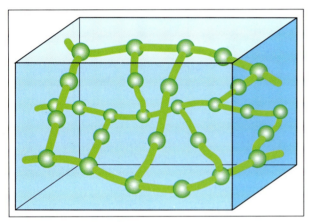

2. Struktur von Duroplasten

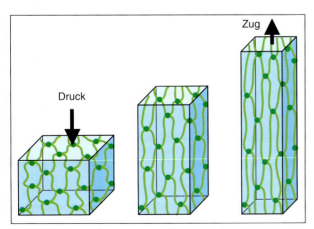

3. Struktur von Elastomeren – Verhalten bei Zug und Druck

Kunststoffe sind *makromolekulare Stoffe*. Sie bilden sich aus kleinen Molekülen, die sich zu Riesenmolekülen vereinigen. Entsprechend ihrem Verhalten beim Erwärmen lassen sich die Kunststoffe in *Thermoplaste, Duroplaste* und *Elastomere* einteilen.

Thermoplaste. Wenn man Plexiglas erwärmt, erweicht es und wird plastisch. Es läßt sich dann in jede gewünschte Form bringen. Die Form bleibt beim Abkühlen erhalten. Erweichen und Erstarren lassen sich beliebig oft wiederholen. Kunststoffe, die sich wie Plexiglas verhalten, werden *Thermoplaste* genannt. Zu ihnen gehören auch Polyethen, Polystyrol und Polyvinylchlorid.

Die Eigenschaften der Thermoplaste beruhen auf ihrer Struktur. Die Makromoleküle bilden lange Ketten, die teilweise verknäuelt sind und durch VAN-DER-WAALS-Bindungen zusammengehalten werden. Beim Erwärmen werden die Anziehungskräfte zwischen den Molekülketten überwunden, so daß die Makromoleküle aneinander vorbeigleiten können.

Duroplaste. Steckverbindungen für Kabel im Bereich des Motorblocks dürfen sich in der Hitze nicht verformen. Kunststoffe mit dieser Eigenschaft nennt man *Duroplaste*. Zu ihnen gehören Epoxidharze und Polyesterharze.

Die Makromoleküle von Duroplasten bilden ein Netzwerk. Diese Struktur bleibt beim Erwärmen erhalten, weil starke Elektronenpaarbindungen vorliegen. Erst bei sehr hohen Temperaturen werden die C−C-Bindungen gespalten: Der Kunststoff zersetzt sich.

Gegenstände aus Duroplasten müssen bereits in ihrer endgültigen Form hergestellt werden. Nach dem Aushärten lassen sich Duroplaste nur noch durch Feilen, Sägen, Bohren oder Fräsen mechanisch bearbeiten.

Elastomere. Reifen und Sitzpolster bestehen aus makromolekularen Stoffen mit ganz anderen Eigenschaften: Sie verhalten sich beim Erwärmen wie Duroplaste; äußerem Druck geben sie aber nach und nehmen anschließend ihre alte Form wieder ein. Solche Kunststoffe bezeichnet man als *Elastomere*.

Die Struktur von Elastomeren ähnelt der von Duroplasten. In Elastomeren sind die Makromoleküle jedoch viel weitmaschiger vernetzt. Wirken nun Zug oder Druck ein, so können die Molekülketten zusammengeschoben oder gedehnt werden. Da aber die Vernetzung erhalten bleibt, kehrt der Kunststoff in seine ursprüngliche Form zurück.

Kunststoffe

Versuch 1: Erkennen von Kunststoffen

Materialien: Heizplatte, Stahlblech (10 cm × 10 cm), Meßzylinder, Waage, Reagenzgläser mit Stopfen, Tiegelzange, Temperaturfühler oder Thermochromstifte, Universalindikator-Papier, Gasbrenner;
Aceton (F), Heptan (F), Kunststoffproben.

Hinweis: Proben sind zu beziehen über den Verband der Kunststofferzeugenden Industrie, 60329 Frankfurt, Karlstr. 21.

Durchführung:
1. *Bruchverhalten:* Prüfe Kunststoffstreifen durch mehrmaliges Abknicken.
2. *Dichte:* Bestimme die Dichte der Proben durch Wägung und Volumenmessung.
3. *Verhalten in Lösungsmitteln:* Gib einen genau abgewogenen Kunststoffstreifen in ein Reagenzglas mit Aceton. Laß das Glas mehrere Stunden verschlossen stehen. Die Probe wird entnommen, getrocknet und gewogen. Wiederhole den Versuch mit Heptan.
4. *Trockenes Erhitzen:* Abzug! Erhitze Kunststoffproben im Reagenzglas. Halte ein feuchtes Universalindikator-Papier in die entstehenden Dämpfe.
5. *Verhalten in der Flamme:* Abzug! Halte die Kunststoffproben in die Flamme. Beobachte das Brennverhalten außerhalb der Flamme.
6. *Schmelzbereich:* Decke die Heizplatte mit dem Stahlblech ab und lege einige Kunststoffproben darauf. Erwärme das Stahlblech langsam und kontrolliere den Temperaturanstieg bis zum Schmelzen der Probe.

Aufgabe: Stelle die Ergebnisse in einer Tabelle zusammen und identifiziere die Kunststoffprobe.

Kunststoff	Bruchverhalten	Dichte in $\frac{g}{cm^3}$	Verhalten in Lösungsmitteln		Trockenes Erhitzen/ *Reaktion der Dämpfe*	Verhalten in der Flamme/ *Geruch*	Schmelzbereich in °C
			Aceton	Heptan			
Polyethen	b	0,92–0,96	u/q	u/q	wird klar, schmilzt, zersetzt sich/ *neutral*	brennt mit gelber Flamme, tropft brennend ab/ *paraffinartig*	105–120
Polypropen	h	0,91	u	u/q	wird klar, schmilzt, zersetzt sich/ *neutral*	brennt mit gelber Flamme, tropft brennend ab/ *nach gelöschter Kerze*	105–120
Polystyrol	h	1,05	l	q/l	schmilzt, verdampft/ *neutral*	brennt flackernd, stark rußend, erlöscht nicht/ *süßlich*	80–100
PVC (hart)	h	1,4	u/q	u	schmilzt, verkohlt/ *sauer*	schwer entflammbar, erlischt außerhalb der Flamme, gelbe Flamme mit grünem Saum, rußend/ *stechend, brenzlig*	75–110
PVC (weich)	g	1,2–1,3	q	u	schmilzt, verkohlt/ *sauer*		
Polymethylmethacrylat	h	1,2	l	u	schmilzt, verdampft/ *neutral*	brennt knisternd, tropft ab, leuchtende Flamme, rußend/ *fruchtartig*	85–105
Polyethenterephthalat	b/h	1,3	u/q	u	schmilzt, verkohlt/ *sauer*	brennt knisternd, tropft ab, leuchtende Flamme/ *süßlich kratzend*	220–260
Polyamid	b/h	1,1	u	u	schmilzt, verkohlt/ *alkalisch*	bläuliche Flamme, tropft fadenziehend ab, brennt knisternd/ *hornartig*	185–255
Polycarbonat	h	1,2–1,4	q	u	schmilzt, verkohlt/ *sauer*	leuchtende Flamme, rußend, brennt nicht weiter, verkohlt/ *phenolartig*	220–230
Polytetrafluorethen	b	2,1	u	u	wird klar, schmilzt nicht/ *sauer*	brennt und verkohlt nicht, grüner Flammensaum/ *(bei Rotglut) stechend*	320–330

Bestimmungstabelle (**b**iegsam, **g**ummielastisch, **h**art, **l**öslich, **u**nlöslich, **q**uellbar)

22.3 Wie ein Thermoplast entsteht

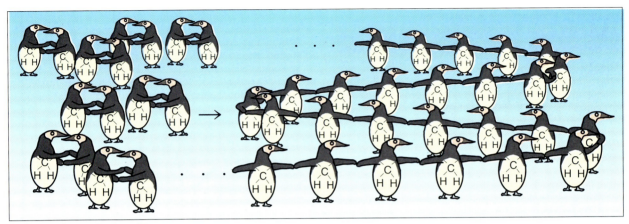

1. Nun polymerisiert euch!

Aufgabe 1: Zeichne Ausschnitte aus den Strukturformeln für Polypropen, Polytetrafluorethen und Polyoxymethylen.

Bei der Herstellung eines thermoplastischen Kunststoffs reagieren zahlreiche gleichartige oder ähnliche Moleküle miteinander. Aus diesen **Monomeren** bilden sich kettenförmige **Makromoleküle**. Ein Makromolekül kann aus bis zu 100 000 Monomer-Einheiten aufgebaut sein.

Polymerisation. Die Monomeren der häufigsten Kunststoffe sind organische Moleküle mit einer C=C-Zweifachbindung. Bei der Verknüpfung zum Makromolekül spalten sich die Zweifachbindungen auf. Gleichzeitig bilden sich C—C-Einfachbindungen zwischen benachbarten Molekülen aus. Diesen Vorgang nennt man *Polymerisation*. Das entstehende Makromolekül ist ein **Polymer**. Die Polymerisation verläuft stark exotherm. Sie wird durch Licht, Wärme oder Chemikalien eingeleitet.

Das einfachste Monomer ist das Ethen-Molekül (C_2H_4). Es bildet bei der Polymerisation den Kunststoff *Polyethen* (Polyethylen). Ersetzt man ein oder mehrere Wasserstoff-Atome in einem Ethen-Molekül durch andere Atome oder Atomgruppen, kommt man zu anderen Monomeren. Im Vinylchlorid, dem Monomer des *Polyvinylchlorids*, ist ein Wasserstoff-Atom gegen ein Chlor-Atom ausgetauscht.

Kunststoff	Monomer	Struktur
Polypropen (PP)	Propen	H₂C=CH–CH₃
Polystyrol (PS)	Styrol	H₂C=CH–C₆H₅
Polytetrafluorethen (PTFE)	Tetrafluorethen	F₂C=CF₂
Polymethylmethacrylat (PMMA)	Methacrylsäuremethylester	H₂C=C(CH₃)–C(=O)–OCH₃
Polyacrylnitril (PAN)	Acrylnitril	H₂C=CH–CN
Polyoxymethylen (POM)	Methanal	H₂C=O

2. Polymerisationskunststoffe

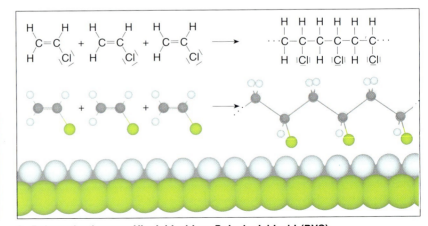

3. Polymerisation von Vinylchlorid zu Polyvinylchlorid (PVC)

22.4 Wie ein Thermoplast verarbeitet wird

1. Folienblasen

2. Spritzgießen

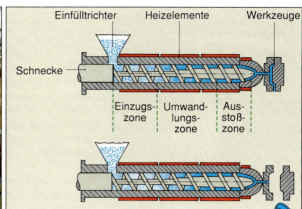

Unter den Kunststoffen bilden die Thermoplaste die größte Gruppe. Bei der Herstellung fallen sie als Pulver, als Grieß oder als Granulat an. Durch verschiedene Techniken lassen sich daraus gebrauchsfertige Produkte formen.

Extrudieren. Rohre, Profile, Tafeln und Folien lassen sich durch Extrudieren kontinuierlich fertigen. Thermoplastisches Kunststoffgranulat wird dazu in einem beheizten *Extruder* gegeben, der wie ein Fleischwolf arbeitet. Durch Drehen der Schnecke wird das Granulat verdichtet und geschmolzen. Die Schnecke schiebt die zähflüssige Kunststoffmasse durch eine der gewünschten Form entsprechende Öffnung am Ende des Extruders.
Um Folien herzustellen, wird ein aus einem ringförmigen Spalt austretendes plastisches Rohr mit Druckluft zu einem Schlauch aufgeblasen und dann aufgewickelt.

Spritzgießen. Komplizierte Formteile lassen sich mit hoher Genauigkeit und in großer Stückzahl durch Spritzgießen herstellen. Eine Spritzgießmaschine besteht aus einem Extruder, der die plastische Masse durch eine Düse in den Hohlraum einer wassergekühlten Schließform preßt. Nach dem Abkühlen öffnet sich die Form automatisch und stößt das erhärtete Produkt aus.

Blasformen. Um aus Thermoplasten Hohlkörper wie Flaschen, Ampullen oder Heizöltanks zu fertigen, bedient man sich des Blasformverfahrens. Ein Extruder stößt einen zähflüssigen Kunststoffschlauch in eine zweiteilige Form, die sich schließt und den Schlauch oben und unten luftdicht abquetscht. Durch eingeblasene Druckluft wird der Schlauch an die gekühlten Innenwände des Werkzeugs gepreßt und zum Hohlkörper geformt.

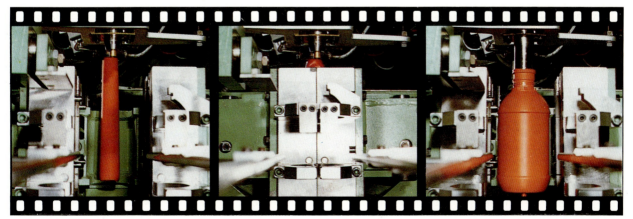

3. Blasformen

22.5 Die erste Synthesefaser: Nylon

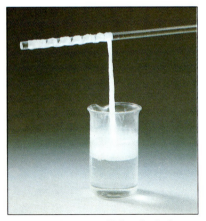

1. Herstellung von Nylon im Labor

Versuch 1: Herstellung von Nylon
Vorsicht! Schutzbrille und Schutzhandschuhe tragen!
In einem Becherglas (250 ml) werden 6 g 1,6-Diaminohexan (C) mit 0,5 g Natriumcarbonat (Xi) in 50 ml Wasser gelöst und mit einer Lösung von 3 ml Hexandisäuredichlorid (C) in 100 ml Heptan (F) überschichtet. Mit einer stumpfen Pinzette zieht man die Haut, die sich an der Grenzfläche beider Flüssigkeiten bildet, vorsichtig aus dem Becherglas und wickelt den Faden langsam über einen Glasstab.
Entsorgung: B3

Am 15. Mai 1940 kamen die ersten Nylonstrümpfe auf den Markt. Innerhalb weniger Stunden wurden in New York und Philadelphia 5 Millionen Paare des „Strumpfes aus Kohle, Wasser und Luft" verkauft, obwohl die „Nylons" doppelt so teuer waren wie Seidenstrümpfe.
Nylon war die erste vollsynthetische Faser. Sie wurde 1934 von dem amerikanischen Chemiker CAROTHERS entwickelt. Nylonfasern haben bemerkenswerte Eigenschaften. Sie sind dünner als Seide, aber wesentlich reißfester. Sie besitzen einen seidigen Glanz, sind wasserabweisend und pflegeleicht.
Fast gleichzeitig mit Nylon wurde von dem deutschen Chemiker SCHLACK das Konkurrenzprodukt *Perlon* entwickelt.

Schmelzspinnverfahren. Nylon und Perlon sind thermoplastische Kunststoffe mit kettenförmigen Makromolekülen. Sie werden nach dem *Schmelzspinnverfahren* zu Fasern verarbeitet. Dazu wird der geschmolzene Kunststoff durch feine Düsen gepreßt. Die Schmelze erstarrt zu feinen Fäden. Die Fäden werden mit hoher Geschwindigkeit abgezogen und aufgerollt. Durch die hohe Abziehgeschwindigkeit verlängern sich die Fäden um das Zehnfache, sie werden *verstreckt* und der Faden wird reißfest.

Polykondensation. Nylon und Perlon sind **Polyamide**. Diese Kunststoffe entstehen durch *Polykondensation*. Bei einer Kondensation reagieren zwei Moleküle unter Abspaltung von Wasser zu einem größeren Molekül. Aus Monomeren mit zwei reaktionsfähigen Gruppen bilden sich durch Polykondensation Makromoleküle.
Die Reißfestigkeit von Polyamidfasern wird durch das *Verstrecken* stark erhöht. Die Makromoleküle ordnen sich dabei teilweise parallel, und zwischen den Molekülketten bilden sich Wasserstoffbrückenbindungen aus.

Die Textilfasern *Trevira* und *Diolen* sind **Polyester**. Auch diese Kunststoffe entstehen durch Polykondensation.
Aus ungesättigten Monomeren lassen sich ungesättigte Polyester herstellen. Sie werden zu Gießharzen verarbeitet. Beim Aushärten des Polyesterharzes reagieren die C=C-Zweifachbindungen miteinander zu einem Duroplast.

2. Schmelzspinnen

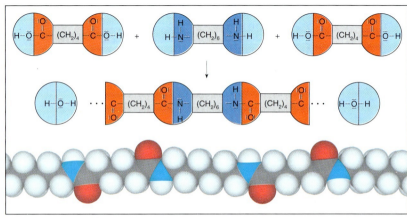

3. Bildung von Nylon

22.6 Zu schade zum Wegwerfen

Kunststoffe sind aus unserem Alltag kaum noch wegzudenken. In Westeuropa werden heute vom Volumen her mehr Kunststoffe hergestellt als Stahl. Doch was geschieht mit den Kunststoffen nach Gebrauch? Die Müllberge wachsen, und die Deponieflächen sind begrenzt. Dabei sind viele der hochwertigen Kunststoffe zu schade zum Wegwerfen. Die Industrie entwickelt daher Verfahren für das **Recycling** von Kunststoffen.

Stoffliche Wiederverwertung. Die Wiederverwendung von Kunststoffen ist ein *Sortenproblem*. Sie gelingt am besten, wenn sich die ursprünglichen Kunststoffe rein aus dem Abfall abtrennen lassen. *Sortenreine Kunststoffe* werden zerkleinert, gemahlen und zusammen mit Neumaterial zu hochwertigen Produkten verarbeitet. Absatzprobleme für sortenreine Kunststoffabfälle gibt es nicht. So kann man gebrauchte Autostoßfänger aus Polypropylen sammeln und neue Kraftfahrzeugteile daraus herstellen.

Jede Verunreinigung durch andere Kunststoffe verringert die Qualität des Recycling-Produkts. Selbst Gemische sehr ähnlicher Kunststoffe, wie beispielsweise unterschiedlicher Typen von Polyethylen, sind weniger vielseitig einsetzbar als sortenreine. Immerhin bestehen drei Viertel der Müllsäcke in Deutschland schon ganz oder teilweise aus Recycling-Polyethylen.

Aufwendiger ist die Verwertung *gemischter Kunststoffabfälle*: Zunächst werden die zerkleinerten Kunststoffe in einem Hydrozyklon durch einen Wasserwirbel nach ihrer Dichte getrennt. So lassen sich beispielsweise Polyalkene, die etwa 70% des Kunststoffs im Hausmüll ausmachen, von anderen Kunststoffen absondern.
Ohne vorherige Trennung der Mischabfälle können Recycling-Produkte nur im Garten- und Landschaftsbau als Ersatz für Holz oder Beton verwendet werden. Blumenkübel, Parkbänke oder auch Fahrbahnabgrenzungen werden daraus hergestellt.

Verbrennung. Für *stark verschmutzte Kunststoffe* bleibt nach heutigem Stand der Technik nur die Verbrennung. In gewissem Maße handelt es sich um ein *Energie-Recycling*. Kunststoffe haben einen höheren Heizwert als die meisten anderen Stoffe im Müll. Es wird daher bei der Müllverbrennung weniger Heizöl verbraucht, um die erforderliche Verbrennungstemperatur zu erreichen.
Bei der Verbrennung werden jedoch gefährliche Gase wie Chlorwasserstoff freigesetzt. Sie müssen aus den Rauchgasen der Müllverbrennungsanlagen entfernt und anschließend neutralisiert werden. Unter bestimmten Bedingungen können auch giftige organische Verbindungen wie beispielsweise Dioxine entstehen.

Pyrolyse und Hydrierung. Erhitzt man Kunststoffe unter Ausschluß von Luft auf Temperaturen von etwa 700 °C, so zerfallen die Makromoleküle in kleinere Bruchstücke. Dieses Verfahren wird als *Pyrolyse* bezeichnet. Die entstehenden Stoffe lassen sich durch Destillation trennen. Sie werden als Rohstoffe in der chemischen Industrie eingesetzt.

Zur Zeit wird die *Hydrierung* von Abfällen erprobt. Dazu werden die Kunststoffe zerkleinert und bei 500 °C und 400 bar mit Wasserstoff zu Benzinen und Heizöl umgesetzt. Die Ausbeute ist bei diesem Verfahren höher als bei der Pyrolyse.

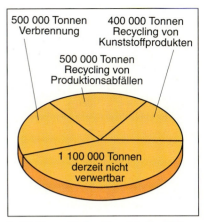

1. Wohin geht der Kunststoffmüll?

Aufgabe 1: Beim Schmelzen PVC-haltiger Kunststoffe wird Chlorwasserstoff frei. Das Gas beschleunigt die Korrosion der Anlagen und ist giftig. Heute setzt man der Schmelze Kreide (Calciumcarbonat) zu. Welche Wirkung hat die Kreide?
Formuliere eine Reaktionsgleichung.

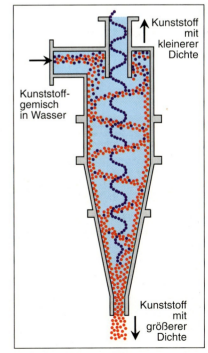

2. Hydrozyklon zur Trennung von Kunststoffmüll

22.7 Klebstoffe

1. Klebstoffe im Alltag

Aufgabe 1: Ordne handelsübliche Klebstoffe einer der Klebstoffarten zu. Beachte dazu die Verarbeitungshinweise auf den Verpackungen.

Aufgabe 2: Beschreibe und erkläre mit Hilfe von Bild 2 die einzelnen Phasen des Klebevorgangs. Gib jeweils an, wo Adhäsionskräfte und wo Kohäsionskräfte wirken.

Zum Basteln, Reparieren und Verpacken stehen uns heute unterschiedliche Kleber zur Verfügung. Auch in der technischen Fertigung gewinnen Klebstoffe immer größere Bedeutung. So werden bei der Produktion eines Autos durchschnittlich 15 kg Klebstoffe eingesetzt. Arbeitstechniken wie Nähen, Schweißen und Nieten sind zum Teil durch Kleben ersetzt worden.

Früher wurden als Klebstoffe nur makromolekulare Naturprodukte wie Stärke oder Eiweiß verwendet. Erst durch den Einsatz von Kunststoffen konnte man leistungsfähige Kleber für die verschiedensten Anwendungsbereiche entwickeln.

Klebewirkung. Damit eine haltbare Verklebung entsteht, müssen zwei Voraussetzungen erfüllt sein: Erstens muß der Klebstoff das zu klebende Material gut benetzen. Um in die kleinsten Unebenheiten der Oberfläche einzudringen, wird er meist in flüssiger Form aufgetragen. Zweitens muß der Klebstoff aushärten. An der Klebestelle krallen sich die Makromoleküle des Klebers in die Oberflächen der zu klebenden Teile und halten diese zusammen.

Eine feste, belastbare Klebestelle entsteht nur, wenn die Klebstoff-Moleküle genügend fest an dem zu klebenden Material haften. Die *Adhäsionskräfte* zwischen Klebstoff und Material müssen stark sein. Außerdem muß der Klebstoff selbst durch genügend große *Kohäsionskräfte* zusammengehalten werden.

Klebstoffarten. Klebstoffe lassen sich nach der Art ihres Aushärtens einteilen. *Lösungsmittelklebstoffe* enthalten gelöste Makromoleküle. Der Klebstoff härtet aus, wenn das Lösungsmittel verdunstet. In diese Gruppe gehören die sogenannten Alleskleber. Sie enthalten beispielsweise in Aceton gelöste Polyester. Organische Lösungsmittel sind teilweise gesundheitsschädlich und feuergefährlich. Für viele Zwecke verwendet man daher *Leime* oder andere Kleber mit Wasser als Lösungsmittel.

Schmelzkleber sind thermoplastische Kunststoffe, die beim Erwärmen erweichen. Man läßt das zu klebende Material unter Druck erkalten. Dabei erstarrt der Kleber wieder.

Reaktionskleber enthalten Monomere oder Vorstufen von Makromolekülen. Beim Aushärten in der Klebefuge setzt eine Polymerisation oder eine Polyaddition ein. Ein Beispiel sind die Sekundenkleber: Hier werden Cyanacrylsäureester unter Einwirkung von Luftfeuchtigkeit sehr rasch polymerisiert.

Nichthärtende Kleber enthalten meist Kautschuk oder Polyacrylate. Man verwendet sie für Klebebänder, Pflaster und Aufkleber, die sich wieder von ihrer Unterlage abziehen lassen.

2. Schema einer Klebung

Klebstoffe

Versuch 1: Adhäsion und Kohäsion

Materialien: Objektträger, Glasstäbe, Trockenschrank; Wasser, Spiritus (F), Glycerin, Honig bzw. Kleister.

Durchführung:

1. Gib auf fünf fettfreie Objektträger einen Tropfen Wasser, Spiritus, Glycerin, Honig bzw. Kleister. Vergleiche die Tropfen. Hebe die Objektträger hoch und drehe sie einmal um.
2. Lege jeweils einen zweiten Objektträger auf den Tropfen. Halte den unteren Objektträger fest und hebe den oberen vorsichtig an.

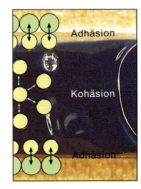

3. Lege die Objektträger wieder paarweise zusammen und erwärme sie im Trockenschrank fünf Minuten bei etwa 60 °C. Versuche, den oberen Objektträger vorsichtig abzuheben.
4. Benetze einen Glasstab mit einer der angegebenen Flüssigkeiten und halte ihn senkrecht nach unten. Berühre mit einem zweiten Glasstab von unten den Flüssigkeitstropfen. Ziehe die Glasstäbe vorsichtig auseinander. Beobachte dabei jeweils die Flüssigkeitsbrücke.

Aufgaben:

a) Notiere deine Beobachtungen.
b) Deute deine Beobachtungen unter Verwendung der Begriffe Adhäsion und Kohäsion.

Versuch 2: Herstellung von Leimen

Materialien: Bechergläser (100 ml), Gasbrenner, Dreifuß mit Drahtnetz, Papier, Holzstückchen; Kartoffelstärke, Casein, Natronlauge (verd.) (Xi).

Durchführung:

1. Gib 5 g Kartoffelstärke in 50 ml Wasser. Erhitze unter Rühren zum Sieden und lasse anschließend abkühlen.
2. Verrühre 20 g Casein in 50 ml Natronlauge und lasse den Leim aufquellen.
3. Klebe Papierstreifen und Holz mit den beiden Leimen.

Aufgaben:

a) Vergleiche die Klebewirkungen der beiden Leime.
b) Erkläre modellhaft die Aushärtung dieser Klebstoffe.
c) Welche Rolle spielt das Wasser bei diesen Klebevorgängen?

Versuch 3: Kontaktkleber

Materialien: Fahrradschlauch oder Gummistück, Gummiflicken, Schmirgelpapier, Lappen; Gummikleber.

Durchführung:

1. Der Schlauch und das Gummistück werden mit dem Schmirgelpapier aufgerauht und anschließend mit dem Lappen gesäubert.
2. Trage den Klebstoff *dünn* auf beide Gummiteile auf und lasse ihn an der Luft antrocknen. Beachte den Geruch während und nach der Trocknung.
3. Drücke den Flicken kräftig auf den Schlauch.

Aufgaben:

a) Erkläre das Zustandekommen einer festen Klebung.
b) Begründe die einzelnen Arbeitsschritte.

Versuch 4: Alleskleber

Materialien: Becherglas (200 ml), Papier; Essigsäureethylester (F), Polyvinylacetat.

Durchführung:

1. Gib 4 g Polyvinylacetat in ein Reagenzglas mit 15 ml Essigsäureethylester und erwärme vorsichtig im Wasserbad. Lasse wieder abkühlen.
2. Klebe eine Papiertüte zusammen.

Aufgaben:

a) Notiere deine Beobachtungen.
b) Stelle Vorteile und Nachteile des Klebers zusammen.

Tips zum Kleben

1. Den geeigneten Klebstoff auswählen:
   – Material des Fügeteils bedenken,
   – spätere Beanspruchung beachten,
   – Abbindezeit in Betracht ziehen,
   – Klebfläche beachten.
2. Hinweise auf der Verpackung lesen:
   – Besondere Verarbeitungsregeln beachten,
   – Sicherheitsmaßnahmen treffen,
   – Entsorgung von Klebstoffresten bedenken.
3. Klebflächen sorgfältig anpassen (dünne Klebfuge).
4. Klebflächen gründlich reinigen und gegebenenfalls trocknen (frei von Rost, Staub, Fett, Feuchtigkeit).
5. Klebfläche zur Erhöhung der Adhäsion aufrauhen.
6. Klebstoff nicht zu dick auftragen.
7. Klebstelle erst nach der Aushärtung belasten.

Aufgabe 1: Begründe die Kleberegeln.

22.8 Aufgaben · Versuche · Probleme

Bildung von PU-Schaum

	Schmelz-kleber	Kontakt-kleber	Lösungs-mittel-kleber	2-Kompo-nenten-kleber	Cyan-acrylat-kleber
Fixierung erforderlich	−	−	+	+	−
Belastbar nach 3 Minuten	+	+	−	−	+
Spaltüberbrük-kung > 2 mm	+	−	−	+	
Anwendbar, wenn beide Klebflächen nicht saugfähig	+	+	−	+	+
Großflächig anwendbar	○	+	+	○	−

Anwendungskriterien für Kleber

Aufgabe 1: Formuliere die Reaktionsgleichung für die Bildung eines Polyesters aus folgenden Stoffen:

HO—CH$_2$—CH$_2$—OH und

Ethandiol

HOOC—⟨⟩—COOH

Terephthalsäure

Aufgabe 2: Bei der Verbrennung von Kunststoffen entstehen verschiedene Verbrennungsprodukte. Welche Verbrennungsprodukte erwartest du bei der Verbrennung von:
a) Polyethen und
b) Polyvinylchlorid?
Gib jeweils die Reaktionsgleichung für die Reaktion an.
c) Warum sind Textilien aus Gore-Tex-Fasern für die Müllverbrennung problematisch? Was bedeutet dies für die Entsorgung dieses Fasermaterials?

Versuch 1: Herstellung eines festen Nylonfadens
Erzeuge einen weichen Nylonfaden wie im Versuch auf Seite 316 beschrieben. Wasche den Faden mehrmals mit Ethanol (60%, F), trockne ihn bei 80 °C im Trockenschrank und pulverisiere ihn. Schmelze den wasserfreien Kunststoff bei 225 °C in einer Porzellanschale. Aus der Schmelze kannst du mit einem Glasstab feste Nylonfäden ziehen.

Versuch 2: Herstellung von Polyurethan
Vorsicht! Schutzhandschuhe!
Verrühre mit einem Holzspatel in einem Pappbecher 10 ml Desmodur (T) mit 10 ml Desmophen, bis die Reaktion einsetzt.

Versuch 3: Herstellung eines Polyesterharzes
Gib in ein Reagenzglas 2 g Borsäure (B(OH)$_3$) und 1,5 ml 1,4-Butandiol (HO—CH$_2$—CH$_2$—CH$_2$—CH$_2$—OH; Xn). Erhitze das Gemisch unter Rühren mit einem Glasstab. Aus dem sich bildenden Harz lassen sich mithilfe des Glasstabs Fäden ziehen, die mit grünlicher Flamme verbrennen.
Aufgaben: a) Formuliere die Reaktionsgleichung für die Reaktion von Borsäure mit 1,4-Butandiol.
b) Zeichne einen Ausschnitt aus der Strukturformel des Polyester-Makromoleküls.
c) Erkläre die Bildung des duroplastischen Polyesterharzes.

Kontaktkleber
1. Klebflächen müssen trocken, staub- und fettfrei sein.
2. Klebstoff auf beide Werkstoffteile gleichmäßig auftragen.
3. Klebstoff trocknen lassen.
4. Werkstoffe kräftig zusammendrücken.
5. Die Höhe des Preßdrucks entscheidet über die Festigkeit der Klebung.

Lösungsmittelfreier Zweikomponentenkleber
1. Klebflächen müssen trocken, staub- und fettfrei sein.
2. Binder und Härter gut miteinander vermischen.
3. Werkstoffe bestreichen und zusammendrücken.
4. Die Höhe der Temperatur bei der Härtung entscheidet über die Festigkeit der Klebung.

Problem 1: Begründe die Einsatzmöglichkeiten der unterschiedlichen Kleber.

Problem 2: In einer Zeitungsmeldung werden Versuche zweier Wissenschaftler zu biologisch abbaubaren Kunststoffverpackungen beschrieben:
„Die Forscher setzten zwei Kulturen mit Mikroorganismen an, von denen bekannt ist, daß sie biologisch abbaubare Stoffe wie Holz oder Cellulose zersetzen. In zwei Bioreaktoren wurden Bedingungen geschaffen, wie sie tief in einer Müllhalde vorhanden sind. Man ließ die Bakterien mehrere Wochen auf unterschiedliche Kunststoffe einwirken: Der eine Reaktor enthielt Kunststoffe, die aus einer Art Stärke bestanden, und der andere Kunststoffe aus Polyethen und Polypropen."
Was konnten die Forscher beobachten? Begründe deine Vermutung.

Problem 3:
a) Vergleiche die Gebrauchsanleitungen für die beiden Klebstoffe.
b) Begründe die einzelnen Schritte der Gebrauchsanleitungen.
c) Erkläre das unterschiedliche Abbinden der beiden Klebstoffe.

Kunststoffe

1. Bildung

a) Kunststoffe sind **makromolekulare Stoffe**.
b) Die **Makromoleküle** sind **Polymere:** Sie bestehen aus sich tausendfach wiederholenden Grundbausteinen, den **Monomeren.** *Beispiel:*

Propen (Monomer) → Polypropen (Polymer)

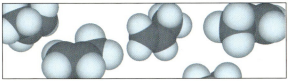 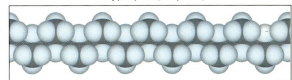

2. Einteilung

a) nach physikalischen Eigenschaften:

Thermoplaste: Kunststoffe, die sich ohne chemische Veränderung beliebig oft schmelzen und erstarren lassen.

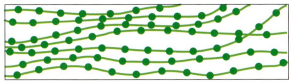

Duroplaste: Sehr harte und spröde Kunststoffe, die sich bei hohen Temperaturen zersetzen.

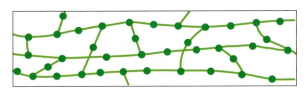

Elastomere: Gummielastische Kunststoffe, die sich bei hohen Temperaturen zersetzen.

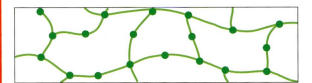

b) nach dem Typ der Bildungsreaktion:

Bei einer **Polymerisation** werden Monomere mit C=C-Zweifachbindung unter Aufspaltung der Zweifachbildung zu einem Makromolekül verknüpft.

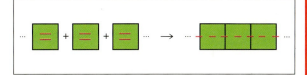

Bei einer **Polykondensation** werden Monomere unter Abspaltung von Wasser-Molekülen zu einem Makromolekül verknüpft.

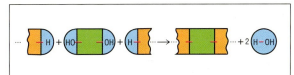

Bei einer **Polyaddition** werden Monomere unter Verschiebung von Wasserstoff-Atomen zu einem Makromolekül verknüpft.

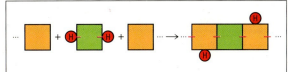

c) Übersicht:

Polymerisations-Kunststoffe		Polykondensations-Kunststoffe		Polyadditions-Kunststoffe	
Polyethen (HDPE, LDPE)	T	Polyamid (PA)	T	Polyurethan (PU)	T, E
Polypropen (PP)	T	Polyester	T, D	Epoxidharz (EP)	D
Polystyrol (PS)	T	Polycarbonat (PC)	T		
Polyvinylchlorid (PVC)	T	Aminoplast	D		
Polytetrafluorethen (PTFE)	T	Phenoplast	D		
Polymethylmethacrylat (PMMA)	T				
Polyacrylnitril (PAN)	T				

Thermoplast, **D**uroplast, **E**lastomer

Gefahrenhinweise und Sicherheitsratschläge für gefährliche Stoffe

Gefahrenhinweise (R-Sätze)

R 1   In trockenem Zustand explosionsgefährlich
R 2   Durch Schlag, Reibung, Feuer oder andere Zündquellen explosionsgefährlich
R 3   Durch Schlag, Reibung, Feuer oder andere Zündquellen besonders explosionsgefährlich
R 4   Bildet hoch empfindliche explosionsgefährliche Metallverbindungen
R 5   Beim Erwärmen explosionsfähig
R 6   Mit und ohne Luft explosionsfähig
R 7   Kann Brand verursachen
R 8   Feuergefahr bei Berührung mit brennbaren Stoffen
R 9   Explosionsgefahr bei Mischung mit brennbaren Stoffen
R 10 Entzündlich
R 11 Leicht entzündlich
R 12 Hoch entzündlich
R 14 Reagiert heftig mit Wasser
R 15 Reagiert mit Wasser unter Bildung hoch entzündlicher Gase
R 16 Explosionsgefährlich in Mischung mit brandfördernden Stoffen
R 17 Selbstentzündlich an der Luft
R 18 Bei Gebrauch Bildung explosionsfähiger/leicht entzündlicher Dampf-Luftgemische möglich
R 19 Kann explosionsfähige Peroxide bilden
R 20 Gesundheitsschädlich beim Einatmen
R 21 Gesundheitsschädlich bei Berührung mit der Haut
R 22 Gesundheitsschädlich beim Verschlucken
R 23 Giftig beim Einatmen
R 24 Giftig bei Berührung mit der Haut
R 25 Giftig beim Verschlucken
R 26 Sehr giftig beim Einatmen
R 27 Sehr giftig bei Berührung mit der Haut
R 28 Sehr giftig beim Verschlucken
R 29 Entwickelt bei Berührung mit Wasser giftige Gase
R 30 Kann bei Gebrauch leicht entzündlich werden
R 31 Entwickelt bei Berührung mit Säure giftige Gase
R 32 Entwickelt bei Berührung mit Säure sehr giftige Gase
R 33 Gefahr kumulativer Wirkungen
R 34 Verursacht Verätzungen
R 35 Verursacht schwere Verätzungen
R 36 Reizt die Augen
R 37 Reizt die Atmungsorgane
R 38 Reizt die Haut
R 39 Ernste Gefahr irreversiblen Schadens
R 40 Irreversibler Schaden möglich
R 41 Gefahr ernster Augenschäden
R 42 Sensibilisierung durch Einatmen möglich
R 43 Sensibilisierung durch Hautkontakt möglich
R 44 Explosionsgefahr bei Erhitzen unter Einschluss
R 45 Kann Krebs erzeugen
R 46 Kann vererbbare Schäden verursachen
R 48 Gefahr ernster Gesundheitsschäden bei längerer Exposition
R 49 Kann Krebs erzeugen beim Einatmen
R 50 Sehr giftig für Wasserorganismen
R 51 Giftig für Wasserorganismen
R 52 Schädlich für Wasserorganismen
R 53 Kann in Gewässern längerfristig schädliche Wirkungen haben
R 54 Giftig für Pflanzen
R 55 Giftig für Tiere
R 56 Giftig für Bodenorganismen
R 57 Giftig für Bienen
R 58 Kann längerfristig schädliche Wirkungen auf die Umwelt haben
R 59 Gefährlich für die Ozonschicht
R 60 Kann die Fortpflanzungsfähigkeit beeinträchtigen
R 61 Kann das Kind im Mutterleib schädigen
R 62 Kann möglicherweise die Fortpflanzungsfähigkeit beeinträchtigen
R 63 Kann das Kind im Mutterleib möglicherweise schädigen
R 64 Kann Säuglinge über die Muttermilch schädigen
R 65 Kann beim Verschlucken zu Lungenschädigungen führen

Sicherheitsratschläge (S-Sätze)

S 1   Unter Verschluss aufbewahren
S 2   Darf nicht in die Hände von Kindern gelangen
S 3   Kühl aufbewahren
S 4   Von Wohnplätzen fern halten
S 5   Unter … aufbewahren
S 6   Unter … aufbewahren
S 7   Behälter dicht geschlossen halten
S 8   Behälter trocken halten
S 9   Behälter an einem gut gelüfteten Ort aufbewahren
S 12 Behälter nicht gasdicht verschließen
S 13 Von Nahrungsmitteln, Getränken und Futtermitteln fernhalten
S 14 Von … fern halten
S 15 Vor Hitze schützen
S 16 Von Zündquellen fern halten – Nicht rauchen
S 17 Von brennbaren Stoffen fern halten
S 18 Behälter mit Vorsicht öffnen und handhaben
S 20 Bei der Arbeit nicht essen und trinken
S 21 Bei der Arbeit nicht rauchen
S 22 Staub nicht einatmen
S 23 Gas/Rauch/Dampf/Aerosol nicht einatmen
S 24 Berührung mit der Haut vermeiden
S 25 Berührung mit den Augen vermeiden
S 26 Bei Berührung mit den Augen sofort gründlich mit Wasser abspülen und Arzt konsultieren
S 27 Beschmutzte, getränkte Kleidung sofort ausziehen
S 28 Bei Berührung mit der Haut sofort abwaschen mit viel …
S 29 Nicht in die Kanalisation gelangen lassen
S 30 Niemals Wasser hinzugießen
S 33 Maßnahmen gegen elektrostatische Aufladungen treffen
S 35 Abfälle und Behälter müssen in gesicherter Weise beseitigt werden
S 36 Bei der Arbeit geeignete Schutzkleidung tragen
S 37 Geeignete Schutzhandschuhe tragen
S 38 Bei unzureichender Belüftung Atemschutzgerät anlegen
S 39 Schutzbrille/Gesichtsschutz tragen
S 40 Fußboden und verunreinigte Gegenstände mit … reinigen
S 41 Explosions- und Brandgase nicht einatmen
S 42 Bei Räuchern/Versprühen geeignetes Atemschutzgerät anlegen
S 43 Zum Löschen … verwenden (wenn Wasser die Gefahr erhöht, anfügen: „Kein Wasser verwenden")
S 45 Bei Unfall oder Unwohlsein sofort den Arzt hinzuziehen (wenn möglich dieses Etikett vorzeigen)
S 46 Bei Verschlucken sofort ärztlichen Rat einholen und Verpackung oder Etikett vorzeigen
S 47 Nicht bei Temperaturen über … °C aufbewahren
S 48 Feucht halten mit …
S 49 Nur im Originalbehälter aufbewahren
S 50 Nicht mischen mit …
S 51 Nur in gut belüfteten Bereichen verwenden
S 52 Nicht großflächig für Wohn- u. Aufenthaltsräume verwenden
S 53 Exposition vermeiden – vor Gebrauch besondere Anweisungen einholen
S 56 Diesen Stoff und seinen Behälter der Problemabfallentsorgung zuführen
S 57 Zur Vermeidung einer Kontamination der Umwelt geeigneten Behälter verwenden
S 59 Information zur Wiederverwendung/Wiederverwertung beim Hersteller/Lieferanten erfragen
S 60 Dieser Stoff und sein Behälter sind als gefährlicher Abfall zu entsorgen
S 61 Freisetzung in die Umwelt vermeiden. Besondere Anweisungen einholen/Sicherheitsdatenblatt zu Rate ziehen
S 62 Bei Verschlucken kein Erbrechen herbeiführen. Sofort ärztlichen Rat einholen und Verpackung oder dieses Etikett vorzeigen

Stoffliste

Stoff	Gefahrensymbole, Sicherheitssymbole, Entsorgungssymbole	Ratschläge R/S-Sätze
Acetaldehyd (Ethanal)		R: 12−36/37−40 S: 16−33−36/37
Aceton		R: 11 S: 9−16−23−33
Alkohol (Ethanol)		R: 11 S: 7−16
Aluminiumpulver		R: 10−15 S: 7/8−43
Ameisensäure (Methansäure) $w \geq 10\%$		R: 35 S: 23−26−45
Ammoniak-Gas		R: 10−23−34−50 S: 9-16-36/37/39-45-61
Ammoniak-Lösung $w \geq 25\%$		R: 34−50 S: 7-26-36/37/39-45-61
Ammoniak-Lösung $10\% \leq w < 25\%$		R: 34 S: 7−26−45
Ammoniak-Lösung $5\% \leq w < 10\%$		R: 36/37/38 S: 26
Ammoniumcarbonat (Hirschhornsalz)		R: 22 S:
Ammoniumchlorid		R: 22−36 S: 22
Ammoniumdihydrogenphosphat		R: S:
Ammoniummolybdat		R: S:
Ammoniumnatriumhydrogenphosphat		R: S:
Ammoniumnitrat		R: 8-9 S: 15-16-41
Ammoniumoxalat	X	R: 21/22 S: 24/25
Ammoniumthiocyanat		R: 20/21/22-32 S: 13
Amylase		R: 42 S: 22−24−36/37
Bariumchlorid		R: 20−25 S: 45
Bariumhydroxid-Lösung (ges.)		R: 20/22−34 S: 26−28−45
Bariumnitrat		R: 8−9−20/22 S: 15−16−28−41
Benzin (Waschbenzin)		R: 11 S: 9−16−29−33
Bleiacetat-Papier		R: 20/22−33 S: 13−20/21
Bleioxid		R: 20/22−33−61−62 S: 45−53
Blutlaugensalz (rot oder gelb)		R: S:
Borsäure		R: S:
Brom (flüssig)	X	R: 26−35 S: 7/9−26−45
Brom-Wasser (ges.)	X	R: 26−35 S: 7/9−26
Brombenzol		R: 10−38−51/53 S: 61

Stoff	Gefahrensymbole, Sicherheitssymbole, Entsorgungssymbole	Ratschläge R/S-Sätze
Bromphenolblau		R: S:
Bromthymolblau		R: S:
Butan		R: 12 S: 9−16−33
1-Butanol 2-Butanol		R: 10−20 S: 16
tert-Butanol (2-Methyl-2-propanol)		R: 11−20 S: 9−16
Buttersäure (Butansäure)	X	R: 34 S: 26−36−45
Calcium	X	R: 15 S: 8−24/25−43
Calciumcarbonat		R: S:
Calciumchlorid		R: 36 S: 22−24
Calciumhydroxid		R: 34 S: 26−36
Calciumoxid		R: 34 S: 26−36
Calciumsulfat		R: S:
Cetylalkohol (Hexadecanol)		R: S:
Chlor-Gas	X	R: 23−36/37/38−50 S: 9−45−61
Chlor-Wasser (ges.)	X	R: S:
Chlorwasserstoff-Gas		R: 23−35 S: 9−26−36/37/39−45
Cobaltchlorid		R: 20−22−43−45 S: 24−37
Cumolhydroperoxid		R: 11−35 S:3/7-14-36/37-45-50
Cyclohexan		R: 11 S: 9−16−33
Decansäure		R: S: 24/25
1,6-Diaminohexan		R: 21/22−34−37 S: 22−26−36/37−45
Dieselkraftstoff		R: 11 S: 9−16−29−33
Diethylether		R: 12−19 S: 9−16−29−33
Dioctylphthalat		R: S:
Eisenpulver, -wolle (Stahlwolle)		R: S:
Eisen(III)-chlorid		R: 22−38−41 S: 26−39
Eisen(II)-sulfat		R: 22−41 S: 26
Essigsäure $w \geq 25\%$		R: 35 S: 23−26−45
Essigsäure $10\% \leq w < 25$		R: 36/38 S: 23−26−45

373

Stoff	Gefahrensymbole, Sicherheitssymbole, Entsorgungssymbole	Ratschläge R/S-Sätze
Essigsäureethylester (Ethylacetat)	🔥 👓 B3	R: 11 S: 16–23–29–33
Ethan	🔥 👓	R: 12 S: 9–16–33
Ethanol	🔥 👓 B3 🗑	R: 11 S: 7–16
Ethen	🔥 👓	R: 12 S: 9–16–33
FEHLING-Lösung I	✖ 👓 B2	R: 22–36/38 S: 22
FEHLING-Lösung II	🧪 👓 B1	R: 35 S: 26–27/37/39
Formaldehyd-Lösung $w \geq 25\%$	☠ 🧪 👓 B1	R: 23/24/25–34–40–43 S: 26–36/37/51–39–45
Formaldehyd-Lösung $1\% \leq w < 5\%$	✖ 👓 B1	R: 40–43 S: 26–36/37/39–45–51
Formaldehyd-Lösung $0{,}2\% \leq w < 1\%$	✖ 👓 B1	R: 43 S: 26–45–51
Glycerin	🗑	R: S:
Harnstoff	🗑 🛢	R: S:
Heptan	🔥 👓 B3	R: 11 S: 9–16–23–29–33
Hexan	🔥 ✖ 👓 B3	R: 11–48/20–40 S: 9–16–24/25–29–51
Hexandisäuredichlorid	🧪 👓 B3	R: 34 S: 26
Hexansäure (Capronsäure)	✖ 👓 B3	R: 36 S: 24–26–36/37/39–45
Hexen	🔥 👓 B3	R: 11 S: 9–16–23–29–33
Hydrochinon	✖ 👓 B3	R: 20/22 S: 24/25–39
Iod-Lösung (in Kaliumiodid-Lösung)	✖ 👓 B2	R: 20/21 S: 23–25
Iod-Tinktur (alkoholische Lösung)	🔥 ✖ 👓 B2	R: 20/21 S: 23–25
Kalilauge $w \geq 2\%$	🧪 👓 B1	R: 35 S: 26–37/39–45
Kalilauge $0{,}5\% \leq w < 2\%$	✖ 👓 B1	R: 34 S: 26–37/39–45
Kaliumaluminiumsulfat (Alaun)	🗑	R: S:
Kaliumbromid	🗑	R: S:
Kaliumchlorid	🗑	R: S:
Kaliumdisulfit	✖ 👓 🗑	R: 31–36/37 S: 26
Kaliumhexacyanoferrat(III)	🗑	R: S:
Kaliumhydroxid	🧪 👓 B1	R: 35 S: 2–26–37/39–45
Kaliumiodid	🗑	R: S:
Kaliumnatriumtartrat	🗑	R: S:

Stoff	Gefahrensymbole, Sicherheitssymbole, Entsorgungssymbole	Ratschläge R/S-Sätze
Kaliumnitrat	🔥 👓 🗑	R: 8 S: 16–41
Kaliumpermanganat	✖ 🔥 👓 B2	R: 8–22 S:
Kalkwasser	B1	R: S:
Kupferoxid	B2	R: S:
Kupfersulfat	✖ 👓 B2	R: 22–36/38 S: 22
Kupfersulfid	B2	R: S:
Kupferblech, -pulver	🛢	R: S:
Laurinsäure	B3	R: S:
Leichtbenzin	🔥 👓 B3	R: 11 S: 9–16–29–33
Lithium	🧪 🔥 👓 X	R: 14/15–34 S: 8–43–45
Lithiumcarbonat	✖ 👓 🗑	R: 22 S:
Lithiumchlorid	✖ 👓 🗑	R: 22–36/38 S:
Magnesium	🔥 👓 X	R: 11–15–17 S: 7/8–43
Magnesiumchlorid	🗑 🛢	R: S:
Magnesiumoxid	🗑 🛢	R: S: 22
Magnesiumsulfat	🗑 🛢	R: S:
Mangan(II)-sulfat	✖ 🗑 🛢	R: 48/20/22 S: 22
Methan	🔥 👓	R: 12 S: 9–16–33
Methanol	☠ 🔥 🧪 👓 B3	R: 11–23/25 S: 7–16–24–45
Methylenblau	✖ 👓	R: 22 S:
Methylorange	🗑 🛢	R: S: 22–24/25
Methylrot	🔥	R: 10 S:
Natriumborat (Borax)	✖ 🗑 🛢	R: 22 S:
Natriumbromid	🗑 🛢	R: S:
Natriumcarbonat (Soda)	✖ 👓 🛢	R: 36 S: 22–26
Natriumchlorid	🗑 🛢	R: S:
Natriumdihydrogenphosphat	🗑 🛢	R: S:
Natriumdithionit	✖ 👓 🗑	R: 7–22–31 S: 7/8–26–28–43
Natriumhydrogencarbonat (Natron)	🗑 🛢	R: S:

Stoff	Gefahrensymbole, Sicherheitssymbole, Entsorgungssymbole	Ratschläge R/S-Sätze
Natriumhydrogenphosphat		R: S:
Natriumhydrogensulfit		R: 22–36/37/38 S:
Natriumhydroxid		R: 35 S: 26–37/39–45
Natriumiodid		R: S:
Natriumphosphat		R: S: 24/25–26
Natriumsilicat-Pulver (Wasserglas)		R: 22 S:
Natriumsulfat		R: S:
Natriumthiosulfat		R: S:
Natronkalk		R: 35 S: 26–37/39
Natronlauge $w \geq 2\%$		R: 35 S: 26–27–37/39–45
Natronlauge $0{,}5 \leq w < 2\%$		R: 36/38 S: 26
Normalbenzin		R: 11 S: 9–16–29–33
Ölsäure/Benzin-Gemisch (1:1000)		R: 11 S: 9–16–29–33
Oxalsäure $w \geq 5\%$		R: 21/22 S: 24/25
Oxalsäure (0,05 %)		R: S:
Palmitinsäure		R: S:
Paraffin		R: S:
Paraffinöl		R: S:
Pentan		R: 11 S: 9–16–29–33
Pentanol		R: 10–20 S: 24–25
Petroleum		R: 11 S: 9–16–29–33
Phenolphthalein		R: 10 S:
Phosphorsäure $w \geq 25\%$		R: 34 S: 26–45
Phosphorsäure $10\% \leq w < 25\%$		R: 36/38 S: 26–45
Polyethen		R: S:
Polyvinylacetat		R: S:
1-Propanol, 2-Propanol		R: 11 S: 7–16
Propionaldehyd (Propanal)		R: 11–36/37/38 S: 9–16–29
PVC-Pulver		R: S:
Saccharose		R: S:
Salmiakgeist $w = 15\%$		R: 34–37 S: 7–45
Salpetersäure $w \geq 70\%$		R: 8–35 S: 23–26–36–45
Salpetersäure $5\% \leq w < 70\%$		R: 35 S: 23–26–27–36–45
Salpetersäure $1\% \leq w < 5\%$		R: 35 S: 23–26–36–45
Salzsäure $w \geq 25\%$		R: 34–37 S: 26–45
Salzsäure* $10\% \leq w < 25\%$		R: 36/37/38 S: 26–45
Schwefel		R: S:
Schwefelsäure $w \geq 15\%$		R: 35 S: 26–30–45
Schwefelsäure $5\% \leq w < 15\%$		R: 36/38 S: 26–30–45
alkoholische Seifenlösung		R: S:
Silbernitrat-Lösung $w = 1\%$		R: S:
Silbersulfid		R: S:
Stearinsäure		R: S:
Strontiumchlorid		R: S:
Styrol		R: 10–20–36/38 S: 23
Sudanrot		R: S: 22–24/25
Universalindikator		R: S:
Wasserstoff		R: 12 S: 9–16–33
Wasserstoffperoxid $w = 3\%$		R: S:
Weinsäure		R: 38 S:
Zinkoxid		R: S:
Zinksulfat		R: S: 25
Zinkpulver		R: 15–17 S: 7/8–43
Zinn		R: S:
Zitronensäure		R: S:

X: spezielle Entsorgungsreaktion
*: Aus Sicherheitsgründen wird in Versuchen ab $w = 3{,}5\%$ das Gefahrensymbol Xi angegeben.

Die chemischen Elemente

Name	Symbol	OZ	Atommasse in u	Dichte¹ in g/cm³ (Gase: g/l)	Schmelztemperatur in °C	Siedetemperatur in °C
Actinium	Ac	89	(227)	10,1	1050	–
Aluminium	Al	13	26,9815	2,70	660	≃2300
Americium	Am	95	(243)	11,7	827	2610
Antimon (Stibium)	Sb	51	121,75	6,68	630	1640
Argon	Ar	18	39,948	*1,784*	– 189	– 186
Arsen	As	33	74,9216	5,73	817p	633s
Astat	At	85	(210)	–	–	–
Barium	Ba	56	137,34	3,7	717	1640
Berkelium	Bk	97	(247)	–	–	–
Beryllium	Be	4	9,0122	1,86	1278	2970
Bismut (Bismutum)	Bi	83	208,980	9,80	271	1560
Blei (Plumbum)	Pb	82	207,2	11,4	327	1750
Bor	B	5	10,81	2,34	≃2000	≃2500
Brom	Br	35	79,904	3,14	– 7	58
Cadmium	Cd	48	112,40	8,64	321	767
Caesium	Cs	55	132,905	1,90	29	690
Calcium	Ca	20	40,08	1,55	845	1440
Californium	Cf	98	(251)	–	–	–
Cer	Ce	58	140,12	6,8	800	3600
Chlor	Cl	17	35,453	*3,214*	– 102	– 34
Chrom	Cr	24	51,996	7,19	≃1900	≃2500
Cobalt	Co	27	58,9332	8,83	1490	3100
Curium	Cm	96	(247)	–	–	–
Dysprosium	Dy	66	162,50	8,54	1407	≃2600
Einsteinium	Es	99	(254)	–	–	–
Eisen (Ferrum)	Fe	26	55,847	7,86	1537	2730
Erbium	Er	68	167,26	9,05	1497	2900
Europium	Eu	63	151,96	5,26	826	1439
Fermium	Fm	100	(257)	–	–	–
Fluor	F	9	18,9984	*1,70*	– 220	– 188
Francium	Fr	87	(223)	–	–	–
Gadolinium	Gd	64	157,25	7,90	1312	≃3000
Gallium	Ga	31	69,72	6,0	30	2340
Germanium	Ge	32	72,59	5,36	960	≃2700
Gold (Aurum)	Au	79	196,967	19,3	1063	2700
Hafnium	Hf	72	178,49	13,3	2220	>3000
Helium	He	2	4,0026	*0,178*	– 272p	– 269
Holmium	Ho	67	164,930	8,80	1461	≃2600
Indium	In	49	114,82	7,31	156	2000
Iod	I	53	126,9044	4,94	114	184
Iridium	Ir	77	192,2	22,6	2454	>4500
Kalium	K	19	39,102	0,86	64	760
Kohlenstoff (Carboneum)	C	6	12,0115	2)	>3500s	≃4000
Krypton	Kr	36	83,80	*3,708*	– 157	– 153
Kupfer (Cuprum)	Cu	29	63,546	8,93	1083	2350
Lanthan	La	57	138,91	6,1	920	4515
Lawrencium	Lr	103	(260)	–	–	–
Lithium	Li	3	6,941	0,53	180	1335
Lutetium	Lu	71	174,97	9,84	1652	3327
Magnesium	Mg	12	24,305	1,74	650	1105
Mangan	Mn	25	54,9380	7,3	1220	2150
Mendelevium	Md	101	(258)	–	–	–
Molybdän	Mo	42	95,94	10,2	2620	≃5000
Natrium	Na	11	22,9898	0,97	98	883
Neodym	Nd	60	144,24	7,0	1024	3300
Neon	Ne	10	20,179	*0,90*	– 249	– 246
Neptunium	Np	93	(237)	19,5	–	–
Nickel	Ni	28	58,70	8,90	1453	≃2800
Niob	Nb	41	92,906	8,5	2468	≃3700
Nobelium	No	102	(259)	–	–	–
Osmium	Os	76	190,2	22,5	≃2600	≃5500
Palladium	Pd	46	106,4	12,0	1555	3380
Phosphor	P	15	30,9738	3)	44⁴⁾	285⁴⁾
Platin	Pt	78	195,09	21,45	1770	3300
Plutonium	Pu	94	(244)	19,7	640	3200
Polonium	Po	84	(209)	9,32	254	962
Praseodym	Pr	59	140,907	6,7	935	≃3300
Promethium	Pm	61	(145)	–	–	–
Protactinium	Pa	91	(231)	–	–	–
Quecksilber (Hydrargyrum)	Hg	80	200,59	13,55	– 39	357
Radium	Ra	88	226,05	≃6	≃700	1140
Radon	Rn	86	(222)	*9,96*	– 71	– 62
Rhenium	Re	75	186,2	20,9	3170	≃5900
Rhodium	Rh	45	102,905	12,4	1966	4500
Rubidium	Rb	37	85,47	1,53	39	690
Ruthenium	Ru	44	101,07	12,4	2400	≃4500
Samarium	Sm	62	150,35	7,5	1072	≃1900
Sauerstoff (Oxygenium)	O	8	15,9994	*1,429*	– 219	– 183
Scandium	Sc	21	44,956	3,0	1540	2730
Schwefel (Sulfur)	S	16	32,06	2,0	119	444
Selen	Se	34	78,96	4,8	220	688
Silber (Argentum)	Ag	47	107,870	10,5	960	2150
Silicium	Si	14	28,086	2,4	1410	2630
Stickstoff (Nitrogenium)	N	7	14,0067	*1,251*	– 210	– 196
Strontium	Sr	38	87,62	2,6	757	1365
Tantal	Ta	73	180,948	16,7	2990	>5000
Technetium*	Tc	43	(97)	11,5	2140	–
Tellur	Te	52	127,60	6,2	450	990
Terbium	Tb	65	158,924	8,3	1350	≃2800
Thallium	Tl	81	204,37	11,85	303	1457
Thorium	Th	90	232,038	11,7	≃1800	≃3600
Thulium	Tm	69	168,934	9,33	1545	1727
Titan	Ti	22	47,90	4,51	≃1700	3260
Uran	U	92	238,029	19,1	1133	≃3600
Vanadium	V	23	50,9414	6,1	≃1800	>3000
Wasserstoff (Hydrogenium)	H	1	1,00797	*0,0899*	– 259	– 253
Wolfram	W	74	183,85	19,30	3410	5400
Xenon	Xe	54	131,30	*5,89*	– 112	– 108
Ytterbium	Yb	70	173,04	6,5	8,25	1427
Yttrium	Y	39	88,905	4,5	1490	2927
Zink	Zn	30	65,38	7,2	420	910
Zinn (Stannum)	Sn	50	118,69	7,3	232	≃2400
Zirkonium	Zr	40	91,22	6,5	1860	≃3600

*künstlich gewonnenes Element, OZ Ordnungszahl, (243) eine eingeklammerte Zahl gibt die Nukleonenzahl des langlebigsten Isotops des Elements an, – Werte sind nicht bekannt, ≃ Wert sehr ungenau, p unter Druck, s sublimiert, 1) Bei gasförmigen Elementen wird die Dichte *kursiv* gedruckt angegeben. Sie gilt für 0°C und 1013 hPa. 2) Graphit: 2,25, Diamant: 3,51, 3) weißer P: 1,83, roter P: 2,2, 4) weißer P

Eigenschaften von Gasen

Name	Molekülmasse in u	Dichte bei 20°C (1013 hPa) in $\frac{g}{l}$	Schmelztemperatur (1013 hPa)	Siedetemperatur (1013 hPa)	Löslichkeit bei 25°C in 1 l Wasser	
					in g	in l
Wasserstoff (H_2)	2,016	0,084	−259	−253	0,002	0,019
Stickstoff (N_2)	28,0	1,17	−210	−196	0,017	0,015
Sauerstoff (O_2)	32,14	1,33	−219	−183	0,039	0,028
Fluor (F_2)	38,00	1,58	−220	−188	−	−
Chlor (Cl_2)	70,90	2,95	−101	−35	6,41	2,2
Helium (He)	4,0	0,17	−270	−269	0,002	0,09
Neon (Ne)	20,18	0,84	−249	−246	0,013	0,016
Argon (Ar)	39,94	1,66	−189	−186	0,035	0,032
Krypton (Kr)	83,80	3,48	−157	−152	0,245	0,071
Ammoniak (NH_3)	17,024	0,71	−78	−33	480	680
Chlorwasserstoff (HCl)	36,46	1,52	−114	−85	700	466
Schwefelwasserstoff (H_2S)	34,09	1,42	−83	−62	3,38	2,41
Schwefeldioxid (SO_2)	64,21	2,67	−73	−10	94	35
Kohlenstoffmonooxid (CO)	28,01	1,17	−205	−190	0,026	0,023
Kohlenstoffdioxid (CO_2)	44,01	1,83	−78 (sublimiert)		1,45	0,80
Methan (CH_4)	16,04	0,67	−182	−162	0,021	0,032
Ethan (C_2H_6)	30,06	1,25	−183	−89	0,054	0,043
Propan (C_3H_8)	44,09	1,84	−188	−42	0,11	0,06
Butan (C_4H_{10})	58,12	2,47	−138	−1	0,34	0,14
Ethen (C_2H_4)	28,05	1,17	−169	−104	0,11	0,13
Ethin (C_2H_2)	26,04	1,06	−81	−84	1,10	0,95

Farbkennzeichnung und Gewinde von Stahlflaschen für Gase

Gas	Farbe	Gewinde
Sauerstoff	blau	rechts
Stickstoff	grün	rechts
nicht brennbare Gase (*Beispiel:* Kohlenstoffdioxid)	grau	rechts
brennbare Gase (*Beispiel:* Wasserstoff)	rot	links

Saure und alkalische Lösungen

Lösung	gelöster Stoff	*	verdünnt		konzentriert	
			Massenanteil	Dichte bei 20°C	Massenanteil	Dichte bei 20°C
Salzsäure	HCl (g)	2	7%	1,033	36%	1,179
Schwefelsäure	H_2SO_4 (l)	1	9%	1,059	98%	1,836
Salpetersäure	HNO_3 (l)	2	12%	1,066	68%	1,391
Phosphorsäure	H_3PO_4 (s)	1	10%	1,05	85%	1,71
Essigsäure	CH_3COOH (l)	2	12%	1,015	99%	1,052
Natronlauge	NaOH (s)	2	8%	1,087	30%	1,328
Kalilauge	KOH (s)	2	11%	1,100	27%	1,256
Kalkwasser	$Ca(OH)_2$ (s)		0,16%*	1,001*	*Angaben für gesättigte Lösungen	
Barytwasser	$Ba(OH)_2$ (s)		3,4%*	1,04*		
Ammoniak-Lösung	NH_3 (g)	2	3%	0,981	25%	0,907

* Stoffmengenkonzentration in $\frac{mol}{l}$

Reagenzlösungen

Chlorwasser (Xn): Destilliertes Wasser durch Einleiten von Chlor sättigen; in brauner Flasche aufbewahren.

Bromwasser (T, Xi): 10 Tropfen Brom in 250 ml destilliertem Wasser lösen.

Iodwasser: Einige Blättchen Iod in destilliertem Wasser kurz aufkochen.

Iod-Kaliumiodid-Lösung: 2 g Kaliumiodid in wenig Wasser vollständig lösen und 1 g Iod zugeben. Nach dem Lösen auf 300 ml auffüllen und in brauner Flasche aufbewahren.

FEHLING-Lösung I (Xn): 7 g Kupfersulfat ($CuSO_4 \cdot 5H_2O$) in 100 ml Wasser lösen.
FEHLING-Lösung II (C): 35 g Kaliumnatriumtartrat (Seignette-Salz) und 10 g Natriumhydroxid in 100 ml Wasser lösen.

Kalkwasser: 1 g Calciumoxid in 500 ml destilliertem Wasser schütteln und filtrieren (0,02 $\frac{mol}{l}$).

Silbernitrat-Lösung: 17 g Silbernitrat auf 1 Liter auffüllen (0,1 $\frac{mol}{l}$).

Bariumchlorid-Lösung (Xn): 24,4 g Bariumchlorid ($BaCl_2 \cdot 2H_2O$) auf 1 Liter auffüllen (0,1 $\frac{mol}{l}$).

Bleiacetat-Lösung (T): 38 g Bleiacetat ($Pb(CH_3COO)_2 \cdot 3H_2O$) auf 1 Liter auffüllen (0,1 $\frac{mol}{l}$).

Indikatorlösungen:
Bromthymolblau: 0,1 g in 100 ml 20%igem Ethanol.
Methylrot (F): 0,2 g in 100 ml 90%igem Ethanol.
Phenolphthalein (F): 0,1 g in 100 ml 70%igem Ethanol.

Größen und ihre Einheiten

Größe		Einheit		Beziehungen
Name	Zeichen	Name	Zeichen	
Masse	m	Kilogramm	kg	1 kg = 1000 g 1 g = 1000 mg
Volumen	V	Kubikmeter	m³	1 m³ = 1000 dm³ 1 dm³ = 1 l
		Liter	l	1 l = 1000 ml 1 ml = 1 cm³
Dichte	ϱ	Kilogramm Kubikmeter	$\frac{kg}{m^3}$	$1 \frac{g}{cm^3} = 1000 \frac{kg}{m^3}$
		Gramm Liter	$\frac{g}{l}$	$1 \frac{g}{l} = 0{,}001 \frac{g}{cm^3}$
Druck	p	Pascal	Pa	$1\,Pa = 1 \frac{N}{m^2}$
		Bar	bar	1 bar = 100 000 Pa 1 mbar = 100 Pa 100 Pa = 1 hPa
Energie	E	Joule	J	$1\,J = 1\,N \cdot m = 1 \frac{kg \cdot m^2}{s^2}$
Elektrizitätsmenge	Q	Coulomb	C	$1\,C = 1\,A \cdot s$
Anzahl	N			
Stoffmenge	n	Mol	mol	1 mol enthält $6{,}022 \cdot 10^{23}$ Teilchen
molare Masse	M	Gramm Mol	$\frac{g}{mol}$	
Stoffmengenkonzentration	c	Mol Liter	$\frac{mol}{l}$	
Temperatur	t	Grad Celsius	°C	0 °C = 273,15 K
	T	Kelvin	K	

Umrechnungsfaktoren

Energie	J	cal	eV
1 J	1	0,2390	$6{,}242 \cdot 10^{18}$
1 cal	4,184	1	$2{,}612 \cdot 10^{19}$
1 eV	$1{,}602 \cdot 10^{-19}$	$3{,}829 \cdot 10^{-20}$	1

$1\,J = 1\,N \cdot m = 1\,W \cdot s = 1\,V \cdot A \cdot s$

Druck	Pa	atm	mm Hg	bar
1 Pa	1	$9{,}869 \cdot 10^{-6}$	$7{,}501 \cdot 10^{-3}$	10^{-5}
1 atm	$1{,}013 \cdot 10^5$	1	760,0	1,013
1 mm Hg (Torr)	133,3	$1{,}316 \cdot 10^{-3}$	1	$1{,}333 \cdot 10^{-3}$
1 bar	10^5	0,9869	750,1	1

100 Pa = 1 hPa; 1 mbar = 1 hPa; 1 mm Hg = 1 Torr; $1\,Pa = 1 \frac{N}{m^2}$

Konstanten

Atomare Masseneinheit	u	$1{,}660 \cdot 10^{-27}$ kg
AVOGADRO-Konstante	N_A	$6{,}022 \cdot 10^{23} \frac{1}{mol}$
Molares Volumen eines idealen Gases (bei 1013 hPa und 0 °C)	V_m°	$22{,}414 \frac{l}{mol}$
Ladung eines Elektrons	e	$1{,}602 \cdot 10^{-19}$ C
Masse eines Elektrons	m_e	$9{,}109 \cdot 10^{-31}$ kg
Masse eines Protons	m_p	$1{,}673 \cdot 10^{-27}$ kg
Masse eines Neutrons	m_n	$1{,}675 \cdot 10^{-27}$ kg
FARADAY-Konstante	F	$96485 \frac{C}{mol}$

Größenangaben in Mischungen und Lösungen (DIN 1310)

Masse einer Stoffportion:	m_i	Massenkonzentration:	$\beta_i = \frac{m_i}{V}$
Volumen einer Stoffportion:	V_i	Volumenkonzentration:	$\delta_i = \frac{V_i}{V}$
Stoffmenge einer Stoffportion:	n_i	Stoffmengenkonzentration:	$c_i = \frac{n_i}{V}$
Teilchenzahl einer Stoffportion:	N_i	Teilchenkonzentration:	$C_i = \frac{N_i}{V}$

(V: Gesamtvolumen **nach** dem Mischen)

Massenanteil (statt Gewichtsprozent): $w_i = \frac{m_i}{m}$

Gesamtmasse $m = m_1 + m_2 + \ldots$

Volumenanteil (statt Volumenprozent): $\varphi_i = \frac{V_i}{V_0}$

Gesamtvolumen $V_0 = V_1 + V_2 + \ldots$ (**vor** dem Mischen)

Stoffmengenanteil (statt Molprozent): $x_i = \frac{n_i}{n}$

Gesamtstoffmenge $n = n_1 + n_2 + \ldots$

Teilchenzahlanteil: $X_i = \frac{N_i}{N}$

Gesamtteilchenzahl $N = N_1 + N_2 + \ldots$

Das Wort Gehalt wird als Oberbegriff bei der qualitativen Beschreibung verwendet. *Beispiel:* Der Wassergehalt einer Probe.

Dezimale Teile/Vielfache

Potenz	Vorsilbe	Symbol	Potenz	Vorsilbe	Symbol
10^{-1}	Dezi	d	10	Deka	da
10^{-2}	Zenti	c	10^2	Hekto	h
10^{-3}	Milli	m	10^3	Kilo	k
10^{-6}	Mikro	μ	10^6	Mega	M
10^{-9}	Nano	n	10^9	Giga	G
10^{-12}	Piko	p	10^{12}	Tera	T
10^{-15}	Femto	f			
10^{-18}	Atto	a			

Griechisches Alphabet

Buchstabe klein	Buchstabe groß	Name	Buchstabe klein	Buchstabe groß	Name
α	A	alpha	ν	N	nü
β	B	beta	ξ	Ξ	xi
γ	Γ	gamma	o	O	omikron
δ	Δ	delta	π	Π	pi
ε	E	epsilon	ϱ	P	rho
ζ	Z	zeta	σ	Σ	sigma
η	H	eta	τ	T	tau
ϑ	Θ	theta	φ	Φ	phi
ι	I	jota	υ	Υ	ypsilon
$\varkappa$	K	kappa	χ	X	chi
λ	Λ	lambda	ψ	Ψ	psi
μ	M	mü	ω	Ω	omega

Griechische Zahlwörter

½	hemi		11	undeca
1	mono		12	dodeca
2	di		13	trideca
3	tri		14	tetradeca
4	tetra		15	pentadeca
5	penta		16	hexadeca
6	hexa		17	heptadeca
7	hepta		18	octadeca
8	octa		19	enneadeca
9	nona		20	eicosa
10	deca			

Kleines Lexikon der Chemie

α-Strahlung: Bestandteil der radioaktiven Strahlung; sie besteht aus Helium-Atomkernen, also He^{2+}-Ionen.

Alkalimetalle: Elemente der I. Gruppe des Periodensystems; bilden einfach geladene Kationen.

Additionsreaktion: Reaktion, bei der aus zwei Molekülen ein neues Molekül gebildet wird.

Aggregatzustand: gibt an, ob ein Stoff fest, flüssig oder gasförmig vorliegt. *Symbole:* s (fest), l (flüssig), g (gasförmig).

Akkumulator: wiederaufladbare Batterie; häufig verwendet: Blei-Akkumulatoren in Autos, Motorrädern, Schiffen; Nickel/Cadmium-Akkumulatoren in Taschenlampen, Spielzeug, Radios und Recordern.

Aktivierungsenergie: siehe Anregungsenergie

Aldehyde: organische Verbindungen, deren Moleküle an einem Alkyl-Rest eine CHO-Gruppe (*Aldehyd-Gruppe*) besitzen; Oxidationsprodukte primärer Alkohole.

Alkane: gesättigte Kohlenwasserstoffe; allgemeine Molekülformel: C_nH_{2n+2}

Alkansäuren: organische Verbindungen, deren Moleküle an einem Alkyl-Rest eine COOH-Gruppe (Carboxyl-Gruppe) besitzen; Oxidationsprodukte der Aldehyde.

Alkene: ungesättigte Kohlenwasserstoffe mit C=C-Zweifachbindung; allgemeine Molekülformel: C_nH_{2n}

Alkine: ungesättigte Kohlenwasserstoffe mit C≡C-Dreifachbindung; allgemeine Molekülformel: C_nH_{2n-2}

Alkohole: organische Verbindungen, deren Moleküle an einem Alkyl-Rest eine oder mehrere Hydroxyl-Gruppe(n) (OH-Gruppe(n)) besitzen.

Amalgame: Quecksilber-Legierungen; in der Zahnmedizin verwendet man ein Amalgam, das neben Quecksilber Silber, Zinn und Kupfer enthält.

Analyse: Zerlegung einer Verbindung in die Elemente.

Anion: negativ geladenes *Ion*.

Anode: positive *Elektrode*.

Anregungsenergie: die Energie, die man benötigt, um eine Reaktion in Gang zu setzen.

aromatische Kohlenwasserstoffe: ungesättigte Kohlenwasserstoffe, die aufgrund besonderer Bindungsverhältnisse nicht die typischen Reaktionen ungesättigter Verbindungen zeigen; *Beispiel:* Benzol

Atombindung: siehe Elektronenpaarbindung.

Atome: Bausteine der Materie; es gibt ebensoviele Atomarten wie es Elemente gibt; eine Atomart ist gekennzeichnet durch die Anzahl der Protonen im Atomkern und – chemisch – durch die Anzahl der Elektronen in der Atomhülle.

Atomhülle: Bereich außerhalb des *Atomkerns*; Aufenthaltsbereich der Elektronen, die sich auf bestimmten Energieniveaus oder Schalen bewegen.

Atomkern: Massezentrum des Atoms; besteht aus positiv geladenen Protonen und elektrisch neutralen Neutronen.

Atommasse: Masse eines Atoms; sie wird in der atomaren Masseneinheit 1 u angegeben.
$1\,u = \frac{1}{12} \cdot m\,(^{12}_{6}C\text{-Atom})$

Außenelektronen: Elektronen auf der äußersten Schale eines Atoms; sie bestimmen die chemischen Eigenschaften des jeweiligen Elementes.

AVOGADRO-Konstante: molare Teilchenanzahl; Größe zur Umrechnung zwischen Stoffmenge und Teilchenanzahl;
$N_A = 6 \cdot 10^{23}\,\frac{1}{mol}$

β-Strahlung: Bestandteil der radioaktiven Strahlung; sie besteht aus Elektronen.

Basen: Teilchen, die Protonen aufnehmen können (*Protonenakzeptoren*).

Batterie: Vorrichtung zur Umwandlung chemischer Energie in elektrische Energie.

Bindungsenergie: die Energie, die man aufwenden muß, um eine Elektronenpaarbindung zu spalten.

chemische Reaktion: eine Umwandlung von Stoffen, bei der aus den Ausgangsstoffen neue Stoffe gebildet werden; chemische Reaktionen sind stets auch von einer Energieumwandlung begleitet.

Carbonsäuren: organische Verbindungen, deren Moleküle eine COOH-Gruppe (*Carboxyl-Gruppe*) besitzen.

Carbonyl-Gruppe: CO-Gruppe; funktionelle Gruppe der Aldehyde und Ketone.

Carboxyl-Gruppe: COOH-Gruppe; funktionelle Gruppe der Carbonsäuren.

Cycloalkane: gesättigte Kohlenwasserstoffe mit ringförmigen Molekülen; allgemeine Formel: C_nH_{2n}

Dampf: gasförmiger Zustand eines Stoffes, der bei Raumtemperatur flüssig ist.

Destillation: Trennverfahren für Flüssigkeitsgemische; die Trennung erfolgt auf Grund der unterschiedlichen Siedetemperaturen.

Diffusion: auf der Teilchenbewegung beruhende selbständige Durchmischung gasförmiger und gelöster Stoffe.

Dipol: Molekül mit polaren Elektronenpaarbindungen, bei dem die Ladungsschwerpunkte nicht zusammenfallen.

Duroplast: Kunststoff, der sich beim Erhitzen nicht verformt.

Edelgase: Elemente der VIII. Gruppe des Periodensystems; Edelgase sind besonders reaktionsträge.

Edelgaskonfiguration: energetisch besonders stabile Elektronenverteilung: Die äußerste Schale ist wie bei den Edelgasen mit 8 Elektronen besetzt (beim Helium 2 Elektronen).

Elastomer: Kunststoff, der unter Druck die äußere Form verändert und anschließend die alte Form wieder einnimmt.

Elektrolyse: Zerlegung einer chemischen Verbindung mit Hilfe elektrischer Energie.

Elektronegativität: Maß für die Fähigkeit eines Atoms, Bindungselektronen anzuziehen.

Elektronen: Träger der kleinsten negativen elektrischen Ladung ($Q \approx 1{,}6 \cdot 10^{-19}$ C); Bausteine der Atome, die sich in der Atomhülle aufhalten.

Elektronenpaarabstoßungs-Modell: Modellvorstellung über den Bau der Atomhülle; danach werden die Außenelektronen der zu Molekülen verbundenen Atome zu Elektronenpaaren zusammengefaßt. Sie bilden Elektronenwolken, die sich gegenseitig abstoßen und so den räumlichen Bau der Moleküle bestimmen.

Elektronenpaarbindung (Atombindung): Art der chemischen Bindung; der Zusammenhalt wird durch gemeinsame Elektronenpaare bewirkt.

Element: Reinstoff, der aus einer Atomart besteht; mit chemischen Mitteln nicht weiter zerlegbar.

Eliminierungsreaktion: Reaktion, bei der von einem Molekül unter Ausbildung einer Mehrfachbindung ein anderes Molekül abgespalten wird.

Emulgator: Stoff mit einem polaren und einem unpolaren Molekülteil; vermittelt zwischen hydrophilen und hydrophoben Stoffen und ermöglicht so die Bildung von Emulsionen.

Emulsion: ein heterogenes Gemisch aus zwei nicht ineinander löslichen Flüssigkeiten.

endotherme Reaktion: Reaktion, bei der aus der Umgebung Wärme aufgenommen wird.

Enzym: ein Eiweiß-Molekül, das als Biokatalysator wirkt.

Erdalkalimetalle: Elemente der II. Gruppe des Periodensystems; bilden zweifach geladene Kationen.

Erz: Mineralien mit hohem Metallgehalt; meist Oxide oder Sulfide.

Ester: organische Verbindungen, die bei der Reaktion eines Alkohols mit einer Säure unter Abspaltung von Wasser entstehen.

Ether: organische Verbindungen, in deren Molekülen zwei Kohlenwasserstoff-Reste über ein Sauerstoff-Atom verknüpft sind.

exotherme Reaktion: Reaktion, bei der Wärme frei wird.

Extrahieren: Trennverfahren, bei dem lösliche Stoffe aus einem Gemisch gelöst werden.

Fett: organische Verbindung, die aus Glycerin und Fettsäuren aufgebaut ist.

Fettsäure: langkettige Carbonsäure.

Formeln: *Verhältnisformeln* geben das Atomanzahlverhältnis einer Verbindung an; *Molekülformeln (Summenformeln)* geben die Zusammensetzung eines Moleküls an; *Strukturformeln* geben die Anordnung der Atome in einem Molekül an.

funktionelle Gruppe: ein Molekülteil mit charakteristischer Reaktionsfähigkeit.

γ-Strahlung: Bestandteil der radioaktiven Strahlung; eine besonders energiereiche Röntgenstrahlung, die im Gegensatz zur α-Strahlung und zur β-Strahlung im magnetischen Feld nicht abgelenkt wird.

Gärung: ein Stoffwechselprozeß. *Beispiel:* der Abbau von Kohlenhydraten zu Alkohol oder zu Milchsäure.

galvanische Zelle: Vorrichtung zur Umwandlung chemischer Energie in elektrische Energie.

Halogene: Elemente der VII. Gruppe des Periodensystems; bilden meist einfach geladene Anionen.

heterogene Gemische: uneinheitliche Gemische, bei denen man, manchmal auch nur mit dem Mikroskop, die einzelnen Bestandteile erkennen kann.

homogene Gemische: einheitliche Gemische wie Lösungen oder Gasgemische.

homologe Reihe: Reihe von Verbindungen, deren aufeinanderfolgende Glieder sich jeweils durch eine CH_2-Gruppe unterscheiden.

Hydratisieren: Bildung einer Hülle von Wasser-Molekülen (*Hydrathülle*) um ein Molekül oder Ion beim Lösen.

Hydrolyse: Spaltung von Molekülen unter Aufnahme von Wasser-Molekülen; *Beispiel:* Spaltung eines Fetts in Glycerin und Fettsäuren.

hydrophiler Stoff: wasserlöslicher Stoff mit polarem Molekülbau.

hydrophober Stoff: fettlöslicher Stoff mit unpolarem Molekülbau.

Hydroxyl-Gruppe: OH-Gruppe; funktionelle Gruppe der Alkanole (Alkohole).

hygroskopischer Stoff: ein Stoff, der begierig Wasser aufnimmt, auch als Wasserdampf aus der Luft.

Hypothese: begründete Vermutung, die experimentell überprüft werden muß.

Indikator: ein Farbstoff, der durch seine Farbe saures oder alkalisches Milieu anzeigt.

Ionen: geladene Atome oder Atomverbände.

Ionenbindung: Art der chemischen Bindung: Elektrostatische Kräfte von entgegengesetzt geladenen Ionen führen zu einem dreidimensionalen *Ionengitter*.

Ionenverbindungen: salzartige Stoffe; besitzen eine relativ hohe Schmelz- und Siedetemperatur. Sie leiten in Schmelze und Lösung den elektrischen Strom.

Isomere: Stoffe mit gleicher Molekülformel, aber unterschiedlicher Molekülstruktur.

Isotope: Atome mit gleicher Protonen-Anzahl, aber unterschiedlicher Neutronen-Anzahl.

IUPAC-Nomenklatur: internationale Regeln zur Benennung von chemischen Verbindungen.

Katalysator: ein Stoff, der die Geschwindigkeit einer Reaktion erhöht und unverändert aus der Reaktion hervorgeht.

Kathode: negative *Elektrode*.

Kation: positiv geladenes *Ion*.

Keramik: anorganische Werkstoffe auf der Basis von Tonmineralien; *Beispiele:* Porzellan, Steingut.

Kern-Hülle-Modell: Atommodell, das auf RUTHERFORD zurückgeht; danach bestehen Atome aus einem kleinen, positiv geladenen *Atomkern*, der praktisch die gesamte Masse des Atoms enthält und der *Atomhülle*, in der sich die negativ geladenen Elektronen bewegen.

Ketone: organische Verbindungen, deren Moleküle zwischen zwei Alkyl-Resten eine CO-Gruppe (*Keto-Gruppe*) besitzen; Oxidationsprodukte sekundärer Alkohole.

Kohlenwasserstoffe: Kohlenstoff-Wasserstoff-Verbindungen; man unterscheidet: *gesättigte* Kohlenwasserstoffe mit C–C-Einfachbindungen und *ungesättigte* Kohlenwasserstoffe mit einer oder mehreren C/C-Mehrfachbindungen.

Kohlenhydrate: Verbindungen mit der Verhältnisformel $C_n(H_2O)_m$; je nach Molekülgröße unterscheidet man *Monosaccharide, Disaccharide, Polysaccharide*.

Kondensation: 1. Verflüssigung eines gasförmigen Stoffs.
2. Verknüpfung zweier Moleküle unter Abspaltung eines Wasser-Moleküls. *Beispiel:* Bildung eines Disaccharids aus zwei Monosacchariden.

Konzentration: siehe Stoffmengenkonzentration.

Kristall: ein natürlicher, von ebenen Flächen regelmäßig begrenzter Körper.

Kunststoffe: makromolekulare Stoffe, die aus kleineren Molekülen aufgebaut werden.

Laugen: Lösungen, die Hydroxid-Ionen enthalten.

Legierung: Gemisch aus zwei oder mehreren Metallen, das in der Schmelze hergestellt wird.

LEWIS-Formel: Strukturformel, in der die *bindenden* und *freien Elektronenpaare* angegeben sind.

Lösung: homogenes flüssiges Gemisch aus zwei oder mehreren Stoffen.

Makromolekül: Riesenmolekül, das aus sich regelmäßig wiederholenden Molekülteilen aufgebaut ist.

Massenzahl: gibt die Anzahl der Nukleonen im Atomkern an.

Mineralien: natürlich entstandene Feststoffe.

Modell: eine von Menschen zu einem bestimmten Zweck gemachte vereinfachte Darstellung eines Gegenstands. Modelle dienen häufig der Veranschaulichung besonders kleiner, besonders großer oder besonders komplizierter Gegenstände oder Sachverhalte.

Modifikationen: Erscheinungsformen eines Elements; sie sind aus den gleichen Atomen aufgebaut, unterscheiden sich aber in der Anordnung der Atome. *Beispiel:* Graphit und Diamant.

Mol: Ein Mol (1 mol) ist die *Stoffmenge* einer Portion, die $6 \cdot 10^{23}$ Teilchen enthält.

molare Masse: stoffspezifische Größe zur Umrechnung zwischen Masse und Stoffmenge; ihr Zahlenwert entspricht dem der Teilchenmasse in u; die Einheit ist $\frac{g}{mol}$.

molares Volumen: Größe zur Umrechnung zwischen Volumen und Stoffmenge; bei Normbedingungen gilt für alle Gase:
$V_m^0 = 22,4 \frac{L}{mol}$

Moleküle: Atomverbände, die aus mehreren Atomen aufgebaut sind.

Molekülformel: gibt Art und Anzahl der Atome in einem Molekül an.
Beispiele: H_2O, C_2H_6

Nebel: ein heterogenes Gemisch, bei dem eine Flüssigkeit in einem Gas verteilt ist.

Neutralisation: Reaktion von H^+-Ionen aus einer *sauren* Lösung mit OH^--Ionen aus einer *alkalischen* Lösung zu Wasser-Molekülen.

Neutron: elektrisch neutrales Teilchen im *Atomkern* ($m \approx 1$ u; $Q = 0$ C).

Normbedingungen: $\vartheta = 0\,°C$
$p = 1013$ hPa.

Nukleonen: Bausteine des Atomkerns: *Protonen* und *Neutronen*.

Oktettregel: für Atome, die durch Elektronenpaarbindungen verknüpft sind, beträgt die Summe von Bindungselektronen und freien Elektronen acht.

Ordnungszahl: entspricht der *Kernladungszahl*, gibt die Anzahl der Protonen im Atomkern an.

organische Chemie: Chemie der Kohlenstoffverbindungen; Gegenteil: *anorganische Chemie*.

Osmose: Diffusion von Lösungsmittel-Teilchen durch eine Membran, die für die Teilchen des gelösten Stoffes undurchlässig ist.

Oxidation: Reaktion, bei der ein Stoff mit Sauerstoff reagiert; im erweiterten Sinn Abgabe von Elektronen; die Umkehrung der Oxidation ist die *Reduktion*.

Oxidationsmittel: ein Stoff, der einen anderen Stoff oxidiert.

Oxidationszahl: Anzahl der Elektronen, die ein Atom in einer Verbindung im Vergleich zum elementaren Zustand *formal* aufgenommen oder abgegeben hat.

Ozon: eine Modifikation des Elements Sauerstoff; besteht aus O_3-Molekülen.

Ozonschicht: Teil der Stratosphäre; liegt etwa in 30 km Höhe; sie absorbiert den größten Teil der UV-Strahlung der Sonne.

Paraffine: Bezeichnung für gesättigte Kohlenwasserstoffe (Alkane) (lat. *parum affinis*: reaktionsträge).

Periodensystem: tabellarische Anordnung der einzelnen Elemente; Ordnungsprinzip ist die Ähnlichkeit der Eigenschaften und – strukturell – der Bau der Atome; untereinander stehende Elemente bilden eine *Gruppe*, nebeneinander stehende eine *Periode*.

pH-Skala: umfaßt die Werte von 0 bis 14; der *pH-Wert* ist ein Maß für den Gehalt einer Lösung an H^+- oder OH^--Ionen.

polare Elektronenpaarbindung: durch unterschiedliche Elektronegativität der Bindungspartner verursachte ungleichmäßige Ladungsverteilung entlang der Bindungsachse.

Polymerisation: Bildung von Makromolekülen, indem sich Zweifachbindungen von *Monomeren* aufspalten; dabei entsteht aus den Monomeren ein *Polymer*.

Protein: makromolekulare Substanz, die aus Aminosäuren aufgebaut ist.

Protolyse: Protonenübertragungsreaktion.

Proton: positiv geladenes Teilchen im Atomkern ($m \approx 1$ u; $Q \approx +1{,}6 \cdot 10^{-19}$C).

Protonenakzeptor: Base im Sinne BRÖNSTEDs.

Protonendonator: Säure im Sinne BRÖNSTEDs.

Radikal: reaktives Teilchen mit einem ungepaarten Elektron.

Radioaktivität: Eigenschaft der Atomkerne bestimmter Stoffe, in andere Elemente zu zerfallen und dabei α-, β- oder γ-Strahlung auszusenden.

Rauch: ein heterogenes Gemisch, bei dem ein Feststoff in einem Gas verteilt ist.

Reaktionsgleichung: Darstellung einer chemischen Reaktion mit Hilfe der Formelsprache der Chemiker; bei Verwendung der Stoffnamen anstelle der Formeln spricht man von einem *Reaktionsschema*.

Recycling: Wiederverwertung von bereits gebrauchten Stoffen oder Gegenständen.

Redoxreaktion: Reaktion, bei der Sauerstoff ausgetauscht wird; im erweiterten Sinn ist es eine Reaktion, bei der Elektronen übertragen werden.

Redoxreihe: Auflistung von Stoffen nach ihrer Oxidierbarkeit; im erweiterten Sinn nach ihrer Fähigkeit, Elektronen abzugeben.

Reduktion: Reaktion, bei der einem Stoff Sauerstoff entzogen wird; im erweiterten Sinn Aufnahme von Elektronen; die Umkehrung der Reduktion ist die *Oxidation*.

Reduktionsmittel: ein Stoff, der einen anderen Stoff reduziert.

Salze: siehe Ionenverbindungen.

Säuren: Molekülverbindungen, die beim Lösen in Wasser in H^+-Ionen und Säurerest-Ionen zerfallen; *Protonendonatoren*.

Säure-Base-Reaktion: Reaktion, bei der Protonen übertragen werden.

Schalenmodell: Modellvorstellung über den Aufbau der Atomhülle; die Elektronen bewegen sich auf definierten Schalen, denen jeweils ein bestimmtes Energieniveau zugeordnet werden kann.

Sedimentieren: Trennverfahren für *Suspensionen*; die Trennung erfolgt durch Absetzen des suspendierten Stoffes.

Seifen: Alkalisalze von Fettsäuren; die Seifen-Anionen setzen die Oberflächenspannung des Wassers herab und wirken dadurch *benetzend* und *emulgierend*.

Stahl: Eisen-Legierung mit einem Kohlenstoffgehalt unter 1,5%.

Standardbedingungen: $\vartheta = 25\,°C$, $p = 1013$ hPa.

Stoffmenge: Basisgröße des SI-Systems wie die Masse oder die Länge; sie beschreibt die Quantität einer Stoffportion auf der Basis der Teilchenanzahl. Einheit: 1 mol.

Stoffmengenkonzentration: gibt an, wieviel Mol eines Stoffs in einem Liter Lösung enthalten sind; Einheit: $\frac{\text{mol}}{\text{l}}$.

Substitutionsreaktion: Reaktion, bei der in einem Molekül ein Atom durch ein anderes Atom oder eine Atomgruppe ersetzt wird.

Suspension: heterogenes Gemisch, bei dem ein Feststoff in einer Flüssigkeit verteilt ist.

Synthese: Aufbau einer Verbindung aus den Elementen.

Tensid: *waschaktive* Substanz; setzt die Oberflächenspannung des Wassers herab und wirkt dadurch *benetzend* und *emulgierend*.

Tetraederstruktur: Molekülstruktur vieler Verbindungen; sie ergibt sich, wenn vier Elektronenpaare um ein zentrales Atom angeordnet sind. *Beispiel:* Methan.

Thermoplast: Kunststoff, der beim Erwärmen plastisch wird.

Titration: Verfahren zur Bestimmung des Gehalts einer Lösung (Probelösung) durch Zugabe einer Lösung mit bekanntem Gehalt (Maßlösung).

VAN-DER-WAALS-Bindung: Anziehung zwischen unpolaren Molekülen.

Verbindung: Reinstoff, der durch chemische Reaktionen in Elemente zerlegt werden kann.

Verdampfungswärme: die Wärmemenge, die man benötigt, um einen flüssigen Stoff in den gasförmigen Zustand zu überführen.

Veresterung: Bildung eines Esters aus Alkohol und Säure.

Verseifung: Spaltung von Fetten mit Hilfe von Laugen.

Wasserstoffbrückenbindungen: zwischenmolekulare Bindungen zwischen stark polar gebundenen Wasserstoff-Atomen des einen und freien Elektronenpaaren von Sauerstoff-, Stickstoff- oder Fluor-Atomen eines anderen Moleküls.

Stichwortverzeichnis

A

α-Teilchen 160 f., 379
Abbruchreaktion 273
Abflußreiniger 132, 225
Abgas 75
Abwasser 94, 107, 140
Acesulfam 341
Acetaldehyd **311 f.**, 316
Acetat 317
Aceton 314
Acetylen 124, **278**
Additionsreaktion **277**, 285
Additive 292
Adhäsion 368 f.
Adipinsäure 320
Aerosol 70
Aflatoxin 280
Aggregatzustand **26 ff.**, 33, 125, 379
Aktivierungsenergie 105
akut-toxische Stoffe 280
Alanin 350
Alaun 24
Aldehyd-Gruppe **311**, 329
Aldehyde 296, **311 f.**, 329, 379
Alkalimetalle **134 ff.**, 153, 379
Alkalimetallhydroxide **135**, 153
alkalisch **102 f.**, 107, 133, 135
alkalische Lösung 102 f., 107, 133, **207 f.**, **212**, 227, 229
alkalische Verseifung 331
Alkane **266 ff.**, 272, 379
–, Siedetemperaturen 270
Alkanole **302 f.**, 305
Alkansäuren 318, 379
Alkene 276, 379
Alkine 285, 379
Alkohol 31, 42, 100, 296, 300 f.
Alkohole **302**, 309, 379
–, Siedetemperaturen 305
Alkoholwirkung 301
Alkyl-Gruppe 269
Alkylsulfate 336
Alleskleber 369
Altersbestimmung 164
Altöl 292
Aluminium 79, **86**
Aluminiumacetat 318
Aluminiumoxid 174, 177
Amalgam 36, 379
Ameisensäure **318**, 322 f., 328
Amethyst 24
Amino-Gruppe 320 f., 350
Aminoessigsäure 321
Aminosäuren **321**, 348 f., 359
Ammoniak 189, 191, **236 ff.**, 244
Ammoniumsalze 238
Amylopektin 343
Amylose 343
Analyse 106 f., 379
Anionen 158, 379
Anode 158, 379
Anodenschlamm 159
anorganische Chemie 261
Anregungsenergie 50, 379
Anthrazit 287
Antiklopfmittel 292 f.
Antimonsulfid 51
Anziehungskraft 270
Apatit 20, 242
Äpfelsäure 205
Aräometer 308
Argon 66, 148
ARISTOTELES 98
Aromastoffe 324, **327**, 339
aromatische Kohlenwasserstoffe **279**, 379
ARRHENIUS 108, **122**
Arsenik 280

Arsensulfid 51
Arterienverkalkung 353
Asche 61
Ascorbinsäure 205
Aspartam 341
Asphalt 291
Atmosphäre **67**, 252, 275, 295
Atmung 72
Atomanzahlverhältnis 111, 114
atomare Masseneinheit 112, 163
Atombau 168
Atombombe 165
Atomdurchmesser 113
Atome 54, 108, **110**, 129, 154 ff., 187, 379
Atomhülle 160, **166**, 379
Atomkern 160, **162**, 379
Atommasse **112**, 150, 163, 379
Atomradien 169
Atropin 280
Ätznatron 132
Ausgangsstoff **49**, 59
Außenelektronen 168, 379
Autoabgase 294
Autokatalysator 294
AVOGADRO **108**, 176
AVOGADRO-Konstante 119, 379
AVOGADROsches Gesetz **116**, 129

B

β-Strahlung 161, 164, 379
Backpulver 228, 244
Bakelit 312
Ballaststoffe 339
Barium 136 f.
Bariumsulfat 234
Basen 226, 379
Batterien 181, 379
Baumwolle 343
BECQUEREL 161
BEILSTEIN-Probe **142**, 146, 153, 284
Belebtschlamm 95
Belichten 182
Benennung von Salzen 143, **217**
Benennung von Verbindungen 201
Benetzung 332
Benzaldehyd 279
Benzin 266, 270, 290, 292
Benzoesäure 205, 322 f.
Benzol **279**, 283, 285, 293
Benzpyren 279
Bernstein 156
Bernsteinsäure 320
Beryllium 136
BERZELIUS 110, 261
Bier 347
Bindungsenergie 188
Bindungslänge 267
Bindungswinkel 267
Biogas 260, **262 f.**
biologische Reinigungsstufe 95
Bitumen 290
Biuret-Reaktion 351
Blasenstein 320
Blasformen 365
Blattgold 16
Blausäure 190 f., 280
Blei 81, **87**
Bleichen 140
Bleichmittel 337
Bleiglanz 51
Bleistift 54
Bleisulfid 51

Bleitetraethyl 293
Blitze 157
Blitzlicht 137
Blut 100
Blutalkoholgehalt **301**, 308, 310
Boden 252 ff.
Boraxperle 81
Borsäure 302
Borsäureester 325 f.
Bortrifluorid 190
BOSCH 236
Botulinus-Toxin 280
Brandbekämpfung 73
Brandschutz 75
Branntkalk 222
Branntwein 37
Brausepulver 46
Brausetablette 46
Brennbarkeit 29
Brennen 222
Brennspiritus 302
Brennstoff 61, 75, 291
Brenztraubensäure 315
BRINELL-Härte (HB) 88
Brom 31, **140 f.**, 272, 277
Bromid-Ion 209, 218
Bromthymolblau 102
Bromwasserstoff **144**, 209, 272
BRÖNSTED 226
Bronze 77
BSB₅-Wert 255
BUNSEN 139
Butadien 276
Butan 119, **266**, 268
Butandisäure 320
Butanol **302 f.**, 305
Butanon 314
Buten 276
Buttersäure **318**, 355

C

C-14-Methode 164
C – C-Einfachbindung 267
C≡C-Dreifachbindung 278
C=C-Zweifachbindung 276 f.
Cadmiumgelb 51
Cadmiumsulfid 51
Caesium 134, 139
Caesiumchlorid 177
Calcium 136
Calcium-Ionen 249
Calciumcarbid 278
Calciumcarbonat 220
Caprylsäure 355
Carbidlampe 278
Carbonat-Ion 209, 219
Carbonate **220**, 261
Carbonathärte 220
Carbonsäuren 296, **318**, 322, 329, 379
–, Schmelztemperaturen 318
–, Siedetemperaturen 318
Carbonyl-Gruppe **314**, 379
Carboxyl-Gruppe **317**, 319, 329, 350, 379
Casein 349
CAVENDISH 66, 98
Cellulose 343
CELSIUS 96
chemische Reaktion 46, **48**, 53, 56, 59, 64, 75, 111, 379
chemische Reinigungsstufe 95
Chlor 93, **140**, 142, 163, 173
Chlorbleiche 140
Chlorid-Ion 142, 209, 218
Chlorknallgas 117, 144, 187

Chloroform 280
Chlorwasser 140
Chlorwasserstoff 117, **144 f.**, 188, **206**, 209
Cholesterin 353
Chromatogramm 282
Chromatographie 41, 43
chronisch-toxische Stoffe 280
cis-trans-Isomerie 277
Cobaltchlorid 58
Cracken 291
CSB-Wert 254
CURIE, Marie 161
Cyanacrylsäureester 368
Cyclamat 341
Cycloalkane 268, 379
Cyclohexan **268**, 283

D

DAGUERRE 182
DALTON 108, 110
DALTONsches Atommodell 110 f.
Dampf 26, 196, 379
DDT 274, **281**
Decan **266**, 268
Denaturierung 350 f., 359
denitrifizierende Bakterien 249
Deponie 256
Destillation 39, **41 f.**, 379
destilliertes Wasser 39
Detektor 282
Deuterium 163
Diabetes 341
Dialyse 44
Diamant 24, 54 f., **192**
Dicarbonsäuren 320
Dichlorethen 277
Dichlormethan 274
Dichte 20 f., 196
Dichtebestimmung 21
–, von Flüssigkeiten 21
–, von Gasen 21
Diesel 292
Dieselöl 270
Diethylenglykol 307
Diethylether 307
Diffusion **23**, 32, 379
Dihydrogenphosphat-Ion 209
Dimethylketon 314
Diolen 366
Dioxan 307
Dioxin 274, 280, 282, 284
Dipeptid 350
Diphterie-Toxin 280
Dipol **194**, 198, 203, 270, 379
Disaccharide 342
DÖBEREINER 105, 150
Doppelkontakt-Verfahren **233**, 245
Doppelmolekül 319, 328
Dosis 280
DOWNS-Zelle 159
Dreifachbindung **188**, 278
Duftstoffe 327
Düngemittel 231, **248 f.**
Dünnsäure 232
Duroplaste **362**, 366, 371, 379

E

E 605 280
E-Nummern 242, 323
Edelgase **148**, 153, 379
Edelgaskonfiguration 173, 379

Edelmetalle 79, **180**
Edelstähle 85, 89
Eicosan 268
Eindampfen 40
Einfachbindung **188**, 267
Einfachzucker 340, 342
Eis 26 f., 196 f.
–, Schmelzen 26
–, Schmelztemperatur 26
Eisen 30, 50, 56, 65, 72, 78, 82, 85, 89
Eisen-Ionen 249
Eisenerze 82
Eisenoxid 65, 72, 78
Eisensulfid 50, 56
Eisessig 317
Eiweiß 339, 348, 350, 359
Elastomere **362**, 371, 379
elektrische Aufladung 122, 157
elektrische Kräfte 157
elektrische Leiter 18
elektrische Leitfähigkeit 18 f., 122
Elektroden 158
Elektrolyse **158 f.**, 206, 379
Elektronegativität 195, 379
Elektronen 122, **156 f.**, 379
Elektronenabgabe **178 ff.**, 201, 315
Elektronenaufnahme **178 ff.**, 201, 315
Elektronenkonfiguration 189
Elektronenmikroskop 155
Elektronenpaar **188 f.**, 203
Elektronenpaarabstoßungs-Modell **190 f.**, 203, 264, 276, 278, 379
Elektronenpaarbindung **187**, 194, 203, 379
Elektronenschale 169 f.
Elektronenübertragung **178 ff.**, 200
Elektronenwolken 190
Elektrostahl-Verfahren 84
elektrostatische Aufladungen 156
Elementaranalyse 298
Elementarladung 157
Elementarteilchen 162
Elemente 52, 59, 151, 178, 379
Elementfamilie **134**, 150, 153
Elementgruppe 134
Elementsymbole 110, 124
Eliminierungsreaktion **277**, 285, 379
Emission 70 f., 252
Emulgatoren 36, 303, 379
Emulsion **36 f.**, 354, 357, 379
endotherme Reaktion **49**, 59, 379
Energie 286
Energiesparlampe 149
Energiestufen 167
Energieumsatz **49**, 125
Enthärter 220, 337
Entkalker 224
Entschwefelung 69, 253
Entsorgung 13
Entstaubung 69
Entstickung 69, 253
Entwickeln 182
Entzündungstemperatur 61 f., 75
Enzyme 350, 337, 379
EPA-Modell **190 f.**, 203
Epoxidharze 362
Erdalkalimetalle **136 ff.**, 153, 379
Erdalkalimetallhydroxide 153
Erdgas 78, 80, 263 f., **287 ff.**

Erdöl 287 ff.
Ernährung 338 ff.
Erz 77, 380
Esbit 312
essentielle Aminosäuren 348
essentielle Fettsäuren 352
Essig 316 f.
Essigessenz 316
essigsaure Tonerde 318
Essigsäure 205, **316 ff.**, 322
Essigsäureethylester 326
Essigsäuregärung 316
Ester 296, **324**, 326 f., 329, 380
Ester-Gruppe **324**, 329
Esterspaltung **324**, 329
Ethan **266**, 283
Ethanal 310
Ethanol 31, **298 f.**, 310, 316 f., 322, 346
Ethansäure 318
Ethen **276 f.**, 283, 364
Ether 296, **307 ff.**, 380
Ethin **278**, 283
Ethyl-Gruppe 269, 298
Ethylenglykol 306
exotherme Reaktion **49**, 59, 380
Experiment 15
Extraktion 41, 357, 380
Extrudieren 365

F

Farbpigmente 51
Faulgas 95
FCKW 66, **274 f.**
FEHLING-Probe 311, 315, 329, 342, **344**
Feinwaschmittel 337
Fettalkohol 303
Fettbrände 356
Fette 331, 339, **352 ff.**, 359, 380
Fettfleckprobe 356
Fetthärtung 357
Fettsäuren 318, 331, **352 ff.**, 359, 380
–, gesättigte 355
–, ungesättigte 355
Fettspaltung 355
Feuer 75
Feuerlöscher **73**, 284
Feuerwerk 130
Filtration 40, 42
Filzstiftfarben 43
Fischsterben 100, 251
Fixieren 182
Fixiersalz 182
Flammenfärbung 134 ff.
Flammpunkt 271
flüchtige Stoffe 30
Fluor 140 f.
–, im Speisesalz 147
Fluorchlorkohlenwasserstoffe 66, **274 f.**, 295
Fluorwasserstoff 189, 191
Flüssiggas 266
Folienblasen 365
Formaldehyd 191, **312 f.**
Formalin 312
fossile Energieträger **286 f.**, 295
Fotografie 182 f.
fraktionierte Destillation 290
Francium 134
FRANKLIN 156
Freon 274
Frostschutzmittel 306
Fruchtzucker 340
Fructose 341 f.
Fuchsinschweflige Säure 311
Fulleren 192

funktionelle Gruppe **302**, 311, 314, 317, 380
Fuselöl 303

G

γ-Strahlen 161, 380
galvanische Zellen 181, 380
Gärung 297, **300**, 302, 347 f., 380
Gasbrenner 11
Gaschromatogramm 282
Gaswägung 264
gebrannter Kalk 222
Gefahrensymbole 12
Gefriertrocknen 323
Gehaltsangaben 100, 214
GEIGER 160
gelöschter Kalk 222
Gemenge 36 f.
Gemische 36 f., 45, 52, 56, 66
–, heterogene 36
–, homogene 36
Gesamthärte 220
gesättigte Fettsäuren 352, 355
gesättigte Kohlenwasserstoffe **266**, 284 f.
gesättigte Lösung 22
Geschirrspüler 224
Geschmacksstoffe 339
Geschmacksverstärker 321
Gesetz der Erhaltung der Masse 56, **109 f.**, 129
Gesetz der konstanten Massenverhältnisse **109 f.**, 129
Gesetz der Oktaven 150
Gesetz vom Wachstumsminimum 247
Gesetz von AVOGADRO **116**, 144
Gesteinskorrosion 253
Gewässergüte 255
Gewässeruntersuchung 254
Gichtgas 82
Gift 280
Gifttransport 313
Gips 53, 136, 234, 222
Gipsabdruck 53
Gipsmörtel 222 f.
Glimmspanprobe 64, **75**
Glucose 61
Glucose-Test 342, 344
Glühlampe 155
Glutamat 321
Glycerin **306**, 331 f., 354 f.
Glycin 321
Glykol 306
Gold 16, 87, 159
Goldlegierungen 36
Granit 37
Graphit 54, **192**
Grauspießglanz 51
grenzflächenaktive Substanzen 333
Grenzwerte 282, 313
Grillen 61
Gründüngung 248
Grundwasser 92 f.
Gruppe **151**, 153, 169, 195
Gülle 246
Gußeisen 84

H

HABER 236
HABER-BOSCH-Verfahren **236**, 245
HAHN 165
Halogenalkan 272 ff.
Halogene **140 ff.**, 146, 153, 380

Halogenkohlenwasserstoffe 274
Halogenlampen 147
Halogenwasserstoffe **144**, 153
Hämoglobin 350
Handcreme 303
Harnstoff 261, 348
Härte 20
hartes Wasser 220 ff.
Härteskala nach MOHS 20
Hauptgruppe 153
Hauptgruppenelemente 151
Haushaltschemikalien 224 f.
Haushaltsessig 228
Hausmüll 256, 367
Hausmülldeponie 256
Hefe 347
Heizöl 270
Heizwert 263
Helium 148 f.
Heptan **266**, 293
heterogene Gemische **36**, 45, 380
Hexachlorcyclohexan 274
Hexadecan 266
Hexan **266**, 283
Hexandisäure 320
Hexansäure 318
Hiroshima 165
Hochofen 82
Holzgeist 302
Holzkohle 62
homogene Gemische **36**, 45, 380
homologe Reihe 266, 380
Hopfen 347
Hydrathülle 198, 380
Hydrierung 367
Hydrogencarbonat-Ion 209
Hydrogenphosphat-Ion 209
Hydrogensulfat-Ion 209
Hydrogensulfit-Ion 209
Hydrolyse **324**, 329, **331**, 345, **354 f.**, 380
Hydronium-Ionen **206**, 210, 212, 226, 229
hydrophil **304**, 309, 319, 332, 380
hydrophob **270**, 285, 304, 309, 319, 332, 354, 380
Hydroxid-Ionen 133, **207**, 210, 212
Hydroxide 132, **135**, 229
Hydroxycarbonsäuren 320
Hydroxyl-Gruppe **298**, 302, 380
hygroskopisch 133, 306, 380

I

Immission 70
Indikator **102**, 106, 206 f., 380
Inkohlung 287
Insektizid 281
Inversion 70, 74
Iod 24, 57, **140 f.**
Iod-Stärke-Reaktion 141, 343, **345**
Iodid-Ion 218
Iodtinktur 141
Iodwasserstoff 144
Iodzahl 355
Ionen 108, 122 f., 129, 158, 166, **172 ff.**, 195, 380
Ionenaustauscher 221
Ionenbindung 173, 380
Ionengitter 173, 176
Ionenladung 123
Ionenradien 169
Ionenverbindung 121, 123, 128, 142, 153, **178**, 195, 198, 203, 227, 380

Ionenwanderung 123
Ionisierungsenergien 167, 169
Ionosphäre 67
Isobutan 268
Isomalt 341
Isomere **268**, 285, 380
Isomerie **268**, 298, 302, 309
Isooctan 283, 293
Isopropanol 303
Isotope 163 f., 380
IUPAC 269, 380

J

Joghurt 322

K

Kalidünger 248
Kalilauge 135
Kalium 134
Kaliumnitrat 30, 88, 241
Kalkbrennen 223
Kalkkreislauf 222
Kalklöschen 223
Kalkmörtel 222 f.
Kalkseife 220, 335 f.
Kalkspat 220
Kalkstein 136, 220, 222, 261
Kalksinterterassen 228
Kalkwasser 137
Kalottenmodell 267
Kältemischung 58
Kanalisation 94
Karies 139
Kartoffelstärke 44
Katalysator **105**, 232, 253, 294, 380
katalytisches Cracken 291
Kathode 158, 380
Kationen 158, 380
Kautschuk 368
Keil-Strich-Formel 267
Keltern 297
Kern-Hülle-Modell 160, 380
Kernladungszahl 162
Kernspaltung 165
Kerosin 290
Kerzenflamme 62
Kesselstein 220
Keto-Gruppe **314**, 329, 380
Ketone 296, **314**, 329, 380
Kettenreaktion 165, **273**, 285
KIRCHHOFF 139
Kläranlage **95**, 106 f.
Klärtürme 106
Klebstoffe 368 f.
Kleesalz 328
Klopffestigkeit **293**, 307
Knallgas **99**, **104**, 107
Knallgasprobe 104
Kochsalz 24, **38**, 173, 198, 261
Körperpflegemittel 330
Kohäsion 368 f.
Kohle 287
Kohlenhydrate 296, **339 ff.**, 344 f., 359, 380
Kohlensäure **209**, 220
Kohlenstoff 65, 192
Kohlenstoff-Atome
–, primäre **303**, 315
–, sekundäre **303**, 315
–, tertiäre **303**, 315
Kohlenstoffdioxid 31, 66, **68**, 72, 74 f., 83, 101, 189 f., 209, 261 f.
Kohlenstoffkreislauf 295
Kohlenstoffmonooxid 66, **68**, 75, 83, 251, 294
Kohlenwasserstoffe 260, **264**, 266, 271, 283, 294, 380

–, gesättigte 266
–, isomere 268
–, qualitative Analyse 261, 264
–, Schmelztemperaturen 283
–, Siedetemperaturen 270, 283
–, ungesättigte 276
Kondensation **324**, 329, 350, **354**, 380
Konservierungsstoffe 205, **323**
Kontakt-Verfahren 233
Kontaktkleber 369 f.
Konzentration 214, **229**, 380
Koordinationszahl 175 f.
Kraftstoffe 292 f.
Kreide 136, 220
Kristall 24, 30 f., 51, 380
–, Alaun 24
–, Amethyst 24
–, Antimonsulfid 51
–, Arsensulfid 51
–, Bleisulfid 51
–, Cadmiumsulfid 51
–, Diamant 24
–, Kaliumnitrat 30
–, Kochsalz 24
–, Kupfersulfat 30
–, Quarz 24, 31
–, Quecksilbersulfid 51
–, Schwefel 31, 193
–, Silber 24
–, Silicium 24
Kristallformen 24
Kristallisation 24
Kristallstruktur
–, Caesiumchlorid 177
–, Diamant 55, 192
–, Graphit 54, 192
–, Natriumchlorid 176
–, Schwefel 193
–, Zinksulfid 177
Kristallzüchtung 24
Krypton 148
Kugel-Stab-Modell 267
Kugelpackungsmodell 54, 176
Kühlmittel 274
Kühlwasser 91
Kunststoffe 360 ff., 380
Kunststofflegierungen 361
Kunststoffmüll 367
Kupfer 35, 48, 63, 77 f., 86, 159
Kupferoxid 77, 80
Kupfersulfat 30, 49, 53, 235
Kupfersulfid 48, 124

L

Lacton 326
Lactose 341
Lambda-Sonde 294
LAUE-Diagramme 176
Laufmittel 41
Laugen 153, 204, **207**, 209, 229, 380
LAVOISIER 64, 98, 106, 110
LD-Verfahren 84
Lebensmittelkonservierung 323
Lebensmittelzusatzstoffe 242, 323, 327
Legierungen **36 f.**, 85, 137, 380
Leichtmetall 131
Leichtöl 290
Leim 368
Leitfähigkeit, elektrische 18
Leuchtstoffröhre 149
LEWIS-Formel **188 ff.**, 203, 380
LIEBIG 247, 261

Lindan 274
Linolensäure 355
Linolsäure 355
Lipoproteine 353
Lithium 134
LOMONOSSOW 110
LOSCHMIDT-Zahl 118
Löslichkeit **22**, 101, 270, 285, 304, 309, 319, 329
Lösung **22**, 36f., 199, 380
Lösungsmittel **22**, 100, 199, 274, 302
Lösungsvorgang 23, 198
Lötrohr 81
Lötstein 244
Luft 37, 60, 63, **66**
Luftdruck 67
Luftfeuchtigkeit 66
Lufthülle der Erde 67
Luftmörtel 222
Luftuntersuchung 70
Luftzusammensetzung 75

M

Magensäure 213
Magnesium 136f.
Magnesium-Ionen 249
Magnesiumchlorid 178
Magnesiumnitrid 178
Magnesiumoxid 174, 178
Maische 297
MAK-Wert 70
Makromolekül **364**, 371, 340, 348, 380
Malaria 281
Malonsäure 320
Maltose 341
Malz 347
Margarine 357
Marienglas 53
Marmor 136, 220
Massenanteil **100**, 145, 214, 229
Massenerhaltung 53, **109 ff.**, 128 f., 214
Massenspektroskopie 112
Massenverhältnis 109, 111, **114**, 127
Massenzahl 162, 380
Massenzunahme 63
Maßlösung 214 f.
maximale Arbeitsplatz-konzentration 313
Mayonnaise 35
mechanische Reinigungs-stufe 95
Meersalz 38
Meerwasserentsalzung 39
Mehrfachbindungen 190
mehrwertige Alkohole **306**, 309
MEITNER 165
Melamin 312
Melasse 305, 346
Memory-Metall 88
MENDELEJEFF 150
Messing 37
Metaldehyd 312
Metalle 30, 76, 86f., 151, 153
Metallhalogenide 143
Metalloxide 143
Metallsulfide 143
Methan 189, 191, **260**, **262 ff.**, 266, 283
Methan-Molekül 190, 260f.
Methanal 37
Methanol **302**, 305
Methansäure 318
Methyl-*tert*-butylether 293, 307
MEYER 150
Micellen 332

MIK-Wert 70
Mikrowelle 202
Milch 37, 349f.
Milchaufarbeitung 349
Milcheiweiß 349
Milchfett 349
Milchsäure 205, **320**, 322f.
Milchzucker 340
Mineraldünger 231, **248**
Mineralien 77, 380
Mineralisation 249
Mineralsalze 247
Mineralstoffe 339, 349
Minerale 163
Minuspol 158, 181
Mischbarkeit 309, 329
Mischelemente 163
Mischung 36f., 45
Modell 23, 380
Mol **118**, 129, 380
molare Masse **119f.**, 127, 129, 299, 380
molares Volumen 120, 380
Molekül 108, 116, **129**, 186 ff., 195, 203, 380
Molekülformel 116, **121**, **124**, 129, 144, 380
Molekülmasse 119
Molekülmodelle 267
Molekülverbindung 121, 128, 199, 203
Monomere **364**, 371
Monosaccharide 342
Mörtel 222 ff.
Mostgewicht 297, **300**
MTBE 293, **307**
Müll 256, 367
Müllverbrennung 256 f.
Münzmetalle 76

N

nachwachsende Rohstoffe 325
Nachweis
–, von Aldehyden 311
–, von Alkenen 276 f.
–, von Anionen 218 f.
–, von Bromid-Ionen 218
–, von Calcium-Ionen 249
–, von Carbonat-Ionen 219
–, von Chlorid-Ionen 142, 218
–, von Eisen-Ionen 249
–, von Halogenen 142, 146, 153
–, von Halogenid-Ionen 146, 218
–, von Iodid-Ionen 218
–, von Kationen 249
–, von Kohlenstoff 261, 271
–, von Kohlenstoffdioxid 72, 75, 137
–, von Magnesium-Ionen 249
–, von Nitrat-Ionen 219, 241
–, von Phosphat-Ionen 219, 243
–, von Sauerstoff 64, 75, 299
–, von Schwefel 351
–, von Stärke 358
–, von Stickstoff 351
–, von Sulfat-Ionen 219
–, von ungesättigten Fett-säuren 356
–, von Wasserstoff 104, 261, 271, 299
Nagellackentferner 314
Nährstoff 339
Nahrungskette 281
Natrium **131 ff.**, 159, 173
Natrium-Ionen 133
Natriumacetat 317
Natriumcarbonat 220
Natriumchlorid 142f., 173f.

Natriumdampflampen 131
Natriumhydroxid 132
Natriumnitrit 353
Natriumperborat 337
Natriumpercarbonat 337
Natronlauge **132f.**, 207, 331
naturidentisch 327
Nebel 36 f., 381
Nebengruppe 153
Nebengruppenelemente 151
Negativ 182
Neon 148
Neonröhre 149
neutral **102**, 107
neutrale Lösung 210
Neutralisation **212 f.**, 215, 228 f., 235, 317, 381
Neutralisationswärme 213
Neutron 162, 381
nichthärtende Kleber 368
Nichtleiter 18
Nichtmetalle 151, 153
Nierenstein 320
Nikotin 280
Nirosta 85
Nitrat 219, 241, 246, 251
Nitrat-Ion 209
Nitrat-Nachweis 241
Nitrifikation 249
Nitrit-Ion 217, 251
Nitrocellulose 325
Nitroglycerin 240, **325**, 328
Nitrosamine 251
NOBEL 325
Nomenklatur
–, Alkanale 311, 329
–, Alkane 269
–, Alkanone 314, 329
–, Alkansäuren 318, 329
–, Alkene 276
–, Alkohole 302, 305, 309
–, Ester 324, 329
Normbedingungen 120, 381
NPK-Dünger 248
Nugget 16
Nukleonen 162, 381
Nylon 320, 366
Nylonfaden 370

O

Oberflächenspannung 97, 332
Oberflächenwasser 92 f.
Octadecan 283
Octan **266**, 283, 293, 319
OECD-Tensid-Test 336
Oechslegrad 300
Oktanzahl 293
Oktettregel 188 f., 381
Öle 354
Ölfleckversuch 113
Ölkatastrophe 289
Ölsäure 113, 355
optische Aufheller 337
Ordnungszahl **151**, 153, 162, 166, 381
organische Chemie 261, 381
organische Dünger 248
organische Werkstoffe 360
OSTWALD-Verfahren 239, 244
Ottomotor 292
Oxalate 320
Oxalsäure 320
Oxidation **65**, 75f., 89, 179, 200f., 315, 381
Oxidationsmittel 89, 381
Oxidationszahl 200 ff., 315, 381
Oxide 65, 75
Ozon 71, 93, **275**, 381
Ozonloch 275
Ozonschicht 67, 274f., 381

P

Palmitinsäure 354f., 331
Papier 343
Papierchromatographie 41
PARACELSUS 280
Paraffin **266**, 270, 272, 291, 381
Paraformaldehyd 312
Paraldehyd 312
Pasteurisieren 323
Patina 86
PAULING 195
PCB 274
Pentachlorphenol 274
Pentaerythrit 306
Pentan 266
Pentanol 303
Pentansäure 318
Peptidbindung 350
Periode **151**, 153, 169, 195
Periodensystem **150**, 153, 162, 168, 381
periodische Eigenschaften 169
Perlon 366
Pestizid 281
Petroleum 290
Pflanzennährstoffe 247
PHB-Ester 323
pH-Skala 210f., 381
pH-Wert **102**, **210f.**, 229
Phosphat 94, 219, **242f.**, 251
Phosphat-Ion 209
Phosphatdünger 248
Phosphor 68, **244**
Phosphoroxid 209
Phosphorsalzperle 81
Phosphorsäure 209, **242ff.**
Phosphorsäureester 323
Photosynthese 286, 295
physiologische Kochsalz-lösung 100
Pluspol 158, 181
Pökeln 323
Pökelsalze 353
polar 270, 304, 317
polare Bindung 194f., 203, 381
polare Lösungsmittel 199
Polyacrylate 368
Polyacrylnitril 364
Polyaddition 371
Polyamid 363, 366
Polycarbonat 363
Polyester 362, 366
Polyesterharz 370
Polyethen 276, **364f.**
Polyethylenterephthalat 363
Polykondensation **366**, 371
Polymer **364**, 371
Polymerisation **364**, 371, 381
Polymethylmethacrylat 364
Polyoxymethylen 364
Polypeptide 348, 350
Polypropen 364
Polysaccharide 343
Polystyrol 364
Polytetrafluorethen 364
Polyurethanschaum 370
Polyvinylchlorid 140, 364
ppb 259
ppm 259, 282
ppt 259
PRIESTLEY 66
primäre Kohlenstoff-Atome **303**, 315
Primärstruktur 350, 359
Produktverbund 231
Propan 266
Propandisäure 320
Propanol 302, 314

Propanole 303, 305
Propanon 314
Propansäure 205, **318**, 323
Proteine 350, 381
Protolyse 226, 381
Proton 162, 381
Protonenakzeptor 226, 381
Protonendonator 226, 381
Protonenübertragung **226f.**, 317
Protonenzahl 166
PROUST 110
Punkt-Schreibweise **168**, 189
Punkt-Strich-Schreibweise 168
Pyrolyse 256, 367
pyrophores Eisen 88

Q

qualitative Analyse **264**, 298f.
Qualm 61
quantitative Analyse 265, **298f.**
Quarz 31
Quecksilber 30, 64
Quecksilberoxid 64
Quecksilbersulfid 51
Quellwasser 92

R

Radikale **273**, 285, 381
radikalische Substitution 273
Radikalkettenreaktion 273
radioaktiver Zerfall 164
Radioaktivität 161, 381
Radium 136, 161
Raffination 357
Raffinerie 290
RAMSAY 148
Rapsölmethylester 325
Raster-Tunnel-Mikroskop 155
Rauch 37, 381
Rauchgas 69
Raumgittermodell 54, 176
RAYLEIGH 148
Reaktionsgleichung 125 ff., 381
Reaktionskleber 368
Reaktionsmechanismus 273
Reaktionspfeil 49
Reaktionsschema **49**, 59, 125, 127, 381
Reaktivitätsreihe der Metalle 79
Reaktivitätsreihe der Halogene 146
Recycling 232, 256, 367, 381
Redoxreaktion 78, 89, **179**, 200ff., 311, 315, 329, 381
Redoxreihe der Metalle 180, 381
Reduktion **77f.**, 89, **179**, 201f., 315, 381
Reduktionsmittel **78**, 89, 104, 381
Reduktionsvermögen 79
Regeneriersalz 224
Reibungselektrizität 156
Reinelemente 163
Reinigungsmittel 225
Reinstoffe 45, 52
Resublimation 26
Roheisen 82 ff., 89
Rohöl 290
Rohrzucker 346
RÖNTGEN 161
Röntgenstrahlen 164
Rosten 77
Rostumwandler 243
Rotgold 36

Rotkohl 12, 102
Rubidium 142, 139
RUNGE-Bilder 10
RUTHERFORD 66, **160**

S

Saccharin 341
Saccharose 341f., 346
Saline 38
Salpeter 30
Salpetersäure 209, **239 ff.**, 244
Salpetersäureester 325
salpetrige Säure 209
salzähnliche Stoffe 30
Salzbergwerk 38
Salzbildung **178**, 216f.
Salze 142f., 153, **173f.**, 178, 204, 212, 216f., 229
Salzen 323
Salzsäure **145**, 206
Sanitärreiniger 225
sauer 102, **107**
Säuern 323
Sauerstoff 64, **66**, 98, 100, 134, 189
Sauerstoffaufblas-Verfahren 84
Sauerstoffübertragung 179
saure Lösung 102, 107, 206, **208**, 210, 212, 227
Säure-Base-Reaktion 226
Säuren 153, 204, **206**, 209, 226, 229, 381
saurer Regen 252f.
Säurerest-Ionen **206**, 229
Schalenmodell 166ff., 381
Schaum 36f.
SCHEELE 54, 64, 66, 306
Schießbaumwolle 325
SCHIFFsche Probe 311
Schlacke 82
Schlüssel-Schloß-Prinzip 327
Schmelzflußelektrolyse 159
Schmelzkleber 368
Schmelzspinnverfahren 366
Schmelztemperaturen **26**, 28, 283, 305, 309, 319, 329
Schmieröl 290
Schmierstoff 291
Schneeflocken 202
Schwarzpulver 240
Schwefel 31, 48, 50, 56, 58, **193**, 232, 297, 300
Schwefeldioxid 66, **69**, 70, 75, 204, 209, 232, 252
Schwefelhexafluorid 190
Schwefelsäure 209, **230 ff.**, 245
Schwefelsäureester 325
Schwefeltrioxid 209
Schwefelwasserstoff 262
schweflige Säure 209
Schweißen 278
Schwermetalle 94
Schweröl 290
Sedimentation 38, 40, 381
Seife **331 ff.**, 335, 381
Seifen-Anion 332
Seifenblase 335
sekundäre Kohlenstoff-Atome **303**, 315
Sekundärstruktur 350, 359
Sesselform 268
Siedesalz 38
Siedetemperaturen **26**, 29, 270, 285, 304f., 309, 319, 329
Silber 24, 50, 57, 87
Silberspiegel-Probe **311**, 329, 344
Silbersulfid 150

Silicium 24
Smog 70f., 74, 252
Soda 220, 261
Sodbrennen 106, **213**
Solar-Wasserstoff-Welt 105
Sole 38
Sorbinsäure 205, 322f.
Sorbit 306, 341
sortenreine Kunststoffe 367
Speisesalz 147
Spektrometer 139
Spiritus 29, 302
Spritzgießen 365
Sprudelwasser 102
Spurenanalytik 282
Spurenelemente 248
Stahl 84, 89, 381
Stahlsorten 85, 89
Stahlwolle 63, 72
Stärke 343, 345
Stärkekleister 345
Stärkelösung 141
Startreaktion 273
Stearinsäure 28, 32, 318, 354f.
Steckbrief
–, Alkalimetalle 135
–, Aluminium 86
–, Ammoniak 238
–, Benzol 279
–, Blei 87
–, Brom 31
–, Carbonate 220
–, Chromatographieren 41
–, Destillieren 41
–, Diamant 55
–, Edelgas 148
–, Eindampfen 40
–, Eisen 30
–, Erdalkalimetalle 136
–, Ethanol 31
–, Ether 307
–, Extrahieren 41
–, Filtrieren 40
–, Gold 87
–, Graphit 54
–, Halogene 141
–, Kaliumnitrat 30
–, Kohlenstoffdioxid 31, 68
–, Kohlenstoffmonooxid 68
–, Kupfer 86
–, Kupfersulfat 30
–, Methan 264
–, Phosphorsäure 243
–, Quarz 31
–, Quecksilber 30
–, Salpetersäure 240
–, Sauerstoff 66
–, Schwefel 31
–, Schwefeldioxid 69
–, Schwefelsäure 234
–, Sedimentieren 40
–, Silber 87
–, Stickstoff 66
–, Stickstoffoxide 69
–, Styropor 31
–, Wasserstoff 104
–, Zink 86
Steinkohle 287
Steinsalz 38, 176
Stellmittel 337
Sterilisieren 323
Stickstoff **66**, 149, 189, 236
Stickstoffdioxid 70, 209
Stickstoffdünger 248
Stickstoffkreislauf 250
Stickstoffoxide 66, **69**, 75, 204, 239, 252, 294
Stöchiometrie 126
Stoffgemische
–, Emulsion 45
–, Gasgemisch 45

–, Gemenge 45
–, Lösung 45
–, Rauch 45
–, Suspension 45
Stoffmenge **118f.**, 126, 381
Stoffmengenkonzentration **214**, 229, 381
Stoffmengenverhältnis 127
Stofftrennungen 45
Strahlenbelastung 164
STRASSMANN 165
Stratosphäre 67, 275
Streichholz 46, 62, **68**
Streusalz 38
Streuversuch 160
Strontium 136f.
Strukturformel 267
Styropor 31
Sublimation 26
Substitutionsreaktion **272f.**, 285, 381
Sulfat-Ion 209
Sulfate 219, 234f.
Sulfide 50
Sulfidpigmente 51
Sulfit-Ion 209
Suppenwürze 358
Suspension 36f., 381
Süßkraft 341
Süßstoffe 341
Süßung 297
Synthese 106f., 381
Synthesefaser 366

T

Tabelle
–, Alkanole 305
–, Carbonsäuren 318
–, Dichte 21
–, elektrische Leitfähigkeit 19
–, Fettsäuren 355
–, Härte 20
–, Kohlenwasserstoffe 283
–, Schmelztemperatur 29
–, Siedetemperatur 29
TCDD 274
Teilchenmodell 23f., 27, **33**, 37, 56f., 65, 79, 99, 111
–, Aggregatzustände 27
–, chemische Reaktionen 56, 111
–, Lösungsvorgang 23
–, Mischungen 37
–, Redoxreaktion 79
–, Verbrennung 65
Teilladung 194
Temperaturskala 96
Tenside 333, **336ff.**, 381
tertiäre Kohlenstoff-Atome **303**, 315
Tertiärstruktur 350, 359
Tetanus-Toxin 280
Tetra 274
Tetrachlorethen 274
Tetrachlormethan 274f., 280
Tetraederwinkel 190, 264, 381
Theorie 15
Thermit 79f.
Thermoplast **362f.**, 371, 381
Tiefgefrieren 323
Tinten 43
Tips
–, zum Abwasser 94
–, zum Kleben 369
–, zum Umgang mit Alkohol 301
–, zur Ernährung 340, 348, 352
Titration 215, 381
TOLLENS 311

Toluol 279
Torf 287
Trägergas 282
Traubenzucker 340
Treibgas 274
Treibhauseffekt 260, 263, **295**
Treibstoff 291f.
Trennen 45
Trennmittel 147
Trennsäule 282
Trennverfahren 40f., 45
–, Adsorbieren 45
–, Chromatographieren 45
–, Destillieren 45
–, Eindampfen 45
–, Extrahieren 45
–, Filtrieren 45
–, Sedimentieren 45
–, Sieben 45
–, Zentrifugieren 45
Trester 297
Trevira 366
Tri 274
Trichlorethan 274
Trichlorethen 274
Triglyceride 354
Trinkwasser 38, **92f.**, 107, 251
Tritium 163
Trocknen 323
Tropfsteinhöhlen 221
Troposphäre 67

U

Uferfiltrat 92
Umgruppierung **56f.**, 111
unedle Metalle 79, 180
ungesättigte Fettsäuren 352 ff.
ungesättigte Kohlenwasserstoffe **276**, 278, 284f.
Universalindikator 102
unpolar 270, 285, 304, 309
unpolare Bindung 194
unpolare Lösungsmittel 199
Uran 161

V

Vakuumdestillation 290
Valeriansäure 318
Verbindung **52ff.**, 59, 381
VAN-DER-WAALS-Bindungen **270**, 277, 285, 304, 307, 309, 319, 329, 359, 381
Vanillin 327
Verbrennung **60ff.**, 75, 367
Verbundwerkstoffe 361
Verdampfungswärme 96, 381
Verdunsten 39
Veresterung **324**, 329, 381
vergällter Alkohol 302
Vergären 300
Verhältnisformel **114**, 121, 124, 129, 142f., 174
Verkokung 261
Verpackungsmüll 256
Verseifung **331**, 355, 381
Verstrecken 366
Versuchsprotokoll 28
Vielfachzucker 340
vis vitalis 261
Viskosität 271
Vitamine 205, 339, 349
Volldünger 248
Vollwaschmittel 337
Volumenänderung beim Mischen 23
Volumenkonzentration 214
Volumenprozent 100

W

Wachse 324
Waldsterben 204, **253**
Wannenform 268
Wärmedämmung 18
Wärmeleitfähigkeit 18
Waschmittel 337ff.
Waschvorgang 333
Waschwirkung 333
Wasser 26, **90ff.**, 96, 107, 115, 117, 189, 191, 196f., 332
–, Dichte 96, 196
–, Dichteanomalie 197
–, Schmelztemperatur 96, 196
–, Siedetemperatur 26, 96, 196
–, Verdampfungswärme 96
–, Verhältnisformel 115
–, Wärmekapazität 196
Wasser-Molekül 190, 194
Wasser-Synthese 117
Wasserdampf 26, 197
Wasserenthärtung **221**, 337
Wasserfarbe 37
Wasserfilter 224
Wasserhärte **220**, 224, 229
Wasserkreislauf der Erde 91
Wasserstoff 98f., **104ff.**, 163
Wasserstoff-Molekül 188
Wasserstoff-Technik 105
Wasserstoffbrückenbindung **197**, 199, 203, 285, 304, 306, 309, 317, 329, 342, 359, 381
Wasserverbrauch 91
Wasserwerk 93
Wein **296f.**, 300, 316
Weingeist 302
Weinsäure 205, 320
Weißgold 36
WINKLER 150
WÖHLER 86, 261
WÖHLERS Harnstoff-Synthese 261
Wolfram 147, 155
Wunderkerze 74
Wurst 353

X

Xanthoprotein-Reaktion 351
Xenon 148
Xylit 341

Z

Zahnschmelz 139
Zaubertinte 58
Zement 222
Zementmörtel 222f.
Zentrifuge 38
Zeolithe 337
Zerteilungsgrad 61
Zink 50, **86**
Zinksulfid 50, 177
Zinnober 51
Zitronensäure 205, **320**, 346
Zucker 199, 261, **340**, 344
Zuckeraustauschstoffe 341
Zuckergewinnung 346
Zuckerkrankheit 341
Zuckern 323
Zuckerrüben 346
Zündgrenzen 271
Zündtemperatur 271
Zusammensetzung von Luft 66
Zustandsformen 26
Zweifachbindung **188**, 276
Zweifachzucker 340, 342
Zweikomponentenkleber 370
Zwitterionen 321

385

Das illustrierte Periodensystem

Hauptgruppen

I

1 Wasserstoff H
○ Raketentreibstoff
○ Fetthärtung
○ Entschwefelung von Erdöl
○ Herstellung von Ammoniak
x 1.008

VIII

2 Helium He
○ Füllung für Ballone und Zeppeline
○ Tauchglockenatmosphäre
○ Laser und Leckdetektoren
○ Kühlmittel für Kernkraftwerke
x 4.003

II   **III**   **IV**   **V**   **VI**   **VII**

3 Lithium Li
v Schmieröladditiv
○ Optische Gläser
+ Legierungen für die Raumfahrt
v Laborglas
x 6.94

4 Beryllium Be
○ Fenster für Röntgenröhren
○ Uhrfedern
○ Feuerwerk
+ Funkenfreie Werkzeuge
x 9.01

5 Bor B
v Moderator in Kernkraftwerken
+ Tennisschläger
v Hitzefestes Glas
v Bleichmittel
x 10.81

6 Kohlenstoff C
○ Diamanten, Bleistifte
○ Färbemittel für Reifen
○ Moderator in Kernkraftwerken
○ Kunststoffe
x 12.01

7 Stickstoff N
○ Kältetherapie
○ Kühlmittel (flüssig)
○ Ammoniakherstellung
v Düngemittel
x 14.01

8 Sauerstoff O
○ Verbrennungen
○ Stahlproduktion
○ Wasseraufbereitung
v Sand, Wasser, Beton
x 16.00

9 Fluor F
○ Anreicherung von Uran-235
○ Kühlmittel
○ Zahnpasta
○ Teflon
x 19.00

10 Neon Ne
○ Neonleuchten
○ Scheinwerfer
○ Laser
○ Spannungsprüfer
x 20.18

11 Natrium Na
○ Straßenbeleuchtung
○ Kühlmittel für Kernreaktoren
+ Batterien
v Kochsalz, Soda, Glas
x 22.99

12 Magnesium Mg
○ Unterwasserfackel
+ Flugzeuge, Motorenteile
v Schamottsteine
v Pigmente, Filter
x 24.31

13 Aluminium Al
○ Fenster- und Türbeschläge
○ Rohre, Kabel, Folien
+ Automobile, Raketen, Flugzeuge
x 26.98

14 Silicium Si
○ Elektronische Bauteile, Solarzellen
○ Werkzeuge
v Zement, Quarzglas
v Silikonschmierstoffe
x 28.09

15 Phosphor P
○ Feuerwerk, Zündhölzer
v Düngemittel, Waschmittel
v Zahnpasta
v Pestizide
x 30.97

16 Schwefel S
○ Zündhölzer, Feuerwerk
+ Batterien
○ Gummivulkanisierung
v Haarfestiger
x 32.06

17 Chlor Cl
○ Wasseraufbereitung
v Bleiche, Salzsäure
v PVC
v Rostentferner
x 35.45

18 Argon Ar
○ Glühbirnen
○ Glasentladungsröhren
○ Laser, Geigerzähler
○ Schutzgas zum Schweißen
x 39.95

19 Kalium K
v Düngemittel
v Optische Gläser
v Zündhölzer, Schießpulver
v Kochsalzersatz
x 39.10

20 Calcium Ca
○ Metallurgie
○ Kabelisolierung
v Düngemittel
v Beton, gebrannter Kalk
x 40.08

31 Gallium Ga
○ Quarzthermometer
○ Informationsspeicher
○ Transistoren, Laserdioden
○ Lokalisierung von Tumoren
x 69.72

32 Germanium Ge
○ Infrarotprismen
○ Transistoren, Dioden
○ Schmuckgold
○ Weitwinkelobjektiv
x 72.59

33 Arsen As
+ Schrotkugeln
○ Spiegelbeschichtung
○ Leuchtdioden
○ Glas, Laser
x 74.92

34 Selen Se
○ Belichtungsmesser
○ Fotokopierer
○ Solarzellen
v Anti-Schuppen-Shampoo
x 78.96

35 Brom Br
v Tränengas
v Brandschutz
v Desinfektionsmittel
v Filme
x 79.90

36 Krypton Kr
○ Leuchtröhren
○ Blitzbirnen
○ Wellenlängen-Standard
○ UV-Laser
x 83.80

37 Rubidium Rb
○ Fotozellen
○ Gasfülle in Vakuumbehältern
○ Herzmuskelforschung
x 85.47

38 Strontium Sr
v Nuklearbatterien
v Beta-Strahler
v Leuchtfarbe
v Feuerwerk
x 87.62

49 Indium In
○ Solarzellen, Spiegel
○ Moderator in Kernreaktoren
+ Fotozellen, Transistoren
v Blut- und Lungenforschung
x 114.82

50 Zinn Sn
+ Geschirr
+ Münzen
○ Orgelpfeifen
v Opalglas, Email
x 118.69

51 Antimon Sb
+ Lot, Klischees
○ Gummivulkanisierung
○ Infrarotdetektoren
v Arznei gegen Parasiten
x 121.75

52 Tellur Te
○ Zündhütchen
○ Gummivulkanisierung
v Batteriegehäuse
v Elektrische Widerstände
x 127.60

53 Iod I
○ Desinfektionsmittel
v Halogenlampen
v Tintenpigmente
v Kochsalzzusatz
x 126.90

54 Xenon Xe
○ UV-Lampen, Solarien
○ Farbentester
○ Projektionslampen
○ Elektronenblitze
x 131.30

55 Caesium Cs
○ Fotozellen
○ Gammastrahlenquelle
○ Atomuhren
○ Infrarotlampen
x 132.91

56 Barium Ba
v Zündkerzen
v Gasfülle in Vakuumbehältern
v Feuerwerk
v Fluoreszenzlampen
x 137.34

81 Thallium Tl
○ Thermometer
○ Infrarotdetektoren
v Herzmuskelforschung
v Insektizide
x 204.37

82 Blei Pb
+ Strahlenschutz
+ Bedachungen, Batterien
+ Lot, Munition
v Farbstoffe
x 207.2

83 Bismut Bi
○ Katalysator in der Gummiproduktion
v Sicherungen
v Sprinkler
v Glas, Keramik
x 208.98

84 Polonium Po
○ Nuklearbatterien
○ Neutronenquelle
○ Antistatikmittel
○ Filmreiniger
x (209)

85 Astat At
○ Keine kommerzielle Verwendung
x (210)

86 Radon Rn
○ Erdbebenvorhersage
○ Gesundheitsgefahr in Häusern, die auf Granit gebaut sind. Kommt in der Natur selten vor.
x (222)

87 Francium Fr
Kommt in der Natur selten vor
(223)

88 Radium Ra
v Neutronenquelle
v Strahlentherapie
x 226.03

Aggregatzustand bei Zimmertemperatur:
Gelb — Gas
Rot — Flüssigkeit
Weiß — Feststoff
Grün — Feststoff (radioaktiv)

Vorkommen in der Natur:
nur in Verbindungen
nur elementar
in Verbindungen und elementar

Verwendung:
20 Calcium — Ordnungszahl und Name
○ elementar
+ in Legierung, Gemenge oder Beimischung
v als Verbindung

Atommasse in u (Nukleonenzahl des wichtigsten Isotops in Klammern)